소아청소년에 있어 건강 증진 전략의 핵심은 신체와 정서, 행동 및 지식의 통합적 발달이다. 학교는 소아청소년에게 있어서 가정 못지 않게 중요한 장소이며, 학교 교육을 통해 습득한 바람직한 건강 행위는 성인기까지 중요한 영향을 미치게 된다. 그러한 측면에서 조직적이고 체계적인 학교보건 정책 관리 및 지원체계 구축 등이 중요할 것이며, 그중 정신건강의 증진과 개입방안은 학교보건 영역에서 더욱 강조되고 있는 부분이다. 특히 최근 들어 국내의 여러 복잡하고 다양한 환경들로 인하여 효율적인 정신건강 증진 프로그램을 개발하고 학교, 사회 내 소아청소년 정신건강 문제에 대한 상담 및 지도, 부모 교육, 교내 정신보건 교육 등을 시행할 수 있는 여건의 확립과 활성화가 절실히 요구되고 있다.

이 책에서는 세계 18개국에서 시행되고 있는 학교 정신건강 정책을 다루고 있다. 전 세계의 다양한 상황 — 일본, 중국 등 동북아시아 문화의 영향, 이스라엘과 이라크 등 전쟁의 여파, 아프리카의 열악한 환경, 남미의 치안 상황 등 — 에서의 실제 사례를 통해 학교 정신건강의 증진과 개입을 위한 정책의 내용을 상세히 소개하고 있어, 독자들은 이러한 새로운 시도와 혁신적 내용을 각자의 지역에 맞게 활용할 수 있을 것이다. 또한 실제 개입뿐 아니라 학생 정신건강과 관련한 정책 및 지침의 마련, 학습의 결과를 향상시키는 접근법, 세계화 시대의 상호 교류 등 다양한 분야에서 적용이 가능할 것으로 보인다. 특히 이 책에서는 미국의 통합적 관리 시스템, 캐나다의 학교 기반 접근, 싱가포르의 REACH 모델과 같이 실제 선진적 학교 기반 프로그램들의 사례들을 상세히 소개하고 있는데, 이러한 내용들은 국내에서 학교 정신건강 증진과 정책에 현실적으로 적용 가능한 프로그램의 새로운 시도와 해결책 마련을 위한 개념적 접근을 도울 것이다.

이 책은 의사, 간호사, 보건교사 및 교육자, 의료서비스 제공자, 지역사회 보건 분야 종사자, 정책입안자, 연구자 및 그 외 학교 정신건강 정책에 관심이 있는 모든 사람들에게 실질적인 도움이 되는 참고자료가 될 것으로 기대한다.

바쁜 일정에도 불구하고 이 책을 번역하는 데 많은 시간을 할애하여 주신 제주의대 김문두, 정영은 교수, 순천향의대 심세훈 교수, 차의과학대 성형모 교수, 가톨릭의대 우영섭 교수 등 공동역자 분들께 진심으로 감사를 드린다.

2017년 8월
대표역자
가톨릭대학교 여의도성모병원 정신건강의학과 박원명

학교 정신건강

세계적 도전과 기회

학교 정신건강

세계적 도전과 기회

Stan Kutcher, Yifeng Wei, Mark D. Weist 엮음
박원명, 우영섭, 김문두, 성형모, 심세훈, 정영은 옮김

Σ 시그마프레스

학교 정신건강 세계적 도전과 기회

발행일 | 2017년 9월 15일 1쇄 발행

편저자 | Stan Kutcher, Yifeng Wei, Mark D. Weist
역 자 | 박원명, 우영섭, 김문두, 성형모, 심세훈, 정영은
발행인 | 강학경
발행처 | (주)시그마프레스
디자인 | 강경희
편 집 | 이호선

등록번호 | 제10-2642호
주소 | 서울특별시 영등포구 양평로 22길 21 선유도코오롱디지털타워 A401~403호
전자우편 | sigma@spress.co.kr
홈페이지 | http://www.sigmapress.co.kr
전화 | (02)323-4845, (02)2062-5184~8
팩스 | (02)323-4197

ISBN | 978-89-6866-990-3

School Mental Health: Global Challenges and Opportunities

* 책값은 뒤표지에 있습니다.
* 이 도서의 국립중앙도서관 출판예정도서목록(CIP)은 서지정보유통지원시스템 홈페이지(http://seoji.
  nl.go.kr)와 국가자료공동목록시스템(http://www.nl.go.kr/kolisnet)에서 이용하실 수 있습니다.(CIP
  제어번호 : CIP2017022296)

차례

SCHOOL MENTAL HEALTH
GLOBAL CHALLENGES AND OPPORTUNITIES

청소년을 위한
학교 정신건강의 세계적 발전

Mark D. Weist, Stan Kutcher, Yifeng Wei

청소년기는 모든 분야(신체적, 인지적, 정서적, 행동적, 사회적 차원)에서 중요한 발달이 이루어지는 시기이다. 또한 삶의 스트레스나 가족, 동료, 이웃의 부정적인 영향, 그리고 정신질환의 발생(약 1/5의 청소년에서 저명한 정서적/행동적 장애의 징후를 나타내는) 위험성과 같은 문제에 매우 취약한 때이기도 하다(Merikangas et al., 2010; Romero et al., 2014; Strang, Pruessner, & Pollack, 2011; Weist, Ginsburg, & Shafer, 1999 참조).

학교 정신건강(School Mental Health, SMH) 분야는 다음과 같은 근본적인 인식을 전제로 전 세계적으로 성장하고 있다(Kutcher & McLuckie, 2013; President's New Freedom Commission, 2003; Rowling & Weist, 2004; Wei & Kutcher, 2012; Weist & McDaniel, 2013; Weist, Lever, Bradshaw, & Owens, 2014) ─ (1) 보통 아동, 청소년을 포함한 가족 단위는 특수 정신보건 분야와 연결고리가 없거나 있어도 매우 드물다(Atkins et al., 1998; Catron, Harris, & Weiss, 1998) (2) 아동과 청소년은 교내에서 보내는 시간이 많다 (3) 교육과 정신보건, 기타 청소년-봉사 체계를 연계하면 배움에 지장이 되는 걸림돌을 감소시킬 수 있는 방법의 반영이 수월해지고, 그리하여 학생들의

School Mental Health: Global Challenges and Opportunities, ed. Stan Kutcher, Yifeng Wei and Marc D. Weist.
Published by Cambridge University Press. © Cambridge University Press 2015.

정신보건 수요를 보다 충족시킬 수 있는 많은 장점이 생긴다(Andis et al., 2002; Weist, 1997). 국가적·세계적 네트워크는 점진적으로 이와 같은 교내 정신보건 의제의 핵심을 인식하고 있으며, 공통된 주제를 추구하는 지역, 주, 국가를 아우르는 기금 마련, 훈련 기회의 증진, 핵심 정책 계획, 연구 기반의 활성 등에 반영하고 있다. 안타깝게도 몇몇 국가에서는 교내 총기 사고를 계기로 학생들의 정신보건 서비스에 대한 필요성과 조기 발견 및 개입에 대한 기회를 놓친 것에 대해 인지하게 되었고, 이후에야 의제에 대한 지원을 증가하였다(United States White House, 2013).

핵심적 의제에 공중보건을 접목하는 것은 교내 청소년을 위한 효율적인 홍보, 예방, 조기 개입, 치료의 완전한 연속성을 발전시키기 위함이며, 이러한 의제를 국가별로 다양하고 특수한 문화적·사회경제적·정치적 요인을 고려하여 반영했다. 우리는 그런 목적으로 이 책을 집필하였으며, 이 책이 전 세계 청소년들의 학교 정신건강에 있어 연구, 실천, 정책을 발전시키는 데 박차를 가하는 역할을 하길 바란다.

이러한 관점에서 기존의 학교 정신건강과 관련한 많은 문헌이 선진국만의 경험을 반영하고 있다는 점을 고려했을 때, 개발도상국을 포함한 저소득 국가의 경험을 아우르는 전 세계적 담론이 필요하다. 예를 들어, Wei와 Kutcher(2012)는 많은 국가들이 필수적인 정신보건 개입을 제공하기 위해 적절한 인적 자원을 투입하는 과제에 직면하였다고 하며, 심지어 선진국을 포함한 여러 나라에서 그럴 수 있는 자원들이 충분하지 않다고 강조한다. 이런 현실적 요건을 감안했을 때 정신보건 증진계획을 확장시켜나가는 노력에 더해 일차 의료 및 여타 지역기반 프로그램(예 : 레크리에이션 센터나 스포츠를 통한)을 활용하거나 보건 종사자, 소비자, 보호자, 교사, 기타 청소년 정신보건 과제를 보조할 수 있는 기술을 가진 인력을 육성하는 전략에 일관성을 맞춘 새로운 방침을 개발하는 것이 학교 정신건강을 위해 필요하겠다(Wei & Kutcher, 2012; Weare, 2004).

이러한 인식과 관련하여 UN, WHO, 세계정신건강연맹(World Federation for Mental Health), 정신보건의 증진과 예방을 위한 전 세계 컨소시엄(Global Consortium for Promotion and Prevention in Mental Health)을 포함한 국제 기관들은 효율적인 교내 정신보건 증진과 개입의 필요성을 강조하였다(Vince-Whitman et al., 2007). 아동 및 청소년을 위한 학교 정신건강 국제연맹(International Alliance for Child and Adolescent Mental Health and Schools, INTERCAMHS)은 2000년대 초반부터 호주, 캐나다, 독

일, 영국, 아일랜드, 자메이카, 노르웨이와 같은 국가의 지도자들을 포함하는 학교 정신건강을 위한 전 세계 네트워크를 발전시키기 시작하였다. INTERCAMHS는 Clifford Beers 재단(worldcongress2014.org 참조)이 이끈 정신보건 증진을 위한 세계학회와 협력하여 전 세계적으로 런던(2002), 오클랜드(2004), 오슬로(2006), 멜버른(2008), 워싱턴 DC(2010), 퍼스(2012)에서 학교 정신건강과 관련한 여러 차례의 콘퍼런스를 열었다.

INTERCAMHS에서 비롯된 학교 정신건강 국제 리더십 교류원(School Mental Health International Leadership Exchange, SMHILE)은 전 세계에 걸친 지역과 국가에서 지도자들이 모여 지식을 공유하고, 함께 전략을 만들고 전파하며, 이 분야를 위한 최상의 연구, 정책, 실천 방침을 공지하려 한다(Short, Weist, & McDaniel, 2014). SMHILE는 인력 개발, 학제 및 시스템 간의 협력, 가족과 학생과 같은 이해당사자의 참여, 근거 기반 실천의 이행, 질적 보장 등에 집중하는 것과 같은 학교 정신건강 리더십과 관련한 주제에 대해 신뢰할 수 있고 권위 있는 국제적 자원의 제공을 목표로 한다. SMHILE는 Clifford Beers 재단과 함께 2014년 9월 런던에서 열린 제8회 세계 정신보건증진 콘퍼런스에서 학교 정신건강과 관련된 30차례의 발표를 협조하였고, 다음으로 2015년 9월 사우스캐롤라이나 주 컬럼비아로 예정된 제9회 콘퍼런스에서는 이보다 큰 프로그램을 기획했다.

여러 국가들은 이렇게 부상하는 분야인 학교 정신건강과 관련해 다양한 이슈를 마주하게 되었다. 위에서 언급한 제한적 자원(Wei & Kutcher, 2012)에 더해 교실 내 정신보건의 가치에 대해 정책 입안자들을 납득시키는 것은 중요한 도전 과제이다. 예를 들어 교내 지도부는 학교는 '정신보건사업(the mental health business)'을 하는 곳이 아니라는 관점을 바탕으로 이 의제를 지지하지 않을 수도 있다. 그리고 이는 큰 시간과 비용이 소요되는 부담스러운 과정이고 이에 대한 책임을 우려하기도 한다(Weist et al. 2017). 추가로 교육 관리자들은 공통적으로 학업적 성취라는 가치를 추구하나 그것에 기여하는 긍정적인 정서/행동 기능의 가치를 간과하고는 한다(Klern & Connell, 2004).

여러 나라에서 중요한 문제는 관할구역과 지역을 뛰어넘는 아동, 청소년 그리고 가족들에 대한 행정적 접근과 이와 관련된 의지에 차이가 크다는 점이며, 이는 경험과 프로그램이 뒤범벅되어 일관성이 떨어지게 한다. 학교 정신건강 계획은 지역 문화와 특성을 반영하면서도 일정 수준의 일관성과 지속성을 갖춰야 하는 도전과제를 안고 있다.

이것은 행정가, 교사, 여타 학교 직원들의 높은 이동성과 이직률에서 볼 수 있듯이 높은 조직적 유동성을 감안한 학교라는 장소에 기반한 의사결정이라는 점에서 특히 어렵다(Guarino Santibañez, Daley, & Brewer, 2004). 국가 간의 효율적인 학교 정신건강 프로그램의 확립과 성장을 위해서는 학교와 정신건강 담당자 사이의 역할, 기능, 의사소통과 같은 내용을 규정한 근무 약정서를 기본에 근거해 차근차근 발전시키고 유지해가야 한다(Weistetal, 2017). 더욱이 앞서 언급하였듯이, 일부 국가들에는 정신보건 인력이 부족한 경우가 있겠으며, 이 경우 언론이 교사나 보건서비스 종사자 같은 이들에게 이런 의제가 진행될 수 있도록 기술을 습득하게 격려할 수 있을 것이다(Wei & Kutcher, 2012). 매우 걱정스럽게도 여러 나라에서 교육에 대한 자원이 제한되어있기에 학교 정신건강과 같은 학생들을 위한 지원 프로그램과 서비스를 고립시킬 위험이 있다. 이는 가난한 저개발국들에서는 대단히 큰 도전과제이자(북부 가나에서의 자세한 경험에 대해서는 제17장 참조) 심지어 선진국에서도 그러하다. 예를 들어 미국에서(아마도 이 분야의 전 세계적 선구자인) 시행된 학교 정신건강 프로그램에 대한 설문 결과 지역 지도층의 70% 이상이 서비스 필요성이 증가하고 있다고 — 실제로 이에 대한 기금은 감소하고 있는 상황에서 — 응답하였다(Foster et al., 2005). 이러한 사실은 학교 정신건강의 사회적 홍보 의제적인 측면과 연결되어 이것이 개입해야 할 가장 중요한 일련의 활동이라는 메시지를 전하고 지역사회의 참여를 유도해야 한다. 효과적인 교내 정신보건은 긍정적인 정서와 행동, 사회 기능을 향상시키고, 학교의 참여와 학습 개선 및 성취 그리고 결국 사회에 대한 기여를 증진시키기 때문이다(Kutcher & McLuckie, 2013; Weist et al., 2014).

앞서 언급한 몇몇 정책과 관련된 도전들을 진행하면서 학교, 지역사회, 정부는 효과적인 학교 정신건강을 위한 역량을 증진하는 데 초점을 맞추어야 한다. 여기에는 인력 훈련과 지도, 꾸준한 이행 지원, 근거 기반 운영, 가족/청소년을 포함하고 권한을 부여함, 질적 측정과 개선, 문화적 역량 확보, 평가 등에 대한 전략이 포함된다(Fixsen, Naoom, Blasé, Friedman, & Wallace, 2005; Weist et al., 2014). 학교 정신건강 분야에서 가장 큰 역설은 프로그램이 위에 언급한 여러 차원에 충분히 주의가 기울여지고 잘 수행되어 실제로 학생들의 행동과 정서적 기능, 학업 성취와 같은 긍정적인 평가 결과로 이끌어질 때에야 이것이 이 분야에 대한 자원과 역량을 늘리는 지렛대로 사용될 수 있다는 점이다

(Weist, Evans, & Lever, 2003). 하지만 많은 프로그램들이 이런 차원에 초점을 맞추지 않고 결과적으로 아무런 변화를 이끌어내지 못할 즉흥적이고 비효율적인 운영에 계속 몰두하면서 긍정적인 성과를 내는 데 실패하고, 결국 정책 지원을 받지 못하게 된다.

앞으로 전진할 수 있는 방법은 이미 언급했던 SMHILE를 통하거나 미국의 사례와 같은 학교 정신건강에 대한 국가적 실행공동체(Cashman, Rosser, & Linehan, 2013; Wenger, McDermott, & Snyder, 2002)를 통해 지역사회, 주간, 국가 간에 경험을 체계적으로 공유하는 것이다.

우리는 이 책을 독자에게 소개할 수 있어 매우 기쁘다. 이 책은 학교 정신건강에 대한 이전의 책들(Clauss-Ehlers, Serpell, & Weist, 2013; Evans, Weist, & Serpell, 2007; Robinson, 2004; Weist et al., 2003; 2014)로부터 주제를 구축해 나가고 확장하였으며, 국제적인 경험과 주제를 특히 청소년들을 대상으로 강조한 첫 번째 시도이기도 하다. 각 장에는 학교 정신건강에 대한 상대적으로 앞선 경험을 반영하는 선진국의 프로그램(예: 제2장 호주, 제4, 5, 6장 캐나다, 제11장 아일랜드, 제12장 이스라엘, 제16장 뉴질랜드, 제21장 영국, 제22, 23장 미국)과 근래에 시작했지만 성장 계획을 담고 있는 다른 선진국의 프로그램(제13, 14장 일본, 제15장 칠레, 제18장 싱가포르, 제19장 터키) 그리고 경제적·사회인구학적·인종/민족적 도전을 경험하고 있는 국가에서 이제 막 만들어지고 있는 프로그램(제3장 브라질, 제7, 8장 중국, 제9장 인도, 제10장 이라크, 제17장 북부 가나, 제20장 우크라이나) 등이 포함되어있다. 이 책의(이런 간략한 고찰과 많은 여타의 것들에 제시된 일부를 반영하는) 다양한 주제들은 청소년을 위한 학교 정신건강의 전 세계적 의제에 대한 잠재성을 강조하고 진보할 수 있는 전략을 안내한다. 책의 각 장에서 보이는 바와 같이 이런 작업은 어려운 도전과제이지만, 청소년과 그들의 가족 그리고 기타 청소년 봉사 시스템에 대한 최고의 공약이 될 것이다.

참고문헌

Andis, P., Cashman, J., Praschil, R., Oglesby, D., Adelman, H., Taylor, L., & Weist, M. D. (2002). A strategic and shared agenda to advance mental health in schools through family and system partnerships. *International Journal of Mental Health Promotion*, 4, 28–35.

Atkins, M. S., McKay, M. M., Arvanitis, P., London, L., Madison, S., Costigan, C., Haney, M., Hess, L., Zevenbergen, A., & Bennett, D. (1998). An ecological model for school-based mental health services for urban low-income aggressive children. *The Journal of Behavioral Health Services & Research*, 25, 64–75.

Blau, G. M., Huang, L. N., & Mallery, C. J. (2010). Advancing efforts to improve children's mental health in America: A commentary. *Administration and Policy in Mental Health*, 37, 140–144.

Cashman, J., Rosser, M., & Linehan, P. (2013). Policy, practice, and people: Building shared support for school behavioral health. In S. Barrett, L. Eber, & M. Weist (Eds.), *Advancing education effectiveness: An interconnected systems framework for Positive Behavioral Interventions and Supports (PBIS) and school mental health* (pp. 96–112). Eugene, Oregon: University of Oregon Press.

Catron, T., Harris, V. S., & Weiss, B. (1998). Posttreatment results after 2 years of services in the Vanderbilt School-Based Counseling Project. In M. H. Epstein & K. Kutash (Eds.), *Outcomes for children and youth with emotional and behavioral disorders and their families: Programs and evaluation best practices.* (pp. 633–656). Austin, TX: PRO-ED, Inc.

Clauss-Ehlers, C., Serpell, Z., & Weist, M. D. (2013). *Handbook of culturally responsive school mental health: Advancing research, training, practice, and policy.* New York: Springer.

Evans, S. W., Weist, M. D., & Serpell, Z. (2007). *Advances in school-based mental health interventions: Best practices and program models* (Vol. II). New York: Civic Research Institute.

Fixsen, D. L., Naoom, S. F., Blasé, K. A., Friedman, R. M., & Wallace, F. (2005). *Implementation research: A synthesis of the literature.* Tampa, FL: University of South Florida, Louis de la Parte Florida Mental Health Institute, The National Implementation Research Network.

Foster, S., Rollefson, M., Doksum, T., Noonan, D., Robinson, G., & Teich, J. (2005). *School mental health services in the United States 2002–2003.* Rockville, MD: Center for Mental Health Services, Substance Abuse and Mental Health Services Administration.

Guarino, C., Santibañez, L., Daley, G., & Brewer, D. (2004). *A review of the research literature on teacher recruitment and retention.* Santa Monica, CA: RAND Corporation.

Klern, A. M., & Connell, J. P. (2004). Relationships matter: Linking teacher support to student engagement and achievement. *School Mental Health*, 74, 262–273.

Kutcher, S., & McLuckie, A. (2013). Evergreen: Creating a child and youth mental health framework for Canada. *Psychiatric Services*, 64(5), 479–482.

Merikangas, K., He, J., Burstein, M., Swanson, S., Avenevoli, S., Cui, L., Benjet, C., Georgiades, K., & Swendsen, J. (2010). Lifetime prevalence of mental disorders in U.S. adolescents: Results from the National Comorbidity Survey Replication – Adolescent Supplement (NCS-A). *Journal of the American Academy of Child & Adolescent Psychiatry*, 49 (10). doi: 10.1016/j.jaac.2010.05.017

President's New Freedom Commission. (2003). *Achieving the promise: Transforming mental health care in America.* Washington, DC: President of the United States (http://govinfo.lib rary.unt.edu/mentalhealthcommission/reports/ reports.htm, accessed July 3, 2014)

Robinson, R. (Ed.). (2004). *Advances in school-based mental health interventions: Best practices and program models* (1st ed.). Kingston, NJ: Civic Research Institute.

Romero, C., Master, A., Paunesku, D., Dweck, C. S., & Gross, J. J. (2014). Academic and emotional functioning in middle school: The role of implicit theories. *Emotion*, 14(2), 227–234.

Rowling, L., & Weist, M. D. (2004). Promoting the growth, improvement and sustainability of school mental health programs worldwide. *International Journal of Mental Health Promotion*, 6, 3–11.

Short, K., Weist, M. D., & McDaniel, H (2014). The School Mental Health International Leadership Exchange: First foundations. Unpublished manuscript.

Strang, N. M., Pruessner, J., & Pollak, S. D. (2011). Developmental changes in adolescents' neural response to challenge. *Developmental Cognitive Neuroscience*, 1(4), 560–569.

United States Whitehouse. (2013). *Now is the time: The President's plan to protect our children and our communities by reducing gun violence.* Washington, DC: President of the United States (www.whitehouse.gov/now-is-the-time, accessed July 3, 2014).

Vince-Whitman, C., Belfer, M., Oommen, M., Murphy, S., Moore, E., & Weist, M. D. (2007). The role of international organizations to promote school-based mental health. In S. Evans, M. Weist, & Z. Serpell (Eds.), *Advances in school-based mental health interventions* (pp. 22:1–22:14). New York: Civic Research Institute.

Weare, K. (2004). The International Alliance for Child and Adolescent Mental Health and Schools (INTERCAMHS). *Health Education*, 104(2), 65–67.

Wei, Y., & Kutcher, S. (2012). International school mental health: Global approaches, global challenges, and global opportunities. *Child and Adolescent Psychiatric Clinics of North America*, 21(1), 11–27.

Weist, M. D. (1997). Expanded school mental health services: A national movement in progress. In T. H. Ollendick & R. J. Prinz (Eds.), *Advances in clinical child psychology* (pp. 319–352). New York: Plenum.

Weist, M. D., Evans, S. W., & Lever, N. (2003). *Handbook of school mental health: Advancing practice and research.* New York: Kluwer Academic/Plenum Publishers.

Weist, M. D., Flaherty, L. T., Lever, N., Stephan, S., Van Eck, K., & Albright, A. (2017). The history and future of school mental health. In S. Evans, B. Schultz, & J. Harrison (Eds.), *School mental health services for adolescents.* New York: Oxford University Press.

Weist, M. D., Ginsburg, G. S., & Shafer, M. (1999). Progress in adolescent mental health. *Adolescent Medicine: State of the Art Reviews*, 10, 165–174.

Weist, M. D., Lever, N., Bradshaw, C., & Owens, J. (2014). *Handbook of school mental health: Research, training, practice, and policy,* (2nd ed.). New York: Springer.

Weist, M. D., & McDaniel, H. L. (2013). The international emphasis of Advances in School Mental Health Promotion. *Advances in School Mental Health Promotion*, 6, 81–82.

Wenger, E., McDermott, R., & Snyder, W. (2002). *Cultivating communities of practice: A guide to managing knowledge.* Boston, MA: Harvard Business School Press.

Chapter 2

호주의 학교 정신건강 및 웰빙의 발전과 지속

Louise Rowling

서론

이 장에서는 호주에서 전국적으로 15년 동안 시행되었던 일련의 정신건강 증진을 위한 중재 개입의 점진적 발전의 역사를 기술하려고 한다. 이 과정에서 주목할 만한 주제는 다음 세 가지이다 — (1) 프로그램이 도입되는 맥락(implementation context)의 결정적인 역할 (2) 학교 정신건강과 교육학적 연구 및 교육 실제의 연결 (3) 공중보건 접근법의 활용.

  1990년대 호주에서는 대대적인 정신건강 정책 개혁이 전 국가적으로 시작되었다. 가장 먼저 세워진 두 가지 국가 정신건강 계획은 정신건강서비스 전달체계에서, 시설에 수용해 치료하는 것보다는 지역사회 내에서 생활을 하도록 하면서 정신건강 서비스를 받을 수 있도록 하는 것으로 사고를 전환해야 한다는 것 그리고 정신건강 증진과 정신질환의 예방에 주의를 더 기울여야 한다는 사고의 전환이었다(Parham, 2007). 첫 번째 국가 정신건강 계획[AHM(Australian Health Ministers), 1992]은 다음과 같은 우선 순위를 두고 시행하였다 — (1) 소비자의 권리 (2) 정신건강 서비스와 일반 건강 분야 사이의 관계 (3) 정신건강 서비스와 다른 분야의 연결 (4) 서비스의 혼합. 그러나 이 첫 번째 계획을 통해 치료적 개입만으로는 정신질환의 부담을 현저하게 줄일 수 없고, 예방과 정

School Mental Health: Global Challenges and Opportunities, ed. Stan Kutcher, Yifeng Wei and Marc D. Weist. Published by Cambridge University Press. © Cambridge University Press 2015.

신건강 증진을 통한 접근법이 중요하다는 것을 사실을 인정할 수밖에 없었다. 두 번째 국가적 정신건강 계획(AHM, 1998)은 3개의 우선 순위 영역을 두었다 — (1) 정신건강 증진과 예방 (2) 서비스 개혁과 제공에서의 동반자 관계 (3) 질과 효율성. 그러나 이 의제를 진행시키는 방법에 대하여 정신건강 관리 분야 내의 이해가 부족하다는 것이 밝혀졌다(Parham, 2007). 국가적 차원의 정책 입안은 중점을 두어야 할 분야를 찾아내는 것과 같은, 정책과 실천의 영역에 대한 다학제 간의 논쟁과 토의를 포함하고 있다. 이러한 중점 분야로는 주민의 웰빙을 증진시키는 것, 기존의 정신건강 문제를 가지고 있는 개인의 정신건강 증진, 정신건강의 증진과 정신건강 문제의 예방에 대한 조기 개입, 모든 이들의 정신건강 상태를 개선하기 위한 집단별 접근법의 개발(Walker & Rowling, 2007) 그리고 이러한 영역 모두를 다룰 수 있는 적절한 전략을 개발하는 것 등이 포함될 수 있다. 그동안의 전문가 집단이 위험요인들과 질병에 초점을 맞추도록 훈련받아 온 것을 생각하면, 정신건강의 개념을 질병의 관점으로부터 회복탄력성(resilience)과 웰빙의 긍정적 개념으로 재개념화하는 것 또한 하나의 도전이었다. 이런 재개념화를 위해, 호주 정부는 '정신건강 증진과 예방, 조기개입을 위한 국가인권정책기본계획'의 개발을 지도·감독하기 위해 '국가 정신건강 증진과 예방을 위한 특별조사위원회'를 설립하였다. 특별조사위원회는 당시에 호주에서 정신건강과 공중보건 분야를 이끌어가던 핵심 집단의 대표자들로 구성되었다. 각 분야들 사이의 이러한 협력을 시작한 것은 정신건강 분야 단독으로는 바라던 결과를 성취할 수 없었을 것이라는 것을 인정하는 중요한 단계였다(Parham, 2007). 다음으로 어떤 조치들을 취하고 그 목표는 어떤 것이 되어야 할지에 대한 추가적인 토론들이 집중적으로 이루어졌다. 그 초점을 개인의 회복탄력성을 증진시키는 데 맞춰야 할 것인가, 아니면 사회·경제적 환경을 바꾸는 데 중점을 두고 이를 통해 근원적으로 질병을 예방하는 데 초점을 맞춰야 할 것인가? 또한 건강에 부정적인 영향을 미치는 환경을 개선시킴과 동시에 개인의 회복탄력성도 증진시키고자 한다면, 이 작업에 있어 어떤 전문분야가 이 역할을 하게 될까? 이런 여러 가지 고려를 통해 생겨난 기본적인 틀에는, 필요한 서비스의 범위를 책정할 뿐 아니라 정신건강을 증진시키고, 정신질환의 증가를 예방하기 위해 필요한 정책, 프로그램, 조직, 노동력 개발 등 폭넓은 프로그램이 포함되었다.

정신건강 증진을 포함하는 국가적 정신건강 정책 개발의 이러한 폭넓은 접근법이 호주에서 시행한 계획의 고유한 특성이었다. 2000년대 초반에 유럽 4개국의 정신건강 증진을 위한 수용력 분석(capacity mapping)[1]에서는 이 정도 범위는 파악하지 못하였다. 이 연구를 통해 정신건강에 대한 정책을 확인해보니, 정신건강 증진은 우선 사항이 아니었고, 한 나라를 제외한 모든 나라에서 가용 자원의 사용이 매우 결핍되어있음을 확인할 수 있었다. 호주의 정책과 전략적 접근에서, 젊은 사람들에 대한 관심은 단지 서비스의 제공뿐만 아니라, 조기 개입, 인식 제고 촉진, 예방에 대한 것이었다. 덧붙여, 다른 많은 나라들의 접근법과는 달리 개인뿐 아니라 인구 전체의 정신건강과 웰빙에(정신질환보다는) 초점이 맞춰진 정신건강 증진 정책이 매우 필수적인 요소로 나타났다. 이는 전통적인 임상적 서비스 모델을 전체 인구와 환경 그리고 정신건강과 웰빙의 결정 요인을 다루는 모델로 확장시키게 된다. 수많은 핵심 주제가 이 장을 통하여 논의될 것이며, 이를 통해 호주에서의 계획, 구현, 평가에 지침이 된 다학제 간의 이론적·실제적 체계를 탐구할 것이다.

이러한 주제들(프로그램이 구현되는 상황, 학교 정신건강과 교육학적 연구 및 교육 실제의 연결, 실제 프로그램의 구현, 공중보건 집단 접근법)은 학교 정신건강 증진의 새로운 과학적 기반을 확립하고 지속하는 데 도움을 주었다. 정부에서 재정 지원을 하고 있는 중요 학교 정신건강 사업들도 쟁점들을 예시하기 위해 기술하게 될 것이다.

맥락

학교 정신건강에 적용되는 맥락(context)이란 여러 의미를 포함한다. 여기에는 주변(surroundings), 정황(circumstances), 환경(environment) 혹은 배경(background or settings) 등과 같이 그 중요성을 규정하고 상세화하며 분병하게 하는 요인들이 포함된다(http://en.wiktionary.org/wiki/context). 맥락은 프로그램의 실제 적용에 있어서 중요한 고려사항이다. 지원 맥락은 프로그램의 매끄럽고 효율적인 적용을 촉진시키기 위한 구조, 전략, 실행에 초점을 둔다(Weiner et al, 2009). 학교 정신건강 증진이 시작된 맥락에 대한 다음의 짧은 보고서는 이 국가적 계획을 특별한 교육 문화 및 실제 내에 위치시킨다.

---

1 역주 : 내재하는 능력과 가능성을 확인하는 데 목표를 둔 조직의 구조와 자원에 대한 분석

정치적 · 사회적 · 심리학적 환경

호주의 정치적·구조적 맥락에서는 주와 지역의 연방이라는 점을 고려해야 한다. 교육과 건강에 대한 책임은 주와 영연방(국가적)이 공유한다. 국가적 프로그램은 성공적인 적용을 하기 위해 연방의 '동의'를 얻을 필요가 있다. 다양한 건강 문제와 사회 문제가 서로 연결되어있기 때문에 정신건강을 다루는 것은 건강 분야를 다루는 것보다 범위가 더 넓다. 예를 들면, 1990년대 초에 정신건강에 영향을 미치는 요인과 범죄(National Crime Prevention, 1999), 약물남용(Resnick et al., 1999), 학업 성취도(Zubrick et al., 1997)와 연관된 요인들 사이의 연관성이 국제적 병인론적 연구에서 명백하게 드러났다. 여기에는 출석, 학교와 공동체에 대한 소속감, 학교에서 성공할 수 있는 기회 등이 있다. 여러 가지 이념들, 언어, 다양한 실천방식 등이 다양하게 관련되어 나타나는 다학제적 요인들은 정신건강이 교육적 영역의 다른 범위가 될 수 있다는 것에 초점을 맞추고 있다(Rowling, 2002). 이러한 맥락에서 실천과 연구 그리고 정책의 개발의 수평적 연결은 다른 분야의 관점들에 서로 의지함으로써 이득을 보게 된다(Rowling & Taylor, 2005). 수평적 연결은 동등한 관계에 있는 대상들 간의 유대관계를 창조하는 것을 포함한다. 정책 개발과 도입에 관한 건강 분야 연구와 교육적인 연구를 예로 들 수 있다. 또한 정신건강을 건강, 교육, 고용, 사회복지, 정의 그리고 가족 분야와 연결지을 수도 있다. 덧붙여, WHO의 정신건강 보고서(WHO, 2004)는 프로그램들이 다양한 성과에 대해 다루어야 한다고 권고했다. 호주의 국가 정책에서 강조된 실천의 한 가지 측면은 정책의 결정과 자신의 관리에 대한 의사 결정에 있어서의 소비자의 역할이었다. 이런 소비자의 역할에 대한 이해는 젊은이의 삶과 예방 활동의 연결을 극대화하기 위한 효율적인 개입의 개발에 있어 중요한 요소였다. 이는 정신건강과 정신질환이 오로지 개인의 문제가 아니라, 공동체의 보살핌과 지원 안에서 개념화될 필요가 있음을 인식한, Durlak과 Wells(1997)에 의해 권고된 접근법과 일치한다.

이러한 점은 지속적으로 강조되고 있다. 파트너십 형성의 필요성은 2000년대 초반에 미국에서 예방 프로그램을 적용하는 데 적용되고 있다. Ialongo(2002)는 프로그램들을 설계하는 집단들과 계속 진행 중인 프로그램 적용에 대해 책임이 있는 조직들과의 파트너십에 대해 찬성하고 있다. 또한 아동 개개인에게 초점을 맞춘 예방 프로그램은(Greenberg et al., 2001에 의한 고찰을 참조) 아동, 학교 그리고 그 가족에게 동시에 초점을 맞춘 것만큼 효과적이지 않았다. 덧붙여, 1990년대의 학교 건강 증진 연구는 학생들의 건강이 포괄적 접근법에 의해 가장 큰 성취를 이루었다는 것을 일관되게 확인하고 있다(예 : Olweus, 1995).

이러한 맥락에 대한 서술은 학교 정신건강 증진과 예방을 개념화하기 위한 이론적·경험적 토대를 형성하는 정치적·사회적·심리학적 환경의 개요를 제공한다. 청소년들을 이해하고, 그들과 관계를 맺어야 하며, 이런 맥락들이 질 높은 학교 정신건강 증진에 영향을 준다는 점이 이론적·경험적 근거로서 교육의 변화에 대한 연구가 필요하다는 것을 확고히 한다.

학교 정신건강 증진을 위한 새로운 과학적 기반의 창조

학교 정신건강과 교육적 변화를 연결 짓기

이 장에서 이야기할 두 번째 주제는 학교 정신건강에 대한 성과의 평가에 점점 더 많이 사용되고 있는 건강-교육의 결합이다(Dix et al., 2012 참조). 집단 행동과 체계 변화의 복잡한 역동은 학교 내에서 직원과 학생에 의해, 외부 관계자와의 협력을 통해 작동한다. 최근의 학교 건강 증진에 대한 연구들에서는 교육에서의 질적인 실천의 복잡성에 대한 이해가 학교 보건 프로그램에 얼마나 중요한지를 강조하고 있다(Samdal & Rowling, 2013).

Hoyle 등(2010)은 보건 프로그램을 위한 지원을 요청하는 것보다는 '지속적인 학교 개선 노력 안에서 (정신)건강 증진 과정의 적절한 역할을 찾는 것'으로 초점을 바꿀 것을 주장했다(p. 165). 이러한 관점으로부터, 증가된 주관적 웰빙과 건강에 도움이 되는 행동을 위한 궁극적인 건강 증진이란 목표는 종착점일 뿐만 아니라, 교육적 목표와 교육자들의 전제가 된다(Samdal & Rowling, 2013). 최근에 WHO 보고서(Suhrcke & de Paz Nieves, 2011)는 건강의 증진을 교육의 산물로 보는 것에서 교육적 성과를 결정하는 요인으로 보아야 한다는 관점의 전환에 대한 필요성을 강조하고 있다. 주관적 웰빙은 이러한 관점에서 학교에서의 학습과 학업 성취도를 위한 중요한 전제조건일 수 있다(Basch, 2010).

건강 증진의 성과와 연계된 학업 성취를 위한 교육과 학습을 증진시키려는 학교의 변화에 대한 연구 결과 활용의 중요성이 핵심 초점 영역으로 받아들여지기 시작한 것은 최근 몇 년에 불과하다. 이전에는, 건강 증진을 위해 시도한 많은 방법들은 학교에서 학생들의 학업 성적과 어떠한 연결도 하지 않고, 동기도 파악하지 않으며, 단지 건강 행동 변화의 관점만을 토대로 만들어졌다(Valois et al, 2011).

그 후의 접근법의 점진적 변화는 다음과 같은 전제와 승인을 기반으로 하는 연구를 포함한다—교육적 목표, 지속적으로 변화하는 기관으로서의 학교, 건강과 학습 모두를 동시에 증진시키기 위하여 건강 증진에 대한 권한 부여와 참여의 원칙들의 통합(Samdal & Rowling, 2013). 건강과 교육 부분의 이러한 결합은 개입과 개입의 지속 가능성을 갖춘 학교의 구성에 있어 결정적인 요인이다. 그 결과는 학교를 개입이 필요한 아무것도 없는 진공 상태로 취급하는 것이 아니라, 기존의 학교 정책과 활동을 기반으로 한 것을 포함한다.

적용

세 번째 핵심 주제는 프로그램의 실제 적용(implementation)이다. 집단(예 : 학생들, 교사들과 부모들, 건강 관련 인력), 조직 체계(예 : 학교, 정신건강 서비스, 교육 서비스) 그리고 건강 행동의 변화를 야기하고 평가하는 방법에 대한 건강과 교육 분야의 서로 다른 인식론적 입장의 폭넓은 범위를 고려해보면, 학교 정신건강을 위한 실행의 복잡성은 명백해 보인다.

학교에서 구성원들의 건강 접근법은 다시 말해, 건강-증진 학교(WHO, 1998)와 건강한 학교[DfEE(Department for Education and Employment) & Department of Health, 1999]라고 하는 건강 증진을 위한 '환경(setting)'적 접근법으로서 운용되었다. 전-학교적(whole-school) 접근의 중요성은 '일생 전체를 그려보는 것(mapping)과 개인적 삶의 질이나 사회의 화합에 영향을 미칠 수 있는 가능성을 가진 각각의 생활 사건이나 사회적 맥락을 고려하는 것'을 포함하는 웰빙을 다룸에 있어 명확하다(Trewin, 2001:6).

거의 20년 동안, 호주, 캐나다, 영국, 스코틀랜드, 유럽 다른 나라들의 학교는 건강 증진 학교를 창조하는 학교 보건을 위한 환경적 접근법(setting approach)을 실행해왔다. 그러나 질적인 측면에서의 구현은 다양한 지침과 지표의 개발에도 불구하고 이루어지지 않고 있다(Samdal & Rowling, 2011). 이 기간은 호주에서 학교 정신건강 증진 사업이 막 시작되었던, 프로그램을 도입하고 실천해보던 상황이었기 때문이다. 교육적 목표에서 이런 프로그램들의 구현과 관련된 쟁점은 지속적으로 변화하는 기관으로서 학교 바라보기, 호주의 국가적 전략에 있어 학교 정신건강 증진 구현에 중요한 영향 요인으로 드러나고 있는 권한 부여와 참여의 원칙들을 통합시키기('국고 지원된 호주의 개입에 대한 보고서'의 기술을 참조)와 같은 것들이다.

공중보건적 접근

이 장에서의 네 번째 주제는 국가적 정책 입안자가 공중 보건의 관점을 취한 것으로, 1990년대 초반에는 전 세계적으로 유일무이한 것이었다. 공중보건의 영향력은 정책 체계 내에서 명확하다. 개념적 체계는 웰빙의 관점에서 정신건강을 정의하고, 정신건강에 영향을 미치는 사회적·경제적 결정 요인들을 포함하는 건강에 대한 사회적 시각을 포괄한다. 공중보건 정책은 건강이 일상 생활의 환경(예 : 가족, 학교, 직장, 공동체) 안에서 창조되는 것임을 강조하는 건강 증진 체계를 지원한다. 그렇게 함으로써, 건강에 대한 전체론적인 체계 안에서 정신건강을 바르게 위치시킨다(Parham, 2007). 기본적인 원칙은 정신건강이 전체적인 건강에 필수적이고, 그러므로 보편적 타당성을 가지고 있다는 것이다. 단순한 교육 또는 위험군 학생들에 대한 단기 개입을 통해 특정한 건강 문제를 예방하는 데만 초점을 맞추기보다, 최근 수년간 학교 건강 증진은 전-학교적(whole-school) 공동체에 초점을 맞춰왔다.

맥락, 건강과 교육의 결합, 실제 프로그램의 구현, 공중보건 접근법의 주제를 하나로 통합하는 것은 학교 정신건강 증진을 위한 새로운 과학적 토대를 제공할 수 있다.

호주의 국가지원 사업에 대한 고찰

15년 이상에 걸친 학교 정신건강 증진과 예방에 대한 호주의 혁신은 학교 정신건강 증진과 예방에 대한 질적 향상을 위한 계획, 실제 구현, 평가와 보급의 필수적 요소들을 분명히 보여준다. 1990년대의 첫 번째 도전 중 하나는 사용될 정신건강 또는 웰빙에 대한 언어(정신질환과 동의어였고, 심한 낙인을 짊어지게 만들었던)를 결정하는 것이었다. 프로그램 개발자는 학교 환경에서 실제 구현에 장애물이 될 정신질환의 의미를 함축하는 '정신건강'이라는 용어를 사용하는 대신에, 교직원과 부모들 사이에서 인식 제고를 위해 중요하고 필요한 과정으로 여겨질, 낙인을 없애는 언어와 개념을 결정했다.

파트너십 그리고 긍정적인 개념으로서의 구성원의 건강 및 정신건강에 대한 공중보건 정신건강 정책의 맥락 안에서, 'MindMatters(마음이 중요하다)'라는 학교 정신건강 증진 사업을 포함하여 몇몇의 국가적 계획이 재정지원을 받게 되었다(Rowling, 2007). MindMatters 사업은 1997년에 시작되었고, 학생의 참여와 소외를 포함하는, 교육에 있어서의 모범적인 실천에 대한 당시의 최신 지식을 이용했다(Cumming, 1996). 특정한 학교의 '성장' 상태에 '맞출' 필요가 있는 전략(Hopkins et al., 1997), 실천 시간의 타당성(Huberman & Miles, 1984), 혁신에 관여하고 있는 학교의 가변성(Fullan & Steigelbauer, 1991), 교사의 능률 개발(Ross et al., 1996), 다양한 지원 전략이 학교 변화의 다양한 단계들에 필요하다는 연구 결과(Hopkins et al., 1997)가 그것이다. 이러한 지식은, 비록 시험용 자료에 대한 가용 기간과 같은 몇몇 결정들은 자금을 제공한 기관에 의해 결정되긴 하였으나, 교과 과정, 전문성 개발, 시험용 자료들의 구성 방식 등의 결정에 영향을 미쳤다.

MindMatters

MindMatters는 학교 정신건강과 웰빙 증진, 예방 그리고 조기 개입의 장기적 구현에 대한 독특한 예이며, 수많은 방법으로 새로운 경지를 개척했다. 10년이 약간 넘는 짧은 기간 내에, 호주 전체 중등학교들이 정신건강과 웰빙을 다루는 방법을 바꾸는 데 기여했다. MindMatters 교육자료는 전 세계적으로 그리고 호주의 학생들에게 정신건강 증진을 위한 첫 번째 포괄적인 전-학교적 접근법을 제공했다(Wyn et al., 2000). 초기의 시험용 자료는 1997년 한 해 동안 활동 중인 교사와 정신건강 전문가 팀이 협의하여 개발하였다. 1년간 시행되는 전국가적 시범 사업이 1998년에 시작되었다. 학교들은 우선적으로 관심을 두고 주의해야 할 영역을 확인해주었다. 각 학교는 그들에게 '비판적 동지'로서의 역할을 할 프로젝트 팀의 구성원을 가지고 있었고, 학교가 이 실험을 실제 구현할 때 선택한 특정 요소들에 대해 추후 피드백을 주도록 했다.

12개월의 실험이 정신건강의 성과를 측정하기에는 너무 짧은 기간이었다는 것을 알고는 있었지만, 정신건강의 관점에서 예산을 배정한 기관의 핵심적인 희망 목표 중 하나는 이 실험으로 인해 어떠한 피해도 없어야 한다는 것이었다. 이것은 심리적 분야에 다른 분야의 사람들이 관여를 해서는 곤란하지 않을까 하는 정신건강 전문가들의 두려움을 나타낸 것이다. 흥미롭게도, "해를 끼치지 말라."라는 말은 보다 큰 규모의 보급을 하기 전에 효력을 증명하기 위한 기준으로 인정되었다(Flay et al., 2005). 교육 부문에서, 학교 정신건강을 위한 건강 증진 접근법으로의 변화는 외부인에 의해 개발된 프로그램을 받아 쓰는 존재로부터 학교 공동체의 관여와 소유를 기반으로 하는 접근법을 시도하기 위해서, 교사들의 역할이 재형성되고, 정신건강 부문과의 동반자적 관계를 재개념화하는 것을 통해서 시도되었다. 학교 수준에서 교사들에게는 다음과 같은 것이 요구되었다.

1. 학생들의 정신건강, 학교에 대한 소속감 그리고 학업 성취도 사이의 연결을 확신한다.
2. 정신건강과 웰빙을 전-학교적 변화에 포함시키기 위해, 자신의 역할을 인식하고 자신의 작업을 향상시키며 개선하도록 훈련과 자원을 제공받는다.

MindMatters의 실제적 구현은 어떠한 혁신의 성공을 위해서는 교사들의 전문성 개발이 필수적이라는 점에 기초를 두고 있다(Fullan & Steigelbauer, 1991). 덧붙여, MindMatters에서 취한 접근법은 이러한 맥락 안에서 조직 구조, 사회적 환경, 개인의 중요성에 초점을 맞춘다. MindMatters의 도입은 정신건강을 하나의 '건강 주제'로 인식하는 것이 아니라 핵심 교육 사업 안에 두기 때문에, 단일 주제의 건강 교육 프로젝트와 구별될 수 있다. 이것은 학생들의 개인적 결손을 강조하고 개인의 행동 변화 모형에 초점을 맞춘 접근법으로부터 탈피하고 있다는 중요한 변화를 나타낸다(Sheehan et al., 2002).

교과 과정 교재는 학생들의 학습을 위해서는 그들이 아이디어와 개념을 가지고 적극적으로 참여할 필요가 있다는 점을 바탕으로 만들어진다. 교실에서의 교육 자료는 학생들을 활동의 중심에 두고, 교사들은 촉진자로서 역할을 하게 된다. 프로그램 회기의 많은 시간을 학습을 증진시키고, 기술을 개발하기 위해 경험을 중점에 두고, 상호작용하는 교수법을 사용한다. 학생들이 경험하는 것에서 숙고하는 태도로 이동하도록 돕는 데 길잡이가 있는 토론법(guided discussion)이 사용된다. 토론과 활동의 과정은 학생들이 추가적인 조사를 하고 그들의 경험을 공유하며, 구체적이거나 경험적인 토대가 없다면 어려웠을 법한 개념화와 인식의 수준에 도달할 수 있도록 개념과 언어를 발전시키는 것을 돕는다.

주와 자치령의 정치적 맥락을 고려해볼 때, 시험적 프로그램의 도입과 더 광범위한 보급을 위한 전략적 행동은 공교육과 건강 분야와 체계에 참여하고 자문을 해주는 시도였다. MindMatters가 성공적이기 위해서는, 참여와 소유가 다른 수준에서 일어날 필요가 있다 — 개인, 학교, 교장과 다른 학교 지도자, 주와 자치령의 자치권 그리고 여러 분야들(Rowling & Hazell, 2014). 시험적 프로그램에 포함시키기 위한 중요한 기준은 교장을 포함하여 프로젝트에 책임을 지는 스태프로 이루어진 팀의 선정을 통한, 정신건강 교육과 증진을 다루는 학교의 헌신적 노력이었다.

건강 증진 사업의 성과(Nutbeam, 2000) 측면에서 1년간의 실험은 건강 지식, 사회적 행동과 그 영향, 건강한 공공 정책 그리고 조직적인 실천의 중간 결과가 성취되었음을 증명하였다. MindMatters 개입 실험(Wyn et al., 2000)의 실제 구현에 따른 결과는 다음과 같았다.

- 학교 집행부의 지원이 대단히 중요했다.
- 교사들의 능력을 기르기 위한 전문성 개발이 필수적이었다.
- 실험 교재가 적절하고 이용이 쉬웠으며, 교실과 전-학교적 활동에 모두 제공되었다.
- 학교는 지역 서비스 제공자와 좋은 관계를 형성할 수 있었다.
- 학교는 전-학교적 접근법을 도입하는 데 어려움을 겪었다.
- 건강 증진 학교의 체계는 현재 시행되고 있는 것과 일치했다.

그러나 정신건강 증진의 성과가 12개월간의 실험을 통해서는 밝혀지지 않았기 때문에 MindMatters의 성공에 대한 의문이 제기되었다. 이것은 '능력 계발, 정책 개발, 개선된 교육과정, 더 나은 관계, 더 가까운 협력자 관계와 같은 정신건강 증진의 중간 결과가 타당하고, 측정 가능하며, 더 지속 가능한 정신건강 사업의 성과와 연결될 수 있을지에 대한 동의의 부족'이라는 학교 정신건강 증진 사업의 딜레마 중 하나를 보여주는 것이다(Sheehan et al., 2007: 125).

중등학교에 대한 MindMatters의 국가적 보급은 2000년에 시작되었다. 10년이 지난 2010년에 호주 교육 연구 협의회(Australian Council of Educational Research, ACER)

에 의해 시행된 평가 조사에서 다음과 같은 중요한 수준에 도달하였다는 것이 확인되었다.

- 학교의 98%는 MindMatters를 알고 있었다.
- 학교의 68%는 MindMatters를 도입하기 위해 핵심 팀을 운영했다.
- 학교의 65%는 교과 과정의 자료로 MindMatter를 활용했다.
- 학교의 38%는 정신건강 증진을 위한 핵심 기획자로 MindMatter를 사용했다(ACER, 2010).

효율성의 관점에서 보면, 15개의 실험 학교 중 13개의 학교가 3년간의 실제 구현 기간 이후에도 지속적으로 MindMatters를 사용했다. 이 중 10개 학교는 정규 교육과정이나 정책 또는 새로운 체계에 MindMatters를 많은 부분 반영하였다.

정신건강 사업의 성과는 학생 코호트를 통해 평가되었다. 전체적으로 보면, 개선의 방식(pattern)은 Healthy Kids Survey(건강한 아동 조사)에서 사용하고 있는, '자율성 경험', '학교 애착', '효과적인 도움 요청'과 같은 영역을 기준치로 해서 3년간의 평가를 통해 확인되었다. 이에 따르면, MindMatters 실행 이전의 동등한 학년 수준의 대조군에 비하여, 학생들 스스로가 더 높은 수준으로 학교와 연결되어있고(학교로부터 관심을 받고 있고 긍정적인 성취를 위해 강화됨), 더 높은 수준으로 의사 결정에 참여하며(학급 활동, 긍정적 변화를 가져옴), 자신들의 문제에 대해 도움을 구하고자 할 때 누구를 찾아가야 하는지에 대해 더 높은 수준의 지식을 가지고 있다고 보고하고 있다(Rowling & Hazell, 2014).

MindMatters는 현재까지 호주 전체에서 2차 등록을 한 2,678개(83%)의 학교에서 평가된 전문적인 학습법을 활용하여, 계속적으로 모든 학교 제도와 교육 분야에 포함되고 있다(www.mindmatters.edu.au). 평가 결과(Rowling & Hazell, 2014)를 기반으로 하여 MindMatters의 개정은 약 7년간의 실행 후에 이루어졌다. 전-학교적 접근법의 실제 구현은 학교들이 실제 구현 모델의 창조를 통해 만들어진 교육자료들을 도입하면서 강화되었다.

학교 공동체에서 돌봄의 경로를 파악하기 위한 추가적인 전략인 MindMatters+는 2002년부터 시행되었다. 이 프로그램은 정신건강 측면에서 많은 도움이 필요한 학생들을 지원할 수 있는 중등학교의 능력에 초점을 맞추고 있었다. 특히 이 프로그램은 정신 건강 측면에서 도움이 필요한 학생들의 조기 식별, 예방적 개입의 실행, 정책 그리고 위험에 처한 학생들을 지원하기 위한 전략, 학생들의 웰빙을 위한 지원을 강화하기 위해 공동체 협력의 개발을 장려하는 것을 포함하고 있었다(Anderson, 2005). 프로그램들의 지수가 준비되었고, 교직원, 학교 기반 심리학자 그리고 다른 보조원들에게 전문적인 학습경험도 제공되었다(Anderson & Doyle, 2005).

MindMatters와 MindMatters+가 학교에 성공적으로 흡수된 이후, 초등학교를 위한 자원인 'KidsMatter(어린이가 중요하다)'를 개발하고 실험하는 데 국가적 재정 지원의 가능성이 열렸고, 유아기를 위한 재료인 KidsMatter Early Childhood(초기 아동기 어린이가 중요하다)가 뒤를 이었다.

KidsMatter

2007년과 2008년에 시행된, 초등학교 정신건강의 증진·예방·조기 개입(Promotion, Prevention, Early Intervention, PPEI)에 관한 시험 프로그램인 KidsMatter(KM)에서 전-학교적 실제 구현체계가 시도되었다. 여기에서 사용된 과정 안내서와 핵심 자원의 체계의 네 가지 요소는 다음과 같다 ─ (1) 긍정적인 학교 공동체 (2) 학생을 위한 사회적·정서적 학습 (3) 양육 지원과 교육 (4) 정신건강 문제가 있는 학생을 위한 조기 개입 (Graetz et al., 2008). 다음과 같은 주의 깊게 설계된 실제 구현 과정이 계획되었다 ─ (1) 스태프가 계획과 도입의 모든 단계에 직접 참여해서 반드시 주인 의식을 갖도록 함 (2) 학교 지도부로부터의 적극적인 지원과 참여 (3) 스태프에게 전문성 학습 제공 (4) 계획을 효과적으로 실행함에 있어 스태프의 기술과 자신감을 향상하기 위한 후속 지원 (5) 계획이 각 학교의 특정한 필요에 맞게 조정될 수 있도록 하는 융통성(Graetz et al., 2008).

실험 학교에서는 다양한 자원을 이용할 수 있었다 ─ 시행 매뉴얼(설명서), 학교 평가 도구, 학교가 각각의 요소에 접근할 수 있도록 하는 '프로그램/패키지'의 프로그램 안내서, 전문성 개발을 수행하고 지속적인 지원을 제공하는 주/자치령의 프로젝트(기획) 담당관, 전문성 개발 패키지, 부모와 보호자를 위한 정보 안내서, 부가 정보와 서비스 지원이 제공되는 자원 패키지, 학생 등록 숫자에 알맞은 규모의 학교 기반의 자금 조달.

이 프로그램의 평가에는 교사와 학부모/보호자 조사, 강점·난점 설문지(Strength and Difficulties Questionnaire, SDQ)를 이용한 학생의 정신건강 평가 결과가 이용되었다. 그 결과 2년간의 실험을 통해 KM 체계의 네 가지 요소 모두에 변화가 있었다는 점을 파악하였고, 따라서 교사, 학부모/보호자 그리고 어린이들에게서 긍정적인 변화가 일어 났다는 것을 밝혔다. 학생의 정신건강에 있어 통계적으로나 실제적으로 중요한 개선이 (정신건강의 어려움을 감소시키고 정신건강의 강점을 증가시키는 것에 관해서) 이루어 졌고, KM의 효과는 실험 시작 당시 정신건강 문제가 높은 수준이라고 평가되었던 학생 에게서 더 분명하게 드러났다. 특히, 이 실험 기간 동안 비정상에 속하거나 경계선 범위 의 학생들의 경우에 유의한 호전이 관찰되었는데, 비정상 범위에 있는 학생에게는 중간 정도의 효과 크기(effect sizes), 경계선 범위에 있는 학생들에게는 작은 효과 크기로 나타 났다(Slee et al., 2009).

프로그램의 실행에 관해서는, 학생들을 위한 사회적·감성적 학습의 분야에서 대부분 의 절차가 시행되었고, 최소의 과정만이 양육 지원, 교육 그리고 학생을 위한 조기 개입 의 분야를 위해 시행되었다. 학교 정신건강에 대한 교사의 능력에 대한 정보가 4회에 걸 쳐 수집되었다. 그 결과, 교사들이 사회적·정서적 능력에 대해 학생들을 가르치는 데 있어 자신들의 지식, 능력, 자신감에 대한 스스로의 능력이 향상된 것을 알게 되었다. 부모들에 대해서도 4회에 걸쳐 정보가 수집되었다. 여기서는 KM의 결과로 부모들이 학 교의 일에 좀 더 참여하게 되었고, 사회적·정서적 문제들을 가진 자녀들을 돕는 능력이 증가했다고 강력히 수긍하는 부모의 숫자에 작은 증가가 있었다(Slee et al., 2009).

연구자들은 다음과 같은 많은 수의 잠재적 한계점들을 지적했다.

- 리더의 역할이 쉽지 않다는 점, 특히 학교 공동체 내에서 태도, 신념, 행동의 변화를 유발할 수 있도록 리더십이 계속 변화해야 한다.
- KM-유형 개입의 지속성은 프로그램을 시행하는 교직원, 특히 지원과 자원의 공급을 유지하는 시행 팀의 능력에 의해 결정된다(Slee et al., 2009).

KidsMatter Early Childhood

KidsMatter Early Childhood(초기 아동기 어린이가 중요하다, 이하 KMEC)는 초기 아 동기 서비스를 위해 특별히 설계된 국가적 정신건강, 즉 건강 증진, 예방, 조기 개입에 관련된 사업이다. 이 프로그램에서는 어린 아동들의 삶에 중대한 영향을 미치는 사람들과 다양한 공동체와 건강 전문가에 가족과 유아기 전문가를 포함시키고, 이들은 중요한 발달 단계의 이 시기 동안 어린 아동들의 정신건강에 긍정적인 영향을 주기 위해 협력한다(Slee et al., 2012).

KMEC의 실행을 추적 관찰하는 데는 세심한 주의를 하게 하였다. 프로그램을 위한 지수(index)가 평가를 목적으로 개발되었고, KidsMatter 주요 실천 지수(KidsMatter Primary Implementation Index)를 만들기 위해 착수된 초기 작업에 기반하여 만들었다(Dix et al., 2010; Slee et al., 2009). 이 초기 작업에는 Domitrovich(2008)의 이론적 체계와 세 가지 범주(정확도, 적정량, 전달의 품질)가 사용되었다(Slee et al., 2012: 18). 다양한 요인들이 KMEC 사업을 촉진시키는 것으로 확인되었고, 리더십, 주도적 참여, 지원 구조, 외부기구와의 연결과 같은 요인들이 프로그램 도입에 관한 지수에 사용되었다. 예를 들어, '전달 시스템의 질' 항목에서, 응답자가 "이 유아기 서비스에서 KMEC의 실행을 이끌어가는 데 있어 리더십은 얼마나 효과적이었는가?"라는 질문을 받았다.

KMEC에 활용된 체계는 아래의 네 가지 요소를 포함하고 있다.

1. 공동체 의식의 창조 : 소속감, 유대감 그리고 모든 어린이와 가족이 포함된 느낌의 증진
2. 어린이의 사회적·정서적 기술 개발 : 이러한 기술을 가진 어린이는 보다 쉽게 스스로를 관리하고, 다른 사람과 관계를 맺고, 갈등을 해결하며, 스스로와 자신을 둘러싼 세상에 대해 긍정적으로 느낀다.
3. 학부모, 보호자와 함께 일함 : 학부모, 보호자와 함께 참여하는 것은 유아기 서비스가 양육, 아동 발달, 정신건강에 대한 정보의 접속 지점으로 작용하고, 어린이의 경험과 활동에 대한 정보를 공유할 수 있도록 해준다.
4. 정신건강의 어려움을 경험하고 있는 어린이를 돕기 : 어린이와 그들의 가족에 유아기 서비스가 유의미한 접촉을 할 수 있기 때문에, 서비스는 문제를 조기에 확인하고, 어린이를 돕는 전략을 실행하며, 그들의 가족이 추가적인 도움을 구할 수 있도록 돕는 데 효과적인 위치에 있다(Slee et al., 2012).

실제 프로그램의 도입은 KMEC의 네 가지 요소 각각에 관련된 전문적인 학습을 전

달하고 초기 아동기 교육을 돕고 지도하기 위한 방문서비스를 제공하는 체계를 실행한 프로그램에서 이미 작업을 해본 조력자와 상세 사업계획 전체를 운영해본 관리직원들에 의해 시도되었다. 그들이 제공하는 서비스의 강점을 확인할 기회를 주면서, 전문적인 학습이 각 서비스에 제공되었다. 덧붙여, 각 KMEC의 시험적 서비스는 유아기 정신건강과 웰빙을 증진하는 서비스를 돕고, 그들의 돌봄 안에서 어린이의 정신건강 요구에 응하기 위해 다양한 근거 중심의 자원들을 공급받았다.

KMEC 조력자는 효과적인 프로그램의 구현을 도와주는 세 가지 주요 요인을 보고했다.

1. 리더십 : 강력하고 주도성에 초점을 둔 리더십
2. 스태프 참여 : 스태프가 참여하고 주도성에 대한 동기가 있어야 함
3. 스태프 헌신 : 스태프는 아동의 정신건강을 향상시키는 데 대한 강한 믿음과 헌신을 가지고 있어야 함

프로그램의 실제 구현에 관한 지수의 적용은 2년에 걸친 서비스의 중요한 변화와 KMEC 계획의 영향을 연결시킬 수 있는 연구자의 능력을 강화했다. 이 프로그램 도입의 질에 주된 영향을 미치는 요인이 이 서비스에서 나타난 한부모 가정의 비율이라는 것과 함께, 프로그램 도입의 질이 프로그램의 성과에 큰 영향을 미칠 수 있는 것으로 나타났다(Slee et al., 2012). 사회경제적 취약성은 부모가 학교와 연결되는 것에 악영향을 줄 수 있어서 그들이 참여하고 함께 일할 수 있도록 추가적인 방법이 필요할 수 있다.

이러한 개입에 대한 이 간략한 보고서는 정책적 지원의 구축과 각각의 프로그램이 계획되고 시행된 것에 따라 발생하는 평가 기술을 예를 들어 보여주고 있다. 평가자는 학교 정신건강 증진과 예방의 복잡성에 직면하였고, 양질의 프로그램 도입과 정신건강과 교육의 성과 모두를 평가하기 위한 도구를 설계하고 개발했다.

반응-능력

1990년대의 MindMatters를 도입하는 과정 중에, 교사를 수련시키는 3차 기관을 위한 지원이 필요했다는 것이 분명해졌다. 호주 정부는 아동과 학생의 정신건강 관련 사안에 대해 3차 기관에서 교사들의 예비 훈련을 위한('반응-능력'이라고 이름 붙여진) 자원을 개발하기 위해 헌터 정신건강 연구소[HIMH(www.himh.org.au/home)]에 기금을 제

공했다(www.responseability.org/home/about-response-ability에서 상세한 내용을 확인할 수 있음). 학교에서 일하기 위해 훈련 중인 사람들은 긍정적인 정신건강과 학습 성과를 이끌어내기 위해 적용하게 되는 핵심적 원칙과 수행 방식에 대하여 알 필요가 있다. 이 서비스에 포함되기 위해 사전 교육을 받고 있는 교사를 위한 핵심 메시지는 모든 학생의 회복탄력성과 웰빙을 증진시키고, 어려움을 경험하고 있는 학생을 파악하며, 그들이 적절한 상담 또는 다른 도움을 선택할 수 있도록 돕고, 교사 자신과 동료들의 웰빙을 보호하는 것을 포함하고 있다(Kemp et al., 2007). 1997년에는 호주에서 만들어진 획기적인 멀티미디어 자원이 HIMH의 스태프들의 지속적인 지원을 통해 3차 교육자와 그 학생들에게 폭넓게 사용되게 되었다. 이 작업을 토대로, 최근 자원은 사회적·정서적 웰빙을 위한 6쪽짜리 교사용 지침서이며, 체계와 사실적 정보 그리고 사례 연구뿐만 아니라, 그들이 마주하게 되는 상황에 따라 적용할 수 있게 한 자료들을 포함하고 있다. 이 체계는 머리글자 CHILD(Create, Help, Identify, Link, Develop)를 사용한다.

- **Create** : 웰빙, 자기계발, 학습을 증진시키는 안전하고 지지적인 환경을 만들어라.
- **Help** : 효과적인 사회적·정서적 기술을 개발하고 행동을 관리할 수 있도록 아동과 학생을 도와라.
- **Identify** : 정신건강과 웰빙을 위해 추가적인 지원을 필요로 할 수 있는 아동, 학생, 가족들을 찾아라.
- **Link** : 정신건강과 웰빙을 위해 추가적인 지원이 필요한 어린이, 학생, 가족들을 연결시켜라.
- **Develop** : 웰빙을 지원하기 위해 더 폭넓은 조직적인, 학교 공동체 전략을 개발하라.

업무 흐름도(flow chart)는 독자들의 관심의 대상인 아동과 학생들을 돕기 위한 문제를 해결할 때 도움이 된다. 웰빙을 유지하기 위한 개인적·전문가적 전략에 대한 의견들을 통해 교사의 웰빙 또한 다루고 있다.

KMEC 프로젝트와 연관하여 가장 최근에 개발된 것은 아동에 대한 서비스 교육자(Children's Service Educator)의 요구에 초점을 맞췄다. 학교를 위한 교사용 지침서와 공통성이 있기도 하지만, 서비스 제공자의 요구에 초점이 맞춰진 특정한 영역도 있다. 예를 들어, 어린 아동에서 고려해야 할 사항은 다음 영역을 포함한다 — 발육 이정표에 맞는 성장의 실패, 제한되고 반복적으로 보이는 질 낮은 놀이, 항상 불안하고 내성적이고 두려워하거나 화가 난 상태, 말을 하지 않거나 의사소통을 적절하게 하지 못하는 것(가정에서의 문화와 언어를 고려할 것). 이 지침서에서는 다음과 같은 가족과 공동체 상황에 대해서도 큰 관심을 가지고 있다 — (1) 지나치게 통제하거나 가혹하거나 비판적이거나, 비일관적인 양육 태도 (2) 어린이의 건강, 활동, 발달에 학부모/보호자의 관여가 부족함 (3) 육체적·성적·정서적 학대, 방임 혹은 심리적 외상의 경험 (4) 해결되지 않은 상실과 슬픔 (5) 보호자의 정신질환.

지속 가능성

정부자금으로 시행된 이 사업에 대한 보고서는 MindMatters의 10년 이상의 작업뿐만 아니라, 최근의 KMEC도 포함하고 있다. MindMatters의 지속 가능성은 중요한 성취이다. 학교에서의 전문 지식이 학교 정신건강 증진과 예방의 중요성과 관련해 성장하는 동안, 전문적 개발이 필요한 새로운 영역이 발달하기 시작했다. 2000년에 중앙 정부에서 시행한 핵심 전략은 MindMatters의 보급을 전국 교장 협회에 위탁하는 것이었는데, 이는 지속 가능성의 추진 요인으로서 학교 지도부의 핵심적 역할을 인식했기 때문이다 (Fullan & Steigelbauer, 1991).

　지속 가능성은 도입 초기부터 계획되어야 하고, 지속적인 조직의 변화를 보증하기 위해 최소한 10년의 기간 동안 지속적으로 유지할 필요가 있다(Samdal & Rowling, 2013). 지속 가능성의 쟁점은 이 장에서 제시된 많은 계획들 안에서도 드러나 있다. 학교 내에서 진행 중인 검토 과정, 지원, 활동에 기여하기 위해, MindMatters 내에 보상 체계가 시작되었다. 'MindMatters 학교' 과정의 인증은 MindMatters 체계를 이용하여 학생 정신건강과 학습 성과를 개선하기 위해 집중적이며 전략적인 방식으로 일하고 있는 학교와 학교 지도부를 승인하기 위해 만들어졌다. 이 인증은 2010년부터 시행되었다. 학교가 MindMatters 인증을 받기 위해서는, 장기간에 걸쳐 세부 기준을 이행하면서 정신건강과 웰빙을 위한 전-학교적 접근을 수행하고 평가도 지속해서 받아왔다. 학교가 'MindMatters 학교'로서의 요구 조건을 충족시킬 수 있도록 하는 활동의 몇몇 사례들은 다음과 같다.

- 리더십은 학생과 교직원의 정신건강과 웰빙을 유지하기 위한 체계를 구축한다.
- 학교의 전략적 계획은 정신건강을 구축하고 유지하기 위한 약속과 계획된 전략을 명시한다.
- 핵심 전담 팀이 정신건강을 위한 전-학교적 접근에 대한 상세 사업 계획을 개발한다. 정보를 수집하여 활동을 알리고, 과정을 모니터링하며, 이해 당사자들에게 보고하는 데 지속적으로 사용된다.
- 필수 과정은 지식과 기술의 보급을 포함하여, 스태프를 위한 적절한 전문적 학습을 선택하고 시행하는 데 사용된다.
- 전체 학교 공동체를 통한 의사 소통과 관계가 긍정적이고, 정중하며, 건강을 증진시킨다.
- 자원들(인원, 시간, 재정과 물리적 공간)을 찾아내고, 정신적으로 건강한 학생들을 길러내고 유지시킬 수 있도록 적절히 할당된다.
- 가르침과 학습의 실천은 학생으로 하여금 학업 성적의 향상뿐만 아니라, 정신건강과 웰빙을 구축하고 유지시키기 위한 학습에 참여하게 한다.
- 예를 들면, 목회자의 보살핌이나 멘토링을 통해 학생의 사회적·정서적 요구가 학습과 함께 고려된다.
- 학교는 학교 안팎에서 가족 및 공동체와 더불어 정중하고, 활발하며, 가시적인 참여와 동반자적 관계를 가지고 있다.
- 외부 기구와의 동반자 관계와 소통 경로가 서비스, 소개, 피드백을 제공하기 위해 확립되었다.

이러한 요구 조건들은, 만약 효과적으로 시행되기만 한다면 학교 정신건강 증진의 질에 도움이 되는 맥락을 창조하고 유지시키게 된다.

실행의 딜레마에 대한 연구가 최근에 KMEC 보고서에서 확인되었다. 이 보고서에서는 다른 장소에서도 효과적인 KMEC 사업의 지속 가능성은 이 실험 프로그램에 관련된 지원과 자원이 상당한 규모로 유지될 수 있는지에 달려있다고 밝히고 있다(Slee et al., 2012). 이러한 우려는 프로그램 도입 구상 단계에서 프로그램의 지속 가능성에 대한 고려가 부족했던 결과일 수 있다.

결론

많은 핵심 주제들이 이 장을 통해 반복되고 있다. 건강 개입의 영향에 대한 평가는 질적인 프로그램의 시행 부족으로 어려움을 겪었다(Domitrovich & Greenberg, 2000; Durlak & DuPre, 2008; Samdal & Rowling, 2013). 정신건강 사업의 성과와 교육의 성과 사이의 관계에 대한 관심이 증가하고 있다(Slee et al., 2009; Dix et al., 2012). 이 장의 앞부분에서 KidsMatter의 평가에 있어 프로그램 실천 지수의 사용에 대해 언급하였다. 이 지수는 사회적-정서적 능력의 개발에 대해서 잘 시행을 하는 학교와 제대로 시행을 하지 못하는 학교를 구별할 수 있게 한다(Slee et al., 2009). 그러나 Dix 등(2012)이 지적한 것처럼, 이 평가는 학업 성적에 대한 사회적·정서적 능력을 조사하지도 않았고, 가족의 사회 경제적 지위의 영향에 대한 제어도 하지 않은 결과였다. 이러한 격차는 호주 국립 평가 프로그램-문자 사용 능력과 수리 능력(NAPLAN)의 결과를 이용한 분석에서 다루어졌다(ACARA, 2008). 그 결과 KidsMatter가 잘 실행된 학교에서 역시 학생들의 학습에 대한 결과도 개선되었다는 것을 보여주었고, 그것은 사회경제적 배경의 어떠한 영향에도 관계없이, 7세 학생들이 6개월간 학교 교육을 더 받은 것과 상응하는 정도의 차이였다.

이 장의 초반에 기술된 것처럼, 건강 증진 학교에서의 전-학교적 접근법은 질적인 건강-증진 프로그램으로 수년간 이용되었다. 이 장에서 기술된 호주의 학교 정신건강 증진을 통해 많은 것을 배울 수 있다. 이는 전-학교적 활동을 위한 여덟 가지 요소의, 최근에 제시된 체계로 가득하다(Samdal & Rowling, 2013). 이 학교 건강 프로그램 도입을 위한 근거 중심 체계는 건강-증진 학교 프로그램에 대한 메타분석으로부터 개발되었다. 그 체계는 다음과 같이 확인된 여덟 가지의 핵심 요소로 구성된다─(1) 학교 개발을 위한 준비와 계획 (2) 정책과 기관의 정착 (3) 전문성 개발과 학습 (4) 지도력과 관리 실제 (5) 관련된, 조직의 지원 맥락 (6) 학생 참여 (7) 동반자 관계와 네트워킹(정보망 형성) (8) 지속 가능성.

프로그램의 질적인 면을 측정하기 위해 이 작업을 활용하는 것은 향후 연구와 평가에 대해 기대하게 한다. 이 장은 비록 특정한 나라인 호주의 맥락에서 기술되었지만, 기술된 내용 전체에서 보이는 것처럼, 세계적인 교육과 학교 정신건강 활동에 확고한 기반을 두고 있다.

참고문헌

ACARA (2008). *National report: Achievement in reading, writing, language conventions and numeracy*. Canberra; MCEECDYA. Retrieved 16 September 2013 from www.naplan.edu.au/verve/_resources/2ndStageNationalReport_18Dec_v2.pdf

ACER (Australian Council for Educational Research) (2010). *MindMatters evaluation report*, Camberwell: ACER. Retrieved 16 September 2013 from: www.mindmatters.edu.au/about/evaluation/acer_evaluation_2010.html.

AHM (Australian Health Ministers) (1992). *First national mental health plan*, Department of Health. Retrieved 8 March 2014 from: www.health.gov.au/internet/publications

AHM (1998). *Second national mental health plan*, Department of Health and Family Services, Commonwealth of Australia. Retrieved from: www.mhnocc.org/resources/national_outcomes_and_casemix_collection/plan2.pdf

Anderson, S. (2005). Key factors in supporting students with high needs in mental health: discussions with the MindMatters Plus demonstration schools. *Australian Journal of Guidance &Counselling*, 15:2, 214–219.

Anderson, S. and Doyle, M. (2005). Intervention and prevention programs to support student mental health: the literature and examples from the MindMatters Plus initiative. *Australian Journal of Guidance & Counselling*, 15:2, 220–227.

Basch, C. E. (2010) *Healthier students are better learners: A missing link in school reforms to close the achievement gap*. Equity Matters: Research Review No. 6. Retrieved 10 November 2011 from: www.equitycampaign.org/i/a/document/12557_EquityMattersVol6_Web03082010.pdf

Cumming, J. (1996). *From alienation to engagement: Opportunities for reform in the middle years of schooling*. Belconnen, ACT: Australian Curriculum Studies Association.

Department for Education and Employment and Department of Health (1999). *National healthy school standards*, London: Department for Education and Employment.

Dix, K. L., Keeves, J. P., Slee, P. T., *et al*., (2010). *KidsMatter primary evaluation technical report and user guide*. Adelaide: Shannon Research Press.

Dix, K. L., Slee, P. T., Lawson, M. J., *et al*., (2012). Implementation quality of whole-school mental health promotion and students' academic performance. *Child and Adolescent Mental Health*, 17: 45–51. doi: 10.1111/j.1475-3588.2011.00608.

Domitrovich, C. E. (2008). Maximizing the implementation quality of evidence-based preventive interventions in schools: a conceptual framework. *Advances in School Mental Health promotion*, 1, 6–28.

Domitrovich, C. E. and Greenberg, M. T. (2000). The study of implementation: current findings from effective programs that prevent mental disorders in school-aged children. *Journal of Educational and Psychological Consultation*, 11, 193–221.

Durlak, J. A. and DuPre, E. P. (2008). Implementation matters: A review of research on the influence of implementation on program outcomes and the factors affecting implementation. *American Journal of Community Psychology*, 41:3–4, 327–350.

Durlak, J. A. and Wells, A. M. (1997). Primary prevention mental health programs for children and adolescents: A meta-analytic review. *American Journal of Community Psychology*, 25:2, 115–152.

Flay, B. R., Biglan, A., Boruch, R. F., *et al*. (2005). Standards of evidence, criteria for efficacy, effectiveness and dissemination. *Prevention Science*, 6:3, 151–258.

Fullan, M. and Steigelbauer, S. (1991). *The new meaning of educational change*. London: Cassell Publishers.

Graetz, B., Littlefield, L., Trinder, M., *et al*. (2008). KidsMatter: A population health model to support student mental health and well-being in primary schools. *International Journal of Mental Health Promotion*, 10:4, 13–20, DOI: 10.1080/14623730.2008.9721772

Greenberg, M. T., Domitrovich, C. E., Graczyk, P., *et al*. (2001). *A conceptual model for implementation of school based preventive interventions: Implications for research, practice and policy*. Report to the Centre for Mental Health Services, Washington.

Hopkins, D., Harris, A., and Jackson, D. (1997). Understanding the school's capacity for development: Growth states and strategies.

School Leadership & Management: Formerly School Organisation, 17:3, 401–412, DOI:10.1080/13632439769944

Hoyle, T. B., Bartee, R. T., and Allensworth, D. D. (2010). Applying the process of health promotion in schools: A commentary. *Journal of School Health,* 80, 163–166.

Huberman, M. and Miles, M. (1984). *Innovation up close.* New York: Plenum Books.

Ialongo, N. (2002). Wedding the public health and clinical psychological perspectives as prevention scientist. *Prevention and Treatment* 5, article 4. Retrieved 2005, from http://journals. apa.org/pre-vention/volume5/pre0050004a.html.

Jané-Llopis, E. and Anderson, P. (2005). *Mental health promotion and mental disorder prevention: A policy for Europe.* Nijmegen: Radboud University Nijmegen

Kemp, L., Foggett, K., Moore, C., & Stafford, K. (2007). Social and emotional wellbeing in the teacher education curriculum: The Response Ability project. *Proceedings of the Australian Association for Research in Education (AARE) Conference,* Fremantle.

National Crime Prevention (1999). *Pathways to prevention: Developmental and early intervention approaches to crime in Australia. Full report.* Canberra: National Crime Prevention, Attorney-General's Department.

Nutbeam, D. (2000) Health promotion effectiveness: the questions to be answered. In IUHPE, *The evidence of health promotion effectiveness: Shaping new public health in a New Europe,* Chapter 1. Part Two. Evidence Book. Brussels: European Commission.

Olweus, D. (1995). Peer abuse or bullying at school: Basic facts and a school-based intervention programme. *Prospects,* 25:1, 133–139.

Parham, J. (2007). Shifting mental health policy to embrace a positive view of health: A convergence of paradigms. Editorial. *Health Promotion Journal of Australia: Official Journal of Australian Association of Health Promotion Professionals,* 18:3, 173–176. Retrieved 2010 from: http://search.informit.com.au/document Summary;dn=451763055959214;res=IELHEA

Resnick, M. D., Bearman, P., Blum, R., *et al.* (1997). Protecting adolescents from harm: Findings from the national longitudinal study on adolescent health. *Journal of the American Medical Association,* 278:10, 823–832.

Ross, J. A., Bradley Cousins, J., and Gadalla, T. (1996). Within-teacher predictors of teacher efficacy, *Teaching & Teacher Education,* 12:4, 385–400.

Rowling, L. (2002). Mental health promotion. In L. Rowling, G. Martin, and L. Walker (eds.), *Mental health promotion and young people: Concepts and practice.* Sydney, NSW: McGraw Hill.

Rowling, L. (2007). School mental health promotion: MindMatters an example of mental health reform. *Health Promotion Journal of Australia,* 18:3, 229–236.

Rowling, L. and Hazell, T. (in press). Implementing mental health promotion in secondary schools in Australia. In F. A. Huppert and C. L. Cooper (eds.) *Wellbeing: A complete reference guide,* Vol. VI, *Interventions and Policies to Enhance Wellbeing.* London: Wiley Blackwell.

Rowling, L. and Taylor, A. (2005). Intersectoral approaches to mental health promotion. In H. Herman, R. Moodie, and S. Saxena (eds.), *Promoting mental health: Concepts, evidence and practice.* Geneva: World Health Organization.

Samdal, O. and Rowling, L. (2011). Theoretical base for implementation components of health promoting schools. *Health Education,* 111:5, 367–390.

Samdal, O. and Rowling, L. (2013). *The implementation of health promoting schools: Exploring the theories of what, why and how.* London: Routledge.

Sheehan, M., Cahill, H., Rowling, L., *et al.* (2002). Establishing a role for schools in mental health promotion: The MindMatters project. In L. Rowling, G. Martin, and L. Walker (eds.). *Mental health promotion and young people: Concepts and practice.* Sydney, NSW: McGraw Hill.

Slee, P. T., Lawson, M. J., and Russell, A. (2009). *KidsMatter primary evaluation final report.* Centre for Analysis of Educational Futures, Flinders University of South Australia.

Slee, P. T., Murray-Harvey, R., Dix, K. L., *et al.* (2012). *KidsMatter Early Childhood evaluation report.* Adelaide: Shannon Research Press.

Suhrcke, M. and de Paz Nieves, C. (2011). *The*

impact of health and health behaviours on educational outcomes in high- income countries: A review of the evidence. Copenhagen: WHO.

Trewin, D. (2001). *Measuring well being: Frameworks for Australian social statistics.* Canberra: Australian Bureau of Statistics.

Valois, R. F., Slade, S., and Ashford, E. (2011) *The healthy school communities model: Aligning health and education in the school setting.* Retrieved 10 November 2011 from: www.ascd. org/ascd/pdf/siteascd/publications/alig ning-health-education.pdf

Walker, L. and Rowling, L. (2007). Mental health takes central role in health promotion activities. Editorial. *Health Promotion Journal of Australia*, 18:3, 171–173. Retrieved 2010, from: http://search.informit.com.au/documentSumm ary;dn=451744422987956;res=IELHEA

Weiner, B. J., Lewis, M. A., and Linnan, L. A. (2009). Using organization theory to understand the determinants of effective implementation of worksite health promotion programs. *Health*

Education Research, 24:2, 292–305. doi: 10.1093/ her/cyn019

WHO (World Health Organization). (1998). *WHO's global school initiative: Health promoting schools.* Geneva: World Health Organization.

WHO (2004) *Prevention of mental disorders: Effective interventions and policy options.* Geneva: World Health Organization. Retrieved 2012, from: www.who.int/mental_health/evi dence/en/Prevention_of_Mental_Disorders.pdf

Wyn, J., Cahill, H., Holdsworth, R., *et al.* (2000). MindMatters, a whole-school approach promoting mental health and well being. *Australian and New Zealand Journal of Psychiatry*, 34:4, 594–601.

Zubrick, S. R., Silburn, S. R., Teoh, H. J., *et al.*, (1997). *Western Australian child health survey: Education, health and competence.* Perth: Australian Bureau of Statistics and the Institute for Child Health Research.

'멋진 마음' 프로그램

브라질 공공 시스템의 중학교, 고등학교 선생님들을 위한
정신건강 이해도 증진 프로그램

Gustavo M. Estanislau, Marlene A. Vieira, Taís S. Moriyama,
Ary G. Araripe Neto, Isabel A. S. Bordin, Rodrigo A. Bressan

서론

지난 수십 년간의 연구기간 동안 소아 및 청소년기의 정신건강 문제에 대한 우려가 제기되어왔고, 정신건강과 관련된 도움을 필요로 하는 젊은이들을 위해 이용 가능한 적절한 관리가 부족하다는 것이 드러났다(Belfer, 2008). 특히, 이런 사실은 개발도상국에서 더욱 두드러진다(Patel et al., 2008). 정신건강은 꾸준히 개인의 일반적인 웰빙에 있어 중요한 것으로 간주되었기 때문에 이러한 우려는 당연한 것이다. 게다가 정신질환은 특정 장애와 고통의 주요 원인일 뿐만 아니라, 일반적인 건강 문제와 막대한 의료 관련 비용과도 관련이 있는 것으로 알려져 있다(Duarte et al., 2003; Kieling et al., 2011; Patel, 2007). 같은 맥락에서 보면, 성인에서 확인된 많은 정신건강 문제는 소아 및 청소년기에 시작하고, 이 시기 동안 효과적인 확인, 진단 및 치료가 가능하기 때문에 아동 및 청소년들에 대해 특히 주의가 필요한 것이다.

소아청소년 정신건강 전문가, 재원, 소아청소년 정신건강 관리 기관의 부족으로 인해, 불행하게도 소아와 청소년의 정신건강에 대한 요구는 전 세계적으로, 특히 소득이 낮거나 중간 정도인 나라에서는 계속 무시되고 있다(Kieling et al., 2011). 문헌을 면밀

School Mental Health: Global Challenges and Opportunities, ed. Stan Kutcher, Yifeng Wei and Marc D. Weist.
Published by Cambridge University Press. © Cambridge University Press 2015.

히 분석해보면, 남미에 거주하는 소아 및 청소년의 10~20%는 전문적인 정신건강 서비스의 전문적인 보살핌을 필요로 한다는 것을 알 수 있다(Collins et al., 2011). 남미 대륙에서 차지하는 영토의 비율과 지역 간의 큰 문화적 차이를 감안해보면, 브라질의 상황은 특히 걱정스러운 상태이다. 브라질 국립지리통계원에 따르면, 전 인구의 30%(거의 5,600만 명)가 0~17세 사이의 소아 및 청소년이다(Instituto Brasileiro de Geografia e Estatillion, 2010). 따라서 '낙관적인' 시나리오를 바탕으로 했을 때에도, 6백만 명의 아이들은 십 대를 거치는 동안 적어도 한 번의 정신건강 평가가 필요할 것으로 추측된다.

정신건강 관리에 대한 엄청난 필요성에도 불구하고, 브라질 전체에 약 500명만이 있다는 일부 보고에서도 알 수 있듯이 브라질의 아동 및 청소년 정신건강의학과 전문의의 수는 명백하게 부족한 상태이다. 이런 전문의들 대부분은 남부와 남동부의 보다 발전된 주에 집중되어있고, 조건이 불리한 지역에는 소아청소년 정신건강 전문가들이 거의 전무한 상태다. 더욱이 이런 부족한 자원은 흔히 소아청소년들과 이들 가족에 있어 가장 시급한 정신건강 요구를 충족하는 데 사용되지는 않고 있다. 유용한 데이터를 통해 우리는 정신건강 서비스로 의뢰되는 경우의 최대 86%는 심각하거나 중요한 정신건강의학과적 장애는 없으며, 학교나 일차 의료기관에서 다룰 수 있다는 것을 알 수 있다(Bordini, 2012). 결과적으로, 정신건강 서비스로 의뢰하는 것이 오히려 시스템의 과부하를 가져왔고, 정신건강 전문가들이 정말로 치료가 필요한 사람들에게 접근하는 것을 어렵게 만들었다.

청소년들의 정신건강이 공중보건 문제를 대변하는 것으로 인식되면서, 브라질 정부는 이러한 요구를 해결하는 데 도움이 되는 일련의 개입(intervention)을 시행하기로 결정했다. 예를 들어, 'CAPSi'로 알려진 소아 및 청소년 정신사회 보살핌 센터(the child and adolescent psychosocial attention center)와 같은 새로운 기관들을 설립하였고, 청소년들과 가족들의 정신건강 관련 요구들을 더 훌륭하게 충족시키기 위해 영역 간 협력을 위한 전략들을 개발했다. 그럼에도 불구하고 정신건강과 정신질환에 대한 정보의 부족, 다양한 지역사회 기관과 정신건강 전문가들, 교육 전문가들 사이의 소통의 어려움, 낙인과 같은 이유들로 인해 이런 정부의 구상들은 기대에 미치지 못했다.

자원의 부족, 전문화된 소아 및 청소년 정신건강 서비스의 부적절한 사용 그리고 정신건강 관리가 필요한 소아 및 청소년이 많다는 복합적인 상태 때문에, 기존의 사용 가능한 자원들을 이용한 다양한 분야에서 잠재적인 이점을 가진 선택적 개입, 특히 전략적으로 중요하고 시급한 개입을 선택하여 시행하게 되었다(Patel, 2007).

브라질과 같은 개발도상국에서 정부 지원의 공공 교육체계는 학생들의 정신건강을 향상시키기 위해 유리한 조건들을 제공할 수 있다.

1. 2009년 이후 브라질에서는 4~17세 사이의 모든 소아와 청소년들이 관련 법에 따라 모두 등록되어야 한다. 이 방법이 효과를 나타내기 시작한 이후 이 연령대의 학생들 출석률이 92%까지 증가되었으며, 정서적인 문제와 행동 문제의 여부와 상관없이 학교는 거의 모든 소아 및 청소년들이 모여 있는 장소가 되었다.

2. 발달학적으로 적절한 생물학적, 사회적 그리고 정서적 변화를 경험한 개개인의 직업적 성공과 대인관계에서의 성공에 있어 학창시절은 결정적인 요소가 된다.

3. 교육자들은 학생들 간의 행동과 정서적인 문제들에 대해 특히 민감하다. 왜냐하면 이런 문제들은 학생 개개인에 대한 장기적인 자료(수학이나 체육, 음악과 같은 수행 평가를 포함한)와 함께 동일한 연령과 교육 수준, 문화적 배경을 가진 풍부한 비교 대상들의 샘플을 포함하고 있기 때문이다(Hinshaw, 2005; Mohit and El Din, 1998; Patel and Thara, 2003).

4. 학교는 잠재적인 정신건강의 보호 요소들(우정의 발달, 좋은 습관 등)이 풍부한 환경이며, 이런 환경은 수없이 많은 학생들의 생활에 있어 결정적이고 긍정적인 역할을 할 수도 있다.

이런 고려사항들을 바탕으로, 전 세계 정신건강 연구자들은 학교와의 협력이 대중들의 정신건강 이해도를 개선할 수 있고, 조기 발견 및 소아청소년 정신보건 제공자에게 적절하게 의뢰하는 것을 증가시킬 수 있음을 제시하고 있다(Paternite, 2005; Weist, 2005). 그러나 이런 결과를 달성하기 위해서는 의료서비스의 접근성 강화, 낙인을 없애기 위한 싸움, 치료의 촉진과 유지, 정신건강의 향상과 문제 예방 능력의 강화 등을 촉진하는 데 효과적인 도움이 될 수 있는 활동을 통하여 학교의 역할이 더욱 증대될 필요가 있다(Weist, 2005). 아이들을 의료 서비스에 적절하게 의뢰할 수 있도록 하기 위해 교육자들을 훈련시키는 것은 질병으로 인한 부담을 줄이는 것에도 유용할 뿐 아니라, 조기 발견과 덜 침습적면서도 보다 비용 대비 효과가 우수한 치료를 이용한 개입을 가능하게 하여 단·장기적인 결과에도 긍정적인 영향을 준다. 교육자들에 대한 교육은 브라질 국민들의 좋은 반향을 불러일으켰고, 이런 개념들을 바탕으로 한 대중인식 캠페인의 효과를 잘 보여준 설문조사에서도 효과가 입증되었다. 이 조사에는 브라질을 포함한 9개국이 포함되어있다(Hoven et al., 2008).

브라질에서 소아 및 청소년의 정신건강을 다루는 공공 정책들은 시작 단계에 있고 (Couto et al., 2008), 과학적으로 충분히 입증되지 않은 이념적인 계획들에 기초하고 있다. 공립 학교에서 정신건강 의료 전달체계를 이용하는 경우는 거의 없으며, 정신건강 이해도를 향상시키거나 정신질환의 고위험군 속한 청소년들을 찾아내는 능력을 향상시키기 위해 고안된 교사들을 위한 구체적인 훈련 프로그램도 없다(Couto et al., 2008). '멋진 마음' 프로그램(Programa Cuca Legal)은 브라질의 상파울루연방대학교 (UNIFESP)의 정신건강의학과와 연계한 새로운 계획이다. 이 프로그램의 목적은 교사들과 학생들이 스스로 건강정보를 만들고 유지하는 기술과 건강정보 활용능력을 높이는 것, 정신건강 문제들과 관련된 낙인들을 줄여나가는 것, 가장 흔한 소아청소년 정신질환의 초기 증상을 인지하고 필요시 전문적인 정신건강 치료를 이용할 수 있도록 돕는 교사와 학생들의 능력을 향상시키는 것이며, 이를 위해 학교 상황에서의 개입방법들을 개발하고 효과를 검사하였다. 지금은 이 프로그램의 개발 초기단계에 있지만, 적용된 개입방법들 중 일부가 전국의 학교에서 정규 교육과정에 포함되고, 공공 교육 시스템의 모든 교사들을 훈련시키는 과정에 포함되기를 기대한다.

이 장에서는 공공교육 시스템에 속한 학생들의 중요한 정신건강 문제와 정신질환들의 징후 및 증상들을 인지하는 능력을 향상시킴으로써 정신건강과 관련된 사례를 찾아내는 교사들의 능력을 향상시키고, 가장 적절한 정신건강 서비스를 찾아 효과적으로 의뢰할 수 있도록 고안된, 교사들을 위한 강화된 개입방법에 대해 설명할 것이다.

프로그램의 주요 목적

- 공공교육 시스템 안에서 교사들의 정신질환에 대한 지식 향상, 낙인 감소, 사례를 찾아서 효과적으로 의뢰하는 것을 향상시키기 위해 고안된 정신건강 훈련 프로그램 개발
- 개입의 효과에 대한 평가
- 교사와 학생이 일반적인 건강과 정신건강에 대해 가지고 있는 인식을 평가, 교사와

학생이 이 주제에 대한 정보를 얻는 방법을 조사하고 지원 도구로서 정신건강에 대한 교육 자료의 사용에 대한 생각을 조사

프로그램에 대한 설명

교사 선정 및 정신건강 훈련

상파울루 시의 공공 학교 5학년부터 고등학교 3학년까지의 모든 교사들을 연속으로 2주간, 3시간씩 두 번, 총 6시간으로 구성된 훈련 프로그램에 참여하게 하였다. 첫째 주에는 프로그램에 대한 간단한 소개 후에 훈련을 받은 소아청소년 정신건강의학과 전문의가 표준화된 강의를 진행하였고, 강의는 다음과 같은 내용에 맞추어졌다 — (1) 청소년에게 영향을 주는 정신건강 문제들과 정신질환들의 종류 (2) 정신건강 문제들과 정신질환들이 청소년들의 인지, 사고, 행동, 감정 그리고 사회기술에 미치는 영향 (3) 청소년들의 정상적인 행동과 정신병리를 보여주는 징후들 혹은 정신질환으로 발전할 위험이 있는 행동들의 차이점. 둘째 주에는, 첫 번째 모임에 대한 간단한 복습과 함께 정신건강 문제들과 정신질환들로부터 비롯된 잠재적인 행동 변화와 학업 성적의 변화를 강조하는 정신건강 교육이 진행된다. 정신건강 문제 혹은 정신질환의 징후를 보이는 학생들을 언제, 어디로 의뢰하는지에 대한 정보도 역시 두 번째 모임에서 제공된다.

훈련 평가를 위한 계획

정신건강 훈련의 효과를 평가하기 위해 우리는 전·후 분석(훈련 실시 전과 후 검사)을 이용한 대조군이 없는, 하나의 종단적 코호트 연구를 설계하였다. 이 연구를 위해 우리가 개발한 3개의 설문지가 사용되었다. 첫 번째 설문지는 교사들의 특성(인구학적 특성, 직업적인 훈련과 경험, 직업적 만족도, 직업 능력에 대한 자기 평가)을 수집하는 것이었다. 두 번째 설문지는 6개의 단문으로 된 삽화를 포함하고 있는데, 이 삽화들은 다섯 가지의 정신병리 상태(정신증, 우울증, 품행장애, ADHD, 조증에 대한 고위험 상태)와 정상 스트레스 상태를 나타내는 것으로, 학교에서 볼 수 있는 6명의 서로 다른 청소년들을 기술하고 있다. 이 설문지는 다섯 가지 정신병리 상태를 인지하는 것과 문제가 있는 학생들을 언제 어디로 적절하게 의뢰할 것인지와 관련된 지식의 습득도를 평가하기 위

한 것으로, 훈련 전과 후에 각각 시행되었다. 교사들은 설문지를 통해 다음과 같은 요구를 받았다 ─ (1) 제시된 청소년이 정신건강 문제나 정신질환을 가진 것으로 생각되는지 그렇지 않은지를 구분하시오 (2) 문제나 질환이 있다고 생각한다면, 어떤 특정한 형태의 의뢰(전문 정신보건 서비스, 학업지원을 위한 방과 후 도움반, 기타 혹은 아무것도 필요하지 않은지)가 필요한지를 결정하시오. 사후검사에서 정답 수가 증가되는 것은 이런 개입방법이 성공적이었다는 것을 나타낼 것이다. 세 번째 설문지는 훈련에 적용된 모델을 향상시키려는 목적으로, 훈련 전략의 질적 평가를 위해 훈련을 마친 후 사용되었다.

학생 정신건강 관리의 필요성 식별

훈련을 시작하기 전에, 우리는 훈련에 참여한 교사들에게 자신들의 반 학생들의 명단을 가지고 정서적 혹은 행동적 문제들로 인해 정신건강 관리를 위한 의뢰가 필요한 모든 학생들에 대해 가상의 명단을 만들도록 하였다. 만일 교사들이 담당하고 있는 학생들에게서 정신건강 문제들을 맞게 찾아낼 수 있다면, 정신건강 문제들을 가진 학생들은 가상의 의뢰 명단(잠재적 환자 명단)에 오르게 될 것이고, 문제가 없는 학생들은 정상대조군 명단에 올리도록 하는 것이 기본 원칙이었다. 교사들이 작성한 정서적/행동적 문제들을 가진 학생들의 명단에서 잠재적 환자군이 무작위로 선택되었고(5~12학년), 학년, 성별, 나이를 맞춘 학생들이 정상 대조군으로 선택되었다.

환자군과 대조군의 학생들은 1시간짜리 기본적인 정신건강 강좌에 참여하도록 초청되었고, 이 강좌에서 학생들은 정신질환의 발생에 있어 조정 가능한 주요 위험인자들, 정신건강에 있어 조기 개입의 이점들, 언제 어디서 어떻게 도움을 받을 수 있는지에 관해 교육을 받았다. 참여 학생들은 청소년 자기행동평가 척도(Youth Self-Report, YSR)를 작성하였는데, 이 척도는 11~18세 사이의 청소년에서 정서적 혹은 행동적 문제들을 찾기 위한 선별형 설문지다(Bordin, 2013). YSR은 내재화 및 외현화 문제들에 대한 행동 프로파일을 제공한다. 이 척도에서의 절단점(T-점수)은 3개의 영역으로 청소년을 구분한다 ─ 임상군(63점 초과), 경계성군(60~63점), 정상범위(60점 미만). 이 연구에서는 임상군이나 경계성군에 속한 학생들(T-점수 60점 초과)을 'YSR 양성'으로 분류하였다. 이 YSR 양성의 학생들은 다시 4개의 하위집단으로 분류되었다 ─ (1) 내재화 문제만을 가진 집단(불안 혹은 우울증상) (2) 외현화 문제만을 가진 집단(공격적인 행동 혹은 규칙위반 행동) (3) 두 가지 모두 가진 집단 (4) 문제가 없는 집단. 학생들은 누가 교사들에 의해 잠재적 환자군으로 뽑혔는지, 무작위로 대조군에 뽑혔는지 알지 못했다. 표본 집단에 대조군을 포함시킴으로써 교사들에 의해 확인되지 않는 학생들의 숫자를 더 잘 파악할 수 있었다.

끝으로, YSR 점수가 60점 이상으로 나와 잠재적인 환자로 간주된 모든 학생들은 정확한 평가와 치료를 위해 필요하다면 공공 의료 기관으로 의뢰되었다. 의뢰가 불가능한 경우, 학생들은 우리 자체의 서비스를 통해 정신건강 관리를 제공받았다.

요약하면, 이번의 새로운 계획에서 우리는 의뢰용 명단과 단문의 삽화의 제시를 통해 정신건강 문제들을 가진 학생들을 파악하는 교사들의 평소 능력을 평가하였고, 정신건강 교육 전략의 효과를 평가하기 위해 여러 설문지를 이용하여 훈련 전후를 비교하였다.

결과

훈련을 받은 교사들의 93.5%가 중재에 대한 자신들의 경험이 긍정적이었다고 답하였으며, 74.2%는 정신건강에 대한 지식을 습득하게 되었다고 답하였다.

훈련을 받기 전에 이미 많은 수의 교사들이 단문의 삽화로 제시된 정신건강 문제를 가진 청소년들을 어떻게 인지하고, 의뢰하는지에 대한 것을 알고 있었다. 훈련 전 조사에서 가장 높은 정답률(96.7%)을 보인 것은 비행 행동 문제였고, 가장 낮은 정답률(66.7%)을 보인 것은 정상 청소년에 관련된 질문들이었다. 훈련을 받기 전에는 단문으로 설명된 사례들에서 문제를 찾아내거나 의뢰하는 방법을 몰랐던 교사들만을 분석해 봤을 때, 훈련 후 해당 교사들 중 최소 50%는 단문으로 제시된 다섯 가지의 정신병리를 겪고 있는 청소년들을 찾아내고 적절하게 의뢰하는 것을 학습하였기 때문에 훈련이 부분적으로는 효과가 있었다는 결과를 얻었다. 훈련 전에 청소년들의 정상적인 스트레스와 정신건강 문제(혹은 정신질환)를 구분할 수 없었던 교사들에게서도, 정신건강 교육 전략은 60%에서 효과적이었다.

훈련 시작 이전에 교사들로부터 요청받은 의뢰대상 명단의 26명 학생들, 이들과 성별, 학년, 나이를 맞춘 26명의 개별 정상 대조군이 만들어졌고, 이들 중 80.8%는 남자였다.

몇몇 중요한 결과들은 다음과 같다. 교사들은 더 중대한 증상들(내현화 및 외현화 증상들을 모두 가진)을 가지고 있어서 정신보건 기관으로의 의뢰가 필요한 학생들을 정확하게 찾아냈고, 이들을 의뢰 대상자 명단에 올릴 수 있었으며, 정상대조군 내의 학생들에서는 이런 결과가 나타나지 않았다($p = 0.01$). 반면에 정신보건 시설로의 의뢰가 적절하다고 판단될 수 있는 징후인 내현화 및 외현화 행동들만을 인지하는 데는 어려움을 보였다. YSR(청소년 자기행동평가 척도)을 이용한 분석에서는, 내현화 문제만을 가진 환자 및 대조군과 증상을 가지지 않은 환자 및 대조군을 비교했을 때, 교사들은 단지 내현화 문제만을 보인 학생들을 의뢰대상 명단에서 제외시키는 경향을 보였고, 이런 문제들은 흔히 간과되는 것으로 나타났다($p = 0.09$).

끝으로, YSR을 통해 확인된 정신건강 문제들의 유병률은 대조군(57.7%)과 교사가 선별한 의뢰군(환자군, 53.8%)에서 비슷하게 나타났으며, 이는 교사들이 정상적인 청소년의 스트레스를 정신건강 문제나 정신질환으로 오해하고 있었다는 것을 분명히 보여주었고, 교사들이 청소년기의 정상 스트레스와 정신질환들을 혼동할 수 있다는 점을 보여주었다.

훈련이 끝날 무렵, 교사들은 프로그램의 개선을 위한 몇 가지 제안을 제시하였다. 이 제안은 다음과 같은 것들을 포함하고 있다.

- 실제 학생들에 대한 토론들
- 훈련 기간의 확대[회기(session)의 증가]
- 교사와 발표자 간의 더 많은 상호작용
- 작성해야 하는 설문지 수를 줄이는 것(일부 교사들은 자신들의 관심영역보다는 프로젝트 자체에 더 많이 할애를 한 것처럼 느낀다고 말했다)
- 단지 정신건강이나 정신질환에 관한 이론이 아니라, 정신질환을 가진 청소년들을 돕는 데 유용한, 교실에서의 실질적인 전략을 다룰 것
- 나중에 스스로 공부할 수 있도록, 훈련 과정에 관한 내용과 관련된 정보를 담은 소책자와 같은 자원을 개발하는 것

상파울루 남중부의 한 공립학교 교사들의 정신건강 및 정신질환에 대한 이해도 평가

질 향상의 일환으로 우리는 질적 연구를 시행하였으며, 연구의 목적은 (1) 일반적인 건강과 정신건강/정신질환에 대해 교사와 학생들이 어떤 것들을 이해하고 있는지를 판단하는 데 도움을 받는 것 (2) 이런 주제들에 대한 정보를 얻는 방식에 대해 조사하는 것 (3) 정신건강/정신질환들에 대해 어떤 종류의 교육 자료들을 얻고자 하는지에 대한 교사들의 의견을 구하는 것이다.

이 연구에서는 교사와 학생이 두 달간의 정신건강 훈련 활동에 참여한 후 자기기입식 설문지를 작성하도록 요청하였다. 이 설문지는 정신건강에 관한 지식과 관심도에 대한 것과 개개인이 정신건강 정보를 얻는 방법에 대한 10개의 질문들로 구성되어있다. 설문지는 아래와 같은 질문들로 구성되어있다.

1. 건강이라는 단어는 당신에게 무엇을 의미합니까?
2. 정신건강이 무엇이라고 생각합니까?
3. 어떻게 정신건강에 대한 정보와 지식을 얻고 싶습니까?
4. 정신건강에 대한 학습에 있어 유용한 정보를 주는 자료의 이용이 중요하다고 생각합니까? 왜 그렇게 생각합니까?
5. 당신은 이미 정신건강에 대한 정보를 받아본 적이 있습니까? 어디에서 받아보았습니까?
6. 당신은 정신건강을 다루는 TV 토론이나 라디오 프로그램을 들어본 적이 있습니까? 어떤 문제가 논의되었습니까?
7. 당신은 정신건강과 관련된 것을 인터넷에서 검색하거나 읽은 적이 있습니까?
8. 당신은 정신건강에 대해 언론매체를 통해 전달되는 정보가 충분하다고 생각합니까? 설명해보십시오.
9. 당신은 잡지나 신문에서 정신건강에 대한 이야기를 읽어본 적이 있습니까? 그 이야기들은 어떤 것을 다루고 있었습니까?
10. 정신건강에 대해 언론매체를 통해 전달되는 정보가 충분하다고 생각합니까? 설명해보십시오.

자료를 분석하기 위해 우리는 집단 대상의 담론(the discourse of the collective subject, DCS)이라는 방법을 사용하였으며, 이 방법은 개개인의 답변들로부터 유래된 한 지역 사회 내의 공통된 개념들을 밝히기 위한 사회적 의견 조사를 위해 개발되었다. 따라서 DCS는 대개 개인적으로 내재화된 사고와 가치, 신념과 밀접하게 관련된 정보를 제공하며(Lefèvre & Lefèvre, 2005), Qualiquantisoft라는 소프트웨어를 이용하여 처리하기 위한 명령문들로 변환된다.

결과

대부분의 교사들에게 정신건강이란 정신과 신체 사이의 균형과 관련된 것으로 인식되어 있었고, 행복을 위해 필요한 것으로 간주되고 있었다. 그러나 소수의 교사들에게는 정신건강은 질병과 연관되어있는 것으로 나타났다. 대부분의 교사들은 정신건강에 대한 지식 수준의 증가에 지대한 관심을 보였고, 이것과 관련된 교육 자료들을 받아보고 싶다고 응답하였으며, 이런 정보들이 매일 일어나는 학생들과의 상호작용에 대한 정보를 알아내는 데 유용할 것이라고 믿고 있었다. 많은 교사들은 TV를 통해 정신건강 정보를 얻고 있었다.

학생들은 일반적인 건강을 살아가는 데 있어 기본이 되는 것이라고 설명하였다. 대부분의 학생들에게 정신건강은 건강한 마음을 가지는 것과 같은 것이었지만, 소수의 학생들은 정신건강을 정신질환과 상관이 있는 것으로 인식하고 있었다. 자신들의 결정에 대해 악영향을 줄 수 있는 잠재적인 낙인에도 불구하고, 모든 학생들은 '멋진 마음' 프로젝트에 참여하는 것에 동의하였고, 다수의 학생들은 자신들이 경험한 교육활동에 대해 만족하였다고 답하였다.

결론

최근까지 소아 및 청소년의 정신건강이 주요 공중보건 문제로 간주되어왔다. 브라질에서 소아 및 청소년들에서의 정신질환 유병률은 예상보다 훨씬 더 높은 것으로 나타났고, 치료를 위한 가용 자원이 부족하여 전략적 대안이 될 수 있는 개입방법이 시급한 상태이다. 이런 측면, 특히 정신건강 이해도, 사례 확인과 적절한 의뢰라는 측면에서 우리는 정신건강 문제를 다룰 수 있는 학교의 잠재적 역할을 제시하였다.

연구와 평가들을 통해, 우리는 학교와 교사들이 어린 학생들을 위해 정신건강과 관련된 요구들을 다루는 데 있어 더 많은 역할을 할 수 있다는 것과 이런 요구들을 충족시킬 수 있는 다양한 형태의 학교 내 개입방법들을 개발하는 것이 실현 가능하다는 결론을 얻었다. 특히, 정신건강 이해도와 정신질환을 가진 어린 학생들의 사례 발굴 능력을 향상시키는 것이 가능하다. 가능한 빨리 아이들을 가장 적합한 정신보건 시설로 의뢰하도록 교사들을 훈련시키는 것은 질환들에 대한 부담을 경감시킬 뿐 아니라, 장기적으로는 다른 정신병리의 예방에도 도움이 될 수 있을 것이다. 또한 이를 통해 보다 덜 침습적인 치료가 가능해질 수 있고, 비용 대비 효과적으로 치료할 수 있을 것이다. 우리는 교사들이 정신건강 문제와 정신질환을 가진 학생들을 찾아내고, 문제들을 처리하는 기술들을 발달시키고, 필요시 학생들을 전문가에게 의뢰하는 데 도움이 될 수 있는 훌륭한 정신건강 관련 정보들을 받아들일 준비가 이미 되어있다고 본다.

'멋진 마음'프로그램은 정신건강 관리가 필요한 학생들을 교사가 조기에 인지하는 데 도움을 주었다. 건강한 경우가 질병보다는 훨씬 더 흔하다는 점을 고려해볼 때, 이 프로그램은 정신건강 이해도의 향상을 통해 교사들의 역량을 강화할 수 있다는 것을 증명했다. 개입방법은 실현 가능했고, 널리 받아들여졌다. 개입방법은 더 많이 발전했고, 현재 상파울루 주의 협조하에 공공학교 교사들을 대상으로 하는 대규모의 조사가 진행되고 있다.

최종 고려사항

우리의 경험에 의하면, 질적 연구를 수행하는 것은 교사와 학생들의 신념과 정신건강에 부합되는 교사와 학생들의 요구에 대해 우리가 보다 익숙해지고 잘 이해할 수 있도록 도와준다. 또한 이를 통해 추후의 보다 나은 맞춤형 개입을 할 수 있을 것이다. 이와 동시에, 양적인 파일럿 연구를 통해 우리가 교사의 능력이라는 측면에서 가장 약한 부분을 파악할 수 있게 되고, 더 큰 규모에 적용하기 전에 우리의 개입 전략을 통해 대상자들에게 기대되는 효과를 평가하는 것이 가능하다. 우리는 우리가 개발한 새로운 연구를 통해 향상된 모델을 평가하게 될 것이다. 성공적이라는 것이 증명된다면, 우리는 이 모델이 브라질 전역에 걸쳐 널리 배포될 것으로 기대하며, 나아가 공공 교육에 있어 정신 건강 활동들을 직접적으로 도울 수 있는 정책에 통합될 수 있기를 기대한다.

참고문헌

Belfer, M. L. (2008). Child and adolescent mental disorders: the magnitude of the problem across the globe. *Journal of Child Psychology and Psychiatry*, 49(3), 226–236.

Bordin, I. A., Rocha, M. M., Paula, C. S., *et al.* (2013). Child Behavior Checklist/CBCL, Youth Self-Report/YSR and Teacher's Report Form/TRF: An overview of the development of original and Brazilian versions. *Cadernos de Saúde Pública*, 29(1), 13–28.

Bordini, D., Gadelha, A., Paula, C. S., and Bressan, R. A. (2012). School referrals of children and adolescents to CAPSi: The burden of incorrect referrals. *Revista Brasileira. Psiquiatria*, 34(4), 493–494.

Collins, P. Y., Patel, V., Joestl, S. S., *et al.* (2011). Grand challenges in global mental health. *Nature*, 475, 27–30.

Couto, M. C., Duarte, C., and Delgado, P. (2008). Child mental health and public health in Brazil: Current situation and challenges. *Revista Brasileira. Psiquiatria*, 30(4), 384–389.

Duarte, C., Hoven, C., Berganza, C., *et al.* (2003). Child mental health in Latin America: present and future epidemiologic research. *The International Journal of Psychiatry in Medicine*, 33(3), 203–222.

Hinshaw, S. (2005). The stigmatization of mental illness in children and parents: Developmental issues, family concerns, and research needs. *Journal of Child Psychology and Psychiatry*, 46, 714–734.

Hoven, C. W., Doan, T., Musa, G. J., *et al.* (2008). Worldwide child and adolescent mental health begins with awareness: A preliminary assessment in nine countries. *International Review of Psychiatry*, 20(3), 261–270.

Instituto Brasileiro de Geografia e Estatística. (2010). *Census 2010: Brazilian resident population, according to type of residence, sex and age groups.* Available online at: ftp://ftp.ibge.gov.br/Censos/Censo_Demografico_2010/Caracteristicas_Gerais_Religiao_Deficiencia/tab1_1.pdf (accessed 10 December 2013).

Kieling, C., Baker-Henningham, H., and Belfer, M., *et al.* (2011). Child and adolescent mental health worldwide: Evidence for action. *The Lancet*, 378, 1515–1525.

Lefèvre, F. and Lefèvre, A. M. (2005). *Depoimentos e Discursos: uma proposta de análise em pesquisa social.* Brasília: Liber Livro Editora.

Mohit, A. and Seif El Din, A. (1998). *Mental health promotion for school children: A manual for school teachers and school mental health workers.* Alexandria, Egypt: World Health Organization, Regional Office for the Eastern Mediterranean.

Patel, V. (2007). Mental health of young people: A global public health challenge. *The Lancet*, 369, 1302–1313.

Patel, V., Flisher, A. J., Nikapota, A., and Malhotra, S. (2008). Promoting child and adolescent mental health in low and middle income countries. *Journal of Child Psychology and Psychiatry*, 49(3), 313–334.

Patel, V. and Thara, R. (2003). *Meeting the mental health needs of developing countries: NGO innovations in India.* New Delhi: Sage (India).

Paternite, C. E. (2005). School-based mental health programs and services: Overview and introduction to the special issue. *Journal of Abnormal Child Psychology*, 33(6), 657–663.

Weist, M. D. (2005). Fulfilling the promise of school-based mental health: Moving toward a public mental health promotion approach. *Journal of Abnormal Child Psychology*, 33(6), 735–741.

캐나다 노바스코샤 주와 그 외 지역의 학교에서 정신건강 증진과 조기 진단을 위한 협력적이고 지속 가능한 접근방식

Yifeng Wei, Stan Kutcher, Ann Blackwood, Don Glover, Cynthia Weaver,
Amy MacKay, Vanessa Bruce, Ardath Whynacht, Faten Alshazly, Mitchell Shea

배경

청소년기(여기에서는 12~24세)는 정신장애 발병의 중요한 시기이고, 전 생애 정신장애의 약 70%가 이 시기에 진단될 수 있다(O'Connell, Boat, Warner, et al., 2009; Kessler, Berglund, Demler, Jin, Merikangas, & Walters, 2005). 정신건강 문제 또는 정신장애가 인지되지 못하고 치료되지 못하면 학교 중퇴나 미수료(Breslau, Miller, Joanie Chung, & Schweitzer, 2011; Kessler, Foster, Saunders, & Stang, 1995), 사회적 관계 결손(Bhatia, 2007; Shochet, Dadds, Ham, & Montague, 2006), 직업적 실패, 법적 문제, 조기 사망(자살 포함), 장해의 높은 부담(O'Connell et al., 2009; World Health Organization, 2004) 등을 포함한 개인적·사회적 측면에서 심각하게 부정적인 결과를 유발할 수 있다. 심한 정신장애(정신증과 같은)가 대부분 청소년기(American Psychiatric Association, 2013)에 발병하는 반면, 특히 정서/기분 측면에서의 문제는 경도나 중등도의 정도를 나타낸다(Kessler et al., 2012). 소아청소년의 정신장애에 대한 성공적 치료의 실질적 증거는 있으며 근거 기반 치료가 질병의 초기에 제공된다면 긍정적 성과가 향상될 것이다(Rutter et al., 2008). 따라서 조기 발견과 조기의 효과적 개입, 지지 그리고 진행하는 정

School Mental Health: Global Challenges and Opportunities, ed. Stan Kutcher, Yifeng Wei and Marc D. Weist.
Published by Cambridge University Press. © Cambridge University Press 2015.

신장애를 가진 청소년을 위한 지속적인 지원이 필요하다. 이는 긍정적 치료 성과를 도출할 수 있을 뿐만 아니라 건강한 정신사회적 발전을 촉진시키는 데 도움이 될 것이다(Kutcher, 2011; Waddell, Offord, Shepherd, Hua, & McEwan, 2002).

대부분의 청소년이 학교를 다니기 때문에, 학교는 청소년의 건강과 정신건강 요구를 다루기 위한 명백한 현장이다. 학교에서 백신과 같이 신체적 건강 증진과 공중보건적 개입을 적용하는 것은 WHO, 유네스코, 유니세프(WHO Regional Office for Europe, 1996)와 같은 국제 기구에 의해 오랫동안 지원받고 있다. 더욱 최근에는, 학교 정신건강이 국제적 관심을 받게 되었다. 이는 정신건강 증진(사회적·감정적 웰빙을 포함한), 부정적 정신건강 결과나 정신장애의 예방, 정신질환에 대한 조기 발견 및 개입(현장에서 혹은 건강 서비스와 연계)을 위해 개발된 여러 가지 개입과 단독적 프로그램의 과잉을 야기했다(Calear & Christensen, 2010; Faggiano, Vigna-Taglianti, Versino, Zambon, Borraccino, & Lemma, 2008; Hahn et al., 2007; Lister-Sharp, Chapman, Stewart-Brown, & Sowden, 1999; Neil & Christensen, 2009; Robinson, Hetrick, & Martin, 2011; School-Based Mental Health and Substance Abuse Consortium Knowledge Translation and Review Team, 2012; Waddell, Hua, Garland, Peters, & McEwan, 2007).

이러한 프로그램과 개입 등의 증가 및 적극적 적용이 최근 수년간 학교에서 관찰되고 있지만, 학교 정신건강을 효과적으로 다루는 데 수많은 어려움이 확인되고 있다(Weare & Nind 2011). 많은 개입은 오직 연구 프로토콜 안에서만 적용 가능하거나 학교 외부의 기부 여부에 종속되는 등 예측 불허의 변화에 따라야 했다. 학교 관리자에게는 효과성, 안전성, 비용 효율에 대한 실질적인 과학적 근거가 없거나 적은 교묘하게 상품화된 프로그램이 제안될 수 있으며, 학교 관리자는 여러 종류의 개입 방법들을 비판적으로 평가하고, 잠재적 효과를 가진 개입과 그렇지 않은 개입을 구분하는 데 필요한 기술을 가지고 있지 않을 수도 있다. 교육가는 효과가 증명된 프로그램을 구현하는 데 필요한 수행능력 또는 자원을 가지고 있지 않을 수 있다. 수행의 충실도에 의존한 프로그램은 쉽게 수행되기 어려우며, 프로그램을 기존의 이용 가능하고, 기반이 갖추어진 영역의 외부로 적용하기도 어려울 것이다. 종합적으로, 이러한 많은 어려움들은 기존의 학교 내 구조와 활동 속으로 매끄럽게 통합되는 대신 기존의 학교 구성 체제에 부가되거나 추가적인 구성 요소를 포함하기 때문에 나타난다.

학교 정신건강 프로그램의 효과성에 대한 최근의 체계적 고찰에서는 대부분 실질적 증거가 부족하고 역사적으로 기존 학교의 범위를 벗어나고 있음에 주목했다. 체계적 고찰에서는 향후에는 개입이 기존 시스템에 병합되어야 함을 제안하였으며, 전-학교 접근 안에서 교사의 교육, 부모/가족의 참여, 지역사회 서비스와의 관련성 그리고 전 학교적 관점에서의 청소년 정신건강에 대한 접근에 초점을 두어야 한다고 하였다(Weare & Nind 2011). 마찬가지로, 또다른 체계적 고찰들에 대한 포괄적 문헌 검토(Wei & Kutcher, 2012)에서는 이러한 프로그램들의 효과에 대한 장기적 증거가 부족하다는 데 주목한다. 그리고 청소년 정신건강 증진은 학교로 독립된 프로그램을 낙하산처럼 떨어 뜨리는 대신, 학교, 가족, 의료서비스 제공자, 더 넓은 지역사회가 참여하는 관리의 연속체를 건설하는 '돌봄 경로 모델(pathway to care model)'로의 통합을 통하여 성취될 것이라고 제안한다.

이번 장에서 우리는 캐나다에서 개발하여 현장에서 시험되었으며, 적용되고 연구된 포괄적이고, 참여적이며 근거 기반적인 접근 방법을 소개한다. 이 방법은 '학교 기반의 통합적 돌봄 경로 모델(School-Based Integrated Pathway to Care Model)'을 통해 단독적 프로그램의 어려움을 피하고, 정책, 실행, 연구 단계에서 정신건강 전문가, 학생, 교육자 그리고 교육 관할 관공서 간의 일관적이고 지속 가능한 협력적 관계를 형성하는 것을 목표로 고안되었다(Wei, Kutcher, & Szumilas, 2011).

청소년 정신건강을 위한 선 라이프 재정 위원회

이 혁신적인 접근법은 2006년에 설립되었고 캐나다 노바스코샤 주 핼리팩스의 댈하우지대학교/IWK 건강센터에 소속되어있는 다학제 간 지식소통 팀인 청소년 정신건강을 위한 선 라이프 재정 위원회(Sun life Financial Chair in Adolescent Mental Health, www.teenmentalhealth.org, 이하 위원회)에 의해 만들어지고 시행되었다. 이 위원회의 비전은 학교나 기타 관련 상황에 적용할 수 있는 최선의 근거 기반의 과학적 지식을 효과적으로 전달함으로써 청소년 정신건강을 증진하는 데 도움을 주는 것이다. 위원회는 정신건강의학, 심리학, 교육, 사회복지, 청소년 분야, 의사소통/미디어에 관한 전문가로 구성되어있고, 청소년 자문 위원회(Youth Advisory Council, YAC)와 교육 자문 위원회(Educator Advisory Committee, EAC)라는 두 자문 단체에 의해 지원을 받는다. YAC는 위원회의 업무에 관한 자문을 위해 정기적으로 모임을 열고, 정신건강에 관한 주의를 환기하고 부정적 편견을 줄이는 청소년 활동을 지역사회 내에서 개발하여 시행한다. EAC는 교사, 학교 관리자, 노바스코샤의 교육 및 초기 소아기 발달부(Department of Education and Early Childhood Development, DOE)의 고위 공무원, 노바스코샤의 건강 복지부(Department of Health and Wellness) 관계자를 포함하며, 위원회의 교육 부분 계획에 자문을 제공한다. 학교 정신건강에 관한 자료와 프로그램은 무료로 웹사이트(www.teenmentalhealth.org.)에서 이용 가능하다.

학교 기반 통합 돌봄 경로 모델

위원회는 돌봄 경로 모델(Wei, Kutcher, & Szumilas, 2011)에 따라, 정신질환의 발생률이 가파르게 증가하는 시기의 연령대인 중학교의 청소년에서의 작업에 집중하였다(American Psychiatric Association, 2013). 돌봄 경로 모델은 정신건강 증진, 조기 진단, 환자 분류와 전원, 지속적인 관리 등을 하나의 구조 안으로 통합하여 학생, 교사, 학교 지원 스태프, 가족, 보건 인력, 의사결정자를 참여하게 하며, 여기에 포함된 다양한 구성 요소로부터 도움을 받을 수 있게 한다. 이를 통하여 지역사회뿐만 아니라 학생과 학교 교사들의 정신건강에 대한 이해를 증진시키고, 정신질환을 가진 청소년을 조기에 발견하고, 분류하여, 의뢰하며, 찾아가는 교육자 훈련을 통하여 지원을 제공하는 것을 강화하며, 부모/가족의 개입을 촉진하고, 1차 건강관리 인력들에게 정신건강에 대한 훈련을 지원하고, 가장 적절한 의료기관과 학교를 연계하는 관리와 의뢰 체계의 경로를 확립한다(Kutcher & Wei 2013; Wei, Kutcher, & Szumilas, 2011).

　이 모델은 미리 규정되지 않고, 오히려 지역사회 환경에 맞춰지며, 최선의 근거 기반 자원에 의해 지지되고 정보를 얻고, 건강과 복지 서비스 제공자의 협력에 기초를 두고 있다. 이 접근법에 필수적인 것은 상호 협의, 평가 그리고 발전하는 지역사회의 필요에 대처할 수 있도록 지속적 유연성을 가질 수 있게 하는 활동과 자원을 수정·보완하는 과정의 되먹임 고리이다. 모델의 구성 요소는 다양한 학교 생태에 맞추기 위해 전체적으

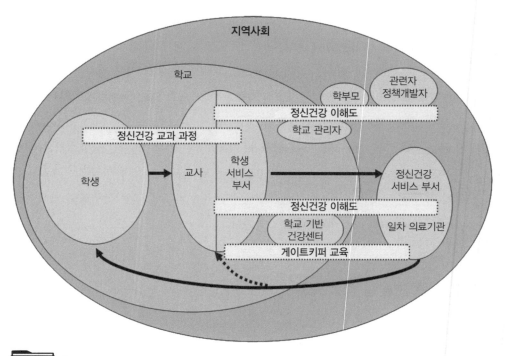

그림 4.1 학교 기반 통합 돌봄 경로 모델

출처 : Wei, Kutcher, & Szumilas (2011). Copyright by *McGill Journal of Education*. 허락학에 재인쇄.

로 또는 개별적 부분으로 시행될 수 있다. 다음 단락에서는 우리가 다학제적 협력을 통하여 시행한 다양한 프로젝트들을 통하여, 어떻게 이 반복되는 과정이 돌봄 경로 모델을 통하여 진화하고 발전하였는지 기술할 것이다.

그 기초는 학생, 교사, 가족 그리고 다른 관련 이해 당사자들의 정신건강에 대한 이해의 증진이다. 위원회는 정신건강 이해도(literacy)를 다음과 같이 정의한다. 무엇이 긍정적 정신건강을 이루는지 그리고 긍정적 정신건강에 도달하고 이를 유지하기 위한 전략을 이해하는 능력, 정신질환과 이에 대한 최선의 근거 기반 연구들에 기반한 치료법을 알고 이해하는 것, 정신질환과 정신질환을 갖고 살아가는 사람들에 대한 적절한 태도(낙인의 감소), 정신건강의 문제나 정신질환에 대하여 적절한 의료기관이나 기타 관련 자원에 도움을 요청하는 개인적 능력이나 의지를 뜻하는 자조 효용성의 강화(Kutcher, Wei, McLuckie, & Bullock, 2013).

이 모델은 2009년 노바스코샤 지역 고등학교에서 10학년 학생(74명)과 교사(6명) 전체를 대상으로 처음으로 시도되었으며, 2개의 지역사회 복지 서비스 기관, 8개의 일차 의료기관, 소아청소년 정신건강 서비스 기관 중 4개의 대표 기관 그리고 지역사회 교육청의 학생 서비스 부서 및 영어 프로그램 서비스 부서에서 2명의 대표가 참여하였다. 위원회는 참여한 모든 교사들에게 10학년 대상의 정신건강과 고교 교육과정 가이드에 대하여 하루 과정의 훈련을 시행하였다. 훈련 이후에, 교사들은 그룹으로 교재에 대하여 공부하였고, 학생들을 대상으로 정신건강에 대한 지식을 증진시키고, 낙인을 감소시키며, 학생들의 자조 효용성을 강화하기 위한 10시간의 교육과정을 시행하였다. 이 교육이 진행되는 동안, 위원회와 지역사회 서비스 기관들은 상호 협조하여, 학교 내에서의 지지를 제공하는 스태프들이 대상자를 조기 발견하고 학교와 지역사회 사이의 연대를 강화하는 능력을 증진시키기 위한 '찾아가는' 교육자 대상 훈련을 개발하였다. 이 훈련은 교장에 의해 선별된 5명의 학교 지지 스태프에게 시행되었는데, 왜냐하면 스태프 학생들은 자연스럽게 도움을 주러 갈 수 있기 때문이었다. 훈련 이후에, 의뢰 과정 그리고 학교, 정신건강 서비스 기관 및 가족 사이에서의 비밀 엄수 문제를 확실히 하기 위하여 학교 지지 스태프와 지역사회 정신건강 서비스 기관 사이에 세 번의 공개 토론이 개최되었다. 또한 지역사회 교육청과 건강청(Department of Health) 사이에서도 관리에 대한 접근과 비밀 유지에 관한 문제점을 분명히 하기 위한 추가적 논의가 시행되었다. 이 시범사업은 그 학년을 마칠 때까지 완료되었다. 그 결과 참여자의 정신건강에 대한 이해는 상당히 증진되었고, 학교에서 건강 서비스 기관으로의 의뢰 또한 개선되었으며, 건강과 교육 부서 사이의 협력도 향상되었다(Kutcher & Wei, 2013).

노바스코샤 학교 정신건강 체계의 개발과 시행

해당 모델의 성공적 실행은 지역의 학교 정신건강을 위한 향후 방향에 대한 추가 논의를 위하여 EAC에 보고되었다. 이 시점에 해당 지역의 학교 정신건강 정책은 존재하지 않았다. 따라서 위원회가 교육가, 관료, 건강 및 기타 관련 분야 관계자가 모여 학교 정신건강의 청사진을 그리는 지역 학교 정신건강 협의체를 주도하게 되었다. 이것은 지역의 교육/건강 정책을 만들어내기 위한 새로운 접근이었고, 노바스코샤에서 이러한 정책 개발 과정이 일어난 것은 처음이었다.

2009년 위원회는 교육, 건강, 건강 증진, 사법 그리고 지역사회 서비스의 다섯 영역에서 청소년 관련 사업을 시행하는 지방 정부의 대표자들, 학교 운영위원회, 지역 의료 대표자, 청소년 단체 대표자, 왕립 캐나다 기마경찰, 흑인과 원주민 지역사회 등에서도 참가하는 협의체를 개최하였다. 그 결과 해당 지역은 학교 정신건강 체계(framework)를 개발해야 한다는 데 만장일치로 합의하였다. 이 권고안은 모든 관련 부처의 장관을 대표하여 건강 증진부 장관에 의해 채택되었다.

협의체 회의 이후, 위원회가 주도하고 협의체 참가 기관들이 참여하여 일련의 과정이 개발되었고, 지역 학교 정신건강 전략을 마련하기 위하여 DOE가 이용할 수 있는 체계를 구축하는 데 적용되었다. 그 결과 '웰빙 : 노바스코샤 학교 정신건강 체계'가 설립되었다. 여기에서는 다섯 가지의 주제와 거기에 연관된 전략 및 평가가 포함되었다. 그 다섯 가지는 다음과 같았다 ― (1) 정신건강 이해도 (2) 정신건강 자원 (3) 각 영역 간 의사소통과 협업 (4) 도움에 대한 접근 (5) 개발, 배포, 보급을 위한 전략. 보고서 전문은 http://teenmentalhealth.org에서 확인할 수 있다. 이 체계는 해당 지역 내에서 학교 정신건강 의제를 발전시키기 위한 위원회와 DOE 사이의 지속적 협조를 지속적으로 공고화하였다. 이 협업은 학교 정신건강 체계의 수많은 측면들을 '어린이와 학습 우선(Kids and Learning First)'(http://novascotia.ca/kidsandlearning/pub/KL-en.pdf)이라는 정책 문서에 포함되게 하였다(Nova Scotia Department of Education, 2012).

정신건강과 고등학교 교과 과정 지침서를 통한 정신건강 이해의 증진

노바스코샤 사례

DOE와의 제휴하에 '어린이와 학습 우선'(Nova Scotia Department of Education, 2012)에 의거하여, 위원회는 노바스코샤 정신건강 그리고 9학년 학생을 위한 고등학교 교과 과정 지침서(이하 지침서)를 이용한 정신건강 이해 과정을 교육에 포함시켰다. 여기에는 돌봄 경로 모델의 기능적 요소들이 포함되었다. 이 지침서는 정신건강과 정신질환에 대한 지식을 증진시키고, 정신건강과 정신질환에 대한 태도를 개선시키며, 6개의 모듈을 통하여 자기도움 요청 행동을 촉진하도록 구성되었다. 6개의 모듈은 다음과 같다 ― (1) 정신질환의 낙인 (2) 정신건강과 정신질환에 대한 이해 (3) 특정 정신질환에 대한 정보 (4) 정신질환의 경험 (5) 도움과 지지를 요청하기 (6) 긍정적 정신건강의 중요성. 최신판에는 교사를 위한 자가학습 자료와 학생 평가 자료가 포함되었으며, 이는 http://teenmentalhealth.org/curriculum에서 확인할 수 있다.

해당 지역에 적용하기에 앞서, 지침서의 초기 판에 대한 시범 사업이 캐나다의 네 곳의 학교에서 시행되었다. 시범 사업 결과 몇몇 수정 사항이 노바스코샤에서 사용된 지침서에 반영되었다. 첫 단계로, 해당 지역의 교외 지역의 한 고등학교에서 지침서가 시행되었다. 정신건강에 대한 지식은 지침서 내용에 기반한 30문항으로 평가하였고, 정신질환에 대한 태도는 위원회가 개발한 8문항으로 평가하였다. 이 평가들은 교육이 시행된 직후 그리고 그 2개월 후에 시행하였다. 그 결과 학생들에서의 지식 수준은 단기적으로 증진되었지만, 장기적으로 유지되지는 못하였다. 교사들에서는 단기·장기적으로 모두 지식 수준이 증진되었다(Kutcher & Wei, 2013). 두 번째 평가 후 학생과 교사들을 대상으로 시행한 면접에서, 학생들은 이 내용이 필수적인 교과 과정이 아니기 때문에 공부를 하지 않았던 것으로 나타났다. 학생과 교사 면담 모두에서 정신건강과 정신질환에 대하여 배우는 과정을 즐겼으며, 필요한 경우 도움을 요청하는 데 대하여 더욱 확신을 가지게 된 것으로 나타났다. 그들은 지침서를 정규 교육과정에 포함하도록 위원회에 권고하였다.

또 다른 시험적 적용은 노바스코샤의 트라이 카운티 지역 교육청 내의 두 학교에서 실행되었다. 여기에서는 불어 사용 학교에 특성에 맞춘 요소들과 지역 정신건강 공동체 조직체가 추가되었다. 그리고 모듈을 여러 주제 영역으로 나누는 것과 모듈을 하나의 블록으로 묶는 것, 두 가지 서로 다른 형식으로 지침서를 적용하는 것에 대한 비교 연구가 진행되었다. 여기에서 도출된 결과와 권고안 역시 첫 번째 시험 적용에서와 유사하였으며(www.teenmentalhealth.org), 지침서를 일반적인 교과 과정 내의 하나의 블록으로 포함시키도록 DOE에 권고하였다. 이러한 권고안은 DOE에 의해 채택되었으며, 그 결과 지침서는 해당 지역 9학년의 건강한 생활 과정에 포함되었다.

시험 적용 과정에서의 긍정적 결과들과 교훈들을 바탕으로 위원회는 해당 지역 내에서 가장 큰 교육청인 할리팩스 지역 교육청(Halifax Regional School Board, HRSB)으로부터 지침서를 교육 과정에 포함시킬 수 있도록 승인받았다. 이러한 과정은 HRSB 집행부(www.hrsb.ns.ca)와 DOE의 적극적 지원으로 가능하였다. HRSB의 학생 지원 부서와 교사 지원 부서들의 협조하에, 2012년 전체 HRSB에 소속되어 9학년의 건강한 생활 과정에 대하여 실제 교육을 담당하게 될 교사 모두($n = 89$)를 대상으로 하여 지침서에 대한 교육이 시행되었다. 이 교육에서는 6개의 모듈과 추가 자료로 제시된 청소년기 정신건강에 관한 전반적 사항에 대하여 다루었고, 교육 전략에 대하여서도 논의되었다. 그 이후 지침서는 9학년 건강한 생활 교과 과정에 포함되었다. 교사 대상의 교육 전후에 시행된 평가 결과 교사들의 지식 수준은 분명하게 증진되었다. 교사들의 정신질환에 대한 인식 역시 유사하게 개선되었다(Kutcher et al., 2013). 교육 대상자들은 이 과정에 고마움을 표시하였고, 또한 해당 과정을 가르칠 때 더욱 확신을 가지게 되었다고 보고하였다. HRSB와의 사후 회의에서, 교사들이 바뀔 수 있기 때문에 매년 이 과정을 가르칠 새로 부임한 교사들을 위하여 지속적 교육 과정이 제공되어야 한다는 의견이 제시되었다.

위원회는 이러한 결과를 교육청의 영어 프로그램 담당 부서와 영어를 사용하는 노바스코샤 내의 7개 교육청 모두와 공유하였다. 이러한 결과들과 HRSB 교사들의 의견에 고무되어, 위원회와 DOE는 노바스코샤의 모든 9학년을 대상으로 지침서를 확대 적용하기 위한 전략을 마련하기 위한 논의를 전개하였다. 그 결과, 위원회는 교육부의 감독 하에 트레이너 훈련 모델(train-the-trainer model)을 개발하였고, 건강한 생활 과정을 담당하는 모든 교사들과 지역 내 각 교육청에 소속된 교육팀을 대상으로 교육을 시행하기로 하였다. DOE는 각 교육청의 교육팀에는 담임 교사들과 학교 상담사와 같은 지원 인력들이 포함되어야 하고, 전문적 지원을 담당할 지역 내 건강 관련 관공서의 정신건강 전문가 역시 포함되어야 하도록 하였다. 각 교육청의 교육팀은 9학년 건강한 생활 과정 교사들을 교육하도록 연계되었고, 전 노바스코샤에서 2012~2013년에 걸쳐 활동하였다(자세한 사항은 하단 참조). 각 교육청에 소속된 교육팀은 모든 9학년 건강한 생활 과정 교사들을 매년 지원하게 되었다. DOE는 또한 9학년의 건강한 생활 과정에 대한 학습 목표를 수정하여 지침서가 기존의 교과 과정에 더욱 잘 융합될 수 있게 하였으며, DOE, 노바스코샤 교사 신용조합, 댈하우지 의학연구재단은 이러한 전 지역적 활동에 대하여 재정적으로 지원하였다.

위원회는 228명의 교사와 지원 인력(43명의 트레이너 포함)에 대한 교육을 시행하였다. 43명의 트레이너들은 다른 사람들에 비하여 추가적으로 반나절 정도의 심화 교육을 받았다. 비록 첫날 교육 프로그램은 기존의 교과 과정 교육 모델로 이루어졌지만, 추가적인 반나절의 교육은 정신건강과 정진질환에 대한 이해를 증진시키고, 지침서를 교과 과정에 잘 접목시킬지에 대한 논의를 증진시키며, 지침서를 실제 교실에서 적용시키는 데 대한 실제적 전략을 개발하기 위한 근거 중심의 연구 결과들을 탐색하는 것으로 구성되었다. 교육 과정에 대한 평가 결과 교사들은 교육 전에 비하여 유의하게 정신건강에 대한 지식이 증진되었다($d = 1.85$). 지식 증진의 정도에 대한 효과 크기는 Cohen에 의한 큰 효과 크기($d = 0.8$)를 초과하였다. 비록 정신건강에 대한 교사들의 태도가 교육 전에도 긍정적이었지만, 교육에 의하여 이러한 긍정적 태도는 더욱 증진되었다. 교사들의 태도 개선 효과는 Cohen에 의한 중간 정도의 효과 크기를 초과하였다. 이와 유사한 결과들이 트레이너에 대한 교육에서도 지식 증진($d = 2.0$) 및 태도 개선($d = 0.53$) 영역에서 나타났다. 교육 과정에 대한 전체 평가 결과는 http://teenmentalhealth.org에서 확인할 수 있다.

온타리오 지역 사례

노바스코샤에서의 지침서의 성공은 프로그램 평가를 통한 예비적 근거와 모든 단계에서의 위원회, DOE, 관련 기관들 그리고 모든 교육청의 협조에 의한 것이었다. 그러나 교육은 각 지방 정부가 관할하는 캐나다의 여건상, 노바스코샤에서 이루어졌던 프로그램의 개발 과정이 다른 지역에서도 그대로 실행될 수는 없었다. 지침서를 전국적으로 적용하고자 하는 목표를 고려할 때, 과정은 다소 다를 수 있으나 유사한 결과를 얻을 수 있는지에 대한 추가적 과정이 필요하였다. 즉, 적용 과정에 상관없이 지침서가 일관되게 정신건강에 대한 이해를 증진시킬 수 있는지가 입증되어야 했다. 다음에 기술할 온타리오 지역의 사례는 지침서가 결과 기반(outcome-based)의 실용적 접근 방법을 통해서도 노바스코샤에서와 유사한 결과를 얻을 수 있음을 보여주고 있다.

노바스코샤에서의 적용 과정과 동시에, 캐나다에서 가장 큰 주인 온타리오에서도 지침서를 적용할 수 있는 기회가 있었다. 온타리오에서는 노바스코샤에서와는 달리 지침서가 위원회와 협업 관계에 있는 3차 정신건강관리 기관인 온타리오 지역 정신건강 과학 센터(Ontario Shores Centre for Mental Health Sciences, 이하 온타리오 센터)에 의해 도입되었다. 온타리오 센터는 2011년 10월에 청소년 정신건강 이해 프로그램을 시작하였는데, 여기에는 위원회가 참여하여 4개 지역 교육청에 지침서를 적용하기 위한 교사

교육을 담당하였다. 온타리오 센터는 교육과 평가를 위한 허브로서의 기능을 담당하였고 청소년 서비스 부서를 통하여 각 학교 및 교육청과의 협조체계를 구축하였다.

4개 지역 교육청의 교사들과 학생들은 위원회 소속 트레이너로부터 지침서에 대한 교육을 받았다. 31명의 교사들을 대상으로 시행한 정신건강에 대한 지식과 태도에 대한 조사 결과는 노바스코샤에서와 다르지 않았다(www.teenmentalhealth.org). 교사들의 정신건강 이해도 수준은 교육 후에 분명히 증진되었고($d = 1.2$), 정신건강에 대한 태도는 교육 전에도 긍정적이었으나 교육에 의해 더욱 호전되었다($d = 0.44$)(McLuckie et al., pers.comm.).

교육 이후에, 409명의 학생을 대상으로 기저 시점에서 참가자들의 지식과 태도를 조사하기 위한 단면적 연구가 시행되었고, 교육 직후 그리고 2개월 후에 추적 조사가 시행되었다(McLuckie et al., pers.comm.). 기저 시점과 비교할 때, 교육 직후 학생들의 지식 수준은 현저히 증진되었고($d = 0.9$), 그 효과는 2개월 시점에서도 유지되었다($d = 0.7$). 학생들의 태도 역시 교육 이후 호전되었고, 2개월 시점에서도 그 효과는 지속되었다 ($d = 0.18$).

온타리오 센터에 의해 시도된 교육 과정의 유용성과 긍정적 효과는 온타리오 지역 전체의 여러 교육청들의 관심을 받게 되었다. 그 결과, 4개의 지역 교육청 및 2개의 사립 학교가 이 프로젝트에 동참하였고 이에 대한 교육이 2012년에 시행되었다. 온타리오 센터에 의한 청소년 정신건강 이해 프로그램은 해당 주에서 자발적으로 눈덩이처럼 커지면서 시간이 갈수록 더욱 많은 교육청이 참여하여 교육청과 교육자 사이에 긍정적 경험을 서로 공유하는 계기가 되었다. 노바스코샤에서와는 달리, 온타리오 교육부는 지침서를 교과 과정에 포함시키도록 강제하지는 않았으나 다수의 학교들은 이미 기존의 주 교육과정 지침에 대한 자체적 해석을 통하여 지침서를 적용하고 있었다. 온타리오에서는 지침서의 적용이 학교 그리고 교육청의 주도로 이루어졌으나, 정신건강 이해도 결과는 노바스코샤에서와 유사하게 긍정적이었고 이는 지침서가 교육 체계, 인프라, 적용 과정 등에 관계 없이 효과적으로 적용되며 분명한 긍정적 결과를 도출할 수 있음을 보여준 것이다.

오타와 사례

온타리오 지역의 활동과 동시에 그리고 독립적으로, 오타와대학교와 왕립 오타와 정신건강 관리 및 연구센터(Royal Ottawa Mental Health Care and Research Center)에서는 지침서의 효과에 대한 무작위 배정 대조 연구를 시행하였는데, 여기에는 2010년부터 2013년에 걸쳐 오타와와 온타리오의 26개 중학교가 참여하였다(Milin, Kutcher, Lewis, Walker, & Ferrill, 2013). 이 연구는 11학년과 12학년 학생 534명을 대상으로 지식 습득과 유지, 낙인 감소, 자조 효용성이라는 3개의 결과변수를 측정하였다. 연구에 참여한 학교들은 지침서를 교과 과정에 포함한 군, 지침서를 교과 과정에 포함하고 여기에 추가적 정신건강에 대한 인터넷 학습을 시행한 군, 대조군의 3개 군 중 하나의 군으로 무작위 배정되었다. 이 연구에서는 지식과 태도를 측정하였으며, 여기에 추가적으로 학생들이 지침서에 의하여 자조 효용성이 증진되는지도 조사하였다. 이 추가적 변인은 노바스코샤나 온타리오 지역에서는 평가되지 않았던 것이었다. 초기 연구 결과에서는 교과 과정 군과 교과 과정에 인터넷 학습을 추가한 군을 하나의 군으로 묶어 분석하였다. 그 결과 대조군은 3개의 결과 변인 중 어느 것에서도 유의한 차이를 보이지 않았으나, 교과 과정 군과 교과 과정에 인터넷 학습을 추가한 군에서는 세 결과 변인 모두에서 유의한 호전이 나타났다.

이 경우는 순수한 연구였고, 온타리오 사례와는 독립적으로 시행되었으나, 온타리오에서 진행 중이던 사업을 지지해주는 결과를 보여주었고, 온타리오에서 여러 학교들과 교육청들이 지침서에 대해 관심을 가지는 계기가 되었다. 이들은 차후에는 온타리오 교육부, 지역 내 청소년 정신건강 관련 기관과 같은 다른 잠재적 관련자들에게 이러한 연구결과를 보급하여 대중과 기관, 정부의 참여를 유도할 계획이다.

정신건강 이해도 구성요소의 개관

상기의 예들은 지침서가 다양한 상황에서 학생들과 교사들의 정신건강 이해도를 일관되게 증진시키기 위하여 각 상황에 따라 서로 다르게 적용되고 평가될 수 있는지 보여주고 있다. 노바스코샤의 경우는 상향식(개별 학교로부터 시작)으로 시작되어 하향식(DOE에 의하여 프로그램이 의무화 됨) 과정으로 통합되었으며, 온타리오의 경우 다양한 접근 방법을 적용하였다. 온타리오의 경우, 정신건강 관리 체계는 각 교육청과 직접적으로 소통하는 중심 허브 역할을 하였고, 반면 오타와대학교의 프로젝트는 연구 프로젝트의 형태로 각 학교에 전달되었으며, 연구 프로젝트가 종료되었을 때는 온타리오 지역과 협업을 통하여 지속적으로 프로그램을 전파할 수 있었다. 지침서가 캐나다 전체에서 시행되면서, 각 지방에서는 가장 적절한 방법으로 이를 실행하기 위한 다양한 접근들이 시도되고 있다.

이러한 접근의 성공은 지침서 내용과 교육의 질뿐만 아니라 이를 적용하는 방법에 의해서도 영향을 받는다. 첫째, 지침서는 규범적인 것이 아니다. 지침서를 어떻게 적용할 것인지, 누가 지침서 적용과 평가를 맡을 것인지 그리고 그 외 진행 과정에서의 세부사항은 참가자들이 결정해야 하는 것이지, 지침서 개발자들이 결정하는 것이 아니다. 따라서 지침서는 어떤 지역에서건 각 지역의 상황에 맞추어 적용될 수 있는 것이며, 그 지역의 상황을 변화시켜 적용해야 할 필요는 없다. 지침서는 기존 학교들의 특성을 기반으로 구성되었으며, 따라서 지침서의 전달 방법으로는 역사적으로 입증된 교육학을 이용한다. 교사들은 정신건강에 대한 별도의 특수한 교육 경험이나 프로그램 없이도 지침서를 가르치기 위한 수업 준비 과정에서 교사 자신의 정신건강에 대한 이해도를 크게 증진시키게 되며, 다른 과목에 대해 해왔던 것처럼 교사의 교육적 전문 기술을 사용하여 학생들을 교육하게 된다. 따라서 지침서에 의한 긍정적 효과를 얻기 위하여 별도의 인력이나 외부 교육 과정은 필요하지 않다. 셋째, 교육 내용은 기존의 학교 교과 과정에 통합되기 때문에, 정신건강 이해도를 증진시키기 위하여 추가적인 프로그램 비용이 거의 발생하지 않는다. 즉, 비용이 많이 소요되고 단편적인 개입들(그 과정이 실제 지식을 증진시키고, 낙인을 감소시키고, 자조 효용성을 증진시키는지 여부와 관계 없이)은 필요하지 않다. 또한 일단 지침서의 내용이 기존 교과 과정에 통합되고 교육청 기반의 교육팀이 활성화되면, 전체적인 과정은 자체적으로 지속 가능한 상태가 되어 비용-효용성을 갖추게 되며, 따라서 교육 예산이 삭감되는 경우에도 중단될 가능성이 낮아진다. 이러한 모든 요소들이 지침서의 적용에 도입될 때 교사와 학생들 모두에서 정신건강 이해도를 증진시키기 위한 지침서의 가치가 더욱 증대될 수 있다. 비록 지침서가 학교의 문화에 미치는 영향, 혹은 교사들 사이에 정신건강에 대한 이해도를 상호 증진시키는 부분에 대한 영향은 아직 연구되지 않았지만, 지침서를 교과 과정에 통합시키는 것만으로도 전체 학교 정신건강 요인들에 광범위한 효과를 가져올 수 있을 것으로 기대된다.

'찾아가는' 교육자 훈련을 통한 청소년 정신질환의 조기 발견 증진

지침서는 교사와 학생의 정신건강 이해도를 증진시키기 위하여 전파되었기 때문에, 돌봄 경로 모델의 다른 요소인 '찾아가는' 교육자('Go-to' educator) 훈련 프로그램 또한 연속적 돌봄 모델의 성립과 학교에서의 지침서 적용을 보완하기 위해 도입되었다(Wei, Kutcher, & Szumilas, 2011). '찾아가는' 교육자의 개념은 각 학교에는 항상 학생들이 자연스럽게 도움을 청하러 가는 교사들이 있기 마련이라는 사실에서 영감을 얻었다. 이들을 우리는 '찾아가는' 교육자라고 칭하였고, 이들은 담임 교사일 수도, 상담 교사일 수도, 행정 교사이거나 이외의 교직원일 수도 있다. 정신건강 문제나 정신질환이 발생할 위험성이 높은 학생들을 식별하고, 이러한 학생들을 적절한 서비스(교내 혹은 교외의)에 연계하도록 이들 현장의 인력을 훈련시킴으로써, 더욱 신속하고 효과적으로 청소년 정신건강 관리를 수행할 수 있을 것이다. 이들 '찾아가는' 교육자들은 학교 내의 학생 관리 전문가(심리학자, 상담 교사, 사회사업가 등) 그리고 지역사회의 인력 관리, 건강, 정신건강 전문가들이 시행하는 훈련 과정에 참여하게 된다. 훈련 그룹의 구성은 각 지역사회의 고유한 상황에 따라 달라질 수 있다. 훈련 모델이 지역사회에 맞추어야지, 지역사회가 훈련 모델에 맞추어서는 안 된다.

이미 지침서에 의하여 학생과 교사가 스스로, 혹은 다른 사람의 정신건강 문제나 정신질환을 인식하여 도움을 구할 수 있도록 정신건강 이해도가 증진된 상황이기 때문에, 이 훈련은 지침서에 의한 개입에 대한 강력한 지원책으로 간주된다. 시스템 측면에서, '찾아가는' 교육자 훈련은 조기 발견과 개입 증진이라는 돌봄의 목표를 성취할 수 있게 한다. 또한 학교에 추가적인 자원의 투입을 요구하지 않고, 개입의 충실도보다는 실행 가능성에 초점을 둔 접근 방법을 이용하며, 훈련 프로그램의 일부로 기존의 지역사회 자원과의 연계를 구성한다. 개인적 측면에서, 훈련은 정신건강 지식, 사례 발굴 전략, 사용 가능한 도구와 자원, 지역 정신건강 관리 체계, 의뢰 과정, 부모 및 가족과의 의사소통 전략 등에 대한 각자의 확신을 증진시키는 데 초점을 두고 있다.

그 효과를 지침서 프로그램과 동시에 평가하기 위하여, 위원회는 일단 노바스코샤 교외의 한 고등학교에서 교장이 선별한 6명의 '찾아가는' 교육자와 함께 '찾아가는' 교육자 훈련을 시행해보았다. 훈련 결과, 정신질환을 발굴해내는 데 대한 그리고 정신질환 고위험 청소년에 대한 지지에 대한 지식이 교육 이후 그리고 3개월까지 지속적으로 유의하게 증진되었다(Kutcher & Wei 2013). 이후, '찾아가는' 교육자 훈련은 일부 보완되어 할리팩스 지역 교육청에 의해 도입되었고, 134명이 이 교육을 받았다. 그 결과 역시 지식 활용($d = 2.3$)과 태도($d = 0.36$) 측면에서 유의하고 상당한 긍정적 변화를 보였다.

'찾아가는' 교육자 훈련의 성공에 대한 이러한 결과를 바탕으로 노바스코샤 교육부는 '찾아가는' 교육자 훈련 프로그램을 관내의 모든 중학교에 도입하였고 DOE 산하 학생 서비스 부서의 SchoolsPlus 체계를 통하여 적용하였다. SchoolsPlus 체계는 학교를 서비스 전달 센터로 이용하여 학생과 그 가족들에 대한 지지 체계를 구축하는 법무, 행정, 보건 부서 등의 다기관 협조 체계이다.

이 개입에서 트레이너의 훈련 모델(train-the-trainer model) 또한 적용되었으며, SchoolsPlus는 각 교육청에서 SchoolsPlus 코디네이터를 모집하여 이들을 '찾아가는' 교육자 훈련 프로그램에 연계시키는 주도적 행정적 역할을 수행하였다. 이 코디네이터들은 '찾아가는' 교육자 훈련을 각 교육청에 도입하는 책임을 맡게 되었다. 각 코디네이터들은 훈련 팀을 선별하고, 각 학교의 교장들이 현장 인력 중 누가 훈련을 받을지 선택할 수 있도록 도움을 주었다. 이들은 또한 위원회에 의한 훈련에도 참여하여 트레이너 팀이 구성된 후 이들을 실행 측면에서 지원(logistical support)하였다.

훈련 과정은 2012년 11월부터 2013년 6월까지 169명이 참여하여 시행되었고, 참여자의 지식($d = 2.4$), 정신건강에 대한 긍정적 태도의 촉진($d = 0.3$) 측면에서 효과적이었다. 트레이너의 훈련 모델에 대한 더욱 자세한 정보는 http://teenmentalhealth.org에서 확인할 수 있다. 각 교육청의 트레이너들에 의해 시행된 '찾아가는' 교육자 훈련은 학교가 어떻게 돌봄의 연계(care continuum)를 수립하면서 건강 전문가와 연결될 수 있는지에 대하여 지속적으로 평가하고 있다.

노바스코샤의 2개의 서로 다른, 하지만 상보적인 프로그램 동시 적용은 학생들을 위한 정신건강 관리로의 경로에 있어 시금석이었다. 이러한 접근의 성공은 다른 지역에도 영향을 주어 유사한 개입들이 도입되게 하였다. 이는 정신건강 이해도 증진 프로그램이 학교의 기존 교과 과정에 통합되어 지속적 영향을 미칠 수 있으며, '찾아가는' 교육자 훈련 프로그램을 통하여 정신질환이 조기에 발굴될 수 있음을 보여주는 선례가 된다. 따라서 각 학교에서는 이 두 가지 프로그램을 동시에 도입하도록 권고한다.

이행 프로그램을 통한 정신건강 이해도 증진과
대학으로의 원활한 이행의 촉진

지침서는 정신건강 돌봄 경로를 위한 정신건강 이해도의 바탕이 되었지만, 위원회는 돌봄 경로 모델 내에 적용될 수 있는 다른 프로그램 또한 개발하였다. 이 중 한 가지는 이행(Transitions) 프로그램인데, 이는 고등학교 졸업반과 대학교 1학년 학생을 대상으로 정신건강을 포함한 포괄적인 생활기술 자원을 제공한다. 이행 프로그램은 대학교에 진학하는 학생들의 흔한 일상생활에서의 문제들을 돕고, 정신건강 이해도를 증진시키며, 정신질환에 대한 낙인을 없애고, 자조 행동을 증진시키며, 그 결과 고등학교에서 대학교로의 원활한 이행을 촉진시키기 위하여 2007년 처음 개발되었다. 이 프로그램은 대학생들로부터 긍정적으로 받아들여졌으며, 정신건강에 대한 논의와 자조 행동을 증진시키는 것으로 나타났다(Boucher, Szumilas, Sheikh, & Kutcher, 2010).

이행 프로그램은 젊은이들에게 낙인을 감소시키고 접근에 용의한 방법을 사용하여 정신건강에 대한 정보를 전달한다는 특징을 가지고 있다. 이행 프로그램에서, 정신건강에 관한 정보와 정신건강 자원 인식은 대학 생활을 시작하는 것과 관련된 일상의 문제들을 어떻게 다룰지에 대한 정보 안에 포함되어 제공된다. 따라서 이행 프로그램은 정신건강 이해도뿐만 아니라 일상적인 학생의 생활을 다루게 된다. 따라서 이 전인적인 프로그램을 통해 학생들은 신체적·정신적 건강과 관련된 여러 선택을 할 때 중요한 정보들을 바탕으로 결정을 내릴 수 있게 되고, 그 결과 건강과 웰빙을 증진시킬 수 있게 된다.

이행 프로그램은 두 단계를 걸쳐 개발되었다. 초기 판(version)에서는 관계, 재정 관리, 시간 관리, 학습 전략, 스트레스 관리, 성 건강, 물질 사용과 남용 문제, 기타 흔한 정신질환 등 많은 주제를 다루었다. 또한 자조에 대한 방법과 자원들 또한 제공하였다. 이 프로그램은 두 권의 소책자로 구성되었는데, 한 권은 학생들을 위한 것으로 여권 크기의 축약본이었고, 다른 한 권은 학생 관리 부서를 위한 완본(full version)이었다. 초판은 캐나다의 약 8,000개 대학교에 배포되었다. 112명의 학생을 대상으로 시행한 온라인 설문조사 결과 95% 이상의 응답자가 내용에 만족을 표하였고, 40% 이상이 동료들과 프로그램의 내용에 대하여 논의한 바 있으며, 16%는 자신이 읽은 내용에 따라 상담 서비스의 도움을 신청하였거나 신청할 예정이라고 하였다(Boucher et al., 2010).

이행 프로그램의 두 번째 판은 새로운 연구 결과들을 반영하고 학생들의 더욱 발전된 전자기기 사용에 발맞추기 위하여 2013년 개발되어 발표되었다. 새 판에서도 이전 판에서 다루었던 주제들을 그대로 포함하였으나, 더욱 체계화하였고, 새로운 연구 결과들과 손상 감소 방법에 대한 내용을 추가하였다. 새 판에서는 정신건강과 정신질환에 대한 기술을 강화하였으며, 젊은이들에게 친숙한 언어로 그리고 맥락을 반영하는 시각적 요소들을 사용하여 제시하였다. 또한 대학에 진학함에 따른 더욱 독립적 생활에 수반되는 여러 문제들을 어떻게 다룰지에 대한 더욱 실용적인 전략들 역시 추가되었다. 게다가 기존의 서적 형태에 추가하여 완본을 PDF로 보거나 전자책 형태로 다운로드 받을 수 있게 하였고, 여권 크기의 소책자는 아이폰 앱으로 다운로드 받을 수 있게 하여 더욱 많은 독자가 쉽게 접근할 수 있도록 하였다. 이행 프로그램의 새 판은 2013년 9월 발간되었는데, 노바스코샤의 6,000명 이상의 대학생이 이를 받아 보았고, 2014년 봄에는 DOE의 협조하에 노바스코샤의 모든 12학년 학생들에게도 전달되었다. 또한 발간 첫 달 안에 SNS를 통하여 1만 3,500번 공유되었다. 노바스코샤를 따라 다른 지방과 전국적 기관들 역시 이 새로운 내용을 전파하였다. 캐나다의 정신건강 위원회(The Mental Health Commission of Canada)는 아동 상담 전화(The Kids Help Phone), 잭 프로젝트(The Jack Project)[2]와 함께 캐나다 전역에서 고등학교 졸업반 및 대학교 저학년 학생을 대상으로 이 내용에 대한 홍보를 진행하였다. 참여를 바탕으로 하여 프로그램을 적용하는 방식은 두 가지 판본의 이행 프로그램이 성공하는 데 중요한 요인이 되었다. 비록 정신건강 전문가들이 내용을 기술하였지만, 이를 개발하는 과정에는 지역 대학 교원들, 상담가, 행정직원, 젊은이들 그리고 부모들이 지속적으로 참여하여 피드백을 제공하였다. 또한 프로그램을 전파하는 데 있어서도 전 지역에 걸쳐 관련된 조직들이 유기적 조직으로 참여하였다. 이와 유사한 모델은 전국적 전파를 위해서도 개발되었고, 2014년에 사업을 시작할 예정이다.

---

2 역주 : 잭 프로젝트는 캐나다에서 젊은이들을 대상으로 정신건강에 대한 홍보사업을 진행하는 전국적 네트워크 프로그램이다.

고찰과 결론

정신건강과 정신질환에 대한 이해 그리고 돌봄이 필요한 청소년의 자조 활동을 증진시키고 정신질환에 대한 낙인을 감소시키기 위하여 정신건강 이해도가 모든 학교의 교과 과정에 포함될 수 있다면 청소년 정신건강은 효과적으로(증진, 예방, 개입을 통하여) 관리될 수 있을 것이다. 증진된 정신건강 이해도와 동시에 학교와 일차 의료를 연계한다면, 향후 좋은 예후에 중요한 두 가지 요인인 조기 발견과 근거 기반 개입에 대한 접근을 증진시킬 수 있을 것이다.

이 장에서는 돌봄 경로 모델을 통하여 이러한 목표에 어떻게 도달할 수 있는지에 대한 근거 기반의 예를 제시하였다. 이 모델의 성공에는 다양한 요인들이 관련되어있으며, 이 모델을 전국적으로, 또한 세계적으로 전파하여 적용하는 데에도 그러할 것이다.

첫째, 돌봄 경로 모델의 유연성(flexibility)은 각 지역의 요구와 현실에 가장 적합한 접근 방법을 구축하기 위하여 중요하다. 이 장에서 제시한 예시와 같이 노바스코샤와 온타리오에서는 유사한 정도의 긍정적 효과를 얻었지만, 그 접근 및 적용 방법은 상이하였다. 이 모델은 규범적으로 정해진 것이 아니라 허용적이고 촉진적인 것으로, 많은 추가적 투자 없이 다양한 상황에 쉽게 적용될 수 있다. 둘째, 어떤 상황에 모델이 적용되는지에 관계 없이, 평가 결과들에서는 다양한 기관 및 부서들의 협업이 성공을 위하여 매우 중요함을 지적하고 있다. 예를 들어, 실제 교실에서 지침서를 적용할 교사들에 대한 훈련은 교사, 학교의 학생 관리 관련자(학교 상담교사, 심리학자 등), 지역의 의료체계 그리고 정신건강 및 중독 관련 의료진 등으로 구성된 훈련 팀에 의하여 시행된다. 이렇게 지역 내의 다학제적 대표자들이 동시에 훈련을 시행함에 따라, 여러 관련 부서들의 공식적 연계 체제나 특정한 건강 혹은 교육 관련 정책이 없더라도, 훈련 과정 자체를 통하여 네트워크의 구성을 촉진하여 지역사회에서의 돌봄 경로 모델을 성립하고 공고하게 하는 효과를 얻을 수 있다. 셋째, 이 모델은 기존의 학교 체계 내에 포함된 교육 사회적 생태계를 바탕으로 이루어지며, 특별한 추가적 투자(인프라 혹은 인적 자원 측면에서)를 필요로 하지 않는다. 따라서 지속 가능하며, 비용-효과적이다. 또한 지침서의 긍정적 효과를 목격한 교사, 학교 행정가, 기타 일선에서 직접 학생들을 대하는 인력들에 의하여 주저없이 받아들여지고 자연스럽게 지지를 받아왔다.

더욱이 이 작업은 개발된 이후 여러 평가와 연구와 동시에 진행되었다. 여러 프로그램 평가를 시행하여 개입 체계의 개발 과정에 도움을 받았고, 또한 개입에 의한 긍정적 효과를 보여주었다. 독립적이고 열정적인 연구들은 학생들과 교사들에 대하여 이러한 접근 방법이 유의하고 심대한 긍정적 효과를 나타냄을 확인하였다. 이러한 실천적 접근은 프로그램의 성공에 대한 확고한 자료를 기반으로 다음 단계의 전파를 계속하는 데 강점이 되었다. 이는 이 모델의 개발과 광범위한 전파에 있어 매우 중요한 요인이었다.

학교 정신건강을 위해서 근거 기반의 접근을 사용하는 것은 필수적이며, 이러한 접근 방법은 광범위하게 쉽게 사용 가능하고 긍정적 효과를 최대화할 수 있어야 한다. 우리는 캐나다의 상황에서 이러한 전제가 실현 가능함을 제시하였고 캐나다보다 자원이 상당히 부족한 나라를 포함한 여러 나라로 이를 확대하여 적용하고 있다. 근거와 실용 가능성의 조합은 향후 어떠한 학교 정신건강 사업에서도 필수적인 것이라 할 수 있다. 비록 학교 정신건강이 최근 큰 관심을 받고 있고, 학교에 적용하기 위한 많은 프로그램들이 개발되고 있지만, 지금까지 그 효과에 대한 근거는 제한적이고 일부는 오히려 해를 끼친다는 점은 주의해야 한다(Weare & Nind 2011; Wei & Kutcher, 2012). 따라서 교육자들은 그들의 학생들과 학교에서 사용하기 위해서는 최선의 근거 기반 프로그램을 선택해야 할 것이다.

이 장에서는 효과적인 개입 방법의 지속적 개발과 함께 다양한 관련자들과의 협업을 통하여 학교에서 학교 정신건강 평가와 연구가 어떻게 수행되는지를 철저히 평가된 예시를 통하여 제시하였다.

이러한 접근 방법에 대한 어려움으로는 다음과 같은 것들이 있을 수 있다 ― 비용, 시간, 그리고 프로그램을 개발하고 평가하기 위한 노력, 기존의 강점(교육학적, 행정적, 생태적)을 바탕으로 한 접근 방법 대신 외부의 독립형 프로그램을 구입하여 적용하고자 하는 정치적 고려, 다양한 관련 분야(지방 정부 부처, 교사 단체, 학교 운영진, 의료 기관 등)를 포함해야 하는 어려움 그리고 정부, 지역사회, 학교 수준에서의 대표자들과 접촉하고 협력해야 하는 어려움. 이러한 난점들의 해결책은 각 지역과 수준에 따라 결정되어야 하는데, 왜냐하면 일부 공통점은 있을 수 있으나 양상, 관점 그리고 해결해야 할 여러 문제점들은 지역에 따라 고유한 특성을 가지기 때문이다. 여러 영역의 다른 관련 분야 기관들과 강력한 협력 관계를 맺는 것이 이러한 난점들을 해결하는 데 도움이 될 수 있다.

　결론적으로, 이 장에서는 학교 환경에서, 지역사회 통합적으로 청소년 정신건강에 대한 요구를 해결하기 위한 총체적 모델에 대한 여러 예들을 제시하였다. 돌봄 경로 모델을 적용하는 예와 관련 연구 근거들은 다른 지역과 다른 국가의 교육자들과 연구자들이 학교 정신건강 이해도 증진과 학교 환경에서의 정신질환 조기발견을 위한 체계를 형성하는 데 유용할 것이다. 현재, 캐나다 내의 여러 지역에서 이 프로그램과 접근 방법을 적용하여 평가하고 있다. 또한 브라질과 말라위와 같은 다른 국가에서도 지침서를 수용·개작하여 적용하고 평가하였다. 이러한 국가적·세계적 사업에서는 우리가 이 장에서 제시하였던 것과 유사한 긍정적 결과들이 보고되고 있다. 이는 실용적 정신건강 이해도 증진 방법, 기존의 교육학적 과정을 기반으로 한 적용, 기존 학교의 실정에 따른 변형과 협업을 통한 적용 등을 통하여 학교 정신건강의 다양한 측면에 접근하는 것이 전 세계적으로 학교 정신건강을 위한 유용하고, 효과적이며, 성공적이고 지속적인 작업 체계가 될 수 있음을 시사하는 것이라 할 수 있겠다.

참고문헌

American Psychiatric Association 2013, *Diagnostic and statistical manual of mental disorders*, 5th ed., American Psychiatric Association, Washington, DC.

Bhatia, S. 2007, Childhood and Adolescent Depression, *American Family Physician*, vol. 75, no. 1, p. 73.

Boucher, J., Szumilas, M., Sheikh, T., & Kutcher, S. 2010, Transitions: A mental health literacy program for postsecondary students, *Journal of College Student Development*, vol. 51, no. 6, pp. 723–727.

Breslau, J., Miller, E., Joanie Chung, W. J. & Schweitzer, J. B. 2011, Childhood and adolescent onset psychiatric disorders, substance use, and failure to graduate high school on time, *Journal of Psychiatric Research*, vol. 45, no. 3, pp. 295–301.

Calear, A. L. & Christensen, H. 2010, Systematic review of school-based prevention and early intervention programs for depression, *Journal of Adolescence*, vol. 33, no. 3, pp. 429–438.

Faggiano, F., Vigna-Taglianti, F. D., Versino, E., Zambon, A., Borraccino, A., & Lemma, P. 2008, School-based prevention for illicit drugs use: A systematic review, *Preventive Medicine*, vol. 46, no. 5, pp. 385–396.

Hahn, R., Fuqua-Whitley, D., Wethington, H., *et al.*, 2007, Effectiveness of universal school-based programs to prevent violent and aggressive behavior: A systematic review, *American Journal of Preventive Medicine*, vol. 33, no. 2, Suppl, S114–S129.

Kessler, R. C., Avenevoli, S., Costello, J., *et al.* 2012, Severity of 12-month DSM-IV disorders in the National Comorbidity Survey Replication Adolescent Supplement, *Archives of General Psychiatry*, vol. 69, no. 4, pp. 381–389.

Kessler, R. C., Berglund, P., Demler, O., Jin, R., Merikangas, K. R., & Walters, E. E. 2005, Lifetime prevalence and age-of-onset distributions of DSM-IV disorders in the National Comorbidity Survey Replication, *Archives of General Psychiatry*, vol. 62, no. 6, pp. 593–602.

Kessler, R. C., Foster, C. L., Saunders, W. B., & Stang, P. E. 1995, Social consequences of psychiatric disorders I: Educational attainment, *The American Journal of Psychiatry*, vol. 152, no. 7, pp. 1026–1032.

Kutcher, S. 2011, Facing the challenge of care for child and youth mental health in Canada: A critical commentary, five suggestions for change and a call to action, *Health Care Quarterly*, vol. 14, pp. 15–21.

Kutcher, S. & Wei, Y. 2013, Challenges and solutions in the implementation of the School-Based Pathway to Care Model: The lessons from Nova Scotia and beyond, *Canadian Journal of School Psychology*, vol. 28, no. 1, pp. 90–102.

Kutcher, S., Wei, Y., McLuckie, A., & Bullock, L. 2013, Educator mental health literacy: a program evaluation of the teacher training education on the mental health & high school curriculum guide, *Advances in School Mental Health Promotion*, vol. 6, no. 2, pp. 83–93.

Lister-Sharp, D., Chapman, S., Stewart-Brown, S., & Sowden, A. 1999. Health promoting schools and health promotion in schools: Two systematic reviews, *Health Technology Assessment*, vol. 3, no. 22, pp 1–207.

Milin, R., Kutcher, S., Lewis, S., Walker, S., & Ferrill, N. 2013, Randomized controlled trial of a school-based mental health literacy intervention for youth: Impact on knowledge, attitudes, and help-seeking efficacy. Poster presentation at the 60th AACAP Annual Meeting, Orlando, USA.

Neil, A. L. & Christensen, H. 2009, Efficacy and effectiveness of school-based prevention and early intervention programs for anxiety, *Clinical Psychology Review*, vol. 29, no. 3, pp. 208–215.

Nova Scotia Department of Education. 2012, *Kids & learning first: A plan to help every student succeed*, Nova Scotia Department of Education: Halifax, NS.

O'Connell, M. E., Boat, T., & Warner, K. E. (eds.). 2009, *Preventing mental, emotional, and behavioral disorders among young people: Progress and possibilities*, National Academy of Sciences, Washington, DC.

Robinson, J., Hetrick, S. E., & Martin, C. 2011, Preventing suicide in young people: Systematic review, *Australian and New Zealand Journal of Psychiatry*, vol. 45, no. 1, pp. 3–26.

Rutter, M., Bishop, D. V. M., Pine, D. S., *et al.* (eds.). 2008, *Rutter's child and adolescent psychiatry*, 5th ed., Blackwell Publishing Ltd., Oxford.

School-Based Mental Health and Substance Abuse Consortium Knowledge Translation and Review Team. 2012, *Survey on school-based mental health and addictions services in Canada*, Mental Health Commission of Canada: Calgary, AB.

Shochet, I. M., Dadds, M. R., Ham, D., & Montague, R. 2006, School connectedness is an underemphasized parameter in adolescent mental health: Results of a community prediction study, *Journal of Clinical Child and Adolescent Psychology: The Official Journal for the Society of Clinical Child and Adolescent Psychology*, vol. 35, no. 2, pp. 170–179.

Waddell, C., Hua, J. M., Garland, O. M., Peters, R. D., & McEwan, K. 2007, Preventing mental disorders in children: a systematic review to inform policy-making, *Canadian Journal of Public Health*, vol. 98, no. 3, pp. 166–173.

Waddell, C., Offord, D. R., Shepherd, C. A., Hua, J. M., & McEwan, K. 2002, Child psychiatric epidemiology and Canadian public policy-making: The state of the science and the art of the possible, *The Canadian Journal of Psychiatry/La Revue canadienne de psychiatrie*, vol. 47, no. 9, pp. 825–832.

Weare, K. & Nind, M. 2011, Mental health promotion and problem prevention in schools: What does the evidence say?, *Health Promotion International*, vol. 26, Suppl 1, pp. 29–69.

Wei, Y. & Kutcher, S. 2012, International school mental health: Global approaches, global challenges and global opportunities, in *Evidence-based school psychiatry: Child and adolescent psychiatric clinics of North America*, eds. J. Bostic & A. Bagnell, Elsevier, Netherlands, pp. 11–28.

Wei, Y. & Kutcher, S. 2013, "Go-to" educator training on the mental health competencies of educators in the secondary school setting: a program evaluation, *Child and Adolescent Mental Health*, DOI: 10.1111/camh.12056.

Wei, Y., Kutcher, S., & Szumilas, M. 2011, Comprehensive school mental health: An integrated "School-Based Pathway to Care" model for Canadian secondary schools, *McGill*

Journal of Education, vol. 46, no. 2, pp. 213–229.

WHO Regional Office for Europe. 1996, *Regional guidelines: Development of health-promoting schools. A framework for action*, WHO Regional Office for the Western Pacific, Manila.

World Health Organization. 2004, *The global burden of disease*, WHO, Geneva.

Chapter 5

미래의 학교 정신건강 교육

Alexa Bagnell, Darcy Santor

서론

건강 이해도(health literacy)는 전 생애에 걸쳐 건강 수준을 결정하는 데 있어 핵심적 요인으로 인식되고 있다[1, 2]. 젊은이들은 매일 자신의 건강 상태와 관한 장·단기적인 결과에 영향을 미치는 선택을 하고 있고, 이러한 결정을 할 근거를 찾기 위한 정보와 기술을 필요로 하고 있다[3]. 정신질환의 대부분이 청소년기와 초기 성인기에 발생한다는 점에서, 젊은이들은 정신건강 이해도의 향상을 목표로 하는 건강 증진과 예방 프로그램을 위한 분명한 목표가 된다[4]. 건강 증진과 예방의 관점에서 보면, 건강을 관리하는데 있어 개인과 공동체의 역량을 강화하는 데 정신건강 이해도의 개선은 상당한 영향을 미칠 수 있다. 지식의 습득과 건강에 대한 지침 외에도, 건강 이해도는 건강에 대한 복잡한 결정에 요구되는 기술을 개발하는 데 있어 개인적 자산으로 여겨진다[5, 6]. 대부분의 건강과 정신건강 프로그램의 기본적인 가정은, 그것들의 의도된 결과나 전달 체계와 상관없이 지식과 기술 및 인식이 획득될 수 있고, 그 습득이 더 나은 건강 선택과 건강의 개선으로 이어질 수 있다는 것이다[7, 8].

학교는 대부분의 젊은이들이 깨어 있는 시간의 대부분을 보내는 곳이고, 정신건강 문

School Mental Health: Global Challenges and Opportunities, ed. Stan Kutcher, Yifeng Wei and Marc D. Weist. Published by Cambridge University Press. © Cambridge University Press 2015.

제에 대한 도움을 필요할 때 받지 못한다면, 정신건강 문제가 학생의 인생 궤도에 부정적인 영향을 크게 미칠 수 있는 곳이다. 학교는 대부분의 젊은이가 접근할 수 있는 프로그램을 실제로 구현하기 위한 잠재력을 가지고 있지만, 교육자들은 정신건강에 대한 전문 지식을 거의 가지고 있지 않다. 그러나 젊은 시절 동안 학교에서의 성공에 영향을 미칠 뿐 아니라 결과적으로 좋지 않은 건강 상태를 가져오는 정신장애의 유병률이 증가하기 때문에, 정신건강 교육과 정신질환의 예방, 학교 내에서 젊은이에게 제공되는 개입 전략에 대한 모든 수요가 증가하고 있다. 이 장은 건강 이해도의 진화하는 개념, 건강 이해도를 위해 필요한 연구 그리고 정신건강 이해도를 목표로 하는 개입에 대해 검토할 것이다. 매체를 통해 젊은이들에게 접촉하여 정신건강에 대한 지식과 태도 모두를 개선하고, 더 나은 건강 선택의 목표를 가지고 건강정보에 접속하고 평가하는 기술을 개발하기 위한 새로운 접근법이 전 세계적으로 개발되고 있다. 상호작용하는 웹 기반 프로그램인 'MyHealth 매거진'은 학교 안팎에서 정신건강 이해도를 가르치고, 젊은이들의 삶 속에 일상적인 존재감을 확립함으로써, 개인 자산으로서의 정신건강 이해도를 개발하기 위한 정보 기술 접근법에 대해 자세히 설명하고 있다[9]. MyHealth 매거진 프로그램은 젊은이들, 교육자들, 부모들이 이용 가능한 다양한 무료(예 : 스마트폰 애플리케이션)와 유료 자료(예 : 교실 자료와 온라인 잡지)로 구성되어있다.

건강 이해도

건강 이해도의 개념은 과거 10년에 걸쳐 진화해왔으며, 임상적 위험과 개인 자산 모두의 의미로 개념화되어있다[5]. 초기의 정의는 '환자로서 훌륭하게 기능할 수 있도록 요구되는 처방 약병과 진료 예약증, 관련된 필수적인 건강 자료를 읽고 이해할 수 있는 능력'을 이야기했다[10]. 이 정의는 건강 이해도의 결정 요인으로서 임상적 위험, 분명하게 읽고 쓰는 기술, 교육 수준과 연관된 건강 관련 정보를 이해하는 능력을 언급했다. 그러나 건강에 관련된 결정은 단지 읽을 수 있는 정보에만 기반하는 것은 아니고, 건강 주변의 문제에 대한 선택에 있어 인지적·사회적 기술 또한 요구한다. 건강 이해도란 '개인이 건강에 대해 적절한 결정을 내리기 위해 기초적인 건강 정보와 서비스를 획득하고, 처리하고, 이해할 수 있는 능력에 대한 것'이다[11]. 젊은이들에게 건강과 관련된

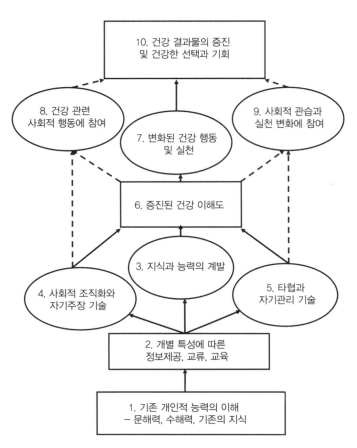

그림 5.1 자산으로서의 건강 이해도 개념

출처 : D. Nutbeam, *Social Science & Medicine 67* (2008) 2072-2078.

결정을 위한 도구를 제공함에 있어 건강 교육과 의사소통 기술의 중요성을 강조하면서, 이 확장된 개념은 건강 이해도가 개인적 자산으로 간주되도록 하였다[5](그림 5.1).

대단히 중요한 건강 이해도는 발달상으로 특정한 시기에 따른 적절한 건강 이해도와 기술을 구축하는 데 초점을 맞추고 있는데, 이는 학습과 건강 증진 개념 모두를 통합함으로써, 개개인이 자신의 건강과 건강에 관련된 결정에 대해 더 많은 조절력을 가질 수 있도록 돕기 위함이다[5]. WHO는 건강 이해도를 일정 수준의 지식, 개인적 기술, 개인의 생활방식과 생활환경을 바꿈으로써 개인과 공동체의 건강을 개선하기 위한 조치를 취할 수 있는 자신감을 획득하는 것이라고 개인적 수준에서 정의하였다[12]. 사람들의 건강정보에 대한 접근을 향상시키고, 그것이 반드시 개인에게 적절한 것이 되게 하며, 효과적으로 사용하는 기술을 개발하게 함으로써, 건강 이해도는 건강을 돌보는 데 있어 개인과 공동체에 권한을 부여한다[5]. 건강에 관련된 의사 결정은 일반적으로 읽고 쓰는 능력의 수준을 포함하여, 다양한 교육적·인지적·문화적·윤리적 문제에 의해 영향을 받는다[13, 14]. 정보 전달의 방법이 지식의 획득과 기술에 영향을 미치고, 학습은 이미 알고 있는 것과 어떻게 정보가 습득되고 학습되는지에 의해 형성된다는 것은 지식 습득 이론이 뒷받침해주고 있다[15]. 낮은 건강 이해도 수준을 가진 사람들을 대상으로 하는 개입을 관찰한 38개의 연구에 대한 고찰에서는 참가자들의 이해를 향상시킨 몇몇 개별적인 설계상의 특징들이 확인되었는데, 여기에는 정보에 우선 순위를 매기고, 정보를 보여주기 위한 표를 이용하며, 이야기에 비디오를 추가하는 것 등이 포함된다[8]. 이러한 요소들은 건강 이해도 프로그램의 개발을 인식하고 다루는 데 있어 중요하고, 대상이 되는 모집단의 특성에 의해 결정된다.

건강 이해도의 중요성

낮은 건강 이해도 수준은 더 나쁜 건강 결과 및 건강 서비스의 이용 감소와 연관된다[1]. 읽고 쓰는 능력과 건강 결과에 관한 최근의 한 체계적 문헌 고찰은 "낮은 읽고 쓰기 능력은 낮은 건강 이해도와 만성 질환 발생률의 증가, 예방적 건강 서비스를 덜 이용하는 것을 포함한 여러 부정적인 건강상의 결과와 연관된다."는 결론을 내렸다[14]. DeWalt가 시행한 24개의 연구에 대한 체계적 문헌 고찰에 의하면, 아동과 부모의 건강 이해도는 건강 결과의 개선과 양적인 상관관계가 있다[16]. 5,000명 이상의 네덜란드 성인을 대상으로 한 연구에서, 건강 이해도를 향상시키는 것이 낮은 교육 수준과 낮은 주관적 건강 상태 사이의 차이를 중재할 수 있다는 것이 밝혀졌다[17].

건강 이해도 기술은 개인의 건강을 유지하고 개선하는 데 중요한 개인적 자산이다. 이러한 관점에서, 낮은 건강 이해도 기술은 건강정보에 대한 접근과 건강 관리, 약물 사용, 질병 예방에 장애물로 작용할 수 있다[5]. 지식 습득에 영향을 미치는 가장 중요한 요소 중의 하나는 일반적으로 읽고 쓰는 능력의 수준이고, 특히 젊은이들에게 있어서는 건강 이해도이다. 젊은 사람들이 정확한 건강 정보가 유용하다고 믿기는 하지만, 자신의 건강에 대해 어떤 결정을 내리기 위해서 제공된 그 정보가 반드시 적절한 것인지를 결정할 수 있는 능력이 있다는 말은 아니라고 밝히는 연구들도 있다[18]. 적절한 건강 이해도가 없는 열악한 건강 상태에 대한 막대한 부담과 개입을 통해 건강에 부정적인 결과를 감소시킬 수 있다는 것을 파악하고, 최근 미국 보건사회복지부에서는 건강 이해도에 대한 국가적 사업계획의 시행을 발표했다[19]. 이 사업은 더 많은 연구와 개발, 실행과 건강 이해도의 개선을 위한 개입의 평가와 같은 조치를 필요로 하였다. 일상생활의 건강에 관한 결정에 영향을 미치기 위해서 개인과 그들 주변의 상황들 모두에 관하여 정확한 건강 정보와 의사결정 기술이 접근 가능하도록 해야 한다[12]. 이러한 전체 건강 이해도의 맥락에서 정신건강 이해도를 개선하는 것은 개인과 공동체의 정신건강을 진보시키기 위한 핵심 건강 증진 계획으로 보인다[12].

정신건강 이해도

정신건강 이해도는 낙인을 감소시키고, 회복탄력성을 증진하며, 정신건강과 정신질환에 대한 교육을 제공하는 면에서 관심을 받고 있다. 전 세계적으로 정신건강의 치료에 장애물이 되는 것을 살펴본 WHO의 연구는 치료의 필요성을 제대로 인식하지 못하는 것과 태도의 장애(예 : 낙인, 치료에 대한 부정적인 관점)가 도움을 청하고 치료를 유지하는 데 있어 가장 큰 장애물이라고 하였다[20]. 지식 프로그램을 통해 지식과 태도를 다루는 것은 사람들이 믿는 것과 정신질환 및 그 치료의 과학 사이에 벌어진 격차를 줄이도록 도울 수 있다[20]. 1,000명을 대상으로 한 공동체 조사에서 흔한 정신질환(우울증, 조현병, 사회 불안, 그리고 외상후 스트레스장애)에 대한 특정한 지식을 측정했을 때, 개인적인 경험이 있거나, 정신질환을 가진 사람과 가까운 사이이거나, 여성인 경우에 치료에 대한 인식과 관심에서 더 높은 점수를 기록했다[21]. 높은 정신건강 이해도의 점수는 이러한 장애를 질병으로 믿고 있고, 나약함으로 인식하지 않으며, 개선된 정신건강 이해도가 낙인을 감소시킬 것이라는 것을 예측할 수 있었다[21]. 정신건강 이해도는 근거 없는 믿음을 타파하고 개인이 질환을 인식하고, 관리하며, 예방하는 것을 도울 수 있다[22].

Jorm[23]은 정신질환의 인식과 관련 지식, 위험 요소에 대한 믿음, 적절한 도움과 치료의 사용 가능성, 질환의 인정과 도움 요청을 용이하게 하는 태도, 정신건강 정보를 찾는 방법에 대한 지식을 정신건강 이해도의 핵심 요소로 정의하고 있다. Kelly, Jorm 그리고 Wright는 최근에 청소년과 초기 성인기의 정신건강 이해도 부족에 대해 기록한 문헌들이 점점 많아지고 있음을 강조하며, 다양한 건강 이해도 프로그램을 고찰했다[24].

　정신건강 이해도 프로그램의 목적은 지식 기반을 구축하고, 젊은이와 성인 모두를 위한 건강 이해도 도구를 목표로 삼아, 정신질환을 가진 젊은이를 찾아내고 돕기 위한 능력 향상 도구를 제공하는 것이다. 건강 이해도를 목표로 한 개입에서는, 개선된 건강 행동(예 : 지식과 자기효능감)의 대용 변수(proxy measures)가 흔히 측정되기는 하지만, 행동을 측정하는 연구는 극소수이거나 있더라도 매우 드물다[25]. 대부분의 프로그램에서, 건강 이해도의 핵심 요소는 의사결정이다. 몇몇 연구들은 자기 자신의 건강에 대해 의사결정을 하기 시작하는 것은 대략 15세경이라고 밝혔다[26]. 일반적 수준의 지식과 건강 이해도 사이의 강한 연관과 젊은이들이 중학생 기간 동안 그들의 건강에 대해서 의사결정을 시작한다는 근거에 의하면, 건강 결정을 내릴 수 있는 시기 이전일지라도, 건강 의사결정 기술이 학교 교과 과정의 필수적인 부분이 되어야 한다는 의견은 신뢰성이 있다[27]. 모든 개인의 장기적인 건강과 웰빙은 불가분하게 교육 수준과 일생의 과정을 거쳐 개인이 얻은, 건강과 정신건강에 대한 교육을 포함한 지식 수준과 연관되어있다[1].

학교 정신건강

오늘날 학교는 교과 과정을 가르치고, 학생들로 하여금 직업적 기술을 준비하게 하고, 어린이를 사회화시켜 다른 사람들과 적절하게 상호작용하게 하고, 학습에 영향을 미칠 건강, 감정과 행동의 요구를 충족시켜야 하는 거대한 요구에 직면해있다. 캐나다 어린이와 청년의 정신건강을 위한 연합(Coalition for Children and Youth Mental Health)에서는, 학생의 정신건강이 '오늘날 학교가 직면한 최우선 사안'이라고 한다[28]. 이 요구는 학교의 자원과 능력을 훨씬 초과하고 있다. 젊은이 5명 중 1명은 어떤 종류의 정신장애를 가지고 있고, 대부분의 정신질환은 사춘기에 시작한다[29, 30, 31]. 젊은이의 정신건강 장애는 학업 실패와 잦은 결석의 가장 강력한 예측 인자 중 하나이다[32]. 아동과 청소년에서의 높은 정신질환 유병률에도 불구하고, 정신질환을 가진 젊은 사람들 중 80%는 도움을 구하지 않거나, 적절한 치료를 받지 못하고 있다[33, 34, 35]. 22개의 정성적 및 정량적 연구에 대한 체계적 문헌 고찰에서는 도움을 요청하지 못하게 하는 장애물은 낙인, 도움을 타당하게 만드는 것으로서의 증상을 인식하는 문제, 독립적이고자 하는 바람들이 모두 해당될 수 있다고 하였다[36].

학교는 위험한 상태에 있는 젊은이가 확인되고 도움을 모색할 수 있는 장소이다. 이러한 장애물은 젊은이를 위한 정신건강 이해도 개입에서 핵심적인 목표가 된다. 그것은 또한 교육자가 적절한 식별과 도움 요청을 격려하고 지지하기 위해 정신건강 이해도에 대한 훈련을 받는 것의 중요성에 대한 것이다. 대부분의 젊은이가 등교하기 때문에, 학교는 점점 증가하는 아동과 청소년의 정신건강 요구를 다루기 위한 중요한 무대가 되고 있다. 젊은이는 깨어있는 시간 중 절반에 가까운 시간을 학교에서 보낸다. 대부분의 어린이들에게, 학교는 그들이 어떻게 기능하고 배우고 있는지에 대해 전문가들이 지속적인 관찰을 할 수 있고, 필요할 때 그들의 삶의 대부분의 측면에서 개입과 지원을 해줄 수 있는 하나의 자연적 환경이다.

젊은이들에게 정신건강 이해도를 가르치는 것

교육자는 정신건강 문제를 가진 학생들을 찾아내고 지원하며, 정신건강 이해도를 증진시킬 수 있는 핵심적 위치에 있다. 그러나 대부분은 정신건강에 대한 핵심 지식을 가지고 있지 못하고, 정신건강 문제를 가지고 있는 젊은이를 찾아내고 지원할 수 있는 기술을 가지고 있다는 확신을 갖지 못한다. 3,900명의 교사들을 대상으로 한 캐나다의 대규모 연구에서, 교사들의 대부분은 불안, 스트레스, 우울증, ADHD와 같은 정신건강 문제가 학교 환경 내에서 심각한 우려라고 보고했고, 87%는 교육자들의 정신질환에 대한 훈련이 부족하고, 따라서 학교에서 학생들을 지원하는 데 장애가 있다고 했다[37]. 2/3 정도의 교사들이 정신건강 이해도에 대해 훈련을 받은 적이 없다고 했고, 신규 교사들은 3/4이 어떠한 훈련도 받은 적이 없다고 했다. 조사 대상으로 선택된 거의 모든 교육자들이 정신건강의 영역에서 기술과 지식을 향상시키고 싶다는 희망을 표현했다[38]. 교사와 모든 교직원을 위한 지속적인 전문적 학습은 분명히 필요한 것으로 보인다.

현재 개발 중인 많은 정신건강 증진사업 계획 가운데, 교사를 준비시키는 것과 지속적인 정보와 현재의 교육 상황을 능가하는 지원을 제공하는 가장 효과적인 방법에 대한 연구를 포함시키는 것은 중요하다. 교사들에게 정신질환과 집단 따돌림(왕따)에 대한 사실을 알려주는 '일회성'의 연수교육을 제공하면서, 학교 제도에 상당한 변화를 가져올 수 있는 실천을 기대하는 것은 더 이상 충분하지 않다. 많은 교사들이 몇몇 종류의 훈련을 받기는 했지만, 그동안의 연구들은 정신건강 이해도 분야에 관해서는 교사들의 능력이 부족했다는 것을 밝히고 있다. 기존의 교육 방식과 함께 실제적인 기술과 전략의 도입이 요구되며, 통합적인 프로그램이 일회성의 교육보다 더 성공적이라는 사실을 지지하는 근거들이 있다[39, 40].

캐나다에서는 교육자들이 젊은이의 정신건강 이해도 개선을 돕는 것을 목표로 한 몇몇 사업계획이 있었다. 정신건강 응급 처치(Mental Health First Aid, Jorm과 동료들에 의해 호주에서 개발)[41]와 정신건강 고등학교 교육과정 지침서(Mental Health High School Curriculum Guide, Kutcher와 동료들에 의해 캐나다에서 개발)[42]가 그중 2개이고, 이는 정신건강 교육 교과과정을 기반으로 한다. 두 프로그램 모두 시행된 이후 정신건강과 정신질환에 대한 지식과 사고 방식에 있어서의 개선을 보였다[37, 41, 42, 43]. 정신건강 이해도를 증진시키는 데 프로그램의 실제 구현이 지식과 태도의 변화에 초점을 맞춘 미래의 계획을 위해 좋은 출발점이 되어 보이기는 해도, 건강 증진 연구에서 정신건강의 성과에 대한 조사는 부족했다[44]. 건강 전반을 다루고 학교 교과 과정 안에서 이것을 통합하는 건강 증진 학교 프로그램은 건강 행동에 있어 긍정적인 결과를 보였다[44].

정신질환에 대한 낙인과 선입견은 정신질환의 인지와 도움 요청에 대해 영향을 미치고[43], 이는 어떠한 정신건강 이해도 프로그램에서도 다룰 필요가 있다. 낙인은 일회성 개입에 의해서는 영향을 받지 않을 것 같고[43, 45], 일회성의 개입은 학교 개입에 있어서 결정적이지는 않다[46, 47]. 정신건강 문제에 관한 교사의 믿음과 인식은 행동의 변화를 위한 어떠한 훈련 내에서도 고려되어야 한다[37]. 이것은 정신건강 이해도가 학교에 단단히 뿌리박고, 통합되며, 교육자에 의해서 수용적인 환경을 창조하고, 젊은 사람들의 인식, 의사 결정, 도움 요청을 위한 정신질환의 정상화를 위해서 필요하다.

21세기의 학습

정보는 매일매일 변하고, 과학적 발견과 기술의 향상으로 인해 10년 전에는 사실이었던 것도 오늘은 달라질 수 있다. 기술의 향상으로 인한 다음 수십 년에 걸친 변화의 속도는 암기식 학습과는 다른 기술을 요구할 것이다. 미래를 위한 학습은 내용의 학습보다 기술의 학습에 대해 더 강조를 하며, 그것이 21세기 학습의 초점이다[48]. 학생의 관심과 관련된 내용은 끊임없이 변하고 성장하며, 교육은 미리 결정된 내용의 전달보다 적절한 내용을 찾아 사용하는 데 필요한 기술에 더 일관되게 초점을 맞춰야 한다.

젊은이들이 시시각각 변하고 진보하는 건강 관리의 환경에 대응하기 위한 최선의 준비를 하기 위해서 그리고 그들이 선택과 결정을 하는 데 이러한 기술들을 적용하기 위해서 정신건강 이해도에 대한 프로그램은 이러한 개념들을 포함해야 한다. 21세기 학습의 핵심 개념은 고정적인 정보로부터 정보를 발견하고, 자료를 더 적절하게 만들기 위해 개인의 요구에 맞춤형 학습을 시행하고, 기술 개발의 과정을 평가하며, 단지 내용을 암기하는 것이 아니라 교실을 넘어 평생 학습자를 창조하는 방향으로 이동하는 중이다. 이러한 개념을 구현하기 위한 몇몇 제안들은 교실 안의 가르침과 온라인 학습을 혼합하고, 그래서 학습이 교실 밖에서 열리며, 학습과 가르침의 도구가 배우고자 하는 요구에 따라 맞춤형으로 만들어지고, 적절한 지침과 피드백을 제공하는 정보에 대한 지속적인 접근을 제공하는 것을 포함하고 있다[48].

매체의 이용

청소년들은 오락, 사회적 네트워킹, 의사소통과 교육을 위해 매체를 이용한다. 미국의 젊은이들은 현재 하루에 평균 7.5시간을 매체를 사용하며 보내고[49], 어떤 경우에는 밤에 잠을 자는 시간보다 많고, 학교에 있는 시간보다 많다. 인터넷 접속은 지난 10년 동안 극적으로 증가했고, 다른 선진국에서와 마찬가지로, 55세 이하의 캐나다인 중 95%는 현재 인터넷 접속이 가능하며, 거의 50%는 이동 통신을 이용하여 접속하고 있으며, 십 대의 86%는 정보를 찾기 위해 적어도 매주 검색 엔진을 사용하고 있다[51]. 건강 정보와 중요한 건강 이해도 기술을 가지고 더 많은 젊은이들에게 다가가는 기회를 갖기 위해 매체를 활용하는 것은 현재 지구상 전체의 분위기이다.

건강에 대한 매체의 영향과 그 매체를 이용하는 데 청소년들이 보내는 많은 시간은 정신건강 이해도에 매체를 통합하는 것이 중요하다는 것을 시사한다[52]. 21세기 학습의 개념과 맞게, 성공적인 건강 증진 매체 지식 교육은 무엇이 가르쳐졌는가가 아니라, 그것을 어떻게 가르치고, 어떻게 기술이 습득되었는가 하는 것으로부터 나온다[53]. 현재까지의 연구들은 지식의 습득을 측정하고 보여줬지만, 태도와 행동의 변화를 측정하지는 못했다[53]. 상호작용하고 또래-유도(peer-led) 요소를 포함하는 애플리케이션은 도움을 요청하는 데 있어 젊은이들에게 가장 효과적임을 보여주었다[54, 55, 56].

인터넷 기반의 정신건강 이해도 프로그램에 관한 연구

건강 정보에 대한 접근은 사람들로 하여금 건강 관리에서 적극적인 역할을 하도록 하고, 건강과 관련된 의사결정에 이러한 지식을 이용하는 기술을 개발하는 것은 개인적 자산으로서의 정신건강 이해도를 개발하는 데 중요하다. 인터넷은 건강 정보를 얻는 데 사람들에게 점점 일반적인 방식이 되어가기는 하지만, 그와 같은 정보를 충분히 사용하는 데 있어 사람들을 방해하는 많은 장애물들이 존재한다. 특히 인터넷을 사용할 동기가 없을 수도 있고 또는 건강에 관한 결정을 하는 데 있어 어떠한 정보가 적절하고 정확한지 결정하는 데 필요한 기술을 가지고 있지 못할 수도 있다[57, 58, 59]. 사람들이 온라인 건강 정보(온라인 건강 이해도)를 찾고, 평가하고, 사용하도록 가르치는 것은 이러한 기술들을 개선시킬 수 있지만, 이 분야에 대한 연구는 제한적이고, 오늘날 성인에 대한 데이터는 온라인 건강 이해도에 관해서 어떻게 작용하는지에 대한 결론을 내리기에는 아직 충분하지 않다[60].

여가활동으로 인터넷을 사용하는 것을 빼면, 몇몇 연구들은 인터넷이 건강에 대한 관심이 있는 사람, 특히 청소년들[62]에게는 중요한 정보 검색 도구가 되었음을 보여주고 있다[61]. 웹 기반의 개입은 유사한 자료를 제공하는 웹 기반이 아닌 개입에 비해 건강 관련 행동 변화에 있어 더 개선된 결과를 보였다[63]. 미국 국립 보건원과 같이 신체적·정신적 건강정보를 포함하고 있는 정보전달을 위한 교육적 웹사이트[예 : 'Go Ask Alice!(앨리스에게 가서 물어봐!)'와 'beyond blue(우울을 넘어)' 같은 것]는, 일반적으로 인터넷 건강 구상(eHealth initiatives)이라고 불린다[64]. 웹사이트를 통해 자원을 보급하는 것은 지식의 흡수뿐만 아니라, 지식의 이전을 증가시키기 위한 시도 모두에 있어 인터넷의 사용이 빠르게 증가하는 이유 중의 하나이다. 인터넷 기반의 정신건강 자원은 젊은 사람들과 그들과 함께 건강 전문 정보를 가지고 작업하는 사람들을 연결시킬 특별한 기회와 건강에 대한 의사결정과 요구의 파악, 자원에 대한 접근을 돕는 도구를 제공한다[61, 65]. 젊은 사람들은 빠르게 진화하는 기술 문화 속에서 성장했고, 이러한 매체에 더 편안함을 느낀다.

이전의 문헌은 청소년을 위한 건강 교육에 인터넷 기반의 개입이 성인에서보다 더 효과적이었다고 밝히고 있다. 젊은 사람들을 위한 도움-요청 개입과 지식과 사고 방식과 행동의 개선의 효율성에 대한 고찰 연구에서는 개입의 대부분은 인터넷을 통해 이루어졌고(6/8), 정신건강 이해도 프로그램은 정신건강 문제에 대한 도움-요청에 대한 지식과 태도에 긍정적이고 유의한 변화를 보여줬다[66]. 그러나 이러한 개입이 도움-요청을 증진시켰다는 다소간의 예비적 증거가 있기는 하지만[54, 57], 어떤 연구도 도움-요청 행동의 차이를 효과적으로 측정하지 못했으며, 이것은 대부분은 행동 변화를 측정하기 어렵기 때문이었다[56]. 그러한 개입은 젊은이들이 건강 이해도의 강화를 위해, 쌍방향적 토론회(포럼)와 게임, 웹사이트를 통해 젊은 사람들과 관계를 맺게 한다[67, 68].

현대의 매체는 건강에 관련된 의사결정에 필요한 개인적인 맞춤형 자료와 기술을 제공하는 이상적인 플랫폼을 제공한다. 정신건강 문제의 위험에 처한 젊은이들은 정신건강 문제의 목표에 더 잘 다가설 수 있도록 이러한 자원들을 이용한다[51]. 이 프로그램은, 정신건강의 위험이 증가되어있으며, 다양한 지식과 기술이 필요한 젊은 사람들의 집단에서 건강한 정신건강을 촉진하게 하는 데 있어 각 개인에 개별화된 전달에 기초를 두고 있다. 참여자에게 적절하고 개별적으로 맞춰진 자료를 통해 방향을 가르쳐준 개입에서 더 많은 시간과 빈도로 자원을 이용했다고 보고한 연구가 있다[63]. 매체는 또한 일회성의 프로그램 회기를 매일매일의 일과로 바꿀 수 있는 기회를 제공하며, 이를 통해 건강에 관련된 결정과 도움-요청에 있어 적절하게 이용할 수 있는 자원을 제공한다. 청소년을 위한 금연과 흡연 예방에 대해 계속 진행 중인 온라인 자료를 통한 한 번의 강의(교실 회기)는 개선된 결과를 보여주었다[18]. 웹 기반의 자료를 통한 유연성과 피드백이 있을 때, 웹 기반의 학습이 더해진 교실 기반의 학습은 지식과 의사결정 기술을 향상시키는 데 있어 효과적이다[69].

학습은, 탐험과 자기주도성이 허락된 환경에서 가장 잘 일어난다는 것을 많은 교육 연구들은 밝히고 있다[70]. 건강 이해도를 현장에 적용하기 위해서, 건강 교육 과정은 건강 정보를 얻고 평가하는 데 필요한 기술을 가르치기 위한 인터넷을 통한 정보 전달을 포함해야 한다는 것이 권고된다[17, 40, 57]. 상호작용하고 즉각적이며 각 개인에 맞추는 방식으로 젊은이들을 건강 학습의 과정에 참여시킴으로써, 지식은 보다 적절히 주변 상황에 맞게 이용되고 통합되며, 따라서 개인적 자산과 기술로서 건강 이해도가 증진된다.

MyHealth 매거진 건강 이해도 프로그램

MyHealth 매거진(www.myhealthmagazine.net)은 정신건강 이해도와 효과적인 전달이라는 핵심 원칙을 가지고 개발된, 학생과 교육자를 위한 온라인 건강복지 프로그램이다. 이 프로그램은 젊은이들에게 건강과 정신건강을 포괄하는 상호작용이 가능한 온라인 자원을 제공한다. 이 잡지는 독립적으로 사용될 수도 있고, 고도로 통합될 수도 있는 일련의 온라인 및 교실 기반의 활동이나 워크숍으로 구성되어있다. 교육자들은 정신건강 이해도와 관련하여 더 많은 훈련의 필요성과 어떻게 젊은이들이 정신건강 문제와 싸울 수 있도록 도울 수 있는지를 보고한다[37]. 이것을 통해 교육자와 학생, 부모는 매주 업데이트되는 고품질의, 적절한, 건강 및 정신건강에 관한 정보와 도구들에 접속한다.

프로그램은 10년 전쯤, 세 명의 젊은이가 자살한 이후 시작되었고, 정신건강 이해도를 향상시키고, 젊은 사람들이 도움-요청을 잘 할 수 있도록 만들어졌다. 매거진의 구성과 배치 그리고 모든 구성 요소들(예 : 정신건강 회의록)은 독립적인 제작 감독에 의해 관리 감독을 받지만, 매거진 내용의 과학적 내용은 그 분야에서 전문가로 활동하고 있는 프로그램의 공동 책임자에 의해 관리 감독을 받는다. 프로그램의 다양한 구성 요소들은 지난 10년 동안 공식적으로 평가받아왔고, 이러한 목표들을 실현하고자 계속되는 당면 과제들을 다루기 위해 프로그램은 끊임없이 발전되어왔다[54].

온라인 자원을 이용하는 것부터 프로그램의 지속 가능성을 보장하는 것까지, 프로그램을 개발하는 동안 여러 번 큰 도전과 기회가 있었다. 이 잡지는 여러 권고, 아이디어, 다른 사람들이 기대하는 핵심 목표들의 개발하고, 검증하며 실제 도입을 하기 위한 직접적인 기회를 제공해왔다. 다시 말하면 다음과 같다 — (1) 학습이 항상 접근 가능하다 (2) 학습이 모듈식이고 간결하여 학습자가 특정한 주제에 집중할 수 있다 (3) 학습이 상호작용을 하고 즉각적인 피드백을 제공한다 (4) 학습이 매우 실용적이고 기술에 기반을 둔다.

1. 항상 접근 가능하다

프로그램 사용 정보는 매년 더 많은 사람들이 다양한 장비를 사용하여 인터넷에 접속한다는 사실을 보여주고 있다. 비용 대비 효과의 관점에서 보면, 정보와 프로그램 편성의 전달을 표준화하는 것에 있어서 인터넷의 이익과 장점은 널리 인정되고 있다. 젊은이들이 정신건강 정보에 접근하는 방식을 조사한 우리 연구는, 젊은이들이 학교 정규 수업 외의 시간에 개인적으로 은밀하게 정보에 접근하는 방식이 필요하다는 것을 밝혔다[54]. MyHealth 매거진은 이 사이트가 학생과 교육자에게 정확하고 접근 가능한 건강과 정신건강 정보를 제공하는 것에 대한 이러한 요구를 충족시키기 위한 온라인 자원으로서 개발되었다.

그러나 정보를 바로 온라인상에 올릴 수 있는 용이성이 어떤 인터넷 프로그램에서는 중대한 위협 중의 하나라고 여겨지는데, 즉 사용자의 관심을 끌기 위해 유사한 정보를 제공하면서 경쟁하는 방대한 수의 웹사이트가 해당된다. 웹페이지를 통해 제공되는 인터넷 기반의 건강과 정신건강 자료는 현재 스마트폰에 깔려있는 애플리케이션과 경쟁하는 추가적인 도전에 직면해있다. 프로그램 사용 정보를 살펴보면, 현재 개인이 전화기를 사용하는 데 소모하는 시간의 양이 데스크톱 컴퓨터를 사용하는 데 소모하는 시간을 뛰어넘고 있다[71]. 인터넷 사용이 가능한 스마트폰의 활용에 대해 조사한 연구에서, 광대역으로 접속된 컴퓨터의 활용에 비하여, 고소득층과 저소득층 사이의 소위 '정보 격차'가 광대역 컴퓨터에 비해 스마트폰 앱에서 덜 두드러진다는 것을 알 수 있다. 이용자들의 접근 가능성을 증가시키기 위해서, 스마트폰과 데스크톱/태블릿 버전 모두를 사용하는 MyHealth 매거진의 휴대폰 앱 버전이 개발되었다.

2. 전달은 모듈을 사용하고 간결하다

효과적인 지식의 획득에는 최종 사용자의 다양하고 독특한 요구와 희망을 충족시키기 위해 항상 변화하는 전략이 필요하다. 적절하고 개별화된 건강 정보일수록 더 많이 획득되고, 건강 결정에 더 잘 이용된다. 과거 10년에 걸친 우리의 경험을 통해 결과적으로 정보의 구성 방식은 최종 사용자에게 맞추고, 마케팅 전략은 요구를 이끌어내고 지속가능성의 보장을 추구하는 양면적 전략(two-front strategy)을 취하게 되었다[9].

현재로서는, 방대한 학교 기반 정신건강 프로그램의 대부분은 두 그룹 중 하나로 나뉜다 — (1) 흔히 헌신적이거나 훈련된 교육자에 의해 초등학교나 중등학교에서 고정된 기간 동안, 고정된 교과 과정이 학생들에게 전달되는 것 또는 (2) 대부분 흔히 워크숍이나 이벤트처럼 인식 제고 활동의 형식을 취하는 짧은 단일 활동. 이것은 어떤 교육자가, 어떤 교실에서, 어떤 날이라도 적절한 정신건강 프로그램을 전달할 수 있도록, 충분히 간결하고 구조화된, 아직 개발되지 않은 교재의 필요성에 대해 강조한다. 사실상 북미의 모든 대학교에서는 이미 온라인 학습 기회를 제공하고 있거나, 앞으로 그렇게 할 것이다. 그것들은 저렴하고, 많은 수의 사람들이 접근할 수 있고, 동시에 뛰어난 내용과 교수법을 제공하며, 더 뛰어나다고는 못하더라도 최소한 평균 정도의 강의나 수업이라고 할 수는 있다. 이러한 포맷은 교실을 넘어 어떠한 학년이든 마치고서도 지속적인 학습의 기회를 제공하고, 젊은이들이 어떻게 적절하고 시기에 맞는 정신건강 정보에 접근할 수 있는지에 대해 훈련하는 21세기 학습 전략을 결합할 기회를 제공한다. 목표는 평생 동안 정신건강 학습에 지속적인 관심을 가지게 하거나 매일 학습할 수 있도록 하는 것이다.

이러한 접근법은 학생이 교과 과정을 통해 체계적으로 공부하고 배우며, 필요할 때까지 정보를 보유하는 전통적인 학습 구조와 반대되는 행동을 취하는 것이다. 전통적인 방법과는 대조적으로, 현재 모델의 전제는 (1) 학습은 진행 중이고 정보는 변하고 있다는 사실 그리고 (2) 학습은 언제 어디서나 이루어질 수 있고 이루어져야 한다는 것이다. 교육자를 위한 교재는 간결한 모듈 형식의 모둠(패킷)으로, 정신건강 이해도와 학생들의 정신건강 문제를 도울 실제적 기술을 증진시키기 위해 역시 같은 포맷으로 만들어진다. 여러 가지 면에서, 대부분의 사람들이 건강정보를 얻기에는 간결하고 지속적인 학습이 더 좋다. 사실상, 정규 교육을 이수한 이후에는 대부분의 정보는 매체를 통해 조금씩 받아들이게 된다. 이것이 정규 학교 교육 이후 주로 건강정보를 얻는 방식이라면, 정신건강 이해도의 교육에 있어 이러한 접근을 최대한 활용하고 증진시킬 타당한 이유가 되는 것이다[72].

조금씩, 지속적으로 전 학년에 걸쳐 정신건강 이해도와 프로그램을 전달하는 방법을 찾는 것은 중요하다 — 학창 시절을 통해 지속적인 건강 학습에 대한 학생과 교육자의 요구를 알게 되면서, 이를 위한 전용 교과과정에 자유로운 시간을 내기 어려운 학교를 중요시해야 한다는 것을 인식하게 된다. 실제로 이것은 학습 자료를 짧은 활동으로 포장하는 것을 의미하며, 정신건강 회의록(Mental Health Minutes)이란 상품명으로 교육자들에게 판매되었다. 심지어 여러 주간에 걸친 교과 과정 안에서, 15분 단위로도 효과적인 교육이 만들어지고 전달될 수 있다는 널리 인정되는 견해도 있다. 이것은 혼자 할 수 있는 연습으로 제공되거나 긴 학습 활동 내에서 순서대로 제공될 수 있고, 매일, 매주, 매달, 1년 전체를 통해 정신건강에 대한 어떤 것을 배우는 데 있어 학생의 일상 생활 안에 끼워 넣을 수 있는 짧은 학습 자료를 개발하는 것의 중요성을 강조한다.

3. 관심과 상호작용

관심을 끌게 하는 학습 자료를 개발하는 것은 교육자들에게 오래된 목표이자 우선 사항이었다. 전통적으로, 이것은 흥미로운 자료를 제시하고 참여 기술을 제공하여, 학생의 관심을 지속시키는 내용을 개발하는 것을 의미했다. 학생들은 나중에 사용될 정보를 획득하고 유지할 것으로 예상된다. 그러나 우리는 현재 짧은 한마디가 아니라 피드백이 즉각적으로 주어지는 방식으로 정보가 전달되고, 이해되고, 보유하는 시대에 살고 있다 [73]. 전통적인 학습모델은 즉각적인 반응이 많이 부족하다.

인터넷 기반의 학습 활동은 학생들에게 학습에서 즉시 점수가 확인되는 짧은 지식 테스트의 사용을 통하여 즉각적인 피드백을 줄 수 있는 가능성을 제공한다. 스마트폰 애플리케이션을 실행함으로써, 학습 활동과 상호 작용하는 지식 퀴즈는 즉각적인 피드백을 제공할 수 있고, 교실에서 강사에 의해 역시 촉진될 수 있다. 이것은 학생들의 영감을 고취시키고 동기를 부여하는 숙련된 강사의 능력과 지식의 습득에 있어 즉각적인 피드백을 제공하기 위한 통합적 기술의 이점을 활용한다.

인터넷 기반 프로그램은 항상 이용할 수 있는 어떤 자료들(예 : 설명서, 기사, 도움 요청 자원)을 유지하고 있는 동안, 새로운 상호작용을 하게 되는 학습 자료(예 : 깜짝 퀴즈, Q & A, "너 알았니?")들을 학생들에게 끊임없이 제시할 수 있는 능력을 가지고 있다. 이에 준하여, 스마트폰 앱은 새롭고 변화하는 정보(예 : 매주 정신건강 주제를 다루는 깜짝 퀴즈, 새로운 정보들, 다양한 건강과 정신건강 문제에 대한 "너 알았니?")에 대한 접근뿐 아니라, 개인에게 항상 이용할 수 있는 정보(예 : 전화 상담 서비스, 선별 검사 도구, 도움 요청 증진을 위한 자원들)에 대한 접근을 제공하는 이원적 목표를 가지고 개발된 다수의 고정적이고, 역동적이며, 상호 작용하는 자원들을 포함한다.

4. 실용성

건강 증진의 관점에서, 정신건강 이해도 프로그램에서 방대한 양의 정보는 과학적이거나(예 : 우울증의 유병률) 기술적(예 : 정신질환의 진단)이기보다는, 활동지향적이고 실용적(예 : 도움을 요청하는 방법이나 당신이 정신건강 문제를 가지고 있는지 결정하는 방법)이어야 한다. 각각의 학생들을 위한 개인적 자산으로서의 건강 이해도 기술을 개발하는 데 있어, 목표는 개인이 빨리, 더 나은 건강 결정을 할 수 있도록 하는 것이다. 그러나 건강에 관한 결정은 약간의 지식과 이해를 요구하며, 제공된 정보가 실용적이고 과학적이며 기술적인 내용이 균형감 있게 포함될 필요가 있다.

과학적 지식은 매력적이고(예 : 각성제의 오용), 활동 지향적이고 실용적인 지식(예 : 효과적인 학습 정보)보다 상당히 더 흥미롭기도 하다. 비록 실용적 지식(예 : 정신건강 문제에 대해 부모와 이야기하는 법)은 건강 결과의 개선에 더 효과적일 수도 있지만, 두 가지 모두 중요하다. 하지만 문제나 우려가 존재하고, 도움이 이용 가능한 몇몇의 지식을 갖추고 있을 경우에만 그렇다. 교육학적 연구에서는 학습이란 원래부터 상호작용하는 것이고, 학생의 관심이 동원될 수 있으며, 노력이 목표와 결과를 향해 조성될 때 가장 효과가 있다고 이야기한다. 기술은 지식을 동원하고, 기술을 적용하고, 교실을 넘어서 학습을 확장하고자 하는 관심을 유지하는 것을 도울 수 있다.

정신건강 기술의 실제적인 전달에 대한 문제를 다룸에 있어, MyHealth는 누군가 문제를 다루는 데 있어 채택할 수도 있는, 5~6단계로 된 간략한 설명서(how-to sheets)를 개발했다(예 : 학생들이 교사에게 도움을 요청하는 방법, 또는 교육자들이 자해에 대해 학생에게 이야기하는 방법). 교실 기반의 스마트폰 활용은 유용한, 기술 기반의 성과들을 지향한다 — (1) 항상 이용 가능한 중요한 건강정보가 위치한 곳(예 : 도움을 요청할 수 있는 곳) (2) 그 사람에게 적절한 특정 정신건강 문제를 다루는 방법 (3) 필요한 정보를 이용할 수 없거나, 행동의 적절한 과정이 불분명할 때 도움 요청을 시작하는 방법. 변화무쌍한 정보와 자료들이 말 그대로 당신의 손가락 끝에 달린 상황에서, 필요할 때 어떻게, 언제, 어디서 정보를 찾아야 하는지에 대한 실용적인 애플리케이션은 미래를 위한 건강 이해도 기술이다.

결론

교육자가 어린이의 발달과 학업적·심리사회적 발달 사이의 수없이 많은 연결에 중대한 영향력을 행사할 수 있다면, 학교 내 교육자들이 정신건강 이해도의 증진을 위한 효과적인 방법에 대한 지속적인 연구에 집중하는 것은 젊은이들이 그들의 가능성에 도달하는 데 도움을 줄 수 있을 것이다. 중재 개입은 젊은 사람들의 일상 생활에 깊이 새겨져야 하고, 그들이 사용하는 도구를 통해 충분한 정보를 가지고, 건강 의사 결정을 하는 기술을 가르쳐야 한다. 간단한 일회성의 개입은 정신질환의 낙인과 정신건강 이해도에 대한 의미 있는 변화를 낳기에는 불충분하다. 정신건강 이해도에 기술과 매체를 포함하는 것은, 젊은이를 위한 자료의 쌍방향 소통, 타당성, 접근 가능성을 증가시키고, 교육자들을 젊은 사람들의 삶으로 더 잘 이끌게 된다. 교육자들은 지식과 기술뿐 아니라, 접근하기 쉽고 사용하기 쉬운 정신건강 정보를 가질 필요가 있다. 개인이 더 나은 건강 관련 결정을 할 수 있도록 돕는 특정한 건강 이해도와 기술에 대한 훈련과 연습을 필요로 하는 개인적 자산으로 정신건강 이해도를 볼 때, 이 체계는 그들이 살고 있는 문화와 세계 속에 끼어들어 있는 이러한 생활의 기술들을 젊은이에게 가르칠 수 있는 도구를 제공한다. 젊은이가 건강 선택을 할 것으로 기대하고 있지만, 검색 엔진을 통해 얻어진 수많은 건강 정보를 이해하는 기술을 이미 갖춘 것도 아니며, 그 정보를 그들 자신을 위해 정확히 적용하는 능력도 미리 갖춘 것은 아니다. '상명하달식' 통제(예 : 충동을 조절하거나, 미리 계획하고, 건강 선택을 잘 하게 하는)에 더 많이 관련되어있는 뇌의 부분들은 가장 나중에 성숙하게 된다.

21세기 학습 전략을 통합시키고 학교에서 교육자들과 젊은이의 문화 속에 녹아 들어서 매일의 상호작용을 제공하는 MyHealth 매거진과 같은 프로그램은 젊은이를 위한 지속 가능한 정신건강 이해도 도구를 개발하기 위한 건강과 교육에 대한 연구를 통해 우리가 알고 있는 매우 필요한 프로그램과도 일치한다. 그러나 이것이 젊은이에 있어 건강 결과의 개선하는 데 긍정적인 영향을 미칠지와, 이러한 변화를 만드는 데 있어 무엇이 핵심 요소인지에 대해서는 지속적인 연구가 필요하다.

참고문헌

(1) Berkman, N. D., Sheridan, S. L., Donahue, K. E., Halpern, D. J., & Crotty, K., Low health literacy and health outcomes: An updated systematic review. *Annals of Internal Medicine* 2011;155(2):97–107.

(2) Berkman, N. D., Dewalt, D. A., Pignone, M. P., *et al.*, Literacy and health outcomes. *Evidence Report/Technology Assessment* (Summ) 2004; 87:1–8.

(3) Skinner, H., Biscope, S., Poland, B., & Goldberg, E., How adolescents use technology for health information: Implications for health professionals from focus group studies. *Journal of Medical Internet Research* 2003;5(4):e32.

(4) Kessler, R. C., Foster, C. L., Saunders, W. B., & Stang, P. E., Social consequences of psychiatric disorders, I: Educational attainment. *American Journal of Psychiatry* 1995;152(7):1026.

(5) Nutbeam, D., The evolving concept of health literacy. *Social Science & Medicine* 2008;67(12):2072–2078.

(6) Chiarelli, L. & Edwards, P., Building healthy public policy. *Canadian Journal of Public Health* 2006;97:37–42.

(7) US Department of Health and Human Services. *Healthy people 2000: Understanding and improving health.* Washington, DC, US Department of Health and Human Services, 2000.

(8) Sheridan, S. L., Halpern, D. J., Viera, A. J., Berkman, N. D., Donahue, K. E., & Crotty, K., Interventions for individuals with low health literacy: A systematic review. *Journal of Health Communication* 2011;16:30–54.

(9) Santor, D. A. & Bagnell, A. L., Maximizing the uptake and sustainability of school-based mental health programs: Commercializing knowledge. *Child and Adolescent Psychiatric Clinics of North America* 2012;21(1):81–92.

(10) Ad Hoc Committee on Health Literacy for the Council on Scientific Affairs, American Medical Association. Health literacy: Report of the council on scientific affairs. *JAMA* 1999;281(6):552–557.

(11) Institute of Medicine. Health literacy: A prescription to end confusion. Washington, DC, National Academies Press, 2004.

(12) Chinn, D. Critical health literacy: A review and critical analysis. *Social Science & Medicine* 2011;73(1):60–67.

(13) Broner, N., Franczak, M., Dye, C., & McAllister, W., Knowledge transfer, policy making and community empowerment: A consensus model approach for providing public mental health and substance abuse services. *Psychiatric Quarterly* 2001;72:79–102.

(14) Rootman, I. & Ronson, B., Literacy and health research in Canada: Where have we been and where should we go? *Canadian Journal of Public Health* 2005;96:62–77.

(15) Corrigan, P. W., Kerr, A., & Knudsen, L. The stigma of mental illness: Explanatory models and methods for change. *Applied and Preventive Psychology* 2005;11(3):179–190.

(16) DeWalt, D. A. & Hink, A. Health literacy and child health outcomes: a systematic review of the literature. *Pediatrics* 2009;124: S265–274.

(17) Van der Heide, I., Wang, J., Droomers, M., Spreeuwenberg, P., Rademakers, J., & Uiters, E., The relationship between health, education, and health literacy: Results From the Dutch Adult Literacy and Life Skills Survey. *Journal of Health Communication* 2013;18:172–184.

(18) Skinner, H. A., Maley, O., & Norman, C. D., Developing internet-based eHealth promotion programs: The Spiral Technology Action Research (STAR) model. *Health Promotion Practice* 2006;7(4):406.

(19) US Department of Health and Human Services. Office of Disease Prevention and Health Promotion. *National action plan to improve health literacy.* US Department of Health and Human Services. Office of Disease Prevention and Health Promotion, Washington, DC, 2010.

(20) Andrade, L. H., Alonso, J., Mneimneh, Z., *et al.*, Barriers to mental health treatment: results from the WHO World Mental

Health surveys. *Psychological Medicine* 2013;44:1–15.

(21) Reavley, N. J., Morgan, A. J., & Jorm, A. F. Development of scales to assess mental health literacy relating to recognition of and interventions for depression, anxiety disorders and schizophrenia/psychosis. *Australian and New Zealand Journal of Psychiatry* 2013, DOI: 10.1177/0004867413491157.

(22) Jorm, A. F., Korten, A. E., Jacomb, P. A., Christensen, H., Rodgers, B., & Pollitt, P., "Mental health literacy": A survey of the public's ability to recognise mental disorders and their beliefs about the effectiveness of treatment. *Medical Journal of Australia* 1997;166(4):182–186.

(23) Jorm, A. F., Mental health literacy: Empowering the community to take action for better mental health. *American Psychologist* 2012;67(3):231.

(24) Kelly, C. M., Jorm, A. F., & Wright, A., Improving mental health literacy as a strategy to facilitate early intervention for mental disorders. *Medical Journal of Australia* 2007;187(7 Suppl):S26–30

(25) Clement, S., Ibrahim, S., Crichton, N., Wolf, M., & Rowlands, G., Complex interventions to improve the health of people with limited literacy: A systematic review. *Patient Education & Counseling* 2009;75(3):340–351.

(26) Taylor, L., Adelman, H. S., & Kaser-Boyd, N., Attitudes toward involving minors in decisions. *Professional Psychology: Research and Practice* 1984;15(3):436–449.

(27) Gray, N. J., Klein, J. D., Noyce, P. R., Sesselberg, T. S., & Cantrill, J. A., Health information-seeking behaviour in adolescents. *Social Science & Medicine* 2005;60(7):1467–1478.

(28) Brown, L., Mental health top issue facing schools, coalition says. 2011; Available at: www.thestar.com/news/canada/article/1001024–mental-health-topissue-. Accessed December 9, 2013.

(29) Esser, G., Schmidt, M. H., & Woerner, W., Epidemiology and course of psychiatric disorders in school-age children: Results of a longitudinal study. *Child*

Psychology & Psychiatry & Allied Disciplines 1990;31(2):243–263.

(30) Offord, D. R., Boyle, M. H., Szatmari, P., *et al.*, Ontario Child Health Study: II. Six-month prevalence of disorder and rates of service utilization. *Archives of General Psychiatry* 1987;44(9):832–836.

(31) Roberts, R. E., Attkisson, C. C., & Rosenblatt, A., Prevalence of psycho-pathology among children and adolescents. *American Journal of Psychiatry* 1998;155(6):715–725.

(32) DeSocio, J. & Hootman, J., Children's mental health and school success. *Journal of School Nursing* 2004;20(4):189–196.

(33) Langner, T. S., Gersten, J. C., Greene, E. L., Eisenberg, J. G., Herson, J. H., & McCarthy, E. D., Treatment of psychological disorders among urban children. *Journal of Consulting and Clinical Psychology* 1974;42(2):170–179.

(34) Leaf, P. J., Alegria, M., Cohen, P., *et al.*, Mental health service use in the community and schools: Results from the four-community MECA study. *Journal of the American Academy of Child & Adolescent Psychiatry* 1996;35(7):889–897.

(35) National Plan for Research on Child and Adolescent Mental Disorders: A report requested by the US Congress submitted by the National Advisory Mental Health Council, 1990.

(36) Gulliver, A., Griffiths, K. M., & Christensen, H. Perceived barriers and facilitators to mental health help-seeking in young people: A systematic review. *BMC Psychiatry* 2010;10:113.

(37) Whitley, J., Smith, J. D., & Vaillancourt, T. Promoting mental health literacy among educators: Critical in school-based prevention and intervention. *Canadian Journal of School Psychology* 2013;28(1):56.

(38) Canadian Teachers Federation. *Understanding teachers' perspectives on student mental health: Findings from a National Survey.* Canadian Teachers Federation, Ottawa, Ontario, 2012; available at: www.ctf-fce.ca/Research-Library/StudentMentalHealthReport.pdf. Accessed February 3, 2014.

(39) Grimshaw, J. M., Shirran, L., Thomas, R., et al., Changing provider behavior: An overview of systematic reviews of interventions. *Medical Care* 2001;39(S2):2–45.

(40) Browne, G., Gafni, A., Roberts, J., Byrne, C., & Majumdar, B., Effective/efficient mental health programs for school-age children: A synthesis of reviews. *Social Science & Medicine* 2004;58(7):1367–1384.

(41) Jorm, A. F., Kitchener, B. A., Sawyer, M. G., Scales, H., & Cvetkovski, S., Mental health first aid training for high school teachers: A cluster randomized trial. *BMC Psychiatry* 2010;10(51):10–12.

(42) Kutcher, S. & Wei, Y., Mental health and the school environment: Secondary schools, promotion and pathways to care. *Current Opinion in Psychiatry* 2012;25(4):311–316.

(43) Skre, I., Friborg, O., Breivik, C., Johnsen, L. I., Arnesen, Y., & Arfwedson Wang, C. E., A school intervention for mental health literacy in adolescents: Effects of a non-randomized cluster controlled trial. *BMC Public Health*;13(1):1–15.

(44) Lee, A., Health-promoting schools: Evidence for a holistic approach to promoting health and improving health literacy. *Applied Health Economics and Health Policy* 2009;7(1):11–17.

(45) Wang, J. & Lai, D., The relationship between mental health literacy, personal contacts and personal stigma against depression. *Journal of Affective Disorders* 2008;110(1–2):191–196.

(46) Schachter, H. M., Girardi, A., Ly, M., et al., Effects of school-based interventions on mental health stigmatization: A systematic review. *Child and Adolescent Psychiatry and Mental Health* 2008;2:2–18.

(47) Pinto-Foltz, M., Logsdon, M. C., & Myers, J. A., Feasibility, acceptability, and initial efficacy of a knowledge-contact program to reduce mental illness stigma and improve mental health literacy in adolescents. *Social Science & Medicine* 2011;72(12):2011–2019.

(48) Premier's Technology Council, A vision for 21st century education. 2010; Available at: www.gov.bc.ca/premier/technology_

council/index.html. Accessed November3, 2013.

(49) Henry, J., Kaiser Family Foundation: Daily media use among children and teens up dramatically from five years ago. 2010. Available at: http://kff.org/disparities-policy/press-release/daily-media-use-among-children-and-teens-up-dramatically-from-five-years-ago. Accessed February 3, 2014.

(50) *The Ipsos Canadian Interactive Reid report 2012 fact guide: The definitive resource on Canadians and the internet.* 2012. Available at: www.ipsos.ca/common/dl/pdf/Ipsos_InteractiveReidReport_FactGuide_2012.pdf. Accessed November 3, 2013.

(51) Stephens-Reicher, J., Metcalf, A., Blanchard, M., Mangan, C., & Burns, J., Reaching the hard-to-reach: How information communication technologies can reach young people at greater risk of mental health difficulties. *Australasian Psychiatry: Bulletin of the Royal Australian and New Zealand College of Psychiatrists* 2011;19; S58–61.

(52) Bergsma, L., Media literacy and health promotion for adolescents. *Journal of Media Literacy Education* 2011;3(1):25–28.

(53) Bergsma, L. J. & Carney, M. E., Effectiveness of health-promoting media literacy education: A systematic review. *Health Education Research* 2008;23(3):522–542.

(54) Santor, D., Poulin, C., LeBlanc, J., & Kusumakar, V., Facilitating help seeking behavior and referrals for mental health difficulties in school aged boys and girls: A school-based intervention. *Journal of Youth and Adolescence* 2007;36(6):741–752.

(55) Greenberg, M. T., Weissberg, R. P., O'Brien, M. U., et al., Enhancing school-based prevention and youth development through coordinated social, emotional, and academic learning. *American Psychologist* 2003;58(6–7):466–474.

(56) Gulliver, A., Griffiths, K. M., Christensen, H., & Brewer, J. L., A systematic review of help-seeking interventions for depression, anxiety and general psychological distress. *BMC Psychiatry* 2012;12(81), doi:10.1186/1471-244X-12-81.

(57) Santor, D. A. & Bagnell, A., Enhancing the effectiveness and sustainability of school-based mental health programs: Maximizing program participation, knowledge uptake and ongoing evaluation using internet-based resources. *Advances in School Mental Health Promotion* 2008;1(2):17–28.

(58) Gray, N. J., Klein, J. D., Noyce, P. R., Sesselberg, T. S., & Cantrill, J. A., The internet: A window on adolescent health literacy. *Journal of Adolescent Health* 2005 37(3):243.e1–243.e7.

(59) Benigeri, M. & Pluye, P., Shortcomings of health information on the Internet. *Health Promotion International* 2003;18(4):381–386.

(60) Car, J., Lang, B., Colledge, A., Ung, C., & Majeed, A., Interventions for enhancing consumers' online health literacy. *Cochrane Database of Systematic Reviews* 2011;6, doi: 10.1002/14651858.CD007092.pub2.

(61) Baker, L., Wagner, T. H., & Singer, S., Use of the Internet and e-mail for health care information: Results from a national survey. *JAMA* 2003;289:2400–2406.

(62) Rideout, V. & Henry, J., *Generation Rx.com: How young people use the Internet for health information.* Henry J. Kaiser Family Foundation; 2001. Available at: http://kai serfamilyfoundation.files.wordpress.com/ 2001/11/3202-genrx-report.pdf. Accessed February 3, 2014.

(63) Wantland, D. J., Portillo, C. J., Holzemer, W. L., Slaughter, R., & McGhee, E. M., The effectiveness of web-based vs. non-web-based interventions: A meta-analysis of behavioral change outcomes. *Journal of Medical Internet Research* 2004;6(4):e40.

(64) Bagnell, A. & Santor, D. Building mental health literacy: Opportunities and resources for clinicians. *Child and Adolescent Psychiatric Clinics of North America* 2012;21(1):1–9.

(65) Barak, A. & Grohol, J. M., Current and future trends in Internet-supported mental health interventions. *Journal of Technology in Human Services* 2011;29(3):155–196.

(66) Siemer, C. P., Fogel, J., & Voorhees, B. W. V. Telemental health and web-based applications in children and adolescents. *Child and Adolescent Psychiatric Clinics of North America* 2011;20(1):135–153.

(67) Li, T., Chau, M., Wong, P., Lai, E. S. Y., & Yip, P., Evaluation of a web-based social network electronic game in enhancing mental health literacy for young people. *Journal of Medical Internet Research* 2013;15(5):112–123.

(68) Primack, B. A., Wickett, D. J., Kraemer, K. L., & Zickmund, S., Teaching health literacy using popular television programming: A qualitative pilot study. *American Journal of Health Education* 2010;41(3):147–154.

(69) Sitzmann, T., Kraiger, K., Stewart, D., & Wisher, R., The comparative effectiveness of web-based and classroom instruction: A meta-analysis. *Personnel Psychology* 2006;59(3):623–664.

(70) Partnership for 21st Century Skills. Framework for 21st century learning. 2009; Available at: www.p21.org/storage/docu ments/P21_Framework.pdf. Accessed November 3, 2013.

(71) Reyburn, S., Flurry: Mobile app usage grows 35%. 2012; Available at: www.insidemobi leapps.com/2012/12/05/flurry-mobile-app-usage-grows-35/. Accessed December 9, 2013.

(72) Holstein, R. C., Lundberg, G. D., Donelan, K., *et al.*, Use of the Internet for health information and communication. *JAMA* 2003;290(17):2255–2258.

(73) Rideout, V. J., Foehr, U. G., & Roberts, D. F., Generation M2: Media in the lives of 8- to 18-year-olds. 2010. Available at: http://kff.org/other/poll-finding/report-gen eration-m2-media-in-the-lives/. Accessed February 3, 2014.

학교 중심 정신건강

지역사회 아동 · 청소년 · 가정의 정신건강 증진을 위한 학교 소속감 형성

Connie Coniglio, Charlene King, Keli Anderson, Steve Cairns,
Deborah Garrity, Michelle Cianfrone, Jeff Stewart

브리티시컬럼비아 학교 중심 정신건강 연합(British Columbia School Centred Mental Health Coalition, 이하 연합)은 BC(British Columbia, 이하 BC) 지역의 학교들을 위한 목표를 공유하며 활발한 활동을 하는 다양한 이해관계자들의 집단이다. 즉, BC지역 학교들의 안전과 학습환경 복지를 보장하여 지역사회 아동 · 청소년 · 가정의 정신건강을 증진한다. 2010년 가을, 아동과 청소년 정신건강 대변자들이 모여 연합을 설립하였다. 그들은 교육자 및 연구자, 지역사회 정신건강 서비스 제공자, 3차 정신건강 서비스 제공자, 정부 정책 입안자, 전문가, 공공단체 및 시민단체의 대표자들로 이루어졌다. 오늘날 연합은 꾸준한 성장으로 40명이 넘는 구성원을 갖게 되었다(부록 A 참조). 사회정서학습 분야의 저명한 학자들 그리고 정신건강과 약물복용, 청소년과 가족개입, 영양 및 신체발달 분야의 전문가 등이 포함된다. 연합에서는 전문지식이 활발히 공유된다. 아동에 대한 우리의 집단적 이해를 증진시키고, 아동발달에 대한 관심을 촉구하기 위해서이다. 연합은 오락센터, 문화센터나 도서관처럼 아동 · 청소년 · 가정이 모이는 시설에 널리 접근하는 것과 소속감에 가치를 둔다. 연합은 또한 청소년 지도자나 가장들에게 자신의 가정, 학교, 지역사회에서의 희망사항에 대한 견해를 드러낼 수 있게 해준다. 이런 견해들은

School Mental Health: Global Challenges and Opportunities, ed. Stan Kutcher, Yifeng Wei and Marc D. Weist.
Published by Cambridge University Press. © Cambridge University Press 2015.

연합의 그 지역에서의 활동 및 계획에 영향을 미친다.

연합은 구성원들의 풍부한 전문지식과 자원에 의한 지원을 받고 있다. 그 예로 봉사 공동의장과 운영위원회 위원, 현물 프로젝트 관리, 회의 지원 등이 있다. 연합은 그 목표와 비전의 진전을 위해 분기별로 모인다.

조직 원칙으로서의 학교 소속감

2012년 봄, 연합은 '학교 소속감'의 핵심개념, 전략, 연구를 발전시켜 이에 초점을 맞추기 위해 모였다. 이는 곧 연합의 핵심 조직 원칙이 되었다. '학교 소속감'이란, 모두가 관심 속에서 보살핌을 받으며 스스로 안전함을 느끼는 학교를 만드는 것이다.

'학교 소속감'의 가장 중요한 부분은, 학교가 지역사회를 정의하는 기관이라는 인식이다. 이 같은 학교-지역사회 관계의 잠재력은 충분히 발휘되어야 한다. 지역사회의 아동·청소년·가정의 정신건강 증진을 위한 길이다. 역사상 가정은 학교에 아동과 청소년의 발달을 위탁해왔고, 지역사회는 아동·청소년·가정을 지원하는 수단으로서 학교를 이용해왔다. 연합은 학교가 지역 정신건강 증진의 축으로서 충분히 활용되지 못하고 있다는 점을 인식하였다.

학교-지역사회 협력을 강화하기 위해 연합은 소속감의 가치, 신뢰, 실천을 정의하는 공유된 언어를 사용해 지역사회에서 일한다. 이러한 연계의 주 목표는 지역사회 구성원의 협력을 통해 아동·청소년·가정의 정신건강을 증진하는 것이다. 협력은 **소속감**을 육성하는 안전하고 효과적인 방식을 통해 이루어진다. 연합의 원칙은 모든 건강 증진 활동의 계획, 이행, 평가에 있어서 아동·청소년·가정이 그 구성원으로서 존중받아야 한다는 것이다.

연합은 소속감을 어떻게 육성하는가

연합은 실천과 혁신의 보고(寶庫)로서 그리고 활동을 위한 허브로서의 역할을 한다. 일반적으로 보고란 자원의 집합체를 뜻한다. 하지만 연합의 보고는 구성원들 각자의 '근거지'에 흩어져있다. 각 구성원은 과거나 현재의 일로부터 얻은 지식을 자신만의 영역 안에 보유한다. 그들은 따라서 공동 문서, 활동, 계획의 발전에 대해 저마다의 특별한 시각을 제의한다. 이런 지식 교류를 통해 연합은 학교 소속감과 지역사회 발전이라는 목표의 실현방안에 대해 합의하며, 구성원들은 서로를 매개로 성장한다. 연합의 정기모임은 구성원들 간 지식 교류의 기회를 제공한다. 모임에서는 지역사회의 현재 활동들과 새로운 계획들에 대한 정보가 공유된다. 정중한 의견 교환과 건설적이고 비판적인 피드백은 계획의 설계와 이행에 영향을 준다. BC에서의 한 사례로는 McCreary Centre Society의 작업을 들 수 있다. McCreary Centre Society는 연합의 파트너로, 청소년 정신 및 신체건강에 대한 설문과 보고에 특화된 전문성을 지닌다. 지역 청소년 건강조사 결과는 연합과 이 파트너의 작업을 알리기 위해 활용된다. 이처럼 협력적인 환경은 BC 지역 학교 정신건강 증진을 위한 중요 자원으로서, 연합의 지속 가능성에 기여한다. 최근에는 Mental Health Commission of Canada, National Institute of Families for Child & Youth Mental Health, Child Welfare League 그리고 가장 최근에는 World Conference on the Promotion of Mental Health and the Prevention of Mental and Behavioural Disorders 등의 단체로부터 국내 및 국제적인 인정을 받으며 협력의 중요성이 부각되고 있다.

연합 구성원들은 조직간 미팅, 리스트서브(LISTSERV), 위키, 연합 웹사이트 등을 통해 활발히 교류하고 있다. 연합 내 다양한 이해관계의 협력에서 가장 중요한 것은 핵심 가치와 목표의 일치이다. 자원, 프로그램, 서비스, 연락망, 성공사례와 도전과제 등은 기록되어 구성원들에게 효율적으로 공유된다.

연합 목표

연합의 목표는 구성원들이 직접 꼽은 가치의 우선순위를 따라 만들어졌다. 따라서 광범위한 관점과 이해관계들을 대표한다고 할 수 있다. 연합은 지역사회의 사회문화적·지리적·사회경제적 구조를 대표하기도 한다. 연합의 목표는 소속감 형성에 대한 사명감과 관심을 통해 아동·청소년·가정의 정신건강을 증진하는 것이다. 구성원들은 자신만의 특별한 영역, 즉 근거지에서 벗어나, 목표의 달성을 위해 협력하여 작업한다.

단기 목표와 목적

1. 연합 구성원
   - 지역사회의 계획에 대해 충분히 인지한다 — 아동·청소년·학교 차원의 전문적인 정신건강 프로젝트, 지역사회의 기본 체제, 소속감 육성 계획, 학교 정신건강 자원, 정신건강 서비스 접근성 증대를 위한 구역 교차적인 계획을 포함한다. 그러나 이에 국한하지는 않는다.
   - 자원에 대한 높은 접근성을 가진다.
   - 협력적 제휴를 발전시키고 유지할 기회를 가진다.
2. BC 지역 학교 전문가, 부모 및 보호자, 학생, 정책 입안자
   - 신뢰 가능한 정신건강·약물사용 정보와 지원에 접근한다.
   - 학교 소속감 육성을 통해 정신건강을 증진할 수 있음을 인지한다.
3. BC 지역의 부모·아동·청소년
   - 학교 정신건강 증진에 진지하게 관여할 기회를 가진다. 진지한 관여란 모든 관계 당사자들에게 의미 있고, 가치 있는 과정을 뜻한다. 모두에게 열린 포괄적인 학습은 투명성과 신뢰의 토대 위에 공동 목표를 위한 협력을 도출한다.

중기 목표와 목적

1. BC 지역의 교직원은 학생들의 정신건강과 웰빙을 책임지고, 교실과 학교 공동체 내에서의 소속감을 육성한다.
2. BC 지역의 학생들과 부모/보호자들은 학교 공동체에 확실히 소속된다. 소속이란 그들의 목소리가 존중받으며 논의와 계획 과정에서 동등하게 고려되는 것을 의미한다.
3. 아동·청소년의 학교 소속감 및 정신건강 증진 **정책**들을 확실히 정비하고, 행정과 시스템 지원의 모든 단계에 포함시킨다.
4. 정신건강 서비스 및 자원들은 학교와의 연계를 통해 학교 공동체[3](예 : 각 학교나 지역사회의 가족건강센터)에 온전히 통합된다.

---

3 학교 공동체는 교직원, 학생, 부모, 가족, 그리고 지역주민과 학교의 성공과 관련 있는 집단을 포함한다.

전략과 실천

목표설립 과정에서 그러하였듯이, 연합의 전략과 실천 또한 구성원들 간의 합의토론을 통해 정해졌다. 연합의 전략과 실천에 관한 토론은 아래 네 가지 포괄적인 영역들에 초점을 맞추었다.

1. 부모, 학생, 공동체의 참여
2. 교직원의 능력 배양
3. 정책 환경
4. 서비스 통합

위 영역들에서 전략 및 실천을 설계하고 이행하기 위해 그리고 지속 가능하며 체계적인 성장을 위해 연합은 다음과 같은 핵심 요소들을 명시했다.

1. 의사결정은 근거 있는 연구에 기반을 두어야 하며, 그 결정으로 인해 영향을 받을 대상자에게 고지되어야 한다.
2. 전략과 실천에 대해 유의미하고 시기 적절한 평가가 있어야 한다.
3. 실천의 폭넓은 도입은 모든 관련 이해관계자들이 수긍할 때 이루어질 수 있다.
4. 전략과 실천이 매 단계마다 체계적인 지원을 받을 수 있게 지속적으로 조정해야 한다.
5. 전략과 실천은 일방적인 판단을 허용하지 않는, 옹호적이며 발전적인 환경에서 이루어져야 한다.
6. 부모/보호자가 정신건강 전략 및 실천을 수행해내는 공동체 구성원으로서 권한을 가지고 있음을 느끼는 것이 중요하다.

진행 중인 활동과 계획

이러한 전략과 실천을 촉발하기 위해 연합 구성원들은 자신의 자원, 열정, 전문지식을 아낌없이 투자한다. 모든 구성원들은 자신의 시간과 각자가 속한 조직의 자원을 연합에 제공한다(예 : 복사, 행사기획에 필요한 공간과 시간, 연설 참여나 학교 정신건강 워크숍 지원).

여름학교 지난 5년간 여름학교는 BC 지역의 교사, 교내 상담사, 교장, 지역 공무원, 부모, 학생, 정신건강 전문가, 학교 공동체 파트너 등을 모아 공론의 장을 열었다. 그들은 BC 지역 학교들의 탄력성과 소속감을 키우고 정신건강을 증진하는 방법에 대해 의견을 나누었다. 이 기회를 통해 교육자, 학교, 지역사회는 학생 정신건강 증진에 있어서 그들의 역할이 얼마나 중요한지 자각하였다. 이 행사는 BC Mental Health and Substance Use Services를 선도로, 연합 멤버들로 구성된 기획 위원회와 함께 진행된다. 그 밖에 행정부 대표, 청소년, 과거 참석자들 또한 함께한다. 기획 위원회는 매달 원격회의를 진행한다. 아이디어를 개발하고 피드백을 주고받으며 연사를 확보하기 위해서이다. 여름학교에서 다루어지는 주제는 매해 참석자들이 제공하는 피드백을 토대로 꾸준히 발전되어왔다. 또한 여름학교는 일일 행사로 시작하였으나 인기와 수요가 증가함에 따라 이틀로 연장되었다. 가장 최근 행사에서는 첫째 날 탄력적이고 강력하며 소속감 있는 학교 공동체 구축에 초점을 맞추었고, 둘째 날에는 정신건강 및 약물복용에 관한 도전과제를 다루었다. 그날의 행사는 기조연설, 패널토론, 브레이크아웃 세션, 자원 박람회 등으로 이루어졌다. 여기에 저녁행사에 참석한 부모/보호자 및 청소년들을 위한 옵션들을 포함시키려는 노력이 있었다. 기조연설과 패널토론의 이전 주제로는 탄력성과 관계, 자기통제, 사회정서 학습, 학교 소속감, 부모와 학생의 경험, 체계적인 지속 가능성, 정신건강 치료, 청소년의 두뇌 등이 포함되었다. 브레이크아웃 세션의 주제로는 ADHD, 불안장애, 청소년의 동시발생 장애, 이민 청소년, 체중과 신체상, LGBTQ 청소년, 약물복용 장애와 부모개입 등이 있었다. 여름학교는 품격 있는 연사 초빙과 저렴한 비용, 인적 네트워크 형성의 기회라는 점에서 호평을 받았으며, 자원 박람회의 감사를 받기도 했다. 피드백들은 여름학교에 대한 압도적인 호응과 증가하는 수요를 보여준다. 여름 혹은 학기 중, 교육자들을 위한 이런 유형의 전문적인 프로그램이 더 필요하다는 것을 확인할 수 있다. 여름학교의 목표로는 정신건강 문제들에 대한 이해도 증진, 학교의 탄력성과 소속감을 높이는 방법에 대한 이해 증진 등이 있는데, 2013년 평가 결과에 따르면 참가자의 90% 이상이 여름학교가 그 목표를 달성하였다는 것에 동의하였다.

가족 정신건강 지지체 가족 정신건강 지지체(Family Mental Health Alignment)는 가족의 날과 소아 정신건강의 날(5월 7일) 등 예고한 날에 아동·청소년·가정과 학교에 접촉을 시도한다. 2012년 소아 정신건강의 날에는, 연합이 부위원회를 조직하여 캠페인 "I care about you"를 기획하도록 도왔다. 이 캠페인을 통해 BC와 캐나다의 학교 및 공동체들은 아이들의 목소리를 들었다. 아이들은 그들을 향한 관심을 보여주는 어른의 행동에는 무엇이 있는지 이야기했다. 이처럼 연합은 소아 정신건강의 날을 기념하는 행사들을 꾸준히 홍보하고 지원한다. National Institute of Families for Child & Youth Mental Health(www.familysmart.ca)는 매해, 이전 소아 정신건강의 날에 연합과 함께했던 활동들의 결과를 검토한다. 다가오는 행사의 기획 및 이행 과정에 연합이 학교를 통해 참가하고 행사를 지원하게끔 기회를 주는 것이다. 행사에 참가하는 학교와 단체의 수는 지난 2년간 두 배로 늘었다. 2013년에는 캐나다 전역의 학교 및 단체의 아이들과 어른들을 연결해주는 활동에 130개 사이트가 참가하기도 하였다.

지역 내 교직원 자기계발의 날 지역 내 교직원들의 자기계발의 날(Provincial Professional Development Day)의 워크숍에서 연합에 대한 정보와 소속감에 대한 아이디어를 제공한다. 연합은 청소년, 부모, 교직원들이 관여하는 학회에 꾸준히 참석한다. 그 중 하나로 BCCPAC(BC Parent Confederation of Parent Advisory Councils)가 있다. 1,000명 이상의 학부모들이 이 자문 위원회를 이루고 있다. 이들은 연례 회의를 진행하는데, 이를 통해 BC 지역 학교들에 그들 자신의 참여를 높일 수 있는 지식과 기술을 얻는다.

학생의 소리와 관심 학생의 소리와 관심(Student Voice & Focus)은 청소년 대표회담과 같은 청소년 주도 계획을 통해 청소년들의 활동과 참여를 지원한다. 북미 아이스하키 리그의 Vancouver Canucks 팀과 BC Mental Health and Substance Use Services가 함께 이를 조직하였다. Student Voice & Focus는 BC 지역 고등학생 연령대 청소년들이 정신건강에 대해 공부하고, 즐거운 활동과 유의미한 대화를 나누게 하려는 목적의 무료 일일 워크숍이다. 이 행사는 정신건강 영역에서 활동하는 청소년 단체와 통합과 유대에 관심 있는 청소년들과의 협력을 통해 계획되었다. 행사는 지난 2년간 꾸준히 성장해왔다. 2013년 200명의 참가로 시작해서, 2014년에는 Rogers arena에 BC 전역의 청소년과 교사 및 부모들이 1,000명 이상 참가했다. 2014년 행사의 주제는 청소년 건강을 위한 도구였다. 행사는 실제로 다양한 정신건강 및 약물복용 기관들로부터

활동과 자원을 제공받은 경험이 있는 청소년들을 중심으로 구성되었다. 행사의 목적
은 다음과 같다.

1. 정신건강과 약물복용 이슈들에 대한 이해
2. 정신건강 영역의 과제와 정서적 건강의 범위 학습
3. 정신건강 증진을 위한 도구, 자원, 서비스와 청소년과의 연결
4. 정신건강 문제 관련 낙인 축소

행사 평가에 따르면, 참석자 다수가 정신건강에 대해 학습하는 것을 즐거워했으며,
청소년 대표회담과 같은 담론을 더 나누고 싶어 했다. 보다 많은 강의시간을 정신질환
환자를 통한 배움에 할애해야 한다는 것에도 다수가 동의하였다. 청소년들에게 있어 행
사의 하이라이트를 꼽자면 개인적인 담화, 브레이크아웃 세션의 대화, 패널토론을 들
수 있다. 행사 후 조사에 의하면, 청소년들은 정신질환에 대해 전과는 다른 방식으로 사
고하기 시작하였다. 그들의 사고회로에서 정신질환 관련 용어들은 긍정적인 것(예 : 힘,
용기, 지지, 이해, 오해받는)으로 대체되었다. 또한 누구나 정신질환을 겪을 수 있으며,
정신질환과 정신건강 간에는 차이가 존재하고, 누구나 타인과 자신에게서 긍정적인 정
신 상태를 만들 수 있다는 점 등을 이해한다고 말하였다.

지역적 개입 지역적 개입은 아동·청소년·가정을 위한 연합의 목표와 유사한 비전을
가진 사람들의 유입을 환영한다. 연합은 아동·청소년·가정과 정책을 만들고 시행
하는 지역사회의 필요를 이어주기 위해 노력한다. 또한 연합은 아동·청소년·가정의
정신건강 관련 정책을 알리는 데 도움이 될 모든 기회를 적극적으로 활용한다. 연합
은 범캐나다 활동 및 조직과 긴밀히 닿아 있다. 예를 들어, 국가가 지정한 소아 정신
건강의 날은 BC 전역의 학교들에서 탁월한 효과를 보이며 가정과 학교를, 성인과 청
소년을 이어준다. 또 다른 사례로는 연합과 DASH(Directorate of Agencies for School
Health) BC로부터 후원받는 School Connectedness Capacity Building Initiative가 있
다. 이 계획은 BC 지역 학교들에서 시행 중인 실례들을 탐색하여, 학교 소속감 육성
에 성공한 학교 공동체를 찾아내도록 한다. 그들과 함께 일하며 그 이야기를 공유하
고, 다른 사람들과 함께 배우고자 하는 것이다. 즉 주안점은 소속감의 육성을 위해서
는 무엇이 필요한지 이해하고, 이를 지역의 학교들과 널리 공유하는 것이다.

공유된 이해의 향상

연합을 움직이게 하는 가장 큰 힘의 근원은 그 구성원들의 지속적인 협력이다. 예를 들어, 분기별 정기모임과 여름학교는 지역적·국가적·국제적인 트렌드, 연구, 활동, 계획 등의 활발한 교류를 위해 만들어졌다. 이것 외에도 기타 활동들(부록 B 참조)을 통해 구성원과 각 조직 간에 지속적인 협력이 이어지고 있음을 알 수 있다. 협력의 기본 정신은 안전함과 개방성이다. 아이디어와 제안들, 폭넓은 동맹은 '소속감'이 연합으로부터 시작한다는 깊은 신뢰를 반영한다. 이렇게 쌓인 신뢰가 학교에서 실현될 때, systemic silos(각 부서들이 다른 부서와 담을 쌓고 자기 부서의 이익만 추구하는 현상)가 무너지고, 아동·청소년·가정과 공동체 전부의 정신건강을 증진시킬 수 있다. 앞서 언급된 School Connectedness Capacity Building Initiative는 연합이 만들어낸 협력의 좋은 사례이다. 이 계획은 행정부, 건강 증진 비정부기구, 연구 공동체의 연합 구성원들, 가족·교육자·수탁자·감독자를 위한 교육조직들을 포함하는 부문 간 운영 위원회에 의해 주도된다. 운영 위원회 위원들은 전반적인 계획에 힘을 싣기 위해, 자신 혹은 각자 속한 조직의 전문지식을 동원하여 작업한다.

지속 가능성의 구축

연합이 소속감 형성이라는 목표를 가지고 지속 가능한 성장을 이루기 위해서는, 지역과 다른 계획들과의 전략적인 조화가 필요하다. 권한을 위임한다거나 그 비전을 잃는다는 의미가 아니다. 학교가 사회의 아동·청소년·가정을 위한 정신건강센터가 될 수 있게 협력하는 것을 뜻한다. 연합은 이런 접근의 의미를 이해하고, 구성원들의 다양성을 존중하고 격려하였다. 신입 멤버는 출신이나 일하는 방식과 무관하게, 연합의 네트워크에 자신만의 독특한 영역을 더할 수 있었다. 이처럼 종래와 다른 직관적인 협력방식을 공식화하고자, 연합은 'Collective Impact'로 알려진 협력 유형에 대해 구조적으로 탐색하였다. Collective Impact 접근의 예로는 공통 의제, 성공지표의 공유, 상호 강화 활동, 지속적인 의사소통 등이 있다. 다양한 이해관계가 얽힌 협력관계 속에서 어려운 문제를 해결하기 위해 가장 중요한 요소들이라고 할 수 있다. 이 접근법은 아이디어와 경험의 교류를 통해서만 유의미한 변화를 만들 수 있다는 점 그리고 가장 효과적인 해법은 협력적 대화에서 나온다는 점을 인식한다. 또한 이미 정해져 있는 단순한 해결책을 택하는 것은 지양한다. 이 접근에 보다 의도적이고 명시적으로 다가가기 위해, 연합은 지금까지의 협력 지향적이었던 접근을 강화하며 — Collective Impact에 관련해 성장하고 있는 범세계적 문헌과 경험의 도움을 받으며 — 동시에 어떤 식으로 작업이 계획부터 이행 단계까지 옮겨가는지 이해하고자 한다.

부록 A : 현재 구성원 조직들(2013년 1월)

- 아동 및 가족 개발부(Ministry of Children and Family Development)
- 보건부(Ministry of Health)
- 교육부(Ministry of Education)
- 아동 및 청소년 정신건강을 위한 가족 연구소(Institute of Families for Child & Youth Mental Health)
- BC 소아과학회(BC Pediatric Society)
- BC 정신건강 및 중독 서비스(BC Mental Health & Addiction Services)
- BC 아동 병원(BC Children's Hospital)
- BC 지방 가족 위원회(BC Provincial Family Counci)
- BC 부모 자문 위원회 연합(BC Confederation of Parent Advisory Councils)
- BC 학교 수탁자 협회(BC School Trustees Association)
- BC 학교 감독자 협회(BC School Superintendents Association)
- BC 학교 교장 & 교감 협회(BC School Principals & Vice-Principals Association)
- BC 교사 연맹(BC Teachers Federation)
- BC 학교 상담자 협회(BC School Counsellors Association)
- 학습 지원 교사 협회(Learning Assistance Teachers Association)
- 특수교육 협회(Special Education Association)
- 아동의 정신건강을 위한 F.O.R.C.E. 단체(The F.O.R.C.E. Society for Kids' Mental Health)
- McCreary 센터 단체(McCreary Centre Society)
- UBC 간호 학교(UBC School of Nursing)
- UBC 교육 학부(UBC Faculty of Education)
- 중독 연구 센터(Centre for Addiction Research, UVIC)
- WITS 프로그램(WITS Program, UVIC)
- 생활 프로그램을 위한 친구(FRIENDS For Life Program, MCFD)
- Kelty 정신건강 자원 센터(Kelty Mental Health Resource Centre)
- 학교 건강을 위한 기관 이사회(Directorate of Agencies for School Health, DASH BC)
- BC의 달라이 라마 센터(Dalai Lama Centre of BC)
- 학교 구역 78(School District 78)(Fraser Cascade)
- 학교 구역 71(School District 71)(Comox Valley)
- 학교 구역 60(School District 60)(Peace River North)
- 학교 구역 57(School District 57)(Prince George)
- 학교 구역 43(School District 43)(Coquitlam)
- 학교 구역 41(School District 41)(Burnaby)
- 애착 마을(Villages of Attachment)

부록 B : BC학교 중심 정신건강 연합 논리 모형, 2013~2016

투입	활동 연합은 무엇을 하고 있는가?	산출 연합은 무엇을 생성하고 있는가?	결과 연합은 무엇을 성취하고 있는가?

• 42명의 연합 구성원들로부터 나온 전문지식/자원(목록 구성원 조직)
• 공동-의장 2명
• 운영 위원회 구성원 6명
• 모임 공간
• 사무국
• 자금조달 파트너
	• 정신건강 행사, 프로젝트, 기회 등에 대한 정보를 교환하기 위해 정기적으로 만난다.
	• 지식 교환과 교육 기회(예 : 웹 세미나/행사)를 지원하고 조직 함으로써 역량을 구축한다.
	• 연합을 통해 장려된 행사의 일환으로 서비스 제공자들, 학생들, 가족들을 초대한다.
	• 지역적으로 그리고 전국적으로 학교 정신건강 계획에 관련된 정보와 사람들을 연결한다(BC에서 학교 정신건강이 일을 만한 좋자가 될 수 있는 역할).
	• 새로운 교육과정/평가 체제(예 : 사회 정서 능력)와 관련시킨다.
	• 학교 소속감에 대한 연구 기반 지식과 자원을 편집하고 해석하여 공유한다.
		• 두 달에 한 번씩 모임
		• 목록 준비
		• 위키
		• 이메일, 위키와 웹 사이트를 통해 구성원에게 전송되는 정보
		• 하위-위원회에 참여하며 :
		  • 연례 여름 연구소
		  • 연례 청소년 정신회담
		  • 5월 7일~8일/청소년 정신건강의 날 w/연합 구성원들과 협력할 기회(예 : 활동 발표/지원)
		• 지역 및 국내 학교 중심 정신건강 계획에 제공되는 투입(예 : 교육부 장관에게 편지 쓰기)
		• 아동, 청소년, 가족 정신건강에 관련된 지역 모임에서의 적극적인 의견 표현
		• 지식 교환 행사 - 미래(예 : 부모들, 교육자들, 학생들을 위한 ProD)
		• 필요 분석/검사
		• 지지 성명서-소인 찍기, 핵심 가치, 정의/공동어, 에피베이터 연설
		• 학교 소속감 증진을 지원하는 자원 프로그램, 서비스, 접촉 등의 목록(연구→실천)
		• 널리 유포된 믿은 이야기
			단기
			조직의 밖에서 비롯된 대표는 실제 공동체에 참여해야 한다.
			
			연합 구성원들은
			• 지역 계획에 대해 더 많이 인식하고
			• 자원에 대한 접근을 증가시키며
			• 좀 더 협력적인 제휴를 유지한다.
			
			BC 학교 전문가들, 부모들/돌보미들, 학생들, 정책 입안 자들은
			• 신뢰할 수 있는 정신건강 및 아동복지 정보 & 지원에 접근하며
			• 긍정적인 정신건강을 정려 하는 연결된 학교 문화를 육성하는 방법을 알고 있다.
			
			BC 부모들, 아동들, 청소년 들은 학교 중심 정신건강의 영역에 진정으로 참여할 기회 를 가진다.

결과 (상단 박스)

중기
BC 교직원은 학생 정신건 강과 복지를 지원하고 교실 과 학교 공동체에서의 연결 성을 육성한다.

BC 학생들, 부모들
양육자들은 학교 공동체에 진정으로 참여한다.

정책은 학교 소속감을 증진 하고 아동과 청소년 정신건 강을 지원하기 위한 지원적 환경을 창출할 준비가 되어 있다.

정신건강 서비스와 지원은 학교에 대한 연결과 더불어 학교 공동체(예 : 모든 학교 와 공동체에 있는 가족 건 강 센터)로 균일하게 통합 된다.

장기
비전 : BC 학교 들은 공동체의 아동들, 청소년 들, 가족들이 정 신건강을 육성할 수 있는 안전하 고 따뜻한 학습 환경이다.

학교 소속감이 BC 학교 중심 건강 연합(BCSCMHC) 정의 : 2013년 말까지로 한정됨.

그림 6.1 BC 학교 중심 정신건강 연합 논리 모형, 2013~2016

BC 학교 중심 정신건강 연합은 원래 2010년 가을 모임에 형성되었다. 2011년 가을 모임에서 그리고 2012년 봄에, 연합 파트너들은 '학교 소속감'에 대한 개념을 증진시키고 이해에 대한 연구, 전략을 진전시키는 것이 공동 작업의 가장 중요한 목표라는 것에 동의하였다.

중국의 학교 정신건강 관리 구성요소

개요

Yasong Du

학교에서의 정신건강 인식

소아 정신건강의 정의

1948년 WHO에서 건강에 대해 정의할 무렵, 중국에서 소아 정신건강의 개념은 청소년들의 복지에 관한 사회적 관심 속에서 등장하였다. 중국 문화권에서 바람직한 소아 정신건강이란, 아동의 마음과 행동에 관한 다음의 세 가지의 양상이 충분히 잘 유지되는가를 의미한다 ― (1) 정신병리학적인 문제나 정신과적 질환이 없을 것 (2) 마음과 의식으로부터 이치에 맞지 않고 불공정하다고 느끼는 것들에 대해, 반감을 가질 수 있는 능력과 이를 조절할 수 있는 능력이 있을 것 (3) 자기 스스로를 유일무이하며 귀한 존재로 여길 줄 알고, 열망과 정체성을 가진 '긍정적인 자아상'이 존재할 것.

학교 생활에 적극적이며 적응을 잘하는 아동은 바람직한 정신건강을 가진 아동이다. 정신건강에 대해 점진적인 노력을 하고 있지만, 사실 일부는 아동의 기질에 의해 결정되기도 한다. 개인이 유전적으로 물려받은 기질로부터의 결과이기에, 이는 바꿀 수 없는 측면이다. 또한 소아 정신건강은 아동의 환경으로부터 영향을 받는다. 여기서 환경이란, 빠르게 변하는 물질적 환경, 가족 환경, 사회 환경, 아동이 친하게 지내는 사람들

School Mental Health: Global Challenges and Opportunities, ed. Stan Kutcher, Yifeng Wei and Marc D. Weist. Published by Cambridge University Press. © Cambridge University Press 2015.

과의 관계에서의 환경, 그 외에도 자신의 인격형성을 위해서 젖어 드는 모든 것들로부터 받게 되는 긍정적 또는 부정적인 자극을 뜻한다.

　아동과 청소년의 정신건강이 무엇인지를 정의하고 논의하는 측면에서, 중국에서 보편적으로 인정을 받는 두 가지의 모델이 있다. 하나는 중국의 전통 의학 모델이고, 다른 하나는 WHO에서 지지하는 정신사회적 모델이다. 이 두 이론은 일정 기간 동안은 대립하는 것처럼 보였으나, 현재는 상호 보완적인 것으로 여겨지고 있다.

학교에서의 정신건강 상태

중국에는 소아 정신건강의학과 의사가 거의 없다. 그나마 소수의 소아 정신건강의학과 의사들이 정신건강의학과 전문병원, 정신건강센터, 종합병원에 있다. 중국에서는 대략 4,000만 명의 소아청소년이 있지만, 이 인원에 대한 소아 정신건강의학과 의사는 다 합쳐서 200명이 채 안 된다는 것이 현 상황이다. 중국에서는 아동당 정신건강의학과 의사의 비율이 1:500,000이다(미국과 같은 선진국에서의 1:4,000과 대조된다). 1990년대부터, 소아과 의사, 교사 그리고 소아 정신건강관리에 관여하는 의사들이 소아청소년 정신건강 서비스 분야에 급증하는 관심에 대해 논해왔었다. 여러 교육 과정과 세미나에서는 소아 정신건강 문제들에 대해서 인지하고 중재할 수 있는 기술과 전략을 배울 수 있도록, 다양하고 전문적인 강의 요청을 받고 있다. 예를 들면, 캐나다 Stan Kutcher 교수의 중국계 캐나다인 주의력결핍 과잉행동장애(이하 ADHD) 프로그램, 영국 David Coghill 교수의 ADHD에 대한 BANANA 프로젝트가 있다. 이 공동연구는 2005년에서부터 2013년까지 상해에서 이루어졌다. 이를 계기로 중국 팀들이 지역적·국가적으로 지속적인 정신건강 교육 프로그램을 학교 선생님들에게 제공할 수 있었다.

　15년 전과 비교하여, 중국에서는 현재 전문 의료종사자, 교육자, 일반 대중들은 소아 정신건강 서비스에 대한 필요성을 잘 알고 있다. Yu와 Du(2007)는 상해에 있는 중고교생을 대상으로 하여 정신건강 문제에 대한 학생들의 인식과 지식을 비교하고 실험한 연구를 발표했다. 이 연구에서는 737명의 중학생이 소아 정신건강 지식 설문지와 강점·난점 설문지(Strengths and Difficulties Questionnaire, 이하 SDQ)에 응답했다. 결과를 보면, 중학생들이 SDQ의 또래 문제 요소와 친사회적 행동 요소에서는 고득점을 보였으며, 기분 증상 요소와 ADHD 관련 요소에서는 낮은 득점을 했다는 것을 알 수 있다.

또한 고등학생들이 중학생에 비하여 정신건강 문제들에 대해 더 잘 인식하고 있는 것으로 나타났다. 중고교생 모두 정신건강 문제에 대하여 약물 치료를 받거나, 효과적인 중재를 해줄 사람과의 상담은 효과적이지 못한 것으로 여기고 있었다. 모든 학생들은 가족적인 요소를 정신건강 문제들의 중요한 원인으로 여겼다. 중학생들의 경우 정신건강 문제들을 해결하기 위해 부모와 이야기하는 것을 선호한 반면, 고등학생의 경우 그렇지 않았다.

여전히 중국에서는 소아 정신건강 서비스를 위한 전문적인 의료진들이 매우 많이 부족하다. 현재 소아 정신건강 서비스는 전체 인구의 필요량을 충족시키기에 충분하지 않고, 대부분의 훈련받은 정신건강 의료진은 상해, 북경, 장사 같은 대도시에서 근무하고 있다.

1970년 이래로, 중국은 세계에서 가장 인구 증가가 많은 나라였다. 인구 과잉에 대한 고심 끝에, 중국은 한 가정 한 자녀 정책을 펼쳤다. 항상 대가족 문화를 가져왔던 사회는 방심했고, 한 자녀 정책 시행 이후 첫 세대가 되었을 때, 그리고 세대를 거듭하며 역사상 처음 겪어본 4 : 2 : 1 인구 구조가 현실화되었을 때 중국은 혼란스러워했다. 한 자녀 정책이 자녀에게 미치는 영향에 대해 연구한 2013년 Du의 논문에 따르면, 한 자녀 가정에서 자라난 아동들은 부모에 대한 과도한 의존성을 가지며, 성격적으로는 이기주의, 신경질적, 떨어지는 사회화 기술들이 특징적으로 나타난다고 한다.

청소년의 정신장애를 확인하는 전략과 절차

소아청소년의 발달학적 전략

중국에서는 소아청소년들의 정신 문제들을 평가하기 위하여 대개 아동과 가족들을 직접 면담하거나, 발달학적 관점에서의 감정, 인지, 행동에 대해 중점을 둔다. 발달 정신병리학자는 발달과정에 놓인 역동적인 과정들을 확인하는 것에 관심을 가진다. 이런 패러다임에서, 정신병리학은 발달학적인 일탈로 개념화된다. 여기서 발달학적인 일탈이란, 장애가 없는 발달과 비교되어 정의된다. 이러한 관점에서, 치료와 중재는 신경 발달학적 과정과 그 변화 과정에 대한 이해로 가장 잘 형성될 수 있다. 정신질환이란 누군가가 '가지고' 있는 것이 아니라, 병 그 자체이다. 더 정확히 말하자면 장애 행동, 인지 문제, 감정 문제는 발달 중요 단계에 유전적·생물학적·정신사회학적 요소들이 복합적으로 오랜 시간 작용해서 생긴 것으로 보인다. 아동이 겪고 있는 정신질환의 종류뿐 아니라, 아동이 각 발달 단계에 잘 적응하고 또 잘 적응하지 못했는지를 분석하고 평가하는 것이 중요하다. 심각한 문제들이 발생하고 장애로서 이것을 인지하기에 앞서, 여러 발달학적인 문제들이 발생한다. 발달 정신병리학적인 관점에서, 정신질환이 심각해져서 진단하기에 충분해지도록 기다린 후에야 중재를 시행하는 것은 바람직하지 않다. 이러한 이해를 기반으로 하여, 학교의 정신건강 의료진들은 효과적인 중재를 목표로 하여 행동·인지·감정 장애의 초기 반응들을 인지하려 노력하고 있다.

학교에서의 정신질환 선별 방법

중국에서 학교와 정신질환의 진단 사이의 관련성에 대해서는 선별검사와 케이트키퍼 접근이라는 두 가지 방법으로 접근하고 있다. 표준화된 선별 검사와 보편적인 선별 방법으로, 현재 학교에서는 정신질환을 선별하고 있지 못하다. 또한 교내 정신건강 전문가에 의해 인지되고, 주목받은 정신질환을 가진 청소년에게 효과적인 케이트키퍼 접근 역시 하고 있지 못하다. 게다가 꽤 최근까지도 정신건강 의료진들은 어릴 때 정신질환으로 진단되고 치료받았던 청소년의 치료를 돕고 평가하는 데 일반적인 관여를 하지 않았다. 이런 관습은 대중이 중국 청소년 정신질환의 유병률과 발병률이 높다는 것을 인지하면서부터 지난 10년 동안 차츰 바뀌고 있다.

　이런 문제들의 규모가 점점 커짐에 따라, 정신질환을 겪는 소아청소년을 평가하는 표준화된 선별 검사에 대한 요청이 생겨났고, 이런 요청을 성공적으로 해결하기 위하여 학교가 정보 수집 대상에 포함되었다. 또한 정신질환의 고위험군에 속한 청소년들을 찾기 위하여 학교에서 적용할 수 있는 다양한 선별 검사에 대한 필요성도 제기되었다. 현재 일반적으로 아동 행동 평가척도(Child Behavior Checklist, CBCL), 강점·난점 설문지(SDQ), 아동 우울 척도, 코너 ADHD 척도 등이 사용되고 있다. 아동 행동 평가척도(CBCL)와 강점·난점 설문지(SDQ)는 중국에서 가장 유명하며, 정신병리학적 평가 검사로 널리 사용된다. 두 방법 모두 중국인들을 위하여 표준화되어있다. 이런 평가 척도들은 선별 검사에 사용될 뿐 아니라, 학교에서 증상을 확인하고 치료를 모니터하는 임상 측면에서도 사용된다.

어떤 방법이 학교에서 적용되는지와는 관계없이, 선별 검사에서 선별된 청소년들은 '진단 기준'에 부합되는지를 더 자세하게 평가받는다(이 청소년이 정신건강 장애를 가졌는지를 확인하게 된다). 우리의 경험에 따르면, 여러 소아 정신건강의학과 의사의 감독 아래 일부의 학교 전문가들은 ADHD와 불안장애와 같은 흔한 정신질환을 선별검사를 이용하여 적절하게 찾아낼 수 있다. 하지만 더 자세히 평가하고 관리할 수 있는 능력은 부족하다.

소아청소년의 정신질환

소아청소년에서의 정신질환은 비교적 최근에 대중과 중국 교육 및 건강 전문가들에게 소개되었다. 1980년대 이전에는 학교에서의 청소년 건강에 관한 초점은 신체적인 측면이었으나, 점차 확대되면서 심리적인 측면까지 고려하게 되었다. 소아청소년의 정신건강에 대해 관심이 증가하면서, 중국에서의 이 관심의 규모를 설명해줄 수 있는 역학 연구도 활발해졌다.

중국 소아청소년의 보편적인 정신질환 : 역학 조사

1987년 중국 정부에 의해 46만 613명의 0~14세의 아동을 대상으로 한 전국적인 조사가 실시되었고, 1만 2,242명의 아동이 지적장애가 있었으며 지적장애의 유병률은 2.66%였다. 1992년 Xin은 중국의 22개 시도의 4~16세 초등학생 2만 4,013명을 대상으로 Achenbach의 중국 버전 아동 행동 평가척도(CBCL)를 사용하여 선별검사를 시행했다. 이 검사에서 정신건강 문제의 유병률은 12.96%였다. 같은 연구 대상을 기반으로, 학교 행동 문제에 대한 설문지를 선생님께 시행한 결과, 문제가 있다고 답한 인원이 6.95%였다.

호남성의 4~16세 아동 8,644명을 대상으로 아동 행동 평가척도(CBCL)를 실시한 Li 등(1993)에 따르면 (1) 행동 문제 유병률은 14.89%로 꽤 높다. (2) 정신건강 문제는 나이와 양의 상관 관계가 있다는 것이 밝혀졌다. 즉, 나이가 상대적으로 많은 아동이 적은 아동보다 유병률이 더 높다는 것이다. (3) 또한 도시에서의 정신건강 문제 유병률 (14.18%)이 시골에서의 정신건강 문제 유병률(16.13%)보다 낮다. 이는 소아 정신건강 문제가 경제적인 수준과도 상관관계 있음을 나타낸다. (4) 일반적으로, 남아의 유병률 (18.49%)이 여아(10.80%)보다 높지만, 예외적으로 정동장애는 여아에서 더 높았다. (5) 4~6세의 아동은 발달장애가 가장 흔하며, 6~11세의 아동은 발달장애와 행동장애가 흔한 것으로 나타났다. 반면, 12~16세의 아동은 행동장애와 정동장애가 흔한 것으로 나타났다

Kou 등(2005)은 상해의 12개의 초·중학교 학생 2,128명을 대상으로 강점·난점 설문지(SDQ)를 실시하였다. 실험 대상 1,965명은 부모와 교사의 자료가 있었지만, 자기보고 데이터가 있는 경우는 690명에 불과했다. 이 실험에서는 서로 다른 정신건강 장애들이, 친사회적인 행동, 과잉행동, 주의력 결핍, 정동 증상에 관한 부척도에서 서로 다른 점수 양상을 가진다는 것을 알아냈다. Du(2012)는 기숙 고등학교 학생들을 대상으로 정신건강 문제들에 대한 연구를 시행했고, 행동장애의 유병률이 남학생에서는 11.2%, 여학생에서는 10.2%였다고 설명했다. 정동장애의 유병률은 남학생은 16%, 여학생은 10.5%였다. 전체에서 학습장애가 있는 인원은 대략 10%였다.

Jiang 등(2013)은 2000년부터 2011년 사이의 정신건강 장애들의 변화에 대해 집중하였는데, 특히 상해에 있는 정신건강의학과 전문 병원에서의 ADHD 아동들의 특성과 치료에 중점을 두었다. 2,000명의 ADHD 환자 표본 중 80%가 남자였으며, 그들 중 대부분은 7세 이전의 나이에 진단 기준을 만족했다. 처음 외래에 방문한 평균 나이는 10살이었고 첫 진료 당시 질병을 앓았던 기간은 평균 2.9년이었다. 이 결과들은 시간이 지나면서 바뀌었는데, 첫 진단 나이가 점점 어려졌으며 치료 전 질병 이환 기간도 줄어들었다. 이 표본에서, 20%는 상해 거주 인구가 아니었으며 11%는 다른 정신학적 진단을 같이 갖고 있었다(주된 질병은 우울증과 틱장애였다). 한 번 이상 이 병원을 방문한 청소년 576명(58%) 중에서, 77%는 중추신경자극제로 치료받았으며, 행동요법을 받은 청소년들의 비중은 시간이 지나면서 상당히 증가하였다.

중국에서 소아와 청소년들을 위한 교육 과제

경험 많은 교사들이 있고, 학력 평가에서 우수한 성적을 거두는 거점 명문 중고등학교들이 중국의 각 도시마다 매우 한정적이다. 이와 마찬가지로, 국가 학력 평가에서 최고 우수한 성적을 거둔 학생들이 입학하는 국립 거점 대학 역시 한정적이다. 한 학생이 이

런 거점 명문 대학에 입학을 한다면 이 학생은 평생 성공적인 직장을 보장받으며, 대부분은 정부의 중요한 관직에 가거나 고수입 직장을 얻게 된다. 이 결과로, 학생은 명문 중고등학교에 입학해야 하고 학력 평가에서 역시 잘해야 한다는 심한 심리적인 압박감을(가족이나 학생 자신으로부터) 얻게 된다. 학교는 스스로 경쟁과 학업 성공이라는 문화를 주입시킨다. 몇몇 학생에게 이런 극심한 스트레스의 영향은 매우 크다. Quian에 의해 실시된 조사에서는 중요한 시험과 성공에 관계된 행동적·감정적 문제들에 대해서 설명하고 있고, 뿐만 아니라 학업 부담, 시험 불안, 동기 결여, 강박 행동, 대인관계의 문제, 불안장애, 비관적 사고에 대해서도 설명하고 있다. Zhou 등(2012)은 강점·난점 설문지(SDQ)와 청소년용 인생사건척도(Adolescent Self-rating Life Events Checklist, ASLEC)를 시행한 1,818명의 중학생을 대상으로 하여 단면 연구를 시행하였고, 학업 스트레스(74%), 남으로부터의 지적(66%), 가족 갈등(29%), 왕따, 대인관계에서의 갈등(26%)이 가장 흔하게 보고된 정신건강 문제들이었으며, 이 문제들이 스트레스와 친사회적 행동 수준 결여에 상당한 영향을 끼친 원인이었다고 밝혔다.

학교 환경과 관련 있는 감정 증상들은 어린아이들에게서 더 잘 나타나는데, 이 시기는 아이의 삶의 질과 아동 발달에 큰 영향을 끼치는 시기이다. Gu 등(2011)은 초등학생을 대상으로 실시한, 불안 증상과 삶의 질에 관한 단면 연구를 발표했다. 초등학생의 상당수가 임상학적으로 의미 있는 불안 증상을 가지고 있다고 밝혔다. 나이, 성별, 부모의 교육 수준과 마찬가지로, 스스로 인지한 불안 증상의 수준은 아이의 삶의 질과 매우 연관이 깊다.

이런 부정적인 사건들은 중학생의 스트레스와 낮은 친사회적 행동 수준에 영향을 끼치는 여러 요소 중 하나이다.

학교에서의 정신건강 중재

중국에서 개인, 가족, 사회가 정신건강 문제들로 인하여 겪고 있는 부담에 대한, 국가적 관심이 지난 20년간 급증했다. 이런 관심은 아동 정서장애로까지 확대되었다. 안타깝게도, 전문적인 정신건강 서비스는 소아 정신질환의 높은 유병률을 충족할 수 있을 만큼 제대로 공급되긴 어려울 것이다. 이런 현실에 대한 자각으로 인하여, 학교 환경에서 정신건강 문제들을 도울 수 있는 계획들을 세우고 있다.

상담, 지원단, 정신치료들이 현재 학교 환경에서 학생들을 돕기 위해 시행되고 있다. 상담이 가장 흔하게 쓰이고 있는 방법이며, 상담은 학생 개인 또는 학부모 동반 혹은 학생 집단에 대해서 각각 초점을 맞춰 진행될 수 있다. 학교 환경에서의 중재가 학생에게 어떤 결과를 주며, 학생들의 정신건강 관리 필요성에 어떤 영향을 끼치는지에 대해 조사해왔지만, 아직 충분하진 않다.

학교에서 정신질환에 대한 도움을 줄 수 있는 전문가는 누구인가

최근 중국에서는, 학교가 중점을 두고 있는 사항들이 변하고 있다. 대개 학문을 가르치는 데에 중점을 두었다면, 현재는 좀 더 전체적이고, 지성을 추구하며, 도덕적인 측면뿐 아니라 신체적·심미적인 측면에도 관심을 갖고 또한 정신건강, 노동 교육에 관한 접근까지도 이루어지고 있다. 지난 10년간, 몇몇 학교에서는 교내에서 학생들에게 정신건강 서비스를 제공하기 위한 목적으로 학교 상담 전문가와 정신치료사들을 배치했다. 대부분의 상담 전문가들은 심리학자나 정신건강의학과 의사에게 훈련을 받았으며, 정신건강 문제들을 선별하고, 학생들의 행동 문제를 개선시키고, 감정 문제들을 짚어낼 수 있는 기술을 익혔다. 정신건강 문제가 있다고 확인된 아동에 대해서, 학교 상담 전문가는 면담을 시행하고, 문제가 얼마나 심각한 정도인지 고려하며 학교 환경과 어떤 관계가 있을지 고려한다. 좀 더 심각하고, 잘 고쳐지지 않는 어려움을 가진 아동들에게, 교내 상담 전문가는 위기 중재를 시행하며, 지역 보건소나 종합병원의 정신건강의학과 의사에게 추가적인 치료를 받을 수 있도록 의뢰한다. 학생이 심한 정신질환을 앓고 있을 경우, 종합병원이나 정신건강의학과 전문병원의 정신건강의학과 의사에게 바로 의뢰한다. 이런 과정이 잘 이루어진다면, 정신질환을 가진 아동에게 좋은 보호 협력 체계를 제공할 수 있을 것이다.

학생들은 어디에서 추가적인 정신건강 지원들을 얻을 수 있을까

교우 관계와 친구들의 개입

교우 관계는 감정적·사회적·인지적 능력의 발달에 중요한 요소이다. 좋은 교우 관계의 발달은 유아기부터 시작되어 청소년기, 초기 성인기에 이르기까지 지속되며 상당히 복잡한 과제이다. 보통의 경우라면 좋은 교우 관계를 가진 소아청소년들은, 자기투사적 사고, 공감, 협력, 다른 사람과의 관계를 시작하고 교류하는 법을 초중고교 안에 배운다. 교우 관계를 시작하고 유지하는 데 어려움을 느끼는 몇몇 아동과 청소년들은 아마 다른 사람들로부터 거절당한 경험이 있을 것이다. 청소년의 행동에 미치는 친구들의 영향은 잘 알려져 있는 반면, 학교에서 학생들끼리 도와주고, 도와주도록 교육하는 것에 대한 필요성은 잘 알려져 있지 않다. 또한 중국에서 커지고 있는 걱정거리는 바로 인터넷 중독이다. 인터넷 중독은 청소년들이 교우관계를 멀리하게 만들고, 성공적인 성인기를 갖기 위해 필요한 사회적인 기술들 배우지 못하게 한다. 인터넷 중독의 중재에 관한 연구에 의하면 인지행동 치료가 인터넷 중독에 좋은 영향을 끼쳤다고 한다(Du et al., 2010).

가족

중국 문화에서는 가족에게 물질적·감정적 의존을 한다. 가족들 사이에서 긴밀한 유대감을 가지며 상호 의존적이다. 두 가지 유대관계 유형이 있는데, 하나는 아이가 부모를 의존하는 것이고, 다른 하나는 나이 든 부모가 장성한 자식에게 의존하는 것이다. 이렇게 가족은 서로 간에 지지하며 세대 간의 관계를 돈독히 한다.

사회

1980년부터, 중국은 서양으로부터 가치관, 신념, 풍습, 인터넷, 핸드폰, 전자기기 등 다양한 문명을 받아들이기 시작했다. 이러한 영향은 굉장히 빠른 속도로 퍼져나갔으며 현재는 중국 전역에서 찾아볼 수 있다. 이런 사회문화적인 변화에 의해, 인터넷 중독과 등교 거부를 하는 학생들이 늘어났으며 이 결과 청소년 비행과 범죄가 증가하였다. 중국의 빠른 도시화 정책 역시 아이들의 건강과 안녕에 중요한 영향을 끼쳤다. 특히, 시골에 사는 아이들 중, 부모(특히 아버지)가 도시로 일을 찾아 나서게 되면서, 조부모나 남은 한 부모가 길러야 하는 경우가 그러하다. 시골로부터 이주해온 근로자들은, 중국 도시의 빠른 성장과 발달에 중요한 노동력을 제공해주는 핵심 인력이다. 하지만 부모님이 일을 찾기 위해 도시로 나간 아이들의 경우 좋은 양육을 받기 힘들다. 부모의 지도, 사랑, 양육을 제대로 받을 수 없는 현실로 인하여, 아이는 나중에 많은 사회적·정신적인 문제들을 직면하게 된다. 이들은 부모 없이 성장함에 따라 많은 심리사회적인 부담감을 견뎌야 한다. 청소년에게 미치는 이주의 영향에 대해 다룬 문학작품(Schuller, 1994)에 의하면, 이 과정은 상당히 스트레스가 많으며 모든 가족 구성원들의 정신건강에 부정적인 영향을 준다. 몇몇 아이들은 부모와 함께 시골에서 도시로 이주하며, 상실의 과정을 거치게 된다. 새로운 도시에 정착하는 동안, 아이들은 원래 살던 집을 잃고, 다른 가족 그리고 학교 친구들과 떨어지며, 소속감을 잃고, 정체성을 상실하며, 사회적인 지원군들을 잃게 된다.

학교에서 아이들을 도울 수 있는 사람은 누구인가

중국의 학교에서 아이들을 위해 일하는 정신건강 전문가에는 소아 정신건강의학과 의사, 임상 심리학자, 사회복지사, 작업치료사, 정신건강의학과 전문간호사가 있다. 치료는 팀 단위로 접근해볼 수 있는데, 이 팀은 위에서 언급한 전문가들을 포함하게 된다. 부모들은 대개 아이를 정신건강의학과 의사와 면담시키는 것을 최후의 수단이라고 생각한다. 정신건강 전문가로 구성된 팀은 아이의 스트레스와 증상을 다루고, 필요한 경우 약을 사용하는데, 소아 정신건강의학과 의사는 이 팀 중 단지 한 부분일 뿐이다. 다른 정신건강 전문가들 역시 아이들의 행동적·감정적인 문제들을 치료해줄 뿐 아니라 정신건강을 잘 유지할 수 있도록 하는 데 중요한 역할을 한다.

심리학과 정신 치료에 대해서 배운 학교 상담사, 심리학자, 정신치료사들은 상담과 정신 치료라는 과정을 통해서 도움을 줄 수 있다. 또한 이들은 거의 교내에 상주해 있기 때문에 학생들에게 접근하기 더 용이하다.

학교에서 사회복지사는 아이들이 가족, 사회, 학교 환경 속에서 사회적 발달과 좋은 유대관계, 사회적 기술을 터득할 수 있도록 도울 수 있다. 사회복지사는 또한 가족 치료와 부모 상담을 통하여, 아이들과 가족들을 도울 수 있다.

작업요법사(Occupational therapist)는 직업 재활, 교육 재활을 할 뿐 아니라 개인의 사회적 기술에 대한 치료를 계획하고 평가하기도 한다. 작업요법사들은 가족 환경과 학교 안에서 아동과 청소년들이 스스로 문제를 극복할 수 있도록 돕는다.

정신건강 전문 간호사는 그룹을 지어서 교육을 받는데, 각각의 개인에 관한 치료, 그룹 치료, 전반적인 상담, 정신의학적 교육을 하는 방법에 대해 배운다. 모든 학교들이 이런 전문가들을 아이들에게 제공해줄 수는 없다. 하지만 학교가 이런 자원에 접근할 수 있는 기회는 예전에는 전혀 없었던 반면, 현재는 급증하고 있다.

학교 내에서의 협력

학교 상담 전문가

정신건강의학과 치료를 권유받은 아이들의 부모는, 자신들이 아이를 제대로 된 방식으로 양육했는지에 대해 묻는다. 자녀가 정신적인 고통을 겪고 있을 때, 부모가 자녀에게 잘못한 게 없는지 걱정하고 궁금해 하는 것은 자연스러운 일이다. 중국 사회에서 학교가 중요한 역할을 하고 있기 때문에, 학부모들은 종종 이런 걱정들로 학교 상담 전문가를 방문하기도 한다. 학교 상담 전문가들은 다음과 같은 방식으로 학부모들을 돕는다. 아이들을 어떻게 다루고 양육할지에 대해 조언하고, 학부모들이 자신들의 감정을 잘 극복할 수 있도록 정신건강의학과 의사와 면담을 잡아준다. 또한 자녀들의 치료에 관한 쟁점에 대해 설명하고, 이 치료가 자녀들의 학교생활에 주는 영향을 설명한다. 또한 행동 변화 요법도 가르치며, 가족 지원 센터와 같은 지역사회의 자원을 어떻게 이용할 수 있는지도 설명해준다.

일차 진료 전문가

소아청소년의 정신건강 장애를 위한 일차 진료는 중국에서 대중적이지 않으며, 발달되지 않았다. 많은 일차 보건 의료진들(지역사회 보건 의사와 소아과 의사)은 소아청소년의 정신질환들을 진단하고 치료하는 데 능숙하지 못하지만, 중국 전반에 걸쳐서 일차 진료의 수용력을 늘려야 한다는 필요성은 급증하고 있다. 소아청소년의 정신건강에 관한 일차 진료 의료진 교육이 이제 막 시작되었다. Liu 등(2013)은 꾸준히 ADHD에 관한 교육 프로그램을 이수하는 소아과 의사의 ADHD에 대한 이해가 어떻게 달라지는지 비교하였다. 결과에서 교육 프로그램 전후를 비교해보았을 때, ADHD에 대한 전반적인 지식과 치료 수준이 매우 향상되었다. 도시 외부 지역에 있는 의사보다 도시에 있는 의사는 약물 치료에 대한 기초 지식이 더 좋은 편이다. 소아청소년의 정신질환 치료에 심리적 중재가 가진 잠재력을 인지함에 따라, 최근에는 점점 더 많은 일차 진료 전문가들이 상담 및 심리 치료 교육 기회를 얻고 있다.

소아 정신건강의학과 의사

소아 정신건강의학과 의사의 역할은 다른 정신건강 의료진과 협력하고, 심각하게 아픈 소아청소년들을 직접 치료해주는 것이다. 대개 소아 정신건강의학과 의사는 병원에서 수련받으며, 다양한 상황에 놓인 입원 환자의 치료에 대해서 관찰 및 감독하게 된다. 여기서 다양한 상황이란, 자살, 정신병, 품행장애, 신경성 식욕부진증, 지속적 등교거부, 인터넷 중독, 공격적 행동, 폭력적 행동 등이 있다.

외국 전문가들로부터의 교육 과정

최근 몇 년 동안, 외국 전문가들이 정신건강 관련 전문가에게 소아 정신건강 문제들을 확인하고 중재하는 방법을 소개하는 교육 과정과 세미나들이 점점 늘어났다.

　이런 프로그램의 대표적인 예로는 캐나다 Stan Kutcher 교수와 상해 Y. Du 박사가 함께 협력한 중국계 캐나다인 ADHD 프로그램이 있다. 이 프로그램은 근본적으로 소아 정신건강의학과 의사, 일차 진료 의사, 소아과 의사, 상담사, 교사, 교육행정담당자와 같은 건강 및 교육 전문가들을 훈련하는 데 이바지했다. 이 결과로 ADHD에 대한 인식과 중재 기술들이 상당히 향상되었다. 게다가 이 훈련의 결과로 학교의 교사들은 SNAP-IV를 사용하여 학교에서 ADHD 학생들을 성공적으로 선별할 수 있었으며, ADHD 선별 검사에서 양성을 보인 학생들을 일차 진료 의사에게로 보낼 수 있게 되었다. 또한 이 일차 진료 의사는 ADHD를 진단하고 치료할 줄 아는 소아과 의사에게 도움을 얻었다. 이 프로그램은 ADHD의 지역사회 중재 모델을 만들어냈다. 이 중재 모델은 수평적으로 통합된 과정이며, 교육-인식-의뢰-치료적 중재의 과정을 거치며, 상해에서 현재 적용되고 있다.

　ADHD에 초점을 맞춘 또 하나의 프로젝트는 영국 David Coghill 교수로부터 고안된 BANANA 프로젝트이다. 이 협력 연구 프로그램은 상해와 후난성에서 2005년부터 2013년에 걸쳐서 시행되었다. 이 연구의 첫 성과는 이전까지 역학 조사가 시행된 적 없는 상해와 후난성에서의 ADHD 유병률을 밝혀낸 것이었다. 또 하나의 성과는 후난성 시골 지역의 초등학교에서 성공적으로 ADHD를 선별하고 인식하느냐를 배웠다는 것이다. 위의 프로그램들과 비슷한 방식으로 여러 계획들이 세워지고 있다. 또한 이런 국제

협력에서 배운 것들을 이용하여, 중국에서는 학교를 기반으로 한 정신건강 관리의 강점을 늘리고 접근을 용이하게 할 수 있길 바라고 있다.

결론

중국 학교에서 소아청소년의 정신건강에 대해서 고심하는 것은 중국 정부와 지역사회 모두에게 상대적으로 새로운 이슈들이었다. 지난 10년간 이 이슈에 관한 많은 관심과 좋은 변화들이 있었지만, 장기적으로 봤을 때 아직 중국의 아동과 청소년들을 위하여 개선해야 할 것들이 많다. 지금까지, 학교 내 정신건강 전문가 팀의 활성화를 이루어냈고, 정부와 지역사회의 원조를 얻어냈으며, 국가 전반에 걸쳐, 더 나아가서는 국제적인 협력으로까지 확장되는 성과를 이루어냈다. 이 성과들은 중국의 학교에서, 소아청소년의 정신건강을 위한 프로그램들이 더 발전되고 성취될 수 있도록 돕는 기반이 될 것이다.

참고문헌

Du, Y. S., *Mental health disorders in children*, People's Medical Publishing House Co. Ltd., 2013.

Du, Y. S., *Attention deficit hyperactivity disorder*, People's Medical Publishing House Co. Ltd., 2012.

Du, Y. S., Jiang, W. Q., Vance, A., Longer term effect of randomized, controlled group cognitive behavioral therapy for Internet Addiction in adolescent students in Shanghai, *Australian and New Zealand Journal of Psychiatry*, 2010;44(2): 129–134.

Gu, H. L., Fan, J., Yang, H. L., *et al.* Anxiety symptoms and quality of life among children living in the Pudong District of Shanghai: A cross-sectional study, *Shanghai Archives of Psychiatry*, 2011;23(3): 154–160.

Jiang, L. X., Li, Y., Zhang, X. Y., *et al.*, Twelve-year retrospective analysis of outpatients with Attention Deficit Hyperactivity Disorder in Shanghai, *Shanghai Archives of Psychiatry*, 2013;25(4): 236–242.

Kou, J. H., Du, Y. S., & Xia, L. M., Reliability and validity of Strengths and Difficulties Questionnaire in Shanghai Norm, *Shanghai Archives of Psychiatry*, 2005;17(1): 25–28.

Li, X. R., Wan, G. B., Su, L. Y., *et al.*, Epidemic survey of mental health in children aged 4–16 in Hunan Province, *Bulletin of Hunan Medical University*, 1993;18:43–46.

Liu, Y., Zhao, Z. M., Liu, Y., *et al.* Study on awareness rates of attention hyperactivity disorder in child health care doctors, *Chinese Journal of Child Health Care*, 2013;21(6): 636–639.

Schuller, S., Load and stress in school: Their success and possibility of coping with them. *Studia Psychologica*, 1994;26: 41–54.

Yu, Y. M. & Du, Y. S., An investigation on awareness of mental health problems in middle school students in Shanghai, *Shanghai Archives of Psychiatry*, 2007;19(2): 75–78.

Zhou, L. L., Fan, J., & Du, Y. S., Cross-sectional study on the relationship between life events and mental health of secondary school: Students in Shanghai, China, *Shanghai Archives of Psychiatry*, 2012;24(3): 162–171.

Chapter 8

중국 소아청소년을 위한 정신건강 교육

Linyuan Deng, Xiaoyi Fang

중국에서 정신건강 교육은 소아청소년의 정신건강 기능과 관련이 깊다고 생각한다. 여기서 정신건강 교육이란, 초중고교를 거치면서 받게 되는 정신건강 관련 수업, 정신건강 관련 교내 활동 그리고 심리 상담과 훈육 등을 포함한다. 정신건강 교육에는 두 가지의 목표가 있다. 첫 번째는 소아청소년이 건강한 정신 발달을 이루어내고, 정신질환 및 행동장애들을 예방할 수 있도록 하는 것이다. 둘째는 소아청소년들이 문제를 겪으면서 받게 되는 부정적인 영향을 줄이고, 정신질환이나 행동장애들을 해결해 나가도록 돕는 것이다. 오랜 기간 그 기반을 전통 심리학에 두었기 때문에, 중국의 소아청소년을 위한 정신건강 교육은 발달 과정에 있는 문제들을 해결하는 데에만 초점을 두었다. 그러나 최근 몇 년간 중국에서는 정신질환과 행동장애를 예방하는 것뿐만 아니라 소아청소년의 건강한 발달에 관하여 매우 중요하게 생각하게 되었다.

이 장에서는 중국 소아청소년들을 위한 정신건강 교육의 네 가지 측면에 대해 다룰 것이다 — (1) 중국 소아청소년을 위한 정신건강 교육의 발달 과정 (2) 현재 중국의 정신건강 상태와 소아청소년의 정신질환 및 행동장애를 예방하기 위한 치료적 중재 방법 (3) 현재 중국에서 이루어지고 있는 소아청소년을 위한 정신건강 교육 (4) 중국 소아청소년

School Mental Health: Global Challenges and Opportunities, ed. Stan Kutcher, Yifeng Wei and Marc D. Weist. Published by Cambridge University Press. © Cambridge University Press 2015.

을 위한 정신건강 교육의 주요 이슈들과 앞으로의 과제.

중국 소아청소년을 위한 정신건강 교육의 발달 과정

1980년대 중국에서는 소아청소년을 위한 정신건강 교육이 주목을 받기 시작했다. 현재까지 중국의 정신건강 교육은 대략 30년의 성장 역사를 거쳤다. 역사 정보가 담긴 여러 문헌을 분석하여, 소아청소년을 위한 정신건강 교육의 성장 과정을 크게 4단계로 나누었다. 경쟁의 단계, 착수의 단계, 성장의 단계, 번영의 단계가 바로 그 4단계이다.

경쟁의 단계(1980년대 초기)

1980년대에, 선진국들은 학교 내의 정신 의학적 교육을 향상시키기 위하여 대학에 전문 교육 학부들을 증설했고, 이는 중국을 정신건강 교육의 발달에 힘쓰도록 자극하였다. 중국의 정신건강 교육은 외국의 이론과 연구 결과가 중국 내로 소개되면서 시작되었다. 미국, 독일, 소련 연방, 그 외 다른 국가들의 소아청소년을 위한 정신건강 교육에 관한 기사를 신문이나 잡지를 통해 접할 수 있게 되었다. 이런 기사의 출간은 중국인의 정신건강 교육에 대한 관심을 자극하였다.

1981년부터 많은 중국 학자들과 기관들이 다른 선진국으로부터 얻은 교내 정신건강 모델을 따르기 시작했고, 북경, 상해 등 여러 도시에서 학생들의 정신건강에 대한 조사를 성공적으로 마쳤으며, 이 결과는 일련의 문헌으로 발표되었다. 예를 들면, 1981년 북경의 초등학생 473명을 대상으로 한 연구에서는 정신건강 문제들을 갖고 있는 학생들의 비율이 17.3%였다. 또한 1982년 상해 정신건강센터에서 상해의 초등학생 487명을 대상으로 실시한 연구에서는 정신건강 문제를 갖고 있던 아이들의 비율이 21.1%였다. 이런 결과는 중국 내의 심리학자들과 교육자들의 관심을 이끌어냈다(Ye, 1997). 이 시기부터 초중고교에 걸친 정신건강에 대한 학자들의 연구 열정이 증가했고, 학생 정신건강 교육의 중요성을 강조하는 여러 기사들이 자주 발간되었다. 학자들과 교육자들은 학교를 기반으로 한 치료적 중재를 도입하기 시작했다. 다른 나라에서 진행되고 있던 프로그램 중 상담 같은 것이 그 예이다.

이 단계의 주요한 성과는 처음으로 중국 소아청소년들이 가진 정신건강 문제의 정도를 알아냈다는 것이고, 초중고교에 걸친 정신건강에 대한 일반 대중의 인식을 얻었으며, 특히 교육자들의 관심을 얻어냈다는 것이다. 이 단계에서의 성과를 기반으로, 교육부는 학생들의 정신건강의 중요성을 깨닫기 시작했고, 미래를 위하여 정신건강 교육의 기초를 다시기 시작했을 뿐 아니라, 정신건강 교육을 잘 발달시킬 수 있도록 새로운 정책들을 만들기 시작했다.

착수의 단계(1980년대 중후반)

1986년 Ban 교수(Ban Hua, 남경 사범대학 과학교육학과 교수)는 처음으로 '심리교육'의 개념을 도입하였다. 심리교육을 심리적 소양과 정신건강에 관한 교육이라고 정의하였고, '도덕적, 지식적, 신체적, 심미적' 교육을 구분하였다(Ban & Cui, 2003). 이 시기부터, 소아청소년을 위한 정신건강 교육이 교육자로부터 더 많은 관심을 얻게 되었다. 1988년 12월에, 중앙 정부는 "중국공산당 중앙 위원이 초중고교 동안의 도덕 교육을 개선하고 또 강화하는 것을 주목하고 있다."고 밝혔다. 또한 "도덕과 정신적 측면에 있어서 보다 포괄적인 교육이 필요하다."고 제안했다. 이는 중국 정부가 처음으로 아동과 청소년의 정신건강 교육에 대해 공식적인 문헌을 발표한 것이었다.

이 시기 이후로 정신건강 교육에 대한 관심이 초중고교에서 점차 현실화되었다. 큰 도시들의 몇몇 학교들은 정신건강 교육에 힘쓰기 시작했다. 그 예로는, 교장 선생님이 인솔하는 교육 과정, 정신건강 교육을 위한 특별 활동, 강의, 마음 우체통(청소년들이 자신들의 정신적 스트레스에 대해 도움을 요청하면 적절한 대응책을 답장을 통해 제공해 주는 시스템) 등이 있다. 그 이후 몇 년 안에, 북경, 천진, 상해, 남경 그리고 다른 도시들의 많은 학교에서 정신건강 교육 활동을 시작했다.

이 단계에서의 성과는 학교와 교사가 충분한 이론 교육을 받지 못하고, 정책적 지지와 평가가 없는 상태에서도 자발적으로 또 실험적으로 노력한 데에 그 공이 있다. 이런 시도들은 비록 대규모는 아니었을지라도, 정신건강 교육에 대한 가능성을 설명하고, 교육자들에게 정신건강 교육에 대한 개념을 홍보하는 데 매우 중요한 역할을 했다.

성장의 단계(1990년대)

1990년에 국무 회의(중국 국무 회의, 즉 중앙 정부는 국가 최고 행정기관이자 공권력 최고 권력 기관이다)는 '학교에서의 건강에 관한 운영규정'을 승인하고 반포했는데, 이를 통해 "건강 교육이 반드시 학교 교육 계획안에 포함되어야 한다."고 밝혔다. 1992년에 교육 위원회는(현 교육부) '초중고교생의 정신건강 교육을 위한 기본 요건'을 고심하여 발표했다. 이에 의해, 정신건강 교육은 학교에서 배우는 여덟 가지의 주요 사항 중 하나가 되었다. 이후로, 정신건강 교육을 강조하고, 학생들의 심적 부담을 덜고, 학생들에게 질 높은 교육을 제공하기 위한 새로운 정부 정책이나 문건들이 계속해서 발표되었다. 1999년 중국에서 소아청소년을 위한 정신건강 교육을 규제하고 이끌어가기 위하여, 교육부가 학교에서의 정신건강 교육을 위한 전문 고문 위원을 구성하였다. 이들이 바로 현재 교육부 소속 학교 정신건강 교육 부서의 전문 위원회이다.

1991년에, Ban 교수는 중국 학술지인 **교육 연구**(Education Research)에 '심리교육에 관한 논의'라는 글을 실었다. 이 글에서는 처음으로 정신 교육에 관한 주요 쟁점에 대해 체계적으로 다루었으며, 이 단계에서의 정신건강 교육의 성장을 위한 이론적 토대를 제공했다. 같은 해에, Zheng Richang과 Chen Yongsheng은 학교 심리 상담의 초판을 발행했다.

이전의 두 단계들과 비교해보면, 소아청소년의 정신건강 교육에 대한 연구들이 진행되었고, 연구 주제의 범위도 점점 더 넓어졌다. 요약하자면, 이 단계에서는 네 가지의 성과가 있었다—(1) 초중고교 학생들의 정신건강 상태에 관한 조사가 시행되었다. (2) 특정 집단에 속한 소아청소년들의 정신건강 문제에 대해 확인하였다. (3) 소아청소년들의 정신건강을 위한 예방적 중재에 대한 기틀을 잡았다. (4) 정신건강과 연관된 민족적·문화적 차이에 대해서도 논의했다.

이 단계에서 발표된 여러 연구들이, 초중고교 각 단계에서의 정신건강 교육에 대해서 더 깊게 이해할 수 있도록 도왔다. 게다가 이 분야에 있어서의 연구가 급속도로 증가되었다. 이 단계에서 교육위원회를 돕기 위해 시행된 많은 주요 프로젝트는 학생들의 정신건강 문제를 다루었고 교육적인 대책에 대해 고심했다. 중국 정부와 사회 각 부서에서 많은 주목을 했기 때문에, 1994년에 정신건강 교육에 관한 학술 대회가 호남성 악양의 한 고등학교에서 개최되었다('초중고교에서의 심리적 상담과 교육에 관한 국내 학술 대회').

실제로 학교에서 도덕 교육을 담당하고 있는 담임교사 혹은 주임교사, 교육 연구기관에 종사하는 전문직 그리고 소수의 심리학자는 중국의 정신건강 교육과 관련한 실전 기반 연구들의 선구자가 되었다. 정신건강 교육에 대해 '특색 있는 학교'(시범학교)는 전국에서 점진적으로 늘어났다. 몇몇 학교는 연구 기관들과 협력하여 실험적 과정들을 거쳤으며, 이런 사실은 국가에 큰 영향을 주었다. 게다가 정신건강 교육에 관한 많은 책들이 출판되었다. 그 예로는, Ban Hua에 의해 집필된 심리학 교육(1994), Zhang Shengyuan이 쓴 학교 심리 상담에 관한 소개(1998) 등이 있다.

또한 사회가 점점 커짐에 따라 학생 정신건강에 대한 관심도 점점 커졌다. 1988년 3월 2일, 차이나 틴에이저 뉴스는 '비밀 전화'라는 상담 서비스를 만들었다. 이는 중국의 언론사가 심리 상담을 제공한 첫 사례이다. 1989년에, 북경 사범 대학에서는 처음으로 어린 학생들을 위한 심리적 상담 서비스를 시작했다. 이는 현재 '학생을 위한 에델바이스 심리 상담'이 되었다. 1991년에 차이나 유스 데일리는 학생들에게 심리 상담을 제공해주고 위기 중재를 하기 위하여 '청소년 상담'을 만들었다.

번영의 단계(1990년대 후반부터 현재까지)

1999년 교육부에서 '학교에서의 정신건강 교육 강화를 위한 몇 가지 제안'을 발표함에 따라 이 단계가 뚜렷해졌다. 중국 정부는 교내 정신건강 교육에 대해 점점 더 관심을 기울이는 중이었다. 2001년 3월, 청소년을 위한 정신건강 교육은 '열 번째 중국 경제 및 사회 개발 5주년 계획'에 포함되었다. 이는 중국 국회의 네 번째 회기에서 승인이 난 사항이다. 2002년 9월, 교육부는 '교내 정신건강 교육을 위한 가이드라인'을 발표했고, 2012년 개정되었다. 가이드라인에서, 학교가 전체 교육 지도 과정 동안 정신건강 교육을 지속적으로 시행해야 한다고 제안하였으며, 교육 관리부에서 시행하는 학교 장학 과정에 정신건강 교육에 관한 평가 항목을 추가하도록 제안하였다. 같은 해 12월, 교육부는 하문에서 첫 국내 학교 건강 정신 교육 회의를 개최하였다. 바로 이 회의에서 '교내 정신건강 교육을 위한 가이드라인(2012년 수정안)'이 만들어졌다.

지난 10년간, 교내 정신건강 교육 활동은 상당히 늘었고 또한 개선되었다. 또한 이에 대한 연구도 더욱 더 깊어지며, 체계적으로 시행되었다. 연구에서는 교내 정신건강 교육 시범 모델에 대한 이론적 논의를 하였다. 뿐만 아니라, 특정 이슈에 관련한 현재 상황에 대해 조사하기도 했는데, 여기서 특정 이슈란 학습장애, 교내 정신건강 교육의 실행의 과정과 직면한 문제 등이 있다. 또한 연구에서는 실행 방법이나 다양한 전달 방식에 대해서도 다루었다. 이 단계에서, 정신건강 교육에 관하여 중국에 많은 영향을 준 책들과 읽을거리들이 여럿 발간되었다. 그 예로는, 정신건강 교육(Huang & Xia, 2001), 초등학생을 위한 성장 길라잡이(Shen & Fang, 2003), 중학생을 위한 성장 길라잡이(Shen & Fang, 2002) 그리고 학생들의 심리 건강 교육과 안내(Lin, 2008) 등이 있다.

이 단계 동안 심리 상담의 개설과 정신건강 교육을 하기 위한 교사 연수가 중국 내에서 강화되었다. 전문적인 수련을 위하여 일부 대학에서는 새로운 전공을 만들거나, 정신건강 교육에 전문화되고 능숙하도록 하는 데 초점을 두어 과목 또는 커리큘럼을 조정하기도 하였다. 게다가 정신건강 교육과 관련하여 직전교육을 받거나 인증을 받은 교사들이 많은 지역에 활발하게 배치되었다. 한 예로, 1999년 이래 상해에서는 정신건강 교육을 위하여 교사들은 1년에 한 번씩 정신건강 연수를 받았고 또 연수 이후 시험을 치러야 했다. 인증을 받은 후에야 교사는 학교에서 정신건강 커리큘럼을 가르칠 수 있게 되었다. 또한 많은 학교에서는 심리 상담을 위한 공간을 만들었고, 이 공간에서 상담을 하기도 했으며 학생 개인 또는 집단을 위한 심리적 중재를 하기도 했다.

중국 소아청소년들의 정신건강 문제와 예방적 중재

중국 소아청소년의 정신건강 문제

지난 30년 동안, 중국 연구자들은 소아청소년들의 정신건강의 현 상황과 주요 정신건강 문제에 대해서 끊임없이 연구해왔다. 일부 연구원들은 각기 다른 시기에 중국 소아청소년들의 정신건강 문제에 대한 요약을 내놓기도 했다. 예를 들면, Ye(1996)는 1990년대 중국 소아청소년들에게는 다섯 가지의 주요 정신건강 문제가 있다고 밝혔다. 감정 문제, 자기조절 문제, 인격 문제, 반항 문제, 성(性)적 문제가 그것이다. Zhang(2008)은 중국의 사회적 변화 기간 동안 소아청소년들이 여덟 가지의 정신건강 문제들을 겪었다고 믿었다. 그 여덟 가지의 정신건강 문제들은 사회성 개발 문제, 심리 압박 문제, 적응 문제, 사람 간의 관계 문제, 감정적 스트레스로 인한 문제, 결혼과 청소년기의 데이트, 동거, 성범죄 같은 성적 문제, 진로탐색과 계획 문제, 인터넷 관련 문제들이다.

다음의 결론들은 2000년 이래로 이 분야에 관하여 실시된, 20개의 대규모 연구들로부터 분석해낸 결과이다.

1. 중국 소아청소년들의 정신건강 문제들은 주로 학습, 대인 간 관계, 감정 조절/부정적 감정들과 관련성이 깊다. 이 문제들이 중국 소아청소년들의 정신건강 문제 중 많은 비율을 차지한다(Lin & Wei, 2001).

2. 남아와 여아의 정신건강 상태에는 차이가 있다. 대부분의 연구에서 여아가 남아에 비해 정신건강 상태가 더 안 좋은 것으로 나타났다. 그 이유는 여아가 사람 간 문제, 감정 문제(우울, 불안 등), 신체화 장애, 학업 스트레스 항목에서 남아에 비해 더 안 좋은 점수를 받았기 때문이다(Deng et al.,2009; Deng, Guo, & Ma, 2007; Gu & Lu, 2006; Hou et al., 2006; Jiang et al., 2008; Jin, Wei, & Sun, 2010; Liu & Zhang, 2005; Niu & Zhang, 2007; Wang, 2007; Xu & Lu, 2009; Xue et al., 2012; Yan et al., 2010; Zheng & Wnag, 2008). 또한 연구에서는 편집증에 관한 점수는 남아가 여아에 비해 훨씬 안 좋았다고 밝혔다(Gu & Lu, 2006; Niu & Zhang, 2007).

3. 학년에 따른 정신건강 수준 역시 달랐다. 고등학생들이 중학생에 비해 정신건강의 수준이 더 안 좋았다(Deng et al., 2007; 2009; Fang et al., 2008; Sun, 2012; Xu & Lu, 2009; Yan et al., 2010). 7학년에 재학 중인 학생들의 정신건강 수준이 더 높은 반면, 10학년에 재학 중인 고등학생의 정신건강 수준은 더 낮았다(Fang et al., 2008; Sun, 2012). 중학생의 신체화, 공포 요소의 점수가 고교생의 점수보다 상당히 좋지 못했다(Hou et al., 2006; Zhang & Wang, 2001; Zheng & Wang, 2008). 중학생의 점수와 비교하여, 고교생의 경우 학업, 감정 요소의 점수가 상당히 좋지 않았다(Deng et al., 2009; Hou et al., 2006; Xu & Lu, 2009; Yan et al., 2010). 고교생의 정신건강 문제들은 아마 학업, 대인관계, 사회적 적응에 대한 압박이 커지는 것과 관련이 있을 것이다(Jiang et al., 2008; Lian & Meng, 2002; Sun, 2012). 다른 학년들과 비교해서, 10학년은 새롭게 학교에 진학하는 학년이다. 학업 스트레스에 더하여, 10학년 학생들은 새로운 환경에 적응해야만 한다. 전체 연구에서 가장 극심한 정신건강 문제를 겪고 있다고 밝혀진 학년이 바로 이 10학년이다(Lian & Meng, 2002).

4. 시골 지역 학생들의 정신건강 수준이 도시 지역의 학생들의 수준보다 낮다. 이는

주로 대인관계 요소가 반영된 결과이다(Gu & Lu, 2006; Liu, W., 2005; Liu, K., 2006; Wue et al., 2012). 또한 시골 지역 학생들의 좋지 못한 경제적 환경과도 관계 있다(Gu & Lu, 2006).

5. 정신건강 문제들의 발생률은 어떤 척도를 사용하여 평가하느냐에 따라서 매우 크게 달라졌다. 대개, 중국 중학생 정신건강 척도(Chinese Middle School Student Mental Health Scale, MSSMHS)를 사용하여 기술된 연구에서(예: Sun, 2012; Xu & Lu, 2009; Yan et al., 2010) 자기보고 양식검사(SCL-90)를 사용한 경우(예: Xue et al., 2012)보다 정신건강 문제의 발생률이 훨씬 높았다. 이런 차이는 다른 평가 방법을 사용하고, 평가 방법마다 중점을 두는 항목이 다르며, 각 척도마다 채점 기준이 다르기 때문이다. 현재까지, 두 평가 방법을 비교한 연구가 없으며 다른 평가 방법으로 바꾸어서 채점한, 기준이 되는 사례 역시 없다.

중국 소아청소년에서의 새로운 정신건강 문제들의 발달

위에서 언급되었던 정신건강 문제들에 더불어, 중국 소아청소년의 새로운 문제들이 최근 밝혀지고 있다. 그 예로는 소아청소년들의 자살, 인터넷 중독, 집단 따돌림 문제 등이 있다. 연구에 의하면 자살 사고의 빈도가 고등학생에게서 상대적으로 높았으며(Yuan et al., 2008), 그 수도 점점 늘고 있다(Tao & Gao, 2005). 자살은 중국의 15~34세의 인구 사망 원인 1위가 되었다(Wang, 2006; Ji & Chen, 2009). 게다가, 청소년 위험 감시 시스템(Youth Risk Behavior Surveillance System, YRBSS)을 바탕으로 한 설문 조사에 따르면, 소아청소년에게서 흡연, 음주, 약물남용 문제들이 생겨나고 있다(Luo et al., 2003; Sun et al., 2006; Xie et al., 2007). 이런 걱정 속에서, 인터넷의 빠른 성장으로 인한 소아청소년들의 인터넷 중독 역시 매우 중요한 문제가 되었다(Deng et al., 2012; Zhang et al., 2011). 한 연구에서는 중학생의 인터넷 중독률이 11.2%라고 밝혔다(Zhang et al., 2011). 이 연구는 Lei와 Yang의 청소년 병적 인터넷 사용 지표(Adolescent Pathological Internet Use Scale, APIUS)를 이용하여 이루어졌다. 왕따 문제에 관련한 연구에 의하면, 왕따 문제는 초중고교에서 빈번한 것으로 나타났다(Hu & Sang, 2011; Kong et al., 2013). 초등학교 고학년의 경우, 괴롭힘을 당해본 비율이 25.6%로 높았으며, 남을 괴롭혀본 학생들의 비율은 10.5%였다(Hu & Sang, 2011). 반면, 중학생은

13.9%가 괴롭힘을 당했으며, 2.3%가 남을 괴롭혀 봤다고 답했다(Kong et al., 2013). 왕따 문제는 소아청소년의 정신건강 발달에 부정적인 영향을 끼친다(Li, 2007).

이 시기를 거치면서, 소아청소년의 정신건강 상태에 대한 전반적인 서술이 바뀌었다. 역사 단면 연구를 통한 접근으로, Xin과 Zhang(2009)은 사회의 변화 속에서의 청소년 정신건강의 변화 양상을 체계적으로 분석했다. 결과를 살펴보면, 1992~2005년 사이에 중국 소아청소년의 정신건강 수준은 쇠퇴하는 경향성을 보였다. 심리 문제, 불안, 우울과 같은 부정적인 심리학적 특징들은 증가하고, 반면 자존감과 같은 긍정적인 심리학적 특징들은 다소 느린 속도일지라도 점점 줄어들었다. 이 기간 동안, 소아청소년의 정신건강 정도의 차이(심리적 건강을 측정했을 때 가장 높은 점수와 가장 낮은 점수 사이의 간극)가 매우 크게 증가했다. 이는 일부 소아청소년이 매우 심각한 심리학적 문제들과 정신질환을 갖고 있음을 의미한다.

현재 중국 소아청소년들의 정신건강 교육

중국 정부는 소아청소년들의 정신건강 교육에 대해 강조하고 있다

Ban Hua 교수가 처음으로 1986년에 '심리교육' 개념을 제안한 이래로, 소아청소년들을 위한 정신건강 교육은 교육부의 많은 관심을 얻고 있다. 중국 정부와 관련 부서들은 초중고교의 정신건강 교육에 대해 안내하고 규제하기 위해 많은 문서들과 정책들을 내놓았다. 우리는 관련 자료들을 모았고, 1988년부터 2012년까지 중국 정부와 관련 부서들이 초중고교의 정신건강 교육과 관련하여 20개 이상의 문서와 정책들을 발표했다는 것을 알아냈다. 초기 문서와 정책들은 소아청소년의 정신건강에 이목을 집중시켰다. 그 이후의 문서에서는, 소아청소년의 정신건강 교육과 관련된 커리큘럼, 교육 시간, 교사 연수 등 다양한 요소들에 대해 명확히 다루었다. 이러한 문서들은 중국 정부가 소아청소년들의 정신건강 교육에 상당한 관심이 있다는 것을 설명해준다. '교내 정신건강 교육을 위한 가이드라인(2012년 수정안)'은 2012년 말에 개정되어 발표되었고, 중국 초중고교에 정신건강 교육을 안내하는 데 중요한 역할을 하였다. 이러한 정책 문헌들은 학교에서 정신건강 교육이 실행되는 데 분명한 정책적 기초를 제시해주었을 뿐 아니라(Ye, 2008), 초중고교에서 정신건강 교육이 증진되는 데 많은 기여를 하였다. 그러나 이것은 시작이었을 뿐이고, 또한 이러한 정책을 뒷받침하는 재정이 부족했다.

소아청소년을 위한 현재의 정신건강 교육

학교 내 시설

현재 중국의 초중고교의 정신건강 교육은 주로 다음의 방법들로 실행되고 있다. 정신건강 교육과정, 정신건강 지식 홍보, 개인 심리 상담, 학생들 심리 파일 만들기, 정신건강 강의 조직(Liao, 2008)이 그것이다.

　2005년에 동부, 중앙, 서부 지역의 28개 주 1,767개의 학교를 대상으로 한 연구에서, 학교 커리큘럼에 정신건강 과정이 있는 경우가 동부, 중앙, 서부 각각 49.6%, 56.8%, 38.1%였다. 중대형 도시, 소도시, 시골 지역 학교의 경우 각각 64.0%, 43.3%, 34.2%의 비율로 정신건강 과정이 있었다. 소도시, 시골 지역, 중앙 및 서부 지역의 경우 정신건강 교육을 위한 교재가 부족했다. 교육 과정을 만들고 관련 학급 게시판을 만든 것에 이어, 정신건강 교육을 실행함에 있어 동부 지역에서는 상담실을 만들었고, 중앙 지역에서는 집단 활동을 만들고 또한 강의를 구성했으며, 서부 지역에서는 정신건강 교육 커리큘럼을 다른 과목에 포함시키는 형식으로 진행하였다. 표본이 되는 전체 학교 중 52.7%가 상담실을 만들었으며, 이런 상담실의 68.1%는 주당 3시간 이하로 개방되었다. 중대형 도시와 동부 지역의 학교의 경우, 정신건강 교육 과정에 대한 연구와 논의를 더 빈번하게 하였다(Xu, 2005).

교사진

통계에 따르면 중국에서 정신건강 관련 교사의 수는 4만 명이 되지 않는다. 이는 이상적인 상태를 유지하기 위한 교사 수의 10%도 안 되는 수치이다(Liao, 2008). 이러한 수치는 2억 명이 넘는 학생들에게 턱없이 부족한 것임을 알 수 있다. 도시나 개발된 지역의 경우, 경제적 성장을 이루었고 학교 내 정신건강에 대해 인식을 잘하고 있으며, 또한 정신건강이 강조되고 있기 때문에, 정신건강 관련 교사 수의 부족은 최근 몇 년 내에 상당히 개선되었다. 하지만 일부 소도시나 시골 지역의 경우에는 상황이 좋지 못하다. 더 심각한 것은, 현재 초중고교의 정신건강 담당 교사들의 전문성이 필요한 기준치보다 한참 못하다는 것이다. Wang과 Zhang(2003)의 연구에서 보면 학교에서 심리학을 담당하기 위해 필요한 교사들의 전문 지식이 상당히 방대한 것으로 밝혀졌다. 심리학을 전공으로 배우거나, 정신건강에 대해 전문으로 배운 정신건강 관련 교사는 18%에 그쳤으며, 교육학을 전문으로 한 교사들을 포함하더라도 40%가 안 된다. 나머지 교사들은 중국어, 역사, 생물, 다른 교양 과목 등을 전문으로 하고 있는 교사들이다.

서로 다른 지역, 도시에서의 초중고교 내 정신건강 교육 시설과 교수진들을 비교해보면, 중국에서 정신건강 교육 수준이 점점 개선되고 있는 것은 맞으나, 여전히 몇 가지의 문제점이 남아있다는 것을 알 수 있다.

1. 도시 지역의 발전은 시골 지역의 발전에 비해 훨씬 활발하다. 시골 지역 학교의 경우, 정신건강 교육에 대한 개념 자체가 뒤처져 있고, 교사들이 정신건강에 대해서 가르치도록 안내받고 있지 않으며, 정신건강 교육에 대한 교사 연수 수준이 낮다 (Ye, 2008).

2. 지역에 따른 발전도 다르다. 동부 지역의 경우 더 일찍 더 빠르게 발전되었고, 교사 준비의 속도도 빠른 반면, 서부 지역의 경우 발전이 더 늦었고 또한 그 속도도 느리다(Ye, 2008; Zhang & Zhang, 2013).

3. 학교 정신건강 교육이 현재 실시되고 있음에도 불구하고, 여전히 많은 문제들이 존재한다. 그 예로는 도덕 교육과 정신건강 교육이 혼동되는 것, 전문적인 기술이 부족한 교사들이 정신건강 교육을 제공하고 있다는 것, 학교 상담실의 관계자가 제대로 갖춰지지 못하고 학생들이 이용할 수 없다는 것, 정신건강 교육 관련 자원이 부족하다는 것(예 : 교과서), 많은 학교에서 현존하는 커리큘럼 내에서 정신건강 교육이 받아들여지기 어렵다는 것, 건강 교육에 대한 가정과 지역사회의 지지가 부족하다는 것 등이 있다(Fu, 2001; Meng, 2006; Piao & Liu, 2007; Song, 2001). 그러므로 아직 개선해야 할 것들이 많다.

소아청소년의 정신건강 교육 효과

많은 연구자가 정신건강 교육이 초중고교생에 미치는 긍정적인 영향을 추측하는 글들을 썼지만(Fang & Lin, 2003; Hou et al., 2006; Wang & Yang, 2012), 소수의 연구자는 교내 정신건강 교육의 실제 효과에 대하여 실증적인 연구를 하며 논의하였다. 몇몇의 팀들만이(Bian et al., 2002) 이런 실험적 교육 연구를 시행하였다. Bian의 팀은 외국과 홍콩에서의 경험을 바탕으로 '학생 심리 상담 발전에 대한 전면적 참여'라는 모델을 제안하였다. 이 모델은 절강성 금화 지역의 초등학교를 대상으로 3년간 실시되었으며, 대략 460여 명의 학생들이 참여하였다. 이 모델은 격려, 보상, 학생과 교사 간의 긍정적인 접촉을 통한 중재를 기반으로 하였으며, 학생과 교사 간의 상호 관계를 개선하도록 설계되어있다. 실험 결과, 실험군이 대조군에 비하여 일곱 가지 측면에서 더 좋은 점수를 기록하였는데, 학습 태도, 대인 불안, 외로움, 자기비난, 과민성, 공포증, 충동성 부분이었다. 신체화 증상의 경우 두 집단 간 유의미한 차이가 없었으며, 이러한 결과를 통해 이 모델이 학생들의 정신건강 증진에 도움이 되었다고 판단할 수 있다.

또한 몇몇 학교에서는 교내 정신건강 교육의 영향에 관한 선행 연구를 시행하였다. 한 예로, 북경 제19중학교에서는 정신건강센터를 설립했으며, 이 센터에서는 학생 고유의 긍정적 자질과 가능성을 찾는 데 중점을 두었다. 학교에서 실시한 정신건강 교육에는, 정신건강 수업 제공, 정신건강 증진 활동 제공, 심리적 특성과 관련 있는 문화 주간 개최, 단체 정신건강 증진 활동을 조직, 교사와 학부모에게 정기적으로 강의, '행복한 배움, 매일의 행복한 삶'을 위한 열 가지 심리학적 조언들을 해주기 등이 있다. 긍정적인 정신건강 교육에 관한 선행 연구 결과는 중요했는데, 이 결과를 통하여 이런 교육이 정신건강의 다양한 차원에서 주목할만한 효과가 있었다는 것을 알아내었다(Yu, 2013). 학생들의 인격 발달이 균형을 이루었고, 학업 성취와 자발적인 학업 의지도 개선되었다. 반면, 보편적인 심리적 문제들은 줄어들었고, 학생들의 시험 불안은 감소되었다. 또한 수업 동안 학생들의 집중력이 상당히 개선되었으며, 긍정적 정신건강 교육은 학생이 시험을 준비함에 있어서 긍정적인 태도와 방식으로 잘 헤쳐나가도록 도와주었고, 그 결과 고교생 대학 입학 시험의 합격률이 크게 향상되었다.

소아청소년의 정신건강 문제를 예방적으로 중재하는 것에 관한 연구

학교를 기반으로 한 정신건강 교육 활동에 더하여, 다양한 예방적 중재 프로그램 역시 여러 연구자들에 의하여 발전되었다. 또한 일반적으로 이 중재 프로그램들은 소아청소년의 정신건강에 긍정적인 영향이 있다고 밝혀졌다. 다음이 그 예시들이다. (1) Zhou와 Ye(2002)는 참여 교육이 생활 기술 교육에 어떤 효과를 갖는지 실험하였다. 중재 후에 관찰한 결과, 중재 그룹에 속한 소아청소년들이, 조사한 10개의 요소 중 6개에서 상당히 높은 점수를 받았다. 그 요소는 학생 사이의 관계, 남을 위한 배려, 자신감, 스트레스 해소, 독립적인 문제 해결 능력, 의사결정 능력이다. (2) Zhang과 Zheng(2013)은 대인 화법 과정과 개인 면담 과정을 통하여 학생들에게 관계 교육을 실시하였고, 이 결과 중재 후 실험군에서 대인 민감성, 적대감, 정신적 안녕이 많이 개선되었다고 밝혔다. (3) Xu(2005)는 10주간의 감정 교육을 실시하였고, 매주 두 번의 강의를 통하여 상담 중재도 하였다. 중재 후 아이젱크(Eysenck) 감정 안정성 검사에서 실험군이 얻은 점수를 보면, 각 방면에서 의미 있는 개선이 있었다는 것을 알 수 있다($p < 0.05$). 반면 대조군의 경우 실험 전후의 점수에서 별다른 차이가 없었다. (4) Deng 등(2013)은 인지행동 이론을 기반으로 하여 인터넷 중독을 위한 정신건강 교육을 발전시켰다. 3주간의 중재를 한 후, 실험군에서는 인터넷 중독 정도가 감소하는 결과가 있었던 반면, 대조군은 정도가 상승하는 것이 관찰되었다. 즉, 실험군의 주당 인터넷 사용 시간이 평균 1.9시간으로 감소한 반면, 대조군의 경우 3.46시간으로 증가하였다. (5) Fang과 Lin(2003)은 청소년의 흡연과 관련하여, '담배 멀리하기(Stay Away from Tobacco, SAFT)'라는 예방적 중재 프로그램을 만들었고, 이 프로그램은 인지행동 이론에 그 기반을 두고 있다. 7, 8, 10, 11학년의 학생들은 6주간의 실험을 거치게 되었고, 그동안 매주 한 번 흡연에 관한 예방적 중재를 받았다. 실험군의 경우 중재 후 흡연율은 중재 전 12.7%에서 7.5%로 감소하였으며, 대조군의 경우 흡연율이 7.3%에서 9.6%로 증가하였다. 이런 실험 결과들에서, 학교에서 시행되는 정신건강과 안녕을 위한 중재들이 많은 긍정적인 결과들을 가져온다는 것을 알 수 있다. 이 분야에 관계된 더 많은 연구들이 현재 빠르게 진행되고 있다.

중국 소아청소년 정신건강 교육이 당면한 주요 과제와 앞으로의 발전

중국 소아청소년의 정신건강 교육에 관한 관심이 증가되었고 많은 성취를 이루어냈지만, 여전히 다음의 문제들이 남아있다.

정신건강과 도덕 교육을 혼동하고 중복하는 문제

현재 중국의 학교 정신건강 교육은 교육부부터 초중고교에 이르기까지, 도덕 교육 부서의 지휘 아래에 있다. 또한 학교에서 정신건강을 담당하는 정교사, 기간제 교사들은 본래 도덕 교육을 담당하던 사람들이었다. 도덕 교육의 목적은 학생이 분명한 정치적 방향성과 가치 지향성을 갖는 대상이 되도록 만들어주는 것이다. 또한 주요한 목적은 세뇌, 모방, 규범과 같은 핵심 방식들을 통하여서 사상을 개선하고 도덕적 지성을 높여주는 것이다. 반면, 정신건강 교육은 보다 인간 중심, 학생 중심이며, 정신적 안녕의 증진에 그 초점을 두고 있다. 정신건강 교육을 만들 때, 학생들의 사회적 발달과 문제 해결 역량 증진을 위하여, 나이에 맞는 발달학적 필요요건들을 잘 고려하였다. 그러므로 도덕 교육과 정신건강 교육은 그 본성, 기능, 운영방식까지 다 다르다. 정신건강 교육을 도덕 교육 부서로 포함시키는 것은 정신건강 교육의 정상적인 발전을 지연시킨다. 그러므로 앞으로는 정신건강 교육은 도덕 교육과 분명히 분리가 되어야 한다.

정신건강 교육 담당 교사들의 전문성이 개선되어야 한다

중국 초중고교에서의 정신건강 교육이 많은 관심을 받고 있고, 이것을 제대로 실행하기 위해 상당한 노력을 하고 있다. 정신건강 교육을 담당하는 교사들의 전문성은 개선되어야 하고, 인증 및 연수 시스템도 개선되어야 한다.

현재, 정신건강 교육을 담당하는 교사의 극히 일부만이 심리학 또는 정신건강 교육을 전공으로 하였다. 교육부에서부터 지역 교육 기관과 부서에 이르기까지, 학교 정신건강 교육에 관한 교사의 자질이나 교육과정 요소들이 분명히 밝혀지지 않았고, 표준화된 인증 방식 역시 갖추어지지 않았다. 많은 학교에서는 정신건강 담당 교사들에게 상담 자격증(2급 상담 자격증)을 요구한다. 이 자격증은 중국의 인적 자원 및 사회 보장부에서 발행한다. 하지만 중국 인적 자원 및 사회 보장부에서 발행하는 이 상담 자격증은 초중고교의 학생 정신건강 업무에 적합하게 설계된 것이 아니다. 게다가 이 자격증은 자격증 소지자가 심리 상담에 필수적인 지식과 기술을 갖고 있다고 보장하는 데 충분하지 않다.

또한 전문적인 교육을 위하여, 중국 내 대략 350개의 학교가 심리학과 관련한 단과대학/부서/전공을 갖고 있지만, 학교 내 심리학자를 위한 전체 훈련 과정을 갖고 있는 대학은 없다. 심리학과 학생들의 교육은 대개 학문적인 연구를 하고, 훈련은 덜 하는 편이다. 다행스럽게도 최근 몇 년간, 북경 사범대학의 교육학부와 심리학부와 같은 몇몇 대학의 교육 및 심리학부에서, 초중고교생의 정신건강 교육을 위한 훈련 프로그램들을 만들기 시작했다. 그러나 이런 프로그램들 역시 초기 단계이고 실험 과정이다.

경험적 연구가 부족한 정신건강 교육

현재 대부분의 학교들은 외국 모델을 기반으로 하거나 스스로의 경험을 바탕으로 한 정신건강 교육을 실시하고 있다. 따라서 그들이 택한 방식의 효율성을 입증하기 위하여 필요한, 경험적 조사 자료들로 뒷받침되는 근거들이 부족하다. 많은 학교에서 학생들의 성장 및 정신건강에 관한 기록을 하기 시작하였지만, 체계적으로 정보를 수집하고, 이 정보를 학생 정신건강 교육의 영향을 평가하는 데 사용하는 학교는 드물다. 게다가 거의 모든 학교들이 지원받고 있지 못하는 실정이고, 각 학교에서 정신건강 교육의 효과를 입증하는 실험 연구를 하고 있지도 않다. 그러므로 학교에서의 정신건강 교육이 학생, 교사, 학교에 어떤 특별한 영향을 주는지 이해하기가 쉽지 않다. 그러므로 현재 정책 입안자나 관리자들이 교내 정신건강 교육을 증진하기 위하여 사용할 과학적 근거가 없다. 앞으로는 국가적인 평가 시스템을 구축해야 하고, 중재의 과정과 결과 모두를 평가하여 보다 근거에 기반한 정신건강 교육을 발전시켜야 할 것이다.

학생과 중국 문화에 적합한 정신건강 측정 수단의 부족

현재 중국 학자들이 학생들의 정신건강을 조사하는 데 사용하는 것은 외국의 것을 번역하거나 수정한 것이다. 그 예로는 자기보고 양식검사(SCL-90)와 정신건강 검사(Mental Health Test, MHT) 등이 있다. 연구의 대략 60% 정도가 측정 방식으로 자기보고 양식검사(SCL-90)를 사용하고 있다. 이러한 척도는 서양 문화와 서양 청소년들의 정신건강 문제를 기반으로 만든 것이다. 서양과 중국의 문화는 상당히 다르고, 이로 인해 소아청소년들의 감정, 인지, 행동 측면에서 많은 차이가 있을 수 있다는 것을 알고 있다. 예를 들면, 서양 문화에서는 개인을 강조하는 반면, 중국의 경우 집단을 강조한다. 서양 문화에서 용인되는 자기 결정권 같은 행동들이 중국 문화에서는 잘 받아들여지지 않을 수 있다. 만약 아이가 자신에 일에 관하여 지나치게 스스로 결정하려고 한다면, 중국 문화 하에서 부모, 교사나 관계자들은 아이가 정도가 지나칠 정도로 타협할 줄 모른다고 판단할 수 있다. 그러므로 중국 문화에 잘 맞는 학생들의 정신건강 평가 방법을 발전시키고, 실험해보며, 입증해야 한다.

지역 간의 차이가 큰 까닭에 발전의 균형이 잘 맞지 않는다

현재까지 중국 초중고교의 정신건강 교육은 큰 지역 간 차이를 고려하지 못한 채로 시작되고 발전되었다. 중대형 도시, 동부, 발달된 지역의 경우는 성장을 일찍 또 빠르게 하였다. 반면 서부나 시골지역의 경우 발달이 다소 늦고 또 천천히 진행되고 있어, 이로 인해 동부 지역과 비교해봤을 때 차이가 크다. 그러므로 도시와 시골 간에, 또 서로 다른 지역 간에 상호 교류를 하고 서로 지도해주는 것이 필요하다. 국가 내의 통합을 이루어내는 데 필요한 체계가 좀 더 발전되어야 한다.

교육적 중재의 중심이 문제 해결에서
예방으로 바뀌어야 한다는 흐름이 생기고 있다

과거에, 대부분의 연구는 소아청소년들이 갖고 있는 문제와 어려움에 관하여 다루었고, 이 문제들을 해결하는 프로그램을 발전시켜왔다. 그러나 몇몇 연구의 결과를 보면, 예방적 중재가 문제 발생 후 해결보다 더 효과적인 것으로 나타났다. 그러므로 우리는 부정적인 발달을 막는 것뿐 아니라 학생들의 안녕을 증진시킬 수 있는 데 더 주의를 기울여야 한다.

앞으로의 과제

정신질환에 관련된 편견을 씻고, 청소년 정신건강 문제와 장애를 인식·주목·지지할 수 있도록 학교와 정신건강 담당 교사의 역량을 기르는 것은 중국이 더 연구하고 발전시켜야 할 분야이다. 이 분야에서의 진전은 사실 아주 청소년들을 대상으로 하여 만들어졌으며 더 나아가 보편적으로 확대되어 모든 학생들과 학교에도 적용되어야 하지만 아직 거기까지는 도달하지 못한 것이 현실이다. 청소년의 정신건강에 필요한 것을 제공해주는 학교의 역할은, 다음 10년 동안 점점 성장하고 발전될 것이다. Xin과 Zhang(2009)이 실시한 최근 연구에서 서술된 바와 같이, 1992~2005년 사이의 중국 청소년의 정신건강 수준은 하락했다. 이런 연구 결과들은 중국이 청소년들의 정신적 안녕을 위해 더 많은 투자를 하도록 만들었다. 이런 흐름을 좇아가다 보면, 앞으로 학교가 중요하고 또 상당한 역할을 해낼 수 있을 것으로 기대된다.

참고문헌

Ban, H. (1991). Psychological education discussion. *Educational Science Research*, 5.

Ban, H. (1994). *Psychological Education*. Anhui Education Press.

Ban, H., & Cui, J. (2003). Overview of the research on psychological education and moral education relationships. *Forum on Contemporary Education*, 7, 38–41.

Bian, Y., Li, S., & Zhu, X. (2002). A research on students' developmental mental guidance with all people involved. *Psychological Science*, 25(6), 697–701.

Deng, S., Guo, R., & Ma, Y. (2007). A survey of the mental health status of Baise middle school students. *Journal of Youjiang Medical College for Nationalities*, 29(2), 157–159.

Deng, H., Yang, J., Deng, B., *et al.* (2009). A cross-sectional survey of mental health among middle school students in Guiyang City. *Chinese Journal of School Health*, 30(8), 715–716.

Deng, L., Zhang, J., Fang, X., Liu, Q., Yang, H., & Lan, J. (2012). Perceived parental conflict and adolescents' internet addiction: the mediating effect of adolescents' conflict appraisal and emotional management. *Psychological Development and Education*, 28(5), 539–544.

Fang, S., Jing, J., & Wang, L. (2008). Mental health status of middle or high school students in Nanning. *Chinese Journal of Child Health Care*, 16(5), 565–567.

Fang, X. & Lin, D. (2003). Prevention and intervention of adolescents' smoking behavior. *Acta Psychologica Sinica*, 35(3), 379–386.

Fu, W. (2001). Problems & countermeasure of psychological-health education in primary & middle schools. *Theory and Practice of Education*, 21(8), 42–44.

Gu, J. & Lu, H. (2006). Research of the mental health of high school students in Zhang Jiagang. *Occupation and Health*, 22(1), 52–53.

Hou, Z., Jia, H., & Guo, J. (2006). A cross-sectional investigation of mental health level of 1397 middle school students. *Medical Journal of Chinese People's Health*, 18(9), 788–789.

Hu, F. & Sang, Q. (2011). Relations between self-concept and bullying in school among seniors in primary school. *Chinese Journal of School Health*, 32(8), 938–938.

Huang, X. & Xia, L.(2001). *Mental health education*. Higher Education Press.

Ji, C. & Chen, T. (2009). Prevalence of suicide behavior in middle school students and its correlations with mental emotional disorders. *Chinese Journal of School Health*, 30(2), 112–115.

Jiang, Y., You, C., & Ding, H. (2008). Study on the influential factors on mental health of secondary school students in Beijing. *Maternal and Child Health Care of China*, 23(24), 3374–3376.

Jin, Y., Wei, X., & Sun, Y. (2010). Investigation report on mental health of secondary school students in Lanzhou. *Education Exploration*, 1(140), 41.

Kong, Y., Wang, F., An, H., & Cao, H. (2013). Prevalence survey about campus bullying involvement of urban junior high school students. *China Educational Technology & Equipment*, 9, 63–65.

Lei, L. & Yang, Y. (2007). The development and validation of adolescent pathological internet use scale. *Acta Psychologica Sinica*, 39(4), 688–696

Li, J. (2007). Prevention of bullying behavior in school. *Journal of Jiaozuo Teachers College*, 23(2), 69–70.

Lian, R. & Meng, Y. (2002). Mental health status of high school students in Fuzhou. *Chinese Journal of School Health*, 23(2), 165–166.

Liao, Q. (2008). The status quo of the mental health education system in primary and high schools and its problems. *Journal of Yangtze Normal University*, 24(6), 149.

Lin, C. (2008). *Students' Psychological Health Education and Guidance*, Beijing Normal University Press.

Lin, C. & Wei, Y. (2001). Discussion on future trend of school psychology. *Educational Research*, 7, 30–34.

Liu, H., & Zhang, J. (2005). Norm of Symptom Checklist (SCL-90) in Chinese middle school students. *Chinese Mental Health Journal*, 18 (2), 88–90.

Liu, K. (2006). Research and comparison on the mental health situation of middle school students from city and country. *Journal of Hengyang Normal University*, 27(5), 168–171.

Liu, W. (2005). Analysis of the investigation in mental health status of adolescent students in Weifang. *Contemporary Educational Science*, 11, 38–39.

Luo, C., Peng, N., Zhu, W., Zhou, Y., & Gao, G. (2003). Risk behaviors of adolescents in Shanghai: Smoking, drinking and addictive drug use. *Chinese Journal of School Doctors*, 17(2), 104–107.

Meng, N. (2006). Discussion on school mental health education status. *Education Exploration*, 176(2), 88–89.

Niu, X. & Zhang, H. (2007). The investigation of mental health status and its factors among secondary school students in Yinchuan. *Chinese Journal of School Doctors*, 21(3), 265–267.

Piao, T. & Liu, H. (2007). Research on mental health among primary and secondary school students. *Education Exploration*, 9, 62.

Shen, J. & Fang, X. (2002). *Growth navigation for middle school students*. China Light Industry Press.

Shen, J. & Fang, X. (2003). *Growth navigation for elementary school students*. Beijing Education Publishing House.

Song, D. (2001). View the problems of mental health education among primary and secondary school students. *Educational Science Research*, 9, 64–67.

Sun, L. (2012). Study on Mental health status of 1091 middle school students in Changchun area. *China Journal of Health Psychology*, 20(5), 759–761.

Sun, L., Zhu, H., Zhang, C., Li, J., Zhao. P., & Tang, M. (2006). Analysis of health risk behavior of adolescents in Sichuan Province. *Chinese Journal of School Health*, 27(12), 1069–1072.

Tao, F. & Gao, M. (2005). Trends of health-risk behaviors and their risk or protective factors on adolescent students in Hefei, Anhui Province, China, 1998–2003. Study on Public Health in Asia.

Wang, H. & Zhang, X. (2003). Investigation into and analysis of present condition of school psychological soundness teachers. *Shanghai Research on Education*, 5, 28–30.

Wang, J. (2007). The investigation of mental health status among 2180 secondary students in Xiaoyi. *Journal of Shanxi Medical College for Continuing Education*, 17(3), 46–47.

Wang, W. (2006). *Depression, suicide and crisis intervention*. Chongqing Press.

Wang, W. & Yang, J. (2012). Strengthen the mental health education among primary and secondary school: Based on the investigation of present situation on mental health education in primary and secondary school in Chongqing. *China Education News*, 3, 1–5.

Xie, D., Bu, K., Liang, Y., Mai, Z., & Zhao, H. (2007). The investigation of behavior among adolescents' smoking, drinking and abuse on addictive drugs in Foshan. *Chinese Journal of School Doctors*, 21(5), 523–526.

Xin, Z. & Zhang, M. (2009). Changes in Chinese middle school students' mental health (1992–2005): A cross-temporal meta-analysis. *Acta Psychologica Sinica*, 41(1), 69–78.

Xu, G. (2005). Research into the influence of the sentiment education on sentimental stability of grade one students of junior middle schools. *Journal of Xin Yu College*, 6, 28.

Xu, M. (2005). Investigation and analysis of mental health education status among primary and secondary school students. *Exploring Education Development*, 3, 78–83.

Xu, Y. & Du, Y. (2007). An investigation on mental health status of internet addicted middle school students in Shanghai. *Shanghai Archives of Psychiatry*, 19(1), 1–3.

Xu, L. & Lu, W. (2009). Survey and analysis of mental health status among middle school students. *Journal of Guizhou Education Institute*, 25(11), 76–79.

Xue, J., Bi, C., Yang, J., & Wang, Z. (2012). The analysis and research of Kashgar Prefecture Uyghur middle school students' mental health. *Journal of Jilin Institute of Physical Education*, 4, 96–98.

Yan, Y., Wang, Y., He, X., Cao, R., & Lu, Y. (2010). Investigation of mental health status among secondary school students. *Zhejiang Journal of Preventive Medicine*, 22(9), 33–34.

Ye, W. (1996). Analysis of contemporary adolescents' mental health status. *Youth Studies*, 1, 16–17.

Ye, Y. (1997). Review and prospect on mental health education in Chinese primary and secondary school. *Journal of the Chinese Society of Education*, 2, 34–37.

Ye, Y. (2008). The past twenty years of mental health education in the mainland of China. *Journal of Fujian Normal University (Philosophy and Social Sciences Edition)*, 5(6), 148–155.

Yu X. (2013). Mental Health Education of Beijing No. 19 high school. Presented at the annual conference of National Mental Health Education, Shandong, November, 22–24.

Yuan, C., Yao, R., Tao, F., *et al.* (2008). Study on the psychosocial factors to suicide ideation and attempts among adolescent students in Bengbu area. *Chinese Journal of School Health*, 29(11), 997–1001.

Zhang, B. & Zheng, L. (2013). An experimental research of junior high school students' mental health intervention. *Health Research*, 33(3), 234–237.

Zhang, D. (2008). Integrated research on the mental health and its education among Chinese adolescents. *Journal of Southwest University (Social Sciences Edition)*, 34(5), 22–28.

Zhang, J., Liu, J., Deng, L., Fang, X., Liu, Z., & Lan, J. (2011). Parent–adolescent relations and adolescents' internet addiction: The mediation effect of loneliness. *Psychological Development and Education*, 6, 641–647.

Zhang, M. & Wang, Z. (2001). Mental health state of middle or high school students. *Chinese Mental Health Journal*, 15(4), 226–228.

Zhang, M. & Zhang, X. (2013). Problems and countermeasures of mental health education in primary and secondary schools. *Journal of Anhui Health Vocational & Technical College*, 12(2), 92–93.

Zhang, S. (1998). *Introduction to School Psychological Counseling*. Shanghai Press and Publication.

Zheng, R. & Chen, Y. (1991). *Psychological Consultation in School*. People's Education Press.

Zheng, Z. & Wang, G. (2008). Mental health status in high school students. *Journal of Psychiatry*, 21(6), 421–422.

Zhou, K. & Ye, G. (2002). The role of life skill education on mental health of middle school students. *Chinese Mental Health Journal*, 16(5), 323–326.

인도의 학교 정신건강 프로그램

현재 상황과 미래의 방향

Devvarta Kumar, Srikala Bharath, Uma Hirisave,
Sanjay Agarwal, Hemang Shah

유년기와 청소년기는 정신적, 인지적, 도덕적, 사회적 그리고 다른 영역에 있어서 전환기이다. 비록 대개의 아동이 이 전환기를 순조롭게 통과할지라도, 몇몇은 정신적 문제를 초래하는 스트레스를 겪는다. 학교 정신건강(School Mental Health, SMH) 프로그램은 학교에 다니는 아이들의 정신적 안녕을 증진시키는 데 있어 증명된 효과를 가지고 있다. 이 책의 다른 장에서 언급한 것처럼 학교 정신건강 프로그램은 다양한 국가에서 학교 체제로 통합되고 있다(Teich, Robinson, & Weist, 2007; Weist & Murray, 2007; Weston, Anderson-Butcher, & Burke, 2008). WHO는 학교 건강체계에 있어 정신사회학적 능력의 증진, 정신건강 교육 그리고 정신건강 개입이 필요한 이들에게 서비스를 제공하는 구성요소를 갖추는 데 있어 학교 정신건강이 필수적인 부분이 되어야 한다고 주장한다(Hendren, Weisen, & Orley, 1994). 인도에서는 학교 정신건강의 실행 필요성에 대한 현실 인식이 증가하고 있다(Agarwal, 2004; Malhotra, 2004). 예를 들어, 2차교육 중앙청(Central Board of Secondary Education, CBSE)은 교내 프로그램을 통해 아이들의 스트레스를 줄이고, 긍정적인 태도를 심어주는 것에 대한 중요성을 강조해왔다(CBSE, 2008). CBSE는 모든 중고등학교가 상담사를 고용하고, 학업 과정의 중점적 측

School Mental Health: Global Challenges and Opportunities, ed. Stan Kutcher, Yifeng Wei and Marc D. Weist.
Published by Cambridge University Press. © Cambridge University Press 2015.

면으로서 학생의 자기개념, 자아상, 압력에 견디는 능력, 진취적 의식을 확립하는 활동에 관여할 것을 권한다(CBSE, 2008). 사실, CBSE는 학생이 자신감과 확신을 가지고 삶에 직면할 수 있게끔 하는 실생활 기술 훈련을 학업 과정에 포함하기 시작했다(CBSE, 2004).

소아청소년에서의 정신건강 문제의 증가 역시 학교 정신건강 프로그램의 필요성을 강조한다. 다양한 역학 연구는 인도의 소아청소년들이 갖는 정신건강 문제의 높은 유병률을 보여준다. 도시 및 지방의 소아청소년들이 갖는 정신의학적 장애에 대한 다기관 역학연구에서, 유병률은 12%가량으로 확인되었다(Srinath & Sitholey, 2005). 인도에서 진행된 다른 연구에서는(4~12세 소아로 구성됨) 표본 대상의 9.34%가 하나 이상의 정신장애를 갖는 것으로 알려졌고, 학교 정신건강 프로그램을 받는 아이들을 포함시켰을 때는 긍정적인 결과를 보였다(Malhotra, 2005). 이들 인도 소아청소년들이 갖는 중대한 정신건강 문제의 비율은 다른 국가에서의 발견과 일치한다(예 : Costello, Egger, & Angold, 2005).

이런 점을 고려했을 때, 소아청소년들을 위한 광범위한 정신건강의 증진 및 더 심각한 문제에 대한 빠르고 효과적인 개입은 양측 모두 인도에서 의미 있게 향상될 필요가 있고, 적절하고 설득적인 전략이 학교에서 이루어져야 한다. 그러나 다른 개발도상국과 마찬가지로, 그 활동의 범위가 국가적으로 이루어지기에는 부족하다. 인도 정부는 1982년 모두에게 정신건강 관리를 제공하는 목적을 가지고, 일반적 건강관리에서 정신건강적 지식의 적용을 장려하고, 정신건강 서비스 관리의 지역 참여를 촉진하기 위한 국립 정신건강 프로그램(National Mental Health Program, NMHP)을 시작했다(Ministry of Health and Family Welfare, Government of India, 1982). 이후 2008년, 학교 정신건강의 생활기술 교육이나 학교 상담 등 몇몇 구성 요소가 NMHP에도 포함되었다. NMHP와는 별도로, 아이들의 안녕과 관련된 이슈에 초점을 맞춘 다양한 정책이 있었다. 예를 들어, 1975년에 시작된 통합아동발달서비스국(Integrated Child Development Services, ICDS)은 아동에게 적합한 정신적·육체적·사회적 발달을 위한 재단을 마련하는 목적을 가졌다(Ministry of Women and Child Development, Government of India, 1975). 유사하게, 1974년 시행된 국립 아동 정책(National Policy for Children, NPC)은 아동의 안전권을 보장하고, 건강한 정신/육체적 성장을 확고히 하기 위한 사전 환경을 만드는 일의 시작을 강조한다(Ministry of Women and Child Development, Government of India, 1974). 최근 건강가족복지부는 국가 지방 건강 프로그램하에서 'Rashtriya Bal Swasthya Karyakarm'[4]라는 프로그램을 시작했다(Ministry of Health and Family Welfare, Government of India, 2013). 이 프로그램은 2억 7,000명의 0~18세 소아청소년들이 갖는 신체장애를 포함한 선천성 장애, 질병, 결핍, 발달 지연을 조사하는 목적을 가지고 있다. 이 프로그램은 다양한 수준의 선별조사와 여러 단계의 서비스를 제공한다. 다른 건강 전문가와 별개로, 발달지연이나 장애를 경험하는 아동을 도우려는 지역 단위 심리사를 위한 지원도 있다.

이러한 정책은 그들이 목적으로 하는 전체적 아동 발달에 따라 진행된다. 그러나 부적절한 수행 때문에 결과가 매우 고무적이지는 않다(Kapur, 2007). 예를 들어, 통합아동발달서비스국에서는 이러한 서비스가 과중한 짐을 지고, 불충분한 급여를 받으며, 복잡한 정신의학적 이슈를 다루는 데 잘 훈련되지 않은 마을 단위 근로자(Aanganwadi, 근로자라 불리는)에 의해 전달될 예정이다. 그러므로 학교 정신건강에 주안점이 있으나, 실제 이행은 필요로 하는 것에 미치지 못한다. 흔히 학교에 있는 아동들의 정신건강은 매우 심각한 사건이 발생할 때(시험 결과가 나온 이후 자살하는 경우 등) 뜨거운 토론의 주제가 된다. 이것은 이슈가 잦아들면 사라질 일시적인 활동을 일으킨다. 그러나 아동의 정신건강을 위하고 적합한 시점에 정신적 문제를 갖는 아동을 돕기 위해서는 종합적인 다층 학교 정신건강 전략이 필요하다.

이 장에서 우리는 인도의 학교 정신건강 분야에서 행해지는 활동에 대해 상세히 설명하고 평가할 것이다. 그리고 종합적 학교 정신건강 체계의 실행에 있어 장애물을 탐구하고, 최종적으로 이 나라에 적합한 학교 정신건강 전략 모델을 제안할 것이다.

인도의 학교 정신건강 : 현 상태

현재 인도의 학교 정신건강은 몇몇 개인과 센터들에 의해 이루어지는 단기적/장기적 노력에 제한되어있다. 대개의 다른 국가들처럼 나라 전체를 위한 통합적이고 포괄적인 학

---

4 역주 : '전국 건강사업'이라는 뜻의 힌디어

교 정신건강 전략이 부족하다. 단기성 프로그램은 주로 민감화 또는 소아청소년의 정신 건강 이슈에 대해 공동체의 인식을 증가시키기 위한 것에 주요 초점을 지닌 교육 프로 그램으로 구성된다. 프로그램은 대개 정신건강 전문가들에 의한 워크숍과 쌍방향 회의 의 형태로 실시된다(Kumar et al., 2009; Shah & Kumar, 2012). 그러나 이들 프로그램 은 대개 교사에 초점을 두고 있고, 프로그램의 짧은 기간(대개 1~2일) 때문에 주제의 깊이는 부족하다. 후속 평가는 아동의 심리적 웰빙과 심리적 문제가 있는 아동을 정신 건강의학적 서비스에 위탁하는 것에 대한 교사들의 관심이 증가한다는 측면에서 프로그 램이 갖는 어느 정도의 효과를 보여준다(Kumar et al., 2009; Shah & Kumar, 2012). 그 러나 모든 이해 관계자가 포함되지 않고, 대상 그룹과의 반복적 상호작용이 부족한 상 태에서 이러한 프로그램의 장기적 효과는 의문이다.

크고 작은 정신적 문제를 가진 아동을 돕는 동시에 정신건강의 영역에서 일하는 기관 이 교사와 학생을 위한 인식 프로그램을 수행하기 위해, 주기적으로 학교에 전문가 팀을 보내는 방향의 장기적 학교 정신건강 서비스에 대한 몇 가지 노력이 있어왔다(Vaidya & Dhavale, 2000; Sinha, Kishore, & Thakur, 2003). 전문가에 의한 증진과 예방 정신건강 서비스 같은 것은 분명히 반가운 조치다. 다시 말하지만, 이러한 노력들은 더 넓은 국가 적 범위를 고려할 때 한계가 있다. 일반적으로 학교는 아동을 위한 정신건강 서비스의 존재를 확보하기 위한 단계가 준비되어있지 않다. 학교 간의 상호작용을 볼 때, 우리는 거의 대부분의 학교가 상담사를 고용하는 데 큰 관심이 없다는 것을 발견했다.

Bangalore에 있는 정신건강 및 신경과학 국립 연구소(National Institute of Mental Health and Neurosciences, NIMHANS)에서는, 몇몇 체계적 노력이 학교 정신건강 모 델의 발전을 가져왔다. Kapur와 그녀의 동료들은 몇 년간 학교 정신건강의 영역에서 일 해왔고, 도시와 시골 지역 양쪽 모두를 담당했다(Kapur, 1995; 1997; 2011; Kapur & Cariappa, 1978; 1979; Kapur & Hirisave, 2004, 2006; Kapur, Koot, & Lamb, 2012). 1970년대에 그들은 정신건강 문제를 가진 아동의 조기발견과 관리에 대해 학교 교사들 을 훈련하는 2단계 프로그램을 시작했다(Kapur, 1995). 첫 단계는 교사들의 관심이 다 양한 정신적 문제들에 향하게 하는 것이었고, 2단계에서는 몇몇 동기가 있는 교사들이 전문가에게 위탁될 필요없이 학교의 자연적 환경에서 관리될 정도의 경한 정신적 문제 를 가진 아동들을 관리하는 훈련을 받았다. 이후, 그들은 아동과 교사 모두와의 작업을 포함한 시골 지역에서의 포괄적인 학교 정신건강 프로그램을 시작했다. 그것은 시골 학교 아동들의 전반적인 정신사회적·인지적 발달을 대상으로 삼았다. 게임이나 예술 작업, 인지적 활동, 드라마, 춤 등을 통해 아이들을 격려하였다. 아동친화적 접근으로 매주 1일, 1시간 소그룹의 아동들과 작업했다. 동시에 교사들은 아동의 정신건강 및 전반적인 정신사회적 발달과 관련된 이슈에 민감하게 다루었다. 프로그램의 결과를 평가하기 위한 체계적인 이전/이후 평가는 Raven's Progressive Matrices(Raven, 1941), Seguin Form Board(Seguin, 1907), Rutter's Child Behaviour Questionnaire(Rutter, 1967) 등 정해진 도구를 이용하여 이루어졌고, 이는 학술적/행동적 문제는 물론 인지적 기능의 평가를 포함하고 있었다. 결과는 운동, 인지, 언어, 감정, 사회적 기술 영역에 있어 아동의 현저한 발전을 보여주었다. 이후 이 프로그램은 부족민 아동들에게도 성공적으로 반복되었다. 이 프로그램은 부족민 아동의 사회문화적 배경에 따라 제작되었다. 이전/이후 평가는 이 아동들의 학술적 능력에 있어 프로그램의 긍정적 효과를 나타냈다(Kapur, 2007). 이러한 노력은 지속되고 있다. 그러나 자원의 제약으로 인해 더 넓은 주 단위 또는 국가 단계 형태로는 이루어지지 못하고 있다.

인도 아동들의 정신건강 영역에 있어 그녀의 경험에 따르면, Kapur(1995)는 포괄적 학교 정신건강 체계가 1, 2, 3차 예방을 목표로 하는 구성 요소를 갖추어야 한다고 주장한다. 그녀는 프로그램에서 부모, 교사 그리고 정신건강 전문가들의 참여를 힘주어 말하고, 의사소통, 놀이 그리고 다른 긍정적 활동의 중요성을 보여줌으로써 부모와 교사가 어린 아동의 삶의 질 증진의 중요성에 민감해져야 할 필요가 있음을 강조한다.

생활기술 증진은 학교 정신건강의 중요한 분야이다. WHO는 학교 정신건강의 '생활기술'이라는 용어를 통합했다(WHO, 1997). 인도에서는 포괄적 '청소년기의 생활기술을 이용한 건강 증진' 활동이 정신건강 및 신경과학 국립 연구소의 Bharath와 Kumar에 의해 개시되었다(Bharath, 2001; Bharath & Kumar, 2008; 2010). 그들의 모델은 청소년들의 행동·감정·사회적 기술을 증진시킴으로써 심리사회적 능력에 초점을 맞추는 것으로 시작됐다. 학생들은 비판적 사고와 문제 해결 능력 증진, 의사소통 기술과 인간관계의 개선, 스트레스 대응 능력 강화 그리고 그들의 자아상과 공감능력을 형성하는 데 초점을 둔 1년 내내 계속되는 생활기술 교육(LSE) 프로그램에 참여하였다. 이 프로그램에는 남부 인도에 속한 4개의 지역구에 있는 총 261개의 학교가 포함되었다(대략

5만 명의 학생과 1,000명가량의 교사가 있었다). 첫 단계에서, 이후에 교사들을 훈련시킬 총 31명의 숙달된 트레이너가 교육받았다. 그다음에는 선택된 261개의 학교에서 교사들이 숙달된 트레이너와 정신건강 및 신경과학 국립 연구소 전문가의 관리하에 LSE 프로그램의 실행을 이어나갔다. 프로그램의 중점은 동기 부여, 위생, 훈육, 동료 관계, 청소년기의 혼란, 사회적 책임, 성, 약물남용 등의 포괄적인 범위의 청소년 발달 과제를 포함했다. 교사들은 생활 기술의 촉진자로서 학교 체계 안에서 프로그램의 통합을 확고하게 하기 위해 훈련받았다. 동료 학습이 강조되면서 경험적이고 참여적인 전략의 사용이 권장되었다. 마지막으로 중요한 것은, 프로그램의 성과에 대한 고유한 평가가 시행되었다. 평가를 위해서 605명의 학생들 중 무작위로 선택된 그룹은 문제 해결 능력, 자아상, 적응, 정신병리에 있어서 대조군과 비교되었다. 결과는 해당 그룹이 문제 해결 능력, 자아상, 적응에 있어서 분명히 차이가 있음을 보여주었다. 총 100명의 교사들이 프로그램의 피드백을 위해 무작위로 선택되었고, 그들은 프로그램이 교실의 행동이나 자신감 등의 다양한 면에서 긍정적인 효과를 보임을 느꼈다. 프로그램은 지속되었고, 역량 강화는(이 프로그램의 모델 안에서 교사와 상담가가 훈련받음으로써) 매 3개월마다 행해졌다(Bharath & Kumar 2010). 또한 중학교에서의 프로그램 실행과 결과 평가가 구상되었다. Bharath 박사는 학교에 가는 청소년들의 자살을 예방하는 방향으로 저소득/중간소득 국가(LAMIC)와 캄보디아에서도 생활기술의 교육자로서 교사들을 트레이닝하는 모델을 사용해왔다(Jegannathan, Dahlblom, & Gullgren, 2014).

'미취학 아동을 위한 건강 증진'이라 명명된 미취학 아동 대상 교육 프로그램 역시 계획되어왔다(Nithya Poornima, 2007). 이것은 구조화된 교육 프로그램으로 미취학 아동과 학부모를 그 대상으로 삼아 부모-자식 관계를 개선하고, 친사회적 행동과 인지 기술을 증진하는 것을 포함한다. 한 연구에서, 30쌍의 모자/모녀가 이 프로그램에 참여했고(어머니를 위한 주 3회의 수업과 아동을 위한 15번의 수업), 대조군과 비교되었다. 어머니에 대한 개입은 표준 아동 발달, 효과적인 양육기법, 긍정적 행동 만들기, 건강한 의사소통, 친사회적 행동, 선행 학습 기술에 초점을 두었다. 아동을 위한 프로그램은 의사소통, 갈등 해결, 친사회적 기술, 선행 학습 기술에 초점을 두었다. 어머니들은 양육 기법과 훈육 스타일 등의 요소로 대조군과 비교 평가되었으며, 그 반면 아이들은 선행 학습 기술, 발달률, 애착 스타일 그리고 친사회적 행동으로 비교 평가되었다. 이러한 교육

프로그램은 양육기법, 대인관계, 인지능력 그리고 선행 학습 기술에 긍정적인 변화를
가져왔다(Nithya Poornima, 2007).

　이와는 별도로, 인도를 포함해 다양한 국가에서 어린 아동들의 정신건강과 정서적 웰
빙을 증진하는 지피의 친구(Zippy's Friends) 프로그램이 최근 시행 중이다(Patel et al.,
2008). 이는 초등학생을 대상으로 전개되는 공통 프로그램이며, 아이들이 탐구하고 문
제를 해결하는 방법을 생각할 수 있도록 격려한다. 인도에서는 비정부기구(NGO)인
Sangath를 파트너로 2004년 시작되었다. 프로그램의 시작 이래 1만 2,000명 이상의 아
동들이 참여하였다(Partnership for Children, 2014). 현재 이 프로그램은 인도의 한 주에
한정되어있으며 다른 주로 확대될 필요가 있다.

　그러나 이러한 노력 — 특히 상대적으로 포괄적인 접근 — 은 산발적이고, 학교 정신건
강은 한시바삐 의무적으로 더 큰 학교 체계의 일부가 될 필요가 있다. 정신건강 전문가
들은 이러한 사안을 크게 조명하고 있으나, 오히려 교육 위원회들은 우려를 표하고 있
다(CBSE, 2004; Shastri, 2008). 이제 인도의 효과적인 학교 정신건강 실행에 있어 장애
물을 확인하고 그러한 장애물을 극복하기 위한 단계로 넘어갈 것이다.

인도의 효과적 학교 정신건강 실행에 대한 장애물

포괄적으로 효과적인 학교 정신건강 실행에 있어서 여러 장애물이 있다. 실행에 있어 가
장 중요한 장애물은 훈련된 노동인구의 부족과 경제적 제약이다. 인도의 정신건강 체계
는 훈련된 정신건강 전문가의 부족을 겪고 있다. 정신건강의학과 의사, 임상심리사, 정
신건강의학과 사회복지사 및 정신건강의학과 간호사 등 다양한 전문가들은 매우 적으며,
정신병원에서 임상 서비스를 운영하는 것은 매우 어렵다. 예를 들어, 인구 10만 명당 한
명의 정신건강의학과 의사와 간호사도 갖추지 못한 상황이다(Jacob et al., 2007). 제한
된 훈련 방법, 자원의 한계, 훈련받은 전문가의 이주 그리고 유사한 조건들이 노동력 기
근의 원인이다. 임상 의사들이 그들의 규칙적인 관여가 필요한 부가적 활동을 시작하는
것은 정말로 어렵다. 제한된 재원은 장기적인 학교 정신건강 활동을 저해하는 다른 문
제이다.

　학교 역시 이 프로그램의 수행에 참여하는 것을 어느 정도 주저한다. 서비스의 제공자

가 학교 정신건강 관련 활동을 위해 학교에 접근할 때, 학교 당국은 무관심하며 이 같은 활동에 있어 인적 자원이 부족하다거나 부모들이 이러한 프로그램에 귀속될 수도 있다는 편견을 가지고 있다는 것을 알게 되는 경우가 가장 흔하다. 교사들 역시도 주저하며 종종 그것을 부가적인 임무처럼 취급한다(Shah, 2007). 사실 교사들이 '즐거운 배움'이나 좋은 교습법에 대해 전혀 알지 못한다고 말하는 것도 어리석지만, 그들이 정말로 이 방법을 사용하는지는 역시 미지수다(Kapur, Koot, & Lamb, 2012). 학교 당국과 유사하게, 학부모들은 만일 그들의 아이들이 정신건강 전문가에게 보여질 경우의 꼬리표를 걱정하며 이러한 서비스에 반대한다. 앞서 언급한 것처럼, 긍정적 정신건강에 있어 민감화 또는 훈육 노력은 매우 제한되어있고, 정신건강 전문가와의 상호작용에 관련한 편견의 원인이 된다.

최근 정신건강 전문가들은 정신질환과 관련된 다양한 미신을 사람들에게 알리고, 개인의 전체적인 안녕을 위한 긍정적 정신건강의 역할을 강조하는 등 편견과 싸우는 노력을 하고 있다. 예를 들어, 지역사회 공동체 대화 프로그램이나 정보 안내서의 출판, 봉사활동 캠프의 조직 등을 다양한 주와 중앙 정부 기구에서 실시하는 것이다. 하지만 이러한 노력은 좀더 활발해질 필요가 있고, 정신건강 홍보에 있어 학교 역할의 중요성을 매우 강조해야 한다. 우리는 현재 대규모 학교 정신건강 활동의 개시를 위해 이러한 장애물들을 극복하기 위한 실질적 단계를 논의하고 있다.

인도의 현황에 따른 학교 정신건강 : 고려해야 할 주제

인도의 학교 정신건강 체계 모델이 발전하는 동시에 몇 가지 이슈가 발생한다. 다음 내용은 학교 정신건강의 발전을 이끄는 원칙을 위한 우리의 권고 사항이며 국제 문헌 고찰과 우리 각자의 경험을 기반으로 하였다.

- 다양한 사회경제적 배경을 가진 아이들에게 적용 가능한, 긍정적 정신건강과 심리적 문제의 예방 모두에 중점을 둔 통합 프로그램이 필요하다(Durlak & Wells, 1997; Hirisave & Nithya Poorniam, 출판 중; Huang et al., 2005; Kapur, 1995; Patel et al., 2008).
- 학교, 학부모, 정신건강 전문가, 지역사회 서비스 제공자 그리고 학생들과 관련된 몇

몇 기관 모두에 대해 더 나은 연결고리가 필요하다(West, Lowie, Flaherty, & Pruitt, 2001).

- 학교 정신건강 서비스는 '질환'보다 '건강 상태'를 우선해야 한다(Patel et al., 2008). 문제가 있는 몇몇에 국한되어서는 안 된다. 발육기 동안 경한 문제를 가진 아이들은 그들의 모든 잠재력을 획득하는 데 실패할 수도 있다. 사실, 질환 우선적 서비스는 문제를 가진 아동에게 제한되는 상태가 지속될 뿐 아니라 꼬리표를 달지 모른다는 공포로 인해 저항과 직면하게 될 것이다(예 : 학부모로부터).

- 가능하다면 경쟁이나 자아상 같은 요소들에 초점을 둔 공통적인 프로그램은 학교의 모든 아동들을 포괄하는 것이 좋다. 반면 정신적 개입의 요소를 갖는 대상 프로그램은 정신적 문제가 발생할 위험(예 : 정신사회적 재난)이 있거나 정신적 문제가 있는 아동에게 제공되어야 한다(Bharath & Kumar, 2010; Bharath, Kumar, & Mukesh, 2007; Hendren et al., 1994).

- 인도는 정신건강 전문가가 심각하게 부족한 상태다. 프로그램은 어떤 의미에서는 각 단계에서 이해관계자에게 권리를 주고, 훈련된 정신건강 전문가의 참여 필요성은 줄이도록 계획되어야 한다.

- 학교 정신건강은 학부모와 교사 그리고 다른 지역사회 기관의 진지한 참여가 필요하다. 그러나 제한된 교육이나, 제한된 자원 그리고 다른 제약을 가진 다수의 부모들은 적극적으로 프로그램에 참여할 동기가 부족하다(혹은 동기가 있을지라도 그들의 자원의 제약 때문에 참여하기 어렵다). 그러므로 프로그램은 다양한 사회경제적 환경을 가진 사람들의 필요성에 따라 조정되어야만 한다.

- 인력이나 경제적 자원 양쪽에서 과중한 짐을 진 학교 체계는 추가적인 부담을 필요로 하지 않는 방법으로 학교 정신건강을 수행할 수 있게끔 지원받아야 한다. 먼저 언급한 바와 같이, 실질적 해결책은 몇몇 교사들에게 그들의 학교에서 생활 기술 및 다른 긍정적 정신건강 활동을 개시하기 위한 훈련 및 권리를 부여하는 것이다.

- Kapur 등(Kapur, Koot, & Lamb, 2012)은 프로그램의 유지 가능성, 시골 아동들의 포함, 프로그램의 정기적 평가, 자신의 감정적 문제에 맞서기 위한 교사들에 대한 지원 그리고 국제 규모에서 사용할 때의 프로그램의 적합도 같은 주제에 중점을 두어야 함을 제시했다.

무엇이 필요한가

위에서 언급한 주제 및 도전 과제를 생각하면, 포괄적인 프로그램으로 발전하기 위해서는 협동의 노력이 있어야 한다. 프로그램은 모든 이해관계자의 참여, 인사 개선, 지속성, 편견과 자원 위기 같은 장애물의 극복 그리고 보다 확장된 범위(인도의 모든 주를 가로지르는 시골과 도시 지역 모두 담당하게끔)에 집중되어야 한다. 우리는 여기에서 학교 정신건강 프로그램 통합의 단계에 대해 설명할 것이다.

모든 이해관계자의 참여

프로그램은 교사, 학부모, 정신건강 전문가 그리고 교육과 아동복지 관련 정부 및 비정부기구 등 모든 관계자의 참여가 필요하다. 정신건강과 질환에 관해 사회에 널리 퍼진 무시와 편견은 학교 정신건강에 관계자들이 참여하는 데 있어 장애물이 될 수 있다. 우리는 장애물을 극복하고 관계자들의 참여를 용이하게 하는 데 도움을 줄 두 가지 실질적 단계를 제안한다. 첫째로, 아이들의 전체적 성장에 있어 긍정적인 정신건강의 중요성에 대한 정보를 퍼뜨리기 위해 미디어(서면 그리고 전자기기 모두)를 이용하는, 예를 들면 교사-학부모 회의 같은 공동 회의에서 부모 및 교사와 정신건강 전문가가 원활하게 교류할 수 있게 하는 접근 기술을 사용하는 것이다. 더 나아가, 대면 상호작용과는 별개로 정신건강 전문가들은 효과적인 양육 기법, 스트레스 감소, 문제 해결, 복원력 그리고 다른 학교 관련 주제들에 대해 소책자나 음향-시각 장비를 제공할 수 있으며, 이것은 학생, 부모, 교사 모두에게 배포될 수 있다. 이러한 활동들은 정보를 퍼뜨리고, 낙인을 없애며, 모든 이해관계자들이 학교 정신건강 활동에 참여하게끔 동기를 부여할 것이다.

복합 단계 프로그램

학교 정신건강 활동은 복합 단계로 이루어져야 하고, 첫 번째 단계에서는 중앙과 자치 주 단위 양쪽에서 정신건강, 교육 그리고 학생들의 복지와 관련된 정책 결정을 이끌어 가는 세부 기관의 참여가 필요하다. 중앙과 자치 주 중심 센터들은 또한 재원을 조사하고, 인력 개발(훈련된 학교 상담사 등)에 관심을 기울여야 한다. 중간 단계에서는 프로그램의 직접 감독은 물론 정책을 만드는 사람들을 평가하기 위한 정기적 필요성 평가 수행 양쪽 면에서 직접적으로 학교 정신건강을 감시하는 팀이 필요하다. 학부모 및 학교 행정진과 연계된 훈련받은 학교 교사들(또는 필요하다면 상담사나 학교의 심리사)은 학교 정신건강 프로그램을 이행해야 한다.

학교 안에서의 역량 강화 집중

모든 학교가 훈련된 학교 정신건강 서비스를 이행하기 위한 훈련된 학교 심리사를 고용하는 것은 이상적이다. 그러나 가까운 미래에 재원을 유지하는 것은 달성하기 어려워 보인다. 현존하는 학교 재원들을 포함시키는 것은 프로그램을 재정적으로 더 지속 가능하게 할 것이다(Hann & Weiss, 2005). 지역사회를 확고히 하기 위해 학교 안에서의 역량 강화가 강조될 필요가 있다. 정신건강의 영역에서 일하는 기구들은 아동 지도 그리고 학교 정신건강의 다양한 측면에 중점을 둔 단기 코스를 시작할 수 있다. 그러기 위해서는 학교가 몇몇 뜻이 있는 교사를 보내어 훈련을 받게 하고, 학생 상담사의 역할을 수행하게 할 수 있을 것이다(Bharath & Kumar, 2010; Kapur, 1995). 이는 생활 기술과 다른 관련 프로그램을 학교에서 진행하게끔 도울 것이다. 예를 들어 지피의 친구는 전 세계적으로 성공한 프로그램이다. 그러나 교사들은 이 프로그램을 진행하기 위해 특별한 훈련을 받아야 한다(Patel et al., 2008). 만일 초등학교가 이 프로그램을 진행하는 데 있어 교사를 식별하고 훈련하는 것을 지원한다면, 이는 쉽게 이행될 것이다. 학교 정신건강의 부가적인 일을 조명하는 것은 필수이며, 학교는 이 프로그램에 그들의 관심이 유지되게끔 교사에게 적합한 형태(예 : 봉급 인상)로 보상해야만 한다.

결과 평가

효과 및 서비스를 받는 아동의 경험을 분명히 하기 위해 프로그램 안에 내장되어야 할 평가 수단은 평가의 통합적인 부분이어야 한다(Bharath & Kumar, 2010; Hirisave & Nithya Poornima, 출판 중). 어떤 학교 정신건강 프로그램의 통합으로 발생한 변화의 반영은 교사들과 같은 관계자들의 적극적인 지지를 모으는 열쇠이다(Han & Weiss, 2005).

국제적 연결

콘퍼런스와 전문가 간의 상호작용 같은 형태의 국제적 연결을 찾는 것은 공동의 노력을 시작하는 데 도움이 될 수 있다. 문화, 필요성 그리고 유사한 남부 아시아 국가의 자원에 따라, 이 지역 전문가들끼리의 상호작용은 중요하다. 각 지역에서의 탁월한 센터들은 학교 정신건강에서 경험적으로 평가받은 우수성을 이끌어내기 위해 몇 개의 학교들과 함께 활동할 수 있으며, 지역의 학교 정신건강 서비스를 확대하는 데 적용 가능하다.

기술의 사용

원격의료 같은 기술의 사용은 제한된 자원으로도 더 큰 그룹에 서비스를 전달하는 데 도움을 준다. 예를 들어, 학교에서 학교 정신건강 서비스를 다루는 교사는 만일 특정한 이슈나 아동에 관해 조언이 필요할 경우에는 원격 집담회를 이용해 전문가와 상의할 수 있다.

결론

인도에는 학교 정신건강이 국가적 과제라는 인식이 있다. 그러나 실제 이행까지는 훨씬 모자란 상태이다. 이런 방향으로의 진지한 노력이 있을지라도, 포괄적인 학교 정신건강 체계는 파악하기 어려운 채로 남아 있다. 소아청소년의 정신적 안녕을 위해 학교 정신건강의 중요성을 논하자면, 포괄적 학교 정신건강 체계의 계획과 효과적인 수행이 시급하게 필요하다. 관계자의 민감화, 역량 강화를 위한 학교 재원의 활용, 기술과 미디어의 적극적 사용, 국가 및 국제 네트워크의 설립 그리고 유사한 노력이 이 방향에서 이루어져야 할 실질적 과제들이다.

참고문헌

Agarwal, S. P. (2004). Child and adolescent mental health: A pragmatic perspective. In S. P. Agarwal, D. S. Goel, R. L. Ichhpujani, R. N. Salhan, & S. Shrivastava (Eds.), *Mental health: An Indian perspective (1946–2003)* (pp. 290–292). New Delhi: Directorate General of Health Services, Ministry of Health & Family Welfare (India).

Bharath, S. (2001). Life skills education initiatives for adolescents in India. In M. Kapur & P. Bhola (Eds.), *Psychological therapies with children and adolescents* (pp. 207–213). Bangalore: NIMHANS.

Bharath, S., & Kumar, K. V. K. (2008). Health promotion using Life Skills Education approach for adolescents in schools: Development of a model. *Journal of Indian Association of Child and Adolescent Mental Health*, 4, 5–11.

Bharath, S., & Kumar, K. V. K. (2010). Empowering adolescents with life skills education in schools: School Mental Health program – Does it work? *Indian Journal of Psychiatry*, 52, 344–349.

Bharath, S., Kumar, K. V. K., & Mukesh, Y. P. (2007). School mental health program: clinical guidelines. In A. Avasthi & S. Gautam (Eds.), *Task Force on Clinical Practice Guidelines for Psychiatrists in India (Child and Geriatric Psychiatry)*. Chandigarh: IPS publication.

Central Board of Secondary Education (CBSE) (2004). Life skills education in class VII. Circular no. 11/04 of 2004 http://cbse.gov.in/circulars/2004/Circulars_11.htm retrieved on January 27, 2014.

Central Board of Secondary Education (CBSE) (2008). Counselling in Schools. Circular no. 08 of 2008. www.cbse.nic.in/welcome/htm retrieved on July 27, 2009.

Costello, E. J., Egger, H., & Angold, A. (2005). The epidemiology of child and adolescent psychiatric disorders: I. Methods and public health burden. *American Academy of Child and Adolescent Psychiatry*, 44, 972–986.

Durlak, J. A., & Wells, A. M. (1997). Primary prevention mental health programs for children and adolescents: a meta-analytic review. *American Journal of Community Psychology*, 25, 115–152.

Hann, S. S., & Weiss, B. (2005). Sustainability of teacher implementation of school-based mental health programs. *Journal of Abnormal Child Psychology*, 33, 665–679.

Hendren, R., Weisen, R. B., & Orley, J. (1994). *Mental health programmes in schools*. Geneva: World Health Organization.

Hirisave, U., & Nithya Poornima, M. (In press). Preventive and promotive interventions for psychological problems in young children. *Trend report on psychological survey in research*. New Delhi: ICSSR.

Huang, L., Stroul, B., Friedman, R., *et al.* (2005). Transforming mental health care for children and their families. *American Psychologist*, 60, 615–627.

Jacob, K. S., Sharan, P., Mirza, I., *et al.* (2007). Mental health systems in countries: Where are we now? *Lancet*, 370, 1061–1077.

Jegannathan, B., Dahlblom, K., & Gullgren, G. (2014). Out-come of a school-based intervention to promote life skills among young people in Cambodia. *Asian Journal of Psychiatry*, http://dx. doi.org/10.1016/j.ajp.2014.01.011

Kapur, M. (1995). *Mental health of Indian children*. New Delhi: Sage.

Kapur, M. (1997). *Mental health in Indian schools*. New Delhi: Sage.

Kapur, M. (2007). *Learning from children: What to teach them*. New Delhi: Sage.

Kapur, M. (2011). *Counselling children with psychological problems*. Bangalore: Pearson Education.

Kapur, M., & Cariappa, I. (1978). Evaluation of training programme for school teachers in student counselling. *Indian Journal of Psychiatry*, 20, 289–291.

Kapur, M., & Cariappa, I. (1979). Training in counselling for school teachers. *International Journal for the Advancement of Counselling*, 2, 109–115.

Kapur, M., & Hirisave, U. (2004). Promotion of psychosocial development of rural school children. Project funded by NCRI-Human Resource Development Ministry, Govt of India.

Kapur, M., & Hirisave, U. (2006). *Manual for pre-school teachers*. Bangalore: NIMHANS.

Kapur, M., Koot, H. M., & Lamb, M. E. (2012). *Developmental psychology and education: Bridging the gap.* New Delhi: Manak Publications.

Kumar, D., Dubey, I., Bhattacharjee, D., *et al.* (2009). Beginning steps of school mental health in India: A teacher workshop. *Advances in School Mental Health Promotion, 2,* 29–34.

Malhotra, S. (2004). Child and adolescent psychiatry in India: Slow beginnings and rapid growth. In S. P. Agarwal, D. S. Goel, R. L. Ichhpujani, R. N. Salhan, & S. Shrivastava (Eds.), *Mental health: An Indian perspective (1946-2003)* (pp. 227–232). New Delhi: Directorate General of Health Services, Ministry of Health & Family Welfare (India).

Malhotra, S. (2005). Study of psychosocial determinants of developmental psychopathology in school children. In B. Shah, R. Parhee, N. Kumar, T. Khanna, & R. Singh (Eds.), *Mental health research in India: Technical monograph on ICMR Mental Health Studies* (pp. 91–97). New Delhi: Indian Council of Medical Research.

Ministry of Health and Family Welfare, Government of India. (1982). National Mental Health Program. http://mohfw.nic.in/WriteReadData/ . . . /9903463892NMHP%20detail.pdf, retrieved on May 28, 2014.

Ministry of Health and Family Welfare, Government of India. (2013). Rashtriya Bal Swasthya Karyakram. http://nrhm.gov.in/nrhm-components/rmnch-a/child-health-immuniza tion/rashtriya-bal-swasthya-karyakram-rbsk/background.html, retrieved on May 28, 2014.

Ministry of Women and Child Development, Government of India. (1974). National Policy for Children. http://wcd.nic.in/icds.htm, retrieved on May 28, 2014.

Ministry of Women and Child Development, Government of India. (1975). Integrated Child Development Services Scheme. http://wcd.nic.in/icds.htm, retrieved on May 28, 2014.

Nithya Poornima, M. (2007). Efficacy of promotive intervention with lesser privileged pre-schoolers. PhD thesis submitted to NIMHANS, Bangalore.

Partnership for Children (2014). Zippy's friends in India. www.partnershipforchildren.org.uk/teachers/zippy-s-friends-teachers/

where-is-the-programme-running/india-2.html, retrieved on May 28, 2014.

Patel, V., Flisher, A. J., Nikapota, A., & Mahotra, S. (2008). Promoting child and adolescent mental health in low and middle income countries. *Journal of Child Psychology and Psychiatry, 49,* 313–334.

Raven, J. C. (1941). Standardisation of progressive matrices. *British Journal of Medical Psychology, 14,* 137–150.

Rutter, M. (1967). A children's behaviour questionnaire for completion by teachers: Preliminary findings. *Journal of Child Psychology and Psychiatry, 8,* 1–11.

Seguin, E. (1907). *Idiocy: Its treatment by the psychological method.* New York: Columbia University.

Shah, H. (2007). *Pilot project on developing guidelines for learning disorder in Gujarati language.* Gujarat: The Gujarat Mental Health and Allied Sciences Foundation.

Shah, H. M., & Kumar, D. (2012). Sensitizing the teachers towards school mental health issues: An Indian experience. *Community Mental Health Journal, 48,* 522–526.

Shastri, P. S. (2008). Future perspective of planning child guidance services in India. *Indian Journal of Psychiatry, 50,* 241–243.

Sinha, V. K., Kishore, M. T., & Thakur, A. (2003). A school mental health program in India. *Journal of Academy of Child and Adolescent Psychiatry, 42,* 624.

Srinath, S., & Sitholey, P. (2005). Epidemiological study of child and adolescent psychiatric disorders in urban and rural areas. In B. Shah, R. Parhee, N. Kumar, T. Khanna, & R. Singh (Eds.), *Mental health research in India: Technical monograph on ICMR Mental Health Studies* (pp. 86–90). New Delhi: Indian Council of Medical Research.

Teich, J. L., Robinson, G., & Weist, M. D. (2007). What kind of mental health services do public schools in the United States provide? *Advances in School Mental Health Promotion, 1,* 13–22.

Vaidya, G., & Dhavale, H. S. (2000). Child psychiatry in Bombay: The school mental health clinic. *British Journal of Hospital Medicine, 61,*

400–401.

Weist, M. D., & Murray, M. (2007). Advancing school mental health promotion globally. *Advances in School Mental Health Promotion*, 1, 2–12.

West, M. D., Lowie, J. A., Flaherty, L. T., & Pruitt, D. (2001). Collaboration among the education, mental health, and public health systems to promote youth mental health. *Psychiatric Services*, 52, 1348–1351.

Weston, K., Anderson-Butcher, D., & Burke, R. (2008) Developing a comprehensive curriculum framework for teacher preparation in expanded school mental health. *Advances in School Mental Health Promotion*, 1, 25–41.

World Health Organization (1997). Program in Mental Health: Life Skills in Schools WHO/MNH/PSF/93.7A Rev.2, Geneva: World Health Organization.

학교 정신건강 : 이라크에서의 관점

AbdulKareem AlObaidi

배경

이라크는 중동에 위치해 있으며, 아랍의 일부분이다. 터키, 시리아, 요르단, 이란, 쿠웨이트, 사우디 아라비아와 국경을 접하고 있으며, 바그다드가 수도다. 이 지역은 '세계 4대 문명'으로 알려진 메소포타미아 문명의 지역이며, '두 강 사이의 땅'이라고 불리기도 하는데, 이 두 강은 티그리스 강과 유프라테스 강이다. 수천 년 동안 이 지역은 고대 문명의 발생지로서, 역사적·정치적으로 중요한 위치였다. 인간이 알고 있는 최초의 도시 국가(우르)가 이 지역에서 발견되었다. 역사적으로 이라크의 창조성과 발명은 인간의 발전에 중요한 공헌을 하였다. 그러나 현대의 이라크는 정치·군사적 충돌의 진원지다. 1960~70년대에 국가는 번영하였고, 건강과 교육 체계가 가장 진보했다고 여겨졌다. 그러나 1980년과 1988년 사이의 이라크-이란 전쟁, 뒤이은 걸프전(1990~1991)과 이라크의 쿠웨이트 침공은 나라 전체에 중대하고 상당히 부정적인 영향을 미쳤다. 이는 국제적인 제재로 이어졌고, 이라크는 이후 13년 동안 다른 나라로부터 고립되었다. 2003년에 이라크는 미국과 영국이 이끈 연합군에 의해 군사적 침공을 당하고 점거당했다. 이 침공 이후, 내란과 종파 간 갈등이 나타났다. 이 결과로, 수백만 명의 이라크 사람들

School Mental Health: Global Challenges and Opportunities, ed. Stan Kutcher, Yifeng Wei and Marc D. Weist. Published by Cambridge University Press. © Cambridge University Press 2015.

이, 특히 젊은이들이 많이 죽고 부상을 입었다. 400만 명이 넘는 이라크인들이 집을 떠나야만 했고, 이들은 국내에서는 유민이 되었으며, 주변 국가에서는 난민이 되었다.

이미 부서지기 직전이었던 사회 기반 시설들은, 침공 이후 대규모의 약탈과 민간 내란으로 파괴되었다. 게다가 2003년 미국과의 전쟁과 침공에서 이라크가 지식인들을 박해한 이후, 이라크에서는 국제적으로 학문이 배제되었으며, 의료 및 과학 전문가들도 제재를 받았다(Gustafsson, 2006). 이는 국가의 교육과 의료 서비스에 중요한 부정적인 영향을 끼쳤다. 불안정성과 폭력으로 인하여 학문은 소모되었고, 연구 활동은 무너졌다. 이는 나라의 사회 과학을 위한 과학적 기반을 잃게 만들었고, 특히 아동들을 위한 건강과 교육 체계가 그 영향을 받았다(AlObaidi & Piachaud, 2007; AlObaidi et al., 2013a).

이라크 소아청소년들의 정신건강 문제와 장애

이라크는 저소득, 분쟁국가의 아동들에게 정신건강이 얼마나 필요한지를 보여줄 수 있는 예이다. 소아청소년들이 이라크 전체 인구 3,300만 명의 절반을 구성하고 있다 (COS, 2011). 이라크의 소아청소년들이 겪는 정신건강 문제는 상당하며, 발표된 다수의 논문에서 이라크의 소아청소년의 정신건강 문제가 증가하고 있다는 것을 알 수 있다. 예를 들면, 소아청소년의 20~30%가 고강도의 외상 경험 이후, 외상후 스트레스장애(이하 PTSD)를 앓고 있다고 추정된다(Ahmad et al., 1998; Lafta et al., 2013; Razokhi et al., 2006). Al-Jawadi와 Abdul-Rhman(2007)이 이라크 북부에 있는 모술의 일차 의료기관에 방문한 1~15세 사이의 환아를 대상으로 연구한 결과, 37%의 아동들이 정신건강 문제를 갖고 있는 것으로 추정된다고 밝혔다(Al-Jawadi & Abdul-Rhman, 2007). 바그다드 내 600명의 초등학생을 대상으로 한 조사에서 14%의 응답자가 PTSD를 겪고 있는 것으로 보고되었고, 모술에 사는 1,090여 명의 청소년을 표본으로 한 설문에서는 30%가 겪고 있다고 응답하였으며(Razokhi et al., 2006), 북쪽에 있는 이라크 쿠르드족은 20%의 어린이들이 겪고 있다고 답하였다. PTSD의 유병률에 관한 최근 연구는 2010년에 바그다드의 중학교 남학생을 대상으로 이루어졌고, 13~19세의 남학생 중 55%가 외상을 겪은 경험이 있으며, 17.1%가 PTSD의 증상이 있다는 것이 밝혀졌다(Lafta et al., 2014). 바그다드에서 2005년에 임상 표본 연구를 시행하였고, 불안장애로 진단된 학생은 22%,

행동 문제가 있다고 밝혀진 학생은 18%였다(AlObaidi et al, 2010b). 최근 연구에 따르면, 바그다드의 초등학생 사이에서 주의력결핍 과잉행동장애(이하 ADHD)의 유병률은 대략 10%이다(AlObaidi & Ali, 2009). 2003년 바그다드의 한 중학교 학생들을 대상으로 DSM-IV를 적용하여 시행한 연구에서, 사회공포증의 유병률은 1.6% 정도로 추정되었다(Hummadi & AlObaidi, 2014).

앞에서 언급된 자료들에도 불구하고, 소아청소년의 심리사회적 건강과 정신건강을 조사하는 국가적 역학 조사는 아직 시행되고 있지 않다. 과학 분야에서 약간의 관심을 가지고는 있지만, 여전히 기회는 제한되어있다. 자료가 보여주는 바와 같이 기술하는 것도 비체계적이고, 대부분의 연구의 경우 이라크 아동들의 심리사회적 안녕에 영향을 끼치는 전쟁의 효과와 폭력성에 더 중점을 두고 있다(AlObaidi, 2011; AlObaidi et al., 2013a).

개인적 요소와 환경적 요소 둘 다를 포함한 많은 요소들이 이라크 청소년들의 정신건강 문제에 영향을 끼친다. 많은 소아청소년들은 희생자이고, 폭력과 외상적 사건을 보는 목격자이며, 가족이 희생자가 되는 것을 지켜봐야 하고, 그들의 집으로부터 떠나야 하며, 끝나지 않는 불안정성 속에서 살아야 한다. 게다가 이라크는 심각한 궁핍, 경제적 고립, 전쟁 후 국내의 불안한 상황들을 겪어야 했다. 이라크인들의 안녕은 특히 아동들의 경우, 지속되는 폭력과 가난, 교육과 건강 시스템의 실패로 심각하게 약화되었다. 예를 들면, 이라크인 중 20~25%가 빈곤선 아래에 있다(IRIN, 2009). 이런 환경 속에서, 외상과 스트레스의 장기 지속이 청소년들의 정신건강에 어떤 영향을 미치는지에 대한 관심이 생겨났다(AlObaidi, 2011). 이런 문제들에도 불구하고, 이라크의 소아청소년들의 대다수는 정신장애까지 이르지는 않았는데, 가족과 지역사회가 '회복력'을 기르도록 도움을 주는 데 그 이유가 있는 듯하다. 또한 이로 인해, 대부분의 소아청소년들이 부정적인 환경 속에서 잘 적응하고 생존해내는 듯하다.

이라크에서의 소아청소년 정신건강 서비스

이라크에서의 정신건강 서비스의 발달은 상대적으로 최근의 일이다. 대략 60년 전에, 정신질환을 앓는 성인을 위한 의료센터가 세워졌는데, 수도인 바그다드에 국영 정신병원의 형태로 지어졌다. 겨우 30년 전에야, 이라크 전역에서 정신건강의학과가 종합병원의 일부가 되었다(Sadik & AlJadiry, 2006). 그러나 정규적인 소아청소년의 정신건강 시스템은 없었다. 아동들의 정신건강 관리는 주로 성인을 위한 외래 정신건강 클리닉에서 이루어졌다. 게다가 상당수의 특수교육 기관과 고아원은 정부나 비정부 단체에 의해 운영되고 있었다. 또한 행동 치료나 놀이 치료와 같은, 다양한 형태의 심리 치료와 여러 학문 분야에 걸친 작업은 의료 행위의 일부로 여겨지지 않았다. CAMHS(child and adolescent mental health services, 학교 기반 소아청소년 정신건강 서비스)는 실시되기 힘들었으며, 청소년 사법 제도하에서 심리사회적 사업은 거의 존재하지 않았다. 아동의 심리사회적 보호에 필요한 인적 자원이 부족하였고, 이는 이라크 소아 정신건강 서비스의 운영과 발전에 큰 과제가 되었다(AlObaidi et al., 2010a). 현재는 시국이 불안정하고 폭력 사태가 있기 때문에, UNICEF와 같은 국제 비정부기관(INGO)들이 제약을 받고 있다. 관계자들이 큰 위험에 노출될 가능성이 많아, 많은 단체들이 이라크를 포기했기 때문이다.

이런 환경은 특히 아동들의 건강을 위한 서비스의 수요를 만들었고, 국내외의 관심을 자아냈다. 이 서비스에는 정신건강과 교육이 포함된다(AlObaidi, 2010; AlObaidi & Attalah, 2009). 하지만 극렬하고 격변하는 정치·사회·경제적 충돌과 위에서 언급한 위기들과 같은 많은 요소들이 이라크의 CAMHS의 발전과 진전을 막고 있다. 또한 정신건강에 관한 공교육이 CAMHS의 발전에 필수적이지만, 현재 이라크에서 정신건강 지식이 성장되고, 소아 정신건강에 관한 인식을 개선하는 것은 힘든 실정이다. 게다가 정신질환에 관한 편견이 이라크 사회에 만연해 있어서 정신건강 서비스의 발전에 부정적인 영향을 미친다(AlObaidi et al., 2010a). 무작위로 선정된 바그다드인 500명을 대상으로 조사를 진행한 결과, 50~70%의 응답자가 정신건강 문제를 가진 사람들은 비난받아야 하며, 결혼하지 말고, 아동을 가져서도 안 되고, 다른 사람과 접촉해서도 안 된다고 답했다(Sadie et al., 2010). 이런 부정적인 생각을 바꾸기 위해 몇몇 연구들이 진행되었다. 예를 들면, 아동들의 인권, 치료적/교육적 중재 및 서비스의 필요성을 다룬 연구들이 진행되었으며, 지역사회와 국가 모두가 아동 보호를 우선으로 하여 안건을 상정해야 한다고 밝혔다(AlObaidi et al., 2009; 2013b; AlObaidi & Budosan, 2011).

이라크에서의 학교 정신건강 프로그램과 그 발전을 위한 제안

학교라는 곳은 아동의 감정적 안녕을 증진하고 발전시키는 데 유용한 장소이고 또한 정신건강 증진을 위하여 중요한 장소이며, 최소한의 편견만을 가지고 소아청소년의 정신건강 문제를 개선하고 예방할 수 있는 곳이다(Durlak et al., 2011; Greenberg, 2010; Self-El Din, 2004; Vostanis et al., 2013; Weare, 2013 : Weare & Markham, 2005; Weare & Nind, 2011). 전 세계적으로 봤을 때, 소아청소년의 정신건강 문제의 규모가 매우 커서 선진국에서조차 관리를 위한 자원이 부족하다(Belfer, 2008). 선진국에서도 학교 정신건강 서비스가 많은 발전을 했지만, 편견과 같은 여러 요소들로 인하여 적절하게 실행하는 데 많은 어려움을 겪고 있다(Bostanis et al., 2012). 안전, 음식, 피난처, 교육, 가족 유대와 같은 기본 욕구조차 충족되지 않는 전쟁이나 재난과 같은 기간은 고사하고, 일반적으로 지역사회, 정책 입안자, 이해 당사자에게 소아청소년의 정신건강의 필요성에 대해 일깨우는 것은 평화로운 시대에서조차 매우 어려운 일이다(Fayyad et al., 2008; Jones, 2008).

이라크에서 어떤 대책을 세울 때, 이라크가 현재 처해있는 독특한 상황을 이해하고, 사람들이 폭력, 정치적 불안정성, 극한의 고통과 굶주림 속에서 버티며 매일을 살아가고 있다는 것을 인지하는 것은 매우 중요하다. 이라크의 교육과 건강 사회 기반 시설들이 완전히 파괴되고, 이라크의 교사, 의사, 간호사, 학자와 같은 전문가들의 많은 수가 망명하거나 암살된 현재의 상황을 고려해보면, 교육과 건강 시스템을 개선한다는 표현보다는 다시 세운다는 말이 더 적절할 것이다.

중앙 통계청에 의하면, 2011년에 이라크 전체의 학교 수는 2만 462개, 학생 수는 689만 922명(4~18세), 등록된 교사와 교직원 수는 41만 7,797명 이었다(COS, 2011). 그러나 이라크 학교 시스템은 지금 정신건강에 관한 계획을 가지고 있지 않다. CAMHS 역시 없다. 또한 이라크 교육자들은 학습 문제나 감정 문제를 가지고 있는 아동들을 인식하고 이해할 수 있는 능력이 없다(AlObaidi et al., 2013b). 앞에서 언급한대로, 이라크에서는 정신건강 전문가와 준전문가들이 부족하고, 건강 분야에서 아동들을 돌봐줄 사람들이 부족하며 종합적인 접근 역시 못하고 있다. 게다가 정신건강과 교육은 매우 힘든 상황에 놓여있고, 산산 조각난 기반 시설 속에서 제공되고 있으며, 국가나 지역사회로부터 주목받고 있지 못하다. 그러므로 CAMHS를 만들고 개선시키는 것이 이라크에서 매우 힘든 일임은 자명하다(AlObaidi et al., 2010a). 우리는 현재의 상황 속에서 학교 기반 정신 서비스를 어떻게 만들어나갈 것인지에 대한 모델을 제안할 것이다.

학교 기반 정신건강 서비스를 발전시키는 데 중요한 첫걸음은, 학교 기반 정신건강이 필요로 하는 것을 분명히 밝히고, 이러한 필요성을 만족시킬 수 있는 방법을 찾는 것이다. 즉, 프로그램의 실행과 유지에 영향을 끼칠 수 있는 방법(예 : 교사 연수 과정)을 찾아야 한다. 교사는 학교 기반 정신건강의 증진에 중요한 역할을 한다. 교사의 기량과 자긍심은 매우 필수적이다(Lendrum et al., 2013). 이라크의 교사들은 학생의 사회적·감정적 발달을 조성하도록 돕고, 효과적인 학급 운영 전략을 사용하고, 전문 의료기관에서 평가하고 치료받아야 하는 감정 문제와 행동 문제를 가진 아동들을 선별해낼 수 있도록 교육을 받아야 한다(AlObaidi et al., 2013b). 교사는 또한 이 교육을 통하여 정보에 접근할 수 있는 기술과 정보통신의 발달에 있어 다양한 이득을 얻고, 훈련과 보조를 받게 될 것이다. 아동의 사회적·감정적 안녕을 이해하고, 소아 정신건강 문제의 초기 징후를 인식하는 능력과 기술을 증진하고, 학교, 가정, 지역사회에서 여러 요소들이 복합적으로 작용한다는 것을 인식하는 데 초점을 맞추어 교사 연수가 진행되어야 할 것이다(Jorm et al., 2010). 학교 기반 정신건강 프로그램은 학교 전체에서 다양한 건강 문제들을 목표로 해야 한다(Jane-Llopis et al., 2005). Weare(2013)는 실행 가능하고 효과적인 학교 정신건강 프로그램의 몇몇 특징에 대해 언급했다. 교사에게 사전 교육과 지속적인 전문 교육을 실시하고, 소아 정신건강문제에 대해 연수를 실시해야 한다는 것이었다. Weare(2013)는 학교 정신건강 프로그램이 문제만 다룰 것이 아니라, 긍정적인 정신건강과 더불어 학생의 장점도 다루어야 한다고 논했다. 또한 보편적인 목표와 계획을 세우고, 단기적이 아닌 장기적 목표를 갖고, 되도록이면 빨리 시작하라고 조언했다. 그리고 학교 전체를 대상으로 실시하고, 학업과도 연계시키며, 가정 및 지역사회와 계속해서 접촉을 시도하는 것이 효과적이고 성공적인 학교 정신건강 프로그램의 실행을 위해 필수적이라고 밝혔다(Weare, 2013).

소아청소년 정신건강 전문가는 어떻게 하면 학교와 협력하여 학생 정신건강 증진을 위한 교사 교육 프로그램을 실행하고 발전시킬지에 대해 연구할 필요가 있다(AlObaidi et al., 2013b). 서로 다른 시스템(예 : 교육, 복지, 건강 등)의 협력은 소아청소년의 정신건강 서비스를 만들고 실행하는 데 필수적이며, 또한 CAMHS 시스템이 소아청소년의 요구를 충족시키는 데 있어서 학교가 주요 장소가 될 수 있도록 도울 것이다. 또한 학교 정신건강 프로그램의 개발을 지지하는 정책, 계획, 가이드라인을 만드는 것은 중요하며, 시스템이 무너지고, 비효율적이고, 돈이 많이 들고, 접근하기 힘들지 않도록 막는 것도 중요하다. 이런 정책과 계획들은 그 가치와 원칙, 소아청소년 정신건강 개선의 목적을 밝혀야 하고, 대중들이 겪는 소아청소년의 정신질환으로 인한 부담을 덜어주어야 한다. 이런 접근은 이라크의 국가 보건 계획에 반드시 포함되어야 한다.

한편, 소아청소년 정신건강 전체 시스템을 발전시키는 데 필요한 또 다른 중요한 발걸음이 있다. 우선, 건강 관련 종사자, 교육자, 성직자, 법 집행관, 아동, 청소년 그리고 그들의 부모 등과의 인터뷰 같은 것들을 통해서, 대중이 무엇을 원하는지를 알아야 한다. 둘째로는, CAMHS와 학교 프로그램을 발전시킬 효과적이고 성공적인 전략을 위한 최고의 근거들을 모아야 한다. 셋째로, 학교 정신건강 계획을 실시하기에 앞서, 앞으로의 비전, 가치, 원칙, 목표를 설정해야 한다. 교육부, 복지부, NGO들의 이해관계자들이 협상을 해서 협력하기 시작하고, 서로의 책임에 관한 가이드라인 및 관련 법률을 만들어야 한다.

또한 이라크에서는 소아 정신건강에 대한 필요성이 매우 큰 반면, 건강 및 정신건강 서비스는 제한되어있기 때문에, 지역사회를 기반으로 한 접근이 필요하다. 즉, 가정, 교사, 종교 지도자, 문화 지도자, 지역사회 의료인들에게 권한을 부여해야 한다. 학교 정신 프로그램은 우선 정신건강 교육에 초점을 맞추어서 우선적으로 시작될 수 있을 것이다. 정신건강 교육 프로그램이 정신건강과 정신질환에 대한 이해를 돕고, 편견을 줄이며, 학생이나 교사 모두에게 필요할 때에는 도움을 구해야 한다는 것을 알게 해줄 것이다. 프로그램은 학교 자퇴, 왕따 문제와 같은 이슈를 다룰 것이고, 예방적으로는 아동들의 회복력을 기르도록 도울 것이다. 프로그램은 문화적으로 적절해야 하며, 정신건강에 대한 이해를 늘리고 정신건강 문제 관련 오해를 줄이는 데 초점을 맞추어 진행되어야 한다. 신체질환이나 정신질환을 가진 아동들이 필요로 하는 것들은 국가 교육 계획에서 다루어져야 하고, 아동들이 정통 교육을 받을 수 있도록 법이 제정되어야 한다(AlObaidi & Budosan, 2011). 또한 현재 통계 자료와 연구 결과가 부족한 탓에 소아청소년 정신건강 프로그램을 계획, 실행, 평가하는 것이 어렵다. 따라서 앞으로는 추적 관찰 및 결과의 효율성을 알아보는 연구에 쓰일 자원들이 필요하다(AlObaidi et al., 2013a).

결론

이라크에는 소아청소년의 정신건강을 개선하기 위한 많은 일들이 있다. 이는 도전이자 기회가 될 것이다. 이라크 소아청소년의 정신건강은 이라크의 회복에 필수적인 요소이다. 소아청소년의 기본 건강 및 정신건강 필요 요건들을 제대로 다룬다면, 나라가 회복하고, 생존하고, 언젠가는 꽃을 피우는 희망을 가져다줄 것이다.

참고문헌

Ahmad, A., Mohamed, H. T., and Ameen, N. M. (1998). A 26-month follow-up of posttraumatic stress symptoms in children after the mass escape tragedy in Iraqi Kurdistan. *Nordic Journal of Psychiatry*, 52, 357–366.

Al-Jawadi, A. A. and Abdul-Rhman, S. (2007). Prevalence of childhood and early adolescence mental disorders among children attending primary health care centers in Mosul, Iraq: A cross sectional study. *BMC Public Health*, 7, 274. www.biomedcentral.com/1471–2458/7/274 (accessed September 16, 2013).

AlObaidi, A. K. (2010). Iraqi psychiatrist in exile helping distressed Iraqi refugee children in Egypt in non-clinical settings. *Journal of the Canadian Academy of Child and Adolescent Psychiatry*, 19(2), 72–73.

AlObaidi, A. K. (2011). Iraq: Children and adolescents' mental health under continuous turmoil. *International Psychiatry*, 8(1), 5–6.

AlObaidi, A. K. and Ali, N. S. (2009). Attention deficit/hyperactivity disorder among schoolchildren in Baghdad. *Journal of Canadian Academy for Child & Adolescent Psychiatry*, 18(1), 4–5.

AlObaidi, A. K. and Attalah, S. F. (2009). Iraqi refugees in Egypt: An exploration of their mental health and psychosocial status. *Intervention*, 7(2), 145–151.

AlObaidi, A. K. and Budosan, B. (2011). Mainstreaming educational opportunities for physically and mentally disabled children youth in Iraq. *Advances in School Mental Health Promotion*, 4(1), 35–43.

AlObaidi, A. K., Budosan, B., and Jeffery, L. (2010a). Child and adolescent mental health in Iraq: current situation and scope for promotion of child and adolescent mental health policy. *Intervention*, 8(1), 40–51.

AlObaidi, A. K., Corcoran, T., and Scarth, L. (2013a). Psychosocial research with children in Iraq: current health practice and policy in a context of armed conflict. *International Psychiatry*, 10(3), 72–74.

AlObaidi, A. K., Jeffrey, L., Scarth, L., and Albadawi, G. (2009). Iraqi children rights: Building a system under fire. *Medicine, Conflict & Survival*, 25(2), 145–162.

AlObaidi, A. K., Nelson, B. D., AlBadawi, G., Hicks M. H. R., and Guarine, A. J. (2013b). Child mental health and service needs in Iraq: Beliefs and attitudes of primary school teachers. *Child and Adolescent Mental Health*, 18(3), 171–179.

AlObaidi, A. K. and Piachaud, J. (2007). While adults battle, children suffer: Future problems for Iraq. *Journal of the Royal Society of Medicine*, 100, 394–395.

AlObaidi, A. K., Scarth, L., and Dwivedi, K. N. (2010b). Mental disorder in children attending child psychiatric clinic at the general paediatric hospital in Baghdad. *International Journal of Mental Health Promotion*, 12(3), 24–30.

Belfer, M. L. (2008). Child and adolescent mental disorders: The magnitude of the problem across the globe. *Journal of child Psychology and Psychiatry*, 49, 226–236.

Central Organization for Statistics (COS) (2011). Annual abstract of statistics 2010–2011. http://cosit.gov.iq/english (accessed August 29, 2013).

Durlak, J. A., Weissberg, R. P., Dymnicki, A. B., Taylor, R. D., and Schellinger, K. (2011). The impact of enhancing students' social and emotional learning: A meta-analysis of school based universal interventions. *Child Development*, 82, 474–501.

Fayyad, J., Salamoun, M. M., Karam, E. G., Karam, A. N., Mueimneh, Z., and Tabet, C. C. (2008). Child mental health services in war and peace. In: M. E. Garralda and J. P. Raynaud (eds.), *Culture and conflict in child and adolescent mental health*. Lanham, MD: Jason Aronson.

Greenberg, M. (2010). School-based prevention: Current status and future challenges. *Effective Education*, 2, 27–52.

Gustafsson, B. (2006). The community must unite over Iraq. *Nature*, 444(7118), 422.

Hummadi, B. F. and AlObaidi, A. K. (2014). Social phobia among secondary school students in Baghdad/Iraq. *Journal of Canadian Academy for Child & Adolescent Psychiatry*, 23(1), 70–71.

IRIN. (2009). Iraq: Over 20 percent of Iraqis live below the poverty line. www.irinnews.org/repo rt/84526/iraq-over-20-percent-of-iraqis-live-bel ow-the-poverty-line (accessed February 20, 2014).

Jané-Llopis, E, Barry, M. M., Hosman, C., and Patel, V. (2005). Mental health promotion works: A review. *Promotion and Education*, 2 (suppl), 9–25.

Jones, L. (2008). Responding to the needs of children in crisis. *International Review of Psychiatry*, 20(3), 291–303.

Jorm, A. F., Kitchener, B. A., Sawyer, M. G., and Cvetkovski, S. (2010). Mental health first aid training for high school teachers: A cluster randomized trial. *BMC Psychiatry*, 10:51 www.biomedcentral.com/1471-244X/10/51 (accessed December 15, 2013).

Lafta, R., AlObaidi, A. K., and Aziz, Z. S. (2014). Post-traumatic stress disorder among male students in secondary schools in Baghdad. *Journal of Abnormal Child Psychology* 3, 121.

Lendrum, A., Humphrey, N., and Wigelsworth, M. (2013). Social and emotional aspects of learning (SEAL) for secondary schools: Implementation difficulties and their implications for school-based mental health promotion. *Child and Adolescent Mental Health* 18(3), 158–164.

Razokhi, A. H., Taha, I. K., Taib, N. I., Sadik, S., and Al Gasseer, N. (2006). Mental health of Iraqi children. *Lancet*, 368, 838–839.

Sadik, S. and AlJadiry, A. M. (2006). Mental health services in Iraq: Past, present and future. *International Psychiatry*, 3(4), 11–13.

Sadik, S., Bradley, M., Al-Hasoon, S., and Jenkins, R. (2010). Public perception of mental health in Iraq. *International Journal of Mental Health Systems*, 4, 26.

Seif-El Din, A. (2004). Prevention and intervention in school settings. In: H. Remschmidt, M. L. Belfer, and I. Goodyer (eds.), *Facilitating pathways, care, treatment and prevention in child and adolescent mental health*, Berlin: Springer-Verlag, pp. 326–334.

Vostanis, P., Humphrey, N., Fitzgerald, N., Deighton, J., and Wolpert, M. (2013). How do schools promote emotional well-being among their pupils? Findings from a national scoping survey of mental health provision in English schools. *Child and Adolescent Mental Health*, 18(3), 151–157.

Vostanis, P., O'Reilly, M., Taylor, H., *et al.* (2012). What can schools teach child mental health services? Practitioners' perceptions of training and joint working. *Emotional and Behavioural Difficulties*, 17(2), 109–124.

Weare, K. (2013). Child and adolescent mental health in schools. *Child and Adolescent Mental Health*, 18(3), 129–130.

Weare, K. and Markham, W. (2005). What do we know about promoting mental health through schools? *Promotion and Education*, 12, 4–8.

Weare, K. and Nind, M. (2011). Mental health promotion and problem prevention in schools: What does the evidence say? *Health Promotion International*, 26(S1), 29–69.

아일랜드 중등학교의 정신건강 증진과 웰빙을 위한 범학교적 접근

Aleisha M. Clarke, Margaret M. Barry

서론

이 장은 중등학교 정신건강 증진과 관련된 아일랜드의 교육 커리큘럼 개혁을 다룬다. SPHE(Social, Personal and Health Education, 사회, 개인 및 건강 교육)가 중등 과정에서 필수과목으로 지정되며, 동시에 HPSF(Health Promoting Schools Framework, 학교 건강 증진 체계)의 채택이 검토되고 있다. 교육기술부, 보건부, 보건 서비스 집행부가 협력하여 SPHE 도입의 기반을 닦았다. 그들은 범학교적인 기반 위에서 SPHE를 도입하기 위해 국가 차원의 지원 체계를 설립하였다.

1970년대 이래로, 아일랜드의 중등학교들은 학교 정신건강 증진을 위한 일련의 방법들을 도입해왔다. 2002년에 건강교육 프로그램인 SPHE가 중등학교 저학년(12~15세) 과정에서 필수과목으로 도입되었고, 이후에는 고학년(16~19세) 과정으로 확대되었다. SPHE의 공식적인 도입은 일부 학교들에서 비공식적으로 자리 잡고 있던 건강교육과정에 구조와 체계를 부여하였다. SPHE는 청년들의 자기계발과 건강, 복지를 지원하며, 그들의 관계 형성과 유지를 돕는다. SPHE는 범학교적 접근을 채택하는데, 그 핵심요소는 다음과 같다 ― (1) 커리큘럼 교육과 학습 (2) 조직, 정신, 환경 (3) 협력과 서비스.

School Mental Health: Global Challenges and Opportunities, ed. Stan Kutcher, Yifeng Wei and Marc D. Weist. Published by Cambridge University Press. © Cambridge University Press 2015.

SPHE의 전국적인 도입을 위해 정부는 교사들을 위한 정기 직무연수, 지원과 자원 제공, 질 관리 보장 등 여러 방면에서 전폭적으로 지원하였다.

이 장에서는 청소년 정신건강 증진과 관련된 SPHE의 핵심 요소와 범학교적 접근의 도전과제들을 다룬다. 특히, 학교 정신건강의 증진을 위한 온라인 개입의 가능성이 다루어진다. 12~25세 청년들을 대상으로 한 온라인 개입의 시스템적 검토가 제기되는 한편, 학교라는 공간에서 근거 기반 온라인 개입이 활용될 수 있는지 그 가능성에 대해서도 논의가 이루어졌다. 이러한 범학교적 접근에서 교사, 부모, 지역사회 이해관계자들은 중요한 역할을 맡는다. 이처럼 청소년 정신건강 증진을 위해 힘쓰는 성인들을 보조하는 온라인 자원의 개발 연구들이 이번 장에서 다뤄진다. 이 연구는 호주의 Inspire Ireland Foundation, Young and Well Cooperative Research Centre와 몇몇 저자들의 협력하에 시행되었다. 이 연구는 청소년 정신건강에 관해 부모, 교사, 정신건강 전문가의 요구를 파악하고, 디지털과 정신건강 정보활용에 있어서 세대 간 연결고리의 역할을 한다. 학교를 통해 청소년의 정신건강과 웰빙을 지원하기 위해 시행된 이 연구가 암시하는 것들을 현행 정책과 실례에 비추어 논의한다.

청소년 정신건강과 웰빙 증진을 위한 교내 정책 및 실례

전 세계적으로 청년들의 10~20%가 정신건강 문제를 겪는 것으로 추정된다[2]. 아일랜드의 청년 5명 중 1명은 한 번쯤 심각한 정서적 문제를 겪는다는 연구결과가 있다[3~7]. 이들 중 소수만이 기관으로부터 도움을 받은 것으로 보고되고 있다[3~6]. 아일랜드의 15~24세 집단에서의 자살 사망률은 EU에서 네 번째로 높고[7], 15~19세 집단에서는 세 번째로 높다[8]. 급변하는 경제·사회·문화적 환경이 청년들로 하여금 부정적인 삶의 결론을 내리도록 내몰고 있다. 아일랜드의 12~25세 청년 1만 4,306명을 대상으로 시행된 My World Study[9]의 결과, 1/5 이상이 자해 경험이 있으며 7%는 자살시도 경험이 있는 것으로 나타났다. 과도한 음주나 경제적 빈곤은 정신건강을 해치는 주요 원인이며, 그들 주변의 '좋은 어른'의 존재가 정신건강 문제의 해소와 긍정적 결과를 촉진하는 것으로 밝혀졌다.

청소년기 정신건강과 웰빙에 대한 증진은 청년들의 인지·정서·사회·학문적 발달에 중요하다. 청소년기 정신건강의 실패는 학교 부적응, 비행, 약물남용과 같은 건강 및 사회 문제를 초래하며, 성인기에서의 가난과 기타 부정적인 결과들을 낳는다[1]. 정신건강 증진을 위한 개입들은 청년들이 자신의 가능성을 깨닫고 역경 극복에 필요한 삶의 기술, 지원, 자원을 갖추게 한다. 예부터 청년 정신건강 육성을 위한 학교환경과 효과적인 정신건강 육성·예방·조기개입의 중요성은 회자되어왔다. 예를 들어, WHO의 학교 건강 증진 행동(Health Promoting Schools initiative)[10]은 포괄적인 삶의 기술을 가르치고, 긍정적인 청소년 발달과 가족·지역사회·청년들의 유대감 육성에 있어서 학교의 역할을 강조하였다. 지난 20여 년간 세계적으로 학교에서의 정신건강 증진의 효능에 대한 증거들이 축적되어왔다. 수많은 리뷰들이 가족·학교·지역사회와 협력하여 시행된 정신건강 증진 개입이 정신건강뿐 아니라 사회기능, 학업수행, 일반건강의 개선도 가져온다는 것을 보여주었다[11~19].

또한 아일랜드의 정신건강과 자살예방에 관한 정책들은 청년 정신건강 증진에 있어서 학교가 수행하는 중요한 역할들을 입증하였다[20]. 중등학교의 저학년(12~15세)을 대상으로 하는 교육기술부의 저학년을 위한 체계(A Framework for Junior Cycle)[21]는 청년들의 정신건강과 웰빙을 강조한다. 이 지침은 "교육은 학교, 공동체, 사회 모두의 웰빙이 보장된 환경에서 이루어져야 한다."(p. 4)고 언급하며, 학교가 청소년의 정신건강 증진을 위해 활동할 수 있는 범위를 넓혀준다. 또한 국내 및 국제 사례와 모범 사례에 근거하여 중등학교의 정신건강 증진과 자살예방을 위한 국가적 지침을 만들었다[22]. 이 지침은 학교가 정신건강 증진과 자살예방에 대한 범학교적 접근을 개발하게끔 지원한다. 개별 학생 혹은 자원 학생뿐만 아니라, 전체 학교 공동체를 그 대상으로 한다. 범학교적 접근의 본질적인 요소들은 명시되어있으며, 이는 다음과 같다 ─ 긍정적인 직원-학생 관계, 직원 발전과 교육, 강력한 리더십과 명확한 징계 정책, 팀워크, 기술의 중요성, 사실과 정보보다는 태도와 가치, 부모와 지역사회, 핵심 기관들의 적극적인 참여. 이 지침은 학교가 정신건강을 증진하기 위해 NEPS(National Educational Psychological Service, 국가 교육 심리 서비스) 지원모델을 선택하도록 권고한다. WHO의 학교 정신건강 증진 모형에 근거한 이 모형은 지원의 세 단계 연속체로 구성되어 있다.

1. **모두를 위한 학교 지원** 학교의 모든 구성원들을 위한 긍정적인 정신건강 증진
2. **일부를 위한 학교 지원** 위해행동을 발전시킬 가능성이 있거나, 이미 정신건강 문제

의 초기 징후를 보이는 구성원들을 확인하고, 추가 지원 제공

3. **소수를 위한 학교 지원**   복잡하고 지속되는 정신건강 및 정서적 결핍을 보이는 구성원들을 위해 외부 기관의 지원을 통한 개입 이행

지원의 세 단계 연속체 이행에서는 각 단계의 개입에 필요한 지원을 제공하기 위해 자원의 범학교적인 조정이 필요하다. 건강 증진 서비스, NEPS, CAMHS(Child and Adolescent Mental Health Services, 소아청소년 정신건강 서비스) 등의 건강 증진 및 심리 서비스와 더불어 학생·교사·부모·직원 등 핵심 이해관계자들의 참여는 이 모형의 성공적인 이행에 필수적이다. 범학교적 지원 계획을 기획하고 채택하는 데 있어서 HPSF를 지침으로 추천한다.

학교 건강 증진 체계

아일랜드는 HPSF를 초기에 채택하였는데, 이는 유럽 건강 증진 학교 지지망(현재는 '유럽 건강을 위한 학교'라고 함)을 통해 1980년대에 유럽에서 개발되었다. 건강 증진 학교는 건강에 영향을 미치는 모든 조건들에 초점을 맞춤으로써 생활, 학습, 작업을 위한 건강한 환경을 제공하기 위한 역량을 지속적으로 강화시키는 것을 특징으로 한다 [10]. 건강 증진 학교는 다음과 같은 것을 목표로 한다.

- 교육과정의 이행을 지원하고 증진하는 방식으로 건강 증진 계획을 개발하기 위한 체제를 제공한다.
- 건강 관련 활동들의 계획, 이행, 평가를 지원한다.
- 학교와 공동체 간의 연결을 증진한다.

HPSF의 일환으로, 학교들은 실행을 위한 네 가지 핵심 영역에 집중하도록 권장된다 — (1) 물리적 및 사회적 환경 (2) 교육과정과 학습 (3) 가족과 공동체 제휴 (4) 정책과 계획. HPS 모형은 학교의 항상 변화하는 삶에 부합하여 발전하고 진화하는 과정으로 간주된다. 이것은 지속적인 발전과 성장을 지지하는 반영적인 계획과 학습 주기에 토대가 되는 역동적인 개념이다. 처음부터, 건강 증진 학교 개념은 아일랜드에서 보건부와 교육부 모두에 의해 지원되었다. 하지만 지금까지, HPSF 접근의 일환으로서 긍정적인 정신건강의 증진은 광범위한 주목을 받지 못하고 있다. Weare와 Markham[23]은 정신건강

을 증진하는 효과적인 작업이 우연히 발생하지 않을 것이라고 주장한다. 효과성에 대한 충분한 연구 증거와 평가에 근거한, 명시적 훈련, 조정된 전략과 프로그램이 필요하다. 2002년 중등학교의 저학년 시기에 필수 과목으로 SPHE 교육과정을 도입한 것은 아일랜드에서 학교 체계 내 정신건강 증진의 이행을 강화하는 데 있어서 중요한 단계였다.

사회, 개인, 건강 교육 교육과정

SPHE는 청소년 건강에 대해 신체적·개인적·정서적·사회적 측면을 포괄하는 광범위한 정의를 사용한다. SPHE는 아일랜드에서 중등학교 교육을 뒷받침하는 원칙의 적용을 반영하고 촉진하도록 설계되어있다. 초등학교에서 SPHE를 구축한 후, 중등 수준에서의 SPHE는 학생들로 하여금 개인 및 사회 기술을 개발하고, 자아존중감과 자신감을 증진하며, 책임감 있는 의사결정을 위한 체제를 개발하고, 신체적·정신적·정서적 건강과 복지를 증진할 수 있게 하는 것을 목표로 한다. SPHE는 3년간의 저학년 시기의 각 해에 제공되는 10개 요소[24]와 고학년 시기의 2년 동안 제공되는 5개 요소[25]를 지닌 나선형 교육과정을 포함한다. 각 요소의 경우, 학생들이 요소를 끝마치는 것을 이해하는 과정과, 할 수 있는 것을 확인하는 이론적 근거 및 학습 결과의 목록이 존재한다. 교육과정 체계는 수행할 수 있는 교육과정이 되도록 설계된다. 개별 학교들은 교육과정에 의해 규정된 이론적 근거와 학습 결과를 지원하는 자원들을 선택하면서 독특한 환경에서 SPHE를 계획하기 위해 체계의 유연한 속성을 이용하도록 지원받는다.

과목의 전국적인 전달은 DES(Departments of Education and Skills, 교육기술부), HSE(Health Service Executive, 건강 서비스 집행위원회), NCCA(National Council for Curriculum and Assessment, 교육과정 및 평가를 위한 국가 심의회) 간의 제휴 형태를 취하는 다중-부문 지원에 의해 촉진된다. 이 서비스는 국가 사무실과 4개 지역 지원 팀을 포함한다. 각 팀은 지역 HSE 영역의 건강 증진 담당자와 교육기술부의 지역 개발 담당자 간 제휴로 구성된다. 지역 지원 서비스 팀은 단위별 주제, 교수 접근, 특정 자원 등의 범위에 대한 교사들, 학교 조정자들, 학교 경영진 등을 위한 전체 학교 훈련과 과정을 포함하여, 학교들에 대한 정기적인 연수 교육 기회를 제공한다. 또한 프로그램 계획과 같은 건강 관련 정책개발 및 여타 교내 지원에 대한 원조, 지역적으로 적절한 자원의 분배 등은 지역개발 관리팀(국가 전역의 건강 증진 관리자들과 제휴한)에 의해 제공된다(www.sphe.ie 참조).

SPHE 내의 정신건강 증진

저학년 시기에는 소속과 통합, 자기관리, 의사소통 기술, 우정, 관계와 성, 정서적 건강, 영향과 의사결정의 일곱 가지 정신건강 구성요소가 있다. 고학년 시기의 다섯 가지 요소들 중 하나는 특히 정신건강에 집중된다. 교사들은 정신건강 요소들의 전달을 위한 자원의 선택에 있어서 자신의 재량을 행사할 수 있다. 이런 것들 중 일부는 일반 적용을 위한 독립 자원인 반면, 또 다른 것들은 광범위한 전-학교 정신건강 계획의 일부를 구성한다.

SPHE를 통한 해결[26]은 저학년 시기 동안 교사들이 사용하는 정신건강 자원의 한 예이다. 이것의 이론적 근거는 이야기 심리학[27], 사회 및 정서 학습[28]에서 비롯된다. CD 형식으로 제시되는 이 자원은 훈련과 교사들의 구성에 의해 지원되는 12개의 청소년 정신건강 이야기로 구성되어있다. 9개의 SPHE 수업은 전학(제1과), 집단 따돌림과 가족 갈등(제2과, 제3과), 불안 관리(제4과), 섭식장애(제5과), 학교 사회화의 역동(제6과), 자살과 사별(제7과), 강박장애(제8과), 마무리(제9과) 등과 같은 다양한 정신건강 주제를 포괄한다. SPHE를 통한 해결 프로그램에 대한 평가는 표준 프로그램(SPHE)이나 개입에 참여하도록 할당된 782명의 학생들을 대상으로 무작위 대조 시험을 사용하여 시행되었다. 정서적 및 행동적 어려움에 대하여 두 집단들 모두 시간이 지남에 따라 개선된 점들을 보여주었는데, 개입 집단에서 '위험에 처한' 것으로 확인된 남학생들은 표준 프로그램에서 '위험에 처한' 남성들보다 유의미하게 더 많은 개선을 보였다[29].

MindOut(조심)은 정신건강 증진 교육과정 기반 프로그램의 또 다른 예이다. 이 프로그램은 진급반 학생들(16~17세)을 위한 자원으로 고안되었다. 이 프로그램은 역량 증진 접근과 정신건강을 위한 보호 인자에 관련된 이론적 문헌에 근거하고 있다[30]. 이 프로그램은 스트레스와 대처, 자원의 출처, 정서(분노, 갈등, 거부, 우울), 관계, 정신건강의 이해, 타인을 지원하는 것의 중요성 등에 대한 탐색을 통해 긍정적인 정신건강을 증진하는 것이 목표이다. 이 프로그램은 활동 기반 연습과 뒤이어 성찰과 토론 시간을 포함하는 13회기로 구성되어있다. Byrne 등[31]은 아일랜드와 북아일랜드에 있는 학교들에서 15~18세의 학생들 1,850명을 대상으로 MindOut 프로그램에 대한 무작위 대조

평가를 시행하였다. 이 프로그램은 학생들의 지식, 태도, 기술 등에 유의미하게 긍정적인 영향을 미치는 것으로 밝혀졌다.

정신건강 증진에 대해 전-학교 접근을 이행하기

SPHE 교육과정과 결합된 HPSF는 생활, 학습, 작업을 위한 정신건강 증진 환경으로서 학교의 역량을 강화할 수 있는 유용한 틀을 제공한다. 이것의 핵심은 광범위한 공동체의 맥락에서 개인, 교실, 학교의 수준에서 변화를 가져오는 것을 목표로 하는 조정된 전략들을 사용하는 포괄적인 접근을 수행하는 것이다. Weare와 Nind[12]는 건강 증진 학교 접근이 일반적으로 본질적인 지원 구조, 긍정적 풍토, 권한이 있는 공동체, 최종사용자 관여 등을 제공하는 것으로 볼 수 있다고 주장한다. 하지만 또한 이런 접근이 측정 가능한 변화를 평가하고 입증하는 것을 더 어렵게 만들 수 있다는 것을 지적한다. 학교에서의 정신건강 증진과 예방에 대한 증거를 개관하면서, Weare와 Nind는 전-학교(whole school) 프로그램에서 '견실한 결과'를 생성하는 확실한 평가가 부족하다는 것을 강조한다. 이는 학교 기반 정신건강 증진 개입에 대한 국제적 증거의 양과 대조되는데, 이러한 것은 전통적인 무작위 대조 시험 설계에 기반한 결과 연구에 적합한 체계적인 방식으로 전달되는 고도로 구조화된 프로그램에서 비롯된다. 학교들이 구체적인 이행 지침의 부족하기 때문에 학교들과 국가들에 걸친 광범위한 실천에서 건강 증진 학교 접근과 결과를 성취하는 방법을 확인하기 어렵다고 주장한다[12, 32, 33]. Samdal과 Rowling[33]은 건강 증진 학교 접근의 이행을 위한 과학 기반을 만드는 것에 좀 더 관심을 가질 것을 요구한다. 이러한 것의 일환으로, 무엇이 이행되어야 하고 어떻게 이행되어야 하는지에 대한 조직화에 관련된 명확함이 최적의 결과를 성취하기 위해 추천된다.

Samdal과 Rowling[34]에 의해 시행된 문헌의 메타 분석은 건강 증진 학교 실천에 중요한 이행 구성요소들을 확인하려고 노력하였다. 여덟 가지 핵심 구성요소들이 확인되었는데, 이는 세 가지 범주로 분류되었다 — (1) 학교 **지도력** : 지도력과 관리 실천, 정책과 제도 변화 (2) **변화를 위한 준비성 확립** : 학교 발전을 위한 준비와 계획, 전문가 개발과 학습, 학생 참여 (3) **조직 맥락** : 관계 및 조직 지원 맥락, 제휴와 지지망, 지속 가능성. Samdal과 Rowling은 확인된 여덟 가지 이론 중심 이행 구성요소들이 모든 유형의 건강 증진 학교 계획들과 관련된다고 주장한다. 지역 맥락 특유의 개입, 제공자들, 공동체, 전달 체계, 지원 체계의 수준에서 작용하는 인자들의 범위를 확인할 때 구성요소들은 정신건강 증진과 특히 관련성을 지닌다. 따라서 이런 구성요소들은 아일랜드의 중등학교 정신건강 증진의 전-학교 이행을 안내하는 중요한 체제 혹은 '전달의 과학'을 제공한다.

정신건강 증진에 대한 전-학교 접근의 일부로 이런 구성요소들을 채택하는 것은 별개의 개입을 실행하고 개별 학생들에게 그 '선형적' 영향을 측정하는 것에서부터 달라진 변화를 가져온다. 아일랜드의 열악한 초등학교 환경 내에서 이행된 정신건강 증진 개입에 대한 사례 연구는 프로그램 시행의 현실을 드러내었고, 지방 환경에서 프로그램 이행이 학교마다 얼마나 다를 수 있는지를 그리고 이런 것이 프로그램 이행에 미칠 수 있는 영향을 예증하였다. 집단 RCT(randomized control trial, 무작위 대조 연구) 설계와 함께 시행된 이 사례 연구[36, 37]는 지피의 초등학교를 위한 친구 정서 복지 프로그램의 이행에 영향을 미치는 많은 인자들이 전-학교 실천이었음을 밝혔다. 공동체 참여, 부모 관여, 조직적 실천, 학교 기풍과 환경, 프로그램 이행자의 특성 등과 같은 인자들이 학교들 간에 유의미하게 다르다는 것이 밝혀졌다[35]. 사례 연구 결과들은 지금까지 이행 연구들과 일치하는데, 이는 이행에 영향을 주는 교실, 학교, 광범위한 공동체 수준에서 작용하는 인자들 간의 복잡한 상호작용에 대한 평가와 점검을 포함하는 평가 접근이 필요함을 나타낸다[32, 38~41].

아일랜드 중등학교에서 SPHE의 이행에 대한 평가는 문헌에서 강조된 전-학교 실천 논제들을 일부 반영하였다[42~46]. 아일랜드의 12개 학교에서 학생들, 부모들, 교사들을 대상으로 시행된 평가는 전-학교의 맥락 내 SPHE의 이행을 방해하는 학교 수준에서의 몇 가지 문제들을 드러내었다[46]. 이런 것들에는 프로그램을 전달하는 데 있어서 교사들을 지원하는 자원 유효성, 이미 초만원인 '학구적' 교육과정 내에서 일정 짜기, 변화에 대해 훈련 받고 전념하는 최소한도 교사들의 부재, 지원적 학교 기풍과 조직적 실천을 유발하는 데 있어서 학교장들의 관심과 전념, 학교와 학교공동체 내 이해관계자들 간의 제휴 등이 포함되었다. 이 장의 나머지 부분에서는 아일랜드에서 이행에 대해 가장 빈번하게 보고된 두 가지 장벽들, 즉 긍정적인 청소년 정신건강의 증진에서 교사들, 교장들, 광범위한 공동체 간의 자원 유효성과 역량 구축을 다루는 데 있어서 온라인 자원들의 잠재성을 탐색할 것이다[46, 63].

정신건강 증진 교육과정에서 격차를 다루는 데 있어서 온라인 자원의 잠재성

대부분의 청년들에게, 온라인 기술은 일생 생활의 일부이다. 아일랜드에서, 16~24세 청년들은 인터넷을 가장 빈번하게 사용하는 사람들이다. 2005년에 청년들의 34%가 인터넷에 접근하였다는 유럽 위원회(European Commission)의 자료는 지난 7년 동안 청년들의 인터넷 사용이 꾸준히 증가하였음을 강조한다. 2011년에는, 16~24세 연령대의 92%가 인터넷에 접근하였다고 보고하였다. 이 집단 중에서, 78%의 청년들은 매일 인터넷에 접근하였다[47].

아일랜드에서 청년들을 대상으로 시행된 나의 세계 조사(My World Survey) 결과는 청년들의 정신건강과 복지를 위한 지원의 출처로서 인터넷의 중요성을 강조하고 있다. 중등학교에 속한 12~19세 청년들의 경우, 인터넷은 친구, 부모에 이어 세 번째로 빈번하게 보고한 지원의 출처였다. (중등 이후 수준의) 17~25세 청년들의 경우, 인터넷은 정신건강과 복지를 위한 지원 출처로 가장 빈번하게 보고되었으며, 친구와 부모가 그 뒤를 이었다[9]. 이 연구의 결과는 청년들이 자신의 정신건강과 복지를 개선하는 데 있어서 인터넷을 '행동으로 옮기는 도구와 설정'으로 본다는 증거를 제공한다[48]. 신기술에 대한 청년들의 놀라운 흡수와 더불어, 온라인 및 휴대전화 응용프로그램은 학교 기반 정신건강 증진과 예방 개입의 전달에 있어서 점차 증가하는 선택의 폭을 제공한다.

인터넷-전달 정신건강 개입에 관련된 증거가 축적되고 있다. 12~25세 연령대의 청년들이 이용할 수 있는 온라인 정신건강 증진과 예방 개입에 대한 체계적 개관은 청년들을 위한 정신건강 개입의 전달을 위한 인터넷의 잠재적 역할을 강조한다[49]. 21개 웹 기반 개입들을 평가한 총 28개의 연구들이 확인되었다. 개입에는 구조화된 온라인 구성단위, 정신건강 정보 자원, 온라인 게임 개입, 블로그, 온라인 치료 등이 포함되었다. 정신건강 증진 개입의 결과는 구성단위 형식으로 제시된 기술 기반 개입들이 청년들의 정신건강 정보활용능력 기술, 지원 추구 행동, 복지에 유의미한 영향을 미칠 수 있다는 증거가 일부 존재함을 지적하였다. 온라인 정신건강 예방 개입의 경우에, 여러 연구들을 통하여 cCBT(computerized cognitive behavioral therapy, 컴퓨터화 인지행동 치료) 개입이 취약한 청년들의 불안과 우울에 상당하고 지속적인 영향을 미칠 수 있다는 증거가 밝혀졌다.

이 개관에서 확인된 양질의 증거를 지닌 몇몇 개입들은 학교 환경에서 청년들을 대상으로 이행되었다. 중요한 연구 결과로 학교 환경 내에서 교사 지원이 제공되는 온라인 개입의 이행이 많은 연구들에서 보고된 비교적 높은 프로그램 탈락률을 감소시키는 데 도움이 되었다는 것이다. 프로그램 탈락률은 가장 '위험에 처한' 청년들에서 가장 높다는 것이 밝혀졌다[50]. 이를 지지하는 증거는 학교에서 교육과정의 일부로 이행될 때 프로그램 완료율이 98%인 것에 비해, 가정에서 할 때는 완료율이 30%로 보고된 한 연구에서 입증되었다[51].

여러 학교 연구들에 걸쳐 지속적으로 긍정적인 연구 결과를 보인 한 가지 개입은 온라인 인지행동 프로그램 MoodGym(기분체육관)이었다[50, 52, 53]. MoodGym은 다섯 가지의 상호작용 단위로 구성되어있고 청년들의 불안과 우울 증상을 예방하거나 감소시키기 위해 설계된 인터넷 기반 프로그램이다. 유망한 또 다른 개입인 **스트레스 관리**(Managing Stress) 과정은 13세의 중등 수준 학생들을 위해 설계된 호주의 스트레스 관리 인터넷 기반 프로그램이다[54]. 이러한 6주 정신건강 증진 과정은 스트레스와 효과적인 대처 전략에 관한 참여자들의 지식을 개발하고, 참여자들의 효과적인 대처 전략 사용을 증가시키며, 스트레스에 대처하는 역량에 대해 개선된 지각을 생성하는 것이 목표이다. 온라인 과정에 더하여, 온라인에서 배운 지식과 기술을 강화하기 위해 관련된 교실 학습 활동들이 제공된다.

이 개관에서 확인된 여타 웹 기반 증진 및 예방 프로그램은 다음과 같다 ― 온라인 게임 개입인 Reach Out Central[55], GP(general practitioner, 일반의)의 도움을 받아 청년들이 사용하는 휴대전화 자기-점검 기분 응용프로그램[56], 우울 증상을 지닌 참가자가 훈련된 전문가와 상호작용하는 '대화 상자'가 결합된 cCBT 개입인 Master Your Mood Online[57]. 이런 개입들은 학교 환경에서 긍정적인 청소년 정신건강을 지원하기 위해 사용될 수 있는 유망한 온라인 개입들의 예이다. 학교에서 정신건강 증진을 개선하려고 시도할 때 직면하는 ― 자원의 유효성과 접근성 증가, 학교 공동체 전역에서 상호작용 증가, 시기적절하고 지속적인 평가 증진 등과 같은 ― 많은 도전과제들은 상호작용적 인터넷 기반 도구들이 수반된 학교 개입들을 보충함으로써 부분적으로 성취되거나 촉진될 수 있다. 상호작용 학습 구성단위는 상호작용적, 선택 기반 학습 구성단위의 사용에 의해 관리 가능한 속도로 정보를 제시하고 의사결정 기술의 획득을 촉진하는 장점을 지닌다. 추가적으로, 청년들의 독특한 요구를 다루고 학습을 교실 너머로 확장하며 참여자들에게 추후 질문을 하거나 익명으로 도움을 요청할 기회를 제공하도록 설계된 온라인 구성단위에 참여할 기회를 청년들에게 제공함으로써 학교 프로그램의 영향이 증진될 수 있다[58]. 오늘날의 청년들은 기성 세대들이 여전히 지각하고 있는 대면 의사소통과 온라인 간의 차이를 느끼지 못한다. 결과적으로, 학교 정신건강 분야는 이런 새로운 현실에 편승해야 한다. Rickwood[59]가 주장하였듯이, 학교 정신건강은 정신건강을 위한 인터넷 스펙트럼의 개입이 들어갈 기회에 적응하고 이를 포용해야 하며, 그것에 의해 우리는 청년들에게 도달하고 그들의 정신건강과 복지를 지원하는 우리의 능력을 실질적으로 증가시킬 수 있다.

디지털 단절 연결하기 : 청년들의 정신건강을 지원하는 데 있어서 부모들과 교사들을 위한 자원을 개발하기 위해 기술 응용하기

온라인 정신건강 자원에 대한 수요 증가와 확장은 학교 공동체 내 핵심 이해관계자들과 청년들을 지원하는 데 있어서 그들이 하는 역할에 대해 중요한 함의를 지닌다. 인식 증가, 정신건강의 증진에 대한 훈련, 기술 개발 등을 통해 학교 인력과 부모들의 역량을 구축하는 것은 청소년 정신건강 영역에서의 행위를 주류화하고 유지하는 데 필수적이다. 온라인 플랫폼의 사용은 교육 자료의 효율적이고 효과적인 전달, 편의성과 휴대성, 융통성, 더 높은 보유, 더 많은 협력, 비용 절감, 전체적 기회 등을 포함하여 여러 가지 장점을 지닌다[60, 61].

디지털 단절 연결하기(Bridging the Digital Disconnect)는 12~25세 청년들의 정신건강을 지원하기를 바라는 부모들, 교육, 건강 및 정신건강 전문가들을 위한 온라인 정신건강 및 디지털 정보활용능력 자원 개발을 목표로 하여 아일랜드에서 시행된 3년 연구 프로그램이다. 이 연구 프로그램은 호주 멜버른의 Young and Well Cooperative Research Centre와 협력하여 골웨이아일랜드국립대학교의 건강 증진 연구 센터, Inspire Ireland Foundation에 의해 시행되고 있다. 이 연구는 효과적인 기술 기반 정신건강 지원을 개발하기 위하여 젊은 사람들과 함께 기술을 이용하여 작업을 하기 원하는 기성세대의 요구와 필요를 통하여 청년들과 성인들 간의 '디지털 단절(digital disconnect)'을 평가하고 다루는 것을 목표로 한다. 이런 연구에 근거하여, (1) 부모들 (2) 교사들 (3) 청소년

선도원들 (4) GP, 사회복지사, 건강 증진 임원 등을 포함한 건강 전문가들 (5) 심리학자, 정신과의사, 자살 자원 인원 등을 포함한 정신건강 전문가들 등의 다양한 요구에 대한 잠재성에 특히 관심을 기울여 일련의 온라인 자원들이 개발되고 검증될 것이다. 개발될 최초의 온라인 자원은 부모들의 요구를 충족시키기 위해 설계되며, 이것에 뒤이어, SPHE 교사들과 생활지도 상담자들을 포함한 교육 전문가들을 위한 온라인 자원이 개발될 것이다.

이런 자원들의 개발을 알리기 위해 청년들과 작업하는 전문가들과 부모들을 대상으로 일련의 요구 평가가 전국적으로 시행되었다[62, 63]. 부모들과 교육 전문가들을 대상으로 한 요구 평가의 결과는 부모들과 교사들 간에서 청소년 정신건강에 관련하여 지원에 대한 요구와 이런 지원들을 제공하는 데 있어서 온라인 기술의 잠재성을 지적하고 있다. 부모들의 2/3 이상(69.8%)은 자신들의 자녀가 힘든 시간을 겪고 있는지에 대해 인터넷에서 도움을 찾을 가능성이 높다/매우 높다고 밝혔다. 부모들의 1/4(24.6%)은 자신들의 자녀가 힘든 시간을 겪는 데 자신이 도움이 될 수 있다는 것에 동의하지 않았으며 유사한 수치(22.1%)의 부모들이 지난 달에 정신건강 정보를 검색하기 위해 인터넷을 사용하였다고 밝혔다. 90% 이상의 교사들과 학교 생활지도 상담자들은 매일 전문가적 업무를 위하여 인터넷을 사용한다고 보고하였다. 정신건강 정보를 검색하는 것은 세 번째로 빈번하게 보고된 인터넷 사용이었다. 조사에 참여하였던 모든 전문가들(N = 900명의 청소년 선도원들과 교육, 건강, 정신건강 전문가들) 중에서 교사들은 (1) 청년들의 삶에서 복지를 증진하고 (2) 청년이 정신건강 지원을 필요로 하는지 결정하며 (3) 정신건강 문제가 있는 청년을 돕는 데 가장 자신감을 덜 느꼈다. 정신건강 자원 요구에 관련하여, 교사들은 수업 계획, 정신건강 주제들을 다루는 동영상, 청소년 친화적인 온라인 활동 등을 포함한 온라인 정신건강 증진 자원 자료를 요청하였다. 또한 교사들은 부모들과 의사소통하는 방법에 대한 지침과 청소년 정신건강 활동에 부모들을 포함시키기 위한 제언을 요청하였다[63].

디지털 단절 연결하기 연구 프로젝트의 일환으로서 부모들, 교육, 건강 및 정신건강 전문가들을 위한 온라인 자원들의 개발은 청년들의 좀 더 나은 정신건강을 위한 신기술의 기회를 우리가 이해하고 이로 작업하는 방식에 대한 새로운 접근을 만드는 것에 관한 것이다. Rickwood[59]는 "청년들의 정신건강을 지원하는 실천, 정책, 연구는 청년들의 정신건강에 있어서 우리의 현재 역량을 증진하기 위한 방법으로서 신기술의 이행과 통합을 우선시하여야 한다."고 주장한다(p. 25). 컴퓨터 연결망과 다중매체 기술에서의 최근의 많은 진보들과 연결되어 인터넷 사용의 상당한 증가는 독립적인 개입을 넘어서 학교들에서 정신건강 증진의 이행을 증진하는 잠재적인 새로운 길을 창출하였다. 건강 증진 학교들의 중요한 구성요소들과 최신 기술들을 통합하는 것의 잠재적 이점은 Samdal과 Rowling[34]에 의해 확인된 바와 같이, 광범위하고 멀리까지 미치는 정신건강 증진일 것이다. 이런 기술들은 교육 전문가들에 대한 온라인 정신건강 증진 연수 교육을 시기적절하고 효율적인 방식으로 전달하고, 부모들, 광범위한 공동체와 더불어 실질적이고 의미 있는 제휴를 발전시키며, 청년들에게 권한을 부여하고 상호작용적이며 통용되는 방식으로 학생들을 관여시키는 것을 포함하는 기존의 실천들을 지원하고 증진하는 새로운 선택권을 제시한다. 학교들에 지속적인 지원 및 평가 도구들을 제공하는 것과 결합된 이런 행위들은 이것 역시 신기술로 전달될 수 있을 것인데, 결과적으로 아일랜드 중등학교들에서 정신건강 증진의 장기간 정착과 지속 가능성을 촉진할 것이다.

결론

이 장에서는 아일랜드의 중등학교 정신건강 증진에 대한 전-학교 접근의 이행을 검토하였다. 중등학교의 저학년 시기에서 필수 과목으로 SPHE 교육과정을 도입하는 것과 더불어, HPSF는 정신건강 증진에 대한 전-학교 접근을 채택하는 데 있어서 학교의 역량 강화를 위한 유용한 구조를 제공한다. 전-학교 접근의 채택에 있어서 주요 도전과제는 교실 기반 개입을 넘어 이행되어야 할 것과 이런 것들이 수행되는 방식에 대한 조작화이다. 구체적인 이행 지침의 부족으로 인해 학교들은 정신건강 증진에 대한 전-학교 접근을 성취하는 구체적인 행위들을 확인하기 어렵다. 이는 학교들의 다양한 실천을 야기하며 더 나아가 학교에서 효과적인 정신건강 증진 이행을 확립하는 도전과제를 증가시킨다. Samdal과 Rowling[34]에 의해 확인된 건강 증진 학교의 핵심 구성요소들은 아일랜드의 중등학교들에게 전-학교 수준에서 정신건강 증진의 이행을 이끌 중요한 체제를 제공해준다. 이 장에서는 아일랜드의 중등학교들에 대한 SPHE의 정신건강 구성요소들을 개관하였고 아일랜드의 환경 내에서 확인된 이런 구성요소들을 지원하는 자원들을 개발하고 검증하는 데 있어서 신기술들의 잠재성을 검토하였다. 온라인 개입의 증가는 학교 기반 정신건강 증진과 예방 개입의 전달에 있어서 계속 늘어나는 선택지를 제공한다. 게다가 정신건강의 증진과와 기술 개발에서의 훈련을 통해 교사들과 부모들을 포함한 학교 공동체의 역량을 구축하기 위한 아일랜드의 온라인 자원 개발은 전-학교 접근을 충분히 포용하기 위해 교실 너머로 나아가는 데 있어서 새로운 선택지를 제공해준다. 청년들의 삶에서 기술의 역할이 계속 증가하고 있음을 감안할 때, 아일랜드의 중등학교들에서 현재 행해지고 있는 작업을 보완하고 확장하기 위해, 기술 기반 자원의 추가적인 개발과 통합은 학교에서의 정신건강 증진의 미래에 필수적인 것이다.

참고문헌

1. Jenkins, R., Baingana, F., Ahmad, R., McDaid, D., & Atun, R. Social, economic, human rights and political challenges to global mental health. *Mental Health in Family Medicine*. 2011; 8: 87–96.

2. Kieling, C., Baker-Henningham, H., Belfer, M., *et al.* Child and adolescent mental health worldwide: Evidence for action. *Lancet*. 2001; 379: 1515–1525.

3. Cannon, M., Coughlan, H., Clarke, M., & Kelleher, I. *The mental health of young people in Ireland: A report of the Psychiatric Epidemiology Research across the Lifespan (PERL) Group Dublin*: Royal College of Surgeons in Ireland; 2013.

4. Lynch, F., Mills, C., Daly, I., & Fitzpatrick, C. Challenging times: Prevalence of psychiatric disorders and suicidal behaviours in Irish adolescents. *Journal of Adolescence*. 2005; 29(4): 555–573.

5. Martin, M., Carr, A., Burke, L., Carroll, L., & Byrne, S. *The Clonmel Project: Mental Health Service needs of children and adolescents in the south east of Ireland*. Health Service Executive South; 2006.

6. Sullivan, C., Arensman, E., Keeley, S. H., Corcoran, P., Perry, I. J. *Young people's mental health: A report of the findings from the lifestyle and coping survey*. The National Suicide Research Foundation; 2004.

7. National Office for Suicide Prevention. *Annual Report 2009*. HSE; 2009.

8. Eurostat. Suicide death rate: By age group; 2009. (Online) Available from http://epp.eurostat.ec.europa.eu/tgm/table.do?tab=table&init=%201&language=en&pcode=tsdph240&plugin=1 (Accessed October 28, 2013).

9. Dooley, B. & Fitzgerald, A. *My World Survey national study of youth mental health*. Headstrong. 2012.

10. World Health Organization. *WHO's Global School Health Initiative: Helping schools to become "Health-Promoting Schools."* World Health Organization; 1998.

11. Barry, M. M., Clarke, A. M., Jenkins, R., & Patel, V. A systematic review of the effectiveness of mental health promotion interventions for young people in low and middle income countries. *BMC Public Health*. 2013; 13: 835.

12. Weare, K. & Nind, M. Mental health promotion and problem prevention in schools: What does the evidence say? *Health Promotion International*. 2011; 26 (suppl 1), i29–i69.

13. Durlak, J. A., Weissberg, R. P., Dymnici, A. B., Taylor, R. D., & Schellinger, K. B. The impact of enhancing students' social and emotional

learning: A meta-analysis of school-based universal interventions. *Child Development.* 2011; 82(1): 405–432.

14. Payton, J., Weissberg, R. P., Durlak, J. A., et al. *The positive impact of social and emotional learning for kindergarten to eight-grade students: Findings from three scientific reviews.* Collaborative for Academic, Social, and Emotional Learning; 2008.

15. Barry, M. & Jenkins, R. *Implementing mental health promotion.* Churchill Livingstone/ Elsevier; 2007.

16. Tennant, R., Goens, C., Barlow, J., Day, C., & Stewart-Brown, S. A systematic review of reviews of interventions to promote mental health and prevent mental health problems in children and young people. *Journal of Public Mental Health.* 2007; 6(1): 25–32.

17. Adi, Y., Killoran, A., Janmohamed, K., & Stewart-Brown, S. *Systematic review of the effectiveness of interventions to promote mental wellbeing in primary schools: Universal approaches which do not focus on violence or bullying.* National Institute for Clinical Excellence; 2007.

18. Wells, J., Barlow, J., & Stewart-Brown, S. A systematic review of universal approaches to mental health promotion in schools. *Health Education.* 2003; 103(4): 197–220.

19. Greenberg, M., Domitrovich, C., & Bumbarger, B. The prevention of mental disorders in school-aged children: Current state of the field. *Prevention & Treatment.* 2001; 4(1): 1–52.

20. Health Service Executive. *Reach Out: national strategy for action on suicide prevention 2005–2014.* National Suicide Review Group and Department of Health and Children; 2005.

21. Department of Education and Skills. *A framework for Junior Cycle.* Government Publications; 2012.

22. Department of Education and Skills. *Well-being in post-primary schools: Guidelines for mental health promotion and suicide prevention.* Government Publications; 2013.

23. Weare, K. & Markham, W. What do we know about promoting mental health through schools? *Promotion and Education.* 2005; 12(3–4): 118–122.

24. National Council for Curriculum and Assessment. *Social, personal and health education curriculum.* Government Publications; 2000. (Online) Available at: www.curriculumonline.ie/uploaded files/PDF/jc_sphe_sy.pdf (accessed October 28, 2013).

25. National Council for Curriculum and Assessment. *Social, personal and health education curriculum: Senior Cycle curriculum framework.* Government Publications; 2011. (Online) Available at: www.ncca.ie/en/Curric ulum_and_Assessment/Post-Primary_Educa tion/Senior_Cycle/SPHE_framework/SPHE_ Framework.pdf (accessed October 28, 2013).

26. Fitzpatrick, C., Power, M., Brosnan, E., Cleary, D., Conlon, A., & Guerin, S. Working things out through SPHE: A journey from community to clinic and back. *Advances in School Mental Health Promotion.* 2009; 2(3): 38–45.

27. Sarbin, T. R. *Narrative psychology. The human storied nature of human conduct.* Praeger Publishers/Greenwood Publishing Group; 1986.

28. Elias, M. *Promoting social and emotional learning: Guidelines for educators.* ASCD; 2003.

29. Fitzpatrick, C., Conlon, A., Cleary, D., Power, M., King, F., & Guerin, S. Enhancing the mental health promotion component of a health and personal development programme in Irish schools. *Advances in School Mental Health Promotion.* 2013; 6(2): 122–138.

30. Byrne, M., Barry, M. M., & Sheridan, A. Implementation of a school-based mental health promotion programme in Ireland. *International Journal of Mental Health Promotion.* 2004; 6(2): 17–25.

31. Byrne, M., Barry, M. M., NicGabhainn, S., & Newell, J. The development and evaluation of a mental health promotion programme for post-primary schools in Ireland. In Jensen, B. B. & Clift, S. (eds.), *The health promoting school: International advances in theory, evaluation and practice.* Canterbury Christ Church University College and the Danish University of Education; 2005. pp. 383–408.

32. Dooris, M. & Barry, M. M. Overview of implementation in health promoting settings. In Samdal, O. & Rowling, L. (eds.), *The implementation of health promoting schools: Exploring the theories of what, why and how*. Routledge; 2013. pp. 14–33.

33. Samdal, O. & Rowling, L. *The implementation of health promoting schools: Exploring the theories of what, why and how*. Routledge; 2013.

34. Samdal, O. & Rowling, L. Theoretical and empirical base for implementation components of health-promoting schools. *Health Education*. 2011; 111(5): 367–390.

35. Clarke, A. M., O'Sullivan, M., & Barry, M. M. Context matters in programme implementation. *Health Education*. 2010; 110(4): 273–293.

36. Clarke, A. M. An evaluation of the Zippy's Friends emotional wellbeing programme for primary schools in Ireland. PhD thesis, National University of Ireland Galway; 2011.

37. Clarke, A. M., Bunting, B., & Barry, M. M. (2014) Evaluating the implementation of a school-based emotional wellbeing programme: a cluster randomised trial of Zippy's Friends for children in disadvantaged primary schools. *Health Education Research*, doi:10.1093/her/cyu047.

38. Bumbarger, B., Perkins, D., & Greenberg, M. Taking effective prevention to scale. In Doll, B., Pfohl, W., & Yoon, J. (eds.), *Handbook of youth prevention science*.: Routledge; 2010. p. 433–444.

39. Ringeisen, H., Henderson, K., & Hoagwood, K. Context matters: Schools and the "research to practice gap" in children's mental health. *School Psychology Review*. 2003; 32(2): 153–168.

40. Durlak, J. Why program implementation is important. *Journal of Prevention and Intervention in the Community*. 1998; 17(2): 5–18.

41. Greenberg, M., Domitrovich, C., Graczyk, P., & Zins, J. *The study of implementation in school-based preventive interventions: Theory, research, and practice*. Center for Mental Health Services, Substance Abuse and Mental Health Administration, US Department of Health and Human Services; 2005.

42. Millar, D. *A preliminary review of the SPHE needs analysis survey (2000–2001)*. Marino Institute of Education; 2003.

43. Millar, D. *Review of records of in-service training for teachers of SPHE: February 2001 to April 2003*. Marino Institute of Education; 2003.

44. Burtenshaw, R. *Review of social, personal and health education at Junior Cycle*. Marino Institute of Education; 2003.

45. Geary, T. & Mannix-McNamara, P. *Implementation of social, personal and health education at Junior Cycle*. University of Limerick; 2003.

46. Nic Gabhainn, S., O'Higgins, S., & Barry, M. M. The implementation of social, personal and health education in Irish schools. *Health Education*. 2010; 110(6): 452–470.

47. Eurostat. Internet: level of access, use and activities; 2011. (Online) Available at: http://epp.eurostat.ec.europa.eu/portal/page/portal/information_society/data/main_tables (accessed October 28, 2013).

48. Blanchard, M. *Navigating the digital disconnect: Understanding the use of information communication technologies by the youth health workforce to improve young people's mental health and wellbeing*. Orygen Youth Health Research Centre, Centre for Youth Mental Health. University of Melbourne; 2011.

49. Clarke, A. M., Kuosmanen, T., & Barry, M. M. *A systematic review of the evidence on the effectiveness of online mental health promotion and prevention interventions for young people*. Health Promotion Research Centre, National University of Ireland Galway; 2013.

50. O'Kearney, R., Kang, K., Christensen, H., & Griffiths, K. A controlled trial of a school-based internet program for reducing depressive symptoms in adolescent girls. *Depression and Anxiety*. 2009; 26(1): 65–72.

51. Fridrici, M. & Lohaus, A. Stress-prevention in secondary schools: Online- versus face-to-face-training. *Health Education*. 2009; 109(4): 299–313.

52. Calear, A. L., Christensen, H., Mackinnon, A., Griffiths, K. M., & O'Kearney, R. The YouthMood Project: A cluster randomized

controlled trial of an online cognitive behavioral program with adolescents. *Journal of Consulting and Clinical Psychology.* 2009; 77 (6): 1021–1032.

53. O'Kearney, R., Gibson, M., Christensen, H., & Griffiths, K. M. Effects of a cognitive-behavioural Internet program on depression, vulnerability to depression and stigma in adolescent males: A school-based controlled trial. *Cognitive Behaviour Therapy.* 2006; 35(1): 43–54.

54. Van Vliet, H. & Andrews, G. Internet-based course for the management of stress for junior high schools. *Australian and New Zealand Journal of Psychiatry.* 2009: 43(4): 305–309.

55. Shandley, K., Austin, D., Klein, B., & Kyrios, M. An evaluation of "Reach Out Central": An online gaming program for supporting the mental health of young people. *Health Education Research.* 2010; 25(4): 563–574.

56. Kauer, S. D., Reid, S. C., Crooke, A. H. D., *et al.* Self-monitoring using mobile phones in the early stages of adolescent depression: Randomized controlled trial. *Journal of Medical Internet Research.* 2012; 14: e67.

57. van der Zanden, R., Kramer, J., Gerritis, R., & Cuijpers, P. Effectiveness of an online group course for depression in adolescents and young adults: A randomized trial. *Journal of Medical Internet Research.* 2013; 14: e86.

58. Santor, D. A. & Bagnell, A. Enhancing the effectiveness and sustainability of school-based mental health programs: Maximising program participation, knowledge uptake and ongoing evaluation using internet-based resources. *Advances in School Mental Health Promotion.* 2008; 1(2): 17–28.

59. Rickwood, D. Entering the e-spectrum: An examination of new interventions for youth mental health. *Youth Studies Australia.* 2012; 31(4): 18–27.

60. Murray, E. Web-based interventions for behaviour change and self-management: Potential, pitfalls, and progress. *Medicine 2.0.* 2012; 1(2): 1–12.

61. Barak, A. & Grohol, J. M. Current and future trends in internet supported mental health interventions. *Journal of Technology in Human Services.* 2011; 29: 155–196.

62. Clarke, A. M., Kuosmanen, T., Chambers, D., & Barry, M. M. *Bridging the digital disconnect: Exploring parents' views on using technology to promote young people's mental health.* Health Promotion Research Centre, National University of Ireland Galway and Inspire Ireland Foundation in collaboration with the Young and Well Cooperative Research Centre; 2013.

63. Clarke, A. M., Kuosmanen, T., Chambers, D., Barry, M. M. *Bridging the digital disconnect: Exploring youth, education, and mental health professionals' views on using technology to promote young people's mental health.* Health Promotion Research Centre, National University of Ireland Galway and Inspire Ireland Foundation in collaboration with the Young and Well Cooperative Research Centre; 2014. www.youngandwellcrc.org.au/knowledge-hub/publications/bridging-the-digital-disconnect-professionals/

이스라엘의 학교 정신건강

배경, 서비스, 도전

Moshe Israelashvili

이스라엘은 작은 나라지만, 매우 다양하다. 이스라엘의 북쪽 영토에는 겨울에 유명한 스키 지역이 있고, 반면 대략 이스라엘의 1/3가량 되는 남부 영토는 사막이다. 상대적으로 높은 출생률과, 2차 세계대전 이후 유럽 및 아랍에서 이스라엘로 이주한 거대 인구와, 말 그대로 세계 각국에서 도착하는 유대인 이민자들 덕택에, 이스라엘의 인구는 국가 수립 당시(1948) 80만의 인구에서 거의 800만으로 증가했다(2013). 그들의 피부색, 사고방식은 물론, 이전에 이민해 이스라엘 시민이 된 유대인들의 다양한 문화적 배경뿐 아니라, 이스라엘 인구는 76%의 유대인, 20%의 비유대인 — 대개 다양한 종교를 가진 아랍인(무슬림, 기독교인, 드루즈파, 바하이교) — 그리고 4%의 미분류 인구 등으로 구성된다. 서구 국가들과 비교했을 때, 상대적으로 젊은 인구 구성을 보인다(28%가 0~14세이며, 다른 서구 국가는 평균 17% 정도이다)(WHO, 2013). 이스라엘의 인구는 1.8%의 비율로 증가하는 추세이며, 상대적으로 높은 인구밀도를 가지고 있고(전체에 걸쳐 평방킬로미터당 310명), 특히 국가의 중심부에서 더 높다[Israel Central Bureau of Statistics(ICBS), 2007]. 많은 이스라엘인들의 매우 전형적인 특성은 그들의 이웃, 동료, 심지어는 이방인과의 직접적이고 강력한 상호작용으로 인해, 타인의 정치적·경제적·

School Mental Health: Global Challenges and Opportunities, ed. Stan Kutcher, Yifeng Wei and Marc D. Weist. Published by Cambridge University Press. © Cambridge University Press 2015.

개인적 경향성을 묻는 데 있어 거리낌이 없다. 마지막으로, 이스라엘의 현실에서 보이는 다양성의 또 다른 측면은 고대 과거, 일상적인 현재 그리고 매혹적인 미래의 혼합이라는 것이다. 즉, 다윗 왕이나 예수가 발자국을 남기며 걷던, 바로 그들 또는 다른 '상징'들이 살던 과거, 공기 오염이나 높고 빽빽한 빌딩 같은 도시 환경 문제에 노출된 현재, 그리고 '스타트 업' 국가라는 별칭을 얻을 정도로 초고도로 발전한 하이테크 산업의 미래(Senor & Singer, 2009)를 말한다. 이 모든 측면의 다양성과 강렬함으로 인해 많은 여행자들(특히 50년 혹은 그 이전의 이스라엘을 아는 사람들)은 이스라엘의 거리와 풍경을 배회하고 난 후 놀라게 되었고 감명받았다. 그러므로 많은 사람들에게 있어서 이스라엘에 노출되는 것과 특히 이스라엘에 거주하는 것은 매우 생생하고 상당한 경험이다. 비록 정신건강에 대해서 이야기하고 있지만, 이스라엘의 현실에서는 몇몇 부가적인 측면이 더 강조되어야 한다.

이스라엘에 대한 주목할 만한 배경

이스라엘 사회의 모든 특징을 규정하고 토론하는 것은 이 장의 범위를 넘어선 일이기는 하지만, 몇 가지 특성은 학교 정신건강과 관련된 주제를 더 잘 이해하는 데 특별히 관련이 있다. 이 장에서는 스트레스와 행복, 조기교육, 소수민족-다수민족 감정 그리고 유대인의 역사의 네 가지 주제를 다룬다.

스트레스와 행복

이스라엘에 거주하는 것은 스트레스가 많은 경험이다. 이는 경제적 이유뿐 아니라 보안의 이유 때문이기도 하다. 1948년 건국 이래 보안의 관점에서 이스라엘 국민(유대인과 비유대인 모두)들은 반복적으로 생명을 위협하는 사건에 노출되어왔다. 거의 6~10년마다 이스라엘은 하나 이상의 아랍 국가와 전쟁을 겪었다. 이 전쟁들 사이에는 일상적인 형태이지만 무시할 수 없는 안보 위협 사건이 있었는데, 이스라엘의 국민에 반하는 반복되는 테러리스트의 공격이나 이스라엘 군인의 납치 같은 것들이다. 그러므로 대규모의 전쟁이나 상대적으로 소규모의 테러리스트 행위 그리고 모든 공공건물과(상점, 은행, 학교, 정부 청사) 공공 교통수단에서 시행되는 일일 안보 확인은 대부분의 사람들로 하여금 안전하지 못하고 스트레스 받는다고 느끼게 한다. 더욱이 이스라엘 시민들끼리 갖는 스트레스의 감정은 보안 문제뿐만 아니라 생태학적 문제도 반영한다. 즉, 이스라엘이 매우 작은 나라이고, 그것도 거의 절반은 매우 제한된 기간만 비가 내리는 사막이란 점에 주목할 필요가 있다. 이스라엘 인구의 꾸준한 증가의 결과로, 중대한 생태학적 문제가 대두되고 있다 — 영토 안에 토지가 극도로 제한적이기 때문에 증가하고 있는 많은 고층건물들, 인구가 밀집된 곳에서 거의 하루 종일 지속되는 교통 체증, 증가하는 공기 오염, 건강 문제를 겪는 더 많은 사람들(소아 천식이 극적으로 증가하는 등), 한 해에 최소 6개월은 뜨겁고 습한 날씨, 에어컨이 있는 사무실과 차에 고립되는 사람들(역시 건강 문제를 야기할 수 있다) 그리고 공공 지역 청결의 중요성에 대한 인식의 부족 등.

이스라엘을 거쳐 여행하거나, 잠깐 이스라엘에 거주하거나 혹은 종합적인 영상물을 탐구하는(이스라엘에서의 안녕과 관련된 데이터 등) 모든 이들이 문제가 해결되지 않는다는 것을 인지하고 있지만, 보안 상황에도 불구하고 대개의 이스라엘인들은 정상적인 삶을 살고 있다. 이러한 것을 보여주는 것들 중 하나는 이스라엘 인구에 비해 상대적으로 낮은 정신건강 문제의 비율이 될 수 있다. Tal, Eoe 그리고 Corrign(2007)에 의해 수행된 연구에서, 전체 인구의 약 3%가 불안장애를 겪으며, 약 7%가 기분장애를 겪는다. 이는 이스라엘-아랍인과 이스라엘-유대인 사이에 통계학적인 차이가 없었다(Levav et al., 2007 참조). 이와 유사하게, 우울증에 대해 국가별로 비교한 결과, 국가의 사회경제적 상태를 고려하였을 때 이스라엘 국민들에서의 우울증 유병률(대략 4%)은 세계의 다른 국가들과 비교했을 때 상대적으로 낮다(Rai, Zitko, Jones, Lynch, & Araya, 2013).

이것을 가지고 보안 상황이 위험하지 않다고 이야기할 수는 없으나, 이 점이 이스라엘에서 사는 것의 긍정적인 면, 예를 들면 빈도가 높고 개방적인 사회적 관계, 더 의미 있는 삶, 강력한 가족 간의 결합 그리고 설명할 수 없는 희망 등을 두드러지게 한다(이러한 이슈에 대해서 더 많은 설명이 Israelashvili, 2005; Israelashvili & Benjamin, 2009에 있다).

조기 교육

조기 교육은 이스라엘에서 잘 발달되어있고, 95%가량의 유대인 아동들과 80%가량의 비유대인 아동들이 이미 세 살에 유치원 이전 교육에 등록되어있다. 그러므로 아동들은 이미 (1) 도덕과 사회 교육을 받고 (2) 일부 소규모 가정 분리, 사회적 압력, 이주를 경험하였으며 (3) 그 연령 코호트 안에서 관찰되는 경험을 하고 나서 초등학교에 들어간다. 마지막 요점은 매우 중요한데, 이러한 관찰은 정신건강 문제를 가지고 있는 어린 아이들을 식별하고 적합한 치료를 제공하는 것을 가능하게 하기 때문이다. 게다가 이스라엘의 유치원 선생님들(다섯 살 된 아이들을 가르치는)이 갖는 주된 업무 중 하나는 첫 6개월간 유치원 아동들을 관찰한 뒤에, '학교 갈 준비가 부족한' 위험이 있어 보이는 아이들을 훈련받은 교육 심리사들이 실시하는 심리교육 선별검사로 의뢰하는 일이다 (Raviv, 1989).

소수민족-다수민족 감정

이스라엘 국가는 유대인들의 국가로 설립되었다. 그러므로 대다수(80%)의 이스라엘 인구는 유대인이다. 그러나 남은 20%의 비유대인 국민들 또한 이스라엘 사회에서 큰 부분을 차지한다. 사실상 아랍 마을과 도시에 사는 대다수의 아랍 인구는 그들만의 종교, 문화, 사회적 절차를 가지고 있으며, 학교와 집에서는 아랍어로 말한다. 그럼에도 불구하고 유대인과 아랍인들은 매일 광범위하게 접촉하며, 특히 고등학교를 졸업한 후에는 더 그렇다. 이것의 의미는 높은 교육 수준을 추구하고, 집중적인 소비자주의를 가지며, 개인의 안녕을 찾는 등(독립적이지만) 점점 증가하는 서구적 가치관의 적응 면에서 두 인구집단 간의 유사점이 점점 커진다는 것이다.

　정신건강과 관련해서는, 유대인과 비유대인이 공동생활을 하다 보면 피할 수 없이 유대인의 상징이 드러나고(아래 보기) 몇몇 청소년들은—특히 아랍인들—그들의 국가, 문화 그리고 때로는 개성에 대해서 토론하게 된다. 이러한 정체성 갈등은 혼합 민족의 이스라엘 도시(하이파 등)에 사는 아랍 청소년들이나 기독교를 믿는 아랍 청소년들(무슬림 아랍 청소년들과 비교했을 때) 사이에서 두드러진다(Kakunda-Mualem & Israelashvili, 2012). 청소년 시기에 이와 같은 정체성 혼란과 같은 감정은, 특히 그들이 인정하지 않고(Ginsberg, 1996)—예를 들어 그들의 뿌리를 무시하고 많은 아랍의 성인들 사이에서 목격되는 것처럼 주류와 관련 있는 것에서 정체성을 찾으려 한다면—학생들의 정신건강에 중대한 영향을 줄 수 있다(Goren, 2006 참조). 이 현상 및 이와 관계 있는 현상은 이스라엘에 거주하는 아랍 인구뿐 아니라 이스라엘 사회의 모자이크를 구성하는 모든 부분 모집단과 관련이 있다. 예를 들어 20%에 달하는 극단적 전통신앙자 집단도 그렇다.

유대인의 역사

유대인들을 위한 국가가 되면서, 아주 어린 시절부터 모든 시민들은(아랍 인구를 포함해서) 글로벌한 것 이상으로 더 유대교적인 가치와 의식에 노출된다. 한 예가 600만 명의 유대인이 나치에게 살해당한 2차 세계대전 홀로코스트가 유명한 예일 것이다. 홀로코스트 피해자들에 대한 국가적 추모일과 미디어의 반복 인용을 제외하고도, 대부분의 이스라엘 고등학교는 그들의 상급생들이 홀로코스트가 일어난 유럽의 주된 장소에 방문할 수 있도록 여행을 계획한다(Lazar, Chaitin, Gross, & Bar-On, 2004). 이와 같은 여행에 참여하는 것(혹은 참여가 부족한 것)은 한 사람의 가치관과 사회관의 재평가(Lazar, Chaitin, Gross, & Bar-On, 2004)와 어느 수준의 회복력에 대한 확장(Goroshit, Kimhi, & Eshel, 2013)과 같은 큰 영역의 심리적 그리고 동기부여적인 현상을 촉구한다는 점을 주목할 필요가 있다. 흥미롭게도 최근 여러 아랍의 고등학교는 그들의(아랍) 학생들이 고등학교 졸업 후 더 기능을 잘 수행할 수 있도록, 유대 인구의 정신을 더 잘 이해하도록 돕는 방법으로 이와 같은 방문을 계획하기로 결정했다.

앞에 언급한 대로, 이 네 가지 주제는 이스라엘의 학교 정신건강의 역할과 필요성을 이해하기 위해 고려되어야 하는 몇 가지 예들일 뿐이다.

이스라엘의 학교 체계

1948년 이스라엘 국가가 건국된 이후로, 이스라엘의 학교 체계에는 여러 가지 주요한 개혁이 있어 왔다. 그들 중 몇 가지는 학교 스태프들의 삶뿐만이 아니라, 학생들의 일상 삶에도 중대한 영향을 끼쳤다. 이스라엘 교육 체계 내에서 발생했고, 학교 학생들의 일부 주요 정신건강 문제의 원인으로 밝혀질 수 있는 네 가지의 주요한 변화가 이후 열거될 것이며 이 장의 후반부에 상세히 설명될 것이다.

이스라엘 교육부의 감독하에 대부분의 학교를 포함 즉, 유대계건 비유대계건, 종교적이건 세속적이건(1953) 대부분의 학교의 역할과 활동이 교육부에 의해 좌우되기 때문에, 이 법률은 하향식 직무 수행에 있어서 상대적으로 자율성이 제한되는 학교의 일상생활의 측면에서 중요한 영향을 가지고 있었고, 이것은 현재도 여전히 중요하다. 그러나 극단적인 정통신앙(유대계) 학교는 여전히 그들의 교육학적·교육적·경제적 결정에 있어 독립적임을 주목하는 것이 좋다. 출생률을 고려하였을 때 극단적 정통신앙자 인구는 이스라엘 사회의 모든 다른 인구에 비해 두 배에 달하며, 이것은 많은 증가 추세의 아동들이 단지 부분적으로만 교육부의 지침을 따르고 있다는 뜻이다. 이러한 아동들의 서로 다른 학교 경험의 주된 예 중 하나는, 학생들이 대학 입학시험에 등록하는 것을 허용하지 않는 지도자의 결정에 따라 그들이 공부하는 교육과정이 다르다는 것이다(아래 참조).

1970년대 초기의 이스라엘 정부에 의해 도입된 학교 개혁을 위한 법률 이 법률에 따르면, 지방자치단체는 두 단계의 연령 기준 교육과정 — 8년의 초등학교를 마치고 4년 과정의 고등학교 — 에서 세 단계의 연령 기준 교육과정 — 6년의 초등학교 과정 뒤 3년의 중학교, 이후 3년의 고등학교 과정 — 으로 변경하도록 권장했다(Chen & Fresko, 1978). 교육부가 제안한 재정 계획으로 인해 대부분의 지방자치단체가 이 법률을 따르게 되었고, 최근 80%의 이스라엘 학생들은 그들의 교육과정 동안 세 단계의 이동을 부득이하게 경험하게 되었다(유치원에서 1학년으로, 6학년에서 7학년으로, 9학년에서 10학년으로). 중학교로의 이동이 있을 때 부정적일 수도 있는 영향에 대한 방대한 조사보고를 고려했을 때(예 : Eccles & Roeser, 2011), 흥미롭게도 두 단계의 교육과정만 경험한 학생들과 비교하여 세 단계의 교육 과정을 경험한 이스라엘 학생들의 안녕, 학업성취도, 인간적 발달을 평가하기 위한 광범위 연구는 거의 없다.

대학 입학시험의 확대 고등학교 과정이 끝날 시기에 학창시절에 얻은 지식을 가늠하는 잣대로서 대학 입학시험을 실시하는 계획은 국가 이전 시기까지 거슬러 올라갈 수 있다(1935). 그러나 대학 입학시험 형태의 주된 개혁은 1977년에 있었는데, 몇 가지의 쟁점(필수적인 기본 수준의 영어시험)만 제외하고는 각 시험의 내용과 수준을 결정하는 데 학교 스태프의 영향은 줄이고 학생의 영향을 늘리는 내용이었다. 이러한 개혁은 네 가지의 중요한 의미를 가지고 있다 — (1) 성공적으로 대학 입학시험을 통과하리라는 학생들과 학부모의 기대 증가 (2) 더 넓은 범위의 학습 수준에 맞추어 가르치고 시험을 보게 해야 할 의무를 갖게 된 학교들 (3) 같은 학교에 다니는 서로 다른 학생들의 성취도를 비교할 수 있는 능력 제한 (4) 유명한 대학 입학시험(수학 점수가 5레벨인 경우 등)을 치르는 학생들이 얼마나 많은지를 비교하고 경쟁하게 되는 학교들. 이 모든 의미는 점차 이스라엘의 모든 학교 체계(극단적 정통신앙 인구만이 아닌)가 대학 입학시험을 준비하기 위해 심하게 분주해지는 상황을 야기했다(예 : Dovrat Committee, 2003). 현실적으로 말하면, 중학교에 입학할 때 학생들이 갖는 학문적 요구와 교사들이 겪는 압박은 극적으로 증가한다. 이스라엘 교육부의 분과에 의해 실시된 최근의 연구를 보면, 교사가 심하게 자신들을 걱정한다고(그들의 학업적 성취와는 별개로) 생각하는 학생들의 비율이 5~6학년의 65%에서 7~8학년에는 45%로 떨어지고, 10~12학년에서는 고작 37%로 이는 놀랄 일은 아니다. 게다가 학교에서 배우는 자료들이 그들의 미래 직업과 관련된 삶과 경력에 있어 중요하다고 생각하는 고등학생은 고작 46%였다(RAMA, 2013). 마지막으로, 이스라엘 학교 체계의 최근 자료는 12학년 학생들의 대략 20%는 공부를 하지 않고, 9%는 공부하지만 대학 입학시험을 보지 않으며, 시험을 치르는 23%는 대학 입학 자격을 얻기에는 모자란 수준임을 주목해야 한다(Beller, 2013).

학부모의 학교 체제 참여에 대해 최근에 나타난 교육부의 입장 변화 대부분의 학교 교장들이 정반대의 감정을 갖고 있음에도 불구하고, 작년의 이스라엘 교육부는 학교의 학부모 참여를 우선시하고 그것을 고무하기 위한 최적의 방법을 쫓기 시작했다. "학교 영역에서 그들은 떨어져 있는 것이 좋다."라는 전통적인—그리고 많은 교사와 교장들에 의해 잘 수용되었던—태도에서 "그들이 참여하는 것은 중요하다."라는 쪽의 변화 결정은 학생들의 학업 성취도를 높이고 학교 환경 내에서 문제행동을 일으키는 학생들을 줄이는 데 있어 학교에 학부모가 참여하는 것의 중요성과 관련된 축적된 증거로 촉발되었다(예 : Greenbaum & Fried, 2011).

앞에서 언급한 개혁의 각 사항들은 학교 환경에서 누리는 일상의 삶에 긍정적인 영향도 주고 부정적인 영향도 갖는다. 그러나 그것들은 모두 학생들 사이에 소외감을 야기했고, 개인적인 문제에 대해서 그들의 교사와 자유롭게 상담하고자 하는 마음에 대한 학생들의 보고는 극적으로 하락했다(5~6학년에서 59%, 7~8학년에서 36%, 10~12학년에서 27%)(RAMA, 2013).

학교 정신건강 서비스

2차 세계대전의 종료(1945)와 홀로코스트의 결과로서, 매우 많은 고아들이 끊임없이 유럽에서 팔레스타인으로 이주하였다. 이 이주자들과 고아들은 많은 적응적 문제를 가졌는데, 몇몇은 해결이 어려운 부모와의 분리(일부는 나치에 의해 부모가 살해당하는 것을 목격하였다) 때문이었고, 다른 이들은 이주 문제 때문이었다. 그 결과, 청소년과 소아를 위한 정신건강 서비스가 이스라엘의 다양한 부분에서 떠오르기 시작했다. 많은 정신건강 스태프들은 그들 역시도 홀로코스트 시작 전에 정신의학과 심리학을 전공한 홀로코스트의 생존자였다. 그러므로 이스라엘 국가가 설립되었을 때(1948), 개인과 기관은 도움이 필요한 어린이들에게 정신건강 서비스를 제공하는 경험을 이미 갖고 있었다. 그러나 겨우 12년 뒤에 이스라엘의 교육부는 노동부와 협력하여 정신교육서비스(Psycho-Educational Service, PES)를 설립하는 결정을 했다. PES의 임무는 교육적이고 직업적인 문제, 예를 들어 초등학교에서 직업학교 혹은 대학 입학시험을 대비하기 위해 공부하는 학교로의 진학(그리고 그 결과로 고등교육을 지속하는) 등을 겪는 아이들을 더 잘 식별하고 지지하는 것이었다. 덧붙여, PES는 정신건강 문제를 가진 학생들을 학교 안에서 혹은 정신병원으로 안내함으로써 그들을 도울 책임을 가지고 있었다(Benyamini & Klein, 1970). PES가 설립된 이후 곧 정신건강 서비스가 그들의 능력을 초과하는 것임은 명백해졌다. 그 결과, 교육부는 1965년 ─ 초등학교를 시작으로 ─ 몇몇 교사들을 교사-상담자로서 근무할 수 있게끔 훈련시키기로 결정하였다. 학교 내에서의 이동 문제(학교 적응 등)나 전학 관련 문제(직업 학교나 일반적인 고등학교)를 겪는 학생들을 돕기 위한 것이다. 교사-상담자는 학교의 심리학자를 대체하는 목적이 아니고, 필요한 경우 심리학자가 학생을 치료하기 위해 부를 때까지 학교 환경 안, 현장의 학생들을 돕기 위한 목적이다. 두 가지 교훈이 빠르게 습득되었다 ─ (1) 학생들은 전문가에 의해 상담받아야 한다. (2) (교사 등)의 사람을 학교 상담사로 훈련시키는 것은 시간을 필요로 한다. 세 번째(양적) 교훈은 중학교를 포함한 교육체계에서 동시에 발생했다(위 내용 참조). 이러한 개혁은 중학생들을 지원하는 데 있어서, 특히 그들의 사회적 관계를 더 잘 관리하는 측면과 갑작스럽게 그들에게 적용되는 학문적 요구(대학 입학시험이 다가오는 것을 걱정하는 교사들에 의한)를 잘 다루기 위한 면 등의 광범위한 필요성을 조명했다(앞 내용 참조). 이스라엘 교육 체계에서 학교 상담사라는 새로운 직종이 생긴 것은 1971년이다, 그 무렵의 상황과는 달리 세계의 다른 곳에서는(예 : 미국; Buckner, 1975; Freeman & Thompson, 1975), 학교 상담사의 역할이 학문적이거나 직업적인 문제에 국한되어있지 않았고, 오히려 구강 건강, 흡연 방지, 물질남용, 비만, 성 활동, 스트레스 감소, 영양, 입원 같은 다양한 이슈를 포함해서 학생들의 전체 삶을 중재했다(Klingman, 1984). 그러나 앞에 언급한 바와 같이, 학교 상담사는 강력한 정신 치료를 하려고 하지 않았고, 그것을 할 수 있게 훈련을 받지도 않았으며, 단지 상담만을 한다. 대신 학교 상담사와 함께 일하는 학교의 심리사들에 의해 치료가 행해져 왔고, 지금도 그렇다. 학교 상담사와 학교 심리사의 주요한 차이점은 취업의 구조다. 학교 상담사는 학교 스태프 중 한 명이고, 매일 학교에 상주하며 업무의 일환으로 자신의 과목을 가르쳐야 할 의무가 있다. 반대로, 학교 심리사는 주(지방자치단체) 정신의학 서비스의 멤버로, 지방자치단체로부터 봉급을 받으며, 보통 일주일에 한 번 학교에 방문한다. 상담사의 업무와 심리사의 업무 사이의 다른 차이점은 교육 시험과 심리사에 의해 실시되는 심리학 시험의 적용이지만, 그 결과는 상담사와 다른 관련 전문가에 의해 함께 논의된다(Raviv, 1989).

최근, 교육부의 PES는 세 가지의 주된 부서를 갖게 되었다 — (1) 교육 감시, 정신건강 진단 그리고 입원이 불필요한 학생들에 대한 개인 치료를 담당하는 학교 심리사들에 의해 관리되는 심리 부서 (2) 조직적 감시 실시, 교사와의 협의, 학교 환경 내에서 그들의 학업 및 사회적 기능을 증진시키고 싶어하는 학생들과의 개인 상담, 특별한 요구가 있는 아동의 포함을 담당하는 학교 상담사에 의해 관리되는 상담 부서 (3) 예방 프로그램(물질남용, HIV, 따돌림, 성추행)의 발달과 시행 그리고 연관된 학교 환경에서의 긍정적인 발달 프로그램[생활 기술, 친구관계, 학교에서 군대로(혹은 삶으로)의 이동]을 담당하는 예방 부서.

덧붙여, PES에는 여러 개의 분파가 있고, 이들은 상대적으로 독립적이며, 3개의 부서에 걸쳐서 일한다. 특수교육, 학습장애, 조기교육 그리고 응급상황과 사고 등과 관련이 있는 주제들을 다루는 단위이다. 이스라엘 국가 전체에는 총 270개의 주 본부가 있고, 이스라엘 K-12 교육 체계의 모든 높이와 구역에서 일하는 3,500명의 학교 상담사와 함께 2,100명의 학교 심리사가 일하고 있다. 최소한 학교 심리사에 대해서는 이스라엘에서 학령기의 학생당 정신건강 전문인력의 수가 583명당 1명으로 세계에서 가장 높은 수준이라는 점에 주목할 필요가 있다. 덴마크에서는 773명당 1명이고 캐나다에서는

1,224명당 1명, 미국에서는 1,506명당 1명, 독일에서는 1만 272명당 1명이다(Jimerson, Stewart, Skokut, Cardenas, & Malone, 2009).

때때로 학교 교장이나 학교 이사회가 학교 심리사나 상담사를 고용하는 것을 그다지 선호하지 않음은 언급할 필요도 없다. 대개 "우리 학생들은 정신건강 문제를 가지고 있지 않다."를 전제로 한다. 때때로 학생들은 그들의 문제를 학교의 상담사나 심리사와 공유하는 것을 두려워하는데, 이는 학교의 스태프나 그들의 동료들 사이에 학생 자신들의 이미지가 부정적으로 영향을 줄 가능성이 있기 때문이다(Al-Krenawi, 2002; Israelashvili, 1999; Tal, Eoe, & Corrign, 2007). 그리고 학부모들은 그들의 자아상에 위협을 받을 수 있기 때문에 자신의 아이들이 정신건강 전문가로부터 지지를 받을 필요가 있음을 인정하기 싫어하는 일이 잦다. 그럼에도 불구하고 일반적으로 미국이나 다른 국가의 상황과 달리(예 : Splett, Fowler, Weist, McDaniel, & Dvorsky, 2013), 이스라엘에서의 학교 심리사 역할은 정당화될 필요가 없으며, 역할을 확고하게 하기 위해 장애물을 다룰 필요도 없다. 그보다는 학교 심리사와 상담사가 이스라엘 학교 체계에 매우 잘 내장되어있어서 정신건강적 지지가 필요한 K-12의 모든 학생들이 자신이 속한 교육 시스템 안에서 최소한의 예비 도움을 적용하고 얻을 수 있다.

이 서비스 안에서 일하는 종사자들은 그들의 대학 수준 훈련을 뛰어넘어 진행되는 강력하고 지속적인 전문가 트레이닝을 받는다. 전쟁과 재해 동안의 상담과 심리치료의 관련 주제들에 있어서는 특히 더 그렇다. 이스라엘의 보안 문제와 반복되는 전쟁 노출로 인해, PES는 아동과 성인(학부모나 학교 스태프)들이 다가오는 위기를 준비하도록 돕는 방법에 대한 많은 지식은 물론 전쟁 동안의 더 나은 관리 방법도 얻어왔다(Raviv, Zeira, & Sharvit, 2007). 아이러니하게도 많은 은퇴 봉사자들과 부가적인 자원들이 전쟁 동안 사용 가능했고, 때때로 국가적 재난 동안 정신건강 전문인력들이 의뢰인에게 접근하는 중인 것처럼 보인다(의뢰인이 찾아가는 것이 아니라). 특히 보다 높은 사회경제적 수준을 가진 공동체에서 더 그렇다(Raviv & Weiner, 1995).

이스라엘 학생들 사이의 정신건강 문제

PES에 의해 수행된 최근의 연구에서(Erhard, 2008), 인구와 학교 단위를 통틀어 학교 상담가들 대부분은 학교에서 보내는 그들의 시간 중 20%가량이 정신건강과 관련된 문제로 고통받는 학생들과의 개인 면담에 할애된다고 보고하였다. 흥미롭게도, 대부분의 두드러진 문제는 학업적 성취와 관련있는 것이 아니라(투자된 개인 면담의 30~50% 정도의 시간), 감정적인 상태와 관련있는 문제이거나(50~70%), 개인적 위기(50~70%), 친구와의 관계(45~65%) 또는 행동 관리와 같은 행동 문제(40~60%)였다. 이하는 세 가지의 학교 스태프(상담가를 포함해)들이 매일 조우하는 경향이 있는 세 가지의 전형적인 정신건강 문제들을 나타내는 사례보고들이다.

사회적 고립

데이비드의 부모는 에티오피아에서 이스라엘로 20년 전에 이주하였다. 그는 자신이 다니는 초등학교에서 몇 안 되는 어두운 피부의 학생 중 하나이지만, 내면적으로 모두와 같다고 느낀다. 데이비드는 2학년에 올라갈 때 (백인) 초등학교 교장이 불러서는 "우리 학교에서는 색깔이 있는 옷이 아무런 차이를 가져오지 않듯 피부 색깔도 그렇단다. 만일 네가 학교에서 성공하지 않는다면, 너의 잘못이고 다른 누구의 잘못도 아니다."라고 말한 것을 기억한다. 데이비드는 정말로 매우 좋은 학생이었고, 그의 부모는 문맹이어서 그의 과제를 도울 수 없었지만, 그는 도움을 필요로 하지 않았다. 그에게 문제가 있을 때마다 그는 훌륭한 초등학교 교사들 중 한 명에게 찾아갔고, 그들의 도움을 청하고 도움을 받으면서 매우 편안했다. 초등학교에서 중학교로의 의무적 이동을 활용해, 대부분의 학급 친구들이 입학하는 곳보다 데이비드를 더 나은 학교에 보내는 것은 교장의 생각이었다. "너는 그들에게 네가 얼마나 똑똑한지 보여줄 수 있어. 너의 높은 성적은 네가 공정하게 얻은 거야." 학기가 시작되기 전 저녁, 매우 훌륭한 사람이 데이비드의 부모에게 찾아왔다. 그는 지역사회의 Kase(에티오피아의 전통적으로 종교적·영적인 지도자)로 "저는 당신의 재능 있는 아이를 축복하고자 여기 왔습니다."라고 말했다. "새 학교에서 그의 성공은 이전에 에티오피아에 살던 공동체 모두의 성공입니다. 우리는 그가 낙인을 부수는 선구자였으면 합니다." 데이비드 부모의 얼굴에 환희가 보였다.

첫 번째 수학 교사가 정각에 데이비드의 중학교 수업에 들어왔다. 흥미롭게도 교사는 "안녕하세요."라고 말하는 것을 잊었다. 그의 첫 번째 단어는 다음과 같았다. "중학교는 초등학교가 아닙니다…. 여러분은 더 열심히 해야만 합니다…. 지금부터 4년간 여러

분을 기다릴 대학 입학시험을 준비해야 합니다…. 나는 수업 시간 동안 어떤 방해도 용납할 수 없습니다. 또한 다가오는 시험에서 누군가 탈락하는 것도 용납하지 않겠습니다." 시작하는 며칠 동안, 이 단어들 뒤에는 시험 날짜의 목록이 따랐다. 이상하게도 이후 교실에 들어온 모든 교사들이 수학 교사와 같은 말을 반복했다. 그러나 학급의 담당 교사이자 마지막에 들어온 교사는 데이비드를 매우 걱정스럽게 만들었다. "이곳은 유대교 예배당이나 교회가 아니고, 나는 신이 아닙니다. 내게 울면서 찾아오지 말고 내 도움을 요청하지도 마세요. 그 대신 더 열심히 하고, 여러분이 여러분 의자에 앉을 자격이 있음을 내게 보여 주세요." 과제의 양은 엄청났지만, 첫날 데이비드는 열심히 해서 그것을 잘해냈다. 그러나 학술적 요구의 양과 난이도는 점점 늘어났다. 데이비드는 특히 영어 수업을 어려워했다. 데이비드가 다른 아이들이 어떻게 영어 수업과 과제를 쫓아가는지 알아봤고, 그는 자신과 수업을 듣는 거의 대부분의 학생들이 집에서 그들을 돕는 개인 교사를 두고 있음을 발견했다. 데이비드는 그의 부모가 그렇게 해줄 돈이 없음을 알고 있었다. 실수하는 것을 막기 위해서, 데이비드는 점점 침묵하게 되었다. 영어 시간만이 아니라 모든 수업에서 그랬다. 휴식 시간에도 혼자 있기로 한 것은 그의 선택이었다. 그럼에도 불구하고, 오직 학급에서 그 혼자만 토요일에 학생 중 한 명의 집에서 열리는 파티에 초대받지 못했다는 것을 깨달았을 때 그것은 그에게 너무 힘든 일이었다. 이튿날 데이비드의 수학 교사는 데이비드가 수업 시간에 자고 있다고 생각했고, 그를 깨우기 위해서 그에게 다가갔을 때 교사는 술 냄새를 맡았다. 데이비드는 완전히 취해 있었다. 이후 데이비드는 학교 상담사에게 그가 돈을 훔쳐서 술을 샀다고 말했다. 그렇지만 "난 아무것도 신경 안 써요…. 그냥 날 내버려 두세요."라고도 말했다.

　데이비드를 돕는 것은 개인 상담과 가족 개입에만 국한된 것이 아니었다. 그 대신 이민자의 충격을 덜기 위해서는 중대한 조직적 변화가 필요했다. 조직적 변화의 일부는 교사들에게 학생들의 중학교 시작 순간부터, 미래 대학 입학시험 성공률에 따라 그들의 관심을 옮기지 않도록 가르치는 일이었다.

죽음과의 조우

조지프의 교사는 정말 걱정하고 있었다. 조지프의 눈은 빨갰고, 매우 지쳐 보였다. 다른 날과 달리 조지프는 주제가 무엇이든 상관하지 않고 그녀가 말하는 모든 문장에 따지고

들었다. 그녀는 그가 재능이 있고 여유 있는 학생이라고 알고 있었지만, 오늘 그의 행동은 매우 달랐다. 수업의 끝에 교사는 그대로 앉아서 그에게 무슨 일이 있었는지 알려줄 것을 요구했다. 조지프는 협조하지 않았다. "아무 일도 없어요… 전혀 아무 일도." 이후 그날 오후에 걸려 온 조지프의 어머니 전화가 상황을 명료하게 했다. "어제 테러리스트에 의해 살해당한 가엾은 군인 이야기 들으셨나요?… 우리 옆집 아들이에요." 교사가 어머니에게 그녀가 원하는 것을 물었을 때, 어머니가 대답해 주었다. "조지프는 어젯밤 한 잠도 못 잤어요, 어제 제가 방 불빛을 봤거든요…. 제가 그 애에게 무슨 일이 있는지, 왜 잠을 자지 않는지 물었을 때 아이는 무의미한 삶에 대해서 얘기했어요…. 선생님도 알다시피 [어머니는 계속 말했다] 조지프가 이렇게 말한 것은 처음이 아니에요. 1년 전쯤 저와 제 전남편이 이혼할 것이라고 말해주었을 때도 걔는 이런 식으로 말했어요."

학교 심리사는 조지프가 이야기하도록 설득하기 위해 매우 노력했다. 한번은 그가 이야기를 했고, 그건 몇몇 부모의 이환과 관련된 것과 이웃 군인의 죽음과 관련된 것으로 죽음에 대한 소망이 뒤엉킨 것이었다. "저는 정말 삶을 즐기지 않아요…. 그리고 시간 문제일 뿐이지만, 왜 지금 자살하지 말고 기다려야만 하나요?" 학교 심리사의 질문에 대한 답변으로, 조지프는 친구에게 그의 형이 가진 총을 달라고 부탁한 적 있고 잠깐 동안 실행하려고 했으나, 기다리기로 결정했다고 고백했다. "아시겠지만," 그가 말했다. "제 친구들 전부 군대에 친척이 있고, 그들 중 대부분은 총을 들고 다녀요. 그러니까 제가 자살하고 싶어지는 때가 언제든 쉽게 해낼 수 있어요."

학교 심리사는 이런 종류의 진술에는 익숙했다. 그녀가 학교 심리사로서 근무한 거의 첫날 그녀는 많은 아이들이 '군대에 있는 친구의 형으로부터' 총기를 아주 쉽게 구할 수 있다는 것을 들었다. 또한 그녀는 실제로 조금 놀랐다(그러나 행복했다). 그녀가 몇 년간 만난 많은 아이들 중 아무도 생각을 행동으로 옮긴 사람이 없었기 때문이다. 조지프를 언급할 때, 그녀의 주된 두려움은 그가 행동으로 옮기는 첫 번째 사람이 될 수도 있다는 것이었다. 그의 눈에 비친 슬픔은 조금 공포스러웠다.

마침내, 학교 심리사와 학교 상담가가 함께 조지프의 교실에서 스트레스 대처 능력, 그리고 삶의 의미에 대한 워크숍을 개최했다. 이와 함께, 그녀는 조지프가 이혼과 관련된 풀지 못한 주제를 가지고 있음을 그의 어머니에게 알리며 가족 상담을 언급했다.

학생-학부모 관계의 관리

파트마는 이스라엘 북부의 아랍 마을에 사는 18세 여성이다. 그녀의 아버지는 부유하고, 자신의 회사를 세워 살림을 꾸려나간다. 학교 상담사는 파트마를 얼굴만 알고 있었고, 그들은 이전에 대화를 나눈 적은 없었다. 그렇지만 그녀는 파트마를 가장 뛰어난 학생 중 하나이자, 그녀의 학년에서 보다 재능이 넘치는 학생으로 알고 있었다. 파트마가 혹시 잠시 이야기할 수 있냐고 상담사를 부른 것은 학교 운동장에서였다. 그들이 만났을 때, 파트마는 그녀의 아버지를 상대하는 일의 어려움을 이야기했다. "저는 배우는 게 재미있고 계속 배우고 싶어요…. 저는 제가 의사나 다른 뭔가 될 수 있을 거라고 생각하고, 그게 제가 원하는 바예요. 그렇지만 저희 아버지는 여자니까, 결혼해서 아이를 낳으라고 말하세요…. 게다가 우리 친척에게 이미 다 말씀하셔서, 그분들은 저를 그 친척분의 아들과 결혼시키는 데 동의하셨대요…. 저는 그 아들을 아는데, 25살이거든요. 그는 나이가 많고 저는 정말 그에게 관심이 없어요. 왜 제가 그와 결혼해야 하죠? 왜 제가 결혼을 해야 하죠? 왜 저희 아버지는 낡은 생각을 하시고, 저한테 이런 압박을 주는 걸까요?" 파트마는 울면서 아버지께서 그녀에게 선택권이 없고 그를 따라야 한다고 말했다고 했다. "내 딸은 약, 남자, 죄가 사방에 널려 있는 대학에 가지 않을 거야." 학교 상담사는 이 상황을 완전히 이해했다. 비록 그녀는 부모로부터 고등교육을 계속 받을 수 있도록 허락받았으나(그러나 현재 부모들은 그녀가 26세에도 결혼하지 않고 있음을 불평하고 있다), 그녀 자신이 아랍인이었기에 전통적인 규범에 대해 잘 알고 있었다. 그러나 학교 상담사는 파트마의 아버지가 마을에서 얼마나 힘이 있는지 알았고, 그녀의 딸이 그의 의지에 반하게 만든 사람이 상담사라는 것을 알게 되는 순간 굳이 말하지 않아도 학교 전체에 어떤 일이 일어날지 알았다.

학교 상담사가 계획한 면담은 잘 짜여져 있었다. 파트마 학년의 모든 친구들 부모가 초대되었다. 면담은 '코란에 적힌 대로' 배우는 것의 중요성에 대해 이야기하는, 지역에서 가장 높은 권위자에 의해 시작되었다. 그 뒤에는 학교 교장이, 그와 모든 학교 스태프가 학부모들에게 '이러한 재능 있는 아이들을 보내 주신' 것에 대해 감사하고 있음을 말했다. 세 번째로 학교 상담사의 차례였고, 결정을 내리는 방법에 관해 이야기했다. 학교 상담사는 결정을 내리는 데 있어서 현대의 방법과 낡은 방법의 차이를 묘사하는 여러 예를 들었다. 결정을 내리는 낡은 방법에 대해 그녀가 말한 예 중 하나는, 인터넷을 무시하는 것이다. 잘 계획된 예는 사업을 세울 때 인터넷을 사용하는 것이었다. 학교 상담사의 마지막 포인트는 학생들의 미래 삶에 대한 언급이었다. 그녀는 말했다. "저는 여러분 모두 여러분의 아이들이 잘되고 행복하길 바란다는 것을 압니다. 그렇다면 자기 본위로 행동하지 마시고, 당신 자신만 잘되고자 생각하지도 마세요. 여러분이 어릴 때 따라야만 했던 의무적인 전통을 얼마나 싫어했는지 기억해보세요."

다음날 파트마는 학교 상담사의 방에 들어왔다. "저는 어젯밤에 정확히 무슨 일이 있었는지 몰라요. 저희 학생들은 초대받지 못했으니까요. 그렇지만 어찌됐든 그 후에 저희 아버지가 저에게 말을 거셨고 회사를 세우는 것에 대한 선생님의 예가 얼마나 훌륭했는지 이야기하셨어요…. 그분이 제 경우를 듣게 만드시기 위해서 어떻게 하셨는지 더 자세히 말씀해주실 수 있으세요?"

이스라엘에서의 삶이 반드시 제한된 것은 아님에도 불구하고 이 세 가지의 예는 이스라엘에서 매우 흔한 것이다. 그들 사이의 몇 가지 유사점이 언급될 필요가 있다. 각각의 이 사건들은 중대한 정신건강 문제를 야기할 가능성이 있다. 모든 사건에서, 학교 스태프는 도움이 필요한 아이들을 위한 유일한 창구로 봉사했다. 모든 사건에서 학생들의 삶을 둘러싼 환경과 그들의 학업적 실적 사이의 경계는 존재하지 않았다. 마지막으로 세 가지 모든 사건에서 딱 떨어지고 분명한 해결책은 존재하지 않았지만, 아이들의 정신건강을 증진시키기 위한 개인, 단체, 공동체적 개입의 혼합이 필요했다. 이러한 유사점은 학교 체계에 있어 매우 도전적인 것이지만, 체계에 있어 더 중요한 것은 그들을 무시할 수 없고 무시해서는 안 된다는 것이다.

정신건강 프로그램의 실행을 꺼려하는 이스라엘 교사들

이스라엘의 학교 정신건강 프로그램 증진에 있어 주된 문제는 학생들의 정신건강 문제와 관련된 프로그램 실행하는 것에 대한 교사들의 저항이다. 정신건강과 관련된 문제를 예방하기 위한 목표를 가진 프로그램이자, 청년들의 긍정적 발달을 증진하는 프로그램이라는 것은 분명한 사실이다(Israelashvili, 2002). 현존하는 연구는 교사들이 꺼려하는 원인으로 구조적 요인, 교육학적 요인, 인간적 요인 그리고 프로그램의 기여에 대한 의심 등 다양한 이유가 있을 수 있음을 보여준다(예 : Baker, Kupersmidt, Voegler-Lee,

Arnold, & Willoughby, 2010; Han, Weiss, & Weiss, 2005). 그러나 학생들의 정신건강 관련 프로그램에 교사들의 지지를 얻는 도전은 미래의 학교 정신건강에 있어서 매우 중대한 일이다(Stauffer, Heath, Coyne, & Ferrin, 2012).

　정신건강 서비스를 제공하는 데 교사들의 긍정적인 참여를 촉진하기 위한 문화적으로 관련된 개입 방법을 찾기 위해서 이스라엘(유대 그리고 아랍) 교사들을 대상으로 세 가지 연구가 수행되었다. 첫 번째 연구에서, 우리는 학교 내에서 중대한 인생 사건에 대한 교사들의 노출과 예방적 개입을 수행하기 위한 그들의 노력 사이의 연관성을 탐구했다(Apelbaum & Israelashvili, 2000). 두 번째 연구는 교사들의 교육학적 신념과 이론적 방향성 및 지식 그리고 정신건강 이슈와 관련된 프로그램의 실행 시 그들의 참여도를 비교하는 것이었다. 또한 이 연구에서 중학교에서 일하는 교사와 고등학교에서 일하는 교사, 더 개방적이고 독립적인 학교에서 일하는 교사 간의 비교도 이루어졌다(Karol & Israelashvili, 2002). 세 번째 연구는(일반적으로) 개입 프로그램을 수행할 때의 훈련된 교사의 종류와 정신건강 관련 프로그램에 참여할 때 그들의 준비성을 탐구했다(Hadas & Israelashvili, 2004). 이 연구들 모두 이 프로그램의 수행에 참여를 꺼리는 주된 원인들로서 조직적이거나 환경적인 요인보다는 개인으로서의 교사와 관련된 요인을 조명한다. 즉, 교사 개인의 인생 경험(주된 인생 사건과의 조우), 직업적 만족도(극도의 피로), 그리고 특히 아이들의 교육과 관련된 개인적 이데올로기(인본주의적 이데올로기) 등이 정신건강 문제에 협력하고 시행하는 준비성의 다양한 정도를 설명한다. 이러한 발견을 고려했을 때, 정신건강 프로그램과 협력하는 데 있어서 교사의 준비성을 증진시키는 중재가 수립되었다. 이러한 중재는 세 가지 구성 요소에 기반을 두고 있다 ― (1) 교사들의 심사숙고와 토론 이후 발생하는 주저함에 대한 가능성 있는 원인을 적극적으로 윤곽 그리기 (2) 프로그램 실행에 대한 교사들의 대비 길이, 상황, 조직 확장. 이러한 변화는 개인의 경험에 기반을 둔 주어진 프로그램에 교사들 개인을 반영하도록 하기 위해 필요하다. (3) 교사들을 위협하지 않으면서 동시에 교사들의 감정적 개방성과 학교 상담사를 향한 교사들의 저항에 위협당하지 않는 방식으로, 교사들과의 토론을 실행하기 위한 학교 상담사의 능력 강화.

　제안된 중재는 다양한 맥락과 교사, 상담사, 심리사로부터 받은 긍정적 피드백을 가지고 이행되어왔다(예 : Israelashvili, 2008).

요약

학교 정신건강의 일반적 중요성에 대한 인식 그리고 그것을 더 발전시킬 필요성은 이스라엘 학교 체계에서 기초를 잘 쌓았다. 더 나아가 이스라엘 교육 체계의 다양한 부문을 가로지르는 학교 정신건강 전문인력의 존재는 두드러지고 매우 잘 정해져 있다. 그러므로 교육과 학교 교육의 영역에서 결정 집행자가 이러한 주제에 관심을 기울여야 한다고 결론지을 수 있다. 비록 이스라엘 생활의 많은 다른 측면과 마찬가지로, 응급 상황과 문제 상황 시에 정신건강 서비스의 지원을 대상으로 하는 준비성과 활동은 일반적으로도, 특히 학교 상황에서도 매우 분명하고 잘 발달되어있다. 때때로 학생들에게 도달할 때와 발달한 부분도 있지만 말이다.

그럼에도 불구하고, 학교 정신건강 영역에서의 조사자들과 실무자들은 세계 다른 국가와 공통적인 여러 가지 도전과 맞닥뜨린다. 그것들은 (1) 예방적, 예비 중재에 대한 저항, 특히 그들의 시간을 소모하는 특성과 그것들을(일부) 관리하는 데 있어 교사들의 적합한 훈련 부족으로 인한 것(Franklin, Kim, Ryan, Kelly, & Montgomery, 2012) (2) 포괄적인 학교-가정-공동체 체계 의제로의 접근과 그것을 퍼뜨리는 방법에 대한 장벽(Weist, Paternite, Wheatley-Rowe, & Gall, 2009) (3) 학교 정신건강의 실행 과학에 대한 근거 중심 문서화 부족(Owens et al., 2013) (4) 학교 정신건강 관련 인물들의 활용에 대한 새로운 과정과 도구의 증진, 업데이트, 개발 방법의 연구(Fabiano, Chafouleas, Weist, Carl Sumi, & Humphrey, 2014).

따라서 이스라엘의 학교 정신건강을 위한 중요한 도전 과제는 정신건강 전문인력을 더 잘 관리하는 것이며, 전쟁 시기만이 아니라 평화로운 시기에도 정신건강 서비스의 더 나은 모델을 제공하도록 촉진할 필요도 있다. 이 모든 활동은 자연스럽고, 공동체 기반이며, 문화적 기반을 둔 메커니즘을 방해하지 않는 쪽으로 수행되어야 하며, 이 메커니즘은 이스라엘에 거주하면서 얻는 정신건강의 수많은 위협이 수반됨에도 불구하고 이스라엘 사람들로 하여금 관리와 지속이 가능하도록 해야 한다.

참고문헌

Al-Krenawi, A. (2002) Mental health service utilization among the Arabs in Israel. *Social Work in Health Care*, 35, 577–89.

Apelbaum, L., & Israelashvili, M. (2000). *Teachers' exposure to stress and attitudes toward prevention programs*. Unpublished MA Thesis, Tel Aviv University.

Baker, C. N., Kupersmidt, J. B., Voegler-Lee, M., Arnold, D. H., & Willoughby, M. T. (2010). Predicting teacher participation in a classroom-based, integrated preventive intervention for preschoolers. *Early Childhood Research Quarterly*, 25, 270–283. doi:10.1016/j.ecresq.2009.09.005

Beller, M. (2013). Assessment and evaluation of the Israeli education system. http://rama.education.gov.il. Retrieved August 29, 2013.

Benyamini, K., & Klein, Z., (1970). The educational system and mental health in children and families in Israel. In A. Jarus, J. Marcus, J. Oren, & C. Rapaport (Eds.), *Children and families in Israel: Some problem areas mental health perspectives* (pp. 209–234). New York: Gordon and Breach.

Buckner, E. T. (1975). Accountable to whom? The counselor's dilemma. *Measurement & Evaluation in Guidance*, 8(3), 187–192.

Chen, M., & Fresko, B. (1978). The interaction of school environment and student traits. *Educational Research*, 20, 114–121.

Dovrat Committee (2003) http://cms.education.gov.il/educationcms/units/ntfe/odot/koahmesimahodaot.htm. Retrieved August 28, 2013.

Eccles, J. S., & Roeser, R. W. (2011). Schools as developmental contexts during adolescence. *Journal of Research on Adolescence*, 21, 225–241.

Erhard, R. (2008). *"Seker Shefi": school counseling and psychological services within the educational system*. Jerusalem: Ministry of Education, the Psycho-Educational Services Branch.

Fabiano, G. A., Chafouleas, S. M., Weist, M. D., Carl Sumi, W., & Humphrey, N. (2014). Methodology considerations in school mental health research. *School Mental Health*. doi:10.1007/s12310-013-9117-1

Franklin, C. G. S., Kim, J. S., Ryan, T. N., Kelly, M. S., & Montgomery, K. L. (2012). Teacher involvement in school mental health interventions: A systematic review. *Children and Youth Services Review*, 34(5), 973–982.

Freeman, S. W., & Thompson, C. R. (1975). The counselor's role with learning disabled students. *School Counselor*, 23(1), 28–36.

Ginsberg, E. K. (1996). Introduction: The politics of passing. In E. K. Ginsberg (Ed.), *Passing and the fictions of identity* (pp. 1–18). Durham, NC: Duke University Press.

Goren, B. (2006). *Passing among Arab students: A coping strategy with discrimination*. Unpublished MA Thesis, Tel Aviv University.

Goroshit, M., Kimhi, S., & Eshel, Y. (2013). Demographic variables as antecedents of Israeli community and national resilience. *Journal of Community Psychology*, 41, 631–643.

Greenbaum, C., & Fried, D. (2011). Introduction and summary: Relations between the family and the early childhood education system. In C. Greenbaum and D. Fried (Eds.), *Family–preschool (K-3) collaboration: A review and recommendations* (pp. 9–50). Jerusalem: Israel Academy of Science.

Hadas, R., & Israelashvili, M. (2004). Teachers' own perceptions of competence in running prevention programs. Unpublished MA thesis, Tel Aviv University.

Han, S., Weiss, S., & Weiss, B. (2005). Sustainability of teacher implementation of school-based mental health programs. *Journal of Abnormal Child Psychology*, 33, 665–679.

Israelashvili, M. (1999). Adolescents' help-seeking behavior in times of community crisis. *International Journal for the Advancement of Counselling*, 21, 87–96.

Israelashvili, M. (2002). Life skills programs: A threat or a challenge? In N. Maslobati & Y. Eram (Eds.), *Value education in educational context* (pp. 397–412). Tel Aviv: Ramot. (Hebrew)

Israelashvili, M. (2005). Staying normal in an abnormal world: Reflections on mental health counseling from an Israeli point of view. *Journal of Mental Health Counseling*, 27, 238–247.

Israelashvili, M. (2008). From acquaintance to engagement: Support in confronting primary prevention hassles. *Journal of Primary Prevention*, 29, 403–412

Israelashvili, M., & Benjamin, B. A. (2009). Context and diversity in the provision of counseling services in Israel. In P. Heppner, S. Ægisdóttir, A. Leung, K. Norsworthy, & L. Greenstein (Eds.), *Handbook of cross-cultural counseling: Cultural assumptions and practices worldwide*. (pp. 449–464). Thousand Oaks, CA: Sage Publications.

Israel Central Bureau of Statistics (2010). Sources of population growth, by district, population group and religion. Retrieved October 15, 2014, from www1.cbs.gov.il/reader/shnaton/shnatone_new.htm?CYear=2010&Vol=61&CSubject=2.

Jimerson, S. R., Stewart, K., Skokut, M., Cardenas, S., & Malone, H. (2009). How many school psychologists are there in each country of the world? International estimates of school psychologists and school psychologist-to-student ratios. *School Psychology International*, 30, 555–567.

Kakunda-Mualem, H. & Israelashvili, M. (2012). Religion, religiosity and personal characteristics as risk factors for negative life-attitudes. *School Counseling*, 17, 120–146. (Hebrew)

Karol, E. & Israelashvili, M. (2002). Teachers' attitudes toward prevention programs. Unpublished MA Thesis. Tel Aviv university.

Klingman, A. (1984). Health-related school guidance: Practical applications in primary prevention. *Personnel & Guidance Journal*, 62, 576–580.

Lazar, A., Chaitin, J., Gross, T., & Bar-On, D. (2004). A journey to the Holocaust: Modes of understanding among Israeli adolescents who visited Poland. *Educational Review*, 56, 13–31.

Levav, I., Al-Krenawi, A., If rah, A., Geraisy, N., Grinshpoon, A., Khwaled, R., & Levinson, D. (2007). Common mental disorders among Arab-Israelis: Findings from the Israel National Health Survey. *Israel Journal of Psychiatry & Related Sciences*, 44, 104–113.

Owens, J. S., Lyon, A. R., Brandt, N. E., Warner, C. M., Nadeem, E., Spiel, C., & Wagner, M. (2014). Implementation science in school mental health: Key constructs in a developing research agenda. *School Mental Health*, 6(2), 99–111.

Rai, D., Zitko, P., Jones, K., Lynch, J., & Araya, R. (2013). Country- and individual-level socioeconomic determinants of depression: Multilevel cross-national comparison. *British Journal of Psychiatry*, 202, 195–203.

RAMA (2013). Data on school climate and pedagogical environment. http://cms.education.gov.il/EducationCMS/Units/Rama/Meitzav/Aklim_2012.htm. Retrieved August 29, 2013.

Raviv, A. (1989). School psychology research in Israel. *Professional School Psychology*, 4, 147–154.

Raviv, A., & Weiner, I. (1995). Why don't they like us? Psychologists' public image in Israel during the Persian Gulf War. *Professional Psychology: Research and Practice*, 26, 88–94.

Raviv, A., Zeira, M., & Sharvit, K. (2007). Community psychology in Israel. In S. M. Reich, M. Riemer, I. Prilleltensky, & M. Montero (Eds.), *International community psychology: History and theories* (pp. 335–349). New York: Springer.

Senor, D., & Singer, S. (2009). *Start-up nation: The story of Israel's economic miracle*. New York: Twelve

Splett, J. W., Fowler, J., Weist, M. D., McDaniel, H., & Dvorsky, M. (2013). The critical role of school psychology in the school mental health movement. *Psychology in the Schools*, 50(3), 245–258.

Stauffer, S., Heath, M. A., Coyne, S. M., & Ferrin, S. (2012). High school teachers' perceptions of cyberbullying prevention and intervention strategies. *Psychology in the Schools*, 49, 352–367.

Tal, A., Eoe, D., & Corrign, P. W. (2007). Mental illness stigma in the Israeli context: Deliberations and suggestions. *International Journal of Social Psychiatry*, 53, 547–763.

Weist, M. D., Paternite, C. E., Wheatley-Rowe, D., & Gall, G. (2009). From thought to action in school mental health promotion. *International Journal of Mental Health Promotion*, 11(3), 32–41.

WHO (2013). World Health Statistics 2013. www.who.int/gho/publications/world_health_statistics/EN_WHS2013_Full.pdf. Retrieved September 15, 2013.

일본 중등학교 정신건강 이해도 프로그램 개발과정

Yasutaka Ojio, Kumiko Ohnuma, Tomiko Miki, Tsukasa Sasaki

서론

정신건강 이해도 교육과 정신질환 예방

청소년기와 성인기 초기는 정신질환이 가장 많이 시작되는 시기로, 성인 정신질환의 약 75%가 25세 이전에 시작된 것이라고 한다(Jones, 2013; Kessler et al., 2005). 그러므로 학생들이 정신질환에 대해 지식과 확신을 가지도록 함으로써, 정신질환의 인지, 관리, 예방을 돕게 하는 것은 중요하다. 이런 지식과 확신을 정신건강 이해도(mental health literacy, MHL)라고 부른다(Jorm et al., 1997; Jorm, 2012). 그중 특히 중요한 것은 정신건강상의 어떤 문제든 학생들이 적절한 도움을 구할 수 있게 해주는 것이다. 도움을 구하려면, 당사자는 여러 단계의 결정을 거쳐야 하는데 (1) 문제를 인식하고 (2) 그 문제에 대해 도움과(혹은 도움이나) 치료가 필요하다는 걸 인정하고 (3) 정신건강(혹은 정신질환) 문제가 치료 가능하다는 걸 이해하고 (4) 도움과(혹은 도움이나) 치료를 구할 의욕이 생겨야 한다(Gulliver et al., 2010; Santor et al., 2007). 이런 단계들에 필요한 지식과 확신을 얻으려면 청소년기 학생들에게는 정신건강 이해도 교육이 필요하다. 대다수 청소년들은 학교에서 보내는 시간이 많기 때문에, 학교는 이런 교육을 시키기 제일

School Mental Health: Global Challenges and Opportunities, ed. Stan Kutcher, Yifeng Wei and Marc D. Weist. Published by Cambridge University Press. © Cambridge University Press 2015.

좋은 곳이며(Hendren et al., 1994; Wei et al., 2011; World Psychiatric Association et al., 2005), 학교용 프로그램이 개발된 국가도 많다(Wei et al., 2013).

일본 MHL 교육의 현 상태

하지만 일본은 초등, 중등, 고등학교에서 정신건강 이해도 교육을 하는 경우가 드물다. 일본 정부의 교육과정에 대한 가이드라인을 따르고 있는 현재 보건교과서에 정신건강 관련 내용이 전혀 없다는 점은 특히 충격적이다(Ojio et al., 2013). 1982년 이전 고등학교 교과서에는 정신질환에 관한 자세한 설명(질환들의 이름과 주요 증상이 실림)이 수록되어있었고, 정신질환으로 인한 입원 비율이 늘고 있다는 당시의 상황도 나와 있었다. 정신질환의 유전적 재생산을 막는 게 목적이었던 당시 일본의 우생보호법 역시 교과서에서 설명했다(Imamura et al., 1963). 하지만 이 내용은 1982년 완전히 삭제되어, 초등학교와 고등학교의 커리큘럼도 축소되었다(National Institute for Educational Policy Research, n.d.). 정신건강 관련 교육과정의 축소 정책은 명문고교, 명문대 입학(당시 대다수 일본 학생들한테는 어려운 일이었음)을 위해 극심한 성적 경쟁을 치르는 학생들의 정신적 스트레스를 줄이기 위해 도입됐다. 그 결과 현재 정신질환에 대한 일본 청소년들의 지식은 전반적으로 빈약하며(이 문제를 조사해보는 학생들도 소수 있지만), 성인들 역시 관련 지식이 빈약한 것으로 조사됐는데, 학창시절 정신건강 교육이 부족한 것과 관련이 있을 것으로 보인다(Ando et al., 2013). 또한 대다수 일본인의 경우에는 졸업 후에도 정신질환에 대해 배울 기회가 거의 없다. 일본인들은 일반적으로 정신질환의 주요 원인이 약한 심성 등 개개인의 심리사회적 요인이라고 생각하며, 생물학적, 생물사회적 요인을 무시하는 경향이 있다(Kurumatani et al., 2004; Nakane et al., 2005; Tanaka et al., 2005). 또한 대다수 일본인은 정신질환자들과는 사회적 거리를 크게 두려는 경향도 있다(Katsuki et al., 2005; Mino et al., 2001).

이런 상황을 개선하기 위해, 우리는 학교용 정신건강·정신질환 교육프로그램을 개발했다. 이 장에서는 이 프로그램의 첫 번째 버전(다음 버전은 현재 만드는 중이다)의 내용과 효과를 설명할 것이다. 우리는 교직원이 가르칠 수 있는 간단한 프로그램 개발하려고 노력했다. 대다수 학교 교육현장에 적용 가능하고, 지속 가능한 프로그램을 만들기 위해서였다(Han & Weiss, 2005; Santor & Bagnell, 2012). 정규 교육과정, 스포츠와 문화행사, 상급학교 입학시험 준비 등에 대한 요구가 크기 때문에 일본 학교는 학사 일정이 매우 빡빡하다. 길고, 수업시간이 많이 필요한 정신건강 교육 프로그램을 채택할 수 있는 학교는 많지 않을 것이다. 외부의 보건 전문가들이 수업을 해야 하는 프로그램 역시, 학교들이 적당한 전문가를 찾기가 쉽지 않을 수 있기 때문에 수용하기 어려울 것이다. 따라서 우리는 각 학교 보건교사가 50분 수업, 두 번으로 가르칠 수 있는 프로그램을 개발하려고 노력했다. 일본 학교 보건시스템(혹은 보건교사 시스템)은 다른 국가들과 큰 차이가 있다. 독자들의 이해를 돕기 위해, 다음 단락에서는 이 시스템을 설명하겠다.

일본의 학교 간호사(보건교사) 시스템

일본 정부의 학교보건법(문부과학성)에 따라, 초등에서 중등까지(1~9학년) 일본의 모든 학교는 공·사립 관계없이 정규직 학교 간호사(*yōgo kyōyu*, 보건교사)를 반드시 교직원으로 두어야 한다. 'Yogo'는 일본어로 간호, 'kyoyu'는 교사란 뜻이다. 고등학교의 경우에는 정규직 보건교사를 두는 걸 권장하지만, 의무사항은 아니다. '정규직'이라는 말은 모든 학교에 보건교사 1~2명이 배치되어, 매일 학생들의 건강을 보살핀다는 뜻이다. 보건교사 숫자는 보통 1인이지만, 학생 수에 따라 2인이 되기도 한다. 보건교사는 일반적으로 보건실에 배치되어 신체적·정신적 문제나 부상으로 찾아온 학생들에게 응급처치를 해준다. 부근의 의사, 치과의사들(일반적으로는 개인병원 개업의)과 함께 학생들의 정기 건강검진도 하는데, 이때 보건교사는 각 학생의 건강 상태를 알아볼 기회를 얻게 된다. 보건교사는 학생들에게 보건교육을 시킬 자격도 갖고 있는데, 보건교육이 의무사항은 아니다.

최근 일본 학교에서는 학생들의 정신건강을 보살펴야 할 필요성이 급격히 커졌고, 이에 따라 정신건강 관리에서 보건교사의 역할은 더욱 중요해졌다. 정신적인 문제, 괴롭힘 등의 이유로 교실에 있을 수 없는 상당수 학생들은 학교에 있는 시간 중 상당 부분을 보건실에서 보낸다. 보건실에서 학생들은 정신건강 지원도 받고, 학교 숙제를 하기도 한다. 이것을 '보건실 학습(hoken-shitsu tōkō)'이라고 한다. 이런 학생의 수는 최근 증가했다. 보건교사는 이런 학생들을 돌보는데, 다른 교사나 상담교사(보통은 시간제임), 가족, 외부 보건인력의 도움까지 받아가며 매우 집중적으로 돌보는 경우도 있다. 이런 환경 때문에 일본의 경우 보건교사가 본 정신건강 교육 프로그램을 수행할 최고 적임자라고 생각했다.

프로그램의 기본 방침과 내용

우리가 개발한 중등학교용 MHL 프로그램은 일본 학교들의 정신건강 이해도 교육을 개선하기 위한 것이다. 이 프로그램은 정신건강의학과 전문의, 공중보건 간호사, 보건교사들로 구성된 합동팀이 중등학교 보건교사의 수업을 염두에 두고 개발했다. 이 프로그램의 수업을 위해 보건교사들은 이 장의 공동저자 중 1명 혹은 2명(YO와 TS)의 지도를 받았다. 이 프로그램의 목적은 학생들이 청소년기에 자주 나타나는 정신질환의 증상을 배울 기회를 제공함으로써, 청소년기의 정신적 어려움은 드문 일이 아니라는 걸 이해시키고, 문제가 닥쳤을 때 도움을 구하도록 용기를 주는 것이다.

표 13.1에는 이 프로그램의 내용이 요약되어있다. 프로그램은 50분씩 2회의 수업으로 첫 번째 수업과 두 번째 수업은 1주일의 시간 간격을 둔다. 교수법은 강의, e-애니메이션, 그룹토의가 포함된다. e-애니메이션은 각 4분 정도 길이로, 일본 후생노동성 웹사이트(www.mhlw.go.jp/kokoro/youth/movie/b/index.html)에서 가져왔는데, 주요우울장애, 조현병, 공황장애를 비롯한 다수 정신질환의 증상을 설명한다. 이 프로그램에서는 주요우울장애와 조현병에 관한 e-애니메이션을 사용했다. 첫 번째 시간의 목표는 학생들이 정신적 문제, 정신질환들의 징후와 증상들을 인지하고, 청소년기에는 정신건강 문제와 정신질환이 드물지 않기 때문에 자신과 또래 친구들한테도 닥칠 수 있는 문제임을 이해하는 것이다. 문제 인식은 적절한 전문가한테 도움을 구하는 첫걸음이며, 도움 구하기가 늦어지는 걸 막는 데 꼭 필요하다(Gulliver et al., 2010). 두 번째 시간의 목표는 자신이나 또래 친구들이 정신적 어려움을 겪을 때 어떻게 대처해야 하는지를 학생들이 이해하는 것이다. 첫 번째 시간의 내용에는 정신질환에 대한 포괄적인 설명(유병률, 발병 연령, 위험 요소들, 치료 가능성, 회복 가능성을 포함한)과 청소년기에 자주 나타나는 증상에 관한 강의가 포함되어있다. 정신질환에 관해 흔히들 가지고 있는 오해들도 설명한다. 청소년기의 초기 단계 주요우울장애, 조현병의 전형적인 사례들은 e-애니메이션으로 보여준다. 두 번째 시간에는 정신건강의학과 의원 등 일반적으로 도움을 구할 수 있는 곳들을 사진으로 보여주며 설명한다. 진단과정, 진단을 위한 검사들도 설명한다. 마지

표 13.1 교육 단위 및 주요 내용

	강의	애니메이션	조별 토론
제1과(50분)	정신질환에 대한 설명(유병률, 발병 나이, 위험 요인, 치료 가능성 및 회복 가능성, 청소년기의 주요 증상들), 일반인들에게 흔한 정신질환에 대한 오해	주요우울장애 및 조현병의 전형적 증례를 보여줌	
제2과(50분)	정신건강의학과 진료실의 사진을 보여주어 정신건강의학과 진료실이 이상하고 무서운 곳이 아니며 일반적인 진료실과 다르지 않음을 알려준다.		정신건강 측면에서 어려움을 겪고 있는 청소년을 돕기 위한 적절한 해결 방안
제1과의 목표	정신건강 문제 및 정신질환이 학생들과도 밀접한 것임을 이해시킨다. 청소년기 정신건강 문제에서 나타나는 증상을 학습한다.		
제2과의 목표	자신이나 친구들이 정신질환으로 고통받을 때 어떻게 대처할 수 있을지 이해한다.		

막으로 학생들은 그룹을 지어 15~20분 정도 토론을 하는데, 자신한테 정신적 어려움이 닥치면 어떻게 하는 게 적절한 해결책이 될 것인지를 생각해보라고 한다.

연구 방법

시험연구와 프로그램 평가

이 프로그램의 시험연구는 2012년 11월~12월에 실시했다. 참가자는 도쿄의 한 중등학교 9학년생 118명(남학생 61명, 여학생 57명, 14~15세)이었다. 해당 학교는 도쿄대학교 교육대학 부설학교로 입학시험을 쳐야 하는 학교다. 두 차례 수업은 1주에 한 번, 2주간 보건수업 시간에 정규직 보건교사가 맡았다. 수업이 조금이라도 불편한 학생들은 프로그램 참가를 중단할 수 있었다.

표 13.2 정신질환과 그 치료에 대한 지식과 믿음을 평가하기 위한 질문

제시된 문장	맞다/아니다	정답률 %(n)		
		교육 실시 전 시험	교육 실시 후 시험	후속 시험
대부분의 정신질환은 흔히 청소년기에 시작된다.	T	69.1(65)	100(94)***	93.6(88)***
정신질환은 취약하거나 나쁜 성격에 의해 유발된다.	F	75.5(71)	98.9(93)***	94.7(89)***
정신질환은 치료 가능하다.	T	95.7(90)	100(94)	100(94)
수면 습관과 같은 생활 습관은 정신질환의 예방과 회복에 영향을 준다.	T	86.2(81)	90.4(85)	96.8(91)
피로, 복통, 메스꺼움과 같은 신체적 증상들은 정신질환의 초기 증상으로 나타날 수 있다.	T	86.2(81)	96.8(91)*	97.9(92)**
정신질환으로 고통받는 사람들은 증상을 감내해야 한다.	F	97.9(92)	97.9(92)	98.9(93)
대부분의 정신질환은 치료 없이도 호전된다.	F	92.6(87)	96.8(91)	100(94)
초기 치료는 정신질환의 경과에 큰 차이를 유발한다.	T	94.7(89)	94.7(89)	96.8(91)
정신건강의학과적 치료를 위해서는 종합병원에 가야만 한다.	F	72.3(68)	100(94)***	96.8(91)***
정신질환의 진단을 위해서는 혈액 검사를 포함한 신체적 검사가 필요하다.	T	28.7(27)	86.2(81)***	52.1(49)***
약물 치료는 많은 정신질환을 호전시킨다.	T	29.8(28)	91.5(86)***	76.6(72)***
정신건강의학과적 치료를 받는 사람들은 직장이나 학교에 다닐 수 없다.	F	89.4(84)	97.9(92)**	95.7(90)
정신질환을 진단받은 사람들은 일반적인 직업을 가질 수 없다.	F	96.8(91)	98.9(93)	100(94)
증상이 호전되면 치료를 중단해도 된다.	F	72.3(68)	73.4(69)	62.8(59)
정신질환을 가진 대부분의 사람들은 입원치료를 받아야 한다.	F	84(79)	97.9(92)**	89.4(84)
정신질환으로 인한 입원 기간은 평균 2~3년이다.	F	79.8(75)	98.9(93)***	92.6(87)**

***$p < 0.001$, **$p < 0.01$, *$p < 0.05$(교육 실시 전 시험보다 교육 실시 후 시험 및 후속 시험에서 더 우수함)

표 13.3 주요우울장애 증례를 시청한 후 질문에 대한 응답

	응답률 %(n)		
	교육 실시 전 시험	교육 실시 후 시험	후속 시험
a. 정확한 질환의 명칭을 응답한 학생의 비율	38.3(36)	94.7(89)***	91.5(86)***
b. 질문 : 만약 당신이 제시된 것과 같은 문제를 가지고 있다면 어떻게 하겠습니까?			
질환이 아니기 때문에 아무것도 하지 않을 것이다.	16.0(15)	3.2(3)**	1.1(1)**
조금 더 기다려 보겠다.	27.7(26)	9.6(9)**	22.3(21)
믿을만한 사람과 상의해 보겠다.	46.8(44)	87.2(82)***	74.5(70)***
어떻게 할지 모르겠다.	9.6(9)	0(0)**	2.1(2)**
c. 질문 : 만약 당신의 친구가 제시된 것과 같은 문제를 가지고 있다면 어떻게 하겠습니까?			
질환이 아니기 때문에 아무것도 하지 않을 것이다.	5.3(5)	0(0)	1.1(1)
조금 더 기다려 보겠다.	34.0(32)	18.1(17)**	18.1(17)**
그 친구와 대화를 피하겠다.	1.1(1)	0(0)	1.1(1)
그 친구에게 행동을 바꾸라고 충고하겠다.	10.6(10)	4.3(4)*	3.2(3)
믿을만한 사람과 상의해 보겠다.	33.0(31)	74.5(70)***	72.3(68)***
어떻게 할지 모르겠다.	16.0(15)	3.2(3)**	4.3(4)*

***$p<0.001$, **$p<0.01$, *$p<0.05$(교육 실시 전 시험과 비교하여).

효과 평가

자기보고식 설문지를 이용하여 프로그램 실시 전, 실시 후, 3개월 후에 평가를 실시했다. 프로그램 참가 학생들이 받은 설문지에는 정신질환과 정신건강 관리에 관한 지식, 확신을 묻는 문항, 정신적 어려움에 관해 도움과 지원을 요청할 의사를 묻는 문항이 있었다. 설문지는 '맞다/아니다'로 답하는 16개의 질문으로 구성되어있다(표 13.2). 정신질환 사례 삽화 2개를 이용하여 학생들이 정신질환의 이름을 아는지 알아보았는데, 이 삽화들은 Jorm 등(1997)이 쓴 것과 유사했지만, 알아보기는 더 쉬웠다. 삽화들은 주요우울장애(1번 사례)와 조현병(2번 사례) 진단기준 DSM-IV를 충족하는 중학생 사례들

📅 **표 13.4** 조현병 증례를 시청한 후 질문에 대한 응답

	응답률 %(n)		
	교육 실시 전 시험	교육 실시 후 시험	후속 시험
a. 정확한 질환의 명칭을 응답한 학생의 비율	19.1(18)	93.6(88)***	86.2(81)***
b. 질문 : 만약 당신이 제시된 것과 같은 문제를 가지고 있다면 어떻게 하겠습니까?			
질환이 아니기 때문에 아무것도 하지 않을 것이다.	4.3(4)	2.1(2)	0(0)
조금 더 기다려 보겠다.	7.4(7)	4.3(4)	13.8(13)
믿을만한 사람과 상의해 보겠다.	54.3(51)	88.3(83)***	76.6(72)***
어떻게 할지 모르겠다.	34.0(32)	5.3(5)***	9.6(9)***
c. 질문 : 만약 당신의 친구가 제시된 것과 같은 문제를 가지고 있다면 어떻게 하겠습니까?			
질환이 아니기 때문에 아무것도 하지 않을 것이다.	2.1(2)	0(0)	0(0)
조금 더 기다려 보겠다.	9.6(9)	9.6(9)	9.6(9)
그 친구와 대화를 피하겠다.	8.5(8)	2.1(2)*	4.3(4)
그 친구에게 행동을 바꾸라고 충고하겠다.	7.4(7)	0(0)	3.2(3)
믿을만한 사람과 상의해 보겠다.	47.9(45)	86.2(81)***	74.5(70)***
어떻게 할지 모르겠다.	24.5(23)	2.1(2)***	8.5(8)**

***$p<0.001$, **$p<0.01$, *$p<0.05$(교육 실시 전 시험과 비교하여).

을 제시했다. 주요우울장애와 조현병을 선택한 이유는 청소년기에 시작될 가능성이 높은 정신질환 중에서도 빈도가 높고 심각한 질환이기 때문이다(Kessler et al., 2005). 설문조사는 정규 수업시간에 실시했다.

설문지의 질문들은 (1) 삽화 속 사람이 정신질환을 가지고 있는지 없는지, 있다면 다음 중 어떤 진단이 적절한지—문제없다, 우울증, 조현병, 섭식장애, 사회공포증, 알 수 없다(표 13.3a, 13.4a) (2) 삽화와 같은 어려움을 겪고 있다면, 표 13.3b(주요우울장애)와 14.3b(조현병)에 나오는 항목 중에서 적절한 해결책(혹은 자신이라면 어떻게 할 것인지)을 고르고 (3) 또래 친구들이 삽화와 같은 어려움을 겪을 경우 자신이 취할 행동을 표13.3c(주요우울장애)와 13.4c(조현병)의 항목 중에서 고르라는 것이 포함되어있었다.

윤리적 측면

이 연구는 도쿄대학교 인간연구윤리위원회의 승인을 받았다.

데이터 분석

윌콕슨 부호 순위검증(Wilcoxon signed rank test)을 이용해 실시 전, 실시 후, 후속 평가에서 각 문항에 맞게 답한 학생의 비율을 비교하였다. 데이터 분포의 편향이 심했기 때문에 맥네마 검증(McNemar's test)을 이용해 실시 전, 실시 후, 후속 평가에서 지식과 학생들의 태도(혹은 적절한 행동 선택)를 비교했다. 유의수준은 $p < 0.05$였다. 통계분석에는 SPSS v 21.0 for Mac(2012)을 사용했다.

시험연구 결과

참가자

9학년 학생 118명 중에서 102명(86.4% : 남학생 52명, 여학생 50명)이 수업에 참가했다. 수업 중에 참가의사를 번복한 학생은 없었다. 102명 중에서 94명(92.1% : 남학생 47명, 여학생 47명)이 실시 전, 실시 후, 후속 평가를 모두 마쳤다.

지식과 믿음 부문의 효과

표 13.2는 실시 전, 실시 후, 후속 평가에서 정신질환 관련 지식을 묻는 16개 문항 각각에서 맞게 응답한 학생의 비율을 보여준다. 실시 전, 대다수 학생은 정신질환이 치료 가능하고(95.7%), 조기치료가 예후에 큰 영향을 미치며(94.7%), 정신건강의학과 치료를 받고 있는 사람들도 출근과 등교가 가능하고(89.4%), 정신질환 진단을 받은 사람도 일반적인 직장생활을 할 수 있다(96.8%)는 걸 알고 있었다. 그러나 정신질환을 진단하는 데 건강검진이 필요한 경우도 많다는 점(28.7%), 다수의 정신질환이 약물치료로 개선된다는 점(29.8%)을 아는 학생은 많지 않았다. 이 두 질문에 대한 정답 비율은 실시 전 평가보다 실시 후, 후속 평가에서 현저히 높았다. 지식 부문 총점(정답 문항 숫자)은 실시 전 평균/중앙값 12.1/13.0에서 실시 후 15.2/15.0으로 유의하게 높아졌다($r = 0.81$, $p < 0.001$). 후속 평가(3개월 후)에서 총점은 실시 전 평가보다 유의하게 높았지만($r =$

0.72, $p < 0.001$), 평균/중앙값 점수는 14.5/14.5로 낮아졌다.

정신적 어려움의 인식과 적절한 해결책 선택

표 13.3a와 표 13.4a는 각각 두 가지 삽화 사례와 그에 대한 해결책 문항에서 정답을 고른 학생의 비율을 보여준다. 실시 전 평가에서는 각각 38.3%와 19.1%가 삽화 속 주요우울장애와 조현병 사례를 바르게 진단했다. 정답 비율은 실시 후와 후속 평가에서 유의하게 높아졌다[실시 후 평가에서는 주요우울장애와 조현병이 각각 94.7%와 93.6% ($p < 0.001$과 $p < 0.001$)], 후속 검사에서는 91.5%와 86.2%($p < 0.001$과 $p < 0.001$)]. 적절한 도움을 구할 의향("믿을 만한 사람한테 이야기하겠다.") 문항에서 바르게 답한 학생의 비율은 실시 전 평가보다 실시 후, 후속 평가에서 유의미하게 높아졌다(표13.3b와 표 13.4b). 주요우울장애 삽화에서 정답자 비율은 실시 전 46.8%에서 실시 후 87.2% ($p < 0.001$), 후속 평가 74.5%($p < 0.001$)로 높아졌다. 조현병 삽화에서 정답자 비율은 실시 전 54.3%에서 실시 후 88.3%($p < 0.001$), 후속 평가 76.6%($p = 0.001$)로 높아졌다.

정신적 어려움이 있는 또래 친구들을 도울 의향

표 13.3c와 표 13.4c는 친구들이 정신적 어려움을 겪을 경우에 해야 할 행동 문항에서 적절한 답을 고른 학생들의 비율을 보여준다. 정신적 어려움을 겪는 친구를 적절하게 돕겠다("믿을 만한 사람한테 이야기하겠다.")고 답한 학생의 비율은 교육 후 유의미하게 높아졌다(표 13.3c와 표 13.4c). 주요우울장애 삽화 문항의 경우, 그 비율은 실시 전 33.0%에서 실시 후 74.5%($p < 0.001$), 후속 평가 72.3%($p < 0.001$)로 높아졌다. 조현병 삽화 문항의 경우에는, 실시 전 47.9%에서 실시 후 86.2%($p < 0.001$), 후속 평가 74.5%($p < 0.001$)로 높아졌다.

고찰

일본에는 학교용 MHL 프로그램이 거의 없었다. 우리가 아는 바로는, 이 분야를 연구한 사람이 두어 명 있었을 뿐 관련 출판물은 없었고, 이 때문에 활용할 만한 세부 정보도 없었다. 그래서 우리는 일본 중학생들이 중요도에 비해 관심은 적었던 이 부문의 간극을 메웠으면 하는 바람으로 학교용 MHL 프로그램을 만들었다. 우리는 간결하고 교직원이 주도하는 프로그램을 개발하려고 노력했다. 그렇게 한다면 다수의 일본 학교가 이 프로그램을 채택할 것 같았기 때문이다. 이번 연구에서 우리는 이 교육프로그램 첫 번째 버전의 효과를 실시 전, 실시 직후, 실시 3개월 후에 자기보고식 설문지를 이용하여 각각 평가했다. 평가 결과는 이 교육프로그램이 정신질환과 치료에 관한 지식, 적절한 도움을 구할 의향, 정신적 어려움을 겪는 친구들을 도울 의향을 키우는 데 유의한 효과가 있음을 보여주었다. 교직원 주도의 간단한 교육프로그램이지만, 유의한 효과는 실시 직후는 물론이고 3개월 후에도 나타났다. 그러나 도움을 구할 의향을 묻는 항목은 신중하게 해석해야 할 것 같다. 도움 구하는 일의 중요성을 교육프로그램 이전보다 잘 이해하게 됐다고 해도, 실제로 정신건강 문제가 생겼을 때 도움을 구하는지는 평가되지 않았기 때문이다. 실제 행동은 이런 문제로 도움을 구하는 데 대한 편견, 부끄러움, 당황스러움과 관련이 있을 것이다. 그런 기분(혹은 편견)을 바꾸는 것은 청소년을 위한 MHL 프로그램의 핵심 중 하나다. 우리는 이 문제와 관련해 교육프로그램을 부분 수정하고 있다. 편견을 바로잡기 위해 정신질환을 앓은 환자들의 영상을 활용할 가능성도 있다.

청소년을 위한 학교용 MHL 프로그램 중 이 정도로 짧은 것은 거의 없는 것으로 안다. Pinfold 등(2003)은 두 번의 60분 수업으로 이루어진 MHL 프로그램을 개발해 효과를 검토한 적이 있다. 정신질환과 정신건강의학과 치료에 관한 지식, 정신질환을 대하는 편견을 교육하는 프로그램이었다. 수업에는 짧은 영상, 강의, 정보를 담은 전단을 활용했다. 정신질환자들과의 짧은 대화도 포함되어있었다. 그 프로그램은 청소년들이 정신질환을 대하는 태도와 관련 지식을 증진하는 데 유의한 긍정적 효과가 있었고, 그 효과는 지금도 유사하리라 본다. 하지만 그 프로그램과 이 프로그램은 수업을 하는 사람이 다르다. 과거의 프로그램은 학교 외부의 정신건강 전문가가 수업을 했다. 지금까지 나온 대다수 MHL 프로그램은 전문가가 주도하는 것이었다(Wei et al., 2013). 교직원 주도 MHL 프로그램은 소수만 개발됐다(Kutcher et al., 2013; Naylor et al., 2009; Petchers et al., 1988; Rahman et al., 1998). Nayloret 등(2009)은 정신질환에 대한 지식과 확신, 편견을 가르치는 교직원 주도 MHL 프로그램을 개발했다. 이 프로그램은 목회활동의 담당교사가 수업을 하고, 젊은층에 흔한 정신건강 문제들을 50분씩 6회 수업으로 다룬다. 교육프로그램의 효과는 단순한 비무작위, 이전/사후 대조군 연구로 진행되었는데, 지식과 태도에서 유의미한 효과가 관찰되었다. 교직원이 수업을 하는 Naylor 등(2009)의 프로그램과 우리 프로그램은 정신건강 전문가들의 수업과 마찬가지로 효과적일 수 있다. 다만 이를 위해 교직원은 정신건강 문제들에 익숙해지도록 일정 기간의 교육을 받아야 한다. 두 연구의 차이점은 교육프로그램의 길이다. 이 프로그램은 50분씩 2회 수업이지만 Naylor 등(2009)의 프로그램은 6회이다. 호주 MindMatters의 MHL 프로그램 역시 교직원이 주도하지만, 프로그램에 필요한 수업시간은 각 학교와 교사가 결정하게 되어있다(Wyn et al., 2000, MindMatters, n.d.).

교직원, 특히 보건교사가 수업을 하는 MHL 프로그램은 의사, 공중보건 간호사 등 외부 보건전문가들의 수업에 비해 몇 가지 이점이 있을 것이다. 보건교사들이 수업을 하면, 학생들이 정신적 문제에 대해 보건교사에게 직접 도움을 청하기가 쉬워질 수 있다. 일본 시스템에서는 이런 경향이 특히 강한데, 보건교사들이 정규 교직원으로 매일 같은 학교에서 근무를 하기 때문이다. 또 다른 이점은 보건교사가 학생들의 요구를 세밀히 고려해 정신건강 프로그램을 운영할 가능성이 높다는 점이다. 학생들의 건강을 정기적으로 확인하기 때문이다.

현재 연구와 프로그램에서는 몇 가지 한계도 보인다. 참가자(학생) 수가 적었다. 효과는 대조군이 없이 비대조군 실험으로만 확인을 했다. 효과를 시험하기 위해 우리는 짤막한 자기보고 설문지를 사용했는데, 이 설문지는 이 연구를 위해 개발한 것이라서 다수 청소년을 대상으로 한 시험을 거치지 않았다. 사회적 선망 편향의 영향을 받는 지필 평가의 한계 역시 지적해야 한다. 이 프로그램의 수업을 진행했던 보건교사는 정신보건에 관심이 있고, 정신보건에 관한 배경지식도 있었던 것 같다. 교직원 교육이 선행되지 않으면, 이 프로그램의 효과는 일반화되지 않을 수 있다.

결론

결론적으로 우리는 간단한 교직원 주도 중학생용 MHL 교육프로그램을 만들었다. 일본 보건시스템하에서는 정규 교직원인 보건교사가 수업을 맡았다. 정신질환과 그 치료에 관한 지식은 유의미한 효과가 있었다. 도움을 구하는 태도와 친구가 도움이 필요할 경우 도와주는 태도에도 유의미한 효과가 있었고, 그 효과는 프로그램 실시 3개월 후에도 지속되었다. 이 간단한 교직원 주도 MHL 프로그램이 효과적일 수 있다는 의미일 것이다. 하지만 이 연구는 규모가 작고 기초적인 연구다. 더 많은 학생들이 참여하고 대조군도 포함되는 심화연구가 필요할 것으로 보인다. 지금까지 간략한 교직원 주도 MHL 프로그램의 효과에 관한 연구는 소수에 불과했다. 일본의 경우에는 이런 MHL 프로그램을 일반 보건교육 교육과정에 포함시키는 접근법이 중요한 것 같다. 보건시스템이 다른 외국의 효과적인 프로그램들도 도입해 일본 중등학교에 적용하는 것도 일본 MHL 프로그램을 풍요롭게 만들어줄 것이다.

참고문헌

Ando, S. Yamaguchi, S., Aoki, Y., *et al.* (2013). Review of mental-health-related stigma in Japan. *Psychiatry and Clinical Neurosciences*, 67(7), 471–482.

Gulliver, A., Griffiths, K. M., and Christensen, H. (2010). Perceived barriers and facilitators to mental health help-seeking in young people: A systematic review. *BMC Psychiatry*, 10, 113.

Han, S. S. and Weiss, B. (2005). Sustainability of teacher implementation of school-based mental health programs. *Journal of Abnormal Child Psychology*, 33(6), 665–679.

Hendren, R., Weisen, R., and Birrell, O. J. (1994). Mental health programmes in schools. Available at: http://whqlibdoc.who.int/hq/1993/WHO_MNH_PSF_93.3_Rev.1.pdf, accessed January 7, 2014.

Imamura, Y., Sugimoto, R., Asakawa, S., *et al.* (1963). *Kou-Tou Hoken Kyo-iku*. Taishukan Inc. (Japanese)

Jones, P. B. (2013). Adult mental health disorders and their age at onset. *British Journal of Psychiatry*, 202, 5–10.

Jorm, A. F. (2012). Mental health literacy: Empowering the community to take action for better mental health. *American Psychologist*, 67, 231–243.

Jorm, A. F., Korten, A. E., Jacomb, P. A., *et al.* (1997). "Mental health literacy": A survey of the public's ability to recognise mental disorders and their beliefs about the effectiveness of treatment. *Medical Journal of Australia*, 166, 182–186.

Katsuki, F., Goto, M., and Someya, T. (2005). A study of emotional attitude of psychiatric nurses: Reliability and validity of the Nurse Attitude Scale. *International Journal of Mental Health Nursing*, 14(4), 265–270.

Kessler, R. C., Berglund, P., Demler O., *et al.* (2005). Lifetime prevalence and age-of-onset distributions of DSM-IV disorders in the National Comorbidity Survey Replication. *Archives of General Psychiatry*, 62, 593–602.

Kurumatani, T., Ukawa, K., Kawaguchi, Y., *et al.* (2004). Teachers' knowledge, beliefs and attitudes concerning schizophrenia: A cross-cultural approach in Japan and Taiwan. *Social Psychiatry and Psychiatric Epidemiology*, 39(5), 402–409.

Kutcher, S., Wei, Y., McLuckie, A., and Bullock, L. (2013). Educator mental health literacy: A program evaluation of the teacher training education on the mental health & high school curriculum guide. *Advance in School Mental Health Promotion*, 6 (2), 89–93.

MindMatters (n.d.). Available at: www.mind matters.edu.au/default.asp, accessed January 7, 2014.

Ministry of Education, Culture, Sports, Science and Technology (n.d.). Available at: www.mext. go.jp, accessed December 30, 2013.

Ministry of Health, Labor and Welfare (n.d.). Available at: www.mhlw.go.jp/kokoro/youth/ movie/b/index.html, accessed December 30, 2013).

Mino, Y., Yasuda, N., Tsuda, T., *et al.* (2001). Effects of a one-hour educational program on medical students' attitudes to mental illness. *Psychiatry and Clinical Neuroscience*, 55(5), 501–507.

Nakane, Y., Jorm, A. F., Yoshioka, K., *et al.* (2005). Public beliefs about causes and risk factors for mental disorders: A comparison of Japan and Australia. *BMC Psychiatry*, 5, 33.

National Institute for Educational Policy Research (n.d.). Curriculum guideline databases. Available at: www.nier.go.jp/guideline/index. htm, accessed January 7, 2014.

Naylor, P. B., Cowie, H. A., Walters, S. J., *et al.* (2009). Impact of a mental health teaching programme on adolescents. *British Journal of Psychiatry*, 194(4), 365–370.

Ojio, Y., Togo, F., and Sasaki, T. (2013). Literature search of school based mental health literacy education programs. *Japanese Journal of School Health*, 55, 325–333.

Petchers, M. K., Biegel, D. E., and Drescher, R. (1988) A video-based program to educate high school students about serious mental illness. *Hospital and Community Psychiatry*, 39(10), 1102–1103.

Pinfold, V., Toulmin, H., Thornicroft, G., *et al.* (2003). Reducing psychiatric stigma and discrimination: Evaluation of educational interventions in UK secondary schools. *British Journal of Psychiatry*, 182, 342–346.

Rahman, A., Mubbashar, M. H., Gater, R., *et al.* (1998). Randomised trial of impact of school mental-health programme in rural Rawalpindi, Pakistan. *Lancet*, 352(9133), 1022–1025.

Santor, D. A. and Bagnell, A. L. (2012). Maximizing the uptake and sustainability of school-based mental health programs: Commercializing knowledge. *Child and Adolescent Psychiatric Clinics of North America*, 21(1), 81–92

Santor, D. A., Poulin, C., Leblanc, J., *et al.* (2007). Online health promotion, early identification of difficulties, and help seeking in young people. *Journal of the American Academy of Child and Adolescent Psychiatry*, 46, 50–59.

Tanaka, G., Inadomi, H., Kikuchi, Y., *et al.* (2005). Evaluating community attitudes to people with schizophrenia and mental disorders using a case vignette method. *Psychiatry and Clinical Neuroscience*, 59(1), 96–101.

Wei, Y., Hayden, J. A., Kutcher, S., *et al.* (2013). The effectiveness of school mental health literacy programs to address knowledge, attitudes and help seeking among youth. *Early Interventions in Psychiatry*, 7(2), 109–121.

Wei, Y., Kutcher, S., and Szumilas, M. (2011). Comprehensive school mental health: An integrated "school-based pathway to care" model for Canadian secondary schools. *McGill Journal of Education*, 46, 213–230.

World Psychiatric Association, World Health Organization, International Association for Child and Adolescent Psychiatry and Allied Professions. (2005). *Atlas child and adolescent mental health resources: Child mental health atlas.* Available at: www.who.int/mental_health/ resources/Child_ado_atlas.pdf, accessed January 7, 2014.

Wyn, J., Cahill, H., Holdsworth, H., *et al.* (2000). MindMatters, a whole-school approach promoting mental health and wellbeing. *Australian and New Zealand Journal of Psychiatry*, 34(4), 594–601.

아프리카 학교의 동료 정신건강 교육자 모델

미개발된 잠재력

Kenneth Hamwaka

"정신건강 없는 건강은 없다."라는 말은 정신건강 교육과 정신건강 서비스의 접근성을 용이하게 하는 것이 모든 형태의 인간 성장에 필수적이고 근간을 이룬다는 것을 지지하는 격언이다. 흔히, 학교 상황의 청소년에게 정신건강 정보와 서비스가 전달되는 것은 교사나 상담 선생님 같은 성인에 의해 제공된다. 청소년들이 소위 '동료 정신건강 교육자'인 동료 그룹에 의해 관리되는 클럽을 통해 학습자들끼리 정보를 공유하는 동료 정신건강 교육으로 의뢰되어 동료 간 중재를 통해 서로를 지지할 수 있다는 확신은 일반적으로 부족하다. 이 장의 취지는 말라위의 동료 정신건강 교육자의 실제적 모델의 개관을 제시하고, 학교시스템 안에서 동료 정신건강 교육의 가능성과 이득을 확인하며, 학생이 서로 학교 환경 안팎에서 동료 학습자의 사회적·교육적·개인적·직업적 삶을 풍요롭게 하는 중요한 역할을 할 수 있음을 보여주는 것이다. 이 장에서는 더욱이 동료 건강 교육이 양질의 교육에 접근하도록 개선시켜 모두를 위한 교육의 개념을 촉진시키는 데 중추적인 역할을 한다는 것을 입증하는 기회가 될 것이다.

School Mental Health: Global Challenges and Opportunities, ed. Stan Kutcher, Yifeng Wei and Marc D. Weist.
Published by Cambridge University Press. © Cambridge University Press 2015.

정신건강에 대한 세계적 현황 파악과 동료 건강교육 전문가의 역할

WHO는 현재의 이슈로 분명하게 정신건강을 선정했고 모든 사람과 모든 기구는 인간, 특히 젊은 사람에게 교육, 상호작용 전략, 의학적 치료와 상담치료와 같은 정신건강 서비스로의 접근을 제공하는 것에 민감하게 관심을 가져야 한다고 했다. 동료 건강 교육자는 정신건강의 이슈가 심각하게 다뤄지지 않았고 당시 완전히 잘못 이해되거나 무시되었던 학교 단계에서 그와 같은 서비스를 제공하도록 잘 배치되어있다. Kutcher 등(2013)은 동료 건강 교육자를 통한 정신건강 교육은 도움을 구하는 것이 허약함의 표시이기보다 오히려 민감하고 지지적인 활동이라는 메시지를 포함하여 정신건강 교육을 활발하게 증진시키기 위해 학교를 위한 기금을 제공한다는 사실을 인정했다. Kutcher는 더욱이 동료 건강 교육자를 통해 청소년이 활발하게 참여할 수 있고 청소년이 원할 때마다 언제든, 어떻게든, 어디서든 도움을 구할 수 있는 자격을 쉽게 갖도록 촉구했다.

Hamwaka(2013)에 따르면, 동료 건강 교육자는 학습자들의 전체적인 발전과 교육기관의 학습과 관리를 지지하는 데 주요 요소이다. 그는 동료 건강 교육자의 인격 부분에는 적극성, 인내심, 공감, 실용주의 등을 포함해야 하는 한 사회에서의 모델로 비유될 수 있음을 시사했다. 이것은 사회와 개인을 가장 잘 다스리는 가치이자 본질이고, 학교가 학습자에게 이러한 가치에 영향을 주고 성취하도록 관리한다면 학습자의 인격적·교육적·직업적·사회적 성장은 개선될 가능성이 있을 것이다.

청소년 발전에 대한 유네스코 보고(UNESCO, 2012)는 학교가 가르침과 배움의 중심이고, 대부분의 청소년 자주성은 학교에서 시작하여 지역사회로의 확장이 필요하다고 확인했다. 유네스코는 학교가 다른 배경과 경험의 학생과 교사를 하나의 환경으로 합쳐서 그들이 그곳에서 서로 잘 교제하며 어울릴 필요가 있는 복잡한 사회라는 것을 인식한다. 이런 인식은 학습자들이 각자 집에서보다 학교에서 더 많은 시간을 보낸다는 사실 인식에 기반을 두고, 그러한 면에서 학습자 자신들과 그리고 학습자와 교사 사이에는 갈등과 오해가 있을 수밖에 없다. 동료 건강 교육은 학습자가 자신들이 서로 다르다는 것을 해결하기 위해 교사를 기다리기보다 서로가 지지할 수 있게 해주기 때문에 학교에 적합하다.

학교를 통한 청소년 발전을 증진시키기 위한 유네스코의 선언에 대하여, 노바스코샤-감비아위원회(Nova Scotia-Gambia Association, NSGA)에 의해 감비아(1990~2006)와

시에라리온(2002~2006)과 같은 아프리카의 많은 기구들을 통해 학교 기반 동료 건강 교육 프로그램은 효과적인 상호작용 전략으로서 입증되어왔다. 발의안의 목표는 청소년을 지식, 기술, 자신감을 갖추게 하여 그들 스스로 건강에 대한 책임감을 갖도록 하며 그들의 건강과 복지를 향상시키는 데 있다. 이런 목표는 동료 학생, 주변 공동체와 함께 지식과 수련을 공유하는 데 동기 부여되도록 교육과 수련이 완수된 학교 기반 동료 건강 교육자 팀의 발전을 통해 성취된다

앞의 감비아와 시에라리온 보고에 따르면, 동료 건강교육 프로그램의 주목할 만한 주제는 다음과 같다.

1. 동료 건강 교육 전문가는 성병과 에이즈를 포함하여 청소년에게 직면하는 전체적인 건강 관련 이슈에 대하여 학교 교실마다 일련의 발표를 개발하고 시행할 수 있었다.
2. 동료 건강 교육자는 동료들을 합류하게 하고 건강한 행동과 태도를 장려하도록 다양한 전략을 훈련받았다.
3. 가능한 곳이라면 어디서든지, 동료 건강 교육자는 또한 주변 학교, 학교 밖 청소년, 일반 국민을 목표로 공동체 구제 프로그램을 발전시켰다.

말라위의 동료 건강 교육자

선발 기준

잠재적 동료 건강 교육자(12~20세 청소년)는 학교 관계자들과 청소년 클럽 리더에 의해 심사되었다. 학교 관계자와 청소년 클럽 리더들은 참가자들을 심사하는 데 다음 기준을 활용했다 — 동료 청소년에게 긍정적인 영향을 줌, 인내력, 팀 구성력, 관용, 이해력, 자기조절 능력, 역할 모델, 건강 이슈에 대한 새로운 정보와 지식에 뒤처지지 않는 능력, 감정과 어려운 상황을 다루는 능력, 판단하지 않는 태도, 포용력과 유연성, 격려와 지지할 수 있는 능력, 비밀보장과 맡겨진 신뢰를 유지하는 능력, 결단력, 다양한 시각에서 사물을 볼 줄 아는 능력.

동료 건강 교육자로 선택된 청소년은 동료 정신건강 교육자가 될 수 있는 기회가 주어졌다. 그들은 아프리카 지도, 상담 및 청소년 개발 센터(Guidance, Counselling and

Youth Development Centre for Africa, GCYDCA)를 통해서 동료 정신건강 교육 활동에 지원한 후 참여하면 동료 정신건강 교육 안에서 얼마간의 훈련이 포함되는 것으로 고지된다. 동료 정신건강 교육자로 뽑힌 모든 청소년들은 '아프리카 지도, 상담 및 청소년 개발 센터' 교수진들에 의해 지도받는 훈련기간에 참가하는 데 동의했다.

특성 및 통계

훈련 세션에는 말라위의 3개 지역 교육청에서 35개 학교에서 뽑힌 141명의 참가자들이 있었다. 참가자들은 말라위의 다른 3개 지역 교육청으로부터 105명의 청소년 건강교육자와 35명의 교사로 구성되었다. 각 훈련 세션은 1일간 이루어진다. 청소년과 교육자들은 함께 훈련받았다.

학교 내 청소년은 다음과 같이 선발되었다($n = 105$).

살리마	15개 학교 × 3 = 45
릴롱궤	10개 학교 × 3 = 30
음친지	10개 학교 × 3 = 30

교사는 다음과 같이 선발되었다($n = 36$).

살리마	15개 학교 × 학교당 교사 1명 = 15명
릴롱궤	10개 학교 × 학교당 교사 1명 = 10명
음친지	11개 학교 × 학교당 교사 1명 = 11명

훈련 기간 동안 사용된 자료

훈련 기간 동안에 사용된 자료는 다음과 같다―(1) 지역 언어인 '치체와'(Chichewa)로 번역된 아프리카 학교와 지역사회의 동료 정신건강 교육을 위한 훈련 매뉴얼(Training Manual for Peer Mental Health Education in African Schools and Communities) (2) 영문판 지도자용 아프리카 동료 정신건강 교육자들을 위한 지침서(Guide to Peer Mental Health Educators in Africa).

사후 점검 동안의 평가

동료 교육 전문가의 훈련 후에 그들이 어떻게 관리되는지를 보기 위해 정기적으로 체크하는 것에 대한 필요가 있었다. 이러한 방문을 사후 점검이라고 부른다. 훈련 후 평가는 말라위 내 사후 점검 활동의 신청을 통해 동료 정신건강 교육 훈련의 영향을 문서로 남기기 위해 만들어졌다. 총 50명의 학습자는 자원자로 선발되어 평가에 포함되었다. 표 14.1은 학습자가 제공한 응답의 결과, 즉 9개 주제영역으로 분류되고 보내지는 주문 중 긍정적인 응답의 빈도를 나타내는 결과를 요약하고 있다. '응답의 빈도' 칸은 각 주제/서술 카테고리에 긍정적으로 승인된 응답자의 숫자 그대로를 가리킨다. 그 결과는 역시 그림 14.1처럼 그림으로 나타난다.

전반적으로, 동료 정신건강 교육자 훈련 경험에 대한 평가는 긍정적인 효과를 나타냈다. 모든 주제/기술 카테고리에서 긍정적인 영향으로 답한 응답자의 비율은 92%(학습자 수행 개선)부터 최저 64%(시간관리 개선)까지 분포되어있다. 이는 아프리카 내 동료 정신건강 훈련 프로그램의 첫 번째 개발이고, 전달이며, 평가이다. 이 평가가 전향적 코호트 연구나 무작위 대조 연구의 기준을 충족시키지 못하라도 그 결과는 이러한 접근이 실질적인 이익과 이행 가능성이 있음을 제시한다. 동료 정신건강 훈련 프로그램을 위해 만들어졌고 사용된 자료는 더 큰 규모의 프로젝트가 완수되면 사하라 남부 아프리카 모

표 14.1 개인과 지역사회에서 동료 정신건강 교육 훈련의 영향

주제/기술	응답의 빈도
학습자 수행이 개선됨	46
정신건강 정보로의 접근이 개선됨	45
교사-학습자 관계가 개선됨	44
정신건강 교육 수준이 개선됨	40
낙인과 차별이 감소됨	39
학습자-학습자 관계가 개선됨	36
학교-지역사회 관계가 개선됨	35
정신건강 서비스로의 접근이 개선됨	32
시간관리가 개선됨	32

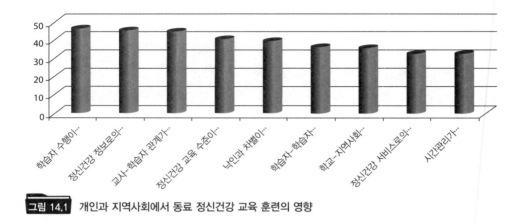

그림 14.1 개인과 지역사회에서 동료 정신건강 교육 훈련의 영향

든 국가에게 제공될 것이다.

동료 정신건강 교육자 접근법의 일반적인 잠재적 이점

앞에 기술된 동료 정신건강 훈련의 결과에 더하여, 모든 청소년과 교육 전문가 참가자들이 함께한 차세대 훈련그룹 토론은 잠재적인 영향력의 더 큰 맥락 또는 학교와 지역사회 내 청소년을 위한 이러한 접근법의 일반적 이점을 다루는 데 있어서 중요하다고 여겨지는 많은 주제가 밝혀졌다. 응답자는 프로그램의 추가 배포에서 평가할 때 고려해야 할 다음과 같은 이점을 확인했다.

1. 동료 정신건강 교육은 정신건강 교육에 대한 접근성 증가와 폭넓은 지역사회-학교-이해관계자 관계를 장려하는 다양한 동료 건강활동을 통하여 청소년 정신건강 증진을 가능하게 할 것이다.
2. 청소년의 정신건강과 그들이 필요할 때 도움을 찾도록 하는 자발성의 증가가 동료 간 제공된 정신건강 교육과 정신건강 교육활동의 신청 증가와 함께 청소년 클럽과 다른 학교, 지역사회 상호작용 전략을 통한 접근으로 향상될 것이다.
3. 동료 정신건강 교육은 드라마와 같은 동료 정신건강 교육자가 이끄는 활동을 통해 학교와 지역사회 사이의 증가된 연결에 의한 전체 지역사회 동료 정신건강 교육을 긍정적으로 영향을 주게 될 것이다.

4. 교육 시스템은 교사의 청소년 정신건강과 정신장애에 대한 지식의 질과 태도를 개
   선시킬 필요가 있다. 이것은 정신건강 교육 프로그램 훈련 교사에 의해 성취되거나
   학교에서 교사들이 사용하기 위해 훈련되는 정신건강 커리큘럼을 끼워 넣는 것으
   로서 성취될 수 있다.
5. 동료 정신건강 교육의 포함은 학습자와 다른 학교 이해당사자의 일반적 복지의 증
   진을 야기할 것이다.

결론

비록 이 동료 정신건강 교육자 과정은 말라위에서 시작 단계에 불과하지만 현재까지 얻
어진 결과와 동료 건강 교육의 성공을 기반에 둔 이론과 자료는 이러한 접근법이 정신
건강 교육, 정신 웰빙, 사하라 남부 아프리카 내 청소년이 정신건강의 중요성을 수용하
는 데 유용하고 효율적이라고 제안한다. 이 훈련 프로그램을 성공적으로 마친 청소년은
현장 경험을 시작하고 있으며, 앞으로 있을 일에 대한 자세한 정보를 얻을 것이다.

  이 과정의 개발과 초기 단계에서의 우리의 경험은 학교나 잘 정비된 지역사회 기반의
청소년 클럽과 같은 기존의 기관과 조직 내에서 또래 정신건강 교육 활동을 연결하거나
심지어 포함시키는 것이 중요하다고 제안했다. 이런 방식으로 우리는 이 과정에 학교의
학습 환경 내 개선, 지역사회 내 정신건강 교육/오명 또는 참가자의 성적과 출석률과 같
은 학습 결과의 향상과 같은 접근에 대한 추가적인 이점이 있는지를 판단할 수 있다. 동
료 정신건강 교육을 받은 청소년에서 정신건강 지식의 향상, 낙인 감소, 도움 추구 행동
의 향상을 측정하는 것과 같은 이 접근법의 가치에 대한 추가 연구가 필요하다. 또한 청
소년의 심리적 · 정서적 · 행동적 기능에 대한 동료 정신건강 교육자의 영향은 차후 평가
에서 검증되어야 한다.

참고문헌

Hamwaka, K. (2013). *African peer education model*. Lilongwe: International Publishers.

Kutcher, S., Hamwaka, K., and Chazema, J. (2013). *African school mental health curriculum guide*. Lilongwe: International Publishers.

UNESCO (2012). Youth Development Report. Paris: UNESCO.

멕시코와 칠레의
학교 정신건강 접근과 계획 현황

Julia Gallegos-Guajardo, Norma Ruvalcaba-Romero, Muriel Halpern

불안, 우울, 파괴적 행동, 주의력결핍 과잉행동장애(ADHD)와 같은 심리적인 문제를 겪거나 위험에 처한 학생들의 수가 증가함에 따라 학교의 정신건강 증진의 필요성이 대두되었다(Gladstone & Beardslee, 2009; Neil & Christensen, 2009; World Health Organization, 2004). 특히 개발도상국에서 이러한 문제는 빈곤, 세계화의 영향, 가정폭력 또는 방치, 높은 실업률과 빈약한 교육 시스템과 같은 제약으로 인해 복잡해지고 있다. 개발도상국의 학교 정신건강 증진과 관련된 과학적인 지식의 필요성이 절실해졌다. Patel과 Sumathipala(2001)가 보고한 바와 같이 이러한 연구는 세계의 다른 지역에서조차 수행되거나 발표된 바가 매우 드물었다. 이 장의 목적은 멕시코와 칠레에서의 현재의 학교 정신건강 현황에 대한 포괄적인 정보를 제공하고 그동안 수행된 노력에 대해 논의하며, 현재의 관행을 개선하고 미래의 연구에 방향을 제공하는 것이다.

School Mental Health: Global Challenges and Opportunities, ed. Stan Kutcher, Yifeng Wei and Marc D. Weist.
Published by Cambridge University Press. © Cambridge University Press 2015.

멕시코의 학교 정신건강

멕시코 청소년들의 정신건강 문제

현재 대부분의 지역에서 삶의 조건이 열악한 편이다. 유니세프가 제공한 자료에 따르면, 아동 인구의 53.8%가 빈곤 상태에서 생활하고 있으며, 15~17세 사이의 청소년 220만 명이 학교에 다니지 않고 있고, 18살 미만 청소년 중 대략 1,300명이 조직범죄와 연관된 폭력으로 인해 사망했다(UNICEF México, 2011). 경제협력 개발기구(Organización para la Cooperación y el Desarrollo Económico, OCDE, 2013)는 15~19세의 청소년 중 18.9%가 교육이나 노동활동에 관여하지 않는다고 추정하고 있다. 이러한 모든 조건은 멕시코 아동과 청소년들의 정신건강과 사회적 적응에 부정적인 영향을 미칠 수 있는 위험 요소로 간주된다.

전국적으로 실시된 설문조사 결과는 멕시코 청소년들의 정신건강 상태에 관한 우려할만한 데이터를 보여주고 있다. 국립보건원(National Institute of Public Health)과 Juan Ramon de la Fuente 국립정신의학연구소(National Institute of Psychiatry)에서 수행한 연구 결과들을 살펴보고자 한다. 표 15.1에 제시된 데이터는 중고등학교에서의 따돌림, 불관용, 폭력 등에 대한 국가조사(National Survey of Exclusion, Intolerance, and Violence in Public Middle Schools and High Schools, SEP) 보고서로부터 수집한 것이다.

이 자료조사는 국립보건원이 시행하였는데, 여기에는 자괴감, 슬픔 감정 조절의 어려움, 자살 사고와 의도 등이 포함되었다. 이는 Borges, Medina-Mora, Zambrano 그리고 Garrido(2006)가 제시한 데이터와도 일치하는데, 연구에 따르면 2002년 자살은 5~14세 사망 원인 중 9위였고, 15~29세 사망 원인 중 3위였다.

Ramon de la Fuente 국립정신의학연구소가 수행한 연구는 WHO가 주최한 공조의 일환으로, 국립과학기술위원회(National Council of Science and Technology, CONACYT)와 SEP와의 공동 재정 지원을 통해 청소년의 정신건강에 대하여 전국적인 데이터를 수집하였다(Benjet et al., 2009).

이 연구는 청소년 중 거의 절반이 일생 중 한 번 정도는 정신질환으로 분류될 수 있는 상태였다고 보고했다. 공포증, 충동성, 불안, 기분장애, 약물남용 등이 만연했다. 특히 청소년의 약 15%가 지난 12개월 이내에 기준을 충족했을 정도로 공포증이 보편적이었다. 또한 범불안장애와 기분장애 모두에서 평균 발병 연령이 12세였음을 유의해야

표 15.1 우울증의 징후

징후	남성(%)	여성(%)
지난 한 달간 학생들의 경험 :		
울고 싶었다.	46	74.5
슬픈 기분을 멈출 수 없었다.	47	61.5
외로웠다.	44	60
사람들이 나를 싫어하는 느낌이었다.	43	54
두려웠다.	44	56
내 인생은 실패작이다.	36	45
식욕이 없다.	46	62
슬펐다.	62	80
학생들의 느낌, 생각, 행동 :		
삶이 무의미하다.	29	43
더 이상 살고 싶지 않은 상황에 처했다.	29	46
사는 것보다 죽는 것이 낫다는 생각.	19	30.5
자살을 막 시도할 것 같았다.	8.5	17
자살의 목적으로 스스로 상처를 입혔다.	5	12

출처 : SEP, 2008

한다. 이 연구는 성인보다 청소년에서 호발하는 것에 대하여, 이 세대가 급변하는 사회와 스트레스, 부정적인 상황에 대한 노출된 것과 관계가 클 것이라고 설명한다(Benjet et al., 2009).

동일한 연구에서 청소년이 받게 되는 치료와 관련한 자료를 확인할 수 있었다. 정신질환 증상을 보인 7명의 청소년 중 1명 미만이 전년도 정신건강 서비스를 받았던 것으로 보고되었다. 그리고 이런 서비스를 받은 사람들 중 절반 정도만이 최소한의 적절한 치료를 받았다. 서비스 사용을 분야별로 분류해보았을 때, 적절한 치료로 확인된 '보건의료분야'는 정신건강의학과 의사, 심리사, 상담가, 심리 치료사, 정신보건 간호사 및 사회복지사로 구성된다. '비-보건의료분야'는 전문적인 정신보건 환경이 아닌 다른 환경에서의 자문, 종교 상담가와의 상담, 자조 그룹을 포함하여 보완 대체 의학을 포함하고 있다. 마지막으로, '학교 기반 서비스'는 특수학교나 특수학급 혹은 학교 내의 치료에 참가하는 것으로 구성된다(Benjet et al., 2009). 저자들은 보건 서비스를 제공받지 못하는 청소년들에게 서비스를 제공할 필요성이 있기 때문에, 보건 서비스 가용성을 확대하고, 서비스 활용의 장벽을 낮출 수 있는 정신보건 정책 실행에 중점을 두어야 한다고 강조한다.

멕시코 청소년의 사회적 불균형 문제

멕시코에서 발생하는 폭력과 비행의 빠른 증가뿐 아니라 지금까지 설명한 것에 추가적으로 대인 관계와 관련된 문제들을 고려해야 한다. 국립지리통계정보기관[National Institute of Statistics, Geography, and Informatics(INEGI), 2012]이 수행한 공공안전에 관한 피해자와 인지도 국가조사(National Survey of Victims and Perception about Public Safety, ENVIPE) 자료에 따르면, 멕시코 가정의 30.6%에서 적어도 한 명의 범죄 피해자가 있었다. 중고등학교에서의 왕따, 불관용, 폭력 등에 대한 국가조사(National Survey of Exclusion, Intolerance, and Violence in Public Middle Schools and High Schools)(SEP, 2008)는 15~19세의 청소년을 표본으로 연구를 수행하였다. 결과의 일부를 표 15.2에 나열하였다. 남학생은 신체적 폭력을 가하는 경향이 있는 반면, 여학생은 험담이나 무

표 15.2 급우들에게 다음 행동을 한 학생의 비율

행동	남성(%)	여성(%)
모욕	44	26
무시	40	43.5
별명으로 부름	39	18.5
거절	36.5	35
물건을 숨김	27	16
험담	22.5	31
때림	15	7

출처 : SEP, 2008

시와 같은 심리적 폭력과의 연관성이 높은 부분도 주목할 만한 점이다.

동일한 연구에서 1만 4,306명의 고등학생으로 표본조사를 한 결과, 1,710명(11.95%)의 청소년들이 어떤 이유로든 체포된 된 적이 있는 것으로 나타났다. 또한 482명(3.3%)이 지난해에 마약을 거래했다고 자백했고, 1,731명(12.10%)이 조직폭력 단원이라고 보고했다.

Secretaría de Seguridad Pública(2010)가 수행한 연구에서 강조할 부분은 청소년 조직폭력이 절도와 같은 일반적 수준의 불법적 행동을 넘어 마약, 매춘, 인신매매, 무기매매 등의 다양한 조직범죄와 연관되고 있다는 점이다. 연구에 의하면 전국적으로 약 9,384개의 조직폭력 집단이 존재한다는 것을 밝히고 있다.

Sullivan은 이런 상황이 더 악화되는 것을 피하기 위한 예방적 조치를 강조한다. 동일 선상에서 Ruvalcaba 등(2012)이 수행했던 조사 대상의 18% 정도가 품행장애 위험성이 있었던 연구 결과를 살펴보고자 한다. 이 비율은 갱 단원 또는 보호소에 있는 남자 청소년 그룹에서 32%까지 증가한다. 아울러 청소년 남학생이 절도, 공공기물 파손, 비행, 낙서, 싸움, 총기 사고와 같은 유형의 행위에 특히 연관이 되는 것으로 판명되었다.

Ruvalcaba 등(2012)의 연구 목적 중 하나는 개인의 사회정서적 역량이 품행장애에 미치는 영향을 확인하고자 함이었다. 그리고 결과는 두 변수 사이에 유의미한 연관성을 보여주었다. 행실 문제를 감소시키는 핵심적인 변수는 스트레스 관리와 대인관계 역량이었다.

이 모든 데이터들은 청소년들이 보다 긍정적인 개발을 향하고 위험한 행동으로부터 벗어나기 위해서 청소년 사이에서 보호 요인을 구축하는 예방 전략의 필요성을 지적하고 있다. 즉, 보호 요인에 대한 연구에 초점을 맞출 필요가 있겠다. 청소년들이 내/외적 자원을 적절하게 사용할 수 있도록 하여 그들의 가치와 긍정적 관점에 대한 인식을 형성하도록 하는 프로그램의 이행에 몰두해야 한다.

예방과 회복력 증진을 위한 노력

지난 10년간 다방면으로 학교 기반의 불안과 우울증 예방에 대한 연구가 증가되어왔으며 장래성이 있는 결과를 도출하였다(Gladstone & Beardslee, 2009; Neil & Christensen, 2009). 이 연구는 청소년의 정신건강에 영향을 줄 수 있는 사회성 기술과 정서적 기술과 같은 보호 요인을 밝히고, 학생들의 회복력 증진을 목적으로 하는 사회·정서적 학습 프로그램의 평가에 중점을 둔다. 이러한 프로그램의 한 예로 어린이와 청소년의 정서적 회복력 증진을 목적으로 Barrett 등(Barrett, 2012a; 2012b)이 개발한 *FRIENDS for Life*(삶의 친구들)를 들 수 있다. 이 프로그램은 전 세계 22개국에서 시행되고 있을 정도로 강력한 실증적인 근거를 가지고 있다.

FRIENDS for Life 프로그램을 스페인어권 문화에 맞게 변용한 스페인어판 프로그램인 *AMISTAD para Siempre*(Barrett, 2008a; 2008b)는 아동과 청소년에게서 회복력을 증진시키기 위해 디자인된 사회·정서적 프로그램이다. 그것은 학생들이 스트레스와 걱정에 대처할 수 있도록 돕기 위한 생리적·인지적·행동적 전략을 포함하고 있다. 행동적 요소는 감정과 사고의 모니터링, 세션 외의 심상, 노출, 이완 훈련 등을 포함한다. 인지적 구성요소는 학생들이 그들의 감정과 사고를 알아차리고, 연관성을 인식하도록 가르친다. 이것은 또한 그들의 인지 오류와 모순적인 자기 진술을 파악하도록 가르치며, 힘든 상황에서도 대안적 해석을 정교화할 수 있도록 가르친다. 학습 기법으로는 그룹 토론, 직접 실천하는 활동들, 역할 놀이 등이 있다. 그런 프로그램은 예방, 조기 중재, 치료의 모든 수준에서 적용될 수 있다. 이것은 보편적, 지엽적 또는 학교나 지역 환경에서 권고되는 모든 예방 수준에서 시행이 가능하다.

이 프로그램은 회당 75분간 진행되는 매주 10회 세션과, 이후의 한 달째와 석 달째에 제공되는 2회의 추가 강화 세션을 포함한 총 12개의 세션으로 구성된다. 대개 한 세션은 *FRIENDS* 약자가 의미하는 7단계 과정의 각각을 배우는 데 소요된다. 예비 회기 이후 학생들은 F, 즉 'Feeling worried?(우려, 걱정)'를 배우기 시작한다. 그리고는 R, 즉 'Relax and feel good(이완과 충만감)', I, 즉 'Inner helpful thoughts(내적인 유용한 생각들)', E, 즉 'Explore solutions and coping plans(해결 모색과 대응 계획)', N, 즉 'Nice work: reward yourself(잘했다고 스스로를 칭찬하기)', D, 즉 'Don't forget to practice(실천하기를 잊지 말기)', S, 즉 'Smile and stay calm(미소 짓고 차분함 유지하기)'을 배운다. 각 회기 내에서 진행자는 시범을 보이고, 이것을 학습한 뒤에는 학생들이 소그룹으로 연습할 기회를 만들며, 전체 그룹을 대상으로 다시 한 번 정리를 한다. 이 프로그램은 사회적 지지 그룹을 구축하고, 다양성을 존중하도록 장려한다. 학부모를 대상으로는 약 1시간 반의 정보 제공 세션을 두 차례 갖는다. 이 세션에서 학부모들은 프로그램 내에서 가르치는 기술과 테크닉에 대해 배우며, 가족과 또래 지지의 중요성, 불안을 일으키는 상황을 피하기보다는 문제를 해결하는 방법에 관해 배운다. 건강한 가족 단계 계획과 효과적인 교육 전략도 제공된다.

FRIENDS for Life 프로그램의 최신 판에는 주요 개정이 있었다(Barrett, 2012b). 새로운 과학적 지식에 따라 신규 버전에서는 긍정적인 관심과 주의를 장려하고, 지역사회 참여, 이타심, 모든 살아 있는 생명과 환경에 대한 공감을 장려하는 내용을 포함하고 있다. 또한 확대된 가족과 지역사회와의 연결성을 강화하고, 멀거나 가까운 관계 모두를 장려하는 것에 중점을 두고 있다. 마지막으로 양질의 수면, 건강한 식생활, 신체적 활동들을 장려하기 위해 가정 활동의 의미가 확대되었다(Barrett et al., 2013).

FRIENDS for Life 프로그램은 어린이와 청소년들의 불안과 우울증의 예방과 치료를 위한 효과적인 프로그램으로 WHO의 승인을 받았다(World Health Organization, 2004). 이 프로그램은 또한 미국의 SAMHSA(Substance Abuse and Mental Health Services Administration, 물질남용에 대한 정신보건서비스 관리국)의 근거 기반 프로그램과 실례에 대한 국가등록체계(National Registry of Evidence-Based Programs and Practices, NREPP)에 등재된 프로그램이기도 하다(NREPP, 2014). 세계 각지에서 실시된 여러 연구들이 전반적인 예방 차원에서 이 프로그램의 유용성을 증명하였다(예 : Barrett & Turner, 2001; Essau et al., 2012; Stallard et al., 2005).

많은 연구들이 멕시코 아동과 청소년을 대상으로 한 이런 프로그램을 평가하였다. 예를 들어 Gallegos(2013a) 등은 1,031명의 4, 5학년 학생들(9~11세)을 대상으로 *AMISTAD para Siempre* 프로그램의 유효성을 평가하였다. 멕시코 북부 도시에서 8개의 학교가 선정되어 무작위로 개입-중재 그룹과 표준 교과 과정 그룹에 각각 할당되었다. 연구에 포함된 모든 학교는 낮은 사회경제적 수준을 반영하고, 인구의 70%를 차지하는 6등급에 속하는 학교들이었다(INEGI, 2006). 15명의 교사가 *AMISTAD para Siempre* 프로그램을 10주 연속 이행하였고, 16명이 대조군으로 참여하였다. 프로그램의 영향력은 개입 직후와 6개월 후에 평가되었다. 이 프로그램을 거친 전반적 표본에서 우울증이 완화되거나 발생 위험이 감소하였으며, 능동적인 대응 능력이 향상되는 등의 긍정적인 효과를 보였다. 프로그램을 충실히 이행했는지 여부는 세션의 17%에서 무작위로 평가되었는데, 치료적 구성은 평점 3.05/4.00, 교사의 수행기술은 평점 3.18/4.00 정도로 확인되어 프로그램이 적절하게 잘 시행되었음을 보여주었다.

사회적 타당도 또한 평가되었다(Gallegos et al., 2013b). 참가자는 *AMISTAD para Siempre* 프로그램을 거쳤던 498명의 9~11세 학생들이었다. 프로그램을 마친 후 학생, 학부모, 교사에게 유용성, 재미, 전반적 만족도에 대한 인식을 묻는 설문조사를 실시하였다. 결과는 이들 모두에서 이 프로그램을 유익하고 재미있는 것으로 평가하였다. 특히, 대부분의 교사들은 학생들이 회복력을 증진하도록 돕는 많은 가르침을 얻었다 하였고, 그런 프로그램이 매우 유용했다고 보고했다. 이러한 결과는 오스트레일리아, 캐나다, 독일의 연구에서 보고된 결과와 유사하고, 이 프로그램이 학교 환경에서 잘 적용될 수 있을 것으로 예상한다. 성별에 따른 차이가 발견되기도 했는데, 여학생들이 이 프로그램을 더 유용하고 재미있었다고 보고했다. 학생들과 학부모들이 보다 유용했다고 생각한 기술은 부정적 사고를 긍정적으로 전환하기였으며, 만족도와 결과 척도 사이에도 양의 상관관계가 있었다. 또한 학생들의 프로그램 만족도가 높을수록 우울 척도 점수가 낮아지고, 능동적 대처 기술 척도 점수가 높아졌다.

FRIENDS for Life 프로그램의 기타 연구로는 고아원 아동들에 초점을 맞춘 연구(Gallegos et al., 2012), 암 투병하는 아동들에 초점을 맞춘 연구(García, 2013), 미취학 아동에게 초점을 맞춘 연구(Zertuche, 2012) 등이 있다. 멕시코 청소년을 대상으로 수행된 연구의 결과들은 다른 연구자들이 보고한 결과와 유사하며, *FRIENDS for Life*를 보편적 예방 프로그램으로 제공하는 것이 학교 정신건강을 증진하는 데 효과적인 전략이라는 것을 보여준다. 프로그램을 통해 교사들이 단시간에 많은 학생들에게 개입을 제공할 수 있다는 측면은 예방 전략의 비용-효과적인 면에서 추가적인 장점이 된다(Gladstone & Beardslee, 2009; Neil & Christensen, 2009). 프로그램이 가진 이점을 강화하기 위해 향후의 연구에서는 학부모 참여를 늘리고 프로그램 전후로 학생의 회복력을 보다 잘 파악할 수 있는 조치들을 포함시켜야 한다.

결론적으로 멕시코 청소년의 정신건강 증진을 위한 핵심은 WHO에서 검증된 도구를 활용해 청소년의 정신건강 문제를 정확히 파악하고 불안, 우울, 품행장애와 같은 문제들에 대한 위험 요인과 보호 요인을 증명하기 위해 상관관계 연구를 수행하는 것이 되겠다. 대부분의 연구들이 성인에 초점을 맞추고 있으므로 이 연구는 매우 중요한 의미가 있다. 앞으로의 연구는 보다 전반적인 범위를 지향하고 다른 지역의 청소년을 포함 더 많은 표본을 포함시켜야 하겠다. *FRIENDS for Life*와 같은 근거 기반의 회복력 증진 프로그램 덕분에 청소년의 학교 정신건강 증진에 진전이 있었다. 그럼에도 불구하고 *FRIENDS for Life* 이외의 다른 프로그램의 평가 및 더 많은 표본을 이용한 연구가 필요하다.

요약하면, 멕시코 청소년의 정신건강을 개선하는 데는 높은 수준의 빈곤, 조직폭력 연루 증가, 기존의 정신보건 시스템적인 한계를 포함한 많은 어려움들이 있다. 어느 정도의 진전이 있었지만 *FRIENDS for Life* 프로그램과 같은 근거 기반 개입법을 시도해보는 수준에 더 초점을 맞춰왔다. 아직까지는 청소년을 위한 교내 정신건강 개선, 예방 및 중재의 연속성을 확대하기 위한 광범위한 노력에 대한 체계적 변화는 거의 없었으며, 다른 국가에서 동일한 것을 수행한 경험에 대한 이 책의 아이디어가 부문별 정책 개선을 위한 유용한 도구가 될 것이다.

칠레의 학교 정신건강

칠레의 사회·교육적 배경

INE(National Statistics Institute, 국가통계청)와 SENAME(National Child Service, 국가아동서비스) 기관은 칠레 소아청소년의 생활환경과 발달을 개선하기 위한 공공정책 마련을 함께 작업하였다(SENAME & INE, 2005). 2002년 기준으로 1,500만 인구 중 18세 이하 청소년과 아동이 차지하는 비율은 30%였으며, 14%는 6세와 13세 사이였다. 불행히도 2012년 인구조사 정보는 기술적 오류와 정치적 분쟁으로 절차상의 착오가 있어서 업데이트할 수 없었다.

교육에 관련해 칠레에서는 2003년 이래로 초등교육과 중등교육이 의무적으로 도입되었으며, 법 조항 19.876(MINEDUC, 2003)에서 언급한 바와 같이 정부가 모든 자금을 지원한다. 2011년까지 칠레에서 취학 전 교육을 받는 0~5세의 비율은 43%로, 사회적으로 취약한 그룹에서는 더 낮은 비율을 보였다. 기초 교육의 참여율은 2011년에 92%였으나, 중등교육으로 올라오면서 떨어져 72%로 감소하였다. 이 수치 역시 마찬가지로 빈곤층과 부유층 간에 차이를 보였다(68% 대 84%). 이 기간의 수업에 참여하지 않은 사유로는 '임신, 출산, 육아'(12%), '흥미가 없어서'(12%), '학교를 마쳐서'(18%), '경제적으로 어려워서'(14%), '기타'(16%)였다(Ministry of Social Development, 2011).

칠레 소아청소년의 정신사회적 위험과 정신건강 문제의 유병률

칠레의 정신사회적 위험과 정신질환의 유병률에 대한 문제와 관련하여 이런 취약성은
농촌 가구에서 더 높았고(50.8%), 사회경제적 지위가 낮을수록 더 높았다.

이 자료는 칠레에서의 정신사회적 취약성을 조사한 다음의 두 가지 설문조사에서 발
췌했다. 사회개발부(Ministerio de Desarrollo Social)에서 개발한 국가 사회-경제 설
문조사(National Socio-Economic Survey, CASEN)와 국가통계청(INE)의 인구조사
(CENSUS, CENSO)가 그것이다.

국가 사회-경제 설문조사(CASEN)는 소득을 통해 빈곤을 측정하고 빈곤과 극빈의 지
표를 결정했다. 이는 1987년부터 지금까지 동일한 방법으로 적용되어왔으며, 시간이 지
나면서 비교 가능한 지표가 누적되어 개발 상황을 평가할 수 있었고, 다른 국가의 상황
과 국내 상황을 비교할 수 있도록 해주었다.

'빈곤'과 '극빈'은 기본적인 필요를 만족시킬 수 있는 능력의 지표로 소득을 사용
하여 절대적 기준으로 구분하였고, 이러한 최소 기준은 특정한 소득수준, 즉 빈곤선
(poverty line)으로 표시된다. 빈곤선은 인구 한 명당 식량 수요(food needs)를 충족시키
는 최소한의 금액이다.

이 조사에서는 가계 소득을 자율적 소득의 총액과 정부로부터 그 가정이 받는 지원금
및 주거지에 대한 임차료의 합으로 정의하고 분류한다. 정신사회적 취약성 지표는 빈곤
률과 극빈률로 보고 있다.

인구조사(Census)를 통해서는 사회, 보건, 교육 프로그램의 실행을 위한 인구 집단을
특징지을 수 있다.

인구조사는 문맹률, 교육 기간의 평균 격차, 첨단기술 접근률의 차이를 보여준다
(Census 1992~2002). 유사한 결과를 수년간의 정규 학교 교육에서도 관찰할 수 있었다
(Ministry of Social Development, 2011). ELPI(Longitudinal Survey of Early Childhood,
초기 아동기 장기 조사)에 따르면 6개월에서 7세에 해당하는 1만 4,000명의 영유아 집
단에서 57.2%가 정상적인 발달 수준을 보였고, 27.8%에서 발달지연이 있었는데 이는
저소득층에서 두드러진 현상이었다.

같은 코호트 내의 '위험' 그룹과 '악화(advanced)' 그룹으로 표본이 구성되었다 (Microdata Center of the University of Chile, 2012). 동일한 연구에서 23.8%의 아동이 임상 범위에서 사회정서적 문제를 보였다. 그리고 이는 저소득층에서 더 높은 수치 (31.1%)로 보고되었다(Microdata Center of the University of Chile, 2012).

2009년에 시행된 대규모 국가기금 역학연구의 목적은 1년 동안 소아와 청소년의 정신 질환 유병률을 파악하는 것이었다. 1,558명의 소아와 청소년 표본을 평가했는데, 정신 질환의 유병률은 22.5%(남아 19.3%, 여아 25.8%)였다. 유병률은 4~11세의 소아가 12~18세의 청소년보다 더 높았다(각각 27.8%/16.5%). 가장 유병률이 높은 것은 파탄적 행동장애(14.6%)와 불안장애(8.3%)였고, 그다음으로 기분장애(5.1%)와 물질남용 (1.2%)이 뒤따랐다. 섭식장애와 조현병은 드물었다(Vicente et al., 2012).

예방과 회복력 촉진을 향한 노력

23년 전 칠레는 유치원과 초등학생의 민주주의, 사회, 교육, 보건 서비스 향상을 위해 기금 발전을 위한 공공 정책을 통합하자는 내용의 1989년 어린이 인권 조약에 서명을 하였다. 현재는 다음과 같은 소아와 청소년을 위한 세 가지 공공 예방 프로그램이 있다 — *Chile Grows with You*(칠레는 당신과 함께 성장한다), *Skills for Life*(삶을 위한 기술), 그리고 *Chile Prevents*(칠레가 예방한다).

*Chile Grows with You*는 비록 학교 프로그램은 아니지만, 유아기 아동을 위한 중요한 단계로 보호, 증진, 예방 등을 포함한다. 이 프로그램은 임신부터 아이가 학교에 들어가기까지 진행된다. 가장 취약한 시기의 아동 발달을 증진시키고 보호하며, 아동과 그 가족을 지지해준다.

칠레에서는 지난 10년 동안 학생지원-장학금 국가위원회(The National Board of Student Aid and Scholarships)에서 학교 보건 중재 프로그램인 *Life skills program*을 개발했다. 이것은 아동, 학부모, 교사들이 함께 협력하여 위험도가 높은 그룹을 찾고 개입하여 학습 결과를 내도록 하였다. 이 프로그램은 학업 성취도를 높이기 위한 '학교 커뮤니티에 구조화된 교육 대응법'을 모색하고 있다. 이 프로그램은 초등학교 학생들의 생물정신사회적 발달에 도움이 되고, 위험인자를 줄이면서 보호인자를 강화시키는 것을 목표로 한다. 단기적으로는 학습 수준을 향상시키는 것을 목표로 하면서, 장기적으로는 이 프로그램에 참여한 아동들의 정신사회적 안녕을 촉진함과 동시에 정신건강 위해를 낮추고자 하였다. 실제 조치들도 위험요인을 줄이고, 보호인자를 강화시키도록 고안되었다. 학교는 프로그램의 일환인 예방적 워크숍에 참석한 어린이들을 대상으로 '위험도 프로파일'이라는 표지자 구조를 통해 정신사회적 위험을 식별한다. 고위험 학교는 가족 소득 차이에 따라 결정됐다. 개별 위험인자로는 출산 당시 어머니의 나이, 가정에서의 아버지의 존재, 아동의 만성 질환 유무, 학교 결석 및 가족 내 정신질환 유무, 지역사회에서의 가족 참여가 포함된다(George et al., 2004). 칠레의 약 20%의 학교가 위험 카테고리에 속하며, 프로그램을 받고 있는 18만 1,000명의 아동을 포함한다(Guzmán et al., 2011). 가족의 위험은 아동의 전반적인 위험과 연관성이 있기에 프로그램의 일환으로 고려되었다.

프로그램은 1학년 학생들의 특수 지표 구조를 통해 소아기 정신건강 문제의 중증 여부를 파악하고 지역 의료 네트워크에 추천하는 전략을 활용한다(George et al., 2004). 프로그램은 1학년 때 정신건강 문제를 가진 경우, 이것이 3년 후의 낮은 학업성적을 예측하는 독립적인 위험 인자가 됨을 증명하였다(Guzmán et al., 2011).

2014년까지 이 프로그램은 전국 각지로 배포되어 1,818개의 학교에서 시행되었다. 포함된 학생 수는 34만 1,635명이며, 연간 예산은 미화 870만 불이다(JUNAEB, 2014).

*Life Skills Program*의 개입은 단계적으로 진행되며 WHO 기반(증진/예방/중재)이며, 지역사회의 지원을 받는다. 정신건강 당국의 자문을 담당하는 사람은 Sheppard Kellam과 Thomas Anders이다(Guzmán et al., 2011). 이 프로그램은 결과 지표(Delgado et al., 2006; Guzmán et al., 2011)를 사용하여 수년간 평가되어왔으며, 워크숍 참가 학생들의 64.7%가 정신사회적 위험 범주를 벗어났을 정도로 그 결과는 고무적이다(George & Hurtley, 2006). 또한 중재를 받는 아동들은 SIMCE(Sistema de Evaluación de Calidad de la Educación, 교육품질 평가시스템) 점수가 향상되었다(Delgado et al., 2006).

칠레의 2003년 학교 중퇴율이 7~13세 0.7%, 14~17세 7.2%였고(Ministry of Social Development, 2011), 중퇴 이유는 약물 사용이 높은 비율을 차지하였으며 이는 학교에 재학 중인 학생들과는 역의 상관관계를 보였다. CONACE(National Council for the Control of Narcotics, 마약류 관리를 위한 전국 협의회)는 탈기관화를 방지하기 위해 2002년 학교를 그만 둘 위험이 있는 아동과 청소년(낙제자, 결석자, 품행장애)을 위한 선별적인 예방프로그램을 개발하였다(CONACE, 2005). 개입 전략은 정신사회적 관여를 절충하여 달리하였고, 학교 재통합은 교육 분야에서의 사회 통합의 목표가 되었다(CONACE, 2005).

2010년 이래로 약물 사용의 예방을 위한 새로운 국가적 기관인 SENDA(National Service for Prevention and Rehabilitation of Drug and Alcohol, or Servicio Nacional parala Prevención y Rehabilitación del Consumo de Drogas y Alcohol, 약물과 알코올의 예방과 재활을 위한 전국기관)가 *Chile Prevents*라고 불리는 통합된 예방과 증진 시스템 내에서 프로그램을 개발하였다. 이 프로그램은 약물과 알코올의 남용에 초점을 맞춘다(SENDA, 2011). *Chile Prevents*는 종합적이며 지속적인 프로그램으로 초기 아동기 교육에서 시작된다. 이것들은 보편적 예방프로그램으로 각 학교 커뮤니티에 교육 프로젝트로 포함되며 각 학교 기간에 맞게 조직된다. 예를 들어, 3~6세의 아동을 위한 보편적 예방 프로그램은 *Treasure Hunt*라고 한다. 이것은 기술개발, 태도, 자기관리, 건강한 생활습관을 증진하여 자원과 능력을 강화시켜준다. 이러한 능력들은 참여적이고 능동적인 방식으로 일상의 상황을 검토함으로써 발전된다. 중학교를 대상으로 하는 선택적 예방 프로그램 *In Time*은 취약한 교육기관에 초점을 맞춘다. 주요 목표는 방어 요인을 증가시키고 위험 요인을 감소시키며, 성인들의 양육 방식을 향상시키고 약물 또는 알코올의 소비를 감소시키며, 위험 요인을 가진 학생들을 감지하고 음주를 하는 고위험 학생들을 찾아내는 것이다. 현재로서는 아직 *Chile Prevents* 프로그램의 성과가 보고된 바가 없다.

2014년 3월 이 프로그램은 공립, 사립학교를 포함하여 전국의 모든 학교에 배포되었으며, 1,500여 개 학교가 예방 학교로 인증받을 예정이다.

공공정책과 정신건강 프로그램

민주주의가 회복된 1990년 이후 칠레 정부는 인권 기반의 국가 근대화를 추진할 법안을 통과시켰다(Ministry of health, 2011). 칠레는 정신사회적 발달상 고위험 집단에 초점을 맞추어 전향적 소아 정신건강 및 학교에 관한 공공정책을 개발하였다. 보건복지부(Ministry of health)는 정신보건 정책들을 통합하여 정신보건 계획 및 정신의학 국가 부서(National Mental Health Plan and Psychiatry)를 구성하였다. 이는 사람을 생물학적·

심리적·사회적 관점에서 인지하고 지역사회 기반 접근으로 외래 진료를 촉진하였다 (Ministry of Health, 1999). 현재로서는 인권 및 보건 형평성에 주된 초점이 쏠려있는 상황으로 아직은 정신보건 영역은 불만족스러운 상황으로 서술되었다. 국가 정신보건 전략(National Mental Health Strategy)은 건강의 사회적 결정요인, 홍보를 위한 비용 대비 효율적 전략 및 성과를 고려하며 국가, 개인, 시민사회 활동과 조화를 이룬다. 이 프로그램의 목적은 개인 능력 개발, 국민 정신건강의 개선, 건강의 사회적 결정요인 감소, 생활 기능 향상, 정신장애 및 고위험 요인을 조기에 발견하여 효과적으로 중재하기 위함이고, 그에 필요한 치료를 제공함으로써 정신질환자 및 정신건강 문제를 가진 사람들의 삶의 질을 개선하는 것이다(Ministry of Health, 2011).

일차 정신건강 시설

현재 칠레 아동 및 청소년의 정서/행동 문제는 불안한 수준이다. 칠레 아동 및 청소년의 1/5가량이 정신사회적 기능 부전을 초래할 정도의 심각한 정신건강 문제를 가진 것으로 추정된다(Vicente et al., 2012).

국가 차원에서 아동과 청소년의 정신보건 수요를 다루기 위해 유용한 접근법들이 있었다. 예를 들어 2010년 말까지 아동과 청소년이 참여하는 공중보건 네트워크는 모든 주요 보건 시설에 심리사를 배치했으며 73개의 지역정신보건센터를 운영하였다 (Ministry of Health, 2011).

하지만 18세 이하의 청소년은 주로 외래환자로서 치료받았고, 치료받은 사람 중 약 28% 정도로 작은 부분만을 차지하였다(WHO & Chilean Ministry of health, 2006). 장기적인 목표는 칠레의 정신보건 네트워크의 범위를 개선, 강화 및 다양화하는 것이다 (Ministry of Health, 2011).

인적자원과 등록

도시와 농촌 지역의 인적자원은 수도와 지방의 정신과의사 비율이 1.4:1로 불균형하게 분배되어있고, 아동 및 청소년 전문 신규 정신건강의학과 의사의 수는 여전히 적은 수준이었다(WHO and Chilean Ministry of health, 2006). 더욱이 정신보건 자료 수집과 관리는 지나친 정보체계, 열악한 기술 인프라, 온라인 시스템 부재 및 인력 부족 등으로 인해 제한적이었다(Ministry of Health, 2011).

미래를 위한 도전과 기회

칠레에서 아동 및 청소년 정신건강에 대한 공공정책은 진화하고 있으며, 아동 발달을 위한 자원 투자에 대해 국가적 관심이 증가하고 있다. 최근에는 아동 권익 확립을 목적으로 하는 전국아동협의회(National Council for Children)가 설치되었으며, 아동기 및 청소년기와 관련된 여러 기관 및 부문을 조정하고 있다(Secretaria General de Gobierno, 2014). 이것은 정신건강 증진을 위한 전략과 정신건강 문제 및 질환 예방을 고려하는 프로그램을 개발할 수 있는 기회를 의미한다.

칠레의 의과대학 및 대학원에서는 아동 및 청소년 정신건강의학과 전문의를 의한 수련 시설을 확충하기 위하여 보건복지부(The Ministry of Health)와 공조하고 있으며, 지난 2년간 수련 시설이 두 배로 증가했다(전문가 트레이닝 프로그램, 대학원, 의과대학, 칠레 대학교, 2014).

나아가 민간 재단 'Paz Cuidadana'와 범죄예방사무국(Secretariat of Crime Prevention)은 함께 미국 오리건대학교 폭력성 및 파괴적 행동 연구소의 '*Positive behavior Program*(긍정 행동 프로그램)'에 영감을 받아 *PreVe*라는 파일럿 프로그램을 함께 개발하고 있다(Ministry of the Interior and Public Security, Secretariat for Crime Prevention, Prevention Area, 2010).

향후의 도전으로는 라틴아메리카의 학교 정신건강 프로그램의 효과 증명에 대한 과학적 정보를 수집/교환하기 위한 네트워크를 구축해야 한다. 현재 멕시코와 칠레는 정신건강문제와 정신장애의 유병률에 대한 충분한 지식을 가지고 있으며, 고위험 아동과 청소년 발달을 위한 보편적 프로그램의 필요성을 인정하고 있다. 현재의 개입과 연구를 수행하는 팀은 반드시 그들의 경험을 공유함으로써 다양한 아동 관련 기관들의 참여를 증진시켜야 한다.

결론

멕시코와 칠레에서는 많은 학령기 청소년들이 정신건강 문제를 경험하고 있다. 빈곤과 학교 중퇴와 같은 장애물이 양 국가에 모두 존재하지만 멕시코에서 더 두드러진다. 정신건강 문제를 파악하고 학생들의 회복력을 증진하며 정신보건 위험인자들을 파악하기 위한 노력이 양국에서 모두 진전을 보이고 있다. 하지만 현재보다 개선되기 위해서는 많은 작업이 수행되어야 한다. 예를 들어 보편적, 선별적, 지시적 수준 등 서로 다른 수준에서 예방할 수 있는 몇몇 프로그램을 개발하고 평가할 필요가 있다. 이를 위해, '고위험군'을 파악하고 그들의 요구를 해결할 수 있도록 맞춤형 중재를 제공하기 위해 위험요인과 보호 요인들을 지속적으로 연구하는 것이 중요하다.

향후 연구는 다른 나라에서 시행되고 있는 효과적인 실제 활동 학습함으로써 도움받을 수 있을 것이며, 이때 항상 문화의 중요한 역할을 고려해야 한다. 결과 지표의 체계적 평가를 통해 이루어진 모든 노력을 평가하고 문서화하는 작업이 꼭 필요하다. 주요 과제는 그동안 획득한 과학적 지식을 청소년의 삶의 질 향상을 위한 공공정책에 어떻게 효과적으로 통합할 수 있는가 하는 것이다. 이는 이전 연구에서 얻은 역학 및 연관성 자료, 이전 시도에서 얻은 교훈, 청소년의 회복력 증진을 위한 이론과 모델에 관한 국제적 자료를 사용하여 맞춤형 중재를 개발하는 것을 의미한다. 평등과 정의를 위해서는 정신건강 문제를 신속히 파악하고 정신건강 서비스 제공자 혹은 회복 프로그램을 통한 적절한 치료적 접근 등 회복력 증진을 위한 실제적 기회를 제공함으로써 아동 및 청소년 보호가 보장되어야 한다. 이를 통해 정신질환 및 연관된 장애를 줄일 수 있을 것이다.

다음 단계는 사실 지금까지 수행된 작업을 더 집중하여 지속하는 것에 달려있다. 이는 아동과 청소년의 회복탄력성에서 위험요인과 보호요인의 역할을 이해하고, 멕시코 및 칠레 정신건강 문제의 발현 양상에서 문화의 역할을 탐구하며, 맞춤형 중재의 설계에서 이 지식을 통합하기 위해 보다 포괄적인 연구들을 수행해야 한다는 것을 뜻한다. 비교문화 연구 또한 우리의 의제 중 일부이다. 정신건강 상태와 회복탄력성을 평가하는 적절한 측정방법이 이들 나라에는 부족한 실정이다. 이에 청소년의 회복탄력성 척도와 같은 척도의 타당성 연구를 진행 중이며 다른 관련된 척도의 타당성 연구 역시 계획의 일부이다. 국가 간의 대화를 증진하는 것도 중요하겠다. 각 전략과 공공정책이 어떤 작용을 했는지 더 알게 되면 향후 대책들에 대한 가이드라인을 만들 수 있다. 현 시점에는 아동 및 청소년의 정신건강을 다루는 공식적인 중남미 연합이 없기에, 현재 연구를 확장하고 풍족하게 하기 위한 주요 다음 단계는 공식적인 중남미 연합의 설립이 될 것이다.

참고문헌

Barrett, P. (2008a). *AMISTAD para Siempre: Cuaderno de Trabajo para Niños* [FRIENDS for Life: Workbook for children]. Brisbane, Australia: Australian Academic Press.

Barrett, P. (2008b). *AMISTAD para Siempre: Manual para Líderes de Grupo* [FRIENDS for Life: Manual for Group Leaders]. Brisbane, Australia: Australian Academic Press.

Barrett, P. M. (2012a). *FRIENDS for Life: Group leaders' manual for children* (6th edn.). Brisbane, Australia: Pathways Health and Research Centre.

Barrett, P. M. (2012b). *My FRIENDS Youth Resilience Program: Group leaders' manual for youth* (6th edn.). Brisbane, Australia: Pathways Health and Research Centre.

Barrett, P., Cooper, M., & Gallegos, J. (2013). Using the FRIENDS programs to promote resilience in cross-cultural populations (pp. 85–108). In Prince-Embury, S. & Saklofske, D.H. (eds.), *Resilience interventions for youth in diverse populations*. New York: Springer.

Barrett, P., & Turner, C. (2001). Prevention of anxiety symptoms in primary school children: Preliminary results from a universal school-based trial. *The British Journal of Clinical Psychology*, 40, 399–410.

Benjet, C., Borges, G., Mora, M., *et al.*, (2009). La Encuesta de Salud Mental en Adolescentes de México (pp.90–98). In Rodríguez, J., Kohn, R., & Aguilar-Gaxiola, S. (eds.), *Epidemiología de los trastornos mentales en América Latina y el Caribe*. Washington, DC: Organización Panamericana de la Salud.

Borges, G., Medina-Mora, M., Zambrano, J., & Garrido, G. (2006). Epidemiología de la conducta suicida en México, in Secretaría de Salud (pp. 205–236). *Informe Nacional sobre Violencia y Salud*. México: Secretaría de Salud:.

CONACE (2005). *Technical area for prevention, marginality program, psychosocial intervention, selective prevention of drug use for children and adolescents in social vulnerability*. Santiago, Chile: CONACE.

Convention on the Rights of the Child (1989). *Adopted and opened for signature, ratification and accession by General Assembly resolution 44/25 of 20 November 1989 entry into force 2 September 1990, in accordance with article 49.* Viewed September 24, 2013, www.ohchr.org/en/professionalinterest/pages/crc.aspx

Delgado, I., Zuñiga, V., & Jadue, L. (2006). Final consulting: A comparative study of students who participated in the life skills program and SIMCE 4th grade 2005. Internal document, JUNAEB.

Essau, C. A., Conradt, J., Sasagawa, S., & Ollendick, T. H. (2012). Prevention of anxiety symptoms in children: Results from a universal school trial. *Behavior Therapy*, 43, 450–464.

Gallegos, J. Linan-Thompson, S., Stark, K., *et al.* (2013a). Preventing childhood anxiety and depression: Testing the effectiveness of a school-based program in Mexico. *Psicología Educativa*, 19, 37–44.

Gallegos, J., Rodríguez, A., Gómez, G., Rabelo, M., & Gutierrez, M. (2012). The FRIENDS for Life program for girls living in an orphanage: A pilot study. *Behaviour Change*, 29, 1–14.

Gallegos, J., Ruvalcaba, N., Garza-Tamez, M., & Villegas-Guinea, D. (2013b). Social validity evaluation of the FRIENDS for Life Program with Mexican Children. *Journal of Education and Training Studies*, 1, 158–169.

García, J. (2013). Efecto de un programa cognitivo-conductual en la resiliencia de niños con cáncer. Master thesis in Health Psychology. Universidad Autónoma de Nuevo León.

George, M. & Hurtley, M. (2006). JUNAEB, Health School Department, Life Skills Program. Viewed September 24, 2013, www.junaeb.cl.

George, M., Squicciarini, A. M., Zapata, R., Guzmán, M. P., Hartley, M., & Silva C. (2004). in schools. *Revista de Psicología de la Universidad de Chile*, 13, 9–20.

Gladstone, T. & Beardslee, W. R. (2009). The prevention of depression in children and adolescents: A review. *La Revue Canadienne de Psychiatrie*, 54, 212–221.

Guzmán, M. P., Jellinek, M., George, M., *et al.* (2011). Mental health matters in elementary school: First-grade screening predicts fourth grade achievement test scores. *European Child and Adolescent Psychiatry*. DOI 10.1007/s00787-011-0191-3.

Instituto Nacional de Estadística Geográfica e Informática (INEGI) (2006). Regiones socioeconómicas de México. Viewed May 19, 2006, www.inegi.gob.mx/est/contenidos/espanol/sistemas/regsoc/default.asp?c=5688

Instituto Nacional de Estadística Geografía e Informática (INEGI) (2012). Encuesta Nacional de Victimización y Percepción sobre Seguridad Pública. Viewed September 8, 2013, www.inegi.org.mx/est/contenidos/proyectos/encuestas/hogares/regulares/envi pe/default.aspx

JUNAEB (Ministry of Education in Chile) (2014). Habilidades para la vida. Viewed October 23, 2014, www.junaeb.cl/habilidades-para-la-vida

Microdata Center of the University of Chile. (2012). Centro Microdatos. Viewed September 24, 2013, www.microdatos.cl

Microdata Center of the University of Chile. (2013). Encuesta Longitudinal Primera Infancia 2012. Viewed September 24, 2013, www.elpi.cl

MINEDUC (2003). Constitutional amendment establishing the obligation and fee for secondary education. Law 19.876. Viewed September 24, 2013, www.mineduc.cl.

Ministry of the Interior and Public Security, Secretariat for Crime Prevention, Prevention Area (2010). Programa PreVe. Viewed May 21, 2014. www.programapreve.gob.cl

Ministry of Health (1999). *National Mental Health Plan and Psychiatry*. Santiago de Chile.

Ministry of Health (2011). National Mental Health Strategy: a leap forward. Proposal for collective construction. Working Paper.

Ministry of Social Development. (2011). CASEN survey: Education module. Viewed May 19, 2014 www.ministeriodesarrollosocial.gob.cl

National Registry of Evidence-Based Programs and Practices (NREPP) (2014). Viewed March 9, 2014, www.nrepp.samhsa.gov/ViewIntervention.aspx?id=334

Neil, A. J. & Christensen, H. (2009). Efficacy and effectiveness of school-based prevention and early intervention programs for anxiety. *Clinical Psychology Review*, 29, 208–215.

Organización para la Cooperación y el Desarrollo Económico (OCDE) (2013). *Panorama de la Educación, México*. Viewed September 8, 2013, www.oecd.org/edu/Mexico_EAG2013%20Country%20note%20%28ESP%29.pdf

Patel, V. & Sumathipala, A. (2001). International representation in psychiatric journals: a survey of 6 leading journals. *British Journal of Psychiatry*, 168, 406–409.

Ruvalcaba, N., Salazar, J., & Gallegos, J. (2012). Competencias socioemocionales y variables sociodemográficas asociadas a conductas disociales en adolescentes mexicanos. *Revista CES Psicología*, 5, 1–10.

Secretaría de Educación Pública (SEP) (2008). 1era Encuesta Nacional de Exclusión, Intolerancia y Violencia en Escuelas públicas de Educación Media Superior. Viewed August 10 2013, www.sems.gob.mx/es_mx/sems/encuestas_de_exclusion_intolerancia_y_violencia

Secretaría de Seguridad Pública (SEP) (2010). Pandillas: Análisis de su presencia en Territorio Nacional. Viewed August 10, 2013, www.ssp.gob.mx/portalWebApp/ShowBinary?nodeId=/BEA%20Repository/12141 75//archivo

Secretaria General de Gobierno. (2014). Consejo Nacional de la Infancia. Viewed October 17, 2014, www.consejoinfancia.gob.cl

Sectoral System of Social Protection. (2009). Chile Crece Contigo. Viewed September 24, 2013, www.crececontigo.gob.cl

SENAME and INE. (2005). Childhood and adolescence in Chile: census 1992/2002. SENAME and INE.

SENDA (2011). Chile prevents. Viewed September 24, 2013, www.senda.gob.cl

Stallard, P., Simpson, N., Anderson, S., Carter, T., Osborn, C., & Bush, S. (2005). An evaluation of the FRIENDS programme: A cognitive behaviour therapy intervention to promote emotional resilience. *Archives of Disease in Childhood*, 90, 1016–1019.

UNICEF, México (2011). La Adolescencia. Viewed August 18, 2013, www.unicef.org /mexico/spanish/ninos_6879.htm

University of Chile (2014). Faculty of Medicine, Graduate School, Specialist Training Program in Child and Adolescent Psychiatry 2014. Viewed October 17, 2014, www.postgradome dicina.uchile.cl.

Vicente, B., Saldivia, S. de la Barra, F., *et al.* (2012). Prevalence of child and adolescent mental disorders in Chile: A community epidemiological study. *Journal of Child Psychology and Psychiatry*, 53, 1026–1035.

World Health Organization (2004). *Prevention of mental disorders: Effective interventions and policy options*. Geneva: World Health Organization.

World Health Organization and Chilean Ministry of Health (2006). *Report of the evaluation of the mental health system in Chile using World Health Organization assessment instrument for mental health systems (WHO-AIMS)*. Santiago, Chile: World Health Organization and Chilean Ministry of Health.

Zertuche, C. (2012). Efectividad del Programa AMISTAD y Diversión en el desarrollo de la resiliencia en niños de edad preescolar. Master thesis in Education. Universidad de Monterrey.

뉴질랜드 아오테이어러우어에서 번성하는 학교

학교 모델에서의 웰빙

Pauline Dickinson and Rebecca Peterson

개관

학교는 학습 환경이기도 하며, 사회적 장소이기도 하다. 동료, 교사, 가족과 더 넓은 학교 공동체와의 질적 관계는 긍정적 정신건강에 기여하는 요인인 안전감과 보안 의식, 연결되어있다는 느낌을 제공하는 데 도움이 된다. 아동과 젊은이에게 있어 사회적·정서적 학습 기술의 개발은 공격성, 갈등, 가라앉는 기분, 불안의 감소뿐 아니라, 자신과 타인에 대한 긍정적인 태도를 향상시키고, 학교와 개선된 교육 성과의 연결을 강화하는 결과를 낳았다(Catalano, Berglund, Ryan, Lonczak, & Hawkins, 2002; Zins, Weissberg, Wang, & Walberg, 2004). 정신건강과 정서적 성숙함의 증진에 초점을 맞춘 학교 기반의 계획은 학교와의 강화된 연결, 더 긍정적인 학교 기풍, 향상된 자신과 타인에 대한 긍정적인 태도, 공격성, 갈등, 가라앉는 기분, 불안의 감소, 어린이와 젊은이 사이에서 경청과 의사소통의 기술 개발과 같은 요소들뿐만 아니라, 학업 성적에도 직접적 영향을 미친다는 것을 보여준다(Webster-Stratton & Reid, 2004).

나쁜 정신건강은 일반적으로 낮은 학업 성적과 높은 정학 및 퇴학 비율과 관련이 있다 (Zubrick, Silburn, Burton, & Blair, 2000). 학교들은 공격성과 괴롭힘(학교 폭력)을 포

School Mental Health: Global Challenges and Opportunities, ed. Stan Kutcher, Yifeng Wei and Marc D. Weist. Published by Cambridge University Press. © Cambridge University Press 2015.

함하는 행동 문제의 증가에 대해 우려하게 되었고, 그것은 어린이, 동료, 부모와 가족/와나우(whānau, 대가족을 뜻하는 마오리 언어의 단어)의 웰빙과 학교의 분위기, 학업 성적에 영향을 미치기 때문이다. 이러한 행동들에 대해 학교에서 행하는 현재의 접근방식은 처벌하고 배제시키는 징계적 전략보다는 성숙함을 증진시키고, 사회적 기술을 개발하는 것이다(Weare & Markham, 2005). 아동과 젊은이를 위한 더 나은 교육적 성과는 개인의 회복탄력성, 대처, 학교에 대한 소속감, 관심을 가져주는 어른들과 동료, 사회적 지지와 같은 보호 요인과 관련되어있다(McNeely, Nonnemaker, & Blum, 2002).

정신적 · 정서적 · 사회적 웰빙에 초점을 맞춘 학교는 다음과 같은 이점들을 수확하게 될 것이다. 긍정적인 환경, 따뜻하고 안정된 어조, 안정된 정서적 환경, 양육하고 보살피는 태도, 교직원과 학생 사이의 따뜻한 관계, 정중한 의사 소통, 학생에 의한 의미 있는 참여, 긍정적인 노력과 성취에 대한 인정, 학교 공동체의 모든 구성원들의 자존감, 학생의 학습과 성취의 향상, 사회적 화합과 사회적 연결, 잘 뒷받침된 학생과 직원 그리고 정신건강에 대한 요구가 다루어지는 것(Department of Education and Skills, Health Service Executive, & Department of Health, 2013).

번성하는 학교는 어린이와 젊은이의 웰빙을 증진하고 지원하는 전략을 구현하기 위해 학교에 특별한 체계를 제공한다. 이 모델을 뒷받침하는 이론적 접근은 다음과 같다. 정신건강 증진, 웰빙을 위한 다섯 가지 승리의 방식(연결하라, 활동적이 되라, 주의하라, 배우라, 주어라), 사회생태학적 관점, 공동체 활동, 공동체 발전. 모델은 핵심 요소들, 전-학교적 접근과 정신적 · 정서적 · 사회적 웰빙의 증진을 위한 최선의 실용적 원칙들로 구성된 정보에 근거한 체계를 제공한다. 모델의 실제 구현은 다음의 4단계를 포함한다. 준비와 구상, 발견, 계획의 구상 및 계획의 공개. 학교를 돕기 위한, 번성하는 학교 공동체를 구축할 수 있는 방법에 대해 제공된 실용적인 아이디어, 활동, 프로그램, 자원들이 있다. 그 모델은 학교가 각자의 독특한 특성과 요구에 따라, 자신만의 웰빙 프로그램을 개발할 수 있도록 유연성을 허용한다. 교직원의 전문성 개발을 위한 대비와 학교의 연간 학사일정, 설립 헌장, 연간 순환 계획에 적합한 계획과 준비를 위한 시간 또한 제공된다.

이 프로그램은 호크스 만에 있는 두 곳의 초등학교에서 시범 운영되고 평가되었으며, 그곳에서 어린이들은 정신적 · 정서적 · 사회적 웰빙을 위한 우선 집단으로 선정되었다.

2008년에 0~14세의 어린이들은 전국적으로 20.8%였던 것에 비해 호크스 만에서는 인구(예상치)의 22.4%를 차지했다(Dickinson & Peterson, 2010). 어린이들 중 불안, 스트레스, 품행장애, 주의력장애의 비율은 전국 평균보다 호크스 만에서 더 높았다.

모델은 다음과 같이 구성된다.

- 다음을 포함하는 이론적 체계
  - ▶ 핵심 요소
  - ▶ 전–학교적 접근
  - ▶ 최적의 실행 원칙
- 다음으로 구성되는 4단계
  - ▶ 준비와 구상
  - ▶ 발견
  - ▶ 계획의 구상과 평가
  - ▶ 계획의 공개
- 실용적 방안, 활동, 프로그램, 아래의 내용을 위한 자원
  - ▶ 어떻게 번성한 학교 공동체를 구축할 것인가
  - ▶ 어떻게 개인적·사회적 기술을 증진시킬 것인가
  - ▶ 어떻게 정신건강에 대한 우려를 가진 아동을 위한 지원을 목표로 삼을 것인가
- 전문성 개발 기회
- 질과 성과를 평가하기 위한 평가 지원

이론적 체계

이 체계(그림 16.1)는 정신적·정서적·사회적 웰빙을 위한 핵심 요소, 전–학교적 접근, 최적의 실행원칙들로 구성된다. 핵심 요소는 전–학교 공동체, 개인적/사회적 기술의 증진, 정신건강에 대한 우려를 가진 어린이를 대상으로 하는 지원의 준비에 대한 초점을 포함한다. 전–학교적 접근은 정신적·정서적·사회적 웰빙을 증진하고 지원하기 위한 표적 인구와 핵심 정책과 전략을 보여준다. 체계는 다음과 같은 일곱 가지 최적의 실행 원칙에 의해 뒷받침된다 — 전–학교적 접근, 사회적 성숙도 접근, 아동 발달과 학습의 이론에 기초를 둔 계획의 구현, 다년간에 걸쳐 시행된 프로그램, 높은 질적 수준의 구

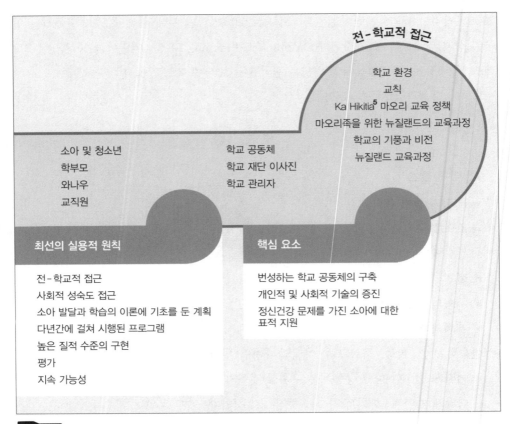

전-학교적 접근

학교 환경
교칙
Ka Hikitia[5] 마오리 교육 정책
마오리족을 위한 뉴질랜드의 교육과정
학교의 기풍과 비전
뉴질랜드 교육과정

소아 및 청소년
학부모
와나우
교직원

학교 공동체
학교 재단 이사진
학교 관리자

최선의 실용적 원칙

전-학교적 접근
사회적 성숙도 접근
소아 발달과 학습의 이론에 기초를 둔 계획
다년간에 걸쳐 시행된 프로그램
높은 질적 수준의 구현
평가
지속 가능성

핵심 요소

번성하는 학교 공동체의 구축
개인적 및 사회적 기술의 증진
정신건강 문제를 가진 소아에 대한
표적 지원

그림 16.1 전-학교적 접근

현, 평가, 지속 가능성(Barry & Jenkins, 2007).

모델은 다음을 위해 광범위한 초점을 가진 체계를 제공한다 ― 개인을 강화하기(예 : 생활 기술, 대처, 정서적 회복탄력성을 증가시킬 수 있는 자아존중감), 학교와 그 공동체를 강화하기(예 : 사회적 연결, 포함, 참여를 증가시키고, 환경을 개선하기), 학교와 공동체에서 정신건강에 대한 구조적 장애물을 줄이기(예 : 차별과 불평등 줄이기, 천편일률적인 접근보다 다중적이고 융통성 있는, 다양한 범위의 계획과 기회를 학교에 제공하기), 학교 생활의 모든 면과 그것들이 정신건강에 미칠 영향을 고려하기(예 : 학교 분위기, 정책, 관례, 행사, 가르침과 학습, Adi, Killoran, Janmohamed, & Stewart-Brown,

---

5   역주 : Ka Hikitia는 '한 걸음 더, 한 단계 더'라는 뜻의 마오리어로 마오리족 학생들을 위한 교육 정책의 이름이다.

2007; Catalano et al., 2002; Lister-Sharp, Chapman, Stewart-Brown, & Sowden, 2000). 따라서 이 모델은 학교의 한 부분에만 제한되지 않고, 학교와 교과 과정을 모두 아울러 통합된다(Weare, 2011).

이론적 뒷받침

학교 모델에서의 웰빙은 다음에 의해 뒷받침된다 — 정신건강 증진, 웰빙을 위한 다섯 가지 승리의 방식, 사회생태학적 관점, 공동체 활동, 공동체 개발.

정신건강 증진은 긍정적인 정신적·정서적·사회적 웰빙이라는 개념에 초점을 맞춘다. 정신건강 증진은 지지적 환경의 맥락에서 개인의 회복탄력성을 구축하는 것을 포함한다 (Joubert & Raeburn, 1998). 학교 환경에서 정신건강 증진은 사회적 기술을 구축하고, 자기존중감을 증진시키고, 문제 해결과 갈등 해소를 위한 기술을 가르치며, 사회적 연결을 증가시키고, 화합과 참여를 조성하는 프로그램을 포함한다. 이는 정신적·정서적· 사회적 웰빙의 요구를 다루기 위해 광범위한 환경(예 : 학교, 가정, 공동체)에서 구현되는 다양한 전략과 다양한 수준을 포함한다.

웰빙을 위한 다섯 가지 방식은 영국에서 정부가 시행한 *Foresight*(전망, 선견지명) 프로그램과 2008년 *Mental Capital and Wellbeing*(정신적 자본과 웰빙) 프로젝트의 결과로 개발되었다. 그 후에, *New Economics Foundation*(신경제재단)은 웰빙을 개선하기 위해 다섯 가지 근거 중심 행동 — 연결하라, 활동적이 되라, 주의하라, 배우라, 주어라 — 을 개발할 것을 의뢰받았다(New Economics Foundation, 2011). 다음은 그에 대한 기술이다.

연결하라

가정, 직장, 학교, 아니면 당신이 속한 지역사회에서 당신의 주위에 있는 사람들 — 가족, 친구들, 동료들, 이웃들과 연결하라. 이것들을 당신 삶의 초석으로 삼고 그것을 개발하는 데 시간을 투자하라. 이러한 연결을 구축하는 것은 매일 당신을 지원하고 풍요롭게 할 것이다.

다른 사람들과 가깝게 느끼고, 다른 사람들에 의해 존중받는 것은 인간의 근본적인 욕구이고, 현실에서 제대로 기능하는 데 기여하는 것이다. 학교에 대한 소속감은 학업 성적, 학생의 소속감, 자아존중감에 긍정적으로 연관되어있다(Jané-L lopis, 2005). 공동체 연결은 아동과 젊은이가 긍정적인 역할 모델과 동일시하고, 그들이 안전하고, 가치 있게 느끼며, 의미 있게 참여할 수 있는 기회를 갖는 공동체 활동에 관여할 수 있도록 하고, 그것은 긍정적인 정신적·정서적·사회적 웰빙에 기여한다(Health Canada, 2008).

활동적이 되라

산책을 하거나 달리기를 하라. 밖으로 나가라. 자전거를 타라. 게임을 하라. 정원을 가꾸라. 춤을 춰라. 운동은 당신의 기분을 좋게 한다. 가장 중요하게는 당신의 기동성과 체력의 수준에 맞는 즐길 수 있는 하나의 신체활동을 발견하라.

전체적인 공감대는 신체 활동이 웰빙에 필수적이라는 것이다. 어린이의 경우, "활동이 인지(cognition)에 중요하다."는 것이 확실하다(Goswami, 2008, p. 19). 어린이와 젊은이는 최소 1시간씩 일주일에 5회 이상의 적당한 운동에 참여하는 것이 권장된다. 걷기와 같은 느린 속도의 신체 활동은 동시에 사회적 이점도 있다.

주의하라

호기심을 가져라. 아름다운 것을 찾아내라. 특이한 것에 대해 의견을 말하라. 계절의 변화에 주목하라. 기차를 타고 있든, 친구와 점심을 먹거나 대화를 나누든 순간을 만끽하라. 당신 주위의 세계와 당신이 느끼고 있는 것에 대해 알아차려라. 당신의 경험에 대해 반성하는 것은 무엇이 당신에게 중요한 것인지를 제대로 알 수 있도록 도와줄 것이다.

'주의하라', 또는 '마음챙김'은 호기심과 세심함을 가지고, 현재의 순간에 일어나는 것에 주의를 기울이고 알아차리는 것을 의미한다. 최근의 연구는 마음챙김을 수련하는 학생들이 유연하게 생각할 수 있고, 지식을 보유할 수 있으며, 더 창조적이라는 것을 보여준다 — 이전의 지식에서 새로운 학습에 대한 창조적인 방식의 접근을 도출할 수 있다, 더 많이 학습에 참여한다, 차분하다, 스트레스를 효과적으로 관리한다, 다른 사람과 좋은 관계를 유지한다. 주의하는 기술을 개발하는 것은 어린이의 자기인식과 '지금 여기'에서 일어난 것에 대한 이해, 즉 생각과 감정과 행동의 연결을 향상시킨다. 이것은 그들이 행동하기 전에 생각함으로써 상황에 더 긍정적으로 반응할 수 있도록 도울 수 있다(Davis & Hayes, 2011; Rempel, 2012).

배우라

새로운 어떤 것을 시도하라. 오래된 관심사를 재발견하라. 강좌에 등록하라. 직장에서 다른 책임을 떠맡아라. 자전거를 고쳐라. 악기 연주하는 법이나 좋아하는 음식을 요리하는 법을 배워라. 당신이 성취를 즐길만한 것에 도전하라. 새로운 것을 배우는 것은 재미가 있을 뿐 아니라 당신을 더 자신감 있게 만들어줄 것이다.

아동에서 학습은 사회적·인지적 발달에 기여한다(Goswami, 2008). 학습에 참여할 때, 더 집중하고, 더 노력하고, 도전과 습득하는 것을 즐기게 된다. 이러한 기술은 평생 학습에 대한 애정에 기여할 수 있다. 성인은 새로운 기술과 관심을 개발함으로써 자신을 확장시킬 때, 어린이에게 긍정적인 역할 모델이 된다.

주어라

친구나 낯선 이를 위해 좋은 일을 하라. 누군가에게 감사하라. 미소 지으라. 자원봉사를 하라. 공동체 모임에 참여하라. 안쪽뿐만 아니라, 밖도 내다보라. 당신 자신과 더 넓은 공동체와 연결되어있는 당신의 행복을 바라보는 것은 엄청나게 보람이 있고, 당신 주변의 사람들과의 연결 고리를 만들어준다.

주는 것은 번성시킬 수 있는 전략이다. 관대한 태도를 기르는 것은 사회적 결속을 강화하는 데 중요하고, 이것은 학교 환경에서의 소속감을 강화할 수 있다. 팀에서 일하고, 다른 사람들을 돕고, 공유하고 주는 것은 긍정적인 자존감과 관련이 있다. 이런 종류의 행동은 아동의 사회적 인지 발달과 웰빙을 돕는다. 아동의 웰빙과 더 넓은 공동체의 웰빙 사이의 연결을 증진시키는 것은 미래의 의미 있는 공동체 결속을 위한 토대를 마련할 수 있다(Health Canada, 2008).

정신건강 증진과 웰빙을 위한 다섯 가지 승리의 방식에 더해서, 사회생태학적 접근과 공동체 활동과 공동체 개발 체계는 번성하는 학교 모델을 뒷받침한다.

사회생태학적 접근법은 사회적·물리적 환경의 맥락 속에 개인을 자리잡게 하고, 문화적 영향, 가족의 영향, 사회와 동료의 영향을 인정한다. 학교에 있는 아동과 젊은이들은 그들이 학교를 거쳐 길을 찾아 오면서 이러한 서로 다른 영향들로부터 끊임없이 의미와 이해를 이끌어내고 있다(Jané-Llopis, Barry, Hosman, & Vikram Patel, 2005).

공동체 활동은 정신건강에 영향을 미치는 환경적 요소(즉, 개인보다는 학교와 공동체 체계)에 초점을 맞춘 연구로부터 얻은 근거 및 지역적 전문 지식을 모두 이용한다. 학교에서의 초점은 관습의 변화와 효과적인 정책의 개발에 맞춰져 있다(Brown, 1991).

공동체의 개발은 공동체 구성원의 능력배양을 통한 공동체의 권한 부여에 초점을 맞춘 접근법을 묘사하는 데 사용된다. 학교 안에서 목표는 교직원과 학생들이 학교의 현안을 정의하고 학교 내에서 해결 방안을 개발할 수 있도록 하는 것이다(Kretzmann, Mcknight, Dobrowolski, & Puntenney, 2005).

핵심 요소

세 가지 핵심 요소가 모델을 뒷받침한다(그림 16.2). 각각의 핵심 요소는 학교가 시행할 수 있는 다른 계획 목록을 가지고 있다. 예를 들어, '번성하는 학교 공동체를 구축하라.'는 요소는 사회적 연결과 소속감을 증가시키고 사회 통합과 참여를 증가시키도록 설계된 계획을 가지고 있다.

전-학교적 접근

정신적·정서적·사회적 웰빙을 증진시키기 위한 가장 효과적인 접근법은 정신건강의 어려움이 발생할 위험에 있을 수 있는 아동을 위한 추가적인 지원을 제공하는 것뿐만 아니라, 학교 공동체의 모든 구성원들에게 초점을 맞추는 학교 전체를 위한 접근법을 취하는 것이다(Patton, Glover, Bond, Butler, & Godfrey, 2000). 그림 16.3은 WHO의 학교 변화 모델에 맞춰진 학교 정신건강 증진을 위한 모델을 보여준다(Wynn, Cahill, Rowling, Holdsworth, & Carson, 2000). 이 모델은 아동과 젊은이들의 웰빙을 지원하는 데 필요한 다중 구조를 강조한다. 번성하는 학교 공동체의 구축은 삼각형의 가장 넓은 부분으로 표현되고, 여기에서는 학습을 유도하는 환경을 창조하는 것을 강조하는, 전-학교적 접근법을 이야기한다. 삼각형의 두 번째 층은 모든 사람들의 정신건강을 위한, 정신건강에 대한 교육이 필요하다는 것을 나타낸다. 이러한 방식으로 아동과 젊은이와 성인은 그들 자신의 정신건강과 타인의 정신건강을 지원할 수 있는 이해, 지식, 기술을 얻을 수 있다. 삼각형의 세 번째 수준은 정신건강의 필요성이 큰 어린이와 젊은이를 지

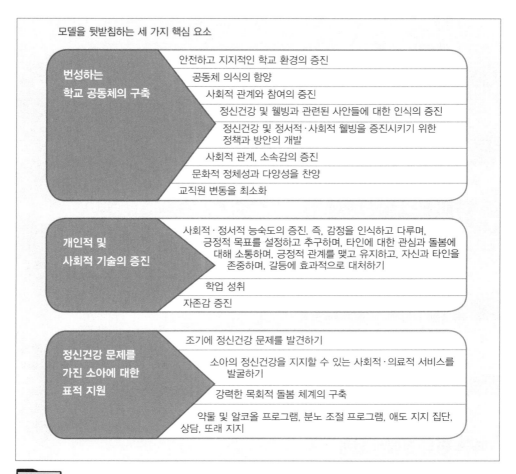

모델을 뒷받침하는 세 가지 핵심 요소

번성하는 학교 공동체의 구축	안전하고 지지적인 학교 환경의 증진
	공동체 의식의 함양
	사회적 관계와 참여의 증진
	정신건강 및 웰빙과 관련된 사안들에 대한 인식의 증진
	정신건강 및 정서적·사회적 웰빙을 증진시키기 위한 정책과 방안의 개발
	사회적 관계, 소속감의 증진
	문화적 정체성과 다양성을 찬양
	교직원 변동을 최소화

그림 16.2 핵심 요소

원하는, 다소간 정해진 대상을 위한 계획의 필요성을 표시하고 있다. 이러한 계획에는 또래 지지 집단, 또래 중재 프로그램, 상담과 지도, 약물과 알코올 프로그램, 슬픔 지지 집단, 분노 조절 프로그램의 형태 등이 있다. 삼각형의 제일 아래쪽 꼭지점은 몇몇의 전문적 지원에 대한 요구를 표시하고, 이는 개인적, 학교 기반의 상담이나 꼭 필요한 경우의 공동체 기관이나 아동, 청소년 정신건강 서비스로의 위탁을 포함한다.

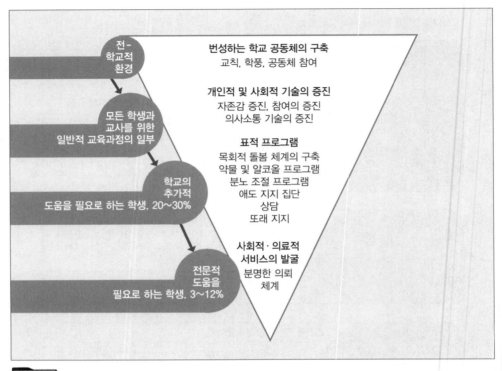

그림 16.3 학교 정신건강 증진 모델

지리적 영역 안에서 일하기

전-학교적 접근법에 따라서, 학교가 지리적 영역 안의 다른 학교들과의 네트워킹을 통해 아동과 청소년을 위한 웰빙의 결과를 최대화할 수 있는 기회가 있다. 이러한 방식에 대해 알려진 이득은 다음과 같다—재정, 개인적인 시간, 공간, 장비와 같은 사용 가능한 자원의 더 효과적인 할당과 이용, 다양한 수준에서 실행되는 웰빙 계획, 개인적으로 초점을 맞추는 것보다, 변화와 공유된 전문적 개발 기회를 통해 길을 찾는 것처럼 어린이와 젊은이를 위해 더 넓은 지원을 하는 학교 시스템과 함께 일하기(Adelman & Taylor, 2004).

4단계 과정을 시행하기

학교 모델의 웰빙은 학교가 성공적인 결과를 성취하는 최고의 기회를 가지고 있음을 보장하도록 설계된다.

1단계 : 준비와 계획 — 웰빙 팀

웰빙 팀은 직원 또는 위원회의 임원이 이끌어가고, 정신적·정서적·사회적 웰빙에 대한 전문 지식과 관심을 가진 사람들로 구성된다. 이것은 이 과업을 기꺼이 맡아서 하고자 하는 기존의 위원회나 집단일 수도 있고, 혹은 새로운 집단이 설립되어서 진행될 수도 있다. 웰빙 팀은 모델의 시행과 더 넓은 학교 공동체와의 의사소통을 통해 학교를 이끌어갈 책임이 있다.

2단계 : 발견

정신적·정서적·사회적 웰빙에 대한 학교 내의 요구를 평가하고 어떤 프로그램을 실제로 시행할지를 결정할 때 다음과 같은 도구들이 사용된다 — FEAT(Flourishing Environment Analysis Tool, 번성하는 환경 분석 도구), 포토보이스(Photovoice), 학교 공동체 조사.

FEAT

FEAT는 학교의 번성과 웰빙에 영향을 주는 정책, 관습, 환경을 분석하는 것을 돕기 위해 설계된 도구이다. FEAT는 네 가지로 구성된다.

- **발견**하라는 각각의 FEAT 질문과 관련된 학교 환경에서 발생하고 있는 것에 정확하게 들어가기 위한 부분이다.
- **분석**하라는 현재의 관습이 얼마나 유용한지 또는 성공적인지에 대한 질문을 돕는다.
- **염원**하라는 무엇이 더 행해질 수 있는지에 대한 고려를 요구하고, 창조적인 시야를 위한 부분이다.
- **활동**은 시행하기 위한 하나 혹은 두 가지 활동을 선택할 수 있는 기회를 제공한다.

FEAT 질문 다음의 질문은 FEAT의 탐색 단계를 안내한다. 질문들은 순서 없이 진행될 수 있고 시간이 지나면서 답해질 수 있다. 다른 질문들을 제기하는 동시에 이전 가지 질문에 대해 어떤 행동이 시행될 수도 있다. 이 질문들을 통해 지속적인 성찰과 웰빙 프로그램의 개선을 돕는다.

- 학교 정책이 어떻게 교직원과 학생과 가족/와나우 간의 소속감과 일체감에 기여하는가?
- 학교 공동체의 모든 구성원들 사이의 관계가 어떻게 조성되어 따뜻하고 배려하는 학습 환경이 만들어지는가?
- 학생들과 교직원들과 그들의 와나우/가족들 사이에서 관용, 친절, 감사하는 마음을 기르기 위해 어떤 프로그램/활동이 존재하는가?
- 교직원과 학생들은 당면한 경험과 환경에 관심을 기울이도록 격려를 받고 있는가? 어떻게 학교가 이 실천을 지원하는가?
- 교직원과 학생들은 그들 자신만의 생각과 느낌을 돌아보고, 이것들이 일상의 기능에 어떻게 영향을 미치는지를 돌아볼 수 있도록 격려되는가?
- 학생들이 자신의 관심을 표현하고 추구하도록 어떻게 지원받는가?

표 16.1 FEAT의 예

교칙이 어떻게 교직원, 학생, 그리고 학생 가족들의 소속감에 공헌하는가?			
발견 현재 무슨 일이 벌어지고 있는가?	**분석** 얼마나 잘 이루어지고 있는가?	**향후 방향** 무엇을 더 해야 하는가?	**활동(SMART)** 실행된 것은?
예시 : 와나우 오라(Whanau Ora) 정책[6]은 문서화되었으며 소아의 웰빙 요구는 항상 소아가 속한 와나우의 웰빙 요구를 반영해야 한다는 것이다.	이 정책은 매우 새로운 것이기 때문에 아직 단언하기 어렵다	이 정책이 마오리의 문화를 잘 반영하고 있는지 제3자인 마오리족의 관점을 반영한 기관에 의해 검토될 수 있다.	**활동 1 : 제3자에 의한 와나우 오라 정책의 검토** • 이 정책을 검토할 적절한 기관의 선정 • 해당 기관이 정책을 검토하고 필요한 경우 권고안을 제시 • 2012학년도가 시작하기 전에 권고안을 반영하여 정책을 수정함

---

6 역주 : Whanau Ora는 마오리어로 가족 건강을 의미하며, 와나우 오라 정책이란 가족원의 건강과 웰빙은 와나우에 의한다는 것이다.

- 어떠한 과정이 학생과 교직원과 와나우/가족들의 독특한 강점과 재능을 확인하도록 준비되어있는가?
- 학생들의 학습에서 선택과 독창성이 어떻게 증진될 수 있는가?
- 교직원들이 그들 자신의 관심을 추구할 수 있도록 어떻게 지원받는가?
- 웰빙을 위한 활동적인 태도가 건강과 체육 교육을 넘어 어떻게 장려되는가?
- 정신적 웰빙과 활동적인 태도의 사회적 이익이 전체 학교 공동체에 의해 잘 이해되고 증진되는가?
- 신체 활동이 팀워크와 친절을 증진하는 데 어떻게 사용될 것인가?
- 학교 공동체에서 현재 학생, 교직원, 더 넓은 학교 공동체의 정서적·정신적 웰빙에 영향을 미칠 수 있는 떠오르는 쟁점 중에는 어떤 것이 있는가?
- 학교의 비전과 가치는 무엇인가? 비전과 가치가 번성/웰빙을 장려하는가?
- 위의 질문들을 모두 고려할 때, 어떤 영역이 번성하는 학교 환경을 창조하도록 돕기 위해 더 개발될 수 있다고 생각하는가?

포토보이스

포토보이스는 어린이와 젊은이들이 그들에게 중요한 학교에 대한 관심, 생각, 쟁점을 공유하도록 참여하게 하는 데 효과적인 방법이다. 이는 학생들과 교사들로 하여금 관점을 공유하고 서로에 대해 더 많은 것을 알 수 있도록 화합할 수 있는 기회를 제공하기도 한다(Wang & Burris, 1997).

포토보이스의 이점은 다음과 같다 — (1) 디지털 카메라로부터 즉각적 결과를 제공하는 능력 (2) 창조적 기술의 개발 (3) 성찰을 위한 기회와 친숙한 환경에 대한 검토의 제공, 누구라도 사진을 찍고 이야기를 만들 수 있다는 것 (4) "사진은 천 마디 말을 보여 줄 수 있다." (5) 사진은 말 이외의 더 많은 정보를 제공할 수 있다. (6) 학교 운영자, 정책 입안자, 지방 의회, 공동체 구성원들과 같은 권력을 가진 사람들에게 메시지를 전달할 수 있는 방법(Wang & Burris, 1997).

포토보이스 연구에 초점을 맞추기 위해 질문들이 개발되었다. 학생들은 이 질문들을 확실히 이해하기 위해서 서로 토론한다. 포토보이스는 다양한 능력, 문화, 연령의 20~25명의 학생들로 이루어진 팀을 이용하여, 대략 8~10주에 걸쳐 시행할 때 가장 좋다. 팀은 학교에서 웰빙의 의미를 탐구하기 위해 훈련에 참여하고, 카메라를 사용하는 방법과 사진 촬영의 윤리에 대해 배운다. 아래에 기술된 것은 사용될 수 있었던 몇몇 일반적인 질문과 더 구체적인 질문들을 정리한 것이다.

일반적인 질문 :

- 우리 학교가 좋은 것은 무엇인가?
- 우리 학교가 그다지 좋지 않은 것은 무엇인가?
- 학교에서 지속하고 싶은 것은 무엇인가?
- 학교에서 바꾸고 싶은 것은 무엇인가?
- 무엇이 학교를 안전하고 지지적으로 만드는가?
- 학교가 공동체 의식을 장려하기 위해 무엇을 하는가?

보다 더 구체적인 웰빙 질문 :

- 당신에게 웰빙은 무엇을 의미하는가?
- 학교에서 무엇이 당신/학생을 기분을 좋게 하는가?
- 학교에서 무엇이 당신/학생을 기분이 좋지 않도록 하는가?
- 학교에서 무엇이 당신/학생을 기분 좋게 만들도록 바꿀 수 있을 것 같은가?
- 학교에서 어떤 것이 당신을 걱정스럽고 불안하게 만드는가?
- 학교에서 어떤 것이 당신에게 소속감을 느끼게 만드는가?
- 어떻게 학교에서 사람들이 서로를 보살피는가?

학교 공동체 조사

학생의 웰빙을 증진시키는 데 관심이 있는 학교는 부모, 보호자, 가족과의 관계를 형성하는 것의 중요성을 이해한다. 학교 공동체 조사는 학교가 가족의 웰빙을 지원하는 방법과 같은 평가 척도와 개방형 질문과 같은 질문들의 혼합물이다 ─ 아동과 가족의 웰빙에 영향을 미칠 수 있는 지역적 현안, 학교가 따뜻하고 친화적인지, 학교가 가정과 학교의 연결을 장려하는지, 어떻게 학교에서 웰빙이 증진될 수 있는지, 학교가 소속감을 조성하는지, 문화적 차이에 어떤 가치를 두는지.

3단계 : 프로그램의 구상과 평가

일단 발견 단계가 완성되면, 학교는 웰빙 프로그램이 기초를 둔 핵심 영역을 확인하는 보고서를 받는다. 예를 들어, 시범 학교 중 하나는 학생들이 사회적 · 정서적 능숙함을 키워야 한다는 필요성을 확인했고, 이를 위해 선택된 계획이 FRIENDS 프로그램이라는 식이다(Barrett, Farrell, Ollendick, & Dadds, 2006).

대단히 중요한 논리 모델은 학교 기반 프로그램의 예상 성과를 보여주기 위해 개발되었다. 이 모델(그림 16.4)은 아래에서 위로 읽게 되어있고, 단기적 · 중기적 · 장기적 성과를 보여주고 있다. 또한 학교는 그들의 초점과 성과의 영역을 반영하기 위해 자신들만의 논리 모델을 개발한다. 이 논리 모델은 평가 체계를 개발하는 데 사용되고 있다.

모범 학교

이 부분에서는 2개의 모범 학교(Exemplar schools)인 Porritt 초등학교와 Tamatea 초등학교에서 실제 구현된 프로그램과 평가 결과에 대한 짧은 요약을 기술하려고 한다. 이 두 학교는 정신적 · 정서적 · 사회적 웰빙을 증진시키는 것을 목표로 FEAT 도구를 사용한 필요성 평가, 학부모 조사, 계획의 초점을 확인하기 위한 포토보이스 프로젝트를 아이들과 함께 시행하였다.

Porritt 초등학교

Porritt는 네이피어에 위치한 10분위[7] 등급 4 초등학교이다. 학생 수는 대략 320명이다. 성별 구성은 여성이 43%, 남성이 57%이다. 민족 구성은 뉴질랜드 유럽인/유럽계 뉴질랜드 사람이 58%, 마오리족이 41%, 태평양 민족이 1%이다.

웰빙 프로그램

이 프로그램은 'Porritt PRIDE(자긍심)'이라는 교훈에 초점을 맞춘 가치에 기반한 프로

---

[7] 역주 : 10분위(Decile) 등급은 낮은 사회경제 수준의 지역사회에서 속해 있는 학생들의 분포 정도를 나타낸다. 즉, Decile 1 학교는 낮은 사회경제 수준의 지역사회에서 다니는 학생들이 10% 이하인 학교를 의미하고, Decile 10 학교는 이런 학생들이 최저 10% 이상인 학교들이다.

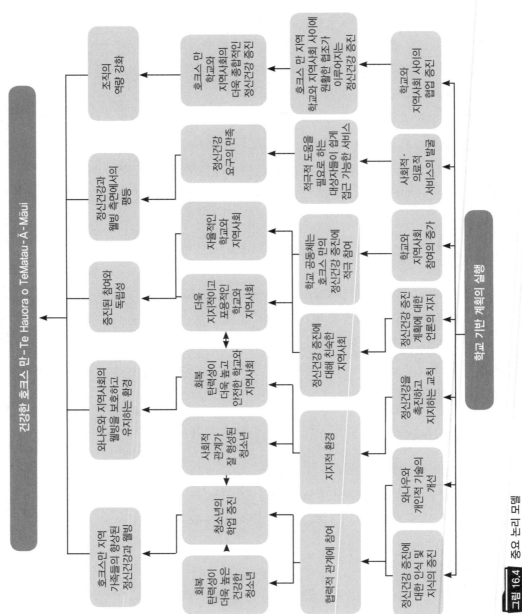

그림 16.4 중요 논리 모델

그램이고, 경찰 교육 프로그램인 *Doing The Right Thing*(올바른 일을 하기)을 실제 상황에서 구현한 것이었다(New Zealand Police, 2005). 이것은 가치에 대한 교실 수업과 이러한 가치를 전체 학교에서 구체적으로 실천하는 것으로 구성된 학교 전체 프로그램이었다. 이 프로그램은 다양한 연령 집단의 필요를 충족시켜주기 위해 맞춰진 정기적 회기를 마련하였다. 프로그램의 첫 번째 부분의 초점은 '존중의 가치'에 맞춰져 있고, 두 번째 부분은 '옳음과 그름'에 초점이 맞춰졌다.

 문화적으로 마오리족[아오테이어러우어(Aotearoa, 뉴질랜드를 가리키는 마오리어)의 토착 주민이다] 어린이들의 요구에 반응하는 교과 과정은 와나우 집단을 통해 매주마다 시행되었다. 아동의 학습은 이야기하기(storytelling)와 전통 기술의 실습을 통해 이루어졌다. 와나우 집단은 마오리족 학생을 위한 ako―효과적인 상호 교육 및 학습―와 이를 지지하는 조건들의 중요성을 강조하였으며, 이를 통하여 마오리족 교육 전략-Ka Hikitia(Ministry of Education, 2013)의 핵심적 요소들을 다루었다.

평가 결과

가치에 기반한 프로그램 평가 결과 가치 프로그램은 교사들이 핵심 가치에 대한 가르침에 기초해서 마련된 미리 정해진 가치 교육 프로그램의 견해뿐만 아니라, 여기에 자신의 견해를 통합시킬 수 있게 한다. 교사들은 뉴질랜드 교과 과정에 반드시 필요한 점들을 지키고 있는 프로그램을 전달한다는 확신을 가지고 있었다. 존중, 옳음과 그름에 역점을 두는 것은 전체 학교를 통해 교실에서나 더 넓은 학교 환경에서나 이러한 가치와 관련된 어린이들의 이해와 행동에 긍정적으로 영향을 미쳤다는 명백한 증거가 있다. 학교는 개선된 말투와 문화, 행동 문제의 감소, 분노 관리 지원을 위한 요구의 감소를 경험했고, 어린이들은 더 안정되고, 관대하고, 수용적이고, 서로를 지지하게 되었다.

 "요즘 학교는 어때?"라고 묻는 누군가에게 나는 매우 솔직하게 말해 글쎄, 내가 지금까지 9년 동안 거기 있었는데, 지금이 우리 학교가 운영되어왔던 중에 최고이고, 내 생각에 25년 가까이 근무하고 계시는 우리 선생님 중의 한 분은 "지금이 교직 생활 중 최고의 해다."라고 말씀하셨어. 그래서 사람들로부터 자연스럽게 나오는 그러한 종류의 언급이 우리가 지금 변화를 가져오는 중이라는 것을 알게 되었어(교장).

문화적 배경에 호응하는 교과 과정의 결과

와나우 집단 프로그램에는 남녀가 합쳐진 45명의 마오리족 어린이들이 포함되어있었고, 이 집단은 매주 45분 동안 만났다. 집단의 기풍은 와카파파(whakapapa)[8]와 와너가텐가(whanaungatanga)[9]를 통해 소속감과 유대감을 분명히 하는 것에 대한 것이었다. 집단은 웰빙을 위한 다섯 가지 승리의 방식—활동적이 되고, 연결되고, 주의하고, 배우고, 주는—을 증진하기 위한 활동을 하였다. 이 근거 중심의 활동은 긍정적인 정신건강을 증진한다.

어린이들은 기술[하라케케(harakeke)[10]를 이용하여 와카(waka)[11]를 만드는 것과 같은], 스토리텔링(이야기), 지도자와 학생들 사이의 대화와 같은 실용적인 적용 기술을 통해 학습했으며, 지도자는 학생들이 이런 실용적인 활동들을 경험함으로써 자존감이 향상되었다고 진술했다.

> 나는 실제로 직접 손으로 하는 활동에 성공했어. 우리는 아마(亞麻) 덤불에서 줄기를 제거해서 잘라내고, 모양을 내서 와카를 만들었어. 알다시피, 와카를 만들고, 와카와 관련된 것들과 부족 집단들 그리고 기타 다른 것들에 대해 이야기했어. 아이들은 직접 하는 것을 좋아했고, 그들은 정말로 그것을 즐겼고, 그들은 결국 스스로를 자랑스러워하면서 실제로 물건을 만들어내게 되었어…. 그들이 해낸 것에 대해 확실한 자부심이 있었어.

어린이들은 와나우 집단에서 배우고 있었던 것들에 대한 열정을 표현했다.

> 카라키아(karakia)[12]를 배웠고 내 힘으로 와카 모형을 만들었어요. 조심스럽게 자르는 것을 배웠고, 처음으로 아마 줄기를 사용해봤어요. 와카와 그들이 어디로부터 왔는지에 대해서도 배웠고요.

Tamatea 초등학교

Tamatea는 1~6학년 학생들을 위한 교육을 제공하는, 네이피어에 위치한 10분위 등급

---

8   계보학(geneology)을 의미한다.
9   관계(relationships)와 인연(connections)을 얻고 유지하는 것을 의미한다.
10 뉴질랜드 아마
11 마오리족의 카누
12 기도하는 법

3 초등학교이다. 학교의 학생 수는 대략 184명이고 성별 구성은 여자가 46%, 남자가 54%이다. 민족 구성은 마오리족 62%, 유럽계 뉴질랜드인(Pākehā) 26%, 기타 다른 민족 10%와 태평양 2%이다.

웰빙 프로그램

FRIENDS for life(삶을 위한 친구들)는 아동들을 대상으로 불안을 예방하고 사회적·정서적 기술을 개발하는 것에 초점을 맞춘 근거 중심의 조기 개입 및 예방 프로그램이다. 교사들은 프로그램을 시행하기 전에 하루 동안 전문성 개발 시간에 참여한다. 이 프로그램은 교실 기반이고, 전체 학교를 통한 교과 과정의 일부로서 전달된다. FRIENDS는 안전하고 지지적인 환경에서 동료와 경험적 학습을 받을 수 있도록 만들어졌다.

안전하고 보살핌을 줄 수 있는 환경을 증진시켜라 : Tamatea 초등학교 교사들은 우선시되는 분야로 안전하고 지지적인 환경의 증진이 필요하다는 것을 파악했다. 학교 행동 정책이 이에 기여하는 안내서가 되었다. 여기서 가르치는 여섯 가지 핵심 가치는 협동, 책임, 인내, 관용, 정직, 친절이다. 학교에서 아동이 이러한 가치들을 실천하는 것을 찾아내고 보상하는 계획이 교실과 학교에 공지되었다. 학교는 문호 개방 정책을 가진 것에 자부심을 가지고 매주 한 번 아침식사를 제공하는데, 여기서 교사들을 만나 관계를 형성하고, 교사들뿐만 아니라 좀 더 넓은 학교 공동체와도 소속감을 형성하도록 한다.

평가 결과

FRIENDS 프로그램의 실행으로부터 얻게 된 긍정적 결과는 어린이가 다음의 것들이 포함된 강화된 개인적·사회적 기술을 경험했다는 것이다 — 더 긍정적인 자긍심, 교사와 또래들과의 더 긍정적인 상호작용, 감정을 이해하고 반응하는 방법에 대한 개선된 능력, 그리고 더 긍정적이고 효과적인 방식으로 도전적 상황에 대해 생각할 수 있는 것, 그들은 또한 존중의 가치에 대한 분명한 이해를 보여주었다.

결론

'번성하는 학교 계획'은 건강한 정신건강 증진 원칙들에 기초하고, 근거가 있는 정보에 근거하고, 실제 구현된 개입으로부터 예상되는 결과의 논리적 순서를 가지고 있다. 지금까지, 계획은 호크스 만에 있는 두 곳의 학교에서 시범적으로 실시되었고, 평가 결과는 긍정적이며, 학교 환경에서 정신적·정서적·사회적 웰빙을 증진시키기 위해 어떠한 노력을 해야 할 것인가에 대한 근거 기반을 세우는 데 기여한다.

두 학교는 번성하는 학교 모델을 사용하여 어린이들의 정신적·정서적·사회적 웰빙을 증진시키고 지원하기 위해 서로 다른 계획을 시행했다. 두 가지 프로그램 모두 희망적인 초기 결과를 보여주고 있다. 두 학교는 모두 개인, 교실, 학교 수준에서의 변화를 만들어내는 데 초점을 맞춘 전-학교적 접근법을 채택했다. 이 프로그램들은 특정한 문제에 초점을 맞추기보다는, 슬기로움, 포괄적 대처, 능숙한 기술의 증진에 초점을 맞춘 사회성숙을 지향하는 접근법을 기반으로 하고 있다. 이 프로그램에서는 상호 작용과 참여적인 접근법을 시도했고, 어린이들이 교실에서 배운 기술을 더 넓은 사회적 상황에 적용할 수 있는 기회를 제공했다. 두 가지 개입은 모두 아동 발달과 학습의 이론에 기초를 두고 있다(Barry & Jenkins, 2007). 두 학교는 아동들에게 지속적인 효과를 발휘하기 위해 개입이 계속 진행되어야 할 필요성을 인식하고 있다.

이 프로그램의 실제 구현은 학교 경영진으로부터 높은 수준의 지원을 받았으며, 어린이들은 학습을 즐기며 열중하고 있다. 교사들은 훈련을 받았고, 이 프로그램을 제대로 시행하기 위해 필요한 자신들의 능력에 대해 확신감을 가지고 있다. 그들은 어린이들의 학습에 요구되며, 학생의 스타일에 맞도록 적용시킨 질 높은 자원에 접근할 수 있다.

번성하는 학교를 위한 다음 단계는 호크스 만 지역에 있는 더 많은 학교들에서 계획을 동시에 시행하고, 이 프로그램의 질과 성공을 계속해서 평가하는 것이다. 저자들은 이 프로그램을 시도하려는 학교들을 돕기 위하여 '번성하는 학교' 자원을 개발하기도 했다.

참고문헌

Adelman, H., & Taylor, L. (2004). *Mental health in schools: Reflections on the past, present and future – from the perspective of the Center for Mental Health in Schools at UCLA.* Los Angeles, CA: Department of Psychology, UCLA.

Adi, Y., Killoran, A., Janmohamed, K., & Stewart-Brown, S. (2007). *Systematic review of the effectiveness of interventions to promote mental wellbeing in primary schools: Universal approaches which do not focus on violence or bullying.* London: National Institute for Clinical Excellence.

Barrett, P. M., Farrell, L. J., Ollendick, T. H., & Dadds, M. (2006). Long-term outcomes of an Australian universal prevention trial of anxiety and depression symptoms in children and youth: An evaluation of the FRIENDS Program. *Journal of Clinical Child and Adolescent Psychology,* 35, 403–411.

Barry, M., & Jenkins, R. (2007). *Implementing mental health promotion.* Philadelphia, PA: Churchill Livingstone Elsevier.

Brown, E. R. (1991). Community action for health promotion: A strategy to empower individuals and communities. *International Journal of Health Services,* 21(3), 441–456.

Catalano, R. F., Berglund, L., Ryan, A. M., Lonczak, H. S., & Hawkins, J. (2002). Positive youth development in the United States: Research findings on evaluations of positive youth development programmes. *Prevention and Treatment,* 5(1), n.p.

Davis, D. M., & Hayes, J. A. (2011). What are the benefits of mindfulness? A practice review of psychotherapy-related research. *Practice Review,* 48(2), 198–208.

Department of Education and Skills, Health Service Executive, & Department of Health. (2013). *Wellbeing in post-primary schools: Guidelines for mental health promotion and suicide prevention.* Ireland Department of Education and Skills, Health Service Executive, and Department of Health.

Dickinson, P. & Peterson, R. (2010). Mental health promotion plan, Hawke's Bay District Health Board.

Goswami, U. (2008). *Learning difficulties: Future challenges.* London: The Government Office for Science.

Health Canada. (2008). *Outreach, early intervention and community linkages for youth with problem substance use.* Ottawa: Government of Canada.

Jané-Llopis, E. (2005). From evidence to practice: Mental health promotion effectiveness. *Promotion & Education,* 1 (suppl), 21–27.

Jané-Llopis, E., Barry, M., Hosman, C., & Vikram Patel, V. (2005). *Mental health promotion works: A review. Promotion & Education,* 12(9), 9–25.

Joubert, N., & Raeburn, J. (1998). Mental health promotion: People, power and passion. *International Journal of Mental Health Promotion,* 1, 15–22.

Kretzmann, J. P., Mcknight, J. L., Dobrowolski, S., & Puntenney, D. (2005). *Discovering community power: A guide to mobilizing local assets and your organisation's capacity.* Evanston, IL: Asset-Based Community Development Institute.

Lister-Sharp, D., Chapman, S., Stewart-Brown, S. L., & Sowden, A. (2000). Health promoting schools and health promotion in schools: Two systematic reviews. *Health Technology Assessment,* 3(22), whole issue.

McNeely, C. A., Nonnemaker, J. M., & Blum, R. W. (2002). Promoting school connectedness: Evidence from the national longitudinal study of adolescent health. *Journal of School Health,* 72(4), 138–146.

Ministry of Education (2013). *Ka Hikitia Accelerating Success 2013–17,* Wellington: Ministry of Education.

New Economics Foundation. (2011). Winning ways to wellbeing: new applications, new ways of thinking. Available from www.neweconomics.org/publications/entry/five-ways-to-wellbeing (accessed November 3, 2013).

New Zealand Police (2005). *Doing the Right Thing, Fostering Positive Values, Lessons for Primary School Classes.* Auckland: New Zealand Police.

Patton, G. C., Glover, S., Bond, L., Butler, H., & Godfrey, C. (2000). The Gatehouse project: A systematic approach to mental health promotion in secondary schools. *Australian and New Zealand Journal of Psychiatry*, 34, 586–593.

Rempel, K. (2012). Mindfulness for children and youth: A review of the literature with an argument for school-based implementation. *Canadian Journal of Counselling and Psychotherapy*, 46 (3), 201–220.

Wang, C., & Burris, M. A. (1997). Photovoice: Concept, methodology, and use for participatory needs assessment. *Health Education Behavior*, 24 (3), 369–387.

Weare, K. (2011). Mental health and social and emotional learning: Evidence, principles, tensions, balances. *Advances in School Mental Health Promotion* 3(1), 5–17.

Weare, K., & Markham, W. (2005). What do we know about promoting mental health through schools? *Promotion & Education*, X11 (3–4), 118–122.

Webster-Stratton, C., & Reid, J. (2004). Strengthening social and emotional competence in young children: The foundation for early school readiness and success – Incredible Years classroom social skills and problem-solving curriculum. *Infants and Young Children*, 17 (2), 96–113.

Wynn, J., Cahill, H., Rowling, L., Holdsworth, R., & Carson, S. (2000). Mind Matters, a whole-school approach to promoting mental health and well-being. *Australian and New Zealand Journal of Psychiatry*, 34 (4), 594–601.

Zins, J. E., Weissberg, R. P., Wang, M. C., & Walberg, H. (2004). *Building academic success on social and emotional learning*. New York: Teachers College Press.

Zubrick, S. R., Silburn, S. R., Burton, P., & Blair, E. (2000). Mental disorders in children and young people: Scope, cause and prevention. *Australian and New Zealand Journal of Psychiatry*, 34, 570–578.

일반적인 학교 교육과 정신건강

북가나의 학교 정신건강에 관하여

Amanda Lee, Marissa Smith-Millman, Heather McDaniel,
Paul Flaspohler, Peter Yaro, Mark D. Weist

가나에서 학교 정신건강(school mental health, SMH, 이하 SMH)은 실질적으로 존재하지 않는다. 특히 북쪽 지역이 더 그러하다. 가나의 일반학교 교육은 거의 이루어지지 않고 있고, 있더라도 범위가 매우 한정적이다. 즉, 북가나에 사는 많은 아동들이 학교에 가본 적이 없거나, 기본 교육을 채 마치지 못했다. 이번 장에서는 일반학교 교육조차 어려운 북가나에서의 SMH의 부족과 소아청소년을 위한 정신건강 서비스의 제공에 대해서 다룰 것이다. 더 나아가, 이번 장이 북가나의 SMH 서비스 실시를 위한 시발점으로서의 기능을 하게 되길 기원한다. 이번 장에서 저자는 북가나에 있는 2개의 특수학교 중 하나인, 움바 특수학교의 교장과 교사의 비공식 인터뷰를 인용할 것이다. 또한 움바 특수학교와 관계된 비영리 기관인 BasicNeeds의 관계자 말도 인용할 것이다. 그리고 마지막엔, 우리가 SMH를 어떻게 실시하고 개선해나갈지에 대한 의견도 제시할 것이다. 이 장에서는 SMH 발전의 전체 단계 중에서 가장 낮은 단계의 예시를 보게 될 것이다. 또한 특히 SMH 시스템이 전무한 지역을 포함하여, 교육과 정신건강 시스템이 거의 없는 다른 개발도상국과 관련된 가르침을 얻을 것이다.

이번 장은 5개 부분으로 나뉜다. 첫 번째에는 가나의 일반교육에 대한 짧은 역사에 대

School Mental Health: Global Challenges and Opportunities, ed. Stan Kutcher, Yifeng Wei and Marc D. Weist.
Published by Cambridge University Press. © Cambridge University Press 2015.

해서 다룰 것이다. 이는 나라 전체에서(특히 북가나 지역에서) 일반교육의 현재 상태가 어떠한지 설명해줄 것이고, 가나의 학교들이 학교 정신건강을 위해서 무엇을 하고 있는지에 대해 다룰 것이다. 두 번째로는, 가나 소아청소년들의 정신건강과 치료에 관하여 알려진 사실에 대해서 이야기를 할 것이다. 세 번째에는 북가나의 교육과 정신건강 시스템의 발전을 막는 장애 요소에 대해 다룰 것이다. 그다음에는, 소아청소년의 정신건강 문제와 이용 가능한 정신건강 서비스 사이의 간극을 해결하기 위한, 혁신적인 전략에 대해서 다룰 것이다. 그리고 마지막으로 이번 장에서는 북가나에서 SMH의 실행을 위하여, 핵심 관계자들의 협력을 어떻게 이끌어낼 수 있는지에 대해 제안할 것이다.

북가나의 일반학교 교육

일반학교 교육에 관한 간단한 역사 소개

가나는 반세기 동안 기초 교육을 수립하기 위해 노력했다(Agbemabiese, 2010; Alyeampong, 2006; 2009; 2010). 1957년에 영국으로부터 독립을 선언한 후, 새 가나 정부는 일반학교 교육의 세 가지 도달 목표를 정하였다. 과학적으로 학식 있는 시민 만들기, 저생산이라는 환경적 요소를 극복하기, 가나 경제 발전에 필요한 지식을 알기가 바로 그것이다(Akyeampong, 2010). 1961년에 가나의 첫 대통령 Kwame Nkrumah 박사는 새 교육법을 제정하고, 초등학교와 중학교를 무상 의무 교육으로 만들었다(Akyeampong, 2006; 2009; 2010). 이 법으로 아동들은 여섯 살에 학교에 입학해 6년의 초등학교 과정을 거치고, 뒤이어서 4년의 중학교 과정을 거쳐야 했다. 비록 수업료는 무료였지만, 교통비, 교복 값, 학용품 비용은 개인이 지불해야 했다. 이 개혁은 학교 입학등록에 큰 영향을 주었고, 1961년부터 1966년 사이에 학교 등록률이 두 배가 되었다(Akyeampong, 2006). 그러나 이런 확장에는 대가가 따랐다. 가나에는 증가하는 학생 수를 감당할 수 있을 만큼 훈련받은 교사의 수가 적었고, 이에 따라 교육의 질 역시 떨어졌다(Akyeampong, 2006). 게다가 이런 교육의 확장은 북부 지역보다 남부 지역에서 훨씬 컸다. 이는 남부와 북부의 교육 접근성에 있어 차이를 만들었고, 이는 여전히 지속되고 있다(Akyeampong, 2009).

　7~80년대를 거치면서 가나는 교육적·경제적 쇠퇴를 맞게 되었다(Akyeampong,

2006; 2009; 2010). 이런 쇠퇴에 대응하여, 정부는 1987년에 교육 개정안을 통과시켰다. 이 개정안에서 초중학교 과정을 기존의 17년에서 12년으로 줄였다. 게다가 가나 정부는 무료 의무 기본 교육안을 개정하였는데, 이 개정안에서는 교육을 기본 권리로 여기고, 남북 간의 교육 격차를 줄이고 학교 입학 등록률을 높이고자 교육비를 폐지하였다(Akyeampong, 2009; Nudzor, 2012). 그러나 부가적인 수업료를 모두 폐지하였기 때문에, 이 개정안으로 인하여 전국의 모든 학교는 수익을 얻지 못했다. 그 결과로 학교는 간접적인 방법으로 학비를 걷어야 했고 돈을 못 낸 학생들은 집으로 돌아가야 했다. 이는 교육 수준의 차이를 더 심화시켰는데, 부유한 지역의 학교는 스스로 운영해나갈 수 있었던 반면, 빈곤한 지역의 학교는 그렇지 못했기 때문이다(Akyeampong, 2009).

일반학교 교육의 현 상황

2011년 가나에서는 초등학생 나이의 아동들 중 77%가 학교에 입학된 상태였다(UNESCO, 2011). 이 수치가 높아 보일 수도 있지만, 2011년에 초등학교 전후 과정에 등록한 비율은 매우 낮았다. 18% 어린이가 유아교육에 등록했고, 41%가 중등교육에 등록했으며, 3차 교육에 등록된 학생은 8%에 불과했다(UNESCO, 2011). 게다가 지역을 기준으로 볼 때, 남북 간의 교육 격차는 더욱 분명해졌다. 즉, 가나의 북쪽 3지역인 북동부, 북서부, 북부 지역에서는 학교에 한 번도 안 가본 사람들의 비율이 남부에 비해 매우 높았고, 그 수치는 44.5~54.9% 사이였다. 반면, 남부에서의 수치는 10.1~26.4% 사이였다[Ghana Statistical Service(GSS), 2010].

특수교육과 통합교육

특수교육과 통합교육은 가나가 고전하고 있는 일반학교 교육의 한 측면이다(Adera & Asimeng-Boahene, 2011; Agbenyega, 2007; Kuyini & Mangope, 2011). 즉, 가나에서는 장애가 있는 학생들에게 교육을 제공해주기 힘들었는데, 대부분의 학교가 제대로 준비되어있지 못하고 특수학교의 수가 매우 한정적이었기 때문이다. 가나 정부는 이 문제를 다루기 위해서 몇 년간 다양한 정책들을 펼쳤다. 1951년에 Kwame Nkrumah 박사는 국가 발전 계획 중 교육 개선책으로서 통합교육이라는 개념을 국회에 소개하였다. 이 개선책은 모든 수업료를 없애고, 모든 아동들에게 의무 기본 교육을 제공하는 것이었다. 이후 교육법이 1961년에 만들어졌고, 위의 정책이 제정되었으며, 이에 따라 가나 정부는 장애를 가진 아동들에게 교육을 할 책임을 갖게 되었다(Anthony & Kwadade, 2006). 이런 법률은 1964년 지적장애를 가진 아동들의 부모들이 '지적장애 친구들의 모임'이라는 협회를 만드는 데 기여를 하였다. 강력한 지지 캠페인을 바탕으로, 가나의 첫 '지적장애인을 위한 시설'이 1966년에 처음으로 만들어졌다(GES Special Education Division, 2005). 1980년대에는 이런 시설들이 발전하기 시작하였는데, 시각, 청각, 지적장애 각각을 위한 특수학교의 수가 급증하게 되었다. 1985년에 국내외로 특수교육 서비스의 필요성에 대한 인식이 높아짐에 따라, 가나 교육부는 특수교육 부서를 만들었다(GES Special Education Division, 2005).

가나는 그 후 몇 년 동안, 통합교육에 관한 몇 가지 정책을 채택하였다. 1998년 헌법에 따라, 아동 법률은 국가가 모든 아동들의 신체·건강, 사회적 안녕을 책임질 의무가 있다고 규정하였다. 그 후 2006년에는 장애인 법이 제정되었다. 이 법에 따라 특수교육을 필요로 하는 아동들을 위한 특수학교가 설립되었다. 부모, 보호자, 간병인은 아동의 장애 정도에 따라 추천되는 학교에 입학 등록을 해야 하는 책임을 지닌다. 2007년 개정된 교육법에서는 모든 지방 정부가 통합교육을 제공하도록 명확히 규정하고 있다. 이 정책은 현재 정신보건법률하에 존재하고 있다.

지난 10년간 특수교육 시설의 수와 종류가 매우 많이 증가했다. 특수학교는 22곳에서 200곳으로 늘었고, 통합교육학교, 특수학교, 청각장애 전문학교, 시각장애 전문학교, 발달장애 아동을 위한 학교 등이 세워졌다(Ministry of Education, 2008). 이런 학교 중, 정신장애 아동을 위한 특수학교는 13곳이고, 지적장애 아동을 위한 통합학교는 24곳이다(Casely-Hayford et al., 2011). 하지만 이런 특수학교의 빠른 성장은 가나의 남쪽에 국한되어있다. 실제로, 특수교육 학교의 극히 일부만이 북쪽 지역에 있다. 또한 통합학교 총 24곳 중 4곳만이 북쪽 지역에 있다.

북가나의 학교들은 정신건강에 관한 염려되는 사항들을 다룰 때, 통합교육과 특수학교교육을 제공하는 방법을 사용한다. 즉, 현재까지 북가나에서 학교 정신 교육에 관한 것이 아무것도 없다. 이 다음 내용에는, 북가나의 소아청소년 정신건강에 관한 몇 안 되는 정보를 다룰 것이고, 정신건강 서비스와 일반학교 교육을 방해하는 장애물에 대해 다룰 것이다. 뿐만 아니라, 지역 간 정신건강 정도의 차이와 SMH 서비스의 앞으로의 방향을 제시하는 계획에 대해서도 다룰 것이다.

가나 소아청소년의 정신건강

소아청소년의 정신건강 문제 유병률

5명 중 1명은 일생 동안 한 번은 진단 가능한 정신질환을 앓는 것으로 추정된다(Patel et al., 2007; WHO, 2001; 2003; 2005a). 진단 가능한 정신질환을 앓는 성인 중 대략 75%는 12~24세 사이에 질환을 얻는다(Patel et al., 2007). 소아청소년이 겪는 정신질환 부담이 명백함에도 불구하고, 저·중 소득 국가에서의 소아청소년 정신질환의 유병률에 관한 연구가 매우 적고, 가나에서의 유병률 연구는 실시된 적이 없다(Cortina et al., 2012). 그러나 사하라 사막 이남 지역의 아프리카에서 시행된 지역사회 기반 유병률 연구를 메타 분석한 결과, Cortina 등(2012)은 14.3%의 어린이들이 기분장애나 행동장애를 갖고 있으며, 9.5%는 특정 정신질환을 가지고 있다고 밝혔다. 이런 수치들은 문화 간에 차이가 있기 때문에 보고 되지는 않았다. 예를 들어, 아프리카 전통 문화에서 정신질환은 신체 증상으로 나타나는 경향이 있으며, 정신질환을 '사회 문제'로 본다(Patel, 1995; Rahman et al., 2000). WHO는 전 세계 아동들의 대략 20%가 정신질환을 앓고 있다고 추정한다(2001; 2003; 2005a). 이런 방식으로 추산해보면, 가나 총인구 2,465만 8,823명 중 15세 미만이 29.5%(GSS, 2010; WHO, 2007)이므로, 대략 145만 4,870명의 가나 소아청소년이 정신건강 문제를 겪고 있으며, 이는 정신건강 지원이 부족하고 또한 시급하다는 것을 알려준다.

소아청소년 정신건강 문제의 위험 요소

가나 소아청소년을 위하여 정신건강 도움이 시급하다는 것을 생각해볼 때, 이 문제가 생겨나고 지속되는 데 기여한 요소들을 이해하는 것이 필수적일 것이다. 빈곤과 편견이 저·중 소득 국가의 정신건강 문제를 만들어내는 주요 위험 요소이다. 이러한 요소들은 특히 가나의 아동들을 정신질환의 위험에 빠트린다(Earls & Carlson, 2001; Paterl & Kleinman, 2003; Patel et al., 2007; WHO, 2005a).

빈곤

연구에 의하면 사회경제 수준이 낮은 지역에서 정신건강 문제가 생길 위험성이 크다. 생존 요건이 제대로 갖추어지지 못하고, 외상의 위험이 많으며, 부정적인 인생의 사건을 겪고, 사회적으로 배척받으며, 또 음식도 안전하지 않기 때문이다(Chatterjee et al., 2009; Lund et al., 2011; Raja et al., 2008). 게다가 정신건강 문제로 고통받는 사람들은 큰 경제적 위기에 놓여있기도 하는데, 정신건강 문제들이 종종 실업, 증가하는 건강 지출, 생산력 감소와도 연관이 있기 때문이다(Social Enterprise Coalition, 2011). 이런 악순환(정신건강이 악화되면서 사회경제적 지위의 하락으로 이어지고, 낮은 사회경제적 지위가 정신건강의 악화를 초래한다)은 치료에 있어서 중요한 장애물이고, 특히 개발도상국의 경우가 더 그러하다.

가나 아동들의 질병률과 사망률을 높이는 심각한 빈곤과 연관된 위험 요소들이 고려되어야만 한다. 그 첫 번째는 영양 결핍이다. 영양 섭취가 제대로 되지 못한 아동들은 정신 발달과 학교 적응이 좋지 못하다(Granthan-McGregor & Fernald, 1997; Pelletier et al., 1993; 1995; Schroeder & Brown, 1994). 가나에서 5세 미만의 아동 중 28%가 만성 영양 실조로 인하여 성장이 저하되어있다. 게다가 국가 하위 60%의 빈곤층 사이에서의 영양실조율이, 상위 20%의 영양실조율의 두 배가 넘는다(GSS, 2008). 북쪽에 더 빈곤한 지역들이 있기 때문에, 이 지역에서 높은 수준의 영양실조가 수십 년 동안 관찰된 것은 그리 놀랄만한 일이 아니다(Alderman & Mundial, 1990). 또한 미성년 노동 역시, 소아 정신질환 원인 중 빈곤과 관련 있는 위험 요소이다(Edmonds & Pavcnik, 2005; WHO, 1987). 사하라 사막 이남의 아프리카에서, 5~14세 사이의 아동 3명 중 1명이 경제 활동을 한다(Bass, 2004). 세계에서 가장 고밀도의 미성년 노동이 이곳에서 이루어지고 있다고 알려져 있다. 가나의 경우, 247만 명의 아동들이 경제 활동을 하고 있다고 2003년에 GSS가 시행한 조사에서 밝혀졌다.

빈곤과 관련된 위험 인자들과 청소년의 정신건강 사이에 관계가 있음이 밝혀졌지만(Costello et al., 2003), 장애 소아청소년들은 현재 정부의 빈곤 구제 사업에 포함되지 못하고 있다. 연구자들이 아프리카 지역 4개 국가의 상황 분석을 해보았을 때, 남아프리카공화국에서 장애 보조금을 제공해주는 것 이외에는, 정신건강 문제를 가진 소아청소년들은 보조금이나 지원 서비스를 받을 자격을 부여받지 못했다. 더군다나, 현재 개발도상국에서 진행 중인 빈곤 완화 전략은 주로 신체장애를 가진 사람들에 중점을 두고, 정신장애를 가진 사람들에게는 중점을 두지 않고 있다(Kleintjes et al., 2010). 즉, 빈곤과 빈곤 관련 위험 인자들이 청소년의 정신건강 문제의 영구화에 기여하고 있지만, 이런 위험 인자들은 현재의 정책에서 다뤄지고 있지 못하다.

정신건강 문제에 관한 편견과 문화적 관점

정신질환이 가지는 부담은 가나 전반에 퍼져있는 영적인 믿음의 결과로 생긴 편견이 합쳐지면서 더 가중되었다. 연구를 통해서 본 결과, 다른 아프리카 국가인 우간다, 잠비아, 남아프리카공화국처럼 가나에서 장애는 종교적이고 영적 믿음을 바탕으로 하여 개념 지어진다(Kleintjes et al., 2010; Mawutor & Hayford, 2000; Nukunya, 2003; Salm & Falola, 2002). 특히 북부 지역에서, 사람들은 정신질환에 대하여 과학적인 설명보다는 영적인 설명을 한다(Quinn, 2007). 북부 지역에 있는 움바 특수학교 교사와의 대화를 통해 위와 같은 결과를 재확인하였다. "사람들은 정신장애나 지적장애를 인정하지 않아요…. 그들은 다른 탓으로 돌리죠."

Kleintjes 등(2010)은 정신건강 문제를 가진 사람의 권리에 대한 차별과 폭력이 가족단계까지 확대되었다고 밝혔다. 가나의 정신건강 관련 종사자들은 가족들이 정신질환을 가진 친척을 학대하고, 멀리하며, 의절한다고 보고한다. 예를 들어, 부모가 아이들의 정신질환을 영적 요소에 그 원인이 있다고 여기기 때문에 부모는 비난을 받으며 또한 아이들이 힘들어하면 스스로를 비난하기도 한다. 이는 아동이 교육을 받을 권리를 포기하는 것으로 이어진다. 교사들이 보고한 바에 따르면 "아동들은 일반학교에 입학을 인정받지 못한다.", 때때로 부모들은 자신의 아이를 방치하고 "'제 아이예요.'라고 말하지 않는다.", 또한 "아이들이 나가서 돌아다니고 구걸하도록" 내버려 둔다. 극한의 경우, 부모는 아이를 감금하기도 한다. 움바 특수학교의 교사는 이런 사례를 이렇게 서술하였다.

저는 요나스와 매우 가까웠어요. 매우 오랜 기간 동안 그를 알고 지냈죠. 저는 이곳에 2007년에 왔어요. 그 당시에 그는 스스로 서있을 수 없었어요. 그의 부모가 매우 오랜 기간 동안 그를 가둬놨기 때문이에요. 또한 그는 탄수화물을 너무 많이 먹어서, 살이 많이 찐 상태였어요. 그래서 그가 왔을 때, 우리는 그에게 지팡이 사용하는 방법을 가르쳤고, 처음으로 걷는 방법을 가르쳤어요. 그 결과 그는 움직일 수 있게 되었죠.

지역사회의 많은 사람들은 "정신질환은 전염병처럼 느껴진다."라고 한다. 따라서 정신장애를 가진 소아청소년을 만지길 꺼린다. 때로 일부 사람은 "그들을 때리기도 한다." 교사들은 또한 거리에서 몇몇 학생들이 언어 및 성적 폭력을 당한다고 밝혔다.

한 소녀에 관한 이야기를 들었어요. 엄마가 이 아이를 낳았기 때문에, 남편은 엄마와 이혼했죠. 지금 그녀는 혼자서 아이를 돌볼 수 없어요. 그래서 그 소녀는 거리를 떠돌아 다녔죠. 사람들은 그녀에게 성적 학대를 했어요. 또한 이름을 부르며 돌을 던지기도 했고요.

이런 상황들을 고려해보면, 편견과 차별은 가나 소아청소년의 정신건강 문제를 더욱 악화시킬 것이 분명하다. 하지만 이번 장을 통해서 다뤄질 소아청소년에게 벌어진 사건들에 관한 정보의 양과 질은 매우 제한적이고, 저자의 경험과 국가에서 중요한 역할을 한 3명(AL, PY, PF)의 경험을 바탕으로 한 것이기에, 결론을 도달할 때 조심해야 한다.

소아청소년을 위한 정신건강 프로그램

정신건강 서비스의 필요성은 매우 크지만, 개발도상국에서 소아청소년을 위한 정신건강 프로그램은 매우 한정적이다(WHO, 2005a). 많은 정부에서 아동들의 정신건강 프로그램 발전에 신경을 쓰지 않고 있으며 또한 이 문제를 다룰 정책 역시 만들고 있지 않다(WHO, 2001). WHO가 실시한 연구(2005b)에서, 46개의 WHO 아프리카 참여국 중 1/3인 15개국만이 답을 해주었고, 그들은 소아청소년의 정신건강을 위한 어떤 정책도 갖고 있지 않다고 답했다. 또한 소아청소년의 정신건강 정책에 관하여 호의적인 태도를 갖는 5개국만이, 인적·물적 자원이 부족하기 때문이라고 답하였다. 이런 자원의 부족으로 많은 소아청소년들은 정신건강 프로그램을 성인 시설에서 같이 해야 하며, 이 결과 청소년에 초점을 제대로 맞추기 힘든 실정이다(Patel et al., 2007).

가나 역시 소아청소년을 위한 정신건강 정책을 갖고 있지 않는 국가 중 하나이다. 나라 전체에 걸쳐서 소아청소년의 정신건강 관리에 대한 이해가 압도적으로 부족하다(Kleintjes et al., 2010). 나라 전체에 있는 70개의 외래 기반 시설 중, 소아청소년의 정신건강 관리에 대해 특별히 다루는 시설은 한 곳도 없다. 게다가 가나의 입원 시설

3곳 중, 유일하게 가나의 첫 정신건강 시설인 아크라 정신 병원만이 아동들을 위한 구역을 갖고 있다. 이 구역은 다양한 상태에 있는 아동들을 위한 20개 정도의 병상이 있는데, 아동들의 상태는 발달장애에서부터 주의력결핍 과잉행동장애(ADHD)까지 다양하다(Yaro, 목격자의 증언). 더 나아가, 나라 전체에 소아청소년을 위한 주간 치료 시설 역시 없다(Kleintjes et al., 2010). 아동과 성인이 섞여있는 시설에서는 소아청소년을 위한 도움이 제한적일 수밖에 없다. 예를 들면, 가나에서 소아청소년을 위해 지정된 정신과 입원 병석은 4%에 불과하다(Kleintjes et al., 2010). 소아청소년을 위한 서비스의 부족이 주목을 받기 시작했고, 정신건강 서비스의 수요가 늘어났으며, 정신건강 서비스를 추가적으로 실행해야 한다는 필요도 등장하였다.

일반학교 교육과 정신건강 서비스의 개선을 방해하는 장애물

북가나에서 교육과 정신건강 서비스가 다른 곳과 차이 나는 이유는 상당히 많다. 빈곤, 경제적 자원의 부족, 시골 환경, 훈련받은 인적 자원의 부족 등이 바로 그 이유들이다. 일반학교 교육과 소아청소년을 위한 정신건강 관리는 효과적으로 실행하는 데 있어서 비슷한 장애물들을 가진다. 이 다음 부분에서는 이 요소들이 어떻게 북가나에서 일반교육과 정신건강 시스템에 장애물로 작용하는지에 대해 살펴볼 것이다.

빈곤과 경제적 자원의 부족

빈곤은 일반학교 교육과 소아청소년 정신건강 관리 모두에게 주요한 장애물이다. 빈곤은 아동 노동 사용을 필요로 하기 때문에 중요한 요소가 된다. 북가나의 많은 가정에서는 생계의 수단으로 농업에 의존을 하고, 따라서 아동들은 종종 여덟 살 즈음부터 농장에서 일하기 시작한다(Akyeampong, 2009). 게다가 GSS 가나 아동 노동 조사(GSS, 2003)에 따르면 부모는 아이들이 가정 경제에 기여하는 정도가 중요하다고 생각하는데, 즉 이 지역에서 아동이 학교에 가지 않고 일해서 얻은 소득이 상당하다는 것을 알 수 있다. 또한 아동 노동은 북쪽 지역에서의 중퇴율과 교육 미완수율을 높이는 데 기여하는데, 부모들이 흉작기(수확할 것이 거의 없거나 없는 기간)에만 아이들을 학교에 가끔씩 보내고, 수확해야 할 시기에는 학교에 보내지 않고 일을 돕게 하기 때문이다

(Akyeampong, 2009).

한편, 움바 특수학교와 같은 특수학교는, 정부 지원과 기부의 부족으로 학생들을 유지하기 힘든 실정이다. 관련 문헌에 따르면, 다른 개발도상국처럼 가나의 정신건강은 정부의 지원을 제대로 받지 못하고 있으며(Saxena et al., 2007), 제약회사, 자선단체, 재단과 같은 민간 기부도 많이 부족하다(Raja et al., 2012). 이는 결국 특수교육을 필요로 하는 아동들을 위한 서비스 제공의 부족으로 이어진다. 외부의 지원 없이는, 이런 학교들은 자신들을 유지하기 위한 장기 재정 대책이 없다. 다음 대화는 움바 특수학교장과의 대화인데, 정부 지원 부족으로 인한 어려움들과 이로 인해 외부 기부자나 NGO에게 지나치게 의존할 수밖에 없음을 설명해준다.

> 많은 단체들과 일을 해봤지만, 대부분은 우리에게 충분한 만큼의 지원을 해주지 못했어요. 그러나 RAINS와 같은 몇몇 NGO 단체가 우리에게 준 도움은 정말 대단했죠(샤워시설을 지어주거나, 버스 지원 같은 도움을 주었어요). 그리고 CAMFED는 우리 가정 교육 부서를 위하여 지금까지 가스버너, 식기류, 냄비 등을 주었죠⋯. 그들은 안전기금이라고 불리는 기금을 갖고 있었고, 그 기금으로 우리는 도움을 필요로 하는 학생들을 도왔어요 — 신발이나 책가방이 없는 학생들이요⋯. 학교가 정말로 필요한 것들을 갖추기 위해서 우리는 기금이 필요했어요. 예를 들면 기초 시설 같은 것들이 필요했죠. 학생들은 여전히 교실이 필요했어요. 또 통학 시스템도요⋯. 대부분의 학생들이 다른 지역에 있기 때문이에요. 학생들의 건강뿐 아니라, 학생들의 안녕, 무엇을 먹고 입고 있는지 역시 잘 관찰해야 해요⋯. 여전히 우리는 정부, NGO나 그 외 기관들로부터 지원을 얻길 기대하고 기도하고 있어요. 부모들과 정부에서 약간의 지원을 해주시지만, 많이 부족해요. 우리는 학교 업무에 더 많은 지원을 필요로 하고 있어요.

경제적 원인으로 인하여, 움바 특수학교에 등록된 학생은 110명이지만, 매일 대략 80명의 학생들만이 등교한다고 밝혀졌다. 가나 교육부에서 수업료와 스쿨버스 두 대 중 한 대를 지원해주고 있지만, 보호자들은 학교를 오고 가는 교통비를 지불해야 한다(예 : 스쿨버스 기름값 같은). 버스의 유지와 수리에 드는 추가적인 비용은 교사들의 월급에서 나온다. 움바 특수학교의 경우, 매년 연료에 드는 비용은 각 학생별로 가나 화폐로 대략 180세디(미국 화폐로 75달러)이다. 북쪽 지역의 한 해 평균 가정 소득은 1,452세디(미국 화폐 702달러), 북동 지역의 경우는 616세디(미국 화폐 298달러), 북서지역의 경우 606세디(미국 화폐 293달러)이다. 즉, 많은 가정은 연료비조차 내지 못하는 형

편이다. 북쪽 지역의 사그나리고 지역구에서만 6명의 학생이 매년 내야 하는 교통비를 지불할 수 없어 영구 제적당하였다. 학부모와 연락해보려고 많은 시도를 하였지만, 움바 특수학교의 교사들은 이 아동들이 현재 학교 교육을 받고 있는지 알 수 없었다. 학교에서 30분 이상의 거리에서 사는 학생들은 교통비로 인해 거절되고 있으며, 학교 역시 통학 시스템 관련 기부를 많이 받고 있지 못하다.

이런 문제들을 해결하기 위해 정신건강 관련 종사자와 특수교육 교사들은, 정신교육에 관한 예산을 늘리고, 북쪽 지역의 정신건강 전문가의 인원을 확대하며, 학생 통학을 위한 예산을 지정해 달라고 청원을 하고 있다. 교사들은 현재 보건부가 이런 상황의 해결을 위한 구체적이고 실증적인 어떤 대책도 내놓지 않고 있다고 하였다. 이것은 북가나의 학교 정신건강 서비스의 발달에 경제적인 자원이 얼마나 중요한 요소인지를 말해준다.

빈곤과 정부 지원의 부족으로, 북가나에서 소아청소년의 질 높은 교육과 정신건강 서비스가 실행되기 어렵다는 것은 분명하다. 또한 위에서 언급한 것처럼, 빈곤과 빈곤 관련 위험 요소들도 문제를 영구화할 것이다. 그러므로 외부 기부, NGO, 정부로부터의 통합적인 기금의 흐름을 만들어내는 것이 중요하다. 이것이 가능해진다면 소아청소년을 위한 더 포괄적인 서비스 제공이 가능할 것이다.

전문 인력의 부족

북가나의 일반학교 교육과 정신건강 서비스를 방해하는 또 다른 장애물은 교육 전문가와 정신건강 전문가들이 부족하다는 것이다. 훈련받은 교사의 부족과 자원의 부족은 북가나의 낮은 학교 입학 등록률에 중요한 영향을 끼쳤다. 기회가 적은 탓에 가나의 교사들은 북가나에 배치되는 것을 꺼렸고, 이 결과 북가나에 훈련받은 교사들의 수가 매우 부족해졌다(Akyeampong, 2009). 이런 인력 부족으로 인하여 학교는 훈련받지 않았거나 제대로 못 받은 교사에 의존할 수밖에 없었다. 이는 북가나 학생들이 받는 교육의 질을 떨어뜨렸고, 학교에 갈 의욕을 꺾어버렸다(Akyeampong, 2009).

가나는 교육 자원의 부족으로 인하여, 특수교육이 필요한 학생들에게 통합교육을 제공하지 못했다. 보츠와나와 가나에서 시행된 통합교육에 관한 교생들의 인식에 대한 연구를 통하여, Kuyini와 Mangope(2011)는 보츠와나의 교생에 비하여 가나 교생이 통합

교육에 대해 더 긍정적인 태도를 가지고 있으며, 더 많은 관심을 갖고 있다고 밝혔다. 가나 교생들의 주된 걱정 거리는 자원의 부족에 관한 것이었는데, 특수교육을 필요로 하는 학생에게 주의를 기울일 시간이 부족하다는 것, 특수교육이 필요한 아동들을 가르치고 다룰 연수가 부족하다는 것, 전문 보조원들이 부족하다는 것 등이 있었다.

특수교육을 전문으로 하는 교사들의 부족은 특히 북가나에서 더 현저했다. 움바 특수학교 교장의 말에 의하면, "북쪽 지역에 지적장애를 가진 아동들이 많이 있지만, 학교가 열릴 수 없다."라고 한다. 이로 인해서, 특수교육 교실은 항상 붐비고 시끄러울 수밖에 없다. 이런 환경은 교육 진행을 방해하고 학생들을 위험에 처하게 한다. 예를 들면, 움바 특수학교의 번잡한 교실 환경 탓에, 학생들은 교사가 인식하지 못한 상황에서 수차례 교실을 벗어났고, 가끔 맹독성 뱀이 살고 있는 들판에서 떠돌아다녔다. 또한 교사는 방황하고 있는 개별 학생들을 찾기 위하여, 한 번에 최대 2시간까지 교실을 비워야만 했다. 움바 특수학교의 교사들은 교사들의 수의 부족으로 인하여 아동들이 학문적·행동적인 개선을 위해 필요한 만큼의 관심을 받지 못하고 있다고 말한다. 교사들과 이야기해본 결과, 그들은 3차 교육을 받을 당시 실무 연수를 받지 못했다고 밝혔다.

또한 특수교육을 전문으로 하는 가나 교사의 수는 매우 적다. 이 분야의 경력은 교사에게 거의 도움이 되지 않기 때문이다. 움바 특수학교의 특수교육 담당 교사에 의하면, 다른 교사에 비해 급여도 적고 편견도 크다고 한다. 한 교사는 "가나는 특수교육에 관심이 없어요. 특수교육자를 대하는 태도를 보면 열의를 잃어요. 더 이상 일을 하고 싶지 않아요. 당신이 더 나아가고 싶어도, 그럴 수 없을 거에요."라고 말했다. 다른 교사는 또 이렇게 언급했다. "저희가 일하는 지역사회에서는 그 필요성을 잘 알지 못해요. 시간 낭비라고 생각하는 편이에요. 편견도 있어요. 그들을 우리를 미친 사람들을 돌보는 교사들이라고 불러요."

이와 마찬가지로 훈련받은 정신건강 전문가 역시 부족한데, 인구 10만 명당 정신건강의학과 전문의는 겨우 0.05명이다(Kleintjes et al., 2010). 게다가 나라 전체에 활동하고 있는 정신건강의학과 전문의는 12명, 임상심리학자는 12명, 정신 전문 간호사는 1만 2,700명이다(Amoakwa-Fordjour, 2013). 이런 정신건강 전문가들 중에, 소아청소년 정신건강의학과를 전공으로 한 사람은 한 명도 없으며(GSS, 2010), 학교에서 근무하고 있는 사람도 전무하다(Kleintjes et al., 2010). 그러므로 훈련받은 정신건강 전문가의 부족과 교사들의 부족으로 인해 정신건강 문제를 겪는 학생들을 위한 일반학교 교육과 정신 건강 서비스의 양과 질이 매우 제한된다.

시골 지역이 겪는 불평등

북가나는 국토의 40%를 차지하지만, 살고 있는 사람은 가나 인구의 10%에 불과하다 (Akyeampong, 2006). 시골 지역이고, 또 인구밀도도 낮기 때문에, 지역 중심부에 학교 를 짓는 것은 매우 어려운 일이다(Akyeampong, 2006; Fentiman et al., 1999). 거주 지 역의 규모가 작고, 거주지 간 간격이 많이 떨어져 있기 때문에, 정부는 학교 위치 선정 에 많은 어려움을 겪는다. 게다가 집으로부터 학교가 많이 먼 경우 부모는 교통비를 부 담해야 하는데, 이는 부모가 자신들의 아이를 학교에 보내지 않는 또 다른 원인이 된다 (Akyeampong, 2006; 2009; Fentiman et al., 1999; Senadza, 2012).

유사한 맥락에서 북가나에서는 의료 건강 서비스 시설들을 밀집시키기가 불리하다. 의료 건강 자원들은 대개 가나의 부유한 지역이나 도시 지역에 밀집되어있다. 국가의 모든 정신 병원, 12명의 정신과 전문의, 단 3명의 임상 심리학자는 가나의 남쪽 지역, 인구 밀도가 높은 지역에 있고 이로 인해 북가나에서는 더 높은 수준의 정신건강 관리 에 대한 접근이 힘들다(GNA, 2013).

종교적 믿음과 문화적 믿음

가나의 종교적 풍습과 인적 자원의 불균등 분포(WHO, 2007)는 정신질환자에 대한 낙 인을 가속화하고, 정신건강 서비스에 대한 접근을 어렵게 한다. 지역사회 구성원들이 비교적 접근이 어려운 정신건강 관리 시스템을 접하기도 전에, 종교 상담사에게 먼저 접촉을 하기 때문이다(Appiah-Poku et al., 2004). 정신건강 관련 분야에 종사하는 사람 들의 분포를 보면, 가나에서 정신질환을 치료함에 있어서 전통 치료사를 얼마나 선호하 는지를 알 수 있다. 가나에서 현재 근무 중인 정신건강의학과 전문의는 단 12명인 반면, 전통 치료사는 나라 전체에 대략 4만 5,000명이 있다(Roberts, 2001).

전통 치료사는 비교적 접근이 용이하지만, 논란이 되는 치료 방법들을 사용하기 때문 에 때로는 인간의 권리를 침해하거나 환자의 안전을 위협한다. 몇몇 치료 방법에는 정 신질환을 가진 환자들을 묶거나 때리는 것이 포함된다(Read et al., 2009). 다음은 움바 특수학교장과의 대화이고 정신 치료사들이 정신질환을 치료하는 데 쓰는 의심스러운 방법들의 예가 나와 있다.

> 마법사가 아동을 동물로 만들어서 숲속으로 보낼 수 있다고 믿는 사람들이 있어요. 그리고 부모에게 아동이 어디 있냐고 묻자, 그들은 아이가 마법사에게 갔고, 지금 아이는 숲속에 있다고 답했죠.

이런 대화는 아직도 전통 풍습이 역사적·문화적으로 뿌리 깊게 자리잡고 있음을 보여주며, 또한 빠른 시일 내에 이런 문제가 인권 문제로 받아들여지지 않을 것임을 보여준다(Read et al., 2009). 그러므로 북가나의 정신질환을 치료할 대안과 개혁적인 방법을 고안할 때, 지역사회가 갖는 종교 지도자에 대한 믿음을 무시해서는 안 된다.

혁신 전략

가나와 정신건강 차이 개선안

개발도상국에서 정신건강 관리에 무관심한 것을 해결하기 위해, WHO(2008)에서는 mhGAP(Mental Health Gap Action Programme, 정신건강 차이 개선안, 이하 mhGAP)을 만들었고, 이를 통해 소아 정신건강 관리에 우선권을 부여하고, 저·중소득 국가를 대상으로 한 지역사회 기반 정신건강 관리에 관한 권고안도 제공했다. mhGAP이 가나의 소아 정신건강의 간극을 해결하기 위한 방법을 제안했는데, 적당한 비용의 지역사회 기반 치료 프로그램을 만들고, 지역사회 수준에서 일차 건강관리와 정신건강 관리를 통합시키자는 것이었다. 이 개선안은 편견 감소와 정신질환의 치료 모두를 목표로 하였는데, 일반 지역사회인에게 정신질환에 대해 교육함으로써 편견을 줄이고, 지역사회인 중 일부를 교육시켜 정신건강 관련 종사자로 훈련한 후 정신질환의 치료를 하고자 하였다. 아직 mhGAP이 가나에서 소아 정신건강을 위한 방법으로 채택되지는 못했지만, 이 개선안은 가나 아동들의 뇌전증, 신경정신학적 장애를 다루기 위해 만들어진 것이었다. 가나는 WHO에서 '뇌전증과의 싸움'이라는 4개년 프로젝트를 시험해보기 위해 선정된 국가 중 하나이다. 이 프로젝트는 가나의 지역사회와 협력하여, 뇌전증에 관련된 편견을 줄이고 질병에 대한 인식을 높이며, 치료 방법에 관하여 의료인을 교육시키고 훈련한다(WHO, 2012). 최근 2012년에 이 프로젝트가 시작되었기에, 프로그램의 효과에 대한 정보는 아직 없다.

BasicNeeds 프로그램 : 지역사회 기반 정신건강 모델에 대한 전체론적 접근

정신건강의 필요와 수요의 차이를 줄일 다른 혁신적인 전략은 BasicNeeds이다. 1999년에 설립되었고 가나에 기반을 둔 BasicNeeds는 그들이 만든 '정신건강과 개발 모델(Mental Health and Development Model)'(BasicNeeds, 2008)을 통하여, 개발 지역에서의 정신 건강에 관한 지역사회 기반 접근 방법을 만들어 발전시켰다. 저·중소득 국가에서 적 당한 비용의 지역사회 정신건강 관리를 만들고, 정신질환이나 뇌전증을 앓는 사람들 이 성공적으로 지역사회 안에 정착하도록 돕기 위해 이 모델을 개발하였다(BasicNeeds -Ghana, 2011). 이 모델에서는 정신건강과 지역사회 사이의 관계가 매우 중요하다. Underhill은 "지역사회는 이 모델에 꼭 필요한 장(場)이다."라고 강조했다(BasicNeeds, 2008). 이 모델은 정신건강과 빈곤과의 상관성을 설명한다. 즉, 사람들에게 사회 발달 과 경제 안정의 중요성을 알리고, 정신장애 및 뇌전증장애를 가진 사람들에서 약물치료 가 필요함을 강조한다. 그와 동시에 이 모델은 개인, 가정 더 나아가 지역사회가 필요 로 하는 것까지 다룬다. 건강·사회·경제학적 문제들까지 동시에 다루는 등 전체론적 접근방법을 통하여 BasicNeeds는 빈곤한 지역의 정신질환자에게 긍정적인 변화를 가져 다 준다(BasicNeeds-Ghana, 2010; 2011; 2012). 이 모델은 다섯 가지 모듈로 구성된다 (BasicNeeds-Ghana, 2010).

1. 역량 키우기 : 자립 집단, NGO, 정부 건강 관련 종사자, 지역사회 종사자 등 같이 할 동반자를 튼튼히 해놓기
2. 지역사회 정신건강 : 공공 의료에 속해 있는 정신과 의사와 지역사회의 의료인을 동원하여, 지역사회 정신건강 클리닉을 조직하기
3. 생계 유지 돕기 : 정신장애 및 뇌전증장애를 가진 사람들, 그들의 가족, 자립 집단 등에게 고용주를 소개하거나 적은 돈이라도 자금을 지원하여, 생산 활동에 참여시 키기
4. 연구 : 프로그램 결과에 관한 연구를 하면서 정책과 실무 사이의 간극을 메우고, 정 신건강 정책들을 개선해 나가기
5. 관리와 경영 : 동반자, 인적 자원, 회계를 관리하고, 프로그램 평가와 계획을 알릴

정보 시스템 운영하기

2012년 6월까지 BasicNeeds는 10만 4,234명의 정신질환자이자 또는 뇌전증을 앓는 사람에게 도움을 주었다. 이런 혁신적인 모델 덕분에 기업, 재단, 개인 기부자들로부터 지속적으로 기부를 받고 있으며, 이 기부금으로 인도, 스리랑카, 라오스, 우간다, 케냐, 탄자니아, 파키스탄, 중국, 베트남, 남수단공화국, 네팔, 가나의 필요 지역을 무료로 돕고 있다.

BasicNeeds가 가나에서는 2002년에 운영되기 시작했고, 당시 국가의 정신건강 상황을 이해하기 위해 예비 조사를 실시하였다. 그 후에, '정신건강과 개발을 위한 새로운 계획'이라는 3년의 시범사업을 시행했고, 이 모델을 시행하게 되었다. BasicNeeds 가나 지부는 궁핍한 지역에서 활동하였으며, 북가나를 포함하여 특히 북쪽 지역에서 작업을 했다. BasicNeeds 가나 지부가 활동하기 시작한 지 10년이 넘은 지금 2만 3,870명의 정신질환자(성인 남성 8,986명, 성인 여성 10,631명, 남자 아동 2,381명, 여자 아동 1,872명)가 프로그램에 참여하였다(BasicNeeds-Ghana, 2013). 즉, BasicNeeds는 자원이 부족한 지역에서 정신건강 서비스를 시행하기 위한 좋은 모델이 되었다.

북가나의 청소년과 가정을 위한 학교 정신건강에 관하여

아직도 가나가 일반학교 교육을 시행하기 위해 고군분투 중이지만, 그래도 지난 50년간 많은 발전이 있었다. 그러나 염려스러운 것은 정신건강이 필요함에도 소아청소년, 가정을 위한 정신건강 서비스가 아직 없다는 것이다. BasicNeeds나 mhGAP 모두 소아청소년 정신건강을 다루기 위한 정책으로 책정되지는 못했지만, SMH 프로그램을 포함하여, 이런 혁신적인 모델들은 북가나의 소아 정신건강 서비스의 발전에 중요한 참고가 되었다. 이런 맥락하에서, BasicNeeds, mhGAP, SMH 서비스는 교육과 정신건강 시스템을 통하여 현재 이용 가능한 자원들을 연계하는 방법을 제시해주며, 시스템 발전을 막는 여러 장애물들을 해결해나갈 수 있도록 향후 방향을 제시해준다.

SMH 관계자의 협력을 추진하기

북가나에서 학교 교육과 정신건강 시스템 둘 모두 현재는 자원이 제대로 없고, 시행하기 위해서는 재정상의 위험이 크다. 또한 이런 시스템은 개별적으로 운영되려는 경향이 있다. 북가나의 소아청소년들의 사회적·감정적·행동학적 필요성이 절실한데도, 어떤 시스템, 정책, 조직 하나도 이런 필요를 충족시키지 못한다는 것은 참 부당해 보인다. 미국에서는 청소년들의 사회적·감정적·행동학적 요구에 부합하는 서비스를 제공하기 위해 교육, 정신건강, 일차 진료 등의 핵심 시스템의 협력이 필요하다고 생각하는 사람들이 점점 늘고 있다(Dryfoos, 1994; Flaherty et al., 1998). 협력은 시스템 단계, 기관 단계, 핵심 책임자 단계, 여러 단계의 복합 등 다양한 단계에서 발생할 수 있다. SMH 관계자가 연관되는 분야는 한정적이지 않으며, 간호학, 심리학, 정신의학, 학교 심리상담, 사회복지, 교육 등 여러 분야에서 연관될 수 있다(Flaherty & Osher, 2003). 협력을 하려면, 충분치 못한 기금과 자원, 업무 영역 분할, 관료적 관습, 의제를 하나로 모으는 것 등 여러 장애물을 거쳐야 하지만, 가나 소아청소년의 복지를 증진하기 위하여, 북가나의 SMH 서비스는 점차 전진해 나갈 것이다.

사실 BasicNeeds의 모델은 지역사회 정신건강 클리닉을 조직하기 위하여, 공공 의료 내의 정신과 의사와 지역사회의 의료인들의 동원을 유발했다(BasicNeeds-Ghana, 2010). SMH의 관점에서, 학교는 '지역사회 센터'의 개념으로 규정될 수 있다. 그러므로 가나에서 성공적으로 실시된 BasicNeeds 모델은 SMH 서비스가 협력을 해나갈 때 중요한 모델로서의 역할을 해낼 수 있을 것이다.

대학-지역사회 협력은 학교 환경에서 정신건강 서비스를 제공하기 위해 나온 특별한 유형의 협력이다(Owens et al., 2011; Ringeisen et al., 2003). 이런 협력은 대학의 자원을 지역사회에 사용할 수 있도록 하였다. 한 예로, 북가나와 비슷하게 인도에서는 훈련받은 인적 자원의 부족으로 인하여 SMH가 거의 없었다(Kumar et al., 2009). 이런 문제를 해결하기 위해, 인도 대학은 심리학자, 정신건강의학과 전문의, 사회복지사들이 주최하는 다학제적 연수 워크숍을 교사에게 실시하였다. 이 워크숍은 교사들에게 기분 증상이나 행동 문제를 인식하고 적절한 중재를 시행하는 법을 가르쳤으며, 학생의 인생에 있어서 정신건강이 어떤 역할을 하는지 교육했다(Kumar et al., 2009). 연수 후에, 교사들은 정신건강의학적 문제에 관한 지식이 늘었고, 정신건강 문제를 갖고 있는 아동들을 수업에 더 잘 받아들였으며, 정신건강 문제를 겪는 아동들을 돕는 것뿐 아니라 인지할 수 있게 되어 보람을 얻게 되었다(Kumar et al., 2009). 또한 이 연수에 참가한 교사들은 그들이 연수에서 얻은 정보들을 다른 교사나 가정에게 알리려 노력했다(Kumar et al., 2009). 이를 통해 추측해보면 북가나에서 협력을 시도하는 것은 실현 가능하고 전도유망해 보인다. 북가나에서 정신건강 전문가들이 주최하는 연수는 교사들의 정신건강에 연수에 대한 필요성을 채워줄 수 있을 것이고, 또한 제한된 수의 정신건강 전문가들에게 과도한 짐을 주지 않고 위와 같은 방법으로 지식을 널리 퍼트릴 수도 있을 것이다.

특히 가나의 SMH 서비스의 초기 실행에 도움을 줄 또 다른 전략은 지역사회의 주요 종교 문화 지도자들을 활발히 개입시키는 것이다. SMH에 관한 지표들을 살펴보면 "학생, 가정, 교사, 그 외 중요 집단은 프로그램의 발전, 감독, 평가, 지속적 발전에 활발히 참여할 것이다."라고 추측할 수 있다(Weist et al., 2005). 청소년, 가정, 행정인, 교육자, 학교 교육 관계자, 지역사회 지도자 등을 포함하여 자문 위원회를 구성하는 것은 학교와 지역사회 참여를 유도하는 데 도움을 줄 것이다. 북가나에서는 전통 문화와 종교적 관습이 여전히 뿌리 깊기 때문에, 종교 지도자나 전통 치료사들을 자문 위원회에 포함시키는 것이 대단히 중요할 것이다. 이는 프로그램이 문화에 잘 맞게 형성되도록 돕고 지역사회가 잘 받아들일 수 있게 할 것이다.

북가나에서 SMH 서비스를 실행하기 위하여 전략적 협력이 핵심인 것처럼 보인다. 대학-지역사회 협력을 이끌어내고, 종교 지도자, 지역사회 지도자를 개입시키는 것이 이 장의 처음에 다뤘던 장애 요소들을 극복하는 방법이 될 것이다. 또한 학교에서 정신건강 서비스의 공급이 이루어진다면, 남쪽, 도시 지역에서의 정신건강 서비스보다도 더욱 더 서비스 접근성이 높아질 것이다. 더욱이 SMH 서비스는 정신건강 서비스가 보다 내부인의 관점에서, 생태학적 위험요소 없이 제공될 수 있게 하며, 정신건강 서비스를 찾는 사람들에 대한 편견도 극복할 수 있도록 도울 것이다. 미국의 시골 지역에서 현재 어떻게 운영되고 있는지를 보여주는 예시도 있다(Owens, Watabe, & Michael, 2013). 그러므로 SMH의 실행을 위해 협력에 힘쓰는 것이, 북가나 소아청소년들의 사회적 · 정서적 · 행동적 문제의 해결을 개선하기 위한 중요한 첫걸음이 될 것이다.

참고문헌

Adera, B. A., & Asimeng-Boahene, L. (2011). The perils and promises of inclusive education in Ghana. *Journal of the International Association of Special Education,* 12(1), 28–32.

Agbemabiese, P. E. (2010). Are the Schools We HAVE the Schools We NEED in Ghana? A Contribution to the Ongoing Debate on Ghana's Education Reform. *The Ghanaian Times,* January 4.

Agbenyega, J. (2007). Examining teachers' concerns and attitudes to inclusive education in Ghana. *International Journal of Whole Schooling,* 3(1), 41–56.

Akyeampong, A. K. (2006). Extending basic education to out-of-school children in Northern Ghana: What can multigrade schooling teach us? In Little, A.W. (ed.) *Education for All and Multigrade Teaching: Challenges and Opportunities.* Amsterdam: Springer, 215–238.

Akyeampong, K. (2009). Revisiting free compulsory universal basic education (FCUBE) in Ghana. *Comparative Education,* 45(2), 175–195.

Akyeampong, K. (2010). 50 years of educational progress and challenge in Ghana, CREATE, University of Sussex.

Alderman, H., & Mundial, B. (1990). *Nutritional status in Ghana and its determinants.* Washington, DC: World Bank.

Amoakwa-Fordjour, G. (2013) The breakdown of Ghana's mental healthcare Retrieved, August 12, 2013, from: www.ghanaweb.com/GhanaHomePage/features/artikel.php?ID=289180

Anthony, J. H., & Kwadade, D. D. (2006), *Inclusive education: Master teacher trainer manual.* Accra, Ghana: Education Quality for All (EQUALL) Special Education Needs (SEN) Component, United States Agency for International Development.

Appiah-Poku, J., Laugharne, R., Mensah, E., Osei, Y., & Burns, T. (2004). Previous help sought by patients presenting to mental health services in Kumasi, Ghana. *Social Psychiatry and Psychiatric Epidemiology,* 39(3), 208–211.

BasicNeeds (2008). *Mental health and development: A model in practice.* Leamington Spa: BasicNeeds.

BasicNeeds-Ghana (2010). 2010 annual impact report. Retrieved August 12, 2013, from: www.basicneedsus.org/blog/wp-content/uploads/2010/01/2010-Annual-Impact-Report_Screen-version.pdf

BasicNeeds-Ghana. (2011). Consolidating gains made in mental health and development in Ghana: Annual evidence-based report. Retrieved August 12, 2013, from: www.basicneedsghana.org/images/PDF/Report%202011-revised.pdf

BasicNeeds-Ghana (2012). Annual impact report 2012. Retrieved February 25, 2013, from: www.basicneedsghana.org/index.php/publication/downloads

BasicNeeds-Ghana (2013). Statistical tracking sheet.

Bass, L. E. (2004). *Child labor in sub-Saharan Africa.* Boulder, CO: Lynne Rienner Publishers.

Casely-Hayford, L., Quansah, T., Tetteh, P., Adams, R., & Adams, I. (2011). *Inclusive education in Ghana: A look at policy, and practice in Northern Ghana.* Ghana: Voluntary Service Organisation.

Chatterjee, S., Pillai, A., Jain, S., Cohen, A., & Patel, V. (2009). Outcomes of people with psychotic disorders in a community-based rehabilitation programme in rural India. *British Journal of Psychiatry,* 195: 433–439.

Cortina, M. A., Sodha, A., Fazel, M., & Ramchandani, P. G. (2012). Prevalence of child mental health problems in sub-Saharan Africa: A systematic review. *Archive of Pediatric and Adolescent Medicine,* 166(3), 276–281.

Costello, E. J., Compton, S. N., Keeler, G., & Angold, A. (2003). Relationships between poverty and psychopathology. *JAMA,* 290(15), 2023–2029.

Dryfoos, J. G. (1994). *Full-service schools: A revolution in health and social services for children, youth, and families.* San Francisco, CA: Jossey-Bass.

Earls, F., & Carlson, M. (2001). The social ecology of child health and well-being. *Annual Review of Public Health,* 22(1), 143–166.

Edmonds, E. V., & Pavcnik, N. (2005). Child labor in the global economy. *The Journal of Economic Perspectives,* 19(1), 199–220.

Fentiman, A., Hall, A., & Bundy, D. (1999). School enrolment patterns in rural Ghana: A comparative study of the impact of location, gender, age and health on children's access to basic schooling. *Comparative Education*, 35(3), 331–349.

Flaherty, L. T., Garrison, E. G., Waxman, R., Uris, P. F., Keys, S. G., Siegel, M. G., & Weist, M. D. (1998), Optimizing the roles of school mental health professionals. *Journal of School Health*, 68, 420–424.

Flaherty, L. T., & Osher, D. (2003). History of school-based mental health services in the United States. In M. D. Weist, S. W. Evans, N. A. Lever (Eds.), *Handbook of school mental health: Advancing practice and research* (pp. 11–22). New York: Kluwer Academic/ Plenum Publishers.

Ghana Education Service Special Education Division. (2005). Special educational needs policy framework. Ghana Education Service Special Education Division

Ghana Statistical Service (GSS) (2003). Ghana child labour survey. Accra, Ghana: Ghana Statistical Service, Ghana Health Service, and ICF Macro.

Ghana Statistical Service (GSS). (2008). Ghana Living Standards Survey, report of the fifth round (GLSS 5). Accra: Ghana Statistical Service.

Ghana Statistical Service (GSS). (2010). *Population and housing census; Summary report of final results*. Ghana Statistical Service.

GNA. (2013). The breakdown of Ghana's mental healthcare. Retrieved August 12, 2013, from: www.ghanaweb.com/GhanaHomePage/NewsArchive/artikel.php?ID=289180

Grantham-McGregor, S. M., & Fernald, L. C. (1997). Nutritional deficiencies and subsequent effects on mental and behavioural development in children. *Southeast Asian Journal of Tropical Medicine and Public Health*, 28, 50–68.

Kleintjes, S., Lund, C., Flisher, A. J., & MHAPP Research Programme Consortium. (2010). A situational analysis of child and adolescent mental health services in Ghana, Uganda, South Africa and Zambia. *African Journal of Psychiatry*, 13(2), 132–139.

Kumar, D., Dubey, I., Bhattacharjee, D., Singh, N., Dotiwala, K. N., Siddiqui, S., &

Goyal, N. (2009). Beginning steps in school mental health in India: A teacher workshop. *Advances in School Mental Health Promotion*, 2(4), 28–33.

Kuyini, A. B., & Mangope, B. (2011). Student teachers' attitudes and concerns about inclusive education in Ghana and Botswana. *International Journal of whole schooling*, 7(1), 20–37.

Lund, C., De Silva, M., Plagerson, S., Cooper, S., Chisholm, D., Das, J., & Patel, V. (2011). Poverty and mental disorders: Breaking the cycle in low-income and middle-income countries. *The Lancet*, 378(9801), 1502–1514.

Mawutor, A., & Hayford, S. (2000). Promoting inclusive education in basic schools in Winneba Circuit: The role of school attachment programme. A paper presented at International Special Education Congress: Including the Excluded, University of Manchester, EENET, July 24–28.

Ministry of Education (2008). *Complementary education policy (draft)*. Accra, Ghana: Ministry of Education Accra:

Nudzor, H. P. (2012). Unmasking complexities involved in operationalising UPE policy initiatives: Using the "fCUBE" policy implementation in Ghana as an exemplar. *Journal of Educational Change*, 13(3), 347–371.

Nukunya, G. K., (2003), *Tradition and change in Ghana: An introduction to sociology* (2nd edn). Accra, Ghana: Ghana Universities Press.

Owens, J. S., Andrews, N., Collins, J., Griffeth, J. C., & Mahoney, M. (2011). Finding common ground: University research guided by community needs for elementary school-aged youth. In L. Harter, J. Hamel-Lambert, & J. Millesen (Eds.), *Participatory Partnerships for Social Action and Research* (pp. 49–71). Dubuque, IA: Kendell Hunt Publishers.

Owens, J., Watabe, Y., & Michael, K. D. (2013). Culturally responsive school mental health in rural communities. In C. S. Clauss-Ehlers, Z. N. Serpell, & M. D. Weist (Eds.), *Handbook of culturally responsive school mental health: Advancing research, training, practice, and policy* (pp. 31–42). New York: Springer Science + Business Media.

Patel, V. (1995). Explanatory models of mental

illness in sub-Saharan Africa. *Social Science & Medicine*, 40(9), 1291–1298.

Patel, V., Flisher, A. J., Hetrick, S., & McGorry, P. (2007). Mental health of young people: A global public-health challenge. *The Lancet*, 369(9569), 1302–1313.

Patel, V., & Kleinman, A. (2003) Poverty and common mental disorders in developing countries. *Bulletin of the World Health Organization*, 81: 609–615.

Pelletier, D. L., Frongillo Jr, E. A., & Habicht, J. P. (1993). Epidemiologic evidence for a potentiating effect of malnutrition on child mortality. *American Journal of Public Health*, 83(8), 1130–1133.

Pelletier, D. L., Frongillo Jr, E. A., Schroeder, D. G., & Habicht, J. P. (1995). The effects of malnutrition on child mortality in developing countries. *Bulletin of the World Health Organization*, 73(4), 443.

Quinn, N. (2007). Beliefs and community responses to mental illness in Ghana: The experiences of family carers. *International Journal of Social Psychiatry*, 53(2), 175–188.

Rahman, A., Mubbashar, M., Harrington, R., & Gater, R. (2000). Annotation: Developing child mental health services in developing countries. *Journal of Child Psychology and Psychiatry*, 41(5), 539–546.

Raja, S., Boyce, W. F., Ramani, S., & Underhill, C. (2008). Success indicators for integrating mental health interventions with community-based rehabilitation projects. *International Journal of Rehabilitation Research*, 31(4), 284–292.

Raja, S., Underhill, C., Shrestha, P., Sunder, U., Mannarath, S., Wood, S., & Patel, V. (2012) Integrating mental health and development: A case study of the BasicNeeds model in Nepal. *PLoS Medicine*, 9(7): e1001261.

Read, U. M., Adiibokah, E., & Nyame, S. (2009). Local suffering and the global discourse of mental health and human rights: An ethnographic study of responses to mental illness in rural Ghana. *Globalization and Health*, 5(1), 13.

Ringeisen, H., Henderson, K., & Hoagwood, K. (2003). Context matters: Schools and the "research to practice gap" in children's mental health. *School Psychology Review*, 32(2), 153–168.

Roberts, H. (2001). Accra: A way forward for mental health care in Ghana? *The Lancet*, 357(9271), 1859.

Salm, S. J., & Falola, T. (2002). *Culture and customs of Ghana*. Westport, CT: Greenwood Publishing Group.

Saxena, S., Thornicroft, G., Knapp, M., & Whiteford, H. (2007). Resources for mental health: Scarcity, inequity, and inefficiency. *The Lancet*, 370(9590), 878–889.

Schroeder, D. G., & Brown, K. H. (1994). Nutritional status as a predictor of child survival: Summarizing the association and quantifying its global impact. *Bulletin of the World Health Organization*, 72(4), 569.

Senadza, B. (2012). Education inequality in Ghana: Gender and spatial dimensions. *Journal of Economic Studies*, 39(6), 724–739.

Social Enterprise Coalition (2011). *The social franchising manual*. London: Social Enterprise Coalition. Retrieved November 10, 2013, from: www.socialenterprise.org.uk/uploads/files/2011/11/social_franchising_manual.pdf

UNESCO. (2011). UIS statistics in brief. Retrieved November 8, 2013, from: http://stats.uis.unesco.org/unesco/TableViewer/document.aspx?ReportId=121&IT_Language=en&BR_Country=2880

Weist, M. D., Sander, M. A., Walrath, C., Link, B., Nabors, L., Adelsheim, S., & Carrillo, K. (2005). Developing principles for best practice in expanded school mental health. *Journal of Youth and Adolescence*, 34(1), 7–13.

World Health Organization. (1987). Children at work: special health risks, report of a WHO study group [meeting held in Geneva, December 10–16, 1985].

World Health Organization. (2001). *World health report 2001: mental health – new understanding, new hope*. Geneva: World Health Organization.

World Health Organization. (2003) *Caring for children and adolescents with mental disorders: Setting WHO directions*. Geneva: World Health Organization.

World Health Organization (2005a). *Child and adolescent mental health policies and plans: Mental health policy and service guidance package*. Geneva: World Health Organization.

World Health Organization (2005b). Atlas: Child and adolescent mental health resources. Global concerns, implications for the future. Retrieved August 12, 2013, from: www.who.int/mental_health/resources/child_ado_atlas.pdf

World Health Organization. (2007). *Ghana a very progressive mental health law*. Geneva: World Health Organization.

World Health Organization. (2008). *mhGAP: Mental Health Gap Action Programme – scaling up care for mental, neurological and substance use disorders*. Geneva: World Health Organization.

World Health Organization. (2012). mhGAP Newsletter: Mental health gap action programme. Retrieved November 10, 2013, from: www.who.int/mental_health/mhGAP_nl_December_2012.pdf

싱가포르 모델 - REACH

Yuhuan Xie, Jillian Boon, Wan Hua Sim, Daniel Fung

싱가포르는 말레이반도 끝에 위치한 작은 섬나라로 면적은 700km²가 조금 넘는다. 세계에서 제일 부유한 나라 중 하나이며, GDP는 세계 35위다(World Bank, 2012). 국제 기준으로 봤을 때 육체 건강 상태도 좋아서 2000년 WHO 순위로는 세계 6위다. 싱가포르는 영아 사망률이 제일 낮은 국가 중 하나이며(10만 명당 2.1명), 기대 수명도 손에 꼽히게 길다(81.6세)(World Economic Forum, 2012~2013). 질병과 사망의 주요 원인은 암, 관상동맥 심장질환과 같은 비전염성 질병이다(Ministry of Health, 2013a). 싱가포르의 보건, 초등교육 시스템은 경제 부문의 요구를 충족시키는 측면에서는 세계 최고 수준이지만, 싱가포르가 인구와 보건 분야에서 상당한 문제점들을 안고 있는 것도 사실이다. 대표적인 것이 세계 최저 수준의 출산율(여성 1명당 1.15명), 이혼율 증가, 급속한 고령화 등이다. 정부의 총예산에서 보건 예산이 차지하는 비중도 2006년 6.7%에서 2012년 9.4%로 상승하였다(Ministry of Health, 2013b). 정신건강 예산은 보건 예산 중 10% 미만이며, 질병 중 정신건강 장애의 비율은 2020년대에도 변화가 없을 것으로 보인다. 2004년에 진행된 한 연구(Phua et al., 2009)에 따르면, 정신건강 장애는 전체 질병 중 11.8%를 차지하였다. 증가하는 보건 수요와 관련 과제들에 대응하기 위해, 싱

School Mental Health: Global Challenges and Opportunities, ed. Stan Kutcher, Yifeng Wei and Marc D. Weist. Published by Cambridge University Press. © Cambridge University Press 2015.

가포르의 정신건강 서비스는 전문적인 병원 치료에서 지역사회 치료로 진화하였다. 아동과 청소년의 정신건강 수요를 충족시키기 위해, 지역사회 단위의 정신건강 서비스가 2007년 시작되어, 학교, 의사, 사회단체가 긴밀히 협조해 19세 미만 학생들의 정신건강 문제들을 돕게 되어있다. 지역사회 정신건강팀을 'Response, Early Intervention and Assessment in Community Mental Health(지역사회 정신건강 대응, 조기 개입, 평가)', 줄여서 REACH라고 부른다. 이 장에서는 싱가포르 아동, 청소년 정신건강 서비스에서 나타난 주요 변화를 제시하고, REACH 시스템과 프로그램 개발 과정의 주요 원칙들을 중점적으로 설명한다. 또한 이 모델에서 도출된 서비스의 성격을 간략히 설명하고, 이 프로그램에서 깨닫게 된 사항들을 논의한 결과와 미래에 관한 예측 역시 이 장에서 제시할 것이다.

지역사회 돌봄 모델 개발

기술적 혁신과 최첨단 사고의 진보에도 불구하고, 싱가포르는 상당한 정신건강 문제와 다양한 민족 사이의 격차를 안고 있다. 싱가포르 정신건강에 관한 대표적인 조사들은 서비스 전개와 질병 감시에 관한 조사로 1978년부터 정기적으로 시행되어왔다. 이 조사들은 각 집단별로 단편적인 내용들을 나열한 것에 불과한데, 아동에 초점을 맞춘 조사 하나(Woo et al., 2007)만이 전반적인 정신건강 장애 비율이 12.5%라고 보고하고 있다. 18~65세 성인들을 대상으로 한 최근 조사 결과에서는 정신건강 장애 치료에서 큰 격차가 나타났다(Chong et al., 2012a). 또한 불안장애, 우울증, 알코올 의존과 같은 다수 질환들이 아동기 초기와 청소년기에 시작되었다(Chong et al., 2012a; 2012b).

최근까지 정신건강의학과적 질환의 관리는 공공 영역, 사적 영역 모두 전문 서비스가 절대적인 부분을 담당해왔다. IMH(Institute of Mental Health, 정신건강 연구소)는 싱가포르의 세 번째 정신건강의학과 특별 치료 센터이자 최대 입원·전문 외래 치료, 지역사회 서비스 제공기관이다. IMH는 2,000개 가까운 침상을 갖추고 있으며, 그중 20개 침상은 19세 미만 환자용이다. 전통적인 돌봄 모델에서는 정신건강의학과 전문의가 정신질환을 진단하고 치료하는 주된 보건 제공자다. 정서장애, 행동장애가 있는 학생들은 일반적으로 학교와 가정, 사회단체가 선착순으로 직접 의뢰를 하면 해당 지역사회의 병원으로 가서 치료를 받는다. 그렇기 때문에 이 서비스 모델은 기다리는 시간이 길어질 수 있고, 몇몇 사람은 치료를 전혀 받지 못하는 경우도 생긴다. 공중보건과 사회 서비스 영역에서 모두 나타나는 단편적 서비스와 서비스 중복 때문에 아동, 청소년들과 그들의 가족이 정신건강 서비스에 접근하는 게 어려워지는 경우도 종종 있다.

서비스 접근을 가로막는 구조적 장벽인 편견 또한 초기에 도움을 구하는 것을 어렵게 만든다. 정신질환이 있는 아동을 부끄럽게 생각하는 가정도 많다. 문화적·종교적 신념이 정신질환을 유발하는 경우들도 있고, 문화적·종교적 신념의 영향으로 전통 의학 치료사나 영적 치료사에게 치료를 받으려고 하는 경우들도 있다(Ow, 1998). 그 결과, 정신질환의 경우 일차 의료기관, 정신건강의학과 전문의, 심리학자에게 도움을 구하는 경우는 약 25%에 불과하다(Chong et al., 2012c). 정신건강 서비스가 필요한 이들에게 시기적절한 정신건강 서비스를 제공하려면 혁신적인 접근이 필요하다.

집단에 따른 보건접근의 중요성이 대두되자, 2005년 공중 보건계, 정신건강계, 교육계, 사회 서비스 부문 대표들로 구성된 위원회가 구성되어 싱가포르 내 각 집단의 정신건강 수요를 충족시켜주기 위한 국가적 프로그램을 개발하였다. 이 협업의 결과물이 2007년에 나온 싱가포르 정신건강 청사진(Ministry of Health, 2010)이다. 이 청사진의 목표는 기초 예방 증진, 정신건강 서비스 접근성 개선, 정신건강 서비스 품질과 모니터링 개선이다. 적절한 곳에서의 의료 시행과 지속적인 의료를 강조하는 집단별 모델은 예방적 치료와 조기개입 효과를 최고로 높여줄 것으로 기대된다. 2007년 REACH 프로그램은 청사진의 뼈대 중 하나로 수립되었는데, 19세 미만 아동, 청소년의 정신건강 수요를 충족시키는 것이 목표였다. REACH 프로그램의 주요 목표는 세 가지인데, 아동, 청소년 정신건강 서비스는 이 원칙에 따라 접근한다(Fung et al., 2013). REACH 프로그램의 세 가지 목표는 다음과 같다.

1. 조기 평가와 조기 개입으로 아동과 청소년의 정신건강을 증진한다.
2. 학교와 지역사회 파트너들을 지원하고 교육해 정신건강 문제 탐지와 관리 능력을 증진시킨다.
3. 학교, GP(general practitioner, 일반의), VWO(voluntary welfare organization, 자발적 복지단체), (혹은 비정부 기관)들을 포함하는 아동, 청소년 정신건강 지원 네트워크를 지역사회에 수립한다.

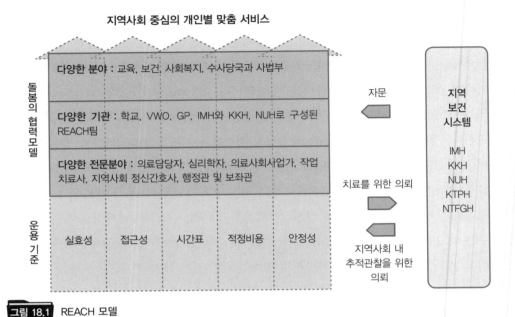

그림 18.1 REACH 모델

REACH 모델의 목적은 양질의 의료와 지원 매커니즘을 위한 5개 시행 영역에서 지역 보건시스템이 참여하는 대응 서비스를 제공하는 것이다(그림 18.1). REACH 모델에서 지역별 병원 시스템(IMH[13], KKH[14], NUHS[15], KTPH[16], NTFGH[17])은 아동, 청소년과 그들의 가정을 위한 정신건강 서비스, 사회 서비스들을 잇는 매끄럽고 지속적인 돌봄을 위한 지역별 네트워크를 수립하는 과제의 중심에 위치한다. 병원들은 4개 REACH 기동반을 두는데, 이 기동반들은 의사, 심리학자, 의료사회사업가(medical social workers, MSW), 작업치료사(occupational therapists, OT), 지역사회 정신간호사들로 구성된다.

원래 아동, 청소년 청사진은 학교에 초점을 맞췄었다. 대다수 싱가포르 아동은 6년간 초등 의무교육을 받아야 한다. 특수학교의 맞춤형 교육프로그램으로 특별 교육을 받는 아동들만이 예외이다. 학교의 전통적인 종교교육(Ministry of Education, 2013a)이나 관

---

13 IMH : Institute of Mental Health-located in the northeast of Singapore.

14 KKH : KK Women's and Children's Hospital-located in the east of Singapore.

15 NUHS : National University Hospital System-located in the west of Singapore.

16 KTPH : Khoo Teck Puat Hospital-a regional general hospital in the north of Singapore with psychiatrists interested in caring for youths.

17 NTFGH : Ng Teng Fong General Hospital-a regional general hospital opening in 2015 in the west of Singapore.

련 보건 서비스(Ministry of Education, 2013b)에 덧붙여 정신건강 서비스를 제공하면, 아동과 청소년의 건강과 학업에 잠재적으로 긍정적인 영향을 미치는 동시에, 교내 정신 건강 증진과 확인에도 도움이 된다고 여겨졌다. 싱가포르 북부 12개 학교에서 견본 프로그램을 실시하면서 시작한 REACH 서비스는 2012년 350여 개 학교, 7개 VWO, GP 29명으로 확대되었다. 단계적인 시행 덕분에 REACH 프로그램 확대와 함께 프로그램 개선 기회도 있었다.

개입과 지속적 돌봄에 대한 반응

싱가포르 학교들은 오래 전부터 학생 건강 관리와 복지 분야에서 GP, 전문가들과 협조해왔다. 사회적 문제, 정서장애, 행동장애를 겪는 학생들에 대한 학교 지원 서비스는 단계별 시스템으로, 1차 개입은 기초 상담, 행동관리 기법을 교육받은 교사가 담당한다. 1차 개입이 성공적이지 않거나, 학생이 보다 전문적인 도움을 요청할 경우에는 학교와 결연을 맺은 교육 전문가(일반학교의 경우)나 결연을 맺은 보건 전문가(특수학교의 경우)에게 의뢰를 한다. 학생이 보다 집중적이고 전문적인 개입을 필요로 하는 경우에는, 교육부 소속 전문가나 병원 기반 진료소나 가족 서비스 센터 같은 외부 기관에 의뢰할 수도 있다. REACH 프로그램의 목표는 단계별 보건 시스템을 통한 의뢰보다 빨리 학교의 기존 지원 체계를 바탕으로, 정신건강 장애를 앓는 학생들에게 보다 접근이 쉽고 즉각적인 서비스를 제공하는 것이다.

 의료 서비스 실행을 지원하는 REACH의 구성 요소는 전용 전화상담 혹은 긴급전화로, 학교와 지역사회 파트너들이 정신건강 장애를 앓는 학생을 관리하기 위한 조언을 구하거나 의뢰를 할 때 이용한다. 전화 상담에서 REACH 팀은 분류 시스템을 이용해 해당 학생을 평가하는데, 이는 정신건강 문제를 확인하고 평가와 개입이 어느 정도로 시급한지를 판단하는 데 도움이 된다. 그다음에는 의뢰 학생을 팀 토론에 올리고, 의뢰 결과를 해당 학교에 알려준다. 의뢰를 받아들이는 경우에는 학교나 가정에서 REACH 팀원(들)이, 가족과 학교 담당자와 함께 학생의 정신건강을 평가한다. 학교나 집에서 평가를 하면 몇 가지 이점이 있는데, 약속 시간에 나타나지 않는 경우를 줄이고, 학생과 보호자가 편안한 분위기에서 양질의 상호작용을 할 수 있으며, 학생의 문제를 종합적으로 이해할 확률이 높아진다. 의뢰를 수락하지 않는 경우(예 : 팀 토론에서 정신질환이나 실질적인 정신건강 장애가 없다고 보이는 경우), 팀은 학생의 문제에 보다 적합한 제안들을 제시한다.

REACH 1차 평가에 따라, REACH 팀의 정신건강의학과 전문의 컨설턴트는 높은 수준의 사례 개념화와 해당 학생의 치료를 위해 치료 계획을 재검토하고 승인한다. 필요한 치료의 성질과 수준을 토대로 다양한 치료 옵션을 추천할 수도 있다. 이 옵션에는 REACH 팀의 추가적인 개별적·집단적 개입 그리고/혹은 GP나 가족 서비스센터, 정신건강의학과 의원에 환자를 의뢰하는 것이 포함될 수 있다. 전문적인 치료를 위해 정신건강의학과 의원으로의 의뢰가 결정된 학생의 경우, 팀은 학생과 보호자에게 치료 과정을 이해시키고 첫 번째 내원에 동행하여, 이 과정이 매끄럽게 진행되도록 돕는다. 이 과정은 적절한 치료와 양질의 치료를 제공하기 위해 노력한다는 원칙을 반영한다.

학교와의 효과적인 파트너십을 확보하기 위해, REACH 팀은 정신건강 장애를 잘 인지하고 관리하도록 학교를 교육하고 지원하는 일도 시작하였다. 학교용 REACH 모델에서, 학교 상담원은 학생과 그 가족들과 뜻을 모으고, REACH와 협력해 교직원들에게 정보를 제공하고 다양한 지역사회 정신건강 담당자, 사회서비스 제공자들과 효과적으로 의사소통을 하는 데 중심적인 역할을 수행한다. 교수자 교육 모델에 따라, REACH 팀 멤버들은 학교 상담원들을 대상으로 정기적인 워크숍을 여는데, 그 주제는 임상면접에서 각 아동/청소년 정신건강 장애까지 다양하다. 학교 상담원들과 여타 지역사회 파트너들은 해외 전문가들의 교육과 IMH의 아동 지도 클리닉이 주최하는 월별 기관 간 사례 회의에도 초청해, 사례 개념화와 치료에 관한 기관 간 의견교환에 동참하도록 독려한다. 이런 교육전략은 전통적인 개념에서는 정신건강 전문가가 아닌 이들의 아동, 청소년 장애 감지 및 관리 능력, 자신감을 높여준다.

REACH의 정신건강 서비스 접근성과 지원 개선으로 학교들은 다양한 정신건강 장애를 가진 학생들을 지원할 수 있게 되었으며, 전통적인 병원 기반 서비스보다 전문가의 도움도 더 쉽게 얻게 되었다. 정서적 문제, 행동 문제 해결을 위해 현장에서 도움을 제공하고 교육 기회를 제공하는 것은 학교 내 정신건강 조감도를 그리겠다는 전략이 있음을 알 수 있다. REACH 프로그램은 학교 기반 비정신건강 전문가의 역할을 확대하며, 전반적인 학생 복지를 위한 기관 간 협력과 학제 간 공동 노력에서 틈을 메우고, 지원서비스를 개선하려는 학교의 노력을 강조한다. 이런 서비스의 개발은, REACH 확립과 더불어, 병원들이 부근 학교들과 협력해 아동과 부모, 교사들에게 시기적절하게 개입할 기회를 제공한다. REACH는 교육 전문가들의 대응-개입 모델과 보건 시스템이 주장하는 지속적 돌봄의 원칙을 통합해준다.

접근 개선을 위한 다리 놓기

지역사회 네트워크 수립과 지역사회 역량 증진을 위한 이니셔티브를 실행하고 지탱하다 보면 REACH 프로그램의 의료 부문 요소들이 제공하는 것보다 훨씬 광범위한 효과가 나타날 수도 있다. REACH 프로그램은 학교 외에도 여타 지역사회 보건 서비스, 사회 서비스 제공자들과의 연계의 중요성을 인식하는 한편, 지역적 특성과 인구통계학적 현실도 고려한다. 아동, 청소년을 위한 정신건강 지원 네트워크 개발이라는 목적을 이루기 위해, REACH는 단체 VWO와 환자들에게 정신건강 서비스를 제공할 능력이 있고, 그 일에 관심을 표시하는 GP들을 찾아내고 교육시키기 시작하였다. 싱가포르에서 VWO들은 아동, 청소년과 그 가족들에게 상담, 친구 되기, 양육, 금융 지원 등의 사회 서비스를 제공하며 오랜 기간 지역사회에 영향을 미쳐왔다. 각 가정 근처에서 기초 보건 서비스를 제공하는 GP들은 아동, 청소년과 그들의 보호자들에게 최초 접촉 상대가 될 때가 많다. 그래서 VWO들, GP들과의 협력이 더 공식화되면, 아동, 청소년 치료에 더 수월하게 접근할 수 있을 뿐만 아니라 정신건강 장애를 조기에 발견하고 예방하는 통로도 될 수 있다.

학교와의 파트너십과 비슷하게 VWO들, GP들도 REACH의 긴급 전화에 접근해 정신건강 장애가 있는 환자의 의뢰와 관리에 관해 팀으로부터 조언을 구할 수 있다. 교육 프로그램은 지역사회 각 파트너의 요구에 맞춰 조정되며, 단체 세미나, 임시 병원 근무, 병원 정신건강의학과에서의 현장지도 등이 포함될 수 있다. 새로운 지역사회 파트너들을 REACH 프로그램에 동참시키고, 이들의 프로젝트 참여를 극대화하기 위한 노력도 계속되고 있다. GP, VWO들과의 파트너십은 쌍방향 의뢰와 상담의 문을 열었으며, 아동, 청소년 치료 접근성과 치료 연속성을 개선시켰다. REACH를 통해 학교들은 지역 VWO들, GP들과 보다 긴밀한 관계를 맺고, 아동들과 그 가족들의 다양한 요구에 공동 대처하게 되었다. 제한이 최소화되고 최대한 밀접한 환경에서 다양한 정신건강 서비스, 사회 서비스를 제공하면 아동과 그 가족들의 삶은 여러 방면에서 상당한 영향을 받을 수 있다.

　아동, 청소년 정신건강의학과 전문의, 관련 진료 과목 개업의의 부족이 계속되는 상황에서, 서비스 제공자들의 정신건강 역량을 키워 싱가포르의 정신건강 수요를 충족시키기 위한 더 광범위한 시스템적 접근이 필요하다는 점은 모두가 인정한다. 이런 노력 중 하나로 싱가포르 보건부는 미국의 '수련의 교육 심의위원회'와 협력하여 의과대학 졸업 후의 수련시스템을 개선함으로써 더 많은 수의 싱가포르 전문의와 가정의를 교육하게 된 것이다. 2010년, 싱가포르는 '정신건강 준석사 학위(Graduate Diploma in Mental Health)' 제도 시행으로 정신건강의학과 전문의 수련에서 기념비적인 성과를 이뤄냈다. 정신건강 준석사 과정에 등록한 가정의는 아동, 청소년 정신건강만을 다루는 6개 모듈을 이수해야 한다. 지역사회 정신건강에 의사들을 대비시키는 그 외의 노력들로는 정신건강의학과 파견근무를 수련 프로그램에 핵심적 요소로 포함시킨 것도 들 수 있다. 예를 들어, IMH에 등록된 의료 담당자들은 지역사회의 아동, 청소년들과 일하는 데 필요한 지식과 기술을 갖추기 위해 REACH 팀에서 근무를 해야 한다. 이런 전략들은 모두 정신건강 인력과 서비스를 강화해 싱가포르의 정신건강 수요를 충족하겠다는 싱가포르 정신건강 청사진의 목표들을 뒷받침한다.

REACH 프로그램의 결과, 문제점, 학습 포인트 이해하기

2007년 REACH 프로그램 출범 이후, 이 프로그램의 효과를 추적한 다양한 데이터가 나왔다. 수집된 데이터들은 REACH 프로그램이 싱가포르 아동, 청소년의 정서적·사회적 복지를 증진하겠다는 주요 목표를 성공적으로 달성했음을 보여준다. 지역사회 기반 접근법을 이용한 즉각적인 서비스 제공 덕분이었다.

　REACH 프로그램이 안정적으로 목표를 달성하도록 하는 일들은 현재도 진행 중이다. 목표 항목마다 과정과 결과 모두를 평가해 핵심 성과 지표(key performance indicators, KPI)를 판정하였다. 이 KPI들은 각 목표 항목의 목표 달성 여부를 점검하는 지표 역할을 한다. 선택된 KPI들은 확인이 간단하며 평가 취지를 반영한다. REACH

는 싱가포르 정신건강 청사진의 재정지원을 받는 프로그램이기 때문에, 이 KPI들은 2년마다 보건부에 제출되어 확인받는다. 그간 REACH 프로그램의 다양한 성과 지표들을 살펴보는 소규모 조사 연구들도 수행되어왔다(예 : Koh et al., 2011; Soo et al., 2011; Sulaiman, Ong, & Fung, 2009). REACH 프로그램의 결과와 효과를 가장 잘 평가하는 방법은 각 목표 항목을 살펴보는 것이다.

목표 1 : 조기 평가와 조기 개입으로 아동과 청소년의 정신건강을 증진한다

이 목표를 평가하는 가장 중요한 평가 지표는 임상 결과라고 간주하였다. REACH 프로그램의 임상 효과는 결국 REACH 프로그램을 통해 의뢰된 학생들의 정신건강 임상 지표가 개선되었는지의 여부로 드러난다. 그렇기 때문에 REACH 프로그램을 거쳐간 학생들은 전원 REACH 프로그램 시작 이전에 다수의 임상척도를 평가받았다. 6개월 후에도 다시 평가를 받았다. 이 평가들에 사용된 임상척도들은 SDQ(Strengths and Difficulties Questionnaire, 강점·난점 설문지), CGI(Clinical Global Impression scale, 전반적 임상 인상 척도), EQ-5D(European Quality of Life : 5 Dimensions questionnaire, 5개의 차원으로 구성된 유럽 삶의 질 평가척도)와 CGAS(Children's Global Assessment Scale, 소아용 전반적 평가척도) 등이었다. 측정도구와 영역, 평가대상자는 표 18.1에 제시되어있다.

표 18.1 적용된 평가도구들에 대한 간단한 요약

평가 도구	평가 영역	적용 대상
SDQ	소아와 청소년의 행동적·정서적 문제들을 측정하는 25개의 문항으로 된 간단한 설문지로(Goodman, 1997) 5개의 평가영역으로 구성됨 - 정서 증상, 비행행동 증상, 과잉행동, 또래관계 문제, 사회적 행동	• 교사 • VWO의 사례 관리자
CGI	2개의 문항으로 구성됨 - 질병의 심각도(CGI-Severity)와 전반적 호전정도(CGI-Improvement). 질병의 심각도는 7점 척도로 평가됨	• 학교 내 상담사 • VWO 사례 관리자 • GP 파트너
EQ-5D	건강 문제와 전반적 건강 상태에 대한 5개의 평가 영역으로 구성됨 - 기동성, 자기관리, 일반적인 활동, 통증/불편함, 불안/우울	• 11세 이상의 학생
CGAS	소아의 일반적 기능(Schaffer et al., 1983)	• GP 파트너

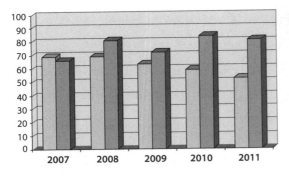

학교에서 의뢰한 학생들 중 SDQ(교사의 평가)와 CGI(학교 상담사의 평가)에서 개선을 보인 학생들의 비율

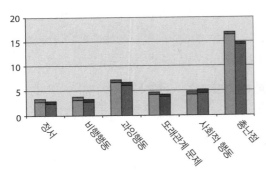

실시 전과 실시 후 교사가 평가한 SDQ의 문제점 관련 5개 평가영역 및 총난점 점수

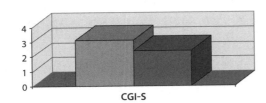

REACH 개입 실시 전과 실시 후 학교 상담사들이 평가한 CGI 점수

그림 18.2, 18.3, 18.4는 목표 1을 달성하기 위한 KPI들이다. 학교 상담원들이 꼽은 학생 정신건강을 위한 임상 지표를 보면, 학교의 의뢰로 REACH 프로그램을 거쳐 간 청소년의 절반 이상은 정서, 행동 증상이 호전되었다(그림 18.2에 SDQ로 평가되어있음). REACH 팀이 1차 평가 6개월 후에 평가한 정신건강의 전반적인 향상 정도(CGI로 평가되어있음)에서도 비슷한 호전이 나타났다(그림 18.2).

VWO 파트너들이 의뢰한 사례들은 REACH VWO 파트너십이 시작된 2010년 이후 같은 임상 지표에서 100% 호전을 보였다(이 장에는 데이터를 넣지 않음). REACH가 의뢰해 REACH GP 파트너가 맡은 청소년들은 2/3 이상이 전반적인 정신건강에서 호전을 보였다(GP 파트너들이 CGI로 평가함). GP 파트너들이 의뢰한 아동, 청소년 중 다수는 매년 전반적인 기능이 좋아진 것으로 평가되었다(CGAS로 평가됨). 2010년은 예외였는데, 25%만 호전을 보였다. 2010년 데이터를 추가 조사한 결과, CGAS 평가 결과 중 다수는 2010년 의뢰된 케이스들이 의뢰 전 한 부분에서 가벼운 질환만 앓았을 가능성이 있고 그래서 큰 호전은 없었을 것이라는 점이 밝혀졌다.

　임상적 호전은 의뢰 전과 6개월 이후 학교에서 의뢰한 학생의 SDQ(교사 평가)와 CGI(학교 상담원 평가) 점수로 검토하였다. 학교에서 의뢰하고 REACH가 관리한 청소년들의 임상 결과에 관한 이전의 소규모 조사는 프로그램의 임상 효과를 보여주었다. Sulaiman 등(2009)은 REACH 의뢰 6개월 후, 학생들의 SDQ의 전반적인 어려움, 정서, 과잉행동의 하위척도 점수에서 통계적으로 유의한 감소가 나타났다는 걸 발견하였다($N = 26$). 뿐만 아니라 첫 평가와 6개월 후 평가의 전반적 임상 인상 척도-심각도(CGI-S)를 비교해보니 CGI($N = 36$)의 심각도 평가도 유의하게 낮았다. 이와 비슷하게 Koh 등(2011)은 REACH가 의뢰한 학생들($n = 276$)의 6개월 후 평가에서, 통계적으로 유의미한 CGI-S 점수 향상과 SDQ 모든 하위척도에서 통계적으로 유의한 향상을 확인하였다.

　2007년 7월부터 2011년 12월까지 REACH에 의뢰된 모든 사례들을 대상으로 한, 평가 전과 평가 6개월 후 데이터의 두 수준별 t-검증(pair-wise t-test)을 이용한 통계적인 분석은 정신건강 임상 지표에 나타난 긍정적인 효과를 지속적으로 보여준다. 그림 18.2와 그림 18.3은 각각 SDQ와 CGI 데이터 결과를 나타낸다.

　SDQ 평가($n = 690$)는 6개월 후 총난점(Total Difficulties) 평균에서 통계적으로 유의미한 개선을 나타냈다($p < 0.00$). 통계적으로 유의미한 개선은 정서적 증상, $p < 0.00$, 품행 문제, $p < 0.00$, 과잉행동, $p < 0.00$, 또래관계 문제, $p < 0.00$ 그리고 사회적 행동, $p < 0.00$) 등 5개 하위척도의 원점수 평균에서도 나타났다(그림 18.3 참조). 하지만 효과의 범위는 하위척도들의 점수에서 나타난 변화(Cohen의 d값이 0.16~0.23)에 비해 작았으며, 반면 총난점 점수에서 나타난 변화는 약간 더 컸다($d = 0.32$). 그러므로 의뢰된 학생들의 정서·행동상의 개선은 분명하기는 하지만 현저하지는 않다고 말할 수 있다.

　그림 18.4에서 학교 상담원이 평가한 CGI-S 항목($n = 718$)을 보면, REACH에 의뢰된 학생들이 첫 평가 6개월 후 평가에서 나타낸 호전은 통계적으로 유의미하다[$t(717) =$

13.51, $p < 0.00$]. 이 분석에서 효과 크기($d = 0.50$)는 중간 정도였다. 그래서 학교 상담원은 의뢰 학생들의 문제 심각도가 상당히 개선된 걸 관찰하였다.

평가의 한계점

프로그램 개시 후 1,500명 정도의 학생이 REACH에 의뢰되었다. 그러나 이 학생들 중 post-KPI(실시 후 핵심 평가 지표)들이 존재한 상태에서 임상지표를 평가받을 수 있었던 경우는 1%뿐이었다. 그러므로 데이터는 REACH 프로그램의 개입 결과를 충실히 반영하지 않을 수 있다. 각 이해 당사자(교사와 REACH 파트너들)로부터 post-KPI 평가치를 얻기 어려운 이유들은 교사나 학생이 학교를 떠나버린 것 등 몇 가지가 있을 수 있다.

자기보고 조사의 한계 역시 응답편의(response bias) 문제의 가능성을 감안하게 하였다. 각 평가자(교사와 REACH 파트너들)의 응답편의는 연구결과의 효용성, 일반화에서 영향을 미칠 수 있다. 이 때문에 데이터를 해석할 때는 어느 정도 신중을 기해야 한다.

Koh 등(2011)은 REACH에 의뢰된 학생들의 임상기록과 아동/청소년 정신건강의학과 병원 환자들의 입원 이후 임상 결과를 비교해, 전반적 임상 인상척도-증상개선(CGI -Improvement) 항목의 개선효과가 REACH 그룹보다 입원환자 그룹에서 유의미하게 더 좋았다는 점 역시 발견하였다. 저자들은 이와 같은 지역사회 기반 프로그램은 입원이란 환경과 비교해볼 때, 단기성과가 못 미칠 수 있다고 인정하였다. 물론 두 집단의 상이한 기초 수준 역시 단기 치료 개입의 속도와 개선 정도에 크게 영향을 미친다. 그러므로 향후에 REACH의 효과를 분석할 때는 REACH 돌봄 모델의 효과와 효율성을 명확히 하기 위해 비용편익을 살펴보는 것도 좋을 것이다.

현재 데이터는 REACH에 의뢰된 다양한 수준(초등학교, 중등학교, 초급대학)의 학생들이 전반적으로 어떻게 호전되었는지를 개괄적으로 보여준다. 분명하게 호전된 결과들 역시 REACH의 목표 달성을 잘 보여준다. 하지만 결과와 각 증상의 관계는 확인할 수가 없다. 구체적으로 어떤 질환이 REACH 서비스로 가장 큰 효과를 봤는지 안다면 도움이 될 것이다. 예를 들어, 향후 고려해야 할 사항을 예상할 때, 다양한 질환과 REACH 개입 결과의 연관성을 볼 수 있다.

전반적으로 볼 때, 교사들과 학교 상담사들의 평가는 REACH가 돌봄을 받은 아동 청소년 다수의 정신건강을 개선하는 데 효과적이었음을 보여줬다. 그 증거는 문제의 심각성을 나타내는 지표의 개선, CGI와 SDQ로 평가하는 행동, 정서증상 모두의 개선이다. 현재 진행 중인 데이터 모니터링과 연구조사는 REACH 프로그램의 임상효과를 더 심도 깊게 설명해줄 것이다.

목표 2 : 학교와 지역사회 파트너들을 지원하고 교육해 정신건강 문제 탐지와 관리 능력을 증진시킨다

지역사회 능력 쌓기는 REACH 프로그램의 개념화 단계에서부터 명확하게 목표로 설정되었다. 이 목표는 교직원과 사회복지단체 직원을 지원, 교육함으로써 달성되었다. 표 18.2는 두 번째 목표의 KPI들을 보여준다. 이 통계치들은 (1) 교육 기간 중 출석기록 (2) 교육 일정관리 (3) 교육 후 제공된 피드백 (4) 전용 상담전화의 의뢰, 통화기록 (5) 평가, 케이스 상담, 개입 후 제공된 피드백 등의 자료와도 대조확인한 것이다.

프로그램 개시 이후 5년간, REACH 파트너(학교, VWO, GP 파트너)들은 무료로 다양한 교육기회를 제공받았다. 뿐만 아니라 지역사회에서 힘을 발휘할 파트너들이 전체적으로도 접근할 수 있도록, 지원과 교육에는 강의뿐만 아니라 습득 기술과 사례 상담을 실습하는 것도 포함되었다. 병원 의료진이 주로 받았던 해외 초빙인사들의 특별교육도 종종 REACH 파트너(학교, VWO, GP 파트너)들에게로 확대되었다.

REACH 교육과 지역사회 파트너들의 업무를 연계하기 위해, 학교 상담원들, VWO 파트너들에게는 이들이 참가한 교육 세션이 끝날 때마다 교육이 만족스럽고 효과적이었는지를 물었다. 표 18.2에 나오는 수치들은 2007~2011년까지, 학교상담원과 VWO 직원 90% 이상이 필요한 기술을 습득하는 데 교육이 효과적이라고 느꼈으며 제공된 교육에 만족한다는 것을 나타낸다.

제공된 교육이 효율적이었는지, 지역사회 상담원들에게 도움이 되었는지를 평가하는 일은 중요하였다. Soo 등(2011)은 1년간 REACH 프로그램의 파트너로 일한 학교 상담원들의 정신건강 이해도(즉, 정신건강 상태를 파악하고 관리하는 데 관련된 이해도)에 관해 연구하였다. 연구결과에 따르면, 학교 상담원들의 정신건강 이해도는 상당히 좋아졌으며, 특히 정신건강 상태를 파악하는 능력과 정신건강 상태에 관한 지식이 좋아졌다. 정신건강 이해도가 향상되었다고 나타났지만, 정신건강 상태 관리에 대한 자신감은

표 18.2 목표 2를 위한 KPI

학교와 지역사회 파트너들을 지원하고 교육해 정신건강 문제 탐지와 관리 능력을 증진시킨다.

KPI	FY 2007	FY 2008	FY 2009	FY 2010	FY 2011
학교 상담사					
훈련을 받은 학교 상담사들의 수	13	176	197	198	413
학교 상담사들을 위해 진행된 훈련 횟수	6	4	17	26	116
훈련의 효과[훈련을 통해 학생들을 다루는 데 필수적인 기술을 터득하였다고 동의한 학교 상담사들의 비율(%)]	−*	100	99	98	92
훈련의 만족도[훈련에 만족스러워한 학교 상담사들의 비율(%)]	−	91	99	100	98
학교 상담사들로부터 상담전화를 통해 요청받은 전화통화/업무 횟수	306	1418	3444	4620	8371
학교 상담사들과 함께 한 사례회의 횟수	29	35	134	513	726
REACH의 지원에 대한 학교 상담사들의 만족도	−	92	100	97	99
학교로부터 의뢰된 사례 수	14	111	241	376	734
1주간의 의뢰기간 동안 의뢰된 사례들 중 긴급 사례의 비율(%)	−	100	98	87	100
4주간의 의뢰기간 동안 의뢰된 사례들 중 비-긴급 사례의 비율(%)	−	98	100	99	100
VWO					
훈련을 받은 VWO 직원들의 수	NA**	NA	27	2	53
VWO들을 위해 진행된 훈련 횟수	NA	NA	10	45	23
훈련의 효과[훈련을 통해 학생들을 다루는 데 필수적인 기술을 터득하였다고 동의한 VWO 직원들의 비율(%)]	NA	NA	95	100	100
훈련의 만족도[훈련에 만족스러워한 VWO 직원들의 비율(%)]	NA	NA	97	100	100
VWO 파트너들로부터 상담전화를 통해 요청받은 전화통화/업무 횟수	NA	NA	3	62	102
VWO 파트너들과 함께 한 사례회의 횟수	NA	NA	NA	6	20

표 18.2 목표 2를 위한 KPI(계속)

KPI	FY 2007	FY 2008	FY 2009	FY 2010	FY 2011
REACH의 지원에 대한 VWO 파트너들의 만족도	NA	NA	NA	100	100
VWO 파트너들로부터 의뢰된 사례 수	NA	NA	NA	5	6
1주간의 의뢰기간 동안 의뢰된 사례들 중 긴급 사례의 비율(%)	NA	NA	NA	NA	100
4주간의 의뢰기간 동안 의뢰된 사례들 중 비-긴급 사례의 비율(%)	NA	NA	NA	67	100

* – : 평가 시점에 자료를 요청받지 않음
** NA : 평가 시점에 평가 과정이 진행되지 않아 자료가 수집되지 않음

커지지 않았다. 저자들은 학교 상담원들의 정신건강 상태 관리에 대한 자신감 부족이 자기보고 방식에 따른 겸손함의 표현에도 원인이 있다고 추측하였다. 이 연구의 결론은 예상과는 달리, 교육 회기의 수가 많다고 해서 정신건강 상태 파악능력과 관련 지식이 늘어나는 건 아니라는 것을 보여준다. 연구에서는 고려하지 않았던 요소들, 즉 REACH 와 전용 상담전화를 활용하며 얻은 경험과 지식, 독학, 동료들과의 토론 등이 능력과 지식을 늘려줄 수 있다는 것을 의미하는 것이다. Soo 등(2011)은 시간이 지남에 따라 학생들의 정신건강 상태를 파악하는 학교 상담원들의 지식과 기술은 늘어났지만, 정신건강 문제/정신질환이 있는 학생들을 관리하는 데 있어서는 학교 상담원들의 역할이 커져야 한다는 점이 이 연구에서 명확히 보여주고 있는 것이라는 결론을 내렸다.

지역사회에 정신건강 지원을 제공하는 포괄적인 접근의 일부로서, 학교 상담원들과 VWO 파트너들을 지원하기 위한 REACH 상담전용 전화도 설치되었다. 표 18.2에 보이는 것처럼 상담전용 전화 통화 수는, 다양한 지역에 REACH 팀이 설립되자 해를 거듭하며 증가하였다. 뿐만 아니라, 이제 각 아동 평가 후 사례 회의는 일상적으로 열리고 있고, 학교 상담원 혹은 VWO 파트너가 향후 아동 관리에 참여하고 지원을 받을 수 있게 해준다. 표 18.2에 나타난 것처럼, 90%가 넘는 학교 상담원과 VWO 파트너들은 이런 형태의 지원에 지속적인 만족을 표시하였다.

REACH 상담전용 전화가 학교와 VWO 파트너들에게 받은 의뢰 수, 통화 수(표 18.2 참조) 같은 과정 지표들도 역시 잘 기록되어있다. 각 REACH 팀은 정신건강 문제가 있는 청소년들에 대한 탐지, 의뢰를 위해, 이런 수치들을 지속적으로 점검하였다. 뿐만 아니라, '긴급'과 '비-긴급'으로 분류된 사례들에 대해 REACH가 시간표에 맞게 대응하는지도 점검하였다. 각 REACH 팀은 각 점검 시스템의 조기대응 장애물들(예 : KPI들이 충족되지 않았을 때 같은)도 정기적으로 파악하고 개선하였다.

그러므로 두 번째 목표 달성을 위해 REACH는 많은 일을 한 것으로 보인다. REACH 파트너들은 REACH가 제공하는 지원과 교육에 대해 전반적으로 만족하였다. 하지만 정신질환을 가진 청소년들을 관리하는 데 지역사회 파트너들의 역할을 키우는 것은 향후 REACH 프로그램의 개선을 위한 과제로 남았다.

목표 3 : 학교, GP, VWO(혹은 비정부기관)들을 포함하는 아동, 청소년 정신건강 지원 네트워크를 지역사회에 수립한다

지역사회의 정신건강 네트워크는 정신건강 질환을 앓을 위험이 있거나 덜 집중적인 치료를 요하는 싱가포르 아동, 청소년들에게 도움이 될 것이다. 이런 지역사회 네트워크는 정신건강 관련 문제로 도움을 구하는 것에 관한 편견도 줄여줄 것이다. 그 점을 염두에 두고, 이 목표를 위한 KPI들은 REACH 파트너 모집과 덜 심각한 정신건강 문제를 가진 아동, 청소년들의 적절한 돌봄, 관리 방안을 모색하였다. 표 18.3은 세 번째 목표를 위한 KPI들을 보여준다. 이 KPI 통계치들은 (1) 몇 년간 모집한 GP들의 기록 (2) GP들을 위한 교육 일정관리 (3) 교육 후 제공된 피드백 (4) GP들에게 적절하게 의뢰된 의뢰 기록 등의 자료와 대조확인한 것이다.

REACH와 사회복지단체의 관계는 쌍방향적이다. 표 18.3에서 보듯이, REACH, VWO 파트너들은 REACH와 상담하고 정신건강 문제로 생각되는 사례들을 의뢰한다. 이와 비슷하게 REACH는 검토 결과 사회복지 단체들의 지원이 필요한 것으로 보일 경우, VWO 파트너들과 다른 사회복지 단체에 의뢰한다. 차츰 돌봄의 강도를 줄이는 접근법은 이런 식으로 시행한다. 이와 비슷한 방식으로, 정신질환은 없지만 사회적 문제로 고민하는 학생들을 적절한 단체에 의뢰할 수도 있다.

표 18.3 목표 3에 대한 KPI

학교, GP, VWO(혹은 비정부기관)들을 포함하는 아동, 청소년 정신건강 지원 네트워크를 지역사회에 수립한다.

KPI	FY 2007	FY 2008	FY 2009	FY 2010	FY 2011
VWO					
사회복지 기관에 의뢰한 수	NA**	NA	NA	6	36
GP					
파트너로 등록된 GP/소아과 의사의 수	9	13	7	3	8
훈련을 받은 GP/소아과 의사의 수	62	40	67	83	25
훈련의 효과[훈련을 통해 환자들을 다루는 데 필수적인 기술을 터득하였다고 동의한 GP들의 비율(%)]	–*	100	100	92	95
전문가의 관리를 받기 위해 회송된(상태가 악화되어 회송된 경우는 제외) GP의 관리를 받던 환자들의 비율(%)	17	13	0	2	3
GP에게 보내진 사례의 수	6	8	9	26	37
GP에게 의뢰되는 것을 거부한 환자들의 비율(%)	33	60	72	14	35
응급실을 방문하지 않고 퇴원한 환자들의 비율(%)	100	100	100	100	100
병원 입원을 하지 않고 퇴원한 환자들의 비율(%)	100	100	100	100	100
6개월 후 GP 서비스에 대해 만족스러워한 보호자의 비율(%)	–	100	100	93	88

* – : 평가 시점에 자료를 요청받지 않음
** NA : 평가 시점에 평가 과정이 진행되지 않아 자료가 수집되지 않음

표 18.3에 나타난 것처럼, REACH가 마련한 교육에 참가한 GP 다수는, 교육 덕분에 환자들을 관리하는 데 필요한 기술을 습득하였다고 말하였다. 뿐만 아니라 의뢰를 받은 학생들의 부모들은 GP가 자녀의 정신건강 상태를 관리한다는 아이디어에 더 개방적인 태도를 취하였다. 2007년은 파트너십의 역사가 짧았기 때문에 REACH는 초기에 훨씬 조심스럽게 GP 파트너들에게 의뢰를 하였다. 가벼운 정신건강 문제를 보인 학생들만 GP 파트너들에게 의뢰하였다. 그래서 REACH GP 파트너들에게 의뢰하는 걸 거부한

부모도 극소수였다. GP 파트너들에 대한 신뢰가 커지자, 2008년과 2009년에 REACH는 더 많은 학생들을 GP 파트너들에게 의뢰하였다. 하지만 표 18.3에서 보듯이, 2008년과 2009년에는 많은 부모가 이 옵션을 거부했는데, 정신질환 때문에 동네의 GP를 찾아가는 일이 당시에는 여전히 흔치 않았기 때문이었을 가능성이 있다.

시간이 지남에 따라, REACH의 GP들이 의뢰를 받아 관리하는 학생들의 학교는 해당 GP들에 대한 신뢰를 보증해줄 수 있게 되었다. 이로 인해 GP에게 의뢰하는 것을 거부하는 부모의 비율은 2009년 이후 급격히 감소하였다. 이 파트너십의 성공은 관련 자료에서도 확실히 드러나는데, 자료를 보면 그 기간 REACH GP 파트너들에게 의뢰된 환자들은 잘 관리를 받아, 마침내 병원 입원을 거치지 않고 치료를 마감하게 된 것이 보인다. 높은 비율의 보호자들은 REACH GP 파트너들과의 경험이 만족스러웠다고 평가하였다(표 18.3).

REACH 교육의 만족도에 대한 데이터의 한계점 중 하나는 REACH 파트너들의 프로필이 구체적이지 않다는 것이다. 교육과 워크숍 후 REACH 파트너들에게 배부한 피드백 용지에는 이들이 어떤 교육을 받고 어떤 업무경험이 있는지를 알려주지 않는다. 이 때문에 REACH 교육으로 어떤 사람이 혜택을 받고, 받지 않았는지를 이해하는 데 한계가 있다. 그러므로 향후에 데이터를 수집할 때는 REACH 파트너들의 배경에 대해 더 많은 정보를 포함해, 다양한 파트너들의 요구사항을 이해하고 만족도를 높이고 파트너들이 필요로 하는 기술교육을 제공하도록 해야 한다.

전반적으로 본다면 위기의 아동, 청소년들을 지원하기 위해 지역사회 자원들의 네트워크를 운영하는 일은 지속적인 노력이 필요하며, 지역사회 안에서 아동기 정신건강 문제들을 파악하고 관리하는 파트너들을 훈련시키는 일과 병행되어야 한다. 지역사회 파트너들이 자신 있게 이 일을 하려면, 제대로 된 교육과 이런 문제들을 관리하는 데 언제라도 지원을 받을 것이라는 확신을 심어줘야 한다.

결론

전반적으로 REACH는 효과적이었고, 프로그램의 목표들도 전반적으로 달성되었다. REACH에 의뢰된 학생 절반 이상이 정서, 행동, 정신건강 임상 지표가 개선되었다. 지역사회 파트너들이 정신건강 문제가 있는 아동, 청소년들을 구별해내고 포괄적으로 관리할 수 있도록, 정신건강 부문의 교육과 지원도 지속적으로 제공되었다. 이 교육은 REACH 파트너들에게 더 나은 정신건강 이해도를 제공하였으며, 이로 인해 싱가포르 아동, 청소년의 정신질환을 감별해내는 비율도 높아졌다. 끝으로 REACH는 각 케이스의 심각성을 분류하고 위기의 청소년들이 지역사회에서 적절한 지원을 받도록 해주며, 지역사회 정신건강 네트워크를 개선하기 위한 노력도 계속하고 있다.

앞으로 나아갈 방향

REACH 프로그램의 긍정적인 결과물들에도 불구하고, 프로그램이 순조롭게 진행되도록 관리하고, 프로그램 개발 재정을 확보하고, 주요 목표들을 달성하는 데는 많은 난관들이 남아 있다.

　REACH 팀들과 정신건강 연구소 수뇌부는 이 난관들을 해결하기 위한 향후 계획들을 고민하고 있다. REACH 팀들은 매주 만나 현재 진행 중인 이슈들에 대해 논의하고 해결한다. 하지만 학교와 지역사회 파트너들은 이런 회의에 정기적으로 참가하는 것이 아니다. 이 파트너들과 정기적으로 회의를 하면 REACH 팀들이 지역사회 파트너들의 요구사항, 서비스 사각지대, 상이한 영역들에서 겹치는 서비스 등을 알아내는 데 도움이 될 것이다. 특수교육 학교와의 협조를 확대해, 특별한 보살핌이 필요한 아이들의 정신건강 문제를 특수교육 학교들이 더 잘 도울 수 있도록 해주는 계획도 수립되어있다. 결국 최종 목표는 프로그램의 효과를 높이는 것이다. REACH의 포괄적인 평가와 개입에도 불구하고 호전이 되지 않는 학생들의 원인과 장애물을 더 잘 이해하려면, 더 심도 깊은 데이터 수집과 분석이 필요할 것이다.

참고문헌

Chong, S. A., Abdin, E., Sherbourne, C., *et al.* (2012a). Treatment gap in common mental disorders: The Singapore perspective. *Epidemiology and Psychiatric Sciences*, 21, 195–202.

Chong, S. A., Abdin, E, Vaingankar, J. A., *et al.* (2012b). A population-based survey of mental disorders in Singapore. *Annals of the Academy of Medicine Singapore*, 41, 49–66.

Chong, S. A., Vaingankar, J. A., Abdin, E., Kwok, K. W., & Subramaniam, M. (2012c). Where do people with mental disorders in Singapore go to for help? *Annals of the Academy of Medicine Singapore*, 41, 154–160.

Fung, D., Ong, L. P., Tay, S. L. & Sim, W. H. (eds.). (2013). *REACH chronicles: A community mental health model for children and adolescents in Singapore*. Singapore: World Scientific.

Goodman, R. (1997). The strengths and difficulties questionnaire: A research note *Journal of Child Psychology and Psychiatry*, 38, 581–586.

Koh, D., Sulaiman, R., Ooi, Y. P., and Fung, D. (2011). Clinical outcomes of a community mental health programme for youths in Singapore. *Annals of the Academy of Medicine Singapore*, 40, S43.

Ministry of Education. (2013a). Pastoral care. (Online) Available at www.moe.gov.sg/education/programmes/social-emotional-learning/pastoral-care (accessed August 24, 2013).

Ministry of Education. (2013b). Special education schools. (Online) Available at www.moe.gov.sg/education/special-education/ (accessed August 24, 2013).

Ministry of Health. (2010). Health minds, healthy communities: National mental health blueprint 2007–2012. Available at www.imh.com.sg/uploadedFiles/Publications/IMH%20National%20Mental%20Health%20Blueprint.pdf (accessed October 19, 2014).

Ministry of Health. (2013a). Principal causes of death. Available at www.moh.gov.sg/content/moh_web/home/statistics/Health_Facts_Singapore/Principal_Causes_of_Death.html (accessed August 24, 2013).

Ministry of Health. (2013b). Healthcare financing: Government health expenditure. (Online) Available at www.moh.gov.sg/content/moh_web/home/statistics/Health_Facts_Singapore/Healthcare_Financing.html (accessed September 29, 2013).

Ow, R. (1998). Mental health care: The Singapore context. *Asia Pacific Journal of Social Work and Development*, 8, 120–130.

Phua, H. P., Chua, A. V. L., Ma, S., Heng, D., & Chew, S. K. (2009). Singapore's burden of disease and injury 2004. *Singapore Medical Journal*, 50, 468–478.

Schaffer, D., Gould, M. S., Brasic, J., *et al.* (1983) A children's global assessment scale (CGAS). *Archives of General Psychiatry*, 40, 1228–1231.

Soo, G., Ong, J. G. X., Chen, A., and Ong, L. P. (2011). Mental health literacy of Singapore school counselors: A preliminary study. *Annals of the Academy of Medicine Singapore*, 40, 214.

Sulaiman, S. R., Ong, L. P., & Fung, D. (2009). Preliminary Evidence for the Effectiveness of the REACH Community Mental Health Programme. Poster presented during the National Healthcare Group Annual Scientific Congress, October 16–17, 2009.

Woo, B. S. C, Ng, T. P., Fung, D. S. S, *et al.* (2007). Emotional and behavioural problems in Singaporean children based on parent, teacher and child reports. *Singapore Medical Journal*, 48, 1100–1106.

World Bank. (2012). Gross domestic product 2010. (Online) Available at http://databank.worldbank.org/data/download/GDP.pdf (accessed October 19, 2014).

World Economic Forum (2012–2013). *The global competitiveness report 2012–2013*. Geneva: World Economic Forum. (Online) Available at www3.weforum.org/docs/WEF_GlobalCompetitivenessReport_2012–13.pdf (accessed August 24, 2013).

학교를 통한 정신건강 증진

터키 이스탄불의 관점에서

Yanki Yazgan, Selin Karacam

터키와 K-12 교육 시스템

2012~2013학년도 터키의 12년 의무교육 과정에 등록된 1,615만 6,519명(초등학교 559만 3,910명, 중등학교 556만 6,986명, 고등학교 499만 5,623명)의 학생 중 대부분(96.97%)이 공립학교에 다녔다(Ministry of National Education Turkish Statistical Institute, 2013). 사립학교에는 48만 8,340명의 학생이 입학하였으며, 사립학교는 공립학교와 동일한 규정을 따른다. 의무교육 체계에 속한 학생들 중 25만 2,052명(2% 미만)만이 신체적, 학업적/지적 또는 정서적 장애로 인해 특수교육 대상자로 분류되었다.

교육부는 국제적인 관리를 받는 몇 학교들을 제외한 터키 내 모든 공립·사립학교의 핵심 관리 당국이다. 때문에 전국의 학교 정신건강 서비스는 수도에 위치한 교육부의 중앙집권적 정책과 밀접하게 결합되어있다.

터키의 공립·사립학교에서 학교 정신건강 서비스는 심리 상담과 지도 단위의 수준으로 제한되어있다. 그마저도 모든 공립학교에 현장 상담사가 있는 게 아니라서, 순회 상담사는 많은 수의 학생들과 교사들을 담당하게 된다. 지역의 '지도연구센터(Guidance Research Center)'가 외부 자문기관으로서 존재하지만, 이곳은 다양한 장애아동들의 서

School Mental Health: Global Challenges and Opportunities, ed. Stan Kutcher, Yifeng Wei and Marc D. Weist. Published by Cambridge University Press. © Cambridge University Press 2015.

류 작업으로 이미 과부하 상태이다(The Official Gazette, 2001). 이처럼 전문가들의 노력에도 불구하고, 학교·교육심리학자·교사를 위한 훈련 프로그램이나 소아정신의학 지도감독·지원, 연구 기회 등의 자원은 학생과 교사의 수요를 충족하지 못하고 있다.

학내 부서들은 다양한 책무 및 활동을 통해 학생 정신건강에 관여한다. 그 예는 상담지도 커리큘럼 도입, 개별 학교의 요구에 맞게 이를 수정, 교육·진로 세미나 개최, 개별지도 제공, 심리상담 제공, 학생의 교육이력을 기록하고 상담 및 지도를 제공할 목적으로 교사·가정·행정가·학생이 협력하여 졸업반 학생에 대한 보고서 작성, 특수교육 및 유사 서비스를 필요로 하는 학생·가정에 필요한 서비스 제공, 적절한 특수교육을 위한 담임교사와 협력 등이다.

지도연구센터의 상담사는 다양한 역할과 책무를 통해 학생들의 정신건강 관련 요구를 다룬다. 그 예로 학생 자아의식 형성 운동 참여, 필요한 경우 학생을 위한 평가 시행, 학생의 위탁·의뢰 과정에 참여, 보고서 작성·정리, 서비스 연구개발 과정 참여, 학교 상담사 지휘감독, 상담사가 없는 학교의 경우 교사·행정가·가정에게 학생의 요구를 전달하는 콘퍼런스와 협의회를 조직(The Official Gazette, 2009) 등이 있다. 지도 연구 센터의 심리학자는 특이성향·부적응·장애를 지닌 아동을 진단하고, 심리적 지원과 치료를 제공하며, 적절한 외부기관에 위탁한다(The Official Gazette, 2012). 지도연구센터의 사회복지사는 학생의 가족에 관한 정보를 수집하고, 사회경제적 배경에 따라 그 가족에 적합한 의뢰 자원을 찾아낸다.

위에 언급한 학교 전문가 외에도 학교 정신건강 계획의 유지에 간접적으로 참여하는 인물로는 특수교육 교사와 담임교사, 행정가가 있다. 그들은 특히 학생들의 전반적인 건강을 점검하고, 지지적인 사회·정서 프로그램을 개발 및 시행하며, 문서화하는 역할을 맡는다.

이 장에서는 이스탄불의 사립병원인 Guzel Gunler Private Clinic이 학교에 제공하는 서비스에 초점을 맞춘다. 이 병원은 행위별 수가에 따른 차등제에 근거하여 아동·청소년·청년에게 진료를 제공한다. 이 장은 터키의 학교 정신건강 서비스에 대한 개괄이 아닌, 학교-병원의 협력 모델을 다루고자 한다. 이 모델은 다양한 사회적·정서적·행동적 요구를 가진 아동의 발달을 추구한다. 또한 학교 내 '인력'을 지도하고 그들의 역량을 강화한다. 이 접근법은 학교 내 상담 요구가 충족되지 못하면서 시작되었다. 학교 인력의 최우선 목표는 학생의 정신건강 요구 충족이다. 학교 인력의 권한을 강화하기 위해 우리는 가족 및 학교 전문가들과 협력하고자 한다. 이로서 당사자들 간의 소통을 돕고, 연구를 근거로 하는 대안이나 선행 전략들의 개선안을 제공하는 것이다. 이 장의 목표는 현장에서 자문이나 협력 모형의 하나로 작용할 수 있도록 우리의 비전, 지식, 경험, 지침을 공유하는 것이다.

병원에서의 학교 관련 서비스

사립병원 The Guzel Gunler Private Polyclinic은 출생부터 20대 후반까지의 아동 및 청년의 가족에게 의료 서비스를 제공한다. 소아청소년 정신과의사, 청소년 및 성인 정신과의사, 소아과의사, 교내 심리상담사, 소아 임상심리사, 학습교육치료사 등이 병원에 상주한다. 이 병원의 정신과에 의뢰되는 가장 흔한 문제로는 주의집중 문제, 발달장애, 학습장애, 행동장애, 사회적 의사소통 장애, 자폐증 등이 있다. 병원은 제3의 제공자로서 학교 환경 내 최선의 케어를 제공하기 위해 학교 및 가족과 협력한다. 이는 아동의 전반적인 수행능력을 향상시키고, 의료·상담·학업개선 서비스를 직접 제공하기 위해 병원과 가족이 협력하는 일례이다. 병원은 가족의 투자를 받으며, 때로는 법인 투자 프로젝트나 지역사회의 공공 보조금을 받기도 한다. 또한 이 병원은 행동 체크리스트, 관찰 정보, 치료 정보, 인구학적 정보, 진단 정보 등 환자로부터 얻은 자료들을 보관한다. 병원은 이 자료들을 이용해 전문가들을 지도하여 치료의 효율성을 높인다.

이 병원은 크게 두 형태로 학교 정신건강에 관여한다. 하나는 교사와 학부모 대상 교육과 세미나를 통해서이고, 다른 하나는 학생 직접 관찰과 교직원 자문을 통해서이다.

이 병원의 아동 대상 시스템은 이스탄불의 다른 유사 주류 사립병원들과는 큰 차이가 있다. 우선, 이 병원은 자문 제공에 있어서 객관성을 가장 중요히 여긴다. 병원은 아동의 행동문제나 사회, 정서, 학업 기능에 대한 관찰·일화·서면 기록 또는 교사와 상담사를 통해 학교가 내린 조치 등 정보를 파악한다. 이를 통해 360도 다층적 관점을 유지하고자 한다. 더 중요한 것은, 이로서 학생들에게 직접 제공되는 임상 또는 교육심리 서비스에서의 이해관계 충돌을 완화한다는 것이다. 임상가는 정보수집과 관찰뿐 아니라 학교 자문에도 참여하는 반면, 자문 대상인 학생이나 그 가족과는 직접적인 관련이 없기 때문이다. 치료와 교육 과정에서 학생의 요구는 다른 전문가들에 의해 지속적으로 다루어진다. 이 과정에서 병원은 이해관계가 형성되고, 각 세력이 그 이해관계에 기여하는 양상을 객관적으로 살펴보게 된다. 목표는 이렇게 의도된 객관성을 통해 모든 이해관계자들을 지원하고, 궁극적으로는 학생들을 지원하는 것이다. 이것이 이 병원이 기타 주류 사립병원들과 차별화되는 이유이다. 이런 차이점이 아동에게 필요한 지원을 효율적으로 제공하게 하는 장치이다.

두 번째 주목할 만한 특징은, 일반적인 관행과 달리 이 병원은 상황에 따른 맞춤형 개입을 한다는 것이다. 즉, 대상 학생이나 가족, 학교나 개입 내용, 사회 환경 역동적인 요소 등 각각을 고려한 개입이 이루어진다. 비록 권고사항으로서 국내외의 모범 사례를 꼽기는 하지만, 이 병원은 각 전략들의 차별화와 실질적인 적용 가능성을 추구한다.

세 번째이자 가장 중요한 특징은 이 병원의 역할에 있다. 가족과 학교는 보통 최후의 수단으로 이 병원에 자문을 요구한다. 제3기관이자 학문 지향적 병원이며 한편으로 독립적인 사립병원이라는 오랜 인식 때문이다. 따라서 병원이 개입하기 전에 이미 많은 전략들이 시도 및 검증되고, 여러 기법들이 도입된 상태다. 대개 이런 시도들은 시스템 내에서의 역동적 측면을 사전 형성하고는 한다. 병원은 이 역동적 측면에 특히 집중한다. 이전에 사용된 기법의 효율성을 분석하고, 그 실패요인을 가려내는 것이다. 이어서 새로운 기법을 도입할 때 이 정보를 지침으로 사용한다. 이 병원의 목표는 창의적인 새 전략을 찾고, 연구 기반의 개입을 시행하는 것이다.

마지막으로, 이 병원은 모든 문제점을 한 번에 해결할 수 없다는 것을 인지한다. 따라서 대상 아동의 또래에 유해한 정도를 따져 그 긴급성에 따라 치료의 우선순위를 정한다. 어떤 경우에는 아동·가족·학교의 요구가 일치하지 않을 수 있다. 한 아동이 다른 아이들을 때리면서 불안으로 고통받고 학업적인 실패를 동시에 겪는 사례를 예로 들 수 있다. 이때 교사는 주변 친구들에 영향을 끼치는 폭력적인 성향에 집중할 것이다. 학부모는 학업적 성취에 초점을 맞출 가능성이 높다. 반면 대개의 아동들은 자신이 일상적으로 겪는 불안함에 집중한다. 이런 경우, 각각의 상황이 아동 본인에게 피해를 주는 정도를 따져 개입의 우선순위를 정한다. 그리고 점차 관련된 모든 당사자들의 요구를 해소하기 위해 노력한다.

> **글상자 19.1 병원 서비스의 핵심 요소**
>
> - 해당 영역에 특화된 전문가
> - 두 가지 유형의 자문 모형 : 간접 모형, 직접 모형
> - 다차원적이고 다층적인 관점에서 자료 수집
> - 맞춤형, 맥락 특화, 연구 기반 및 새로운 개입 전략
> - 학교, 가족, 기타 전문가 사이에 존재한 기존의 역동적 측면에 대한 반응
> - 경과 관찰을 통한 전략의 개발 및 수정

간접적 학교 정신건강 서비스

여기에서는 TSC(therapeutic school consultation, 학교 자문치료)의 발전 과정을 이 병원의 경험에 따라 상세히 기술한다. 이로서 이 병원이 어떻게 학교 정신건강에 접근했는지 그리고 어떻게 요구에 맞는 TSC를 개발했는지 이해하고자 한다.

중요 사건을 다루는 정신건강 기지로서의 학교

이 병원은 주요 외상적 사건에 대한 교사의 적절한 대응을 통해, 학생이 사건으로부터 받는 영향을 완화하는 프로그램을 개발하였다. 예를 들어, 1999년 8월 터키에는 강력한 지진이 발생하여 수천 명의 목숨과 수십만 명의 집을 앗아갔다. Yazgan 박사와 동료들은 큰 피해지역 중 하나인 이스탄불 외곽 중규모 도시 아다파자리의 변두리 마을 320가구의 아동들을 지원하였다. 여기에서 교사가 중재하는 예방적 개입 프로그램이 사용되었다(Wolmer et al., 2003). 프로그램의 목표는 외상후 스트레스 사례의 수를 줄이고, 피해 시기 동안 아동과 그 가족에게 정서적 지원을 제공하는 것이었다. 프로그램이 진행되는 동안, 개입과 교사 훈련의 유효성을 측정하였다. 그 방법으로 3단계 접근법이 사용되었다. 첫 번째 단계에서(재해에 노출된) 교사들은 교육자로서 재해 후에 자신이 해야 할 역할을 습득하도록 돕는 그룹치료 회기에 참가하였다. 또한 그들 자신의 경험과 반응을 스스로 처리하고 재구성하도록 도움을 받았다. 두 번째 단계에서 교사들은 아동의 외상 반응에 대해 교육받고, '재난 연관 학교 재활성화 프로그램(Disaster Related School Reactivation Program)'이라는 프로그램을 이용한 훈련을 받았다. 세 번째 단계에서, 교사 주도의 그룹 회기가(정규 수업시간 동안) 아동들을 대상으로 시행되었다. 4주에 걸쳐 8회의 2시간짜리 회기를 진행하는 동안 각 개별 회기에 학부모들이 참여했고, 그런 회

기는 그 집단이 외상으로부터 회복할 수 있도록 도왔다. 중재 연구에 참여한 아동들은 연구 이전에 그 어떠한 체계적인 정신건강 지원도 받은 경험이 없다. 치료 회기가 끝난 뒤 6주 후, 학생들은 외상후 스트레스 증상 및 해리 증상에 있어서 큰 감소를 보인 반면, 애도 증상은 크게 증가하였다. 이 아동들의 30%가 중재 초기에는 외상후 스트레스 장애로 진단받았지만, 6주 후 추적조사에서는 18%만이 진단 기준을 충족시켰다. 이는 지진에 물리적으로 노출되지 않은 이즈미르 시의 대조군 집단과 유사한 비율이다. 총 27.5%는 심각한 증상을 보였으며, 39%의 아동들이 그보다 덜한 증상을 보였다. 33.5% 의 아동들에게는 변화가 없었다(Wolmer et al., 2003). 교사와 학생의 평가에 따르면 중재 프로그램이 애도 과정을 완화하고 학생들을 수업에 집중할 수 있게 했으며, 교실 분위기를 개선하고 학생과 교사 모두에게 동기부여를 해주었다고 한다.

지진이 나고 3년 반 후, Wolmer(2005)는 학업·사회·행동의 하위영역에 대해 측정된 아동들의 적응기능과 외상후 스트레스장애 증상의 회복에 대한 추적 연구를 수행하였다. 연구 결과 유사한 인구통계와 위험/노출 인자를 지닌 대조집단과 비교했을 때, 중재 집단은 개입 기간 동안 외상후·애도·해리 증상에 대해 유사한 개선 정도를 보였다. 하지만 중재 집단은 대조 집단보다 적응 기능에서 유의미하게 높은 점수를 기록했다. 재해라는 비극적인 상황에서 얻은 이런 결과는 Yazgan 박사를 고무시켰다. 이윽고 그는 '일반적인' 맥락에서 학교 기반 정신건강 서비스의 역량을 기르기 위해 노력했다.

정신장애에 관한 일반적인 정신과 교육

초기의 교육적 노력은 행실문제, 불안장애, 주의력결핍 과잉행동장애(ADHD), 자폐증(autism spectrum disorders, ASD) 등 몇몇 범주에 대한 학부모 및 교실 관리에 초점을 맞추고, 학교 상담사와 교사의 인식을 제고하려 하였다. 각 교육지구 또는 사립학교 집단과 협력하에 이루어진 강연들은 정신건강 전문가 소모임이나 큰 규모의 교직원 집단을 대상으로 했다. 강연에서는 위 주제들 중 하나 이상을 다루었으며, 이에 대한 질의응답이 이루어졌다. 학부모와 교직원 모두 회기 일부에 참석하였는데, 피드백에 따르면 참가자들은 이런 회기가 가장 유용했다고 보고했다.

또한 ADHD에 관한 단기간의 집중적인 교육, 즉 증상, 진단, 추가 진단적 상황, 치료, 학교에서의 영향 등에 초점을 맞춘 내용들이 학부모·교사·상담사에게 제공되었다.

대부분의 ADHD 사례에서 동반이환이 흔한 자폐증은 TSC의 주요 부분을 구성한다. 특히 공립학교에서 더 많은 관심이 쏠리고 있다. 하지만 이 영역은 검증되지 않은 치료와 기술을 공격적으로 내놓는 일부 전문가들에 의해 극도로 상업화되었다. 이는 이해관계의 직접적인 충돌과 자폐아동에 대한 착취를 낳고 있다. 양질의 근거에 기반한 과학 지식을 보급하려는 노력에 반하여 생겨난 이런 문제에 대응하기 위해, 이스탄불을 방문한 과학자·전문가들을 공공교육 회의에 연사로 초빙하였다. 또한 자폐증의 유전학, 증상, 교육적 중재, 기타 중재 옵션, 최신 연구정보 등을 다루는 월간 회의를 조직하기 위해 학부모 집단을 모았다. 각 회의마다 학부모, 교사, 치료자, 행정가 등을 포함하여 평균 200명이 참가하였다.

청소년 사회·정서 발달에 관한 인식 제고를 위한 공공 심리교육

지난 십여 년간 사회 매체는 터키 아동의 정신건강에 있어서 막중한 역할을 맡아왔다. 정확한 수치의 연구결과는 없지만 상당수의 사람들, 특히 도시인들은 자녀의 신체건강이나 학업적 성공뿐 아니라 정신건강에도 큰 관심을 보여왔다. 많은 가정이 양육 과정에서 전문가의 자문을 구하며, 학교와 지역사회는 아동의 정신건강 증진에 관한 많은 논문들을 출간하고 있다. 신문과 뉴스는 아동의 건전한 정신 발달에 대해 더 많은 이야기를 나눈다.

사례 인지에 대한 학교 기반 연구

공공 심리교육 및 다른 교육 영역들에서의 축적된 경험 덕분에 이 병원은 학교(교사·학부모·학생·행정가)나 교육 시스템과 장기적으로 맺어질 수 있었다. 이로써 문제가 발생한 시스템 내에서 아동을 임상 진단하거나 치료하는 자문 방식을 개발할 수 있었다.

아동의 정신건강 문제를 해소하기 위해서는 주변 어른들의 정확한 문제 인식이 중요하다. 하지만 학교 기반 연구의 진단 단계에서부터 이해관계자들의 보고 사이에 불일치가 나타난다. De Los Reyes와 Kazdin(2004, 2005)은 아동-학부모-교사가 제공하는 정보의 불일치가 아동기 정신 병리의 평가·분류·치료에 어떤 영향을 미치는지 연구했다. Rettew(2011)는 가정 문제의 경우 대부분 교사가 아닌 학부모에 의해서만 보고된다는 것을 1,730명의 네덜란드 아동 표본을 통해 확인했다. Wolraich(2004)는 학부모-교사 보고 간의 불일치는 '우연 아닌 필연'일 수 있다고 주장했다. 또한 이 병원이 시행한 ADHD 사례인지 및 정보제공자 간 불일치에 관한 연구에서도 이와 같은 결론이 나왔다. 학부모와 교사 모두 사례를 정확하게 파악하고 있었지만, 무엇이 사례로 적합한지에 대해서는 다른 결론을 내렸다. 문제의 해결을 위해 병원은 '부모 또는 교사'의 사례인지 알고리즘을 고안하였다. 이것은 보고의 불일치가 불가피하며, 따라서 치료과정 동안 이를 조정할 필요가 있음을 학부모와 교사에게 설명하는 기반이 되었다(Güler et al., 2011). 병원이 학교 대상으로 시행한 이 연구는 다양한 관점에서 치료과정을 이해할 수 있도록 했다. 또한 병원은 TSC 모델을 위한 학교와의 신뢰 관계를 확립할 수 있었다.

직접적 학교 정신건강 서비스 : TSC

이 병원은 보통 개별 사례 기반으로 아동·가족·교사에게 직접 서비스를 제공한다. 아동의 가족들은 필요에 의해 자발적으로, 혹은 학교의 의뢰를 통해 병원을 찾아온다. 병원의 간접 서비스의 경우 학교에 지원을 제공하지만, 학교 의뢰만으로는 절대 바로 진행하지는 않는다. 병원이 직접 제공하는 서비스에서 아동은 충실해야 할 대상이며, 그들의 가족은 항상 병원의 고객이기 때문이다.

서비스를 제공하기에 앞서 병원은 학교와의 공동 작업에 대한 학부모의 동의를 얻는다. 그 후, 의뢰 아동에게 집중적인 지원을 제공하기 위해 학교에 협조를 구한다. 병원의 목표는 교사를 통해 아동을 지원하는 것이다. 자문의사는 학교와 학부모를 통해 아동에 대한 정보들을 파악한다. 교직원과 행정가로부터 얻은 일화 정보, 교사·상담사·학부모 혹은 아동의 연령이 적절하다면 자신이 직접 기입한 행동 체크리스트, 교실 참여관찰, 출석·성적·징계 기록 등이 이에 해당한다. 때로는 병원이 개별 심리교육 검사를 추가 실시함으로써 수집한 자료를 보충한다. 지원 계획에 있어서 중요한 점은, 시스템을 탄탄히 정비하는 것은 물론 아동을 지원하는 교사의 역량을 향상시키는 것이다. 이로서 교사는 행정가와 교직원으로부터 아동 지원에 필요한 자원을 얻어낼 수 있다. 이는 교사가 다양한 대안들을 시도해보고, 새로운 기법들을 사용해 아동을 교실에 적응시키도록 돕는다.

TSC : 9단계 과정

1단계 : 의뢰

가족이 병원에 의뢰한 뒤 평가에 동의하면, 학교 개입에 대한 환자의 요구가 결정된다. 그동안 담당 소아청소년 정신과의사가 초기 정신의학적 평가를 시행한다. 그 후에 소아청소년 정신과의사는 가족을 TSC 팀에 의뢰하여 문제에 대한 추가 평가를 진행하게 한다. 또한 의뢰아동과 가족이 병원의 서비스를 통해 효과를 거둘만한 후보인지 판단한다.

이제 팀원 중 한두 명, 주로 교내 심리상담사, 소아 임상심리사, 학습교육 치료사가 가족과 접촉하여 참가 회기의 일정을 잡고 의뢰상황을 브리핑한다. 또한 팀은 가족에게 TSC 과정을 자세히 기록한 문서를 보낸다. 이로써 가족은 회의 이전에 정보를 검토하고 익힐 수 있다.

2단계 : 가족 참여

가족 참여회기 동안 자문의사는 가족이 걱정하는 부분을 파악하고, 아동의 일화에 대한 정보, 학교 성적표, 주간 행동 기록, 이메일 등의 정보를 얻는다. 이렇게 문제 영역을 정확히 인지한 뒤, 가족의 요구를 평가한다. 이 단계는 어떤 유형의 개입이 필요한지 그리고 학교 기반 개입이 적절한지 여부를 판단하기 위해 필수적이다.

3단계 : 두 가지 방식의 접근

이 단계에서 자문의사는 학교와 접촉하고 자문치료를 본격적으로 시작한다. 학생들의 다양한 요구에 따라 두 가지 자문 유형이 존재하는데, 이를 방식(mode)이라 한다. 두 가지 방식은 수집된 자료의 양, 학교의 협조 정도에 따라 결정된다. 지리적 요인(이스탄불 내 대 터키의 기타 지역 대 터키 외부), 학교 유형(공립 대 사립), 교내 이용 가능한 정신건강·특수교육 자원, 학교의 협력 개방성, 가족의 예약, 재정 상황, 문제의 심각성 등이 적합한 방식을 결정할 때 고려되는 주요 요소들이다.

방식 A는 통신기술(이메일, 전화, 스카이프, 유튜브 등)을 이용한 원거리 자문이다. 방식 B는 학교 방문을 통한 자문이다. 정보는 관찰을 통해 또는 교사나 행정가 면담을 통해 학교, 집 등 현장에서 바로 수집된다. 교사나 학부모가 체크리스트를 작성하고 학

표 19.1 TSC 1, 2단계에 대한 정보를 가족에게 제공하는 책자

TSC 과정
1. **의뢰** : 소아청소년 정신과의사에 의해 필요성이 결정된다. 환자 코디네이터가 일정을 잡는다.
2. **가족 참여** : 1회기
   - TSC 과정에 대한 요구와 개입의 적절성을 평가한다.
   - TSC를 자세히 설명한다.
   - 학생의 요구에 따라 3단계의 두 방식 중 하나를 가족과 함께 정한다.
     a) TSC 원거리 자문
     b) TSC 학교 방문

TSC 과정
3. **의뢰** : 소아청소년 정신과의사에 의해 필요성이 결정된다. 환자 코디네이터가 일정을 잡는다.
4. **가족 참여** : 1회기
   - TSC 과정에 대한 요구와 개입의 적절성을 평가한다.
   - TSC를 자세히 설명한다.
   - 학생의 요구에 따라 3단계의 두 방식 중 하나를 가족과 함께 정한다.
     a) TSC 원거리 자문
     b) TSC 학교 방문

생의 기록을 검토해 정보를 제공한다는 점은 두 방식 모두 동일하다. 두 방식 중 어떤 것으로 진행할 것인지 여부는 3단계에서 결정된다. 4~8단계 동안의 개입 정도는 물론 수집된 정보의 양 또한 방식에 따라 다르다. 얼마나 복잡하든 간에 두 방식은 8단계로 마치는 것을 목표로 한다. 이 8단계의 결론에 따라 각 방식은 후속 과정으로 이어진다. 따라서 어떤 방식을 추구하든 총 9단계로 마무리된다.

4, 5, 6, 7, 8단계 – A방식 : 원거리 개별 자문

A방식은 현장 방문과 현장 관찰 없이 원거리 자문을 통해 이루어진다. 가족 참여 회기가 완료되고 방식이 정해지면 자문의사는 학교와 접촉하는데, 이것이 3단계이다. 첫 번째 접촉 시 자문의사는 학생의 학교에서의 수행능력을 파악한다. 담임교사 또는 지도 상담사와 주로 접촉한다. 특히 담임교사의 의견을 중요하게 여긴다. 담임교사는 학생, 특히 저학년 학생의 전반적인 수행능력에 관한 정보를 가장 많이 가지고 있기 때문이다. 지도 상담사와 담임교사는 다른 교육 전문가의 개입이 필요할지에 대해 함께 의논한다. 지도 상담사는 자문의사가 가능한 많은 타 교사들과 대화할 수 있도록 준비한다. 이러한 담임교사와 지도 상담사의 역할은 학교가 제3의 지원자들을 얼마나 환영하는지

그리고 자문의사에게 어느 정도의 개입이 기대되는지 정하는 데 큰 역할을 한다. 이에 따른 학생의 수행능력에 대한 전체적인 그림을 얻기 위해 자문의사는 타 교사, 행정가, 교사 보조자들과 접촉한다.

일화 정보에 더해서 자문의사는 주요 과목(독해, 작문, 수학, 과학, 사회) 담당 교사에게 학생에 대한 표준화된 체크리스트를 채우게 한다. 만약 문제되는 부분이 특정 과목과 관련된다면, 그 과목(예 : 외국어, 체육)의 교사로부터 일화적이고 구조화된 정보를 얻는 것이 중요하다.

4단계에서는 가정교사, 코치, 재택교사, 직업 치료사, 언어 치료사 또는 기타 지원 전문가 등 학교 외부의 관련자에게서 추가 정보를 수집한다.

5단계에서는 수집된 정보를 정리하여 학생의 사례를 개념화한다. 자문의사는 학생과 시스템의 강점과 약점을 파악하고, 이를 고려한 몇 가지 가설을 세운다. 즉, 현재 상황에 개입하기 위한 전략을 짜는 것이다. 이 개입전략 및 가설과 관찰 등은 주간 팀 회의에서 논의된다. 팀의 정신과의사, 임상 심리학자, 소아과의사는 이에 대해 자유롭게 의견을 낸다. 회의를 마치고 나면 얻은 정보나 체크리스트 등 표준화된 측정 결과를 문서화한다. 또한 공통 문제 영역을 확인하며, 자세한 개입 전략을 기술하는 보고서를 만든다. 각 개입 전략은 특정 영역의 약점을 보완하기 위해 제시되었다. 한 문제당 최소 하나 이상의 대안적인 개입 전략을 제안한다. 개입 전략은 학교의 시스템과 업무량을 고려하여 설계된다.

6단계에서 가족은 처음으로 보고서를 검토하게 된다. 보고서에 대해 질의응답을 하고 문제 영역을 해소하는 데 효과적일지 검토한다. 가족 검토 후에는 필요한 부분을 수정한다. 이렇게 보고서가 마무리되고 가족에게 공유 및 승인되면 7단계에서 이메일을 통해 학교로 보낸다.

마지막으로 8단계에서는 지도 상담사 또는 담임교사와 직접 접촉하여 보고서에 관한 질의응답 시간을 가진다. 함께 보고서를 검토한 후 상호 동의하에 이행 계획을 세운다. 또한 추후 계획을 논의하고 향후 접촉 일정을 결정한다. 일반적으로 추후 통화는 이 과정 이후 2주차와 4주차에 하도록 권장된다. 한편 자문의사는 어떤 문제가 발생한다면 아무 때나 연락하도록 학교에 권고한다. 9단계에서는 8단계의 결론에 따라 추후 과정이 정해지는데, 이는 이 장의 뒷부분에서 자세히 논의할 것이다.

표 19.2 TSC 단계 3A에 대한 정보 책자, 가족용 : 원거리 자문

3.A. TSC의 원거리 자문 과정	지속기간
3.A.1. 학교로부터 정보 수집하기 • 학교에서 아동의 전반적인 수행능력에 관한 정보를 얻기 위해 학생과 관련된 모든 교사들과 이메일 교환 및 전화 통화하기 * 이 단계는 필요하다면 반복될 수 있으며, 얻은 정보는 매번 갱신한다.	2회기
3.A.2. 정보 종합하기 해당하는 경우에, 학생과 관련된 학교 외부의 기타 전문가들에게서 정보 수집하기	1회기
3.A.3. 평가, 개입 계획 설계 및 보고서 작성하기 • 얻은 정보를 정리하고 조직화하기 • 팀 회의에서 소아청소년 정신과의사와 정보 공유하기 • 문제되는 영역이나 행동을 기록하기 • 문제 영역 및 행동을 보완하는 개입 계획 설계 • 정보 수집을 위한 최초 접촉 이후 10일 내에 이 단계를 완료	3회기
3.A.4. 첫 번째 가족 피드백 세션 • 이메일을 통해 가족과 보고서 공유 • 질의응답 및 가족 피드백에 따라 수정본 만들기 • 요청 시, 병원에서 가족 피드백 회기 열기	1회기
3.A.5. 학교와 보고서 공유하기 가족의 허가를 받고, 이메일을 통해 학교에 보고서 수정본 보내기	(1회기, 청구 대상 아님)
3.A.6. 학교와 접촉하기 • 보고서 이메일을 보내고 1주일 뒤 학교와 접촉한다. • 개입의 이행에 관한 피드백을 얻는다. • 공동 활동 계획을 고안한다.	(1~2회기, 청구 대상 아님)

4, 5, 6, 7, 8단계 – B방식 : 학교 방문 및 직접 관찰

3단계 이전에 A방식의 적용이 어렵거나 임상의와 가족이 초반의 집중적인 개입을 원할 때 B방식을 적용한다. A방식과 달리 3단계에서 자문의사는 담임교사나 지도 상담사와 접촉하여 학교 방문 일자를 정한다. 이들은 학생의 문제에 대한 일반적이고 간략한 정보를 얻고, 방문 계획을 공식화한다. 계획에는 방문할 주요 수업, 학교의 관련 당사자들(교사, 행정가, 상담사 등)과의 직접 면담이 포함된다. 방문 일자는 핵심 수업이 있는 날로 잡는다. 초기 관찰은 정규 수업일에 이루어진다. 만약 특정 문제영역이 현장학습, 무대 리허설, 스포츠 연습처럼 정규 수업 이외에 존재한다면, 해당 날짜에 모두 참가하여 관찰하는 것이 권장된다.

방문은 수업일에 맞춰 시작되며, 한 번의 긴 휴식과 점심시간을 포함하여 최소 반나절 동안 이루어진다. 핵심·선택 수업시간, 휴식시간, (가능하다면) 자유시간, 점심시간 동안 관찰이 이루어진다. 담임교사, 선택과목 교사, 지도 상담사, 행정가와의 면담이 필요하다면 이 시간 안에 진행한다. 관찰자는 학교의 일정과 규정을 따른다. 하지만 필요한 모든 정보의 수집은 보장되도록 한다.

B방식의 4, 5, 6단계는 A방식 유사하다. 7단계에서는 학교와 통화해 보고서를 이메일로 보내도록 한다. 또한 피드백 회기가 될 학교-가족-병원 회의 일자를 정한다. 이는 학교에서 개최된다. 그 후에 보고서를 공유하여 지도 상담사와 담임교사가 회의 전 미리 검토할 수 있게 한다. 회의에서는 보고서뿐 아니라 학교 방문에 대해서도 논의한다. 이것이 8단계이다.

B방식의 8단계에서는 모든 관련자들이 보고서에 대해 논의한다. 학생의 수행능력에 관한 최신정보를 공유하며, 보고서의 최신 수정사항을 알린다. 질의응답이 끝나면, 세부 이행계획을 세운다. 이때 모든 관련자들, 즉 학교·가족·자문의사가 모두 동의해야 한다. 회의를 마치며 각 개인은 서로의 임무를 파악하고 이해하게 된다. 곧 있을 전화통화와 이메일 보고의 일정을 잡고 추후 계획을 짠다. 자문의사의 통상적인 역할은 주요 개입 전략을 강조하고, 이행 계획을 짜고, 교사에 대한 추후 지원이 필요한 영역을 확인하고, 지원을 제공하는 것이다. 또한 자문의사는 추후 계획을 이행하는데, 이에 대해서는 다음 부분에서 기술하겠다.

표 19.3 TSC 단계 3B에 대한 정보 책자, 가족용 : 학교 방문

3.B. TSC의 학교 방문 과정	지속기간
전화로 학교 방문 일자 정하기	
3.B.1. 학교 방문 • 핵심 및 선택 과목, 휴식, 점심시간 동안 직접 관찰 • 담임교사, 상담사, 선택과목 교사, 학생의 수행능력에 관련된 기타 모든 교직원과 만나기 • 필요하다면, 행정가와 만나기	5회기
3.B.2. 정보 종합하기 해당하는 경우에, 학생과 관련된 학교 외부의 기타 전문가들에게서 정보 수집하기	1회기
3.B.3. 평가, 개입 계획 설계 및 보고서 작성하기 • 얻은 정보를 정리하고 조직화하기 • 팀 회의에서 소아청소년 정신과의사와 정보 공유하기 • 문제되는 영역이나 행동을 기록하기 • 문제되는 영역이나 행동을 결정하기 • 문제 영역 및 행동을 보완하는 개입 계획 설계 • 정보 수집을 위한 최초 접촉 이후 10일 내에 이 단계를 완료	5회기
3.B.4. 첫 번째 가족 피드백 회기 • 이메일을 통해 가족과 보고서 공유하기 • 보고서를 공유한 후 1주 이내에 병원에서의 가족 피드백 회기. 보고서와 개입 계획을 자세히 검토한다. • 가족의 질문에 답하고 수정판 만들기	1회기
3.B.5. 학교와 보고서 공유하기 가족의 허가를 받고, 이메일을 통해 학교에 보고서 수정본 보내기	(1회기, 청구 대상 아님)
3.B.6 학교 – 가족 – 병원 피드백 회기 • 가족이 있는 자리에서 학교와 보고서 공유하기 • 어떤 개입이 가능하거나 불가능한지 판단하기 • 계획 이행에 있어서 역할 결정하기 • 추적관찰 계획 결정하기	2회기

표 19.4 TSC의 A방식에 대한 추적관찰

4.A.
추적관찰 과정
학교와 보고서 공유 이후 3개월의 지속기간

4.A.1 **능동적 추적관찰**	(2~4회기, 청구 대상 아님)

• 학교와 보고서 공유 이후 한 달간의 지속 기간을 포함한다.
• 개입 전략의 이행에 대한 피드백을 얻기 위해 미리 정해진 일정에 따라 학교와 접촉한다.

4.A.2. **두 번째 가족 피드백 회기**	1회기

• 학교-가족-병원 피드백 세션 한 달 뒤에, 개입의 효과를 논의하기 위해 병원에서 가족 피드백 회기를 개최한다.
• 이 회의에서의 요구 평가 결과에 따라
   a) 선택사항 3.B 학교 방문이 시작될 수 있다.
   b) 개별 회기는 '필요시' 개최될 수 있다.
   c) 사례 조정 단계로 이행될 수 있다.
   d) 가족과의 협력을 통해 새로운 계획이 이행될 수 있다.
   e) 수동적 추적관찰 기간을 시작할 수 있다.

4.A.3 **수동적 추적관찰**	(1~3회기, 추가 청구 대상 아님)

• 첫째 달의 능동적 추적관찰에 이어 둘째, 셋째 달에 이루어진다.
• 수동적 추적관찰 기간 동안, 정보 교환과 자문은(필요하다면) 이메일과 전화를 통해 지속된다.
• 수동적 추적관찰 기간 동안 적극적 개입이 필요하다면
   a) 선택사항 3.B 학교 방문이 시작될 수 있다.
   b) 개별 회기는 '필요시' 개최될 수 있다.
   c) 사례 조정 단계로 이행될 수 있다.
   d) 가족과의 협력을 통해 새로운 계획이 이행될 수 있다.

9단계 : 세 가지 측면의 추적관찰

병원은 피드백 세션이나 보고서 공유 이후 3개월간 이 의뢰에 대해 책임을 진다. 이 3개월 동안 학교-가족-병원 회의에서 합의한 대로 교사와 행정가가 개입을 이행하는지 추적 관찰한다. 문제 행동 빈도의 변화를 확인하고 아동의 학업 수행을 관찰하며, 기타 목표로 설정한 영역에서의 변화를 확인한다.

첫째 달은 '능동적 추적관찰' 기간이라고 불리는데, 이는 추적 관찰의 1단계이다. 이 기간 동안 자문의사는 정기적으로 학교와 접촉한다. 이와 더불어 전화 요청, 이메일, 추

표 19.5 TSC의 B방식에 대한 추적 관찰

4.B. 추적관찰 과정 학교와 보고서 공유 이후 3개월의 지속기간	
4.B.1 **능동적 추적관찰** • 학교와 보고서를 공유한 이후 한 달을 포함한다. • 학교 – 가족 – 병원 피드백 회기에서 결정된 추후 계획에 따라 이행된다. • 개입 전략의 이행에 대한 피드백을 얻기 위해 정해진 일정에 따라 학교와 접촉한다. • 가족과 정기적으로 접촉한다.	(2~4회기, 추가 청구 대상 아님)

4.B.2
두 번째 가족 피드백 회기
• 학교 – 가족 – 병원 피드백 회기 후 한 달 뒤, 개입의 효과를 논의하기 위해 병원에서
  가족 피드백 회기를 개최한다.
• 이 회의에서의 요구 평가 결과에 따라
  a) 개별 회기는 '필요시' 개최될 수 있다.
  b) 사례 조정 단계로 이행될 수 있다.
  c) 가족과의 협력을 통해 새로운 계획이 이행될 수 있다.
  d) 수동적 추적관찰 기간을 시작할 수 있다.
	1회기

4.B.3
수동적 추적관찰
• 첫째 달의 능동적 추적관찰에 이어 둘째, 셋째 달에 이루어진다.
• 수동적 추적관찰 기간 동안 정보 교환과 자문은(필요하다면) 이메일과 전화를 통해 지속된다.
• 수동적 추적관찰 기간 동안 적극적 개입이 필요하다면
  a) 개별 회기는 '필요시' 개최될 수 있다.
  b) 사례 조정 단계로 이행될 수 있다.
  c) 가족과의 협력을 통해 새로운 계획이 이행될 수 있다.
	(1~3회기,
	추가 청구 대상
	아님)

가 문서, 정보를 기꺼이 받아들이며 평가에 추가한다. 피드백은 정기적으로 학교와 가족에게 제공된다.

능동적 추적관찰의 결과에 따라 두 번째 피드백 회기는 가족과 함께하는 추적 관찰의 2단계로 개최된다. 이 회기에서 자문의사는 계획 이행의 효과와 학생들의 발전에 대한 감상을 가족과 나눈다. 또한 가족과 자문의사는 향후 두 달 동안 그들이 맺을 관계 양상을 정한다. 이것이 3단계, 즉 수동적 추적관찰 기간을 구성한다. 이 두 달간 학교와 가족은 필요할 때마다 비정기적으로 접촉한다. 보다 자세한 자문이 필요할 때에, 통화 혹은 이메일을 통해 추가 회기가 열릴 수 있다. 만약 수동적 추적관찰이 학생의 요구를 충족하지 못할 때(즉, 너무 많은 추가 회기가 필요할 때) 다른 접근이 선택된다. B방식이 이행되고 있지 않은 경우(즉, A방식만이 이미 시행된 경우) B방식으로 넘어가거나 사례 조정 단계를 취할 수 있다. 다른 대안으로는 프로그램의 효과가 손상되지 않는 선에서 가족에 의해 제안된 새로운 계획이 선택될 수 있다.

사례 연구 : 데릭 S.

여기서 우리는 시범 연도의 첫 사례들 중 하나를 소개하고자 한다. 첫 번째 사례는 프로토콜을 결정하는 데 있어서 핵심적 역할을 했었고, 현재까지 미래 지향점에 대한 가치 있는 정보를 제공하고 있는데, 이에 대해서는 다음 부문에서 다룰 것이다. 환자의 개인 정보보호를 위해 해당사항은 수정하여 기술하였다.

가을 학기가 끝날 무렵 데릭의 부모가 아들의 가정과 학교에서의 행동 문제에 대한 정신건강의학과적 자문을 위해 CAP(소아청소년 정신건강의학과 의사)의 진료실을 방문하였다. 데릭은 특정한 습관을 고집하고 방해받는 걸 싫어하며 사람들과의 대화에 몇 가지 단어만을 사용하는 습성이 있는 그리고 어떤 문제에 '꽂히면' 그냥 내버려두지 않는, 영리하지만 까다로운 아이라고 묘사되었다. 또한 데릭은 학교 적응에 문제가 있고 교실 지침에 따르지 않으며, 다른 아이들을 때리고 교육 커리큘럼을 제대로 수행할 수 없다고 하였다.

CAP는 데릭을 평가한 뒤 높은 불안을 지니고 있는, 감각 처리, 사회적 의사소통, 인지적 유연성, 자기조절 등의 영역에서 큰 어려움을 겪고 있는 매우 민감한 아이라고 설명하였다. 그러면서 그는 학업과 또래관계적 측면에서 데릭이 교실과 융화될 수 있는 가장 효과적인 방법에 대한 탐색과 자문을 구하기 위해 TSCT(Therapeutic School Consultation Team, 학교 자문치료 팀)에 의뢰하였다.

이후 TSCT는 학부모와 학교의 의사소통 문제와 오해를 투명하게 하기 위해 서로를 연결하였다. 부모의 보고에 따르면 학교는 데릭을 적응시키기 위해 필요한 조치를 취하는 데 무관심하였다고 한다. 그리고 학교 교장이 데릭을 반복적인 행동 문제를 구실로 교내 활동에서 제외시키면서, 그의 사회적 의사소통의 장애와 관련된 '부정적인' 진단의 결과를 암묵적으로 언급했다고 한다. 학부모는 학교 사무처에 주눅 들고 위축되는 느낌을 받았다고 한다. 한편, 반대의 입장인 교사의 보고에 따르면 교사들은 학부모가 문제를 부정하고 학교의 추천 사항과 요구를 지키지 않았다고 불평하였다.

TSCT는 우선 학부모와 접촉하여 학교와 연락하겠다는 허가를 요청하였다. 이후 학교에 전화와 메일을 통해 사전 정보를 얻고 나서 방문 일정을 잡았다. 곧 두 명의 전문가(교내 심리사와 일반 심리상담사)가 학교에 방문하여 데릭의 교내 카운슬러와 면담을 시작하였고, 이후로 그의 담임 교사와의 만남과 여러 교실 및 운동장에서의 관찰, 학교 행정 관리자와의 면담 등이 이어졌다. 그리고 교내에서, 수업 시간에서, 운동장에서, 특별 활동과 식사 시간 등을 포함한 모든 인터뷰 과정에서 데릭의 학업적·사회적·행동적·정서적 기능에 관한 정보를 획득하였다.

우리는 학교 방문에서 교직원에게는 우리의 신원을 알렸으나, 학생들에게는 교실 방문객이라고만 소개되는 방식으로 신원을 숨기고 관찰하는 방식을 사용하였다. 우리는 여러 학교 관계자들에게 청취한 일화적 내용을 서술함과 더불어 동시에 직접 관찰한 내용을 함께 기록하였다. 비록 우리는 교실을 전체적으로 관찰하였음에도 초점은 일차적으로 데릭에게, 이차적으로 교사들에게 맞추었다.

학교 방문이 종료된 뒤로는 자문의사들이 관찰 자료를 분석하였다. 문제가 있는 부분은 교사들의 보고서와 더불어 관찰 데이터에 근거하여 정립되었다. 종합적으로 교사들은 총 12개 영역에서 문제가 있다고 보고하였다. 이에는 다른 친구를 때리는 행동, 지시 불이행, 특별 활동과 변화에 대한 저항, 자신의 머리를 때리는 것과 같은 반복적인 자해 행동, 부족한 또래관계, 언어학습 활동의 미흡, 초등학교 수업을 위한 전반적인 함량 미달 등이 해당되었다. 이는 글상자 19.2에 세부적으로 제시되어있다.

이렇게 많은 문제를 한꺼번에 다루는 것이 어렵기 때문에, 우리는 학교 생활에서 급한 부분에 초점을 두고 목표 우선순위를 정하였다. 영역을 두 가지로 나누어 '1차 목표 그룹'과 '2차 목표 그룹'으로 명명하였다. 1차 및 2차 목표 그룹 모두에서 각각의 문제를 다루는 보고와 추천사항을 구성했다. 비록 이런 행동들이 다양한 정신병리적 상태와 관련되어있을 수 있지만 이렇게 그룹화하는 것은 일상 기능에 미치는 영향과 맥락을 고려한 우선순위(스스로 또는 다른 아이의 안전에 영향을 주는 행동 같은)로서의 행동을 구분하기 위함이다. 정신병리적 진단은 그 기전을 이해할 때 필요한 것이다.

이후 이 보고를 피드백 회기 동안 가족과 함께 공유하였다. 이것은 우리가 다룬 첫 번

글상자 19.2 교직원이 보고한 학교에서의 문제점에 대한 재구성

학교에서 문제가 되는 사항에 대한 기술

면담과 관찰을 통해 얻은 정보를 근거로 학교에서 데릭의 학업적·행동적·사회-정서적 기능을 방해하는 우선적으로 고려해야 할 행동을 묘사할 수 있다. 이러한 세부 사항은 치료적 개입을 통해 수정해야 할 목표 행동을 밝히는 지침이 된다.

1. 교실에서 샘에 대한 부적절한 상호교류
2. 운동장에서 다른 아동들을 때림
3. 언어 수업 동안 지시를 따르기 어려워함
4. 일상의 반복에서 자발적인 변화를 어려워함
5. 특별 활동에 적응하기 어려워함
6. 장시간 어떤 활동에 몰두하거나 자리에 앉아있기와 같은 지시를 따르기 어려워함
7. 반복적인 자해 행동
8. 급우들이 데릭의 평범하지 않은 행동을 목격할 때 학급 내에서 이루어지는 사회적 낙인
9. 영어의 일정하지 않은 문법에 인내하지 못하거나 이름의 철자를 전부 쓰는 것을 꺼려함
10. 초등학교 수준의 성취도
11. 쓰기 활동을 어려워함
12. 학교에서 모든 사람들과 영어로만 이야기하려는 것[18]

째 TSC 사례들 중 하나였으며, 따라서 그런 접근 모형은 여전히 진행 중인 상황이었다. 가족 피드백 회기는 학교에서 벌어지는 상황에 대해 가족들의 관점을 경청하고 학교에서 데릭을 가장 잘 지원하기 위해 할 수 있는 것이 무엇인지에 관련된 우리의 생각을 나누는 것으로 구성되었다. 그런 후에 가족에게 집에서 보고를 재검토한 다음에 적절하다고 생각되는 어떤 변화든지 제안하도록 안내하였다. 가족이 보고를 검토한 뒤에는 이

글상자 19.3 개입이 필요한 목표 영역에 대한 기술

치료적 개입의 효율성을 증가시키기 위해 우리는 학교가 좀 더 긴급한 행동들을 우선 다루고, 덜 긴급한 행동은 2차적으로 다루어야 한다고 제안한다. 이 보고의 목적에 부합하도록 우리는 좀 더 긴급한 행위를 '1차 목표 그룹'으로, 상대적으로 우선순위가 덜한 행위를 '2차 목표 그룹'이라고 부를 것이다.

우리의 견해로는 '교실에서 샘에 대한 부적절한 상호교류', '운동장에서 다른 아동들을 때림', '언어 수업 동안 지시를 따르기 어려워함', '일상의 반복에서 자발적인 변화를 어려워함', '특별 활동에 적응하기 어려워함', '장시간 어떤 활동에 몰두하거나 자리에 앉아있기와 같은 지시를 따르기 어려워함', '반복적인 자해 행동'(1~7항목)을 '1차 목표 그룹'으로 간주하였고 나머지 행동(8~12항목)은 '2차 목표 그룹'으로 차후에 다루는 것이 적절하다고 보았다.

---

18 역주 : 터키의 사례임을 참조

것을 학교와 공유하여 학교-가족-진료 피드백 회기의 일정을 잡도록 하였다. 이런 회기가 진행되는 동안 우리는 보고된 위험 행동과 우리가 다루기 적합하다고 보이는 목표 행동에 대한 검토를 하였고, 어떤 전략이 학교에서 정착되기 타당할지 의논하였다. 우리는 데릭의 행동을 다섯 가지 목표 영역에서 1부터 5까지의 리커트 척도를 통하여 평가하여 한 주 단위로 통지표를 작성하는 시스템을 기획하였다. 통지표는 '1차 목표 그룹'에 속하는 것으로 분류하였던 일곱 가지 행동 중에서 다섯 가지를 선택하였다. 이 표는 행동 강화 시스템으로 사용되는 것이 아니라 교사, 가족, 진료소가 데릭의 경과를 관찰하는 용도이다. 추가적으로 학교는 언어 수업 중 데릭을 1:1로 전담-보좌할 별도 인력의 필요성을 강조하였고, 가족은 학교에서 적합한 '전담 교사'를 찾아주도록 요청하였다.

추후 방문 기간 동안에는 매일의 행동평가에 대한 주간 보고 카드를 검토하였고, 전담 교사를 선택하는 과정이 면밀하게 모니터링되었다. 우리는 경과관찰 차트를 만들어 각 주간 보고서 카드의 결과를 그래프로 기록하였다. 그리고 첫 8주의 과정이 마무리될 때 이 그래프를 학교와 공유하였다. 이 시기 동안 뚜렷한 진전은 없었다. 이에 우리는 평가 척도를 채택하여 목표 행동에 대해 높은 점수를 얻을 수 있는 문턱을 낮추었다. 비록 이런 차트를 데릭과 공유하여 행동을 강화할 수 있는 도구로 사용하지는 않았지만, 단순히 그의 경과를 관찰할 목적으로 그의 학부모와는 공유하였다. 이 시기 동안 학교는 남아있는 문제에 대하여 더 이상 임상적인 자문을 하지는 않았다. 하지만 가족은 데릭이 학교에 등교함으로써 발생하는 문제를 다루고 이후의 초등학교 과정을 이행하는 데 있어서 자문의사의 지원을 계속 원했다. 학교는 이러한 협력에 대하여 긍정적인 태도를 유지하였다.

이 사례는 우리가 모형을 완벽하게 하는 과정의 시범 사례 중 하나였다. 실제로 우리는 이 사례의 긍정적이고 부정적인 결과로부터 많은 것을 배웠으며 그에 따라서 모형을 변경해갔다. 데릭이 연중 내내 학교에서 기능할 수 있도록, 그리고 이후의 초등학교 과정에서도 지원을 지속적으로 필요로 하였기에 이 사례는 지속적인 사례 조정을 담당했던 경우이다.

데릭의 경우에서 우리의 역할은 교내 환경에서 직접 관찰하기, 새로운 기술과 전략을 교사들에게 알림으로 데릭을 돕는 데 더 나은 해법을 찾도록 협력하기, 가족과 학교

글상자 19.4   TSC 보고서의 제안 사례

운동장에서

1차 목표 그룹

1. 운동장에서 데릭의 활동 영역을 좀더 명확히 규정하고 지정해야 한다.
2. 그의 행동을 보다 잘 관찰하기 위해 두 가지 활동 선택사항 중 하나만을 선택하여 활동할 수 있도록 하고, 좀 더 활동 영역을 제한하는 것이 그에게 도움이 될 것이다. 예를 들어, 첫 번째 운동장 휴식시간에는 데릭에게 '롤러스케이트 타기' 또는 '트램펄린에서 뛰기' 중 하나를 선택하도록 권할 수 있다.
3. 데릭을 일대일로 감시하는 대신에, 휴식시간 동안 데릭이 머물게 될 지정 영역(즉, 그가 선택한 활동을 하게 될 영역)을 한 명의 교사가 감독할 수 있다.
4. 휴식시간 동안 데릭이 한 가지 활동만을 유지하도록 하기 위해 그의 수학 능력과 반복되는 상동 행동적 성향을 이용할 수 있겠다. 그에게 휴식시간 동안 특정한 행동을 특정한 횟수만큼 수행하는 것이 과제라고 말해줄 수 있다. 예를 들어 만약 그가 운동장 시간 동안 롤러스케이트를 타기로 했다면, 그의 과제는 '스케이트를 타고 다리 아래로 25번 지나가기'가 될 것이다. 이런 방식으로 데릭을 과제에 머무를 수 있게 한다.
5. 데릭에게 특정 과제를 완수하면 보상을 받을 것이라고 알려준다. 데릭이 보상으로 간주할 수 있는 것을 선택하는 것이 중요하다. 보상은 금전적인 가치를 지닐 필요는 없으며, 데릭 스스로 가치 있다고 느끼는 것이면 된다.
6. 데릭의 반복행동과 관련된 자해를 방지하기 위해 대안적 행동을 해보도록 지도한다. 이것은 그가 파괴적인 반복행동을 중단하고 건설적인 대안행동으로 전환을 시작하는 데 도움이 될 것이다.

2차 목표 그룹

1. 데릭과 샘이 함께하는 문제를 다루기 위해 일단 데릭에게 누구와 어울릴지 선택권을 줄 수 있다. 선택권은 두세 가지로 제한하고 샘을 포함시키지 않는 것이 최선이다.
2. 데릭의 반복행동적 성향을 이용하여 장난감 회수하기, 낙엽 쓸기, 지정된 장소에 장난감 되돌려놓기 등과 같은 생산적인 활동들을 과제로 부여한다.
3. 때때로 데릭이 과도하게 긴장하거나 매우 비‒순응적일 때는 신체적 접촉(껴안기, 쓰다듬기, 어깨를 가볍게 두드리기, 또는 단순하게 가까이 있어주기 등과 같은)이 그를 진정시키는 데 도움이 될 수 있다.

가 서로 협력하도록 지원하기 등이 포함되었다. 우리의 목적은 정신건강서비스를 제공하고 전문적인 외부 협력자로서 지원을 제공하는 것이었다. 우리는 가족이 학교 체계에 상호 작용하도록 돕고 아이가 이후의 초등학교 과정을 이행하도록 돕는 교내 사회사업가의 역할을 수행하였다. 또한 교내 심리상담사 역할을 통해 직접적으로 행동을 관찰하고, 개입하며, 그 경과를 모니터하였다.

이번 경험에서 얻은 가장 중요한 교훈 중 하나는 TSC를 목적으로 하는 특별화된 초기 세션을 수행해야 한다는 것이었다. 전형적으로 우리의 진료에 내원하는 가족들은 이 서비스가 여타 다른 서비스들과 잘 연계된 것으로 간주한다. 따라서 소아청소년 정신과의사의 진단적 절차의 일환으로, 가족들은 매우 상세한 면담 과정을 거친다. 이러한 과정에서 가족들은 추가적인 정보를 제공하는 것이 반복된다고 여길 수 있으며, 이처럼 다른 곳에서 배경 정보를 제공하는 것이 꺼려질 수 있다. 그럼에도 불구하고 병원에서의 정신과 환자의 진료와는 다르게 교내에서 진행되는 작업의 특성상 학교를 방문하기 전에 가족과 학교 사이의 관계, 가족의 요구와 기대, 출발점에 대한 초기 가족 면담 회기를 갖는 것이 필수적이다. 가족과 학교가 우리의 시스템 과제를 지키고 따르도록 하는 과정은 민감하고도 섬세한 경계를 긋는 작업이 요구되는데, 이는 학교와 접촉하기 전에 가장 잘 평가할 수 있다.

이런 과정에서 우리는 항상 가족 측과 학교 측 모두에게 '진단과 치료계획을 목적으로 하는 의학적 자문'과 '행동문제를 포함한 확인 가능한 여러 문제점들을 개선하는 것뿐만 아니라 아이의 삶에 연결된 모든 그룹의 소통과 협력을 증진해야 하는 학교자문치료' 간의 차이에 대해 설명하였다.

결론 및 향후 방향

TSC 모델은 여전히 꽤 새로운 분야이기에 우리의 첫 번째 목표는 학교에서의 작업에서 우리의 역할과 기능에 대한 정의를 확고히 하는 것이다.

두 번째로 우리는 가족이 그들의 자녀를 위하여 최상의 서비스를 요구할 권리를 갖도록 지원하고 싶다.

다음으로 우리는 학교가 학생들을 더 잘 지원하기 위해 더 나은 도구, 전략, 기법, 자원을 갖추도록 돕고 싶다. 학생이 교내에서의 기능적 적응과 학습을 하는 데 있어서 교사가 중요하고 중추적인 역할을 한다. 교사가 부담을 느끼면, 이는 터키에서 공립 및 사립 학교 모두에서 흔히 발생하는 일인데, 혁신적인 아이디어를 내놓는 열정과 용기를 잃어버리게 되고, 새로운 전략과 대안적 접근을 취하는 것이 더 어려워진다. 우리는 도움이 필요한 아동을 돕는 데 교사들이 한걸음 더 노력할 수 있는 여유를 갖도록 지원하고 싶다.

비록 우리가 TSC의 대부분을 터키의 가장 큰 도시인 이스탄불과 우리의 진료소가 위치한 도시에서 주로 시행해왔으나, 우리의 목표는 이러한 서비스를 보다 제한된 정신보건 서비스 인력을 갖춘 학교 및 기타 정신건강의학과 의사 또는 심리 상담사와 협업해

본 전례가 없는 학교에까지 확장하는 것이다.

우리의 주된 목표는 학교가 우리의 모델을 잘 이행하도록, 즉 학생의 기능에 대하여 대부분 자신의 전반적인 '느낌'에 근거하는 교사에게서 얻은 정보에 의존하기보다는, 밀접하고 실증적으로 학생의 경과를 관찰할 훈련된 인력을 갖추도록 도와 학교 자체적으로 편향되지 않는 관찰을 시행하고, 교실에서 발생하고 있는 문제에 대한 대안적 해법을 만들어가도록 돕는 것이다. 이것은 외부의 임상가들이 향상된 학교 기반 정보에 근거하도록 하여 보다 나은 진단적·치료적 서비스를 제공할 수 있게 할 것이다.

한편 '외부의' 임상가는 학교와 작업을 하는 데 있어 보다 효과적인 치료를 제공하고 상황에 대한 폭넓은 이해를 가질 수 있도록 기술을 증진해야 한다. 우리의 동료 중 하나는 아이의 최선을 위한 학교 및 학부모와 협업하는 방식에 대하여 전국의 여러 소아청소년 정신건강의학과에서 '순회' 워크숍을 시행하고 있다. 비록 이런 교육적 노력의 영향에 관해 아직 아는 것은 없지만, 우리는 또한 학교 관계자가 '외부의' 임상가와 협업하는 데 필요한 기술을 제공하는 유사한 워크숍을 개발하였다.

마지막으로, 학교와 작업한 경험에 의하면 임상 팀, 학부모, 학교 간에 상호 소통적인 협업 관계가 확립되지 않으면 임상적인 권고사항과 개입들이 실제 현장(학교 생활, 교실 등)에서 그 길을 찾을 수 없다는 것이다. TSC를 '방법'적인 면에서 공식화하는 데 있어서 우리의 목표는 임상적 권고사항 및 공식들과 치료법들이 필요함을 강조하고 이것이 아이들의 사회적·학업적·행동적인 기능을 개선함으로써 삶에 긍정적 영향을 주도록 하는 것이다. 만약 우리가 단지 증상의 감소만을 목적으로 하거나 '외부의' 임상 작업에 기능을 국한한다면 이것은 성취하기 불가능한 목표가 될 것이다.

우리는 전 세계의 독자들이 자체적인 TSC 방법을 적극적으로 공유하면서, 결과적으로 아이들의 이익 증진을 위한 협업 관계를 형성할 수 있도록 이 장에 기여하기를 권장한다.

참고문헌

De Los Reyes, A., & Kazdin, A. E. (2004). Measuring informant discrepancies in clinical child research. *Psychological assessment*, 16(3), 330.

De Los Reyes, A., & Kazdin, A. E. (2005). Informant discrepancies in the assessment of childhood psychopathology: A critical review, theoretical framework, and recommendations for further study. *Psychological Bulletin*, 131(4), 483.

Güler, A., Scahill, L., Jeong, S., Taskin, B., Dedeoglu, C., & Yazgan, Y. (2011). Use of multiple informants to identify children at high risk for Attention Deficit Hyperactivity Disorder in a school sample in Turkey. Poster presentation at the Annual Meeting of AACAP.

Ministry of National Education Turkish Statistical Institute. (2013) *National education statistics: formal education 2012-2013*. Republic of Turkey Ministry of National Education.

The Official Gazette, Ministry of National Education guidance and psychological counseling services regulation. Number: 24376. April 17, 2001. Prime Ministry Printing House.

The Official Gazette, Ministry of National Education guidance and psychological counseling services regulation: amendments.

Number: 27169. March 14, 2009. Prime Ministry Printing House.

The Official Gazette, Changes in the special education services regulation. Number: 28360. July 21, 2012. Prime Ministry Printing House.

Rettew, D. C., Oort, F. V., Verhulst, F. C., *et al.* (2011) When parent and teacher ratings don't agree: The Tracking Adolescents' Individual Lives Survey (TRIALS). *Journal of Child and Adolescent Psychopharmacology*, 21(5): 389-397.

Wolmer, L., Laor, N., Dedeoglu, C., Siev, J., & Yazgan, Y. (2005). Teacher-mediated intervention after disaster: A controlled three-year follow-up of children's functioning. *Journal of Child Psychology and Psychiatry*, 46(11), 1161-1168.

Wolmer, L., Laor, N., & Yazgan, Y. (2003). School reactivation programs after disaster: Could teachers serve as clinical mediators?. *Child and Adolescent Psychiatric Clinics of North America*, 12(2), 363-381.

Wolraich, M. L., Lambert, E. W., Bickman, L., Simmons, T., Doffing, M. A., & Worley, K. A. (2004). Assessing the impact of parent and teacher agreement on diagnosing attention-deficit hyperactivity disorder. *Journal of Developmental & Behavioral Pediatrics*, 25(1), 41-47.

우크라이나의 학교 및 지역사회 청소년 정신건강 증진 전략

Nataliya Zhabenko, Olena Zhabenko

개요

우크라이나는 유럽에서 두 번째로 큰 나라이고, 2012년 8월 기준 인구는 4,600만 명이다. 우크라이나는 지금도 1960년대 중반 이후의 구소련의 경기침체와 1986년 이후의 페레스트로이카(Perestroika) 등 다수의 개발 위기 상황이 가져온 1991년 구소련의 붕괴와 1998년의 러시아 금융 위기, 2004년 우크라이나의 오렌지혁명(Orange Revolution)의 여파에서 회복 중에 있다(Samokhvalov et al., 2009). 세계은행은 우크라이나를 중하위임금 국가로 분류하고 있으며, 인구의 약 1/3이 현재 절대빈곤층으로 1인당 1일 2.15달러(미국) 이하로 생활하고 있다(WHO, 2005). 표 20.1은 우크라이나의 전반적인 상황을 보여주는 통계치들이다(WHO, 2012). 우크라이나와 구소련의 이러한 정치적·경제적 위기는 우크라이나에 정신건강을 포함한 보건시스템에 상당히 부정적인 영향을 끼쳤다. 이러한 문제에 접근하려는 실질적인 노력이 현재 시작되고 있으며, 이 노력들에는 학교를 기반으로 한 정신건강 증진 프로그램의 개발과 지원이 포함되어있다. 이 장에서는 학교와 지역사회의 청소년을 위한 현재 우크라이나의 정신건강 증진 전략을 설명하고 있다.

School Mental Health: Global Challenges and Opportunities, ed. Stan Kutcher, Yifeng Wei and Marc D. Weist.
Published by Cambridge University Press. © Cambridge University Press 2015.

표 20.1	우크라이나	
총인구		45,530,000
1인당 국민 총소득(달러를 기준으로 한 구매력 지수)		7,040
출생 시 남/여의 기대수명(년)		65/76
5세 이하 사망 가능성(출생 영아 1,000명당)		11
15~60세 남/여 사망 가능성(인구 1,000명당)		310/120
1인당 총의료비 지출(달러, 2011년 기준)		528
GDP 대비 의료비지출 비율(%, 2011년 기준)		7.2

우크라이나의 정신건강의학의 역학

전 세계적으로 어린이와 청소년들이 정신적인 문제를 겪고 있는 정도는 놀랄만한 수준인데, 일생 중 청소년기(12~25세)에 정신질환을 겪는 비율이 약 20%에 이른다(WHO, 2001). 우크라이나의 통계자료도 세계적 통계치와 비슷하기는 하나, 지난 수십 년간에 걸쳐 정신질환의 비율은 증가하고 있다. 우크라이나에서 정신질환의 비율은 20.5%(95% CI = 17.7-23.2)인데, 이는 유럽에서 가장 높은 비율을 보이는 국가 중 하나로 분류된다. 스페인(9.2%; 7.8-9.6), 독일(9.1%; 7.3-10.8), 이탈리아(8.2%; 6.7-9.7), 벨기에(12.0%; 9.6-14.3). 우크라이나의 보건부(Ministry of Health)에 따르면, 어린이 4~5명 중 한 명은 최소한 한 가지의 정신질환을 가지고 있으며, 5명 중 한 명은 행동장애 혹은 인지적 장애, 정서적 장애를 가지고 있고, 8명 중 한 명은 만성적 정신질환을 진단받고 있다(UA Reporter, 2008). 우크라이나의 연구자들은 아동 및 청소년들에 있어서 가장 큰 정신건강 문제는 정서적 불안, 일탈 행동, 사회 부적응이라고 결론지었다(Gura, 2008). 그러나 청소년들에 있어 가장 심각한 문제 중 하나는 증가되는 약물중독이다. 가장 흔한 불법 약물은 마리화나와 엑스터시이다. 무작위로 우크라이나의 여러 지역에 거주하는 15~34세 인구 1,800명을 대상으로 조사했을 때, 이들 중 32%는 12~16세에 처음으로 불법 약물을 접한 것으로 나타났다(European Monitoring Centre for Drugs and Drug Addiction, 2010). 우크라이나의 지역 중 한 곳인 드네프로페트로프스크에서 이루어진 최근 역학 연구에 의하면 정신질환은 질병과 관련된 부담의 원인 중 세 번째

표 20.2 2012년 기준 우크라이나 지역별 아동 및 청소년 정신질환자(F00-F09, F20-F99) 수(명)

체르카시	875	루츠크	468
체르니기프	1,325	리비프	2,595
체르니프치	419	무꼴라이프	661
크림반도	1,525	오데사	1,760
드네프로페트로프스크	1,716	폴타바	983
도네츠크	2,594	리브네	691
이바노프란코프스크	991	수미	748
하르키프	1,857	테르노폴	869
헤르손	1,510	우주호로트	838
흐멜니츠키	787	빈니차	1,038
키호보흐라드	723	자포리자	1,011
키예프	1,039	지토미르	189
루한시크	1,624		

를 차지했다(Vashchenko et al., 2012).

2012년 한 해 동안 우크라이나의 여러 지역에 거주하는 아동과 청소년의 정신질환 수치는 표 20.2에 나와 있는데, 그 수치는 체르니프치 지역의 경우 419명으로 시작하여 리비프 지역의 경우 2,595명에까지 이른다.

우크라이나의 정신건강 관리 시스템

우크라이나는 독립에 앞서 구소련(USSR)의 정신건강 관리 시스템을 그대로 채택했다. 이 시스템은 아동과 청소년의 정신건강을 관리하는 데 효과적이지 못했으며, 만성적인 재정 부족 상태였다(Martsenkovsky, 2011). 현재 우크라이나의 정신건강 관리 시스템은 대체로 전문화된 2차, 3차 치료에 집중되어있으며, 1차적 치료나 예방에 초점이 맞춰져 있지는 않다. 현재 서유럽과 북미의 기준과 비교해봤을 때, 현재의 아동 및 청소년에 대한 심리 치료는 구시대적이고, 오래된 정신 병원의 치료 방법과 구소련의 권위주의적인 전통을 따르고 있다(Martsenkovsky, 2011). 2009년 기준 약 5,000명의 정신건강의학과 전문의(우크라이나에서 별도의 수련과정을 거친)와 중독치료 전문가가 있었으며, 500명 이상의 소아정신건강의학과 전문의가 있었다(Martsenkovsky & Ougrin, 2009). 소아청 소년 정신건강의학과 전문의의 숫자는 2010년 521명에서 2011년 512명, 2012년 498명 등으로 매년 감소하고 있다. 게다가 우크라이나의 의과대학에는 소아청소년 정신건강의 학과는 없는 상태이고, 우크라이나의 아동정신건강의학 분야에는 전공의 수련 프로그 램도 없다. 그 대신 일반 정신건강의학과 인턴과정을 거친 후 6개월의 수련기간을 마치 면 아동정신건강의학과 전문의 자격증을 취득할 수 있다. 정신건강 관리 기관이나 교육 기관에서 아이들이 보이는 근거 중심의 치료를 제대로 받지 못한 채 행동장애의 문제를 보이거나, 혹은 향후 행동장애 문제로 발전할 가능성을 보이는 아동들을 소아과 전문의 들은 자주 발견하게 된다(Kazak, 2010). 우크라이나 정부에서는 아동과 청소년 그리고 가정생활을 지원하는 사회복지 사업들을 운영하고 있으며, 이 사업들은 건강한 삶을 영 위할 수 있는 기술을 알려줄 책임이 있다. 최소한 두 가지 형태의 사회복지 사업을 생각 해볼 수 있다. 복지센터들과 복지관련 모바일 지원 시스템이 그것들이다. 이들 복지서 비스에는 개인 및 단체 상담, 강의, 회의, 워크숍, 비디오 보급, 야외활동, 여름캠프에 서의 불특정 다수를 대상으로 한 예방적 검사, 정신건강 증진 및 정신건강 자료의 보급 등이 포함될 것이다. 예방적 차원의 활동은 주로 약물 혹은 알코올 관련 문제의 예방에 초점을 맞추고 있다. 2010년의 경우 1만 3,685명의 아동과 청소년이 468가지의 사회 복지 관련 모바일 서비스와 접촉했다(European Monitoring Centre for Drugs and Drug Addiction, 2010). 그런데 우크라이나에서는 이용할 수 있는 사회복지 시설에 대한 사람 들의 인지도가 낮고, 그런 시설들을 이용할 수 있는 기회가 적다는 사실에도 주목해야 한다(European Monitoring Centre for Drugs & Drug Addiction, 2010).

우크라이나는 국제 소아청소년 정신건강의학회(International Association for Child and Adolescent Psychiatry and Allied Professions)에 정회원으로 가입되어있고, 이것은 이 나라에서 아동 및 청소년 정신건강 분야에서의 아동정신건강의학의 역할이 커지고 있다 는 점에서 희망적인 진전이라 할 수 있다. 우크라이나의 신경과학회 내의 소아 정신건 강의학 분과(the section of Child Psychiatry of the Scientific Society of Neurologists), 정신건강의학과 전문의, 중독 전문의들은 영국, 폴란드, 미국과 협력하여 아동의 정신건강 관리 시스템을 개혁하려고 계획하고 있다(Martsenkovsky, 2011).

우크라이나에서의 학교 및 지역사회의 정신건강을 위한 사회적 기반

우크라이나의 보건당국은 우크라이나의 의료체계가 합리적이지 못하여 재정비해야 하며, 아동 및 청소년의 정신건강 문제는 국가의 큰 경제적 부담이 되고 있다는 보고서를 냈다(Design Concept for improving mental health care for children in Ukraine, 2012). 그 결과 우크라이나의 정신건강 향상을 위해 다음과 것들과 같은 많은 국가정책과 국제적 정책이 정부에 의해 도입되었다.

- 유엔 아동 인권 조약(UN Convention on the Rights of the Child, 1989)
- 우크라이나의 '아동 보호법'(Protection of Childhood, Supreme Council of Ukraine, 2001). 이것은 아동의 생존, 건강, 교육, 사회적 보호, 성장 및 발달 등 전반적인 아동의 권리를 보장할 목적으로 제정한 우크라이나 정부가 정책적으로 최우선시하는 법안이다.

2011년 우크라이나의 대통령은 정신건강 관리 시스템을 개혁하겠다는 정치적 결정을 내리고, 그해 12월 대통령령 1163조(2011년)를 선포했다. 이 법안은 '학생들의 정신건강 상태를 향상시키고, 반사회적 행동 및 학대를 예방하며, 학생들의 사회성 및 적응력을 키워줄 수 있는 학교 단위의 예방 프로그램 개발과 시행'을 촉구하는 첫 구절의 시작에서 보이는 것처럼 정신건강의 증진과 정신질환 예방의 중요성을 강조하고 있다 (Design Concept for improving mental health care for children in Ukraine, 2012).

한편 우크라이나에서는 교육자들뿐만 아니라, 연구원들, 의료 종사자들(정신건강의학과 전문의, 심리학자), 사회복지사들은 사회 전반에 걸친 높은 수치의 정신질환자 수와 성인 정신질환자의 약 50%가 14세 이전에 증상이 시작되었다는 사실 때문에 정신건강의 증진과 정신질환의 예방을 위해 상당히 노력해오고 있다(Atlas : Child and Adolescent Mental Health Resources, 2005). 최근 교사들을 대상으로 한 설문 조사에서 교사들 중 28%가 학생들의 약물사용의 위험과 위해에 대한 충분한 지식을 가지고 있지 않다는 생각을 가지고 있는 것으로 나타났다(European Monitoring Centre for Drugs &

Drug Addiction, 2010). 이러한 결과는 정신건강 증진을 위한 프로그램을 개선하는 것이 얼마나 중요한지를 강조해주고 있다.

청소년층의 정신건강의 필요성이 확인되었고, 이러한 필요성을 지원하는 정책들이 만들어지고 있으며, 이런 분야에서 활동을 시작한 몇몇 사설기관이나 공공기관은 있기는 하지만, 정신건강 증진 및 정신질환 예방을 관장하는 우크라이나 정부 차원의 조직체는 없다. 예를 들어, 중등학교에서는 상담 교사들(심리 전문가)이 청소년의 심리 상태를 진단하고, 자신들이 발견한 사실들에 대한 문서를 작성하며, 필요한 경우 정신건강상의 문제나 장애를 가진 학생들을 정신건강의학과 전문의에게 의뢰하는 훈련을 받는다. 이러한 과정들은 교실에서 실시되는 심리 상태에 대한 집단검사를 통해 이루어지며, 개별적 검사가 이루어지는 경우는 드물다. 그리고 개별검사가 이루어지는 경우에는 교사와 상담교사가 협력하게 된다. 상담교사들은 또한 이 정도 수준의 관심이 필요하고 효과적일 수 있다고 판단되는 경우에는 직접적으로 개입하여 치료를 실시하기도 한다. 학교 차원에서의 정신건강 증진 프로그램에는 학생들에 대한 일반적인 강의와 교육, 약물남용 및 위험한 행동의 결과 등에 대한 토론 활동도 포함된다. 그러나 이러한 종류의 프로그램은 자발적으로 참여하는 학생들을 대상으로 한다. 우크라이나의 교육부는 학생들의 정신건강을 지원하고, 행동장애 및 정서장애를 예방하기 위한 심리교육을 모든 학생들에게 실시하기 위해 학교교육과정에 매월 정기적인 정신교육(psychoeducation)을 실시할 것을 권고하고 있다. 학교 단위의 정신건강 지원 서비스에는 다음과 같은 것들이 포함되어있다.

- 아동 및 청소년 대상 진담검사 및 심리검사 : 학습능력 및 발달 정도에 대한 평가
- 행동 교정 : 다양한 병리학적 행동과 범죄 성향의 수정을 목표로 하는 정신교육
- 일상생활로의 복귀 : 자연재해 등을 포함한 여러 원인에 의해 정서적·사회적 스트레스를 받고 있는 아동과 청소년들에 대한 심리치료 및 교육 지원
- 예방활동 : 성격 발달, 대인 관계, 대인관계에서의 갈등, 기타 정신사회적 스트레스에서의 초기 이상 징후의 평가
- 심리학적 전문지식 : 새로운 교육방법과 기술에 대한 평가 및 학교에서의 적절한 적용을 위한 혁신(Regulations on the psychological service in the educational system of Ukraine, 1993).

우크라이나의 초중등 교육현장에서는 청소년의 정신건강 증진과 예방적 전략을 지원하기 위해 함께 노력하고 있다. 교사들은 보통 학생들에게 규칙들을 상세히 설명하고, 학급 내 다른 학생들을 존중하는 행동을 하도록 격려하며, 친사회적 행동에 대해서는 보상을 통해 이를 강화한다. 일반적인 교실 내 훈육 활동에 재대로 반응하지 않는 학생들은 심층평가와 조언을 듣기 위해 보건교사나 상담교사에게로 보내진다. 우크라이나에는 특별한 교육이 필요한 아동과 청소년(시각장애, 청각장애, 대부분 지적발달장애나 언어장애 등의 정신건강 문제를 가진 아동 등)을 위한 특수학교들이 있는데, 이들 중 지적발달장애 아동을 위한 교육기관이 다수(특수교육기관의 2/3 이상)를 차지한다. 특수교육이 필요한 학생들은 일반학교를 선택할 수도 있는데, 교과내용을 따라가는 문제와 사회적 편견 때문에 이들 특수교육기관을 선택하는 경우가 많다. 이들 특수학교들은 이들에게 특별한 교육의 기회를 제공한다. 그러나 어떤 면에서는 이들을 건강한 어린이들과 분리시키는 것이 문제회피일 수도 있고, 정신적 문제를 가진 아동들에 대한 낙인을 찍는 행동이 될 수도 있다(Martsenkovsky, 2011).

중등교육 이후에는 정신건강에 대한 정보가 건강한 라이프 스타일과 관련 선택과목에 포함되어있으며, 예방적 프로그램에 관해 진행된 연구에 따르면 25% 이하의 학생들만 그런 강좌를 수강하는 것으로 나타났다(European Monitoring Centre for Drugs & Drug Addiction, 2010). 전문대생 및 대학생들의 정신건강 증진 프로그램의 목표는 학생들이 새로운 수준의 교육에 적응하도록 도와주는 것(예방적 요인을 높이고, 위험요인을 감소시키는 것)이다. 2002년 1월 수미 국립대학교가 이 대학에 다니는 학생 및 교원들을 위해 시작한 심리치료 서비스가 좋은 사례이다. 이 서비스는 심리치료실(심리 전문가들과 정신건강 지원자들로 구성)에서 지원되며, 대학 내의 사회적·심리적 환경의 개선을 목표로 하고 있다. 학생들에 대한 심리적 지원은 실용 심리학(practical psychology)의 주영역이며, 주로 정신교육, 예방 활동, 진단 활동(개별 및 집단), 상담(개별 및 집단), 정신치료(집단 및 개인) 등에서 프로그램을 진행한다. 정신교육적 개입은 '심리적 서비스—어떻게 작용하는가?', '리더십 강좌', '관리자 연수' 등과 같은 제목의 강의, 소식지, 포스터 등을 통해 진행된다. 예방 프로그램의 주요 주제는 '자살—현대사회의 문제', '스트레스와 대처법', '시험을 준비하는 방법', '당신의 하루를 계획하는 방법', '피로에 대처하는 법' 등과 같은 것들이다.

우크라이나 학교 및 지역사회의 정신건강 관리 계획

최근 우크라이나의 학교 및 지역사회에서는 정신건강 증진을 위한 정신건강 관리 계획 안들이 만들어지고 있다. 예를 들어 '일탈 및 범죄행위 아동들의 행동들의 심리적·교육적·의료적·사회적 재활' 연구 프로젝트가 오데사 지역 Fontanskaya 재활 학교의 심리 및 교육 교정센터(Centre of Psycho-Pedagogical Correction)에서 시작되었다. 이것은 후에 우크라이나의 다른 지역 중등 사회 재적응 학교(social rehabilitation secondary schools)로 확대되었다(Lviv, Donets'k, Mykolayiv, Luhansk, Kharkiv). 시범사업은 다음과 같은 목표를 가지고 진행되고 있다. 즉, 특정 사회적 환경에서의 개인별 행동 매뉴얼 개발, 아동들의 사회적응, 사회적 박탈의 감소, 심리적·교육적 연구방법의 개발, 학습부진 및 학교 부적응률 감소 방안 개발, 아동의 개별 성향에 맞는 창의력 및 재능 개발, 아동 개인의 진로 희망에 근거한 직업교육의 개발 등이 그것들이다. 이 사업의 목표 달성을 위해 다음의 추진방안들이 도입되었다 — (1) 사례연구(Case Study)라 불리는 연구방식의 도입("어떻게, 무엇을, 왜"라는 질문을 하면서, 실생활에서 벌어지고 있는 어떤 현상에 대하여 정보를 수집하면서 하는 연구) (2) 학생들의 학습 부진 문제 해결 및 학습 동기 유발 (3) 학생들의 창의적 활동을 격려해주는 직업교육 (4) 학교 단위에서의 치료 (5) 해당 기관의 재학생 및 졸업생에 대한 사회적 지원. 실험 결과에 따르면 이들 기관들은 일반학교에 적응하지 못하는 학생들에게 교육 및 의료지원, 심리적 안정, 사회적 지원을 제공할 수 있는 것으로 나타났다(European Monitoring Centre for Drugs & Drug Addiction, 2010).

2010년에는 사회 교육학자와 실용 심리학자들이 일반 공립학교의 아이들을 위한 일련의 지도-교육 프로그램들을 자발적으로 만들어 시행하기도 하였다. '공격적 행동의 예방과 법을 지키는 문화 형성', '십 대들의 불안해소 프로그램', '정신건강 증진 및 정서 불안 방지', '십 대들의 불안 대처법', '초등학생들의 불안 해소 및 정서 불안 행동의 예방', '정신질환의 특징 및 특이성향을 가진 청소년의 심리치료', '아동 일탈행동의 치료' 등의 프로그램들이 여기에 해당된다. 그러나 이러한 프로그램들은 개별적으로 진행되었고, 근거 중심의 프로그램들이 아니었으며, 그 효과에 대해서도 연구·분석되지 않았다. 이들 프로그램의 주된 목표는 학생들에게 정시 건강에 대한 정보를 제공하고, 교육하는 것이었다(European Monitoring Centre for Drugs & Drug Addiction, 2010).

한편 우크라이나의 5개 지역(빈니차, 테르노폴, 흐멜니츠키, 체르니프치, 키예프)에서 '또래(peer-to-peer)교육'이라는 이름의 정신활성 약물사용 예방 프로그램이 시행되었다. 거의 7,000개에 달하는 학교(약 100,000명의 학생)가 이와 관련한 '또래교육', '안전한 행동', '약물, 주의하세요!', 'AIDS와 싸우는 학교', '청소년과 법', '흡연, 음주, 약물이 인체에 미치는 영향' 등의 이름의 프로그램에 참여했다. 5,000명 이상의 또래상담자와 2,000명 이상의 교사들이 이 프로그램의 진행을 위해 교육을 받았다. 설문조사에 응한 모든 참가자 중 1/4만이 예방 프로그램에 참여했다. 프로그램 참여에 대해 그다지 큰 관심이 없었으며(프로그램들은 일반학생을 대상으로 정규프로그램으로 진행된 것이 아니었다), 참가자들 중 1%만이 음주-약물 관련 영화를 보았고, 1%의 학생들만이 건강한 라이프 스타일에 관한 전시회를 관람했다(European Monitoring Centre for Drugs & Drug Addiction, 2010).

긍정적인 결과는 해외에서 일하는 학생들, 이들 학생들의 부모와 보호자들, 교사들을 대상으로 하는 특정 예방 프로그램을 실시했을 때 나타났다. 그렇지만 이 '아동보호서비스' 프로그램은 키호보흐라드 지역에서만 실시되었고, 이 프로그램은 우크라이나 전역으로 확대되지는 못했다. 이 프로그램의 목적은 사회적 고아(우크라이나에서 이 표현은 아동의 부모 중 한쪽 혹은 양부모가 모두 생존해 있음에도 불구하고 아이를 돌봐줄 어른이 주변에 없는 경우에 사용된다)들의 긍정적 행동전략을 확인하고, 아동들의 자각 및 책임감을 증진시키고, 공격적인 행동을 건설적인 대화로 바꿀 수 있는 능력을 키우고, 사회적 지원의 새로운 모델을 만들어내기 위한 것이었다(European Monitoring Centre for Drugs & Drug Addiction, 2010).

1998년에는 우크라이나-캐나다 청소년 건강 프로젝트가 실시되었다. 이것은 캐나다 국제개발기구(Canadian International Development Agency)가 자금을 지원하여 캐나다 국제보건협회(Canadian Society for International Health)가 운영하였다. 이것은 청소년들에게 자율권을 부여하고, 좀 더 건강한 생활과 행동을 증진시키고, 성평등과 청소년의 참여를 강조함으로써, 증가하고 있는 약물 사용의 위험성을 보이는 우크라이나 청소년들의 숫자와 비율을 개선시키려는 목표를 가지고 있었다. 이 계획은 여러 기관의 협력 프로그램으로 진행되어 2008년까지 지속되었다. 우크라이나의 사회 조사 연구소(Institute for Social Research)가 주도하였고, 보건국, 교육국, 가정청소년국이 협력행정

당국이었으며, 키예프 시정부와 청소년 NGO 단체가 함께 프로그램을 진행하였다. 이 프로젝트를 그 지역에 실시했을 때 사회 조사 연구소는 주로 다양한 수준의 정부기관과 청소년 NGO 단체들과 작업하였다. 모든 참여자들의 상호협력이 이 프로젝트의 성공을 판가름 짓는 열쇠였다. 협력관계 형성, 학교차원의 통합 보건 교육과정의 개발과 실행, 청소년 건강 증진 프로그램 진행자들을 대상으로 하는 교육프로그램의 개발, 건강한 청소년 행동을 증진시켜줄 수 있는 교육자료/자원/프로그램의 개발에 대한 청소년 및 관계자들의 참여, 청소년 행동에 대한 전략 및 연구/기존 법률과 정책/청소년에 대한 미디어의 영향에 대한 평가 등이 이 프로젝트의 활동에 포함되어있었다. 이 프로젝트는 우크라이나의 건강 증진 정책을 수립할 수 있을 정도로 국가적 차원에서 강력한 대중적·정치적 지원을 받았으며, 국가적·지역적·지방적 단위의 청소년 건강 증진 정책과 프로그램의 양적인 면이나 질적인 면에서의 개선을 가져오기도 했다(WHO, 2008). 이 프로젝트는 키예프와 체르카시 두 지역의 두 도시에 있는 마을 두 곳에서 진행되었으며, HIV/AIDS의 예방, 약물 및 알코올 피해 감소, 금연, 신체활동, 건강한 섭생, 성평등, 정신건강, 청소년 건강 증진 정책의 제안 등에 초점을 맞추었다. 프로젝트 진행 지역에 30개의 지역연구소가 설립되었으며, 3,000명 이상의 청소년이 혜택을 받았다(Canadian Society for International Health, 2014).

1993년에는 리비프 지역에 'Source'라는 이름의 교육재활센터가 만들어졌다(Source, 2014). 1993년 이후로 35세 이하의 2,500명에 달하는 아동과 청소년들이 도움을 받았다. 이 기간 동안 'Source'는 지적장애, 정신질환, 신체적 장애를 가진 아동 및 청소년들에게 의료, 심리 치료, 교육, 신체 치료, 직업 등의 재활을 위한 서비스를 제공해왔다. 매일 뇌성마비, 자폐, 다운증후군, ADHD, 기타 신체적·정신적 질환을 가진 유소년들이 도움을 받고 있다. 이 센터에는 (1) 사회적·심리적·교육적 재활(3~18세) (2) 장애인 직업재활(18~35세) (3) 아동발달(0~7세) (4) 의료 지원실 등의 4개 부서가 있다. 2006년에는 ADHD 아동을 위한 새로운 프로젝트가 신설되었다. 이 새 프로젝트의 목적은 ADHD 아동의 조기 치료 프로그램을 시행하는 것이다. 이것은 ADHD 아동들에게 제공되는 가족중심의 지원(아동과 그 가정에 서비스를 제공하는) 통합 프로그램으로, 정신건강에서 가족관계를 중요한 요인으로 강조했다. 여러 목표들 중 한 가지는 아동들의 사회적 오해와 고립을 피하면서, 아동들에 대한 지원의 필요성을 이해하고 가족 간의 유대를 강화할 수 있도록 부모, 전문가, 일반대중과 함께 교육적 활동을 하는 것이었다.

또한 ADHD를 치료하기 위한 많은 프로그램들이 만들어지고 있다. 예를 들어 우크라이나에서는 아동 ADHD에 관한 정신교육 프로그램이 인터넷을 통해 2009년에 소개되었다(Ukrainian National Resource Center, 2009). 이 인터넷 정신교육 프로그램은 ADHD에 대한 정보를 제공하면서, 누구나 접속하여 ADHD에 대한 일반적 지식, 공지사항, 정보의 출처, 갤러리, ADHD를 가진 사람들의 이야기, 대화의 공간, 연락처 등을 포함하는 사이트를 개설했다. 이 사이트의 '공지사항'은 날짜순으로 ADHD 관련 주요 정보들을 보여준다. 이 사이트는 ADHD 관련 최신 정보와 활동을 알려주며, 이 사이트의 '정보출처' 부분에서는 ADHD 관련 전자책 도서관, 참고자료, ADHD 관련 러시아어 및 영어 사이트를 보여준다. '갤러리'에는 ADHD 환자들이 그린 그림과 ADHD 아동들의 실생활 이야기를 담고 있다. 이 사이트는 또한 쉽게 부모와 아동, 전문가들이 함께 이야기를 나눌 수 있는 대화의 공간도 가지고 있다. 또한 이 사이트에서 제공하는 정보는 ADHD 아동, 그들의 부모, 전문가들 등 다양한 수준의 그룹을 대상으로 나뉘어져 있다. 각 섹션은 정보, 비디오, 게시판, 사진, 세미나 일정 등을 포함하고 있다. 이 사이트는 연구 목적이 아니라 정신교육을 위해 개설되었다.

이 사이트에 따르면 우크라이나에서는 Martsenkovsky와 Tkachova가 쓴 ADHD에 대한 최초의 출판물이 2006년에 등장하였으며, 2008년에 Romanchuk가 쓴 최초의 ADHD에 관한 서적이 출판되었고, 2010년에 이 책이 번역판으로 러시아에서 출판되었다(Romanchuk, 2010).

이러한 프로그램들의 성공에 힘입어 2008년에는 몇 가지가 새롭게 시도되었다. 우선 우크라이나 보건국은 ADHD 아동들에 대한 지역 가이드라인을 만들기 위해 작업하는 사람들과 함께 표적 집단을 설정하였다. 이 작업의 목적은 ADHD 아동에 대한 진단과 치료와 같은 어려운 건강 관련 쟁점에 대한 전문가들의 경험과 관점을 전달하기 위한 것이었다. 소아정신건강의학과 전문의의 전문적인 교육 및 수련은 우크라이나 정신건강의학회의 소아정신건강의학 분과(Section of Child Psychiatry in the Ukrainian Psychiatric Association), P.L.Shupyk 국립의과대학 대학원(아동/사회/법 정신의학과), 우크라이나 사회정신의학 및 법정신의학, 약물오남용 연구소(Ukrainian Research Institute of Social and Forensic Psychiatry and Drug Abuse), 영국의 지원팀이 함께 실시하였다. 아동 및 청소년에 대한 기자회견이 우크라이나 방송사(Ukrainian Independent Information Agency)에 의해 열리면서, 언론은 2009년부터 ADHD에 대해 이야기하기 시작했다. 2009년 'ADHD 아동의 치료'에 대한 지침이 보건국의 승인을 받았으며, 이와 관련한 다수의 활동이 진행되었다. 예를 들어, 2009년 2월에 최초의 ADHD 아동 및 보호자 학회가 개최되었다. 그리고 ADHD 아동의 부모들 모임인 'Our Range Plus'가 만들어졌고, 'ADHD 및 자폐 아동의 치료'를 위한 여름학교가 열렸다. Concerta, Strattera 같은 ADHD 치료약이 우크라이나에서 처방되게 되었으며, Romanchuk은 '부모학교(Parent's School)'라는 DVD를 제작했으며, 네덜란드와 영국의 협력단체가 개최하는 'ADHD의 진단'이라는 이름의 워크숍이 개최되었다. 그 외 다른 국가 수준이나 지역 수준의 프로그램에 기초한 정신건강 관리 서비스는 표 20.3에 나와 있다.

고찰 및 결론

학교 수준의 정신건강 증진 활동들이 시행되고, 정신건강 관리 프로그램이 가동되는 등 아동 및 청소년을 위한 정신건강 관련 인프라가 일정 부분 우크라이나에 조성되기는 하였지만, 여전히 우크라이나의 정신건강 관련 의료 서비스는 계속 부족한 상태이며, 정신건강 관련 인프라는 WHO의 권고사항에 맞게 몇 가지 특정 분야에서 개선되어야 한다. 우선은 아동 및 청소년 성장 발달 초기 단계에서의 지원부터 이루어져야 한다. 그리고 여성에 대한 사회적·경제적 권리가 보장되어야 하며, 노년층에 대해서도 사회적으로 지원되어야 한다. 또한 사회의 다양한 분야 간 협력을 바탕으로 각 학교에 초점을 맞춘 지역사회의 프로그램들을 개발하는 노력이 더 필요하다. 몇몇 우크라이나의 기관들은 이 나라의 아동 및 청소년의 정신건강에 대해 지역사회의 관심을 촉구하는 획기적인 활동을 시작했다. 예를 들어 우크라이나 리비프 지역 가톨릭대학교의 정신건강 연구소(Institute of Mental Health at Ukrainian Catholic University)에서는 우크라이나에 있는 Swiss Cooperation의 지원을 받아 '우크라이나 리비프 지역 아동 및 청소년에 대한 정신건강 서비스의 접근성과 효율성, 질적 향상을 위한 새로운 모델 만들기'라는 프로젝트를 실시했다. 이 프로젝트는 몇 가지 핵심 목표를 위해 노력해오고 있다. 첫째, 정신건강 문제에 대한 지역사회와 부모들의 인식을 높여 조기 진단의 확률을 높임으로써 조기

표 20.3 우크라이나의 정신건강 관리 서비스

프로그램명	프로그램 내용	표적 집단	비고
종합프로그램 '건강한 국가' 2002~2011 (프로그램 내 복합프로그램, 2002~2011 '국가의 건강' 시행령)	스트레스 관리 급/만성 스트레스를 줄이고 그 대처하는 방법 학교에서의 건강한 생활방식 만들기	학생	프로그램을 진행하는 실용 심리학자(practical psychology) 및 사회복지사의 교육에 인터뷰, 강의, 교육활동, 역할극, 토론 등이 포함됨 예방 교육 '유익한 습관', '흥미로운 습관'에 관한 다수의 교육 세미나가 게 최되어 열림 '삶의 문화' 프로그램이 학교에서 시행됨
우크라이나 검찰총장 주관의 '2006~2011 범죄 예방' 복합 프로그램	문제가정의 조기 확인	학생 및 학부모	사회복지사들이 아동들을 보충지도를 실시하고, 해당 아동들이 여가시간에 직업그룹에 참여하도록 유도하게 함. 학교 상담사는 개별상담을 통해 개개인의 인지적 행동을 수정하고 개발시켜 아동을 지원함. 심리학자들은 일탈행동과 비행행동을 하는 아동들을 사회적·심리적으로 지원할 수 있는 프로그램을 개발하고 시행함
학교건강증진 프로그램 유럽 네트워크	청소년의 흡연, 음주, 약물사용 예방	청소년	이 프로그램은 'Holosiyivsky' 241번 고등학교, 59번 고등학교, 286번 중학교에서 2004년 이후로 실시되었음. 이 프로그램은 학교 단위의 워크숍 예방활동, 흡연·음주·약물사용의 예방 등을 통해 실시되었음. 상담교사 및 사회복지사들을 대상으로 한 세미나(예: '아동들이 처음 약물을 사용하게 되는 요인' 등)를 통해 긍정적인 경험들이 발표되었음
'삶에 있어 자주적 결정 문화' 프로그램 우크라이나 교육 및 과학부, 우크라이나 과학교육협회, 우크라이나 UNICEF(우크라이나의 아동보호법)	교사들이 다양한 상황(도덕적 측면, 사회적 측면, 의사소통, 미적 가치관, 직업적 가치관 등)에 대한 대처법을 가르치는 프로그램	학생	중등학교 학생들(1~11학급)을 위한 통합 프로그램이 세브첸코(키예프) 지역 48번 체육시설에서 시행되었고, 긍정적인 결과치를 보여줌. 심리적 서비스를 시행하는 사람들에게 세미나와 순회토론회를 통해 전문지식이 전달됨
'대화' 프로젝트	아동 및 청소년의 건강한 라이프 스타일의 증진	아동 및 청소년	우크라이나의 다양한 도시지역 34개 학교에서 시행됨. 약물중독에 대한 심리 교육에 초점을 둠

치료의 기회를 주는 것을 목표로 하고 있다. 둘째, 전문가와 초기 치료자들이 아동 및 청소년의 문제를 조기에 찾아내고 적절한 프로그램에 위탁할 수 있도록 정신건강의학과 에서의 소아정신건강의학과 전문의에 대한 기본적이고 지속적인 교육이 이루어지도록 교육을 수정하고 개선하게 될 것이다. 마지막으로 아동 및 청소년의 정신건강에 초점을 맞춘 인지행동치료에 대한 전문가 자격을 얻고자 하는 심리학 전공자들을 위한 2년 과 정의 인지행동치료 교육프로그램을 개발하게 될 것이다.

이와 더불어 우크라이나에서 시행을 고려해볼 만한 몇 가지가 있다. 우선 소아청소년 정신건강의학과 전문의를 위한 전공의 수련 프로그램을 실행할 필요가 있다. 현재는 일 반 정신건강의학과 인턴 프로그램을 마친 뒤 6개월 과정의 프로그램을 마치면 이 분야 의 전문의 자격증을 취득할 수 있는데, 이것은 분명 아동 및 청소년의 정신건강이나 정 신질환을 다루기 위해서는 충분하지 않다. 둘째, 정신질환으로 고통받고 있는 아동이 나, 청소년, 청년들에 대한 부정적인 시각과 차별을 줄이는 것이 이들의 사회적응을 위 해 중요하다. 정신질환자에 대한 부정적 시각은 도움을 요청하거나 치료를 함에 있어 중요한 장벽으로 여겨지고 있으므로, 정신건강 증진, 예방, 치료에 있어 가장 기본적인 요소로 우선시되어야 할 것이다. 셋째, 병원과 학교뿐만 아니라 좀 더 일반적인 대중들 이 심리교육 프로그램에 접근할 수 있는 가능성을 높이는 것이 중요하다. 왜냐하면 정 신건강의 증진은 '일상생활'이라는 환경(이를 테면, 근거 중심의 연구, 관찰, 현재의 프 로그램과 치료법에 대한 평가, 정신건강에 대한 이해력의 증진 등과 같은)에서 일어나 야 할 것이기 때문이다. 넷째, 학교와 지역사회에서 가장 좋은 근거 중심의 치료법과 그 결과를 평가할 수 있는 연구자들의 핵심 그룹을 조직하는 것이 중요하다.

우크라이나의 청소년의 정신건강 증진을 위한 전략의 중요성은 그것이 그 사회의 바 른 기능과 생산성을 위한 핵심적인 요소이기 때문에 아무리 강조해도 지나친 것이 아니 다. 정신건강의 증진은 전체 국민뿐만 아니라 각 개인의 삶의 질도 향상시킨다. 우크라 이나는 다양한 혁신을 통해 아동 및 청소년의 정신건강 증진을 위한 활동들을 시작했 다. 향후 계속적인 발전, 현재 프로그램의 효과에 대한 평가, 우크라이나 청소년의 정신 건강 증진을 위한 전략의 향상 등과 관련된 어려움은 지속될 것이다.

참고문헌

Atlas: Child and Adoloscent Mental Health Resources. (2005). *Global concerns: implications for the future.* Available at: www.who.int/mental_health/resources/Child_ado_atlas.pdf (accessed September 29, 2013).

Decree on Approval of interbranch complex program "Health of the Nation" for 2002–2011. Available at: http://zakon4.rada.gov.ua/laws/show/14-2002-п (accessed September 29, 2013).

Design concept for improving mental health care for children in Ukraine. (2012) Available at: http://moz.gov.ua/ua/portal/Pro_20120405_3.html (accessed September 29, 2013).

European Monitoring Centre for Drugs and Drug Addiction (2010). Country overview: Ukraine. Available at: www.emcdda.europa.eu/publications/country-overviews/ua (accessed September 29, 2013).

Gura, E. I. (2008). *Mental and behavioral disorders in adolescent, deprived of parental care. Abstract of dissertation.* Kharkiv.

Kazak, A. E., Hoagwood, K., Weisz, J. R., et al. (2010). A meta-systems approach to evidence-based practice for children and adolescents. *American Psychologist.* 65 (2). 85–97.

Martsenkovsky, I. (2011). The Section of child Psychiatry of the Scientific Society of Neurologists, Psychiatrists and Narcologists of Ukraine. *International Association for Child and Adolescent Psychiatry and Allied Professions.* 28. 5–8.

Martsenkovsky, I. and Ougrin, D. (2009). Delivering psychiatric services in primary care: Is this the right way to go for Ukraine? *International Psychiatry.* 5 (1). 2–5.

Martenkovsky, I. A. and Tkachova, O. V. (2006). Hyperactivity disorder in children: principles of diagnosis and therapy. *Therapy: Ukrainian Medical News.* 3 33–38.

Regulations on the psychological service in the educational system of Ukraine (1993). Available at: http://zakon1.rada.gov.ua/laws/show/z0101-93 (accessed September 29, 2013).

Romanchuk O. I. (2008). ADHD among children: practical guide. Lviv, Greo.

Romanchuk O. I. (2010). *ADHD among children* (translation from Ukrainion). Moscow, Genesis.

Samokhvalov, A. V., Linskiy, I. V., Minko, O. I., et al. (2009). Alcohol use and addiction services in Ukraine. *International Psychiatry.* 6 (1). 5–7.

Source (2014). Available at: www.dzherelocentre.org.ua/uk/ (accessed May 17, 2014).

Supreme Council of Ukraine (2001). The law of Ukraine on protection of childhood. №30, article 142. Available at: http://zakon2.rada.gov.ua/laws/show/2402-14 (accessed September 29, 2013).

UA Reporter (2008). In Ukraine each fourth baby suffers from mentally disorders. Available at: http://ua-reporter.com/novosti/43704 (accessed October 1, 2013).

Ukrainian Ministry of Health (2013). *Mental health and psychictric care in Ukraine (review 2008–2012).* Kyiv.

Ukrainian National Resource Center, The problem of attention deficit hyperactivity disorder. Available at: www.adhd.org.ua/ditjam.html (accessed September 29, 2013).

UN Convention on the Rights of the Child (1989). Available at: www.unicef.org.uk/UNICEFs-Work/Our-mission/UN-Convention/ (accessed September 29, 2013).

Vashchenko, L. V., Rubaschnaya, O. F., Vakulenko, L. I., et al. (2012). Status of the problem of child disability (analysis 1997–2011). *Health of the Child.* 6 (41). 20–23.

World Health Organization (2001). *The world health report 2001: Mental health – new understanding, new hope.* Available at: www.who.int/whr/2001/en/ (accessed September 29, 2013).

World Health Organization (2005). Highlights on health in Ukraine. Available at: www.euro.who.int/__data/assets/pdf_file/0016/103615/E88285.pdf (accessed September 29, 2013).

World Health Organization (2008). *Integrating mental health into primary health care, a global perspective.* Available at: www.who.int/mental_health/policy/Integratingmhintoprimarycare2008_lastversion.pdf (accessed September 29, 2013).

World Health Organization (2012). Ukraine: Country statistics. Available at: www.who.int/countries/ukr/en/ (accessed September 29, 2013).

학교 정신건강을 위한 혁신적인 명상적/마음챙김 기반의 접근법

Katherine Weare

이 장의 목적

'마음챙김(mindfulness)'이라는 용어는 편견이 없는 호기심과 수용성을 가지고, 매 순간 드러나는 그대로를 경험하는 것에 대해 주의를 기울이게 하는 능력을 말한다(Kabat-Zinn, 1996). 그것은 명상이나 주의를 집중시키는 훈련을 통해 학습된다. 훈련을 하고 있는 사람은 자신들의 현재 경험과 함께 존재하며, 이 경험을 받아들일 수 있고, 어떤 일이 일어나도 더 능숙하게 반응할 수 있게 된다. 마음챙김의 가르침이 최근에는 학교와 젊은이들을 포함하여 전 세계적으로 많은 상황에서 빠르게 확산되고 있으며, 그 유용성의 대한 근거도 점점 더 늘어나고 있다. 이 장에서는 학교상황에서의 마음챙김의 상태, 그 영향에 대한 다양한 유형의 근거, 마음챙김이 학교에서 가장 적합한 곳이 어디인지에 대해 탐구할 것이다.

이 장에서는 마음챙김의 근거가 어떠한지에 대한 개관을 제공하려고 한다. 하지만 경험에 의거한 연구들의 숫자가 현재는 많고 이 장에서 모든 참고자료를 인용하지는 않을 것이기 때문에 철저하지는 않아도 분명히 설명하는 방식으로 제공하려고 하며, 마음챙김이 영향을 주는 특별한 예들을 보여주고자 한다. 여기서는 영국의 학교 프로그램 중

School Mental Health: Global Challenges and Opportunities, ed. Stan Kutcher, Yifeng Wei and Marc D. Weist.
Published by Cambridge University Press. © Cambridge University Press 2015.

마음챙김 프로그램이 어떻게 실제로 작용되는지와 그것으로부터 얻을 수 있는 효과에 대한 간단한 예들을 보여주기 위해 특히 '.b 마음챙김'을 강조할 것이다[.b는 '닷-비'라고 발음하고, "멈추고, 숨쉬고, 존재하라(Stop, Breathe and Be)."라는 핵심 실천을 의미한다]. 또 다양한 다른 프로그램들과 연구 개입들로부터의 짧은 삽화가 포함될 것이다.

정신건강과 젊은이

앞으로 설명하겠지만, 마음챙김은 아동과 젊은이의 정신건강상 어려움을 예방하고 완화하는 데 도움을 주기 시작하고 있다. 정신건강 문제의 정도가 생각하는 것을 방해하고 학습을 저해함으로써 학교 성적에 부정적인 영향을 미치는 것을 포함하여 정말 걱정스럽고, 많이 증가하고 있으며, 여러 방식으로 젊은이들의 인생을 손상시키고 있는 상황에서, 마음챙김의 기여는 매우 반가운 일이다(Barnes et al., 2003). 영국의 한 조사(Mental Health Foundation, 2014)에서는 우울증이나 불안과 같이 확인할 수 있는 정신건강 문제를 가진 어린이와 젊은이의 숫자를 25%로 평가했고, 그들 중 10%는 전문가의 평가와 치료가 필요할 정도의 정신건강 장애의 진단 기준을 충족시킨다. 정신건강의 문제를 가진 대부분의 젊은이들이 결코 진단을 받지 않기 때문에, 진단된 문제를 가지고 있는 젊은이의 이 숫자는 빙산의 일각일 가능성이 많다(Farrell & Barrett, 2007). 진단기준을 충족시키지는 않는 대단히 많은 더 어린 사람들은 학교에서 기능할 수 있는 능력은 가지고 있지만, 지속적인 낮은 수준의 정신건강 문제와 스트레스로 인해 삶의 즐거움이 약화되어왔는데, 이를 '매우 쇠약한(languishing)' 상태로 일컬어져 왔다(Keyes, 2002).

더욱이 단지 사람들의 약점과 문제에 대한 것만이 아니라, 긍정적인 힘과 능력, 어려움에 직면했을 때 발휘되는 회복탄력성에 초점을 맞추는 것이 도움이 될 수 있다는 인식이 점점 높아지고 있다. 다음에 기반한 많은 것들이 있다. Graham(2004)은 고정 관념에 반해서, 대부분의 젊은이들은 긍정적인 정신건강의 적당한 수준을 즐기고, 학교에서 열심히 공부하고, 부모와 잘 지내고, 위험한 행동에 많이 관여하지 않으며, 많은 젊은이들이 젊은 시절부터 지속적으로 정신건강의 연속체 혹은 스펙트럼을 따라 움직이고 있는 반면, 그들 중 몇몇은 '번성하는'이라고 이름 붙여진 최고의 정신건강 상태를 향해 움직이고 있다고 결론 내렸다(Keyes, 2002). 마음챙김은 긍정적인 면으로의 이러한 움직임에 핵심적 역할을 하고 있다.

마음챙김에 대한 관심의 성장

마음챙김은 2500년 전부터 이어온 불교 철학과 명상 수행으로부터 유래했다고 말할 수 있는데, 목표는 사람들이 자신의 경험에 대해 습관적으로 역기능적 반응을 함으로써 초래된 고통을 다루고 완화시키는 것이다. 마음챙김의 세속화와 대중화는 1970년대에 불교 전통의 경험이 많은 명상가이자 메사추세츠대학교 메디컬센터에서 일한 Jon Kabat-Zinn에 의해 시작되었고, 그는 명상 기술에 대한 지식을 바탕으로, 매우 단순화되고 매뉴얼화된, 8주간 시행되는 구조화된 마음챙김 기술훈련 프로그램을 소개했다(Kabat-Zinn, 1996). 그가 고안한 단기 과정은 다양한 범위의 만성적인 육체적·정신적 건강 상태에서 오는 스트레스와 난치성의 심한 통증이 있는 다양한 범위의 성인들에게, 상대적으로 빠른 심리적, 때로는 육체적인 증상의 감소를 오게 했으며, 그 뒤에 오게 될 많은 일들의 토대가 되었다.

그 이후로, 마음챙김 치료법과 연구는 전 세계로 확산되었고, 마음챙김이 넓은 잠재적 응용 범위를 가지고 있다는 근거가 점차 확산되고 있다(Kabat-Zinn, 1996; Baer, 2006). 성인을 위한 마음챙김 치료의 가장 일반적인 형태는 아직도 고전적인 Kabat-Zinn의 기법이으로 보통 8주에 걸쳐 매주 2~3시간 회기로 경험하게 되는데, 이 치료의 목표는 스트레스를 감소시키거나[마음챙김 기반 스트레스 감소 치료(mindfullness-based stress reduction, MBSR)](Kabat-Zinn, 1996) 또는 우울감의 재발을 예방[마음챙김 기반 인지치료(mindfullness-based cognitive therapy, MBCT)](Ma & Teasdale, 2004)하는 것이다. MBCT는 현재 재발성 우울증에 영국국립보건원(National Institute for Clinical Excellence)에 의해 공식적으로 권고되는 치료법으로, 일반적인 치료보다 세 배가량 더 효과적이라는 사실이 증명된 치료이다(NICE, 2009).

마음챙김은 어떻게 배우는가

마음챙김 치료의 종류는 어린이와 젊은이를 위한 것을 포함하여 점점 더 늘어나고 있는 추세이다. 여기에는 장기 혹은 단기 과정, 일대일 치료 혹은 집단 치료, 특정한 집단에 대한 맞춤형 개입, 자습을 위한 매뉴얼과 CD, 온라인 버전 등이 있다. 이는 임상적 환경, 직장, 학교, 대학, 공동체에서 사용된다. 여러 경우에서 세부 사항과 사례는 그 상황에 따라 다양하지만, 핵심 활동, 근거, 체계, 어떻게 마음챙김의 작용이 드러나는지는 본질적으로 같다. Kabat-Zinn(1996)에 의해 고안된 본래의 MBSR 과정에서는, 참가자들이 그들의 현재 경험과 좀 더 '함께' 있을 수 있도록 해주는 단순한 명상/집중 훈련을 한다. 호흡, 소리, 접촉, 신체의 여러 부분들로부터 일어나는 자주 변화하는 감각과 같은 느낌과 감각에 깊은 주의를 기울이면서, 참가자들은 점차 모든 경험—생각, 감정, 신체적 감각의 스쳐 지나가고 변화하는 본질을 인식하는 능력을 얻게 된다.

마음챙김은 어떻게 작용하는가

시간이 지나면서 정기적으로 참여했던 사람들은, 젊은 사람이나 나이 든 사람이나, 점차적으로 주의력을 유지하고 집중하는 것을 배우고, 모든 종류의 경험들에 대해 판단하지 않고 더 많은 호기심을 가지고, 흥미롭게, 열린 사고를 가지고 받아들이는 것을 배우게 된다고 보고한다. 그들은 또한 마음이 헤매고 있을 때나 부정적이고, 반추, 반복되는 생각을 할 때, 돌아갈 '닻'으로서 호흡과 신체에 대해 느낀 물리적 감각을 어떻게 사용하는지 발견하게 된다(Kabat-Zinn, 1996). 그들은 생각이란 고정된 사실이 아니라 정신적 사건이며, 왔다 갔다 할 수 있다는 것을 알게 된다. 이러한 깨달음은 부정적인 반추나 걱정을 포함하는 습관적이고 생각 없는 행동에 대한 집착을 느슨하게 하고, 반응성과 충동성을 줄이며, 더 이성적으로 생각을 검토하는 능력을 키운다(Ma & Teasdale, 2004). 이것은 스트레스, 불안, 우울증과 같은 부정적인 정신 상태를 불러일으키고 유지시키는 습관화된 정신적·행동적 패턴을 점차적으로 바꾸고, 더 큰 정신적 안정성, 평온함, 수용성, 감사, 높은 수준의 행복과 웰빙을 가지게 한다(Hölzel et al., 2011b).

젊은이를 위한, 학교에서의 마음챙김

교육에서 마음챙김은 완전히 새로운 것은 아니다. Langer(1993)와 같은 학구적인 교육자들에 의해서 1990년대 초반부터 학교에서 마음챙김 프로그램을 더 많이 시행해야 한다는 요구들이 많았고, 몬테소리 학교의 대안적 교육학적 접근법은 학생들이 감각적 경험에 집중된 주의력을 개발하는 것을 돕기 위해 긴 시간을 부여하고 있다(Lillard, 2011).

프로그램의 수가 가장 많은 나라는 미국이고, 그 분야를 이끄는 Garrison 협회(2014)는 45개의 '관조적 교육 프로그램'을 가지고 있으며, 모든 프로그램에서 '마음챙김'을 핵심 철학으로 여긴다. 이 프로그램의 수는 지속적으로 증가하고 있다. 데이터베이스를 확인하면 알 수 있듯이, 마음챙김 프로그램의 범위는 매우 넓다. 여기에는 주의 깊은 멈춤(mindful pauses)을 제공할 수 있도록 수업을 통해 어떠한 교사라도 가르칠 수 있게 설계된 짧은 실습(예 : Inner Explorer, 2014)부터, 수업 기반의 교과 과정을 통한 개입(예 : Learning to Breathe, 2014; Broderick & Metz, 2009), 교직원/부모/공동체와 같은 어른들이 함께 일하는 봉사 활동 프로그램, 윤리에 기초한 가치/공감/열정/연대감·사회적·생태학적 참여를 통해 사회적·개인적 변화를 목적으로 하는 프로그램(예 : Wake up schools, 2014)까지 포함된다.

학교에서 젊은이들에게 마음챙김 가르치기

젊은이들을 위한 마음챙김 접근법의 기본적 목적은 어른의 마음챙김이나 '스트레스 받는 십 대'프로그램(Biegal, 2009)과 같은 청소년을 위한 몇몇 프로그램과 같은데, 이 '스트레스 받는 십 대'프로그램은 성인 마음챙김법인 Kabat-Zinn이 개발한 본래의 8주 MBSR 과정에 나이를 조정한 버전을 사용하고 있으며, 그 효율성이 증명되어있다(Biegal et al., 2009). 그러나 적절한 구성 방식, 교수법, 자원, 현대 젊은이들의 마음과 정신을 끌어들이고자 하는 실제 적용에 관한 많은 논의와 의견 교환이 동반되는 풍부한 다양성, 혁신, 실험이 존재한다(Meiklejohn et al., 2012). 몇몇 개입들은 요가, 태극권, 이완 요법과 같은 명상적 접근을 포함하고, 이것들은 활동적인 젊은이들에게 홀로 앉은 자리에서 하는 명상보다 더 매력적인 것 같다. 마인드업 프로그램(Hawn Foundation,

2014)과 같은 몇 가지 프로그램은 사회적·정서적 학습과 같은 더 큰 체계를 사용하고, 그렇게 함으로써 젊은이들과 교직원들이 마음챙김을 더 쉽게 기존의 학습 안으로 통합시키는 데 도움이 된다.

학교에서의 .b 마음챙김 프로젝트(.b Mindfulness in Schools Project, MiSP, 2014)는 이 또한 역시 장기간 동안 마음챙김 명상가였던 교사들의 실천에 의해 창조되었기 때문에, 아마도 8주 과정의 기본적인 프로그램을 그 핵심에 온전하게 유지하면서, 적극적인 창조성이 넘치는 아동─그리고 십 대─친화적인 자원과 방법들에 더 큰 중점을 두었다. 긍정적 평가를 받은 영국의 학교 프로그램은 세계적으로 빠르게 성장하게 되면서, 3개 대학의 교수들로부터 자문을 받고, 이 작업과 관련되어 개발된 일련의 작업을 포함해서 10개국의 언어로 번역되었다(Huppert & Johnson, 2010; Kuyken et al., 2013). 이 비영리적 운영 프로그램의 목적은 학교에서 대중화된 마음챙김의 가르침을 격려하고, 지원하며, 연구하는 것이다.

이 프로그램의 주된 과정인 '.b'의 대상은 청소년이다. 초기에는 4회로 시도되었고, Huppert와 Johnson(2010)에 의해 평가되었으며, 가장 최근에는 9회로 변화되었고 Kuyken(2013) 등에 의해 평가되었다. 뒤에 논의되겠지만 평가 결과는 긍정적으로 나타났다. 그 과정은 학생들이 더 좋은 웰빙을 경험하고, 잠재력을 발휘하고, 자신의 목적을 추구하며, 집중력을 개선하고, 어려운 정신 상태를 다루고, 삶이 주는 일상의 스트레스와 중압감에 대처할 수 있도록 돕는 것을 목적으로 한다. 수업은 마음챙김을 강력하게 하고 학생들의 삶과 관련되도록 만드는 시도로서, 간명한 시각적 영상과 소리 이미지(sound images), 실용적이고 재미있는 활동과 시연을 통한 짧은 발표를 교사가 제시한다. 냉소적인 학생들의 경우에 처음에는 자발적인 참여가 아니기 때문에 수업은 상대적으로 짧고, 구조화되어있으며, 반복적이다. 그리고 숙제가 늘 주어지긴 하지만 꼭 해야 하는 것은 아니고, 활동의 목적에 대해 명료한 설명을 하게 된다. 프로그램 과정은 학생 안내서를 통해 알려지고, 교사들에게는 교실에서 마음챙김을 가르치는 방법, 함께 상의하고 공유할 동료 학생들과 .b 개발자들의 온라인 공동체에 접속하는 방법에 대한 파워포인트, 영화와 사운드 파일, 전체적인 안내 책자를 포함하여, 상세한 대본이 첨부된 수업 계획서가 제공된다. .b를 가르치기 위한 4일간의 훈련에 참여할 수 있으려면, 교사는 적어도 8주간의 기본과정에 참석하고, 정기적인 마음챙김 수련을 해야만 한다.

MiSP는 현재(학교에서 .b를 가르칠 수 있도록 수련받기를 원하는 교사를 위한 대안적 자격 과정 또한 제공하는) 성인을 위한 .b 과정의 버전, 개발 중에 있는 초등학교를 위한 버전('Paws b'), 맛보기 회기 또한 제공하고 있다.

학교 마음챙김 프로그램의 근거 기반

웰빙의 대부분의 측면에 있어 성인을 위한 마음챙김의 영향에 대해서는 잘 시행된 RCT(randomized control trial, 무작위 대조 연구)를 바탕으로 한 명확한 근거 기반이 있다. 통증, 혈압, 면역 기능과 같은 신체적 건강 문제, 우울증, 불안, 스트레스와 같은 정신건강 실행 기능, 주의력, 상위 인지(metacognition)[19]와 같은 인지 발달(Baer, 2006). 메타 분석(Zoogman et al., 2014)을 통해 연구들의 결과를 종합해보면 전체적으로 중간 정도의 효과 크기(effect size)(Cohen's $d = 0.30-0.60$)를 확인할 수 있고, 이것은 강한 영향을 보여주는 지표로서 일반적으로 설득력 있게 받아들여진다(Lipsey & Wilson, 2001). 성인에서는 장기효과, 보통 3년 후에도 분명하고, 상대적으로 적은 투자로도 확인할 수 있을 정도의 결과를 낳는다는 점에서, 마음챙김 수련은 비용-대비 효과적이었다. 4일간의 마음챙김 수련은 마음챙김, 시각-공간 기억, 작업 기억, 지속적 주의력을 향상시키기에 충분했다(Hölzel et al., 2011a). 심지어 단기간의 마음챙김도 친절, 동정심, 합리성과 연관된 영역을 증가시키고, 불안, 걱정, 충동성이 포함된 영역을 감소시키는 방식으로 뇌의 신경 경로를 재형성한다는 것도 밝혀졌다(Davidson & Lutz, 2008).

아동에 대한 마음챙김은 더욱 최근의 일이고, 아직은 상대적으로 근거가 빈약하며, 따라서 덜 완전하긴 하지만, 지금까지의 결과는 일반적으로 긍정적이고 유망하다. 이 글을 쓰고 있는 현재, 마음챙김 치료에 대해 근거 기반을 이루고 있다고 말할 수 있는 약 35개의 연구가 있다(이것은 명상이라고 이름 붙여질 수 있고, 학교 환경에서 아동과 젊은이들에게 목적을 두고 있으며, 전문가 대상의 학술지에 게재된 몇몇 형식을 포함하고, 영향에 대한 몇몇의 양적 평가를 포함하는 개입을 나타낸다). 또한 교직원을 위한 마음챙김, 요가와 태극권에 관련된 영역, 임상적 상황과 공동체 상황에서의 마음챙김,

---

19 역주 : 사고 과정 자체에 대해 고찰하는 능력

질적 연구, 이론적 기초에 대한 더 상세한 문헌들도 있다. '교육에서의 명상적 접근'에 대한 상당히 포괄적이고 빠르게 증가하는 일련의 논문들은 프로그램의 Garrison 협회 데이터베이스 웹사이트에서 확인할 수 있다(2014b).

젊은이를 위한 마음챙김에 대해 발표된 문헌은 정량적 연구들에 대한 7개의 고찰연구를 포함하고 있다(예 : Rempel, 2012). 이 중 가장 최근의 것은 Zoogman 등(2014)이 자신들의 포함 기준을 충족시켰던 20개의 연구를 통해 마음챙김이 도움이 되었고 해가 되지 않았다고 결론 내렸던 메타 분석인데, 이것은 전체적인 효과 크기가 작은 범위에서 중간 범위(0.23, $p < 0.0001$)까지 나타났으며, 연구에서 사용하는 용어로는 훌륭한 (respectable) 결과를 냈다(Lipsey & Wilson, 2001).

연구들에서 평가된 프로그램들은 보통 6~8회기로 짧지만, 종종 더 광범위한 목적과 범위를 가진 프로그램으로부터 유래한 것도 포함된 것이다. 이 연구들은 여러 가지 복합적인 연구들이고, 보편적인 (13개) 프로그램에 비해 거의 두 배 정도의 더 많은 목표 (22개)를 가지고 있다. 실행된 곳은 대부분 (21개) 학교(주로 11세 이상)였고, 나머지는 임상적 환경(11개)에서 그리고 나머지 3개는 지역사회에서 이루어진 연구들이다.

새로운 분야에서는 늘 예상되는 것처럼, 경험적인 근거 기반에 있어서는 아직까지 약점이 있다고 모든 리뷰들이 논평하고 있다(예 : Greenberg & Harris, 2012). 많은 연구들은 신뢰도가 조금 부족한 선행연구들이다. 다양한 질적 완성도를 보이는 무작위 대조연구도 9개뿐이고, 통제 실험의 요소가 조금 포함된 9개의 추가 연구(주로 대기 목록)들이 있으며, 15개의 실험 전후를 비교한 연구가 있다. 방법론에 대한 기술과 개입에 대한 세부 사항은 종종 빈약하고, 적절한 후속 연구가 이루어진 연구는 거의 없다. 연구들은 대상자들의 상태, 문제, 연령 집단, 처한 상황에 있어 매우 넓은 범위를 다루고 있다. 그러므로 반복연구에서 결과가 확인된 것은 드물다. 아직까지 젊은이만을 위해 설계된 연구 도구가 거의 없고, 표준화가 되어있지 않으며, 도구의 사용에 있어 많은 것이 중첩되고, 많은 것들이 자기보고에 중점을 두고 있다. 프로그램을 설계하고, 전달하며, 평가하기 위해 같은 팀을 자주 사용함으로써 발생하는 통계적 편견이 문제이다.

그러나 근거에 기반해서도 이미 긍정적인 결론을 내린 것도 많다. 개입은 대단히 잘 '수용될 수 있는' 경향이 있다. 즉, 잘 받아들여지고, 아직까지는 어떤 부작용에 대한 보고도 없었다. 결과들은 어른에서의 그것만큼 확실한 것 같으며, 같은 과정과 기전이 작용하고 있다는 믿음을 불러일으킨다. 더 높은 수준의 연구가 필요하다는 것이 현재까지의 요구이며, 많은 프로그램들이 확실한 평가를 받기 위해 진지한 노력을 기울이고 있다.

목표 대상에서의 마음챙김

최근까지 마음챙김 치료의 대상이 된 아동과 젊은이 집단은 다양한 문제적 상황을 보여 주고 있다. 근거가 확인된 성인에서의 효과를 통해 알려진 것처럼, 대상을 정한 개입은 임상과 학교 상황 모두에서, 특히 우울증, 불안, 행동 문제(ADHD, 행동 조절 문제, 물질남용과 같은) 같은 정신건강 문제에 특히 초점을 맞췄다. 수면 문제, 학습의 어려움/낮은 성적, 경제적 어려움을 가진 젊은이를 대상으로 하는 연구는 소수에 불과하다.

예를 들어, RCT와 큰 표본을 이용하여 시행되는, 이 분야에서 가장 방법론적으로 타당한 연구 중 하나는 일정한 대상을 정해두고 하는 치료에 대한 것이다. Biegel 등(2009)은 4~8세의 다양한 정신건강 문제를 가진 102명에 대한 수정된 8주 MBSR 치료의 효과에 대해 연구했다. 대조군과 비교할 때, MBSR을 받은 젊은이들의 자기보고에서는 불안, 우울감, 고통과 같은 증상의 현저한 감소와 자존감, 수면의 질의 증가를 확인할 수 있었다. 3개월의 추적 관찰에서는 치료받지 않은 사람들에 비해서 받은 사람들이 임상의의 평가에서 불안과 우울감에 있어 더 개선된 결과를 보였다.

아동과 젊은이를 대상으로 한 연구에서도 마음챙김 치료가 현저한 도움이 된다는 것을 보여주었는데, 이는 정신건강 개입이 가장 필요한 사람들에게 가장 큰 효과를 보이는 경향이 있다는 일반적인 결과와 일맥상통한다(Weare & Nind, 2011). 최근의 메타-분석(Zoogman et al., 2014)에서는 비임상적 표본과 비교하였을 때 효과 크기가 0.50 대 0.20($p = 0.024$)으로, 임상적 표본(즉, 정의된 문제를 가진)으로부터 도출된 연구들에서 중간 정도의 효과 크기를 확인하였으며, 이런 효과는 비임상적 표본의 거의 세 배라고 밝혀졌다. 그러므로 정신건강에 문제가 있는 아동과 젊은이를 돕기 위해서 학교가 할 수 있는 일정한 대상을 정한 프로그램에 마음챙김을 더하고자 하는 것과 전문가의 서비스에 의해 학생들에게 제공되는 어떠한 마음챙김 치료라도 지원하는 것은 가치가 있는 것으로 보인다.

웰빙을 향하여 : 보편적 목표 대상에 대한 균형 맞추기

목표 대상을 정한 접근 외에도, 다수의 이익을 위해서만이 아니라 가장 큰 어려움에 있는 사람들에게 가장 큰 영향을 주기 위해서(Huppert, 2014), 전체 인구가 최적의 기능을 하는 '번성하는' 상태(Keyes, 2002)로 향해 가게 하는 보편적인 대상을 위한 접근법이 우리에게 필요하다는 것은 명백하다. 많은 어린이와 보호자들은 결코 정서적인 장애에 대해 임상적 개입을 모색하지 않기 때문에(Farrell & Barrett, 2007), 학교에서의 보편적인 예방 프로그램은 이러한 것이 요구되는 사람들에게 도달하기 위한 매력적이고, 비용 대 효율이 높은 방법이다. 기본 프로그램에 모든 도움을 위한 혜택을 제공하는 것은 특별한 도움을 필요로 하는 사람들로 하여금 참여나 협조를 주저하게 하는 낙인에 대한 고질적인 문제를 방지한다. 이것은 학교 전체에도 인도적이고 정중한 문화를 불러일으키고, 문제를 가진 젊은이를 지원하려는 전체 공동체가 도움이 되는 기술과 태도의 넓은 기반을 제공하는 것을 돕는다. 결국 목표 대상을 정한 접근법과 보편적 목표 대상을 위한 접근법 사이의 균형이 필요하고, 서로 조화를 이룰 필요가 있다는 것을 근거를 통해 알 수 있다(Adi et al., 2007; Weare & Nind, 2011).

마음챙김과 웰빙

특성으로서의 마음챙김은 일반적으로 성인과 젊은이에게 있어 더 나은 건강과 웰빙에 연관되어있다. 보다 의식 있는 아동과 십 대는 일반적으로 보다 더 긍정적 감정, 더 나은 관계, 더 좋은 웰빙, 더 적은 부정적 감정과 불안을 경험한다(Ciarrochi et al., 2010). 그러므로 다양한 접근법을 가진 다섯 가지의 마음챙김 치료가 젊은이들의 행복, 평안, 이완, 전체적 웰빙의 수준에 측정 가능할 정도의 효과를 보였다는 것은 놀라운 일이 아니다(예 : Huppert & Johnson, 2010; Van de Weijer-Bergsma et al., 2012; Wisner et al., 2010).

 정신건강과 웰빙에 광범위한 영향을 미친, 잘 확립된 프로그램의 사례는 '호흡하는 법 배우기' 과정으로, Broderick과 Metz(2009)에 의해 평가되었던 MBSR에서 유래된 마음챙김 프로그램이다. 미국 사립 여학교에서 17~19세 여학생 137명의 학년 집단을 대상으로 한 비무작위 준실험 선행연구에서는 부정적 감정, 피로, 통증, 고통의 감소와 평안, 이완, 자기수용, 감정 조절, 자각, 사고의 명확성이 증가되는 것을 보여주었다.

마음챙김과 정신건강 문제

목표 대상을 정한 개입과 보편적 대상에 대한 개입 모두 젊은이들의 정신건강 문제에 중대한 영향을 미치는 것으로 알려졌다. 사실 그것은 마음챙김 치료가 지금까지 가장 큰 영향을 미쳐온 것으로 드러난 문제들을 다루는 것에서였다. 분석에 포함시킨 연구 20개 중 16개의 연구가 보편적 대상을 위한 개입이었던 최근의 메타 분석(Zoogman et al., 2014)에서, 젊은이를 위한 마음챙김 치료의 연구에 의해 측정된 심리적 증상 이외의 다른 결과들에 비해, 심리학적 증상들에 대한 종합적인 효과 크기가 상당히 큰 것이 확인되었다(0.37 vs. 0.21, $p = 0.028$, 즉, 거의 두 배의 효과).

성인의 우울증에서 마음챙김의 효과에 대한 근거는 특히 강력하다(Ma & Teasdale, 2004). 이 효과는 대체로 사람들이 우울증을 가진 젊은이들에게서 관찰할 수 있었던(Ciesla et al., 2012), 반복적인 우울한 생각들로부터 벗어나도록 하는 기전을 통해서, 걱정과 부정적인 반추의 감소가 일어나게 하는 것이다(Ma & Teasdale, 2004). 이러한 근거와 일치하여, 학교와 임상적 상황 모두에서 상대적으로 인상적이고, 그 수가 증가하고 있는 연구들(현재까지 7개)은 다양한 서로 다른 마음챙김 치료를 통해 아동과 청소년의 우울증에 큰 효과가 있다고 언급하고 있다(예 : Biegal et al., 2009; Mendelson et al., 2010; Raes et al., 2013).

예를 들어, MiSP .b 프로그램은 젊은이들의 정신건강 문제에 대해 명확한 효과가 있었다. 초기의 4주 치료법은 173명의 십 대 소년들에 대한 대조군 연구에서 Huppert와 Johnson(2010)에 의해 평가되었고, 매일 숙제로 10분간 정기적으로 이를 시행한 학생들에게서 웰빙에 대해 큰 효과가 있었다는 것을 밝혔다. 이후의 9회 시행하는 치료법은 더 좋은 효과를 나타냈다. 이 경우는 12개의 중등학교에서 12~16세의 청소년 522명을 대상으로 한 비무작위 대조연구에서 평가되었다(Kuyken et al., 2013). 프로그램에 참가한 젊은이는 추적관찰에서 더 낮은 스트레스($p = 0.05$)와 더 큰 웰빙($p = 0.05$)을 보인 것과 함께, 치료 후($p = 0.004$)와 추적 관찰 시($p = 0.005$)에도 더 낮은 우울 증상을 보고했다. 또 숙제의 양이 문제가 되었다. 치료받은 그룹에서는 학생들이 마음챙김 기술을 시행하는 정도는 3개월의 추적 관찰 시 더 나은 웰빙($p<0.001$), 더 적은 스트레스($p=0.03$)와 연관이 있었다.

　불안은 어린 시절 중 가장 많이 보고되는 정신 병리이고, 종종 우울증이 동반되거나, 성인기까지 지속되기도 하고, 학업과 교우관계에 집중하는 능력을 포함한 삶의 많은 영역에 있어 상당한 장애를 유발한다(Rempel, 2012). 점점 압박감이 증가하고 빠르게 변화하는 현대 생활의 특성과 학교가 젊은이들을 학교에 붙잡아두려는 요구의 증가는 매우 유능한 사람이건, 만성적으로 불안한 사람이건 모두를 포함하는 전체 세대를 위태롭게 하고 있다. 9개의 마음챙김 치료 프로그램은 임상과 학교 상황 모두에서 젊은이들의 불안에 효과가 있었다(예 : Beauchemin et al., 2008; Semple et al., 2005). 예를 들어, Napoli 등(2005)은 학교에서 높은 불안을 가진 5~8세의 아동들을 위한 마음챙김 치료와 이완 작업을 통합한 프로젝트를 보고했다. 이 연구는 주의력 학교 프로그램(Attention Academy Program, AAP)에 참여 중이었던 228명의 참여자에 대해 RCT 기법을 사용하였으며, 24주에 걸쳐 마음챙김 치료와 이완을 45분씩 12번의 회기로 구성된 잘 설계된 연구였다. 치료 후 평가 결과는 불안에 대한 자기보고식 평가, 교사가 평가한 주의력, 사회적 기술, 선택적(시각적) 집중력에 있어 현저한 개선을 보였다. 효과 크기(effect sizes)는 작음에서 중간의 범위였다. 이 연구는 RCT 기법의 사용, 타당한 표본 크기, 주의력 측정방법에서 객관적 방법을 사용함으로써 이 분야의 대부분의 다른 연구들과 비교해서 방법론적으로 유례가 없을 정도로 강력했다.

　불안은 주로 주의력 문제와 연관되기 때문에, 불안에 대한 마음챙김 치료의 효과는 학생들의 주의력 초점을 개선시키는 기능을 통해 그 효과가 나타날 수 있는 것으로 보인다(Semple et al., 2005). 다른 기전으로는 앞서 이미 언급된 부정적인 반추적 사고 과정을 '잡는' 능력뿐만 아니라, 이완시키는 능력의 개선일 수도 있다(Singh et al., 2003). 이 기전은 성인과 젊은이 모두의 수면 문제에 마음챙김 치료가 보여주는 상당히 일정하게 나타나는 효과를 설명하는 데 도움이 될 수 있고(예 : Biegal et al., 2009), 많은 젊은이들이 만성적으로 피곤해하고, 학교에서 집중하는 것과 잘 행동하는 것이 힘들기 때문에 가장 잘 받아들여진다.

마음챙김과 행동

학교는 정신건강에 관심이 있을 수도 있고 없을 수도 있지만, 모든 학교는 올바른 행동을 격려하고자 한다. ADHD, 충동성, 공격성, 반항적 행동에 효과를 보인 4개의 최근까지의 연구를 포함하여, 마음챙김 치료가 청소년들의 힘든 행동과 관계 있는 소위 '외현화' 장애의 감소에 효과가 있다는 사실에 학교들이 관심을 보일 것이다(예 : Bogels et al., 2008; Zylowska et al., 2007). 마음챙김 치료가 행동을 개선시키는 근본적인 근거는 '감정 조절'에 필수적인 기술을 개발하는 이 치료법의 능력에 있다. 마음챙김은 충동 조절을 돕고, 즉각적 만족을 지연시키며, 주의력을 모니터링 하는 데 도움을 준다고 알려져 있고(Hölzel et al., 2011b), 상당한 수(12)의 마음챙김 치료가 젊은이들의 감정 조절을 개선시키는 데 효과가 있다는 것이 알려져있다. 반응하기보다 경험과 '함께' 있는 능력을 함양시키는 훈련은 행동하게 하는 자극이나 충동과 행동으로 반응하는 것 두 가지 선택 사이의 뇌 경로에서 더 나은 선택을 할 수 있도록 시간을 얻기 위한 결정적 시간 자체를 늘릴 수 있는 것으로 보인다(Goleman, 2006).

마음챙김과 학습

학교의 핵심 사업이 학습이고 웰빙이 아니라는 것과 왜 웰빙이나 SEL(Social and Emotional Learning, 사회적·정서적 학습)에 대한 지원에 노력을 기울여야 하는지에 대한 논거를 입증해야만 한다는 것을 기억하는 것은 중요하다. 신경과학이 뇌에서 정서적 기능과 인지적 기능 사이의 근본적 관련성에 대해 오래 전에 분명히 밝힌 이후(Ledoux, 1998), SEL과 학교 성적 사이의 상관 관계에 대한 명백한 사실이 축적된 만큼(Durlak et al., 2011; Zins et al., 2004), 이 논거를 입증하는 것은 점점 더 쉬워지고 있다.

그러나 교육에서 따라가지 못한 사람들이나 교육을 이해하지 못한 채로 남아있는 사람들에게 마음챙김이 인지 과정에 직접적으로 영향을 미칠 수 있다는 축적되는 증거들은 교육에 마음챙김을 포함시키기로 하는 의견을 뒷받침하는 데 도움이 된다. 마음챙김 치료는 성인과 젊은이 모두에서 '실행 기능'을 향상시키는 것으로 보인다 — 작업 기억, 문제 해결, 주의력, 계획 세우기, 자기관리와 같은 인지 과정과 관련 있는 실행 기능(Elliott, 2003).

다양한 상황에서 시행된 6개의 연구는 젊은이들의 실행 기능에 대한 효과를 보여주고 있다. 예를 들어, Flook 등(2010)은 인식 기능을 염두를 두고 시행한 8주간 주 2회, 30분씩 진행된 학교 기반 프로그램을 평가하기 위해 7~9세의 아동 64명을 대상으로 RCT를 수행하였다. 이 프로그램은 그동안 높이 평가받고 있던 Kaiser-Greenland(2009)의 '의식 있는 어린이' 교과 과정 접근법에 기초하여 만들어졌다. 이 프로그램은 감각적 인식을 통한 자기인식, 주의력의 조절, 생각과 느낌에 대한 인식, 타인에 대한 인식을 증진하기 위한 과제와 게임을 포함하고 있다. 환경과 상호 연결성에 대한 인식. 이 프로그램의 과정은 프로그램을 시작할 수 있는 최소한의 수준을 가지고 있는 아동에 있어 우리의 예상대로, 특히 실행 기능에 대해 상당한 효과가 있다는 것을 보여주었다.

학교는 주의력 훈련에 대한 마음챙김에 특히 중점을 두는 것 같다. '주의를 기울이는' 능력은 학습을 위해 기본적인 것이고, 교사의 관점에서는 가끔 오늘날의 산만한 청소년들에게 부족한 능력이다. 사실상, Goleman(2013)은 최근에 '집중'하는 능력이 감성 지능과 개인적 성공의 기저를 이루는 중요한 기술이라고 주장했다. 현재까지 8개의 광범위한 연구가, 아동과 젊은이의 인식과 명확성을 향상시키는 마음챙김의 효과에 대해 경험적 근거가 있다고 이야기한다(예 : Napoli et al., 2005; Schonert-Reichl & Lawlor, 2010; Zylowska et al., 2007).

마음챙김은 상위 인지(metacognition, 생각의 흐름에서 물러서서 사색적인 방식으로 생각을 살피는 능력)를 향상시킨다(예 : Napoli et al., 2005; Flook et al., 2010). 학습 내용뿐 아니라 학습 과정에 대한 모든 학교에서의 작업에도 유용하다. 예를 들어, 학생들이 인지하고, 개념을 형성하며, 계획하고 추론하며, 상상하고 문제를 해결하고 결정을 내리고 판단하는 능력을 연마하는 것을 이루게 하는 '생각하는 기술'을 가르치는 데 종사하는 사람들에게는 유용하다(Butterworth & Thwaites, 2013).

학교의 관점에서 가장 매력적인 근거는 이런 프로그램들이 학습, 학업 성적, 학업 성취를 향상시키는 데 직접적으로 연관되어있다는 것을 보여주는 세 가지의 평가에 있다. 예를 들어, Beauchemin 등(2008)에 의한 평가는 특수학교의 교실에서 13~18세의 학습 장애를 가진 34명의 지원 학생에게 5주간 마음챙김 명상의 개입 전후를 비교하는 무대 조군 설계를 통해 수행되었다. 저자들은 마음챙김 명상이 불안과 부정적인 자기확신을 감소시키고, 결국 사회적 기술과 학문적 성과를 증진시킨다는 가설을 세웠다. 모든 결과 측정치는 프로그램을 수료한 참가자들에 있어 상태 불안과 특성 불안이 감소되고, 사회적 기술이 증진되며, 학업 성적이 향상되었다는 것을 증명하였다.

학문적 학습에 대해 입증된 이 연결은 마음챙김을 대상자들의 일상적인 실천과 주된 교과 과정으로 포함시키도록 교사들을 격려할 것이고, 그렇게 되는 시점은 사회적·정서적 학습이 학습자에서 진정한 차이점을 만들어낼 수 있도록 시작하는 그 출발점이 된다(Weare & Nind, 2011).

마음챙김과 사회적 · 정서적 학습

많은 학교들은 이미 웰빙과 학습 사이의 연결을 '파악'했고, '사회적·정서적 학습,' '감정 지능/지식', '회복탄력성', '생활기술', '인성 교육' 그리고 보다 최근에는 '번성'을 포함하는 많은 이름의 프로그램 집단 아래에서 학교의 역할을 확대하는 큰 변화가 최근 수십 년간 지속되었다. 잘 시행되었을 때에는 긍정적인 웰빙을 증진하고, 문제를 가진 사람들을 도우며, 행동과 학습을 향상시키는 데 효과적인 것이 개입들 중 최고라고 근거 기반의 연구들은 시사하고 있다(Adi et al., 2007; Shucksmith et al., 2007; Weare & Nind, 2011).

성인을 위한 마음챙김은 평안을 느끼고 감정을 조절하며, 의미 있는 관계를 형성하고, 연민과 공감과 조율을 경험하고, 경험을 수용하며, 힘든 감정을 관리하고, 회복탄력성이 있고, 동기부여가 되며, 지속적이고 긍정적으로 되도록 그 효과를 발휘한다는 것이 확인되었다(예 : Mendelson et al., 2010). 7개의 다양한 마음챙김 치료에서 젊은이들에게 자기인식, 자존감, 자기수용에 대해 직접적인 영향을 미친다는 것이 밝혀졌다(예 : Biegal et al., 2009). 마음챙김에 기초한 치료들은 아동이 사교성과 관계(2개의 연구, 예 : Kerrigan et al., 2010), 스트레스를 관리하는 데 대한 회복탄력성(5개의 연구, 예 : Kuyken et al., 2013), 낙관주의(Schonert-Reichl & Lawlor, 2010), 더 효과적인 목표 설정(Bogels et al., 2008)을 향상시키는 것에도 비슷한 수준의 가능성을 보여주었다.

또한 마음챙김은 정신건강의 증진과 SEL에 기존의 자원에 더해 볼 가치를 가지고 있는 것으로 보인다. Shucksmith 등(2007)이 결론을 내린 바와 같이, 여러 가지 치료방법들을 고려해서 바라볼 때, 효과적인 정신건강/SEL 개입은 어린이에게 자기관리, 부모와 교사에게는 적절한 강화와 더 나은 훈육 방법에 대해서 CBT와 사회 기술 훈련을 섞어서 시행한 것과 유사한 것을 제공한다. 그 공식은 문제점이나 진단이 어떤 것이든 일반적으로 같다. 마음챙김은 인지적이고, 장황하고, 교사 주도적 접근법들과 동시에 시행될 가능성이 있으며, 이 경우 비교적 적은 추가적 투입을 통해 더 효과적으로 만들 수 있어서는 '잃어버린 조각'이라는 이름이 붙여졌다(Lantieri & Nambiar, 2012). 마음챙김은 뇌의 작용을 상당히 도울 수 있으며, 정신과 신체에 대한 소리없는 탐구의 작업으로부터 오는 새로운 깊이, 지나가는 생각/기분/감각에 대한 이완되고 수용적인 인식으로부터 오는 객관성, 자기 자신의 성장과 개발에 책임을 지는 내적 자기관리 기술의 개발로부터 오는 자율권을 취할 수 있도록 돕는다.

마음챙김과 교직원

지금까지 이 장에서는 학생들을 위한 개입만을 검토했지만, 더 뒤에 있는 교직원에서부터 출발해야 한다는 강한 주장이 있다. 이 프로그램이 가지는 다소간 역설적인 과정을 안으로부터 이해하고, 여기에서 강조하는 열린 마음의 비판단주의적(교육적으로 전통적이지는 않은) 태도를 정확하고 명쾌한 방식으로 구현해야 한다면, 마음챙김을 가르치고자 하는 사람은 마음챙김을 먼저 배우고 실천해야 한다는 것이 마음챙김 교사들의 훈련에 책임이 있는 사람들 사이의 공통되는 의견들이다(Albrecht et al., 2012; Crane, 2010).

.b 프로젝트는 마음챙김이 교직원에 영향을 미칠 수 있는 세 가지 수준의 단계를 구분하기 위해 유용한 용어를 채택했다(MiSP, 2014). 첫 번째는 그들이 스스로 '깨어있는', 즉, 그들 자신의 이익과 웰빙을 위해 마음챙김을 배우고 실행하는 것이다. 두 번째는 그들이 '깨어있는 상태로 가르치는', 즉, 마음챙김으로 하여금 자신의 평범한 직무에 따라 가르치는 방식에 영향을 미치도록 하는 것이다. 세 번째는 '마음챙김을 가르치는', 즉, 그들의 학생들에게 직접적인 가르침을 통해서 마음챙김을 전하는 것이다.

가르치는 것은 어려운 일이고, 정신건강 문제는 고질적이며, 직원 스트레스, 잦은 결석, 소모에 관한 인적·재정적 비용은 교사와 학생 모두에게서 높다(Brouwers & Tomic, 2000). 그래서 마음챙김이 교사들의 건강과 웰빙을 지원하는 것으로 보이므로 교사들이 먼저 '깨어있을' 수 있어야 한다는 요건은 아주 약한 수준의 것이다. 우리가 본 것처럼 마음챙김은 일반적으로 성인의 신체적·정신적 건강의 개선을 불러올 수 있다는 것에 대한 타당한 근거가 있고, 특별히 교사에 관한 더 최근의 5개 연구는 소진(burnout)과 스트레스를 감소시켜 가르치는 직업에서 특히 더 좋은 효과를 보여주고 있다(예 : Albrecht et al., 2012).

'깨어있는 상태로 가르치는' 것을 지속할 수 있는 교사들의 이점은 그들의 개선된 수업 성취도에서도 보인다. 마음챙김은 교실에서 매일 해야 하는 일들의 대부분의 측면에서 교사들이 더욱 효율적으로 되도록 할 수 있는데, 예를 들어 학생들과 지지적으로 관계를 맺는 능력을 향상시키고, 그들 자신의 감정을 관리하며, 평온하고 조절할 수 있는 상태에 머물고, 더 큰 '존재'와 호혜를 더 공감적으로 조율하며, 학생의 행동을 더 효율적으로 관리하고, 더 유연하고, 그들의 반응에 호응하며, 수업 과정을 통해 그들의 의도를 순조롭게 유지하는 것과 같은 것들이다(Albrecht et al., 2012; Meiklejohn et al., 2012; Napoli et al., 2005).

따라서 가장 효과적인 학교 내 마음챙김 과정은 교사 교육과 같은 강력한 요소를 포함하며 실제 몇몇 프로그램, 예를 들어 미국의 Garrison 협회의 CARE(Cultivating Awareness and Resilience in Education, 교육에서 인식과 회복력 기르기) 프로그램은 오로지 교사의 교육에만 집중한다는 것 또한 놀라운 일이 아니다. 이 프로그램(Garrison Institute, 2014)은 연구자, 교육자, 심리학자로 이루어진 팀이 6년 이상 걸려 개발한 것이다. 이 프로그램의 목적은 교사가 더 큰 평온을 통해 스트레스를 줄이고, 그들의 학생들과 관계와 교실 관리, 교과 과정의 실행을 강화하기 위해 교실로 더 큰 인식을 가져오는 것을 돕는 것이다. 그것은 교사가 학생들을 사회적·정서적·학문적으로 번성하도록 도울 때 필요한 교사의 내적 자원으로 보이는, 인식, 존재, 연민, 성찰, 영감을 증진시켜서 학생들을 도우는 것을 목표로 한다. 이 프로그램은 고요한 성찰, 배려의 실천, 공감을 증진하기 위한 깨어있는 청취 활동, 교사가 종종 마주치는 도전적 상황에 마음챙김을 불러일으키는 활동으로의 진행과 같은 기초적인 깨어있는 인식 활동을 소개한다.

프로그램은 몇몇 평가의 대상이 되었다. 2개의 시범 연구(Jennings et al., 2011)는 프로그램의 실행 가능성, 흡입력, 효능에 대해 조사했다. 이 연구는 교사가 높은 스트레스, 고위험의 도시 환경에서 마음챙김 전후의 의미 있는 개선과 극도의 피로/시간 관련

스트레스의 유의한 감소를 보고했지만, 덜 도전적인 학교 환경에서의 가르침은 그렇지 못했다는 것을 발견했고, 이 프로그램과 마음챙김은 아마도 더 일반적으로, 고위험 환경에서 일하는 교사들을 지원하는 데 있어 더 효과적일 수 있다는 것과 가장 필요로 하는 사람에게 가장 도움이 되어야 한다는 정신건강 개입 경향의 또 다른 예를 시사한다.

더 엄격한 RCT(Jennings et al., 2011)에서는 CARE 또는 대기자 명단의 대조군 조건에 무작위로 할당된 50명의 교사 표본을 대상으로 조사하였고, 넓은 범위의 교사들에 대해 더 일반적인 유용성을 보여주었다. CARE 프로그램에 참여하는 교사는 웰빙, 능률, 소진/시간 관련 스트레스, 마음챙김에 있어 대조군과 비해 현저한 개선이 있었다. 정성적 자료(데이터)에서는 교사가 스트레스를 감소시키고 그들 자신의 성과를 개선하기 위한, 실현 가능하고 받아들일 수 있으며 효과적 방법으로 CARE를 보고 있다는 것으로 나타났고, 교사들이 CARE 프로그램으로부터 배운 기술과 지식을 적용한 결과로 학생들이 과제에 더 많은 시간을 부여했으며, 학업 성적의 향상을 보였다는 것을 보였다. 또한 교직원을 위한 마음챙김은 척박한 학교 환경에서 많은 가능성을 보이기 시작하고 있다.

결론

현장에서의 기하급수적인 성장을 지지해줄 더 명확한 연구들이 절실하게 필요하긴 하지만, 학생과 교사들을 대상으로 하는 혁신적이고 흥미로운 학교 내 마음챙김 프로그램이 개발되고 있는 중이고, 다양한 개입에 대한 평가로부터 나온 성과는 특정한 목표 대상을 정한 것과 보편적인 목표 대상 모두에서 희망적인 것으로 평가되었다. 잘 시행된 마음챙김 치료는 학생과 교직원들에게 평판이 좋고, 젊은이와 교사들이 가진 다양한 문제들을 다룰 수 있으며, 긍정적으로 번성할 수 있도록 도울 수 있다는 것이 확인되었다. 교육의 주된 흐름 내에서, 예를 들어, SEL/정신건강, 행동 개선, 학습 과정, 교직원 개발을 위해 마음챙김이 할 수 있는 가능성 있는 역할이 있다. 마음챙김은 우리의 젊은이들이 균형 잡히고, 성공적이고, 배려 깊은 성인으로 성장하도록 도움을 찾는 모든 사람들에 의해 진지한 주목을 받을 가치가 있다.

참고문헌

Adi, Y., Killoran, A., Janmohamed, K., & Stewart-Brown, S. (2007). *Systematic review of the effectiveness of interventions to promote mental wellbeing in primary schools: Universal approaches which do not focus on violence or bullying.* London: National Institute for Clinical Excellence.

Albrecht, N. J., Albrecht, P. M., & Cohen, M. (2012). Mindfully teaching in the classroom: A literature review. *Australian Journal of Teacher Education*, 37(12), Article 1.

Baer, R. A. (ed.) (2006). *Mindfulness-based treatment approaches: Clinical guide to evidence base and applications.* London: Elsevier Academic Press.

Barnes, V., Bauza, L., & Treiber, F. (2003). Impact of stress reduction on negative school behaviour in adolescents. *Health and Quality of Life Outcomes*, 1(7). doi:10.1186/1477-7525-1-10.

Beauchemin, J. Hutchins, T. L., & Patterson, F. (2008) Mindfulness meditation may lessen anxiety, promote social skills and improve academic performance amongst adolescents with learning difficulties. *Complementary Health Practice Review*, 13, 34–45.

Biegal, G. (2009) *Stress reduction workbook for teens.* Oakland, CA: Instant Help/Harbinger.

Biegel, G. M., Brown, K. W., Shapiro, S. L., & Schubert, C. M. (2009) Mindfulness-based stress reduction for the treatment of adolescent psychiatric outpatients: a randomized clinical trial. *Journal of Consulting and Clinical Psychology*, 77(5), 855–866.

Bogels, S., Hoogstaf, B., Van Dun, L., De Schutter, S., & Restifo, K. (2008) Mindfulness training for adolescents with externalizing disorders and their parents. *Behavioural and Cognitive Psychotherapy* 36(2), 193–209.

Broderick, P. C. & Metz, S. (2009) Learning to BREATHE: A pilot trial of a mindfulness curriculum for adolescents. *Advances in School Mental Health Promotion*, 2(1), 35–45.

Brouwers, A. & Tomic, W. (2000) A longitudinal study of teacher burnout and perceived self-efficacy in classroom management. *Teaching and Teacher Education*, 16(2), 239–253

Butterworth, J. & Thwaites, G. (2013) *Thinking skills: Critical thinking and problem solving.* Cambridge: Cambridge University Press.

Ciarrochi, J., Kashdan, T. B., Leeson, P., Heaven, P., & Jordan, C. (2010). On being aware and accepting: A one year longitudinal study into adolescent well-being. *Journal of Adolescence*, 34(4), 695–703.

Ciesla, J. A., Reilly, L. C., Dickson K. S., Emanuel, A. S., & Updegraff, J. A. (2012). Dispositional mindfulness moderates the effects of stress among adolescents: Rumination as a mediator. *Journal of Clinical Child & Adolescent Psychology*, 41(6), 760–770.

Crane, R. S., Kuyken, W., Hastings, R. P., Rothwell, N., & Williams, J. M. G. (2010). Training teachers to deliver mindfulness-based interventions: Learning from the UK experience. *Mindfulness*, 1(2), 74–86.

Davidson, R. & Lutz, A. (2008) Buddha's brain: Neuroplasticity and meditation. *IEEE Signal Process Mag.* 25(1), 176–174. www.ncbi.nlm.nih.gov/pmc/articles/PMC2944261 (accessed January 30, 2012).

Durlak, J. A., Weissberg, R. P., Dymnicki, A. B., Taylor, R. D., & Schellinger, K. (2011). The impact of enhancing students' social and emotional learning: A meta-analysis of school-based universal interventions. *Child Development*, 82, 474–501.

Elliott, R. (2003). Executive functions and their disorders. *British Medical Bulletin*, 65, 49–59.

Farrell, L. & Barrett, P. (2007). Prevention of childhood emotional disorders: Reducing the burden of suffering associated with anxiety and depression. *Child and Adolescent Mental Health*, 12(2), 58–65. doi:10.1111/j.1475-3588.2006.00430.x

Flook, L., Smalley, S. L., Kitil, M. J., *et al.* (2010). Effects of mindful awareness practices on executive functions in elementary school children. *Journal of Applied School Psychology*, 26(1), 70–95.

Garrison Institute (2014a). *Contemplative education programme database.* www.garrisoninstitute.org/contemplation-and-education/contemplative-education-program-database (accessed February 10, 2014).

Garrison Institute (2014b). *Database of programmes*. www.garrisoninstitute.org/contemplation-and-education/article-database (accessed February 10, 2014).

Garrison Institute (2014c). *The CARE programme*. www.garrisoninstitute.org/contemplation-and-education/care-for-teachers (accessed February 15, 2014).

Goleman, D. (2006). *Social intelligence: The new science of human relationships*. London: Random House.

Goleman, D. (2013). *Focus, the hidden driver of excellence*. New York: Harper Collins.

Graham, P. (2004). *The end of adolescence*. Oxford: Oxford University Press.

Greenberg, M. T. & Harris, A. R. (2012). Nurturing mindfulness in children and youth: Current state of research. *Child Development Perspectives*, 6: 161–166.

Hawn Foundation (2014). *MindUp Programme*. http://thehawnfoundation.org/mindup (accessed February 10, 2014).

Hölzel, B. K., Carmody, J., Vangel, M., *et al.* (2011a). Mindfulness practice leads to increases in regional brain gray matter density. *Psychiatry Research Neuoroimaging* 191(1), 36.

Hölzel, B., Lazar, S., Gard, T., Schuman-Olivier, Z., Vago, D., & Ott, U. (2011b). How does mindfulness meditation work? Proposing mechanisms of action from a conceptual and neural perspective. *Perspectives on Psychological Science*, 6, 537.

Huppert, F. A. (2014). The state of well-being science: Concepts, measures, interventions and policies. In: F A. Huppert & C. L. Cooper (eds.), *Interventions and policies to enhance well-being*. Oxford: Wiley-Blackwell.

Huppert, F. A. & Johnson, D. M. (2010). A controlled trial of mindfulness training in schools: The importance of practice for an impact on well-being. *The Journal of Positive Psychology*, 5 (4), 264–274.

Inner Explorer (2014). Mindfulness in schools, learning from the inside out. http://innerexplorer.org/mindfulness-in-education-programs (accessed February 15, 2014).

Jennings, P., Snowberg, K., Coccia, M., & Greenberg, M. (2011). Improving classroom learning environments by cultivating awareness and resilience in education (CARE): Results of two pilot studies. *Journal of Classroom Interaction*, 46(1), 37–48.

Kabat-Zinn, J. (1996) *Full catastrophe living*. London: Piakus Books.

Kaiser-Greenland, S. (2009). *The mindful child*. London: Simon and Schuster.

Kerrigan, D., Johnson, K., Stewart, M., *et al.* (2010). Perceptions, experiences, and shifts in perspective occurring among urban youth participating in a mindfulness-based stress reduction program. *Complementary Therapies in Clinical Practice*, 17(2), 96–101.

Keyes, C. L. M. (2002). The mental health continuum: From languishing to flourishing in life. *Journal of Health and Social Behavior*, 43, 207–222.

Kuyken, W., Weare, K, Ukoumunne, O., *et al.* (2013). Effectiveness of the .b mindfulness in schools program: A non-randomized controlled feasibility study. *British Journal of Psychiatry*. http://bjp.rcpsych.org/content/203/2/126.full.pdf±html (accessed October 22, 2014).

Langer, E. (1993). A mindful education. *Educational Psychologist*, 28(1), 43–50.

Lantieri, L. & Nambiar, M. (2012). Social emotional learning and mindfulness-based contemplative practices in education. http://whatmeditationreallyis.com/index.php/home-blog/item/380 (accessed February 10, 2014).

Learning to Breathe (2014). A mindfulness curriculum for adolescents http://learning2breathe.org (accessed February 15, 2014).

LeDoux, J. (1998). *The emotional brain*. New York: Simon and Schuster.

Lillard, A. S. (2011). Mindfulness practices in education: Montessori's approach. *Mindfulness* 2, 78–85.

Lipsey, M. W. & Wilson, D. B. (2001). *Practical meta-analysis*. Thousand Oaks, CA: Sage.

Ma, S. & Teasdale, J. (2004). Mindfulness-based cognitive therapy for depression: Replication and exploration of differential relapse prevention effects. *Journal of Consulting and Clinical Psychology*, 72(1), 31–40.

Meiklejohn, J., Phillips, C., & Freedman, M. L. (2012). Integrating mindfulness training into K-12 education: Fostering the resilience of teachers and students. *Mindfulness*, 3(4), 291–307.

Mendelson, T., Greenberg, M. T., Dariotis, J. K., Gould, L. F., Rhoades, B. L., & Leaf, P. J. (2010). Feasibility and preliminary outcomes of a school-based mindfulness intervention for urban youth. *Journal of Abnormal Child Psychology*, 38(7), 985–994.

Mental Health Foundation (2014). Mental health statistics and children. www.google.co.uk/search?q=mental+health+statisics+children%26sourceid=ie7%26rls=com.microsoft:en-GB:IE-Address%26ie=%26oe= (accessed February 10, 2014).

Mindful Schools (2014). Integrating mindfulness into education. www.mindfulschools.org (accessed October 22, 2014).

MiSP (2014). The mindfulness in schools project. http://mindfulnessinschools.org (accessed February 10, 2014).

Napoli, M., Krech, P. R., and Holley, L. C. (2005) Mindfulness training for elementary school students: The attention academy. *Journal of Applied School Psychology*, 21(1), 99–125.

NICE (National Institute for Health and Clinical Excellence) (2009) *Depression: The treatment and management of depression in adults*. London: NICE.

Raes, F., Griffith, J. W., Van der Gucht, K. J., & Williams, G. (2013). School-based prevention and reduction of depression in adolescents: A cluster-randomized controlled trial of a mindfulness group program. *Mindfulness*. doi: 10.1007/s12671-013-0202-1.

Rempel, K. D. (2012). Mindfulness for children and youth: a review of the literature with an argument for school-based implementation. *Canadian Journal of Counselling and Psychotherapy*, 46(3), 201–220.

Schonert-Reichl, K. A. and Lawlor, M. S. (2010). The effects of a mindfulness-based education program on pre- and early adolescents'well-being and social and emotional competence. *Mindfulness*, 1(3), 137–151.

Semple, R. J., Reid, E. F., & Miller, L. (2005).

Treating anxiety with mindfulness: An open trial of mindfulness training for anxious children. *Journal of Cognitive Psychotherapy*, 19(4), 379–392.

Shucksmith, J., Summerbell, C., Jones, S., & Whittaker, V. (2007). *Mental wellbeing of children in primary education (targeted/indicated activities)*. London: National Institute of Clinical Excellence.

Singh, N., Wahler, R., Adkins, A., & Myers, R. (2003). Soles of the feet: A mindfulness-based self-control intervention for aggression by an individual with mild mental retardation and mental illness. *Research in Developmental Disabilities*, 24(3), 158–169.

Van de Weijer-Bergsma, E., Langenberg, G., Brandsma, R., Oort, F. J., & Bögels, S. M. (2012). The effectiveness of a school-based mindfulness training as a program to prevent stress in elementary school children. *Mindfulness*. doi: 10.1007/s12671-012-0171-9.

Wake up schools (2014). Cultivating mindfulness in education. http://wakeupschools.org (accessed February 15, 2014).

Weare, K. & Nind, M. (2011) Mental health promotion and problem prevention in schools: What does the evidence say?. *Health Promotion International*, 26(S1), 29–69.

Wisner, B. L., Jones, B., & Gwin, D. (2010). School-based meditation practices for adolescents: A resource for strengthening self-regulation, emotional coping, and self esteem. *Children and Schools*, 32(3), 150–159.

Zins, J. E., Weissberg, R. P., Wang, M. C., & Walberg, H. (2004). *Building academic success on social and emotional learning*. New York: Columbia Teachers College.

Zoogman, S., Simon, B., Goldberg, S., Hoyt, W. and Miller, L. (2014). Mindfulness interventions with youth: A meta-analysis. *Mindfulness*. doi: 10.1007/s12671-013-0260-4.

Zylowska, L., Ackerman, D. L., Yang, M. H., *et al.* (2007). Mindfulness meditation training in adults and adolescents with ADHD: A feasibility study. *Journal of Attention Disorders*, 11(6), 737–746.

LCM을 이용한 소아청소년을 위한 학교 기반 서비스

A. Raisa Petca, Allison K. Zoromski, Steven W. Evans, Yuko Watabe

미국에서(그림 22.1을 보면, 미국의 교육 구조를 확인할 수 있다), 13~18세 사이 청소년의 22%는 일생에 한 번은 정신건강 문제나 관련 질환을 경험하게 되는데, 불안장애, 행동장애, 물질사용장애 등이 흔히 나타난다(Merikangas et al., 2010). 하지만 정신건강 서비스를 필요로 하는 청소년의 20%만이 도움을 받는다(Kataoka, Zhang, & Wells, 2002). 미국에서는 정신건강 서비스의 시작이 학교에서 이루어졌다(Farmer et al., 2003). 90%의 학교가 정신건강 관련 평가를 하고, 정신건강 서비스에 의뢰하는 체계를 갖고 있으며, 이 중 75%는 심리학자, 사회복지사, 간호사를 통하여 직접 서비스를 제공한다(Foster et al., 2005). 연방 법규(예 : 특수교육법)에 의하면, 교육자들은 감정이나 행동 문제가 있는 학생들의 학문적·직업적인 필요 사항들을 충족시킬 수 있어야 한다. 따라서 (1) 감정 문제나 행동 문제가 있는 청소년을 찾아내고 (2) 효과적으로 교육시키는 목적을 가지고 문제들을 해결할 수 있는 정신건강 서비스를 학교 전문가들이 시행하도록 박차를 가하게 된다. 미국 지역 교육청들에서는 SMHP(school mental health professionals, 학교 정신건강 전문가, 예 : 상담 전문가, 학교 심리학자)들을 고용했고, SMHP들이 근거를 기반으로 한 업무를 통해 목표를 이룰 수 있도록 지원하였다. 예를

School Mental Health: Global Challenges and Opportunities, ed. Stan Kutcher, Yifeng Wei and Marc D. Weist. Published by Cambridge University Press. © Cambridge University Press 2015.

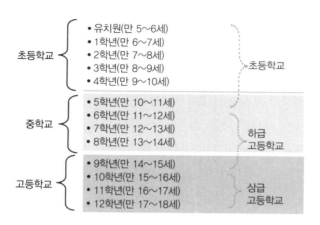

그림 22.1 **미국의 교육 제공 구조**

그림에 나타난 바와 같이, 지역에 따라 각 학교 단계에 포함되는 학년들이 다른데, 이는 각 지역별로 학교 건물이나 교직원들의 규모와 역할이 다르기 때문이다. 미국에서 아이들의 학교 교육은 의무 교육이지만, 나이에 따라 어떤 학교에 가는지는 주마다 다르다. 어떤 주에서는 14~17세에 부모의 동의를 얻어 학교를 중퇴하는 것이 가능하지만, 다른 주에서는 18세까지 학생들은 학교에 다녀야만 한다. 학생들은 공립이나 사립학교를 다닐 수도 있고, 부모의 지도하에 온라인상의 홈스쿨링 프로그램을 통해 집에서 교육을 받기도 한다.

들어, 웹을 기반으로 한 두 가지의 큰 시스템이 있는데, 하나는 'SAMHSA(Substance Abuse and Mental Health Service Administration, 물질남용에 대한 정신보건서비스 관리국, www.nrepp.samhsa.gov)'이라는 곳에서 운영되었고, 다른 하나는 '교육 과학 연구소(Institute of Education Science, IES, http://ies.ed.gov/ncee/wwc)'에서 운영하였다. 뿐만 아니라 근거를 기반으로 한 치료 가이드라인(예 : Evan, Owens, & Bunford, 2014) 들이 발표됨에 따라, 학교에서 사용하기 위한 근거 기반의 치료들이 강조되었다.

미국에서 교육 및 정신건강 지원 모델은 의학 연구소의 예방 및 서비스 공급을 위한 3단계 모델을 빌려서 만들었다 ― (1) 보편적 (2) 선별적 (3) 개별적 예방/중재(Springer & Phillips, 2006). 그 이후 2개의 비슷한 3단계 모델이 교육자들이 정신건강 사업과 교육 사업을 구성하는 데 도움을 주고자 등장하였다. 하나는 '학교 차원의 긍정 행동 지원'(School-Wide Positive Behavior Support, SWPBS, Simonsen, Sugai & Fairbanks, 2007)이고, 다른 하나는 '중재 반응'(Response to Intervention, RTI, National Center on Response to Intervention, 2010)이다. 1단계 전략은 보편적이고 일차적인 예방 서비스를 하는 것인데, 학교에서 기대되는 행동에 대해 가르치고 또 이를 강화한다(Caldarella et al., 2011). 또한 이 단계에서는 학생 전체에 대한 선별을 하고, 학교 시스템의 필요성에 대한 분석을 하는 등 시스템 전체에 걸친 평가를 하게 된다. 2단계에서는 기능 개선을 강조하고, 1단계에서 적절치 못한 응답을 했던 위험군 학생을 대상으로 하여 선택적 중재를 한다. 1, 2단계의 전략에도 반응이 없는 학생들을 대상으로, 3단계에서는 개별적인 중재를 한다. 이 중재는 고강도이며, 전문인력이 만든 기능을 기반으로 한 전략을 가지고 진행된다(Crone, Horner & Hawken, 2004).

전반적으로 이런 단계화된 모델들은 몇몇 장점을 가지고 있는데, 유연하게 작동될 수 있다는 것, 다양한 근거 기반 중재방법들을 사용할 수 있다는 것, 언제, 어디서, 왜 학생들이 약해지는지에 관한 학교 차원에서의 평가와 관찰을 포함하는 예방을 강조하게 된다는 것 등이다(예 : Scott et al., 2010). 예방에 대한 강조를 하게 되면 장애를 겪기 전에 그 문제를 다루기 때문에, 불필요한 선별 검사, 특수교육을 위한 장소, 행동 또는 감정 장애가 있는 아이를 위한 약물치료 등이 필요 없게 된다(Froiland, 2011). 더하여, 이런 모델은 각 단계에서 문제를 해결하기 때문에(Burns, Deno, & Jimerson, 2007), 각 단계의 결과를 기반으로 학생의 필요에 맞는 중재를 할 수 있다. 하지만 이런 단계화 모델은 몇몇 한계점을 갖는다. 우선 단계화 모델은 규범화될 수가 없는 까닭에, 특정 문제에 꼭 필요한 중재를 제공할 수 없고, 대신 학생들에게 할당된 시간과 자원에 따라 중재의 강도가 달라지게 된다. 둘째로, 단계화 모델은 장기적 서비스의 장점을 강조하지 않는다(Forrest & Riley, 2004). 대신에 단계화 모델에서의 서비스들은 단기 시설 같은 것을 중요히 여기며, 이는 학생들의 역량을 개선하는 데에는 별다른 효과가 없다(Harrison et al., 2013). 셋째로, 단계화 모델에서 서비스를 제공하는 전문가들은 학교에서 쓸 수 있는 중재만 하고, 지역사회 기반 서비스를 위한 일을 하지는 않는다. 그 결과 단계화 모델은 유용한 서비스에 관한 가이드를 보호자나 교육자들에게 충분히 제공하지는 않는다.

장기적 서비스의 장점을 강조하고 전문가로의 위탁을 제공하기 위해서, 최근 단계화 모델의 대안으로 LCM(Life Course Model, 인생 과정 모델)이 제안되었다. LCM은 총 4단계로 구성되는데, 감정 문제나 행동 문제를 가진 소아청소년들을 위한 근거 기반 서비스를 선정하고, 순서에 맞게 진행하게 된다. 각 단계에서 제공되는 서비스의 강도는 각 아이들의 필요 정도에 따라 달라지며, 모든 단계는 주요 원칙 일곱 가지를 항상 염두에 두고 진행하게 된다(그림 22.2 참조). 일반적으로 서비스는 1단계에서 시작되며, 원하는 정도의 성과가 나지 않으면 더 높은 단계로 진행되지만, 일부의 경우 개인의 필요에 따라 모든 단계를 동시에 진행하기도 한다. 높은 단계에서 서비스가 처음 시작되었을 때에도, 낮은 단계에 해당하는 중재 역시 동시에 진행한다. 중요한 것은, LCM에서는 각 단계별로 학교와 지역사회 서비스가 협력하게 된다는 것이다.

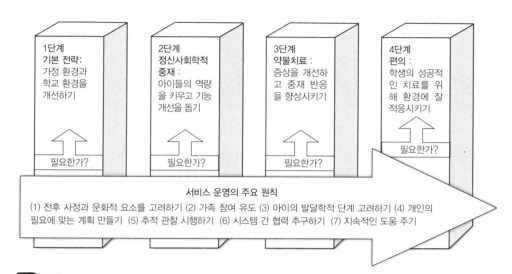

그림 22.2 LCM의 개요(Evans et al., 2014b)

Copyright 2014 by Guilford Press. 허락하에 재인쇄.

이번 장에서는 미국에서 연구된, 청소년을 위한 학교 기반 정신건강 서비스에 대해 논해볼 것이다. 또한 LCM의 각 단계에서 어떤 서비스들이 제공되는지 면밀히 기술할 것이다. 마지막으로, 파탄 행동 문제를 가진 소아청소년을 대상으로 LCM을 적용한 사례에 대해서 살펴볼 것이다.

LCM

LCM과 단계화 모델은 서로 상호보완적이고, 각각 고유의 장점을 가지고 있다(두 모델의 비교 : Evans et al., 2014b). 그림 22.2에는 LCM의 개요에 대해 나와 있다. 그림에 나와 있듯이 LCM에는 총 4단계가 있고, 각 단계마다 특정 서비스가 이루어지며, 7개의 주요 원칙은 4단계 모두에 항상 적용된다. 7개의 주요 원칙은 다음과 같다 — (1) 전후 사정과 문화적 요소를 고려하여 중재를 한다. (2) 부모와 청소년의 참여를 유도한다 (3) 청소년의 발달 단계에 맞추어 중재를 조정한다. (4) 각 청소년과 부모가 필요로 하는 것을 다룬다. (5) 치료 결과를 평가하기 위해 추적 관찰을 한다. (6) 시스템 간의 협력을 추구한다. (7) 중재가 제대로 실행되기 위하여 지속적인 도움을 준다(Evans et al., 2014a

참조).

1단계에서는 문제의 원인이 되고 악화를 유발한 학생의 환경에 대해 다룬다. 이 단계에서는 가정, 지역사회, 교실에서 학생들이 겪는 혼란, 지속적인 정신적 외상, 방치 등의 문제를 다룬다. 이런 문제를 가장 먼저 다루는 것이 다음 단계를 진행하는 데 유리하다. 이후의 세 가지 단계는, 학생이 연령에 맞는 학문적·사회적 기능을 할 수 있도록 돕는 데 있어 도움이 될 가능성이 높은 순으로 정해진다. 심리사회 서비스(예 : 중재, 인지행동 치료)는 처음부터 시도되는 것이 권장되는데, 이런 서비스가 스스로 과제를 해내고, 타인과 효과적으로 관계를 맺고, 규칙을 따르는 등 학생 능력에 많은 기여를 하기 때문이다. LCM에서는 약물치료를 그다음 단계에 놓았는데, 몇몇 청소년에게는 약물이 아이들의 기능을 개선하고, 심리사회 서비스의 결과를 향상시키는 데 직접적인 도움을 줄 수 있기 때문이다. 그러나 이 경우, 청소년들이 약을 제대로 먹어야지만 효과가 있다. 끝으로, 편의를 봐주는 것이 최후의 수단으로 놓이게 된다. 일반적인 방법으로 역량이 개선되지 않고, 기능이 계속 낮은 수준에 머물러서 기대를 저버리기도 경우도 있다(예 : 일을 하거나, 필기를 베끼는 것 등에 지나치게 시간이 많이 걸리는 경우). 그러므로 가능한 편의를 봐주는 것은 지양해야 하지만, 1, 2 단계에서 잠시 학생들에게 편의를 봐주는 것은 중요할 수 있다. 각 단계의 서비스와 예시를 아래에서 다룰 것이다.

1단계 : 기본 전략

1단계에서는 현재 가정 환경과 학교 환경이 문제를 유발하고 있지는 않은가를 확인한다. 1단계 서비스에서는 청소년의 특정 요구에 대해 직접적으로 다루기보다는, 청소년을 지지하고 돌봐줄 안전한 환경을 만들어줌으로써 청소년이 겪는 문제에 간접적으로 영향을 주게 된다(Evans et al., 2014a). 만일 주변 환경이 잘 관리되고 지지적이라면, 1단계 서비스는 필요하지 않다. 하지만 그렇지 않은 청소년에게 이 1단계는 기능 개선에 도움을 줄 것이며, 다른 단계가 효과적으로 작용할 수 있도록 그 기초를 다져줄 것이다.

학교에서의 환경은, 교육 활동에 참가하는 학생의 수를 늘리고, 교실 환경을 바꾸고, 행동 관리를 개선함으로써 향상될 수 있다. 또래 교습, 협동 교육과 같은 활동은 학생들의 참여를 늘리고, 파탄 행동을 줄이는 데 도움이 된다(Little & Akin-Little, 2009). 책상에 필요한 물건만 올려놓거나 좌석을 지정하여 앉는 등의 교실 환경 변화는, 교실을 업무 중심의 환경으로 바꾸어줄 것이다. 또한 교사가 교실에 있는 것이 행동 관리에 좋은 영향을 주는데, 교사가 아이들의 문제를 빨리 발견하고 다룰 수 있기 때문이다(Shores, Gunter, & Jack, 1993). 교사와의 상담에 대한 모델들은 많이 발전되고 있으며, 이를 통하여 교사는 학생에게 안전하고 지지적인 환경을 제공해줄 수 있다(Pas, Bradshaw, & Cash, 2014).

반면 가정 환경에서는, 자녀들의 활동과 활동 장소를 모니터링하는 것이 얼마나 중요한지를 부모에게 이해시키는 것이 1단계이며, 이는 비행행동을 줄이는 것과 관련이 있다(Walther et al., 2012). 또한 청소년의 부적응 행동을 유발하는 부모들의 태도(예 : 강박장애가 있는 아이에게 강박의식을 심어주는 것)는 아이들의 문제를 가속화할 수 있다(Storch et al., 2010). 부모들은 학교나 지역사회가 제공해주는 부모교육 프로그램을 통하여 이런 양육 태도를 개선하는 데 도움을 받을 수 있다.

2단계 : 역량 향상을 위한 전략과 손상된 기능을 회복하기 위한 전략

2단계는 특별한 도움(예 : 학업 능력 향상, 분노 조절 등)을 필요로 하는 청소년들을 대상으로 개별화된 정신사회적 중재를 시행하는 첫 번째 단계이다. 2단계의 서비스에는 역량 향상(예 : 효율적인 수업 필기 등)을 위한 전략과 손상된 기능(예 : 교우 관계 개선 등)을 회복하기 위한 전략이 포함된다. 학교 기반 중재를 중심으로 했던 단계화 모델과는 달리, LCM은 학교(예 : 학문 중재, 인지행동 치료 등), 지역사회(예 : 개별화된 부모교육) 또는 학교와 지역사회를 둘 다 포함하는 방식으로 작동한다. 2단계에서는 중재에 대한 반응과 평가를 통하여 조정된, 다양한 강도와 다양한 종류의 중재를 동시해 시행할 수 있다.

외현화 장애를 가진 소아청소년을 위한 2단계 서비스

외현화 장애와 관련된 손상을 다루는 서비스에는 행동 수정 치료, 부모 교육(종종 청소년과 같이 시행하기도 한다), 노트 필기 훈련, 자기관리 등이 있다. 외현화 장애를 가진 청소년들을 돕기 위해 만든 심리사회적 중재 프로그램에는 예를 들어, 'CHP(Challenging Horizons Program, Evans et al., 2011)', 'ATP(the Adolescent Transitions Program, Dishion & Kavanagh, 2003)', 'C&C(Check and Connect,

Christenson et al., 2008)', 'STP-A(the adolescent version of the Summer Treatment Program, Sibley et al., 2011)' 등이 있다. 이 프로그램들을 통해 통합적인 접근을 하는데, 하나만으로는 적당한 효과를 내지 못하는 중재들을 모아 혼합하여 시행하게 된다. 처음 세 가지(CHP, ATP, C&C)는 학교 기반 서비스이고, 그중 첫 두 가지(CHP, ATP)는 중요한 요소인 가정 요소를 포함하며, STP-A 역시 가정 요소를 포함한다. 주의력 결핍 과잉행동장애(ADHD)를 겪는 아이들이 그들의 시간과 자원을 잘 활용할 수 있도록 돕는 중재는 CHP(Storer, Evans, & Langberg, 2014)에 의해서 발전되었다. 그리고 이런 중재는 다른 학교 기반 프로그램을 통해서 더욱 개선되고 수정되었는데, 이런 학교 기반 프로그램으로는 'HOPS(Homework, Organization, and Planning Skills)'가 있다(Langberg, et al., 2012). ADHD와 관련한 특정 손상을 목표로 하는 중재 기술들은 CHP를 통하여 많이 발전되고 있으며, 각 중재 기술들은 개별적으로 평가가 이루어져 왔는데, 이런 중재 기술의 예로는 '노트 필기를 위한 지도(Evans, Pelham & Grudberg, 1994)', '대인관계 훈련(Sadler et al., 2011), '과제 관리 계획(Raggi et al., 2009)' 등이 있다. 다른 기술들 역시 이런 통합적인 치료 프로그램에서 적용되고 있는데, 그 예로는 '자기관리 훈련(Gureasko-Moore, DuPaul, & White, 2007)', '일일 보고 카드(Daily Report Card, DRC, Evans & Youngstrom, 2006)', '가정 검진(ATP의 일부, Dishion & Kavanagh, 2003)', '부모-청소년 치료(Robin & Foaster, 1989)' 등이 있다.

외현화 장애를 갖는 청소년들은 종종 비행 청소년이 되거나 물질남용을 하게 된다. 이렇게 적응을 잘하지 못하고 파탄 행동을 보이는 청소년을 대상으로 한 중재에는 두 가지가 있다. 하나는 'FFT(Functional Family Therapy, 기능적 가족 치료, Alexander et al., 2013)'이고, 다른 하나는 'MST(Multisystemic Therapy, 다체계적 치료, Henggeler & Lee, 2003)'이다. FFT는 3단계의 중재 방법이며, 11~18세의 청소년과 그 가족을 대상으로 3개월에 걸쳐 집이나 클리닉을 기반으로 한 3~30회기가 시행된다. FFT의 목적은 아이를 보호할 수 있는 요소들을 만들어주고, 부정적인 부모-아이 관계를 줄이고 청소년의 행동 문제들을 줄이기 위한 데 있다. MST는 3~5개월 정도 소요되며, 심각한 품행장애가 있는 10~17세 청소년을 대상으로 인지행동 치료, 행동치료, 부모교육, 가족치료, 약물치료 등을 진행한다. MST는 형사상의 문제를 일으킨 청소년들의 문제를 다루기 위한 방법으로, 지역사회 서비스보다 앞서 등장하였고, 근거 기반 가이드라인을 갖고 있으며, 권장되고 있는 중재안이다(Eyberb, Nelson, & Boggs, 2008). 이 두 중재안은 다루는 초점이 비행행동과 물질남용이라는 점에서 다르지만, 앞서 서술했듯이 두 중재안 모두 많은 문제들을 해결하는 데 도움을 주고 있다.

내재화 장애를 가진 소아청소년을 위한 2단계 서비스

내재화 장애를 가진 소아청소년은 슬프고, 짜증나며, 걱정하는 상태에 놓여 있고, 일반적으로 신체 증상과 인지 증상이 동반되는데, 그 결과로 기능 손상과 부적응이 나타난다. 내재화 장애에 관한 치료 중, 잘 알려져 있는 근거 기반의 중재 기법은 CBT(cognitive behavior therapy, 인지행동 치료, David-Ferdon & Kaslow, 2008)이다. CBT는 다양한 기술들을 이용하여 다음의 목표를 해결한다 ─ (1) 과도한 피로나 과호흡 같은 고통스런 신체 증상(예 : 수면 위생, 호흡 재교육 등) (2) 활동에 대한 전반적인 위축이나 회피와 같은 부적응적인 행동 양식(예 : 행동치료, 점진적 노출요법 등) (3) 비논리적이고 부정적인 생각들(예 : 인지치료).

청소년에게서 좋은 결과를 보인 몇몇 학교 기반 프로그램이 있다. 불안장애를 목표로 하여 만든 프로그램의 예로는 'CAT 프로젝트(adaptation of Coping Cat for adolescents, Kendall et al., 2002)', CooolKids(Mifsud & Rapee, 2005), 'BCATSS(the Baltimore Child Anxiety Treatment Study in the Schools, Ginsburg et al., 2008)', 'SASS(the Skills for Academic and Social Success, Masia et al., 1999)'가 있다. CAT 프로젝트는 총 16번의 CBT 세션으로 구성되어있는데, 이 세션이 진행되면서 아이는 불안을 다루는 법도 배우고, 가상 현실과 실제 상황에서 이런 기술들을 연습하게 된다. 다른 프로그램(Cool Kids and SASS)은 8~12번의 CBT 세션으로 구성되며, 개인 세션이나, 부모 또는 교사와의 만남과 같은 요소들이 추가되어있다. 특별하게도 BCATSS에서는, 정신건강 서비스를 제대로 받지 못하고 있는(예 : 도심 지역, 저소득층, 소수 민족 등) 청소년들을 대상(만 14~17세)으로, 문화적으로 적절한 사례들과 상호작용하는 기술들을 가르치는 CBT 프로그램을 사용한다. CBT 학교 기반 프로그램 중 하나인 'CBITS(Cognitive-Behavioral Intervention for Trauma in Schools, 학교 기반 외상에 관한 인지행동 치료, Jaycox, 2003)'는 청소년이 정신적 외상을 겪을 때 흔히 나타나는 불안(예 : 외상후 스트레스장애)과 우울 증상 모두를 목표로 한다. CBITS는 허리케인을 겪은 4~8학년의 학생들에게 효과적인 것으로 나타났다(Stein et al., 2003). 이 프로그램은 1시간의 집단 세션 10번, 개인 세션 1~3번, 추가적으로 선택할 수 있는 부모 교육 모임 2번, 그리고 교사 교육 모임 1번으로 구성되어있다. 우울증을 목표로 하는 CBT 학교 기반 프로그램의 예로는 'ACE(Adolescents Coping with Emotions, Wignall et al., 1998)'와 'CWD-A(Adolescent Coping with Depression, 예 : Lewinsohn et al., 1990)' 등이 있다. ACE와 CWD-A 모두 8주간의 CBT 집단 세션으로 구성된다. 우울증을 목표로 하는 학교 기반 프로그램은 대인정신요법(Interpersonal Psychotherapy, IPT)이나 다른 근거 기반 치료법들을 사용한다(Davie-Ferdon & Kaslow, 2008). IPT-A(Interpersonal Psychotherapy-Adolescents, 청소년을 위한 대인정신요법)는 총 12번의 개별적인 세션으로 구성되는데, 각 세션은 네 가지 문제 분야(애도, 역할 논쟁, 역할 전이, 대인관계 결핍)와 관련되는 우울 증상을 다루거나 이런 문제를 다루는 전략을 만들어나가는 데 중점을 둔다(Mufson et al., 1999). 12~18세 학생의 우울증을 치료하기 위해 쓰였던 학교 기반 진료소에서의 치료 방법보다, IPT-A가 더 빠르고 더 나은 결과를 보였다(Mufson et al., 2004).

청소년기에 경험하는 특정 문제와 손상이 매우 다양한 까닭에, 수많은 2단계 학교 기반 프로그램들에 관한 평가가 있었다. 이런 중재 방법들에 대해 많은 경험적 연구가 진행되었지만, LCM의 체계에 적용하는 것은 아직 연구되지 못했다. 감정 문제나 행동 문제를 가진 청소년들을 돕고 다중 치료의 조합을 효과적으로 하기 위해서 2단계 내의 프로그램을 고르고 선택하는 것을 도와줄 수 있는, 의사 결정 모델에 대해 연구할 필요가 있다. 많은 서비스들이 학부모, 교사, SMHP들의 참여를 필요로 하기 때문에, 연구자들은 어떻게 하면 이런 협력이 더욱 향상될지 고민해야 한다. 2단계에서의 포괄적인 치료에도 불구하고, 몇몇 청소년은 추가적인 지원을 필요로 하며, 다음 단계에서 이런 지원이 제공된다.

3단계 : 약물치료

3단계에서는 지역사회의 임상 의사들이 약물치료를 시도하게 된다. 약물이 초기 치료에 사용되는 경우가 있긴 하지만, 일반적으로 LCM하에서는 약물치료를 단독으로 사용하지는 않는다. 많은 경우에서 치료가 충분하지 못한 경우 정신사회적 치료에 추가하여 약물을 사용하게 된다. 하지만 몇몇 치료 계획은 처음부터 복합적인 접근을 하기도 한다(예 : 1, 2, 3단계를 동시에 진행하는 등). 약물치료와 정신사회적 치료를 결합하는 이유에는 (1) 급하게 증상을 완화시켜야 하는 경우 (2) 동시 치료를 요하는 동반이환된 장애가 있는 경우 (3) 정신사회적 치료가 충분치 못하거나, 복합 치료의 효과가 좋을 것이라고 기대되는 경우가 있다(March, 2002). 정신사회적 치료에서부터 약물치료에 이르기까지, 다양한 접근이 효과가 있다는 것이 몇몇 논문에서 밝혀졌다. 예를 들어, CBT와 약물치료를 같이 한 집단이 CBT와 위약을 준 집단에 비해 불안으로 인한 학교 거부와 우울증에 더 좋은 결과를 보였다(Bernstin et al., 2001). 유사하게 ADHD를 앓고 있는 소아를 대상으로 한 연구에서는, 정신사회적 치료와 약물치료를 동시에 제공할 때 효과가 최대가 된다는 결과도 있었다(MTA Cooperative Group, 1999).

교육자나 SMHP가 직접 처방을 하지는 않기 때문에, 이들의 상당수가 약물치료를 추천할 필요성을 느끼지 못한다. 그럼에도 불구하고, SMHP는 청소년 치료 방법을 학부모에게 알리는 중요한 역할을 할 수 있고, 부모와 LCM에 관해 의논할 때 약물치료를 반드시 염두에 두어야 한다. 실제로 부모와 약물치료에 대한 논의를 하지 않는다면, 아이가 필요로 하는 것들을 효과적으로 채워줄 부모의 능력을 제한하게 된다. SMHP는 LCM 과정 동안 약물치료를 하는 것의 장단점을 부모에게 설명해야 하고, 부모가 자신들의 아이를 돌봄에 있어서 정보를 가지고 결정할 수 있도록 도와야 한다.

4단계 : 편의

LCM에서 4단계는 청소년들의 문제를 다룰 때 최후의 수단으로 쓰는 방법이다. 이 서비스가 LCM의 목표와 맞지 않기 때문이다. 4단계에서는, 일반적으로 아동의 편의를 봐주게 되고, 아동이 또래 아동 수준과 비슷한 정도로 기능할 것이라고 생각하는 어른의 기대를 바꾸게 된다. 학생은 학교에서 특혜 좌석(예 : 문 앞 좌석을 주어 쉬거나 머리를 식히려 교실을 벗어나는 것을 허락하는 등)에 앉거나, 시험에 관련해서는 시험 시간을 늘려주고 시험지를 큰 소리로 읽을 수 있게 하는 등의 배려를 받게 된다. 또한 과제나 숙제 편의도 받게 되는데, 과제를 한꺼번에 제출하지 않고 몇 번에 걸쳐서 제출하거나, 과제를 일부만 제출하고 기한에 늦어도 이해를 받게 된다. 하지만 이런 서비스를 제공한다는 것은 청소년의 역량이 성공적으로 길러지지 못했다는 것이고, 이 청소년이 연령에 비해 대단히 적은 기대를 가진 환경 속에서만 잘 적응해 나갈 수 있음을 의미한다. 사실, 편의를 봐준다는 것은 감정 문제나 행동 문제를 가진 학생들의 역량 개선에 별 도움을 주지 못한다. 또한 처음의 목표였던, 차이를 줄이고 아이들의 수준을 비슷하게 맞추어 주는 것이 불가능하게 된다(Harrison et al., 2013). 그러므로 4단계는 1, 2, 3단계를 통합해서 적응해도 별다른 반응이 없을 때만 추천된다. 또한 이 단계는 새로운 기술을 익히고 있는 아이에게 일시적으로 사용될 때에는 유용할 수 있다. 예를 들어, 한 학생이 스스로 노트 필기 하는 법을 배울 때 다른 친구의 노트 필기를 빌려주는 것은 합당하다. 완전히 편의를 봐준다는 것은, 학부모, 교육자, SMHP들 모두가 이 청소년이 독립적으로는 연령에 맞는 수준의 기능을 하지 못한다는 것을 인정했음을 의미한다. 따라서 편의는 LCM의 가장 마지막에 사용되어야 한다.

사례 연구

폴 해먼드(가명)는 8학년인 14살 소년이고, 학교 기반 서비스에 평가가 의뢰되었다. 8학년 첫 학기에 대수학과 지구과학에서는 F를, 영어에는 C를, 사회에서는 D를 받았다. 폴은 수업시간에 친구와 이야기하며, 노트에 필기를 하지 않고 여백에 그림을 그리는 것이 교사로부터 목격되었다. 자습시간 동안에는 자습을 하지 않았다. 이런 문제는 대수학과 지구과학 시간에 두드러졌지만, 사회 교사 역시 폴이 노트 필기를 하지 않는다고 말했다. 그의 대수학 선생님인 스톤은 폴이 배우는 것을 전혀 신경 쓰지 않는 것처럼 느꼈다. 학부모와의 상담에서, 교사는 폴이 2학년 당시 ADHD 복합형으로 진단받았다는 것을 알았다. 폴의 아버지인 해먼드는 폴이 일반적으로 이전 학년에서는 C 이상의 성적을 받았다고 했다. 초등학교 당시 폴의 선생님은 매주 시작될 때 과제 목록을 집에 보내었고, 해먼드가 폴이 그 숙제를 다 마칠 수 있게 도왔다. 폴이 중학교를 갔을 때에는 그런 도움을 받지 않았다. 해먼드가 폴에게 그의 숙제를 다 마쳤냐고 물을 때마다, 폴은 항상 자습 시간에 숙제를 다했다고 대답했다. 해먼드는 이것이 사실인지 확인할 방법이 없었다. 폴이 ADHD로 진단받은 후, 소아과 의사는 약물을 처방하였다. 그러나 직장 동료로부터 들은 이야기들과 엄마의 약물남용으로 인하여, 해먼드는 폴에게 약물치료 하는 것을 망설였다. 해먼드는 폴의 외향적이고 재미있는 성향이 장점이라고 생각했는데, 약물치료가 그의 성격에 영향을 줄까 염려하였다. 줄곧 폴은 큰 사회적 문제들을 일으키지 않았다. 그러나 지난달, 그는 세 번이나 버스에서 싸움을 했다. 그중 한 번은 폴이 상대의 눈을 멍들게 했다.

1단계

처음에, SMHP인 클라크(학교 상담 전문가)는 폴의 학교와 집에서의 상황을 평가했다. 폴의 선생님과의 만남에서, 클라크는 교사가 교실 행동 관리에 대해 교육을 제대로 받지 못했고, 한 학급에 학생이 너무 많다(30명이 넘는 학생들)는 사실을 깨달았다. 특히, 스톤(대수학 교사)이 학급 운영에 어려움을 겪고 있다는 것을 깨달았다. 클라크는 폴의 대수학 수업 관찰 일정을 조율했다. 클라크는 폴의 혼란한 상태와 수업 외 행동을 관찰하는 것뿐만 아니라, 스톤의 칭찬 사용, 효과적인 지도와 비효과적인 지도, 지도의 결과, 교실의 규칙에 대해 어떻게 언급하는지를 살펴보았다. 스톤과 클라크는 어떻게 하면 교실에서의 규칙과 일상들을 잘 개선해 나갈지 의논했다. 스톤은 학급 규칙을 게시하지 않았는데, 8학년의 학생들 정도면 학기가 시작할 때 규칙을 설명하는 것만으로 충분할 것이라 생각했기 때문이다. 클라크는 스톤의 규칙들을 확인하였고, 수업시간에 자주 목격되는 핵심 문제들을 더 잘 설명할 수 있도록 규칙을 바꾸는 것을 도왔다(예 : 이전의 "싸우지 말고, 소리지지 말고, 욕하지 말고, 선생님께 무례하게 하지 않기!"에서 "공손해지자!"로 바꾸었다). SMHP는 스톤이 학생들이 규칙을 위반하였을 때 어떻게 대처할지를 고려하게 하였다(예 : 첫 번째는 경고, 그 이후부터는 수업 시간 사이에 1분 동안 나가지 못하도록 제재하기 등)(Teach for America, 2011). 클라크는 스톤에게 바람직한 행동에서 대해서는 칭찬을 해주고, 학급 규칙을 크게 방해하지 않는 가벼운 행동들은 무시하라고 조언했다. 둘은 협력하여 학급 운영 구조를 개선해나갔는데, 학급 규칙 확인, 숙제 확인, 수업, 수업 시간에 배운 것을 적용해는 순서로 구조를 정했다. 스톤은 학기 중간에 이런 변화를 시도하는 것에 대해 걱정했지만 곧 동의했다. 클라크는 추적관찰 계획을 잡았고, 교사와 학생들의 행동을 지속적으로 관찰하고 이 정보를 상담과 피드백에 사용했다.

또 클라크는 해먼드와도 접촉을 했다. 그녀는 폴이 처음으로 ADHD로 진단받을 당시, 해먼드가 부모 교육 훈련에 참여했다는 것을 알아냈다. 당시, 해먼드는 아이가 기대되는 행동을 했을 때는 칭찬을 사용하고, 따르지 않을 때는 일을 잠시 중단해야 한다는 사실을 배웠다. 해먼드는 이를 따르기 위해 여전히 노력 중이지만, 폴에게 잠시 중단하도록 하는 것은 더 이상 힘들다고 느꼈다. 해먼드는 폴이 잘 따르지 않는 것에 대해 염려하고 있었다. 해먼드는 그의 아내가 상습 음주운전으로 최근 징역 6개월을 선고받았다고 털어놓았다. 또한 해먼드 부인은 몇 년간 술과 옥시코돈(마약성 진통제) 중독으로 힘들어했다. 해먼드가 느끼기로는 지난달에 엄마가 체포된 이후, 폴이 더욱 불안정해지고, 친구 만나는 것에 흥미를 잃은 것 같다고 말했다. 전반적으로 해먼드는 학부모-교사 간의 의사소통 수준에 만족을 하고 있었지만, 선생님이 폴에 요구하는 사항들에 대한 정보를 얻고 싶어했다(예 : 학교 과제, 시험 날짜). 그러면 해먼드는 가정에서 지원을 할 수 있을 것이고, 1단계 서비스를 필요로 하지 않을 수 있다. 클라크는 수업 순서를 개선하기 위해 스톤과 같이 협력했으며, 수업에서 행동 관리와 수업의 질을 적당한 수준으로 잘 유지하였다. 추가적인 서비스가 폴에게 필요했으나, 1단계에서 더 이상 해줄 것은 없었다.

2단계

클라크는 폴의 진전을 관찰하고 평가했다. 그동안 그녀는 폴이 사물함에 옷, 종이, 노트, 파일 등을 어질러 놓은 것을 발견했고, 물건을 정리하는 체계를 잘 알지 못한다는 것을 알았다. SMHP는 또한 폴이 대수학 자습시간에 거의 아무것도 끝마치지 못한다는 것을 깨달았다. 그는 여러 주제를 다루는 시험에 약했고, 수업시간에 낙서를 하거나 자주 수업시간을 방해했다. 이를 통해 클라크는 폴이 아버지의 요청에 따르지 않는 문제뿐 아니라, 조직화하고, 일을 끝마치고, 수업에 참여하는 것에 어려움을 겪고 있다는 결론을 내렸다.

  조직화하는 것에 어려움을 느끼는 것이 ADHD의 핵심적인 내용이기 때문에(Langberg et al., 2011), 폴에게 조직화에 관한 중재를 해야 한다는 결론을 내리게 되었다. 폴의 영어 선생님인 프랫이 조직화에 관한 중재(Evans et al., 2009)를 하기로 하였다. 폴에게 바인더를 주고, 그에게 물건을 정리하는 기준을 제시해주었다. 매주 프랫은 아홉 가지 물건이 잘 정리되어있는지 체크리스트를 작성했다[예 : 연습 평가지(숙제용지 제외)가 제 주제에 맞게 잘 정리되어있는가?]. 폴이 체크리스트의 기준에 맞게 제대로 하지 못했을 때, 잘 못한 것을 제대로 고치도록 하였고(예 : 낱장의 종이를 적합한 파일에 넣을 것),

그가 제대로 하지 못한 사항들은 기록되었다. 그의 사물함은 이런 기준과 과정을 통해서, 계속해서 확인되고 개선될 것이다. 전체 기준 중 몇 % 정도를 만족했는지가 폴의 점수로 기록되게 된다. 또한 폴을 위하여 스마트폰을 이용하여 사용할 있는 전자 숙제 노트도 만들어졌다. 폴이 4개의 주요 과목에 관한 과제를 입력하면, 교사는 컴퓨터상에서 이를 확인할 수 있다. 아버지 역시 이 시스템에 접근할 수 있으며, 폴이 컴퓨터로 하는 과제들을 살펴볼 수 있다(대안으로, 종이로 된 숙제 노트나 교사가 직접 사인을 해주는 것 역시 사용될 수 있다). 그가 주요 네 과목에 대해 숙제를 얼마나 했는지가 정확하고 완벽하게 매일 전산상으로 기록된다. 폴에게 시행된 조직화에 관한 중재, 숙제 노트 중재에 관한 수치는 그래프화되고, 이것을 통해서 그의 발전을 지켜보게 되며, 필요한 경우 추가 보상을 하거나 불이익을 주기도 한다. 클라크는 프랫과 격주에 한 번씩 만나서 진행과정을 의논하고 수정해야 할 것은 없는지 확인했다.

폴이 대수학 자습 활동에 많은 어려움이 있었고 이는 성적에 영향을 끼쳤기 때문에, 그의 대수학 선생님인 스톤은 이에 대해 'DRC(일일 보고 카드)' 중재 기법을 사용했다. 스톤은 폴의 DRC의 목표를 설정하기 위해 이전 주의 정보를 사용했다. 기준이 되는 주간에서 그는 대략 50%의 확률로 과제를 완료했고, 이에 따라 폴의 초기 DRC의 목표는 65%로 설정되었다. 일반적으로, 교사는 매 수업 전에 DRC의 목표를 언급하여 학생들에게 상기시킨다. 하지만 공개적으로 폴의 목표를 상기시키게 되면 그를 당황스럽게 할 것이기 때문에, 스톤은 그의 자습 계획표에 매일 목표를 적어줌으로써 폴에게 목표를 상기시켰다. 매 수업 후, 스톤은 해먼드에게 이메일을 보내어 얼마나 폴이 그날 자습 할당량을 완료했는지 알려주었다. 해먼드는 스톤에게 받은 일일 보고 내용에 따라, 매 저녁 폴의 비디오 게임을 제한했다(Evans & Youngstrom, 2006).

지시에 집중하고, 딴짓을 하지 않기 위해 폴은 그룹 필기 중재를 받았다. 또한 폴의 성적이 낮았기 때문에 그 중재 안에 자습시간이 추가되었다. 강사는 수업을 듣거나 책을 보면서 필기하는 방법의 기본 틀을 가르쳤다. 일련의 강의를 통하여, 교사는 관련 교재에 관한 수업을 하기도 하고, '소리내며 생각하기 기법'을 사용하여 학생이 수업 개요를 잘 잡아 나갈 수 있도록 도왔다(Evans, Pelham, & Grudberg, 1994). 노트 필기 점수(주제와 그 서술 내용이 정확한지/주제와 서술 내용의 전체가 다 적혀 있는지)는 매일 기록되었다. 폴이 계속 발전함에 따라, 폴에게 노트 필기를 하라고 설득하지 않아도 되었으며, 폴은 학생 필기의 중요성을 인식하게 되었다. 교사는 폴의 수업 필기에 관해 점수를 매겼고, 이 필기의 질에 대해 폴에게 피드백하여 필기를 열심히 하도록 도왔다.

마지막으로, 집에서의 폴의 순응도에 문제가 있었는데, 이에 대해서는 아버지가 부모교육 과정을 수강함으로써 개선해 나가도록 했다. 이 과정은 학교에서 할 수 있는 서비스가 아니기 때문에, 클라크는 해먼드를 부모교육을 하는 지역사회 진료소에 의뢰했다. 클라크는 해먼드의 동의를 받은 후에, 지역사회 진료소에 관련 평가 정보들을 알려줬다. 현재 폴의 아버지가 유일하게 집에서 폴을 돌보는 사람이다. 그는 저녁 5시까지 일하고 있으며, 그가 부모교육을 받을 동안 그의 6살 된 딸을 돌봐줄 야간 육아 시설이 없었다. 이런 문제를 해결하기 위해서, 지역사회 진료소 담당자는 아버지가 저녁 부모교육에 참가하는 동안 폴이 여동생과 함께 집에 있을 것을 제안했다. 또한 모임 도중이더라도, 필요한 경우 아이들이 잘 있는지 집에 전화할 수 있도록 배려해주었다. 해먼드는 문제가 되는 행동을 다룸에 있어서, 아이가 갖는 특권을 없애거나(예 : TV 시청 시간) 주는 방법(예 : 통금 시간 연장)을 사용할 수 있게 되었다. 지역사회 진료소 담당자는 해먼드에게 기준이 되는 주간 동안 얼마나 자주 폴이 잘 따르지 않는지를 체크할 수 있도록 체크리스트를 줬고, 새로운 방법을 집에서 시행한 후에 얼마나 폴이 개선되는지를 살펴보는 데 사용하라고 하였다. 해먼드의 동의하에, 지역사회 진료소 담당자는 폴의 개선에 관한 정보를 클라크와 공유했다.

3단계

대수학 수업에서 행동 관리를 했고(1단계), 조직화에 관한 중재, 과제 노트 중재, 노트 필기 중재, 2개월간의 부모교육(2단계)을 시행했다. 그 후에 폴은 대수학 성적이 올랐고, 수업 시간에 필기를 했으며, 과거에 비해서 더 많은 숙제를 할 수 있게 되었고, 바인더를 사용하여 물건들을 잘 조직하고 정리할 수 있게 되었다. 그러나 폴의 성적은 여전히 걱정스러운 수준이었다. 그는 시험이나 퀴즈에서 부주의한 실수들을 했고, 여전히 자주 수업시간을 방해했다. 해먼드는 클라크에게 폴이 약물치료를 받아야 하는지에 대해 물었다. 비록 학교 정책은 클라크가 약물치료를 권장하지 않도록 했지만, 클라크는 LCM의 각 단계에서의 다른 전문가들과 상의할 수 있었고, 이런 약물적 치료가 필요한 근거들도 얻을 수 있었다. 클라크는 ADHD의 약물치료에 대한 기본 정보를 제공해주었고, 폴의 주치의에게 추가적인 정보를 얻으라며 상담을 권유하였다. 즉, 클라크는 약물치료를 추천하지는 않았지만, 해먼드가 정보를 이해하도록 돕고, 그 이해를 기본으로 하여 해먼드가 추구하는 방향으로 LCM의 4단계를 결정하도록 도왔다.

4단계

2개월의 중재 후에 폴의 노트 필기는 향상되었지만, 기대했던 만큼 필기하는 능력을 보여주진 못했다. 이로 인해 편의를 봐주는 것을 고려하게 되었다. 폴이 노트필기 하는 법을 배울 때, 교사들이 견본 노트를 제공해주는 방식으로 점진적인 노력을 해왔다. 초기에, 폴은 빈칸이 있는 노트를 받아서, 책을 읽거나 수업을 들으면서 적당한 단어들을 채워 넣었다(빈칸 메우기). 수업 후에, 견본 노트와 비교해보면서 제대로 단어들을 채워 넣었는지 확인하였다. 점진적으로 폴은 노트필기를 하기 시작했고, 이렇게 견본 노트와 폴의 노트를 비교한 지 한 달이 지났을 즈음, 더 이상 견본 노트를 사용할 필요가 없어졌다.

이번 사례를 통해 본 것처럼, SMHP는 LCM 4단계 모두를 고려할 기회를 갖는다. 게다가 이 모델의 기본 원칙들을 지키는 것은 대단히 중요하다. 우선, 클라크는 DRC 목표를 매일 상기할 수 있도록 했고, 이것이 나이에 적합한지 고려했으며(원칙 3), 이로 인해 폴이 원치 않는 주목을 받고 창피당하지 않도록 했다. SMHP는 폴의 아버지와 수차례 연락을 취하고, 그의 걱정거리나 폴의 문제를 어떻게 인식하고 있는지 등에 대한 정보를 모았다(원칙 2). 해먼드가 부모교육에 참여하는 데에는, 직업 스케줄과 아이 양육의 책임이 걸림돌이 되었다. 이런 그에게 도움을 주기 위해서, 지역사회 보건소 담당자는 아버지가 저녁 부모교육에 참석하는 동안, 폴이 그의 여동생과 함께 있어달라는 제안을 하여 해결을 했다(원칙 4). 폴의 가정에는, 약물 사용에 관한 중요한 사정이 있었다. 해먼드는 폴 엄마의 약물남용과 직장 동료와의 대화로 인해, 정신 자극제를 사용하는 약물치료에 대한 거부감이 있었다. 이에 SMHP는 해먼드에게 정신 자극제 말고 다른 대안이 있음을 알려주었고, 더 많은 정보를 얻기 위해 주치의를 만날 것을 권했다(원칙 1). 마지막으로, 각 중재를 실행함에 있어 자료들을 모았다(예 : 조직화 체크리스트 점수와 집에서의 순응도 점수 등, 원칙 5). 클라크가 이렇게 모은 정보들을 통해, 서비스 조정을 위한 의사 결정을 하였으며(예 : 추적관찰) 중재를 실행한 관계자들에게 피드백을 제공했다(원칙 6, 7).

결론

폴의 사례는 미국의 학교에서 어떤 서비스를 제공하느냐에 따라 여러 방향으로 진행될 수 있다. 위 사례는 LCM 접근법을 사용하려는 SMHP들에게 중요하고 실현 가능한 이상을 제시해준다. 미국에서의 학교 정신건강은 최근 몇 년간 주목할만한 성장을 이루었고, 근거 기반 중재를 최우선으로 사용하라는 정부의 지시가 있었다. 근거를 기반으로 한 학교 정신건강 서비스가 현재 이용 가능하고 최근 많은 발전이 이루어졌음에도 불구하고, 학교에서 실제로 사용하는 것이 이상적이지만은 않다. 실제로 Ennett과 동료들 (2003)은 학교의 40%가 이용 가능한 효과적인 해결책이 있음에도 불구하고, 제대로 사용하고 활용하지 못한 채 서비스를 제공하고 있다고 밝혔다. 따라서 이런 연구와 실무 사이의 차이를 줄이려는 노력이 필요하다. LCM은 그 차이를 줄여줄 잠재력을 갖고 있다. 하지만 그 전에 교육 프로그램, 품질 평가 시스템, 책임 의무에 대해서 개선을 한 후에야 그 차이를 완전히 개선할 수 있을 것이다. 이 모델이 많은 경험에 의하여 등장하였기 때문에, 우리는 이 모델을 폭넓게 사용하는 것에 대해 조심스럽지만 긍정적인 생각을 갖고 있다. 하지만 이를 입증할 연구가 필요하다. 지역사회와 학교 기반 복지의 협력에 관한 이 장이 소아청소년과 가정에 최적화된 서비스를 제공하기 위한 의논을 가속화 했으면 하는 바람이다.

참고문헌

Alexander, J. F., Waldron, H. B., Robbins, M. S., et al. (2013). *Functional family therapy for adolescent behavior problems.* Washington, DC: American Psychological Association.

Barkley, R. A., Edwards, G., Laneri, M., et al. (2001). The efficacy of problem-solving communication training alone, behavior management training alone, and their combination for parent–adolescent conflict in teenagers with ADHD and ODD. *Journal of Consulting and Clinical Psychology, 69,* 926–941.

Bernstein, G. A., Hektner, J. M., Borchardt, C. M., et al. (2001). Treatment of school refusal: One-year follow-up. *Journal of the American Academy of Child and Adolescent Psychiatry, 40,* 206–213.

Burns, M.K, Deno, S., & Jimerson, S. R. (2007). Toward a unified model of response to intervention. In S. R. Jimerson, M. K. Burns, & A. M. VanDerHeyden (Eds.), *The handbook of response to intervention: The science and practice of assessment and intervention* (pp. 428–440). New York: Springer.

Caldarella, P., Shatzer, R. H., Gray, K. M., et al. (2011). The effects of school-wide positive behavior support on middle school climate and student outcomes. *Research in Middle Level Education Online, 35,* 1–14.

Christenson, S. L. (2001). *Promoting engagement with school and learning: A resource for Check & Connect mentors to enhance student success.* Early Risers "Skills for Success" Project, University of Minnesota.

Christenson, S. L., Thurlow, M. L., Sinclair, M. F., et al. (2008). *Check and Connect: A comprehensive student engagement intervention manual.* Minneapolis, MN: University of Minnesota, Institute on Community Integration.

Crone, D. A., Horner, R. H., & Hawken, L. S. (2004). *Responding to problem behavior in schools: The behavior education program.* New York: Guilford Press.

David-Ferdon, C. and Kaslow, N. (2008). Evidence-based psychosocial treatments for child and adolescent depression. *Journal of Clinical Child and Adolescent Psychology, 37,* 62–104.

Dishion, T. J. & Kavanagh, K. (2003). *Intervening in adolescent problem behavior: A family-centered approach.* New York: The Guilford Press.

Ennett, S. T., Ringwalt, C. L., Thorne, J., et al. (2003). A comparison of current practice in school-based substance use prevention programs with meta-analysis findings. *Prevention Science, 4,* 1–14.

Evans, S. W., Owens, J. S., and Bunford, N. (2014). Evidence-based psychosocial treatments for children and adolescents with attention-deficit/ hyperactivity disorder. *Journal of Clinical Child and Adolescent Psychology, 43* (4), 527–551.

Evans, S. W., Owens, J. S., Mautone, J. A., et al. (2014a). Toward a comprehensive Life Course Model of care for youth with Attention Deficit Hyperactivity Disorder. In M. D. Weist, N. A. Lever, C. P. Bradshaw, & J. S. Owens (Eds.), *Handbook of school mental health* (2nd ed.; pp. 413–426). New York: Springer.

Evans, S. W., Pelham, W. E., and Grudberg, M. V. (1994). The efficacy of notetaking to improve behavior and comprehension of adolescents with Attention Deficit Hyperactivity Disorder. *Exceptionality, 5,* 1–17.

Evans, S. W., Ryback, T., Strickland, H., et al. (2014b). The role of school mental health models in preventing and addressing children's emotional and behavioral problems. In H. Walker & F. Gresham (Eds.), *Handbook of evidence-based practices for school-related behavior* (pp. 394–409). New York: The Guilford Press.

Evans, S. W., Shultz, B. K., DeMars, C. E., et al. (2011). Effectiveness of the Challenging Horizons after-school program for young adolescents with ADHD. *Behavior Therapy, 42,* 462–474.

Evans, S. W., Schultz, B. K., White, L. C., et al. (2009). A school-based organization intervention for young adolescents with ADHD. *School Mental Health, 1,* 78–88.

Evans, S. W. & Youngstrom, E. (2006). Evidence-based assessment of attention-deficit/ hyperactivity disorder: Measuring outcomes. *Journal of the American Academy of Child and Adolescent Psychiatry, 45,* 1132–1137.

Eyberg, S. M., Nelson, M., and Boggs, S. R. (2008). Evidence-based psychosocial treatments for children and adolescents with disruptive behavior. *Journal of Clinical and Adolescent Psychology*, 37, 215–237.

Farmer, E., Burns, B. J., Phillips, S. D., *et al.* (2003). Pathways into and through mental health services for children and adolescents. *Psychiatric Services*, 54, 60–66.

Forrest, C. B. & Riley, A. W. (2004). Childhood origins of adult health: A basis for life-course health policy. *Health Affairs*, 23, 155–163.

Foster, S., Rollefson, M., Doksum, T., *et al.* (2005). *School mental health services in the United States: 2002–2003*. Rockville, MD: Center for Mental Health Services, Substance Abuse and Mental Health Services Administration.

Froiland, J. M. (2011). Response to intervention as a vehicle for powerful mental health interventions in the schools. *Contemporary School Psychology*, 15, 35–42.

Ginsburg, G., Becker, K., Kingery, J., *et al.* (2008). Transporting CBT for childhood and anxiety disorders into inner-city school based mental health clinics. *Cognitive and Behavioral Practice*, 15, 148–158.

Gureasko-Moore, S., DuPaul, G. J., & White, G. P. (2007). Self-management of classroom preparedness and homework: Effects on school functioning of adolescents with attention deficit hyperactivity disorder. *School Psychology Review*, 36, 674–664.

Harrison, J., Bunford, N., Evans, S. W., *et al.* (2013). Educational accommodations for students with behavioral challenges: A systematic review of the literature. *Review of Educational Research*, 83, 551–597.

Henggeler, S. W. & Lee, T. (2003). Multisystemic treatment of serious clinical problems. In A. E. Kazdin & J. R. Weisz (Eds.), *Evidence-based psychotherapies for children and adolescents* (pp. 301–322). New York: The Guilford Press.

Jaycox, L. H. (2003). *Cognitive behavioral intervention for trauma in schools*. Longmont, CO: Sopris West Educational Services.

Kataoka, S., Zhang, L., & Wells, K. B. (2002). Unmet need for mental health care among U.S. children: Variation by ethnicity and insurance status. *American Journal of Psychiatry*, 159, 1548–1555.

Kendall, P. C., Choudhury, M., Hudson, J., *et al.* (2002). "*The C.A.T. Project" manual for the cognitive behavioral treatment of anxious adolescents*. Ardmore, PA: Workbook Publishing.

Langberg, J. M., Epstein, J. N., Becker, S. P., *et al.* (2012). Evaluation of the Homework, Organization, and Planning Skills (HOPS) intervention for middle school students with Attention Deficit Hyperactivity Disorder as implemented by school mental health providers. *School Psychology Review*, 41, 342–364.

Langberg, J. M., Epstein, J. N., Girio-Herrera, E., *et al.* (2011). Materials organization, planning, and homework completion in young adolescents with ADHD: Impact on academic performance. *School Mental Health*, 3, 93–101.

Lewinsohn, P. M., Clarke, G. N., Hops, H., *et al.* (1990). Cognitive-behavioral group treatment of depression in adolescents. *Behavior Therapy*, 21, 385–401.

Little, S. G. & Akin-Little, A. (2009). Classroom management. In W. T. O'Donohue & J. E. Fisher (Eds.), *General principles and empirically supported techniques of cognitive behavior therapy* (pp. 173–180). Hoboken, NJ: John Wiley & Sons.

March, J. S. (2002). Combining medication and psychosocial treatments: An evidence-based medicine approach. *International Review of Psychiatry*, 14, 155–163.

Masia, C., Beidel, D. C., Albano, A. M., *et al.* (1999). Skills for academic and social success. Available from C. Masia Warner, New York University School of Medicine, Child Study Center.

Merikangas, K. R., He, J. P., Burstein, M., *et al.* (2010). Lifetime prevalence of mental disorders in US adolescents: Results from the National Comorbidity Study-Adolescent Supplement (NCS-A). *Journal of American Academy of Child and Adolescent Psychiatry*, 49, 980–989.

Mifsud, C. & Rapee, R. M. (2005). Early intervention for childhood anxiety in a school setting: Outcomes for an economically disadvantaged population. *Journal of the American Academy of Child and Adolescent Psychiatry*, 44, 996–1004.

MTA Cooperative Group. (1999). A 14-month randomized clinical trial of treatment strategies for attention-deficit/hyperactivity disorder. *Archives of General Psychiatry*, 56, 1073–1086.

Mufson, L., Dorta, K. P., Wickramaratne, P., *et al.* (2004). A randomized effectiveness trial of Interpersonal Psychotherapy for depressed adolescents. *Archives of General Psychiatry*, 61, 577–584.

Mufson, L., Weissman, M. M., Moreau, D., *et al.* (1999). Efficacy of Interpersonal Psychotherapy for depressed adolescents. *Archives of General Psychiatry*, 56, 573–579.

National Center on Response to Intervention. (2010). *Essential components of RTI: A closer look at response to intervention.* Washington, DC: US Department of Education, Office of Special Education Programs, National Center on Response to Intervention.

Pas, E. T., Bradshaw, C. P., and Cash, A. H. (2014). Coaching classroom-based preventive interventions. In M. D. Weist, N. A. Lever, C. P. Bradshaw, & J. S. Owens (Eds.), *Handbook of school mental health* (2nd ed.; pp. 255–267). New York: Springer.

Raggi, V., Chronis-Tuscano, A., Fishbein, H., *et al.* (2009). Development of a brief, behavioral homework intervention for middle school students with attention-deficit/hyperactivity disorder. *School Mental Health*, 1, 62–77.

Robin, A. & Foster, S. L. (1989). *Negotiating parent–adolescent conflict.* New York: The Guilford Press.

Sadler, J. M., Evans, S. W., Schultz, B. K., *et al.* (2011). Potential mechanisms of action in the treatment of social impairment and disorganization in adolescents with ADHD. *School Mental Health*, 3, 156–168.

Scott, T. M., Alter, P. J., Rosenberg, M., *et al.* (2010). Decision-making in secondary and tertiary interventions of school-wide systems of positive behavior support. *Education and Treatment of Children*, 33, 513–535.

Shores, R., Gunter, P., & Jack, S. (1993). Classroom management strategies: Are they setting events for coercion? *Behavioral Disorders*, 18, 92–102.

Sibley, M. H., Pelham, W. E., Evans, S. W., *et al.*

(2011). Evaluation of a Summer Treatment Program for adolescents with ADHD. *Cognitive and Behavioral Practice*, 18, 530–544.

Simonsen, B., Sugai, G., & Fairbanks, S. (2007). School-wide positive behavior support: Preventing the development and occurrence of problem behavior. In S. W. Evans, M. D. Weist, & Z. N. Serpell (Eds.), *Advances in school-based mental health interventions: Best practices and program models* (pp. 8-1–8-17). New York: Civic Research Institute.

Springer, F. and Phillips, J. L. (2006). The IOM model: A tool for prevention planning and implementation. *Prevention Tactics*, 8, 1–8.

Stein, B. D., Jaycox, L. H., Kataoka, S. H., *et al.* (2003). A mental health intervention for schoolchildren exposed to violence: A randomized controlled trial. *Journal of the American Medical Association*, 290, 603–611.

Storch, E., Larson, M., Muroff, J., *et al.* (2010). Predictors of functional impairment in pediatric obsessive-compulsive disorder. *Journal of Anxiety Disorders*, 24, 275–283.

Storer, J. L., Evans, S. W., & Langberg, J. M. (2014). Organization intervention for children and adolescents with Attention-Deficit/Hyperactivity Disorder (ADHD). In M. D. Weist, N. A. Lever, C. P. Bradshaw, & J. S. Owens (Eds.), *Handbook of school mental health* (2nd ed.; pp. 385–398). New York: Springer.

Teach for America. (2011). Creating and implementing effective rules and consequences. In *Classroom Management & Culture* (pp. 15–26). New York: Teach for America.

Walther, C. P., Cheong, J., Molina, B. G., *et al.* (2012). Substance use and delinquency among adolescents with childhood ADHD: The protective role of parenting. *Psychology of Addictive Behaviors*, 26, 585–598.

Wignall, A., Gibson, J., Bateman, N., *et al.* (1998). ACE-Adolescents coping with emotions: Group leader manual and ACE student workbook. North Sydney: Northern Sydney Health.

SMH와 학교 단위 긍정행동 지원의 상호연결

Jessica Swain-Bradway, Jill Johnson, Lucille Eber,
Susan Barrett, Mark D. Weist

서론

미국에서 아동 5명 중 1명이 중대한 정신건강 문제를 가지고 있다(Merikangas et al., 2010). 이러한 소아청소년들은 다차원적 중재들이 필요하지만 정신건강 서비스를 받는 비율은 20% 미만이다(Bazelon Center for Mental Health Law, n.d., Katoka, Zhang, & Wells, 2002). 정신건강 서비스를 받으려는 소아청소년을 위해, 일반적으로 학교가 정신건강 장애의 평가와 정신건강 서비스의 전달을 위한 초기 환경을 제공한다(Burns et al., 1995). 정신건강 서비스의 전달을 위한 초기 환경으로서 공립 학교가 적합하다 ─ 법에 의해 모든 아이들이 학교에 출석해야 한다. 그러나 학교 내 정신건강 증진과 중재를 위한 근거 자료의 가능성에도 불구하고(Kutash, Duchnowski, & Lynn, 2006), 그 시기 동안의 SMH(school mental health, 학교 정신건강)로 간주되는 학교에서의 정신건강 서비스로의 전통적인 접근은 다양한 차원에서 미국에서는 부적합하다(Rowling & Weist, 2004; Weist, Evans, & Lever, 2003).

SMH에 대한 전통적인 접근 방식은 미국 SAMHSA(US Substance Abuse and Mental Health Services Administration, 물질남용에 대한 정신보건서비스 관리국, 정신건강 서

School Mental Health: Global Challenges and Opportunities, ed. Stan Kutcher, Yifeng Wei and Marc D. Weist.
Published by Cambridge University Press. © Cambridge University Press 2015.

비스를 안내하고 지원하는 연방 정보국)에 의해 추진된 일관적인 '관리 시스템' 모델에 상반되어 지역 교육청에서 고용된 학교 정신건강 임상의에 의해 개별적으로 시행하는 '독립형' 배정을 거의 30년 동안 흔히 사용하였다(Kutash et al., 2006). 전통적인 SMH는 학교 또는 학생에게 제공한 정신건강 서비스의 영향에 대한 체계적인 평가도 부족할 뿐만 아니라 EBP(evidence-based practices, 근거 기반 업무)의 일관적인 실행도 부족하다(Calhoun, Moras, Pilkonis, & Rehm, 1998; Evans & Weist, 2004; Graczyk, Domitrovich, & Zins, 2003; Kratochwill, 2007; Kutash et al., 2006; Weist, Lever, Bradshaw, & Owens, 2014). 이러한 접근 방법은 지역 교육청에 의해 고용된 임상의가 학교 안으로 들어오고 더 어려움을 겪는 일부 학생과 일대일로 작업을 하는 '서비스별 비용'(fee-for-service) 모델과 흔히 연관이 있다. 학생이 받는 정신건강 서비스는 임상의가 받은 훈련에 좌우된다. 임상적 서비스는 학교 단위의 건강/웰니스 증진, 예방 또는 조기 진단/중재와는 달리 학생의 학교 일과 및 생활과 분리되어 제공된다(Weist, 2003).

이러한 별개의 접근은 다음의 이유로 효과적이지 못하다 — (1) 낮은 중재의 시행 충실도 (2) 정신건강 서비스를 받는 학생을 돕는 임상의, 교사 및 기타 학교 직원의 협조적인 노력의 부족 (3) 정신건강 서비스를 필요로 하는 학생을 검진하기 위한 확립된 선정 기준의 부재 (4) 중재에 대한 모니터링과 조정의 횟수와 지속성 부족. 전통적인 접근 방식은 광범위한 학생에게 예방적 중재를 제공하지 못하고 관리에 대해 학생, 가족 그리고 학교 직원의 불만이 크다(Weist & Murray, 2007). 최근 몇 년간, 미국의 교육 및 임상 그룹은 SMH 서비스 제공에 대한 이러한 독립형 접근 시스템의 한계에 대해 더 많은 주의를 기울였으며 정신건강 서비스를 보다 맞춤형 시스템으로 개선하기 위한 협력적이고 조직적인 움직임을 보였다. 이번 장에서는 ISF(Interconnected Systems Framework, 상호연결 시스템 체제)라 불리는 교내 정신건강 서비스 제공의 통합 시스템을 확립한 한 가지 접근방식에 대해 기술하고자 한다.

ISF는 기존 학교 및 지역 교육청 시스템에 SMH를 내장하여 자원을 극대화하고 SMH 서비스를 효율적이고 효과적으로 전달하기 위한 기반을 마련하기 위해 교육자, 학교 행정가 및 임상 정신건강 제공자 간의 노력을 조정하는 접근 방식이다. ISF는 기존 SMH 서비스의 제한 사항을 명백하게 다루는 특성으로 분명히 한다. 정신건강 증진, 예방 및 중재, 검진 및 결과 모니터링을 위한 데이터 기반 의사 결정, 학교, 가족 및 지역사회 이해 관계자 간의 협력 등을 위한 전체 EBP의 연장선에 포함된다. 이 장에서는 ISF, 핵심 구성 요소 및 미국 전역의 여러 학교, 지역 교육청 및 주에서 진행되는 구성 요소의 예를 설명한다. 이러한 사례들은 SMH 사례들이 학습과 학교의 성공을 위해 장벽을 제거하고 줄이기 위해 학생에게 제공되는 중재 시스템을 우선시하여 포함시켰다.

ISF : 개념적 기초

ISF는 PBIS(positive behavioral interventions and supports, 긍정 행동의 중재와 지원 체제)와 정신건강 서비스의 제공 안에서의 EBP 간 융합이다. PBIS는 모든 학생에게 중요한 학업 및 행동의 성과를 향상시키기 위한 선택과 통합, 최고의 근거 기반의 학문적 및 행동적 업무를 지칭하는 의사결정 체제이다(Sugai et al., 2010). PBIS가 업무의 지시 기구는 아니다. PBIS 모델의 의사결정 체계에서, 교직원은 학생의 문제 행동에 대한 자료를 이용하여 그러한 문제행동에 대한 효과가 입증된 개입방법을 선택하여 적용한다. 예를 들면 대인 상호 간 사회 기술이 부족한 학생은 대인관계 기술을 향상시키기 위해 근거 기반의 교육과정을 제공받는다.

PBIS 체제는 다층적·다면적 접근 방식으로, 좀 더 집중적이거나 많은 중재가 필요한 학생에게 성공적으로 적용하기 위해 중재를 강화하기 위한 목적으로 조직되었다. 1단계 중재는 학업 성취에 부정적인 영향을 미칠 수 있는 행동을 방지하고 줄이기 위한 핵심 사회 행동 교과 과정을 수립한다는 목표로 학교 전체를 대상으로 한다. 2단계는 추가적인 지원이 필요한 학생을 지원하여 성공하고자 하는 단계이다. 그것은 1단계를 대체하지는 않지만 비슷한 행동 문제를 보이는 소규모 학생 집단에게 중재를 제공하면서 보조하는 역할을 한다. 2단계 중재의 목표는 학생이 1단계 지원을 충분히 받아 성공할 수 있도록 적정 수준에 이르도록 지원하고자 함이다. 3단계 중재는 보다 개별화되어있고 문제의 강도와 빈도를 줄이고자 한다. 3단계는 학교 생활에 성공하기 위해 좀 더 개별적인 지원이 필요한 학생을 대상으로 한 기능 기반의 행동 계획과 개별적 계획이 포함된다. 3단계 지지를 받는 학생은 1단계와 2단계 중재 또한 받지만 그들의 행동 문제를 줄이기 위한 보다 집중적인 추가 중재가 필요하다. 예를 들면, 어떤 학생이 사회 기술 훈련이 필요하다면 소규모 집단의 (2단계) 사회기술 수업에 참여할 뿐만 아니라 개개인의 계획에 따라 개별 실습과 임상적·치료적 중재를 받는다. 학생에게 보다 집중화가 필요하다면, 학생에게 필요한 좀 더 특수한 성취를 위해 EBP가 선택되고 학구적·사회정서적·심리학적·행동적 접근이 포함될 수 있다. PBIS는 해당 개입이 지속적으로 이루어질 수 있도록 안내를 제공하는 구현과학(implementation science)을 기반으로 한다(Fixsen et al., 2005; Graczyk et al., 2003).

PBIS의 기초는 협업 팀에 의한 자료 기반 의사결정, 중재 전달을 점진적으로 강화시킬 수 있는 계층화된 지원, 명백히 정의된 성과, 이러한 성과를 모니터링 하는 것 등을 포함한다. 일반적으로 학교에서 실행되는 PBIS는 학교 시스템이 직원(정책, 교육 및 자원)을 지원하기 위해 조직된 예방 중심의 행동 중재 시스템으로, 데이터 및 업무는 학교 공동체의 가치 있는 성과에 부합하여 지원 조정을 이끌어낸다.

그러나 체제의 유연성에도 불구하고 시행하는 학교도 일반적으로 문제 행동을 줄이기 위해 시행된 EBP의 범위 안에서의 정신건강 서비스는 고려하지 않는다(Barrett, Eber, & Weist, 2013).

현재 미국에 PBIS(www.PBIS.org)를 시행하는 학교가 2만여 개 있고 많은 연구가 학교 관련 학생 성과에 대한 영향에 대해 효과를 다음과 같이 입증한다 — (1) 교사의 학업적인 지도의 향상(Taylor-Greene et al., 1997; McIntosh et al., 2006a; 2006b) (2) 부모의 관여도 증가(Ballard-Krishnan et al., 2003) (3) 학생의 훈육 의뢰 감소(Anderson & Kincaid, 2005) (4) 정학률의 감소(Frey et al., 2008) (5) 학생의 학업 성과 향상(Kincaid et al., 2002). 학생 관련 개선뿐만 아니라, 학교와 직원에게도 직원 교체율 감소, 조직 효율성 향상, 교사의 효능에 대한 인식 증가 및 학생들의 삶의 질 향상 등의 이점 또한 기록되어있다(Kincaid et al., 2002).

ISF : 핵심기능

ISF는 학교와 지역사회의 정신건강 제공자를 PBIS 체계에 편입되도록 하여 일련의 예방 기반의 정신건강 증진과 중재를 증가시킨다. PBIS의 기반을 다지는 데 있어서, ISF의 핵심 특징은 학생의 학업 및 사회적 성취를 지원하기에 충분하도록 정신건강 문제의 영향을 완화한다는 공통의 목표를 달성하기 위해 학교 내 시스템, 자료 및 업무를 운영상으로 조정한다. 목표는 안정된 3단계 체계의 학업 및 행동 지원에 통합된 정신건강 지원의 확장된 연속체를 체계적으로 구축하는 것이다. 정신건강 지원의 확립된 연속체계는 다음과 같은 ISF의 핵심 지표의 통합에 의해 성취된다 ― (1) 관리적 지도력과 증거 기반의 SMH 실습을 선택하고 성취하고 모니터링하는 팀 기반 의사결정의 선호 (2) 지역사회 정신건강 제공자와 가족 구성원의 의사결정을 돕는 효과적인 팀 (3) 활동의 성취를 알려주는 자료 기반의 의사결정 (4) EBP의 선택과 성취를 위한 공식적인 단계 (5) 정신건강 이상의 포괄적인 선별검사를 통한 조기 중재 (6) 충실도와 영향력을 위한 엄격한 경과 모니터 (7) 체계와 실습의 충실도와 정확성을 위한 진행형 지도. 복합 단계의 체계를 완성하기 위해 교육자와 정신건강 전문가 사이 협업의 상호 엄격한 조력하에 PBIS의 토대가 이루어지며, ISF는 조기 확진과 여러 단계의 정신건강 문제 심화 정도를 갖는 학생을 지지한다.

1단계에서는 ISF의 다양한 단계를 지지하는데, 전체적으로 가능한 중재 및 기본적으로 예방적 서비스에 초점을 맞춘다. 여기에는 정신건강 장려와 정신건강질환으로 인해 학습에 문제가 있는 학생을 발굴하는 것도 포함된다. 2단계에서는 소규모의 학생을 대상으로 한 중재가 포함되는데, 비슷한 정신건강 질환을 갖고 있으며 1단계에서 예방적 도움을 받지 못한 경우이다. 2단계의 목적은 소규모 집단에 전달된 중재를 통해 문제를 최소화하는 데 있다. 외상 사건에 대한 지속적인 노출의 영향을 완화하도록 설계된 외상 중심 중재(Jaycox, 2003)가 2단계의 그룹 제공 중재의 한 예이다. 3단계 중재는 학교, 가족 및 적절한 공동체 정신건강 제공자 팀에 의해 개발된다. 여기에는 가족 개입, 교사 주도 중재 및 의학적 중재뿐만 아니라 일대일 서비스 전달이 포함된다. 목표는 증상의 강도와 기간을 감소시키고 생활 영역에서 일상적인 기능을 극대화하고 가능한 한 최대로 일반 또래와 균형을 이루는 것이다. 지원 단계에 포함된 전략은 정신건강 장애가 심화됨에 따라 학교, 지역사회 및 가족 구성원이 점점 더 많은 빈도로 의사 소통하고 협력할 것을 요구한다. 소통과 협업이 1, 2, 3단계에서 제공되는 서비스의 모니터링을 담당하는 다학제 팀에 촉진된다.

다단계 팀 구성 구조는 학교가 학생의 정신건강 장애를 가장 적절하게 다루는 정신건강 서비스에 대한 의사 결정에 더 많은 지역사회 정신건강 제공자를 포함하도록 한다. ISF를 시행하는 학교는 이상적으로 각 단계의 SMH 서비스를 모니터링하고 조정하는 팀에 다수의 지역사회 정신건강 서비스 제공자를 참여시킨다. 예를 들면, 학교 팀은 외상 중심 중재, 가족치료, 약물남용 치료 등을 훈련받은 임상의를 포함한다. 중재와 지원의 각 단계에서는 지역사회 정신건강 제공자는 학교 기반 파트너가 함께 정신건강 서비스를 학교의 일상 기능에 반영하도록 학교의 정책, 업무, 자료를 지도할 수 있다. 학생과 가족을 위한 더 많은 정신건강 지원은 학교와 지역사회의 정신건강 제공자 간의 협업이 포함된 학교 기반의 중재 체계를 가능하게 한다.

ISF는 정신건강 전달 체계의 분리 또는 '동등배치'보다 더 많은 학생에게 영향을 줄 수 있는 가능성과 함께 정신건강 증진, 조기중재 및 치료의 더 효과적인 시행을 위한 구조를 제공한다. 많은 초기 시행 현장에서 ISF의 초기 실행은 새로운 재정 기반, 새로운 입법 조치 또는 정책 변화와 같은 일들을 포함했다. 지도자들이 ISF 접근으로 옮겨가는 데 영향을 준 다른 변수로는 인구 통계학적 변화, 명백한 비용 절감, 현재 성과에 대한 좌절감 등이 포함되었다 — ISF의 프로세스에 참여하도록 하는 추진력은 다양할 수 있지만 ISF의 핵심 양상은 각각의 사례에서 분명하다.

다음 절에서는 ISF의 핵심 양상들을 설명하고 ISF 논문과 ISF의 작업 그룹, 교육 전문가의 협업 집단, 연구자, 프로그램 평가자, 관리자 그리고 다양한 지역 교육청, 주 정부, 국가 그룹의 임상의(Barrett et al., 2013) 등에 의한 나타난 사례들을 제공한다. 논문과 작업 그룹에 의해 만들어진 사례는 주정부, 지역 교육청, 지리적으로 다양한 학교 단계의 경험에서 온다. 사례의 깊이와 범위들은 경험적으로 지지되는 SMH 서비스를 제공하여 학교와 지역 교육청의 능력을 증가시키도록 ISF의 상승 작용의 가능성을 보여준다.

사례가 어떤 시점의 구성 요소를 묘사하는 데 있어서 ISF의 성취 단계가 유동적이고 반복적이라는 것을 기억하는 것이 중요하다. 지역사회와 학교는 어떤 시점에서의 다양한 활동의 성취가 포함된 재정과 관리자, 학생과 지역사회 인구 특성에 영향을 받으며, 반드시 1차적인 방법이 아니다. ISF의 가장 중요한 구성요소는 지역 학교의 환경을 고려하는 데 있어서 관리적 수행과 우선순위가 결정적이라는 것이다.

행정 집행과 우선 순위

ISF 과정의 행정 집행은 능동적이고 명시적인 참여 과정이며 동시에 학생들의 정서적/행동적 기능을 향상시키기 위한 다단계적 예방과 중재에 대한 투자이다. 주, 지방 교육청, 학교, 그리고 지역사회의 리더들은 해당 지역에서 ISF의 타당성을 탐색하고, 최선을 다해 이를 실행하고 유지할 수 있도록 하는 데 필수적인 역할을 담당한다. 이는 학교 리더십이 SMH의 세계적 진보와 학생들의 긍정적 결과 및 학교의 성공에 직접적으로 기여한다는 Rowling(2009)의 주장과 일치한다. 이번 장에 포함된 사례에서는 다양한 관리적 활동에 의해 SMH 서비스를 재구성하고 정신건강 질환에 대한 사회의 긍정적인 풍토를 조장하는 리더십이 어떠해야 하는지를 명백히 제시한다. ISF의 지원하에, 실행 경험이 있는 리더들은 홍보, 자원의 확보, 직접적인 혹은 현물지원 형식의 기금 조달 등에 참여하여 지원하고, 참가자 교육 및 각 주, 교육청, 학교 수준에서의 모임 등에 참가하였다. ISF 실행을 위한 행정적 비전과 집행은 교육청과 지역사회의 관련자들이 ISF의 진행에 협조하여 현재의 상태와 관련 자원을 점검하고, 자원의 용도를 재조정하는 등의 활동에 참여하도록 하였다. 추가적인 ISF 사례로는 학교에서 정신건강 사업이 통합되도록 촉진하는 지원 정책의 변화를 포함한다. 아래의 첫 번째 보기로 제시한 CoP(National Community of Practice, 실행을 위한 국가 공동체)에 관한 내용에서는 국가 수준에서의 ISF 행정 집행과 중요성에 대하여 제시하고 있다.

사례 : 국가적 리더십

2004년에 학교 행동건강 협력체의 CoP는 장애인 교육법(IDEA) 협약과 학교 정신건강 센터(Center for School Mental Health, CSMH)라는 2개의 연방 기금을 받는 그룹의 협력에 의해 탄생하였다. CoP는 다학제적 협력을 위한 접근 방법으로, 이를 통하여 다양한 배경의 전문가들과 이해 관계자들을 포함하여 공유된 안건을 촉진할 수 있는 아이디어와 전략을 자발적으로 공유하게 하며(Wenger, McDermott & Snyder, 2002), 또한 '광범위한 자원과 증가된 능력의 이점을 통하여 복잡한 사회와 인구의 건강 문제들에 접근하는 방법'이기도 하다(p. 17, Pope, MacKean, Casebeer, Milward, & Lindstrom, 2013).

CoP는 22개의 국가 기구, 9개의 기술지원센터, 16개 주 정부의 정책 및 행정 지도자들로 이루어졌으며, SMH와 관련된 특정 문제나 주제에 초점을 두고 교육, 정신건강, 가족들을 아우르는 '공유된 안건'에 대하여 협조한다. 여기에는 다음과 같은 주제들도 포함된다 — (1) 학생 정신건강을 위한 협동적 문화 형성 (2) SMH와 PBIS의 연동 (3) 돌봄 체계의 필수 요소로서의 표적 교육 (4) SMH에서 가족 리더십 촉진 (5) 장애를 갖고 있는 젊은이를 위한 SMH의 향상 (6) 질과 EBP의 향상. CoP는 상호 의사소통을 촉진하였고, 그 결과 ISF의 개념에 대한 연구 결과(Barrett et al., 2009) 및 국가, 주, 그리고 학교의 리더들이 정기적으로 모여 활동의 실행, 영향, 연구 주제 등을 논의하고 ISF 체계, 자료, 실행에 있어 필수적인 요소들에 대한 백서를 제작하는 ISF 워크 그룹을 구성하게 하였다(Eber, Barrett, & Weist, 2013). 정책적·교육적 배경을 넘는 관리자들과 지도자의 협업 없이는 집단적 지식과 CoP 구성원을 통해 얻어진 사례들은 배포되지 않았을 것이며, 여러 주와 교육청들은 PBIS 체계와 근거 기반 SMH 수행을 병행하는 것에 대한 지침이 없는 상태에 놓여 있었을 것이다.

사례 : 주 정부 리더십

2009년 몬타나에서, 주 정부와 연방 기금에서 주 정부 단위의 SMH CoP의 창설과 CSCT(comprehensive school and community treatment, 학교와 지역사회의 포괄적 치료)를 제공하는 인증된 정신건강센터의 월간 회의를 지원하였다. 협업의 취지는 SMH 교육 및 지역사회 및 학교 직원을 위한 서비스 제공을 개발하는 것이었다. 2010년 봄에 몬타나의 DPHHS(Department of Public Health and Human Services, 공중 보건 및 복지국)와 OPI(Office of Public Instruction, 공교육부)는 공동으로 SMH 모범 사례 및 EBP에 관한 백서 개발 및 보급을 위해 연구원을 고용할 필요성에 합의하여 소아청소년 정신건강 서비스가 학교로 옮겨지는 것과 관련된 주 정부의 분명한 SMH 발의인 CSCT에 대한 행정 규칙을 알리기로 했다(Butts, 2010).

주 정부 단위의 학회에서, 백서는 SMH 프로그램과 CSCT를 다루는 새로운 관리 규칙을 연구하고 준비하는 참가자들을 돕기 위한 방편으로 일반 세션에서 발표되었다. 이들은 몬타나의 관리 규칙을 바꾸는 데 기여하는 정책을 시행한 연구에 대한 투자된 초창기 주 정부 지도자였다. 관리 규칙의 개정 과정은 다학제적 작업 그룹 내 DPHHS와 OPI 관리자의 의해 촉진되었다. 이 과정을 통해 혁신적인 규칙 제정과 몬타나의 공립학교에게 정신건강 서비스의 접근성을 증가시키는 계기가 되었다. 중요한 것은, 2013년 8월 당시의 새로운 관리 규칙하의 규정들은 PBIS 체제를 시행하는 기존 또는 초기 학교와 작업을 하기 위한 지역사회의 정신건강 서비스 제공자들이 포괄적인 학교와 지역사회 치료 기금에 접근하도록 명하였다. 이것은 ISF에 따른 PBIS 플랫폼으로 정신건강 서비스가 제공되고, 지역사회 정신건강 제공자와 학교 스태프가 학교 기반의 기획팀을 이뤄 협업을 이루는 확실한 계기가 되었다(Butts, Casey, & Ewen, 2014). 이러한 협업은 3단계(치료 서비스에 맞춰진)에서 좀 더 특화되었고, 2단계(조기 진단과 중재)와 1단계(인구에 맞춰진 예방)의 도입부에도 드러났다.

사례 : 지역 교육청 리더십

몬타나의 예에서 주 정부 리더십은 지역 교육청과 학교 활동에 효과가 있었다. 일부 사례처럼 ISF 완성의 하나는 일리노이 주의 어바나 지역 교육청 같은 곳에서 시작되었다. 2009년 어바나 지역 교육청은 폭력 예방, 풍토 개선, 학교 내 정신건강 증진에 맞춘 연방 기금, '안전한 학교, 건강한 학생(Safe Schools, Healthy Students)' 기금을 제정하였다. 지역 교육청이 기금을 받지 않았더라도, 다수 지역 교육청 및 지역사회 지도자와 가족 구성원, 서비스 제공자들은 그 작업이 중요하다는 것을 느끼고 추가 기금 없이 기금 내 계획을 시행하기로 결정하였다. 지역사회의 구성원은 기존 자본규모에서 학교의 학생 요구에 맞는 서비스의 향상이 있기를 원했다. 예를 들면, 지역사회의 임상의는 학생을 지역 센터로 오는 것 대신에, SMH의 이점을 직접적으로 반영하고자 그룹 중재를 시행하도록 학교로 가는 것을 동의하였다(Weist, 1997). 또한 지역사회 기반 직원은 팀 미팅에 참여하는 것이 청구 가능한 서비스가 아님에도 불구하고 학교 기획팀에 참여하는 것이 허용되었다. 이러한 지역사회와 지역사회 지도자의 수행 결과 학생이 근거 기반의 SMH 서비스들을 이용할 수 있는 범위를 확장시켰으며, 기존 학교 또는 지역사회에서 예비적으로 가능했던 서비스의 접근을 증가시켰다.

효과적인 팀 구성

효과적인 팀은 견고하게 연결되어 효과적인 리더십에 의해 안내된다. ISF 내에서, 주 정부, 지역 교육청 및 학교 팀은 가족 구성원뿐 아니라 교육, 정신건강, 정책, 지역사회 작업에서의 배경을 가진 직원을 포함하여 다학제적이다. 팀은 지역적 비전을 공유하고 SMH 업무를 지원하는 ISF 시스템을 시행하고 모니터하는 데 필요한 일간 작업과 활동을 수행한다. 이는 (1) 학생, 학교, 지역사회 필요성 평가 (2) 필요성 평가에 따른 자원 재설정 (3) 학교와 지역사회 필요성에 역점을 두고 EBP를 선정하고 시행하는 것 (4) 업무 시행에 책임 있는 학교와 임상 스태프를 훈련하고 지도하는 것 (5) 시행의 신뢰성과 학생 성과에 대한 영향을 모니터하는 자료를 검토하는 것(Markle, Splett, Maras, & Weston, 2014 참조)을 포함한다. ISF 논문(Eber et al., 2013)의 다수의 초기 시행이자 보기에 대하여, 팀을 만들고 효과적인 협력을 촉진시키는 중요한 첫 번째 단계는 지역 교육청/지역사회 리더십 팀에서 함께 일하는 다학제 파트너의 책임감과 역할을 규정짓고 명백히 하는 것이었다. 학교 시스템에서의 전형적인 공약은 현재의 스태프, 기금, 행정 지원, 책무에서 시간을 배정하는 것, 주요 직원에 의한 리더십을 보증하는 것 등을 포함한다. 지역사회 제공자로부터 공약은 팀에게 제공하는 직원 시간을 할당하는 것, 계획을 다루는 데 학교 기능의 우선순위를 매기는 것, 가족에게 연결하는 것을 조력하는 것, 가치있는 결과물로 진행을 모니터하고 우선순위를 결정하기 위해 지역사회 자료를 사용하는 것을 포함했다. 모든 활동은 특수하게 그리고 학생이 결과들을 측정할 수 있게 직접적으로 연결되어있다.

사례 : 효과적인 팀 구성

샴페인 카운티에서, 지역사회와 학교 제공자 사이의 일리노이 학교 지역사회 협정(school community agreements, SCAs)은 공약 과정을 설명했다. 샴페인 카운티 내 학교 지역사회 협정은 협력을 촉진시키기 위한 다음 정보를 포함했다 — (1) 학교와 지역사회 기초 대리인이 정보와 접촉한다. (2) 다양한 서비스를 위해 일차 접촉으로서 제공하는 개개인을 세분화한다. (3) 개인 정보 방출의 과정을 명백히 한다. (4) 중재(단계 1, 2 또는 3)의 다른 단계에서 중재들이 시행되는 것을 규정짓는 것이다. (5) 각 단계에서 서비스의 수준을 서술한다. (6) 학교와 지역사회 파트너 사이의 대화를 위한 기대와 전략.

학교 지역사회 협정의 상당 부분은 팀 활동과 SMH 서비스 제공의 비용을 상쇄하기 위한 기금 자원에서의 동의를 포함되었다. 외상 중심 학교 기반 그룹은 학교와 정신건강 임상의에 의해 공동으로 집행된 물질남용 및 정신건강 서비스국의 관리 협력 협약(System of Care Cooperative Agreement)에 의한 기금으로 이루어졌다. 시간이 지남에 따라, 물질남용 및 정신건강 서비스국 기금은 감소되었지만 학교와 카운티 지도자는 협력적인 서비스 시행을 유지하기 위한 자금조달을 재고하는 데 전념하게 되었다. 다학제 팀으로부터 만들어진 해법은 서비스를 필요로 하는 모든 학생에게 외상 중심 중재로의 접근을 허용하기 위해 지역사회 재단에서 '유나이트 웨이(United Way)'라는 기금으로 임상의와 보조의 비용을 해결하기 위해 공공 건강 보험인 메디케이드(Medicaid)에 계산서를 보내는 것이다. 게다가 지역 교육청/지역사회 제휴로부터 이득을 보는 하나의 지역 고등학교는 공급, 그룹을 위한 점심, 사무실 공간과 직원시간 할당의 현물지급 이득을 위한 공정한 자금을 기부한다. 재료들과 정보의 수집, 훈육을 가로지른 문제해결 능력은 학교 기반 팀에 의해 촉진되고, 전념하는 관리 직원에 의해 우선순위가 매겨진다.

자료 기반 의사결정

자료 기반 의사결정은 ISF의 기초적인 구성요소이고 다방면의 시스템과 팀과 관리자의 시행 활동을 안내하기 위한 연장선에서 협력 내 수행하기 위한 학교와 지역 교육청 안에서의 과정을 요구한다. 다학제의 ISF 팀은 현재의 관련된 자료를 활용하여 책임성을 개선하기 위한 업무 효율성을 증가시키고, 검진을 빠르게 하며, 업무와 시스템의 충실도와 모니터의 유효성을 진척시킨다. 초기 시행 지역은 학교에 의해 주로 유지되는 학업 및 행동 자료 외에 정신건강 이슈를 포함하기 위해 자료 기반 의사결정 시스템을 개발하거나 증진하기 위해 활발하게 계획한다(예 : 성적, 출석, 징계, 졸업증명 등). 평가 절차의 일부로 리더들과 팀은 중재에 대한 충실도와 학생 반응에 대해 추적하고, 모니터하고 보고를 내면서 지역적으로 조정된 자료 시스템을 우선 순위로 한 활동 계획을 만들었다.

완전히 개발된 평가 시스템의 장기간 목표는 초기 인증과 정신건강 장애의 영향을 예방하고 감소하는 의미로서의 적절한 SMH 서비스로의 접근을 근거로 둔다. 초기 접근의 목표인 ISF의 또다른 핵심 구성요소는, 정신건강 서비스를 받지 않는 정신건강 이슈를 가진 학생의 80% 이상을 지원하는 데 필요한 범위에서 지원을 제공하기 위한 SMH 서비스의 무능력에 대한 직접적인 대응이다(Katoaka et al., 2002). 초기 접근 방식은 다음과 같은 중요한 기능을 포함하는 포괄적인 자료 기반 의사 결정 시스템에 의해 수립되고 촉진된다.

광범위한 선별 검사

광범위한 선별 검사는 어떤 초기 ISF 시행자들이 정신장애와 정신건강 문제의 위험 요소를 선별하기 위해 확장해온 PBIS의 구성요소이다. 광범위한 선별 검사는 위험도 가 높은 학생을 특정하기 위한 타당하고 신뢰할 수 있는 방법이다(Romer & McIntosh, 2005). 이것은 유효인구 통계를 통해 전체 학생 인구를 선별하는 과정이다. 흔하게 사용된 측정법에는 BASC 2 행동 정서 선별 검사 시스템(Behavioral and Emotional Screening System, Kamphaus & Reynolds, 2007), 학생 위험도 선별 검사 척도(Student Risk Screening Scale, Drummond, 1994), 행동장애에 대한 체계적 선별 검사(Systematic Screening for Behavior Disorders, Walker & Severson, 1990) 등이 있다. 큰 규모 선별 검사에 대한 반대가 있는데, 이것은 개인정보 법에 의한 권리, 선별검사에 대한 잠재 적 비용 그리고 더 완전한 평가를 제공하기 위해 필요한 비용과 자원, 선별 검사자에 의해 확인된 학생을 위한 중재 등이 포함된다(Center for Mental Health in Schools at UCLA, 2005). 선별검사의 제안자들은 초기 검진과 정신건강 장애를 가진 학생을 위 한 중재로의 접근은 더 심한 문제들이 발전될만한 소지가 있다고 주장한다(Center for Mental Health in Schools at UCLA, 2005). 검진의 방법으로서 위기 수준 행동에 의존 하는 것은 가치 있는 결과를 달성하지 못하는 집중적이고 값비싼 서비스를 종종 야기한 다(Dowdy, Ritchey, & Kamphaus, 2010; Weist, Lever, Bradshaw, & Owens, 2014).

과정 및 파악된 자료의 모니터

ISF의 궁극적인 목표는 학교 환경에서 학생의 기능에 긍정적인 영향을 주는 것이다. 이 러한 영향을 측정하기 위해, 학교 팀은 학업, 행동 및 정신건강 지표의 모든 측면에서 학생 성과를 모니터링 해야 한다. 개별 학생의 진행 상태를 모니터링 하면 임상 수준에 서 수정이 가능하며 그룹 진행 상황을 추적하면 시스템 수준에서 의사 결정을 알린다 (예 : 자원 할당, 임상의와 학교 스태프의 훈련 필요 여부, 스케줄을 짜는 일). ISF는 학 생 성과에 대한 진행 상황을 모니터링 하기 위해 모든 이해 관계자와 관련된 데이터를 쉽게 공유하여 의사 결정 프로세스에 참여 및 참여를 유도하는 프로토콜과 정책을 제공 한다. 그 과정은 학생, 가족, 교사의 개선 및 비개선 여부 또는 필요 여부의 파악에 대한 정규 평가와 이어서 진행 자료가 검토될 때 완전히 고지된다. 파악 자료들은 상위 단계의 지원 및 개별화된 치료 계획과 관련이 있지만 학생, 가족, 교사 및 제공자를 위한 개입의 맥락적 적합성을 보장하는 데 필요하다.

지원 스태프

파악 자료들은 ISF 팀이 교육 및 임상 스태프에게 직접 지원을 제공할 수 있는 한 가지 방법이다. 설립된 시스템을 통해 스태프를 지원하는 것은 어떠한 실행의 지속된 수행과 ISF에게 중대한 일이다(Fixsen et al., 2005). ISF 안에서, 여러 관련 정보 소스가 ISF 프로세스에 정보를 제공하는지 확인하기 위한 자료 기반 의사 결정을 지원하는 시스템에는 현재 자료 소스에 대한 지속적인 평가가 포함된다. 이러한 자료의 수집 및 정리와 함께 학교 전체, 소그룹 및 개별 학생을 위해 자료를 사용하는 방법에 대한 학교 및 임상 직원의 교육이 필요하다. ISF 논문에 있는 사례에서(Eber et al., 2013), 학교 팀은 '전체 아동'의 일관된 견해와 수행된 감사 또는 충실도 또는 처리 보전 자료를 포함하여 의사 결정 프로세스에서 쉽게 사용 가능하거나 누락된 자료 유형 및 출처에 대한 평가를 위해 학업, 행동 및 정신건강 데이터를 통합했다.

충실도 측정

충실도(fidelity)는 ISF의 핵심 요소이고, 의사 결정 과정을 위한 자료와 긴밀하게 연관되어있다. 충실도를 체계적으로 측정하고 다루는 것은 치료 효과의 크기가 종종 시행 수준과 관련이 있음을 보여주는 연구에 의해 강력하게 뒷받침된다(Perepletchikova & Kazdin, 2005). ISF 안에서, 충실도는 임상의가 제공하는 서비스의 완전성을 넘어서며 ISF 시스템의 정확성을 포함하여 해당 서비스의 제공이 가능하도록 한다. ISF에서 임상의는 ISF 팀과 자료를 공유하고, 근거 기반 중재를 동반하는 충실도 측정을 활용하는 데 책임이 있다. ISF 팀은 전체의 수행과 ISF 시스템과 실행의 영향을 평가하는 학생 결과물 자료와 함께 이 자료를 이용할 것이다. ISF 작업 그룹과 협력적으로 개발된 시스템 지향의 질문의 보기는 다음을 포함한다. 팀은 역할과 책임을 규정하였나? 그 지역에서 광범위한 선별 검사 과정이 시행되고 있나? 팀은 학교와 지역사회 자료를 이해 관계자와 정규적으로 검토하고 공유하는가? 스태프들은 충실도를 가지고 EBP를 시행하기 위해 요구된 기술을 가지고 있는가? 양질의 시행을 책임지기 위한 지도 모델을 통하여 스태프들은 지원받는가? 충실도 점검을 통한 중대한 시스템 특징을 복습하는 것은 팀이 서비스 인도와 학생의 경과 그리고 그것에 의해서 중재가 성공적이지 못할 때 한 팀의 학생을 비난하는 것을 할당하는 것보다 시행에 대한 의미 있는 결정을 내릴 수 있는 능력을 검사하도록 허용한다.

사례 : 자료 기반 의사결정, 광범위한 선별 검사

정신건강 사업을 포함한 광범위한 선별 검사를 확장하는 비공식적 학교 개발 지명 과정의 간단한 사례가 일리노이 주 샴페인 카운티에서 나온다. 학교 기반 ISF 팀은 간단한 교사 지명 프로세스를 사용하여 일반적인 광범위한 선별 검사 시스템(예 : 학점, 출석, 문제행동에 대한 사무실 송부)을 통해 검진되지 않은 지원이 필요한 학생을 찾아냈다. 교사 지명은 교사가 내면화 행동에 관해 우려하는 학생들의 명단이었다(예 : 학생이 경험하는 우울증, 불안증, 그리고/또는 정신적 외상). 이는 여느 때 같으면 팀이 사용할 수 없는 정보를 제공하고, 학교가 학생 필요에 기반을 둔 2단계 그룹 학교 기반 중재를 시행하도록 허용했다.

사례 : 자료 기반 의사결정, 충실도

광범위한 선별 검사를 위해 수집된 자료는 (위와 같이) SMH 서비스 제공에 할당된 자원을 구체화한다. 예를 들어, 일리노이 주의 샴페인 카운티에서는 학교-지역사회 ISF 팀은 '만성 스트레스를 갖는 청소년을 위한 구조화된 정신치료'(structured psychotherapy for adolescents responding to chronic stress, SPARCS)의 시행 통합을 지원하기 위해 충실도 자료를 사용했다(Derosa et al., 2006). 팀은 충실도 자료를 사용하여 스태프 및 학생 설문 조사 데이터를 통합하여 강점 영역과 시행 취약 영역을 파악한 다음 특정 분야의 요구 사항을 해결하기 위해 자원 및 교육 주제를 정할 수 있었다 — (1) 예방적인 접근으로서의 만성 스트레스에 반응하는 청소년을 위한 구조화 정신치료 기술과 언어를 전체 학교 문화 안으로 끼워 넣는 모델 안의 훈련 교사 (2) 그룹을 이끄는 학교 사회복지사/상담가의 훈련 (3) 학교에서 그들의 역할을 확장하는 동안에 학교 기반 계획과 문제해결 팀에 의미 있게 참여하기 위한 정신건강 스태프의 훈련.

사례 : 자료 기반 의사결정, 파악 자료

자료 기반 의사결정 과정과 필요한 시스템의 또 다른 보기로 펜실베이니아 주의 스크랜턴 지역 내에 있는 지역 교육청과 지방 행동 건강 관리 기구 커뮤니티 케어(Community Care) 간의 파트너십인 ISF 작업 그룹에서 비롯된다. 스크랜턴에서 정신건강 서비스는 전통적으로 학교 환경에서 상대적으로 별개로 제공되었으며 많은 학생과 가족에게 결속력과 타당성이 부족했다. 이러한 고립된 접근에 불만족스러워서, 지역 교육청과 커뮤니티 케어는 통합된 학교 기반 행동건강과 학교 단위 긍정 행동적 중재와 지지 팀을 개발하고 설치했다. 이 파트너들은 학교, 정신건강 및 지역사회 단체의 주요 이해 관계자들과 함께 리더십 회의를 소집했다. 학교 리더십 팀은 지역의 이용 가능한 서비스 목록을 작성하고 학생들의 요구를 팀에 알릴 수 있는 잠재적인 자료 자원을 확인함으로써 의사결정 프로세스의 자료를 수집하기 시작했다.

신중하게 고려한 후, 팀은 정신건강 중재를 위한 임상 홈으로 학교를 설립하는 목표를 지원하기 위한 몇 가지 주요 척도와 지표를 확인했다. 팀은 더 높은 수준의 정신건강 돌봄으로 전원, 응급 평가로의 전원, 중재의 질의 평가 지표와 같은 비공식적 수단뿐만 아니라 학생 정서/행동 기능의 평가 지표[예 : 청소년 성과 설문지(Youth Outcome Questionnaire), Burlingame et al., 1996; 강점·난점 설문지(Strengths and Difficulties Questionnaire), Goodman, 1997]를 사용했다. 이러한 팀은 출석, 정학, 특수교육으로의 전학 같은 다른 학교 수준의 성적 및 행동 지표뿐만 아니라 공식적인 PBIS 자료 자원[예 : 학교 단위 정보 시스템(School Wide Information System, May et al., 2003)]과 충실도 도구[예 : 학교 단위 평가 도구(School-Wide Evaluation Tool, Sugai, Lewis-Palmer, Horner, & Todd, 2001)]도 이용했다.

파트너에 따르면, 중재 결정을 알리고 가치 있는 결과를 달성하기 위해 함께 행동 계획들로 향한 학생을 발전시키는 자료를 정신건강과 교육에 대한 전문가들이 효과적으로 공유하는 것이 이번이 첫 번째였다. 이 협력적인 접근은 많은 제한과 더 고립된 접근과 관련된 장벽을 극복했고, 학생과 가족을 위한 더 응집되고 효과적인 관리 시스템을 만들었다.

EBP의 선택과 시행

EBP의 선택과 시행은 학교 환경 내 SMH 통합으로의 흔한 장벽이다(Evans & Weist, 2004; Weist et al., 2009). 다음에 학령기 청소년을 위한 광범위한 EBP가 제시되어있다. 예를 들어, 물질남용 및 정신건강 서비스국은 소아청소년용 90개 이상의 근거 기반 정신-행동 건강중재(Yannacci & Rivard, 2006)가 열거되어있는 소아 근거 기반 중재 매트릭스(Matrix of Children's Evidence-Based Interventions, Yannacci & Rivard, 2006)가 포함된 6개의 온라인 연방등기부와 24개의 EBP를 찾기 위한 온라인 자료(www.samhsa.gov)를 유지한다. 그러나 학교 환경 내 있는 SMH 임상의의 상대적으로 고립된 역할로 인해, 이러한 실행은 종종 관리자를 포함하여 학교 직원의 나머지에게는 알려지지 않는다. 관리상의 강제입원, 확장된 팀, 자료에 따라 처리하는 의사결정을 약속하는 일 등은 학생 인구의 필요들을 가장 잘 맞추기 위한 근거 기반 실행의 선택과 시행을 촉진시킨다.

2013년에 OSEP 국립 PBIS 기술지원 센터(National PBIS Technical Assistance Center)는 PBIS 체제 안으로 EBP의 선택을 위한 소비자 가이드의 개발을 시작했다(Putnam et al., 2012). 지역 교육청 지역사회 팀이 형성되고 자원 구성 활동이 현재 실행을 목록화하고 검사하기 위한 시스템을 허용하는 것처럼, 모든 시스템이 근거 기반 실행을 선택하기 위한 공식적인 과정을 갖지 않는다는 것은 명백했다. 일단 필요가 확인되면, 기술지원 센터 파트너는 필요성이 확인되는 과정을 검증하는 도구를 개발했고 업무는 선정되고 시행되며, 과정이 모니터 되었다.

사례 : 근거 기반 실행의 선택

EBP 평가 선정을 위한 소비자 가이드(Consumer Guide for Selecting Evidence-based Practice Assessment, Putnam et al., 2012) 사용에 대한 한 보기는 일리노이 주의 샴페인-어바나 지역사회로부터 왔다. 지역사회 내의 학교 사회복지사는 (1) 그들의 학생 필요성에 기반을 둔 중재 선정의 과정을 평가하고 (2) 치료 기간 및 이후의 중재를 모니터하는 과정을 평가하기 위해 소비자 가이드를 사용했다. 도구로 확인된 결과는 학교와 지역사회 제공자 간의 협력적인 파트너십이 부족했고, 시행 충실도는 다뤄지지 않았으며, 중재의 과정 모니터는 체계적이지 못했다고 제시하였다. 이러한 종류의 자기평가는 사회복지사들이 그들의 실행에 반영되도록 허용했고, 학교시스템의 통합을 다시 보도록 하며, 실행과 시스템을 증진시키기 위한 구체화된 행동 단계들을 제공하도록 했다. 소비자 가이드의 완성으로부터 유래된 정보는 조직되었고 사회복지사에 의한 근거 기반 실행을 모니터하고 선택하는 훈련과 필요 지역에 우선순위를 매긴 지역 리더십 팀과 함께 공유되었다.

다음은 학생에게 새로운 기술을 가르치는 데 집중된 많은 중재는 ISF 시스템과 자료 구성, 지역사회 내부의 이용 가능한 자료 회계감사의 초기 자기평가 이후에 선택되었다. 이것은 학교가 현재 학교 실행의 재고 목록을 취하도록 허용했고, 자원 할당을 검사하며, 교육과 정신건강 시스템 모두를 통해 비효율을 포함하여 현재 실행의 영향을 평가한다. 학교 팀은 그 이후 가능한 중복을 확인했고 현재 필요의 영역을 결정했다. 필요가 확인되기만 하면, 공식적인 선택 과정은 현재의 문제에 대한 상대를 책임졌지만, 근거 기반 전략이 존재하는지와 문제를 다루는 데 이용 가능하고 실행 가능한지를 확인하기도 한다.

계속되는 지도

감정적/행동적 학생의 필요에 응하기 위한 EBP의 팀 기반 선정과 시행은 대부분 학교 기반 팀이 규칙적 토대 위에 종사하는 것보다 어렵고 매우 다른 작업이 될 수 있다. 포괄적인, ISF 접근으로의 이동은 규칙적·체계적인 지도를 요구할 수 있고 리더십과 ISF 팀을 통해 책임을 공유하게 될 것이다. 두 가지 별개의 지도의 유형은 ISF가 효과적이 되도록 요구될 것이다.

시스템 지도는 개인과 팀을 위한 다양한 작업 기술을 요구하고 다양한 수준의 시스템을 통한 작업을 촉진하는 기술을 주로 필요로 한다(Duda & Barrett, 2013). 필요한 구체적인 기술은 작업(예 : 개인, 팀, 시스템)과 지도자와 그의 팀이 작업한 결과물 수준에 의존한다. 시스템 지도는 충실도와 수행 피드백 수단 같은 자료 시스템뿐만 아니라 전문적인 발전과 훈련과 같은 시행 구조에 집중될 것이다.

업무를 위한 지도는 현장에 발생하고, 각 개인과 팀이 새로운 획득 기술의 유창함을 발전시키도록 지지하고, 지역 상황의 독특한 도전으로의 기술을 받아들이도록 돕는다. 지도는 새로운 기술/실행 시행의 경험이 있으면서 지역 교육청/지역사회를 통해 훈련된 멤버에 의해 이루어지고, 다른 사람의 시행을 효과적으로 돕기 위해 필요한 지지로 접근한다. 학교에서, 지도는 종종 학교 심리학자, 사회복지사, 상담사, 특수교육자에 의해 행해진다. ISF 내부에서, 서비스의 공급을 지지하는 시스템뿐만 아니라 임상적인 서비스의 충실도를 책임지기 위해, 지도는 시스템과 실행 수준 모두에서 이루어진다.

ISF 절차의 효과적인 사용은 도전해 볼만하다. 직원이 집중된 전문적인 영역에서 기술이 갖춰져야 할 뿐만 아니라, 감지하고, 통합하고, 학문 간 융합 파트너의 재능을 시행하기 위한 기술도 필요하다. 사례로부터 배운 교훈은 ISF의 효과적인 시행은 교육, 행동, 정신건강 전문가가 핵심 ISF의 특징과 실행에 어떻게 잘 적용될지에 대한 빈번하고 건설적인 피드백을 받도록 규칙적이고 체계적인 지도를 포함해야 한다는 것이다.

사례 : 계속되는 지도

최근 스크랜턴 지역 교육청 내의 학생 집단은 빈곤을 경험할 가능성이 더 높고, 소수자이며, 추가적인 중재와 지지들이 필요할 위험이 있게 될 것 같은 아이와 가족을 더 많이 포함하기 시작했다. 아이와 가족에게 정신건강 서비스를 제공하기 위한 이전의 시스템은 제한적이고, 비능률적이고, 비효과적이었고, 추가적인 정신건강 서비스가 중요한 것처럼, 매일 일상의 기초 위에 정신건강 문제를 가진 학생에게 더 잘 제공하기 위한 전문적인 발전이 교사들과 관리자에게 필요했다. 커뮤니티 케어는 이 시스템을 변형시키고 적절한 훈련을 제공하며 학교 스태프를 지도하는 것을 집중되었다. 커뮤니티 케어 직원은 훈련, 기술적인 조력, SMH 업무를 PBIS 체제 안으로 합병을 제공했다.

다른 지역사회와 학교 이해 관계자와 진행되는 의견교환은 각 단계에서 예방, 중재, 지원을 포함시키도록 안내했다. 시작 단계에서는, 학교-지역사회 팀의 스태프가 학교 수립 지역사회 안으로 통합되었다. 이러한 팀 멤버들은 개인치료, 가족치료, 그룹치료(사례 경영, 위기 중재 24/7, 위험 환경에 있는 학생)를 다루는 학교 직원에 대한 상담을 포함한 임상적인 중재들을 제공하며, 교육적 팀의 가치 있는 스태프로 간주되었다. 만들어지는 단계에 있는 모든 직원은 어떻게 청소년과 가족에게 이러한 서비스가 영향을 줄 수 있는지에 대한 것과 방과시간 중의 학생, 이러한 서비스에 있는 교사의 책임감에게 제공되는 서비스 위에 연수교육을 받았다. 함께, 코치들은 팀이 회의 규범, 선별검사, 확인 절차, 진행 모니터, 충실도를 책임지기 위한 수행 피드백 수단에 의한 서비스 제공 과정을 설치하도록 도왔다.

결론

이 장에서는 PBIS의 플랫폼에 SMH 프로그램과 서비스를 포함시킴으로써 SMH 프로그램과 서비스를 향상시킬 수 있는 중요한 잠재력을 가진 ISF에 대해 기술했다. PBIS의 시행 구조에서 SMH를 구축하면 서비스의 일관성이 향상되고 SMH는 PBIS 예방/중재의 깊이와 질을 개선하는 데 도움이 된다. 저자 그룹과 국가의 많은 사람들이 ISF를 개발하고 개선하기 위해 노력하면서 장소, 지역 교육청, 주 및 국가 차원에서 많은 교훈을 얻었으며 저자는 이 장에서 배운 좀 더 중요한 교훈을 포착하려고 했다. 주요 주제는 PBIS와의 연결을 통해 SMH를 개선하고 확장하는 데 필요한 추진력을 얻는 것이다. 이 장의 예에서 볼 수 있듯이 학교와 지역 교육청은 어느 PBIS 핵심 구성 요소가 완전히 시행되었는지, 어느 업무가 학생의 필요 범위를 지원하기 위해 있었는지, 어디에 서비스와 업무 간의 격차가 존재하는지를 밝혔다. 학교와 지역사회 파트너 간의 효과적인 협력 프로세스는 이러한 격차를 개선하는 데 도움이 되었다. PBIS의 교육, 코칭 및 평가를 위해 확립된 구조의 결과로 협력 활동이 빠르게 발생했다. 사례들은 확장 가능한 PBIS 플랫폼으로 촉진된 ISF 핵심 구성 요소에 대한 간략한 설명이며 주 정부 단위에서 광범위한 규모의 역량을 구축할 수 있는 보완 시스템을 설명한다.

  Stephan, Hurwitz, Paternite 그리고 Weist(2010) 등은 역량 구축을 위한 열 가지의 중요한 요인을 보고한다. 다른 요소는 명시적이지만 ISF 프로세스에 포함된 포괄적인 팀 구성 및 확장된 자료 원본으로 촉진될 수 있는 반면, ISF 핵심 구성 요소의 사례에서는 다음 열 가지 중요한 요소 중 많은 부분이 설명되어있다 — (1) 일관되며 응집력 있고 강력한 비전과 이해 관계자와의 공유된 의제 (2) 비전과 행동 안건의 이행을 보장하기 위한 중앙집중식 조직 체계와 책임성 메커니즘 (3) 조기 개입 및 예방을 포함한 종합적인 이니셔티브를 위한 실현 가능하고 지속 가능한 재정 지원 모델 (4) 학생의 학업적 성공과 정신건강 사이에 중요한 관련이 있다는 것에 대한 지역 교육 지도자와 주 정부 간의 이해 (5) 정책과 프로그램 개발에 다양한 가족 구성원과 청소년의 진정한 참여 (6) 효과적인 프로그램 및 서비스에 대한 접근 불균형을 줄이기 위해 정책, 자원 및 업무를 명백하게 조정하는 문화적으로 다양한 인구의 요구에 대한 인식과 행동 계획 (7) 모범 사례에 중점을 두고 청소년 개발, 청소년 정신건강 및 학업 성공과 관련된 교육자 및 관련 전문가를 위한 재직 전 및 재직 중 진행되는 훈련 (8) 근거 기반 전략을 이용하는 실무자 지원 (9) 학생의 학업 성취도, 정신건강 및 복지 보장과 관련된 학교 간의 자원 및 서비스의 공평한 분배 (10) 지역학교, 학교 지역 교육청, 주 수준에서의 의사결정을 알리기 위한 결과 자료를 수집하고 사용함으로써 지속적인 질적 향상으로 집중하기.

　논문과 ISF 작업 그룹에서 ISF 많은 사례가 경험되었으므로 광범위한 범위를 위한 열 가지 중요한 요소 구축이 선형적으로 발생하는 것은 아니다. 이행은 한 지역 교육청 내에서의 ISF의 적합성 및 관련성에 대한 초기 탐구 단계에서부터 지역사회, 지역 교육청 그리고 학교에서 예상되는 변화를 완화하도록 ISF 핵심 구성 요소를 유지 및 수정하는 범위로의 전체 이행에 이르는 단계 중에서 발생하는 과정이다(Fixsen et al., 2005). 전체의 과정은 자료 기반 의사결정, 초기 검진과 접근성 향상에 이르는 것, 결과물 모니터, 이해관계자 파악과 모든 학생의 성공과 성취를 지지하기 위해 필요한 SMH에서 이행에 경험적으로 기반을 둔 충실도를 면밀히 조사하는 것 등에 대한 인식 안에서 학교와 지역사회 직원을 지원하는 시스템을 세우고 다듬을 수 있는 효과적인 팀과 결부된 행정 리더십과 비전에 달려있다. PBIS 체제는 PBIS 이행 단계 일부에 있는 2만 개 이상의 학교에서 볼 수 있듯이 이 과정을 광범위하게 지원할 수 있도록 학교 내의 이행 구조를 제공한다(www.PBIS.org).

ISF의 약속

사례의 초기 성공은 PBIS 체제를 통한 체계적인 SMH의 적용이 정신건강 중재의 접근성, 효율성 및 효과를 극대화한다는 성장 기반의 일부이다. 저자는 ISF를 통해 PBIS와 SMH를 병합함으로써 다음과 같은 시너지 효과가 두 시스템의 장점을 강화할 것으로 예측한다─(1) 진료에 대한 접근성 향상(Burns et al., 1995; Catron, Harris, & Weiss, 1998; Rones & Hoagwood, 2000) (2) 예방 서비스의 향상(Elias, Gager, & Leon, 1997) (3) 조기 문제 규명의 증가(Weist, Myers, Hastings, Ghuman, & Han, 1999) (4) 낙인을 줄이고 더 많은 생태학적인 프로그램(Atkins, Adil, Jackson, McKay, & Bell, 2001; Nabors & Reynolds, 2000) (5) 상황 전반에 걸친 개입 영향의 일반화 가능성 증가

(Evans, Langberg, & Williams, 2003).

SMH 서비스로의 포괄적이고 체계적인 접근에 대한 필요성은 타당하고 절실하다. 미국의 사회 환경이 좋아지면서 학교가 적극적이고 효과적으로 홍보/예방, 조기 중재 및 학생들의 건강과 웰빙을 향상시키는 중재를 제공하고 학습에 대한 학업 및 비 학업적 장벽을 줄이며 학교 성공을 향상시키기 위해 요구하고 있다. 성장 추세이고 ISF의 개발, 확장, 테스트 및 개선에 참여한 수많은 사람에 의해 증명된 바와 같이, 이 접근법은 미국 및 다른 국가에서 SMH의 발전을 크게 향상시킬 수 있는 잠재력을 가지고 있다고 믿는다.

참고문헌

Anderson, C. and Kincaid, D. (2005). Applying behavior analysis to school violence and discipline problems: schoolwide positive behavior support. *The Behavior Analyst*, 28, 49–63.

Atkins, M. S., Adil, J. A., Jackson, M., McKay, M. M., and Bell, C. C. (2001). An ecological model for school-based mental health services. In C. Newman, C. Liberton, K. Kutash, and R. Friedman (eds.), *The 13th annual research conference proceedings, a system of care for children's mental health: Expanding the research base* (pp. 119–122). Tampa, FL: University of South Florida.

Ballard-Krishnan, S., McClure, L., Schmatz, B., Travnikar, B., Friedrich, G., and Nolan, M. (2003). The Michigan PBS Initiative: advancing the spirit of collaboration by including parents in the delivery of personnel development opportunities. *Journal of Positive Behavior Interventions*, 5, 122–126.

Barrett, S., Eber, L., and Weist, M. (2013). *Advancing educational effectiveness: Interconnecting school mental health and school wide positive behavior support.* OSEP Center on Positive Behavioral Interventions and Supports. Available at: www.pbis.org/common/pbisresour ces/publications/Final-Monograph.pdf (accessed March 22, 2014).

Barrett, S., Eber, L., and Weist, M. (2009). Development of interconnected systems framework for school mental health. Concept paper. Center for School Mental Health.

Bazelon Center for Mental Health Law. (n.d.). *Facts on children's mental health.* Washington, DC: Bazelon Center for Mental Health Law. Available at: www.bazelon.org/LinkClick.aspx?fil eticket=Nc7DS9D8EQE%3dandtabid=378 (accessed June 14, 2013).

Burlingame, G. M., Wells, M. G., Hoag, M. J., et al. (1996). *Manual for the youth outcome questionnaire.* Stevenson, MD: American Professional Credentialing Service.

Burns, B. J., Costello, E. J., Angold, A., et al. (1995). Children's mental health service use across service sectors. *Health Affairs*, 14, 147–159.

Butts, E. (2010). *Advancing school mental health in Montana: A report on changes to administrative rules for comprehensive school and community treatment.* Helena: Montana Office of Public Instruction.

Butts, E., Casey, S., and Ewen, C. (2014). Advancing school mental health in Montana: Partnership, research, and policy. In M. Weist, N. Lever, C. Bradshaw, and J. Owens (eds.), *Handbook of school mental health: Research, training, practice, and policy*, (2nd edn.; pp. 75–86). New York: Springer.

Calhoun, K. S., Moras, K., Pilkonis, P. A., and Rehm, L. P. (1998). Empirically supported treatments: Implications for training. *Journal of Consulting and Clinical Psychology*, 66, 151–162.

Catron, T., Harris, V. S., and Weiss, B. (1998). Post treatment results after 2 years of services in the Vanderbilt School-Based Counseling project. In M. H. Epstein, K. Kutash, and A. Duchnowski (eds.), *Outcomes for children and youth with emotional and behavioral disorders and their families: Programs and evaluation best practices* (pp. 653–656). Austin, TX: PRO-ED, Inc.

Center for Mental Health in Schools at UCLA. (2005). *Screening mental health problems in schools*. Los Angeles, CA: UCLA Department of Psychology. Available at: http://smhp.psych.ucla.edu/pdfdocs/policyissues/mhscreeningissues.pdf (accessed March 25, 2014).

DeRosa, R., Habib, M., Pelcovitz, D., *et al.* (2006). Structured psychotherapy for adolescents responding to chronic stress. Unpublished manual.

Dowdy, E., Ritchey, K., and Kamphaus, R. W. (2010). School-based screening: A population-based approach to inform and monitor children's mental health needs. *School Mental Health*, 2, 166–176.

Drummond, T. (1994). *The student risk screening scale (SRSS)*. Grants Pass, OR: Josephine County Mental Health Program.

Duda, M. A. and Barrett, S. (2013). Systems coaching: Coaching for competence and impact. Brief #1. National Implementation research Network. Available at: nirn.fpg.unc.edu (accessed March 22, 2013).

Eber, L., Barrett, S., and Weist, M. D. (2013). *Advancing education effectiveness: An interconnected systems framework for Positive Behavioral Interventions and Supports (PBIS) and School Mental Health*. Eugene: University of Oregon Press.

Elias, M. J., Gager, P., and Leon, S. (1997). Spreading a warm blanket of prevention over all children: Guidelines for selecting substance abuse and related prevention curricula for use in the schools. *The Journal of Primary Prevention*, 18, 41–69.

Evans, S. W., Langberg, J. M., and Williams, J. (2003). Achieving generalization in school-based mental health. In M. Weist, S. Evans, and N. Lever (eds.), *Handbook of school mental health*. New York: Kluwer/Plenum.

Evans, S. W. and Weist, M. D. (2004). Implementing empirically supported treatments in the schools: What are we asking? *Clinical Child and Family Psychology Review*, 7, 263–267.

Fixsen, D. L., Naoom, S. F., Blase, K. A., Friedman, R. M., and Wallace, F. (2005). *Implementation research: A synthesis of the literature*. Tampa, FL: University of South Florida, National Implementation Research Network.

Frey, A., Lingo, A., and Nelson, C. (2008). Positive behavior support: a call for leadership. *Children & Schools*, 30, 5–14.

Goodman, R. (1997). The Strengths and Difficulties Questionnaire: A research note. *Journal of Child Psychology and Psychiatry*, 38, 581–586.

Graczyk, P. A., Domitrovich, C. E., and Zins, J. E. (2003). Facilitating the implementation of evidence-based prevention and mental health promotion efforts in schools. In M. D. Weist, S. W. Evans, and N. A. Lever (eds.), *Handbook of school mental health: Advancing practice and research* (pp. 301–318). New York: Springer.

IDEA Partnership. (2013). Communities of practice. Available at: www.ideapartnership.org (accessed May 20, 2013).

Jaycox, L. (2003). Cognitive behavioral intervention for trauma in schools. Longmont, CO: Sopris West Educational Services.

Kamphaus, R. W. and Reynolds, C. R. (2007). *Behavior assessment system for children – second edition (BASC-2); Behavioral and emotional screening system (BESS)*. Bloomington, IN: Pearson.

Katoaka, S. H., Zhang, L., and Wells, K. B. (2002). Unmet need for mental health care among U.S. children: Variation by ethnicity and insurance status. *American Journal of Psychiatry*, 159, 1548–1555.

Kincaid, D., Knoster, T., Harrower, J., Shannon, P., and Bustamante, S. (2002). Measuring the impact of positive behavior support. *Journal of Positive Behavior Interventions*, 4, 109–117.

Kratochwill, T. R. (2007). A report card on evidence-based practices in the schools: The good, the bad, the ugly. *Communique*, 36 (4).

Kutash, K., Duchnowski, A. J., and Lynn, N. (2006). *School-based mental health: An empirical guide for decision-makers*. Tampa, FL: University of South Florida, Louis de la Parte Florida Mental Health Institute, Department of Child and Family Studies.

Markle, R. S., Splett, J. W., Maras, M. A., and Weston, K. J. (2014). Effective school teams: Benefits, barriers, and best practices. In M. Weist, N. Lever, C. Bradshaw, and J. Owens (eds.), *Handbook of school mental health: Research, training, practice, and policy* (2nd edn.; pp. 59–74). New York: Springer.

May, S., Ard, W., Todd, A., *et al.* (2003). Schoolwide information system. Eugene, OR: University of Oregon, Educational and Community Supports.

McIntosh, K., Chard, D. J., Boland, J. B., and Horner, R. H. (2006a). Demonstration of combined efforts in school-wide academic and behavioral systems and incidence of reading and behavior challenges in early elementary grades. *Journal of Positive Behavior Interventions*, 8, 146–154.

McIntosh, K., Horner, R. H., Chard, D., Boland, J., and Good, R. (2006b). The use of reading and behavior screening measures to predict non-response to school-wide positive behavior support: a longitudinal analysis. *School Psychology Review*, 35, 275–291.

Merikangas, K. R., He, J., Burstein, M., *et al.* (2010). Lifetime prevalence of mental disorders in U.S. adolescents: Results from the National Comorbidity Study-Adolescent Supplement (NCS-A). *Journal of American Academy of Child and Adolescent Psychiatry*, 49, 980–989.

Nabors, L. A. and Reynolds, M. W. (2000). Program evaluation activities: Outcomes related to treatment for adolescents receiving school-based mental health services. *Children's Services: Social Policy, Research, and Practice*, 3, 175–189.

Perepletchikova, F. and Kazdin, A. E. (2005). Treatment integrity and therapeutic change: Issues and research recommendations. *Clinical Psychology: Science and Practice*, 12, 365–383.

Pope, J. K., MacKean, G., Casebeer, A., Milward, H. B., and Lindstrom, R. (2013). *Inter-organizational networks: A critical review of the literature to inform practice*. Alberta: Alberta Centre for Child, Family and Community Outreach.

Putnam, R., Barrett, S., Eber, L., Lewis, T., and Sugai, G. (2012). Selecting mental health interventions within a PBIS Approach. In L. Eber, S. Barrett, and M. Weist (eds.), *Advancing education effectiveness: An interconnected systems framework for Positive Behavioral Interventions and Supports (PBIS) and School Mental Health*. Eugene, OR: University of Oregon Press.

Romer, D. and McIntosh, M. (2005). *The roles and perspectives of school mental health professionals in promoting adolescent mental health*. In D. Evans, E. Foa, R. Gur, H. Hendin, C. O'Brien, M. Seligman, and B. Walsh (eds.), *Treating and preventing adolescent mental health disorders: What we know and what we don't know* (pp. 598–615). New York: Oxford University Press.

Rones, M., and Hoagwood, K. (2000). School-based mental health services: A research review. *Clinical Child and Family Psychology Review*, 3, 223–240.

Rowling, L. (2009). Strengthening "school" in school mental health promotion. *Health Education*, 109, 357–368.

Rowling, L., and Weist, M. D. (2004). Promoting the growth, improvement and sustainability of school mental health programs worldwide. *International Journal of Mental Health Promotion*, 6, 3–11.

Stephan, S., Hurwitz, L., Paternite, C., and Weist, M. D. (2010). Critical factors and strategies for advancing statewide school mental health policy and practice. *Advances in School Mental Health Promotion*, 3, 48–58.

Sugai, G., Horner, R. H., Algozzine, R., *et al.* (2010). *School-wide positive behavior support: Implementers' blueprint and self-assessment*. Eugene, OR: University of Oregon. Available at www.pbis.org (accessed May 10, 2010).

Sugai, G., Lewis-Palmer, T. M., Horner, R. H., and Todd, A. W. (2001) *School-Wide Evaluation Tool version 2.1*. Eugene, OR: University of Oregon, Educational and Community Supports.

Taylor-Greene, S., Brown, D., Nelson, L., *et al.* (1997). School-wide behavioral support: starting the year off right. *Journal of Behavioral Education*, 7, 99–112.

Walker, H. M. and Severson, H. H. (1990). *Systematic screening for behavior disorders (SSBD): Users guide and technical manual*. Longmont: Sopris West.

Weist, M. D. (1997) Expanded school mental health services: A national movement in progress. *Advances in Clinical Child Psychology*, 19, 319–352.

Weist, M. D. (2003). Promoting paradigmatic change in child and adolescent mental health and schools. *School Psychology Review*, 32, 336–341.

Weist, M. D., Evans, S. W., and Lever, N. (2003). *Handbook of school mental health: Advancing practice and research*. New York: Kluwer Academic/Plenum Publishers.

Weist, M. D., Lever, N. A., Bradshaw, C. P., and Owens, J. S. (eds.) (2014). *Handbook of School Mental Health: Research, training, practice, and policy* (2nd edn.). New York: Springer.

Weist, M. D., Lever, N., Stephan, S., *et al.* (2009). Formative evaluation of a framework for high quality, evidence-based services in school mental health. *School Mental Health*, 1, 196–211.

Weist, M. D. and Murray, M. (2007). Advancing school mental health promotion globally. *Advances in School Mental Health Promotion*, 1, 2–12.

Weist, M. D., Myers, C. P., Hastings, E., Ghuman, H., and Han, Y. (1999). Psychosocial functioning of youth receiving mental health services in the schools vs. community mental health centers. *Community Mental Health Journal*, 35, 69–81.

Wenger, E., McDermott, R., and Snyder, W. M. (2002). *Cultivating communities of practice: A guide to managing knowledge*. Boston, MA: Harvard Business School Press.

Yannacci, J. and Rivard, J. C. (2006). *Matrix of children's evidence-based interventions*. Alexandria, VA: NASMHPD Research Institute, Inc.

국제적 학교 정신건강

고려사항 및 미래의 방향

Stan Kutcher, Yifeng Wei, Mark D. Weist

부각되고 있는 주제

전 세계 18개국의 학교 정신건강(SMH)에 대해 설명하고 있는 다양한 자료들은 고려해 봐야 할 수많은 이슈들을 부각시켰다. 최근까지 적용 범위나 개발의 문제에 있어 북미나 유럽, 호주, 뉴질랜드에 국한되어있던 SMH는 빠르게 전 세계로 확대되고 있고, 이러한 국제화로 인해 비롯된 SMH에 대한 개념 정립과 적용의 문제는 상당히 복잡하다. 예를 들어, 상대적으로 부유하고 사회·정치적으로 안정된 지역에서 잘 정립된 SMH 이론을 적용시키는 것과 극도로 가난하고 국내적으로 불안한 상태의 지역에 그 이론을 적용시키는 것은 별개의 문제이다. 또한 기본적인 읽고 쓰는 능력과 산술 능력이 잘 갖추어진 지역에 SMH 이론을 적용시키는 것과 그렇지 못한 곳에 SMH 이론을 적용시키는 것도 별개의 문제이다. 마찬가지로 기본적인 건강권과 인권이 보장된 지역에 SMH 이론을 적용시키는 것과 그렇지 못한 곳에 SMH 이론을 적용시키는 것 또한 같을 수 없다. 우리는 서구 지역 이외의 지역에 SMH가 적용되는 방법에서 배워야 할 것이 많으며, 그런 정보들은 우리에게 수많은 것들을 알려주고 있다(Wei & Kutcher, 2012).

이 책은 전 세계 여러 지역에서의 SMH 계획의 깊이와 폭을 살펴볼 기회를 주었다.

School Mental Health: Global Challenges and Opportunities, ed. Stan Kutcher, Yifeng Wei and Marc D. Weist.
Published by Cambridge University Press. © Cambridge University Press 2015.

우리가 아는 범위 내에서 이 책은 SMH를 다룬 첫 번째 논문집이다. 그리고 수많은 주제들이 명확하게 부각되었다.

첫째, 몇몇 지역에서는 정신건강 이해도(mental health literacy), 정신건강 증진(mental health promotion), 개입/중재 방법(intervention) 등과 같은 학교 내에서의 다양한 정신건강 관련 분야에 관심을 기울이기 시작했을 뿐 아니라 정신건강 관리를 실시하는 학교들을 통합하는 데 도움이 되는 잘 정비된 체계가 개발되고 있다는 것은 분명한 사실이다. 예를 들어, 미국(돌봄 시스템 접근법), 터키(학교 자문치료), 캐나다(학교 기반의 통합적 돌봄 경로 접근법), 싱가포르(REACH 프로그램) 등에서는 기존의 건강관리 체계 및 기능과 통합된 학교의 역할을 통해 SMH가 어떻게 이런 목적을 위해서도 적용될 수 있는가를 보여준다. 이런 모델들은 각각의 모델이 가지고 있는 특정 환경 때문이 아니라, 모델들이 가지고 있는 접근 방식 때문에 유용한 본보기가 될 수 있다. 따라서 이 모델들은 전 세계 다른 지역에서도 포괄적이고 지속 가능하면서도 지역에 적합한 개입방법을 개혁하는 데 전체적으로나 부분적으로 사용될 수도 있을 것이다.

둘째, 이 책의 몇몇 장에서는 다양한 SMH에 근거한 정신건강 증진 계획을 진행시키기 위해, 개입 방법을 어떻게 학교에 잘 적용시킬 수 있을지를 요약해놓고 있다. 예를 들면 아일랜드의 '학교 건강 증진(Health Promoting School)' 프로그램과 연결된 국가 수준의 '사회, 개인 및 건강 교육 과정(Gabhainn, 2010)'의 개발과 시행, 뉴질랜드의 '학교에서의 웰빙(Wellbeing at School)(Adolescent Health Research Group, 2008; Darr et al., 2014; Wellbeing at School, 2014), 호주의 'MindMatters(마음이 중요하다)'(Wyn et al., 2000)와 'KidsMatter Early Childhood(초기 아동기 어린이가 중요하다)'(KidsMatter, 2014) 등이 그 예이다. 이런 인상적인 계획들은 교육학자들과 정신건강 전문가들로부터 인정받은, 정신건강 증진에 중요한 많은 구성요소들을 적용하고 있다(Joint Consortium for School Health, 2010; Weare & Nind, 2011; Wei & Kutcher, 2012). 이런 대규모 국가 차원의 계획안들의 경우, 활동 규모의 증가 및 확장을 결정짓기 위한 평가가 아주 중요하며, 시험적 RCT의 적용이 가능하다면 이 또한 중요하다. 다른 지역들은 이런 계획들이 어떻게 개발되고 실행되며 평가되는지를 보면서 많은 것을 배우게 될 것이다.

셋째, 많은 장이 다양한 국가(예 : 우크라이나, 이라크, 멕시코, 칠레, 가나, 중국, 인도, 이스라엘 등)나 지역(예 : 캐나다의 브리티시 컬럼비아 등)에서 SMH 계획을 세우는 데 있어 일어날 수 있는 많은 문제점과 가능한 해결책에 대해 기술하고 있다. 이런 기술 내용에서 우리는 주어진 환경에서 가능성을 만들어낼 수 있는 가장 적합한 것을 채택하는 것이 중요하다는 사실을 배우게 된다.

마지막으로, 많은 장들이 다양한 지역(예 : 일본, 말라위, 브라질, 미국 등)에 적용되고 있는 혁신적인 접근법이나 모델들, 혹은 좀 더 일반적인 치료법이나 모델(예 : 정신건강 상태 확인에 대한 신중한 접근 및 교육, 마음챙김을 이용한 접근법과 정신건강 교육을 가르치는 것)에 대해 기술하고 있다. 이런 혁신들은 그것들을 채택하는 데 도움을 주는 긍정적인 효과를 보여주고 있다. 따라서 정책 결정자들과 시행자들이 자신들이 효과적이고 안전하며 비용 대비 효과가 높은 방법을 채택하였다는 확신을 가질 수 있도록 프로그램의 효과를 연구하면서 자료(증거)를 적용할 때 그 기준을 가장 높은 수준으로 설정하는 것이 중요하다. 이것은 방법적으로 좀 더 엄격한 방법으로 조사하여 부정적인 결과를 확인한 어떤 프로그램(이를 테면 어떤 SMH 예방 프로그램에 대해)이 이전에는 조금 덜 엄격한 방법으로 긍정적인 결과를 확인한 프로그램에 대해 문제를 제기할 수도 있으므로 이런 부분은 특히 중요하다(Araya et al., 2013; Weare & Nind, 2011; Wei et al., 2013).

이번 마지막 장은 이전 내용들에 대한 최종적인 요약이나 분석이 될 수 있으므로, 이 장에서는 몇몇 개념을 통일하고 장차 일어날 수 있는 논쟁점에 대한 문제를 제기하려고 한다. SMH가 국제적인 수준으로 확대됨에 따라 고려해야 할 네 가지의 이슈로 언어의 문제, 공통 언어에 근거한 SMH 체계, 지역 및 목표가 미치는 영향, 앞으로의 국제적 수준에서의 적용 방향을 뽑아봤다.

언어의 문제

앞서 이 책에서 기술된 것처럼, 전 세계에서 실행되고 있는 SMH는 매우 다양하다. 수많은 다양한 요소들(정신건강 증진, 정신질환과 정신사회적 병리의 예방을 위한 노력, 정신질환의 치료를 위한 개입방법, 다양하게 반복되고 결합된 형태의 복지증진을 위한 개입방법 등)이 여기저기에서 튀어나오는 것 같다. 이미 실행 중이거나 앞으로 실행될 수 있는 아이디어가 수천 가지까지는 아닐지라도 족히 수백 가지는 될 것이다. 엄격한 연구를 거친 매력적인 접근법도 있고, 참신함이나 개인적 선호 혹은 사회생태학이나 이데올로기 등으로 인해 선호되는 접근법도 있다. 많은 경우, 이들 프로그램의 실시에는 자신의 이상과 인내를 바탕으로 수많은 어려움을 극복하고, 학교현장에 이런 정신건강 프로그램들을 실시하고 있는, 정신건강 및 교육 분야에 다양한 배경을 가진 성실하고 헌신적이며 열성적인 사람들이 존재한다.

뷔페식당의 메뉴처럼 수없이 많은 접근법과 이론들이 존재하므로, 각각의 것들에서 고려해봐야 할 사항들을 포함하는 체계적인 틀을 제공하여, 각 접근법이 무엇을 하게 될 것이고 어떤 목적으로 사용될 수 있는지에 대한 정보를 교육 및 보건 시스템이 이용할 수 있다면 좋을 것이다. 이상적으로는 이런 체계가 학교 수준의 모든 유용하고 효과가 입증된 정신건강 관리 방법을 제공하여, 모델의 개념을 설정하는 데 있어 의사결정자, 교육자, 보건/정신건강 종사자들 등에게 도움이 되고, 어떤 치료가 필요하며 특정한 치료방식이 어떤 경우에 가장 적합한지를 결정할 수 있도록 해주어야 할 것이다. 우리가 서로 의사소통을 분명히 할 수 있도록 언어에 대한 체계를 확립하는 것(우리가 어떤 단어를 사용했을 때 그것이 무엇을 의미하는지에 대한)도 우리가 고려해보고, 명확히 정의하고, 어떻게 해석할지를 정하는 것도 체계 정립을 위해서 필요하다.

WHO가 '정신건강'을 행복한 상태(a state of wellbeing)로 정의(World Health Organization, 2014a)한 것처럼, 통상적인 '정신건강'의 정의를 통해 사람들은 하여금 역사적·정치적으로 정신질환뿐만 아니라 '정신건강'의 중요성도 생각해보게 되었으며, 이런 개념들은 건강과 질병에 대한 중요한 사회적 결정요인에 사람들이 관심을 가지도록 만들었다. 그러나 이런 개념들은 사회문화적 삶, 시민생활, 경제생활의 거의 모든 측면을 아우르는 복잡한 것들이며, 본질적으로는 정치적인 성향의 것들이 많아서 운영하는 조직들(정부와 기관들)이 계획보다는 결과에 더 치중하게 만든다. 정신건강에 대한 개념들은 때로는 정보를 주기보다 사람들을 혼란스럽게 할 수도 있다. 만약 '정신건강'에 대한 정의가 사회적, 문화적, 경제적, 정치적 생활의 모든 측면을 포괄하는 것이라면, 대체 그것이 정확하게 의미하는 것은 무엇이겠는가? '정신위생(mental hygiene)'이란 용어가 만들어지고, 그와 유사한 '사회위생(social hygiene)'이란 용어가 나타난(the Social Hygiene Movement, 1913; Cohen, 1983; Gale Group, 2008; Richardson, 1987;

1989) 1900년대 초기부터, 정신건강이라는 용어를 이해하는 것에 대한 어려움과 정신 건강의 유용하고 타당한 정의를 내리는 문제에 있어서의 어려움은 계속되어왔다. 이런 합성어가 생기면서부터 교육시스템은 직접적으로 이 문제와 관련을 가지기 시작했다.

정신건강에 접근하는 청사진을 제시하고자 하는 다른 생각들이 최근에 적용되고 있 다. 그중 한 가지는 정신건강 및 정신장애를 하나의 스펙트럼으로 보는 개입방법으로, 사람들이 정신적으로 건강한 상태에서 시작하여 정신장애로 끝날 수 있는 연속선상에 서 움직이고 있다고 설명한다(예 : Ontario Ministry of Education, 2013 ; Well-being Institute at the University of Cambridge, 2011 ; University of Michigan Health & Well-Being Services, 2012). 이런 스펙트럼 위에서의 움직임을 지배하는 요인은 위험 요소(주 로 환경적 요인)와 방어 요소(주로 환경적 요인)의 존재라고 간주하고 있고, 여기에는 위험 요소를 줄이고 방어 요소를 늘리는 것이 개인의 위치를 반대 방향으로(정신적으로 건강한 상태로) 진행할 수 있게 할 수 있다는 메시지를 내포하고 있다. 이 개입방법은 다양한 결과물을 가져오는 데 있어서의 환경적 요소들의 중요성을 강조하고 있는 반면 에, 왜 대부분의 사람들이 스펙트럼의 한쪽에서 다른 쪽으로 움직이는 것은 아닌지, 혹 은 왜 정신장애와 정신건강 상태를 동시에 가지는 사람이 있는지에 대해서는 설명하지 못하고 있다.

게다가 이 스펙트럼 이론은 아주 넓은 정신건강 분야의 너무나 다양한 요소들에 적용 되다 보니 스펙트럼의 어떤 특정한 부분이 언급되고 있는지를 이해하기 어려운 경우가 많다. 예를 들어, 서비스 스펙트럼, 정책 및 서비스 제공 스펙트럼, 정신장애 예방과 정 신장애 치료를 연결해주는 스펙트럼, 다양한 정신장애 스펙트럼(예 : 자폐스펙트럼 장 애나 강박장애 스펙트럼 같은), '중증도(severity)' 스펙트럼, 현재 통용되는 진단의 범주 와 일치할 수도 있고 일치하지 않을 수도 있는 증상의 스펙트럼 등과 같은 것들이 있으 며, 심지어는 두 가지 다른 스펙트럼을 결합한 스펙트럼(정서적 행복과 중증 정신장애) 도 있다. 사실 '정신건강'에 대한 수없이 많고 다양한 이해방식이 있는 것만큼이나 '스 펙트럼'의 유형이나 이해방식도 다양하다.

이쯤에서 우리는 정신장애의 존재를 고려하면서, 동시에 정신장애와 정신적 행복이 동시에 존재할 수 있음도 고려하는, SMH의 많은 뉘앙스들도 다루는 데 도움이 될 만한 체계가 될 수 있다고 생각하는 접근방법을 제안하려고 한다. 그림 24.1에서는 '정신건

그림 24.1 정신건강 상태

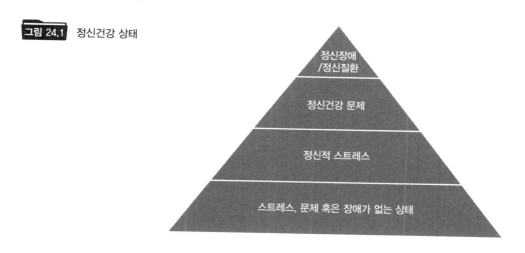

- 정신장애/정신질환
- 정신건강 문제
- 정신적 스트레스
- 스트레스, 문제 혹은 장애가 없는 상태

강'의 다양한 구성 요소들을 확인할 수 있으며, 표의 각 영역에 맞게 SMH의 접근이 이뤄지면 될 것이다. 표의 각 영역은 다른 영역에 대해 배타적인 성격을 가지고 있는 것이 아니며, 각 개인의 경우 한 사람이 하나 이상의 영역에 동시에 해당될 수 있다. 예를 들어 한 학생이 정신장애(예 : ADHD 같은)를 가지고 있는데, 그 학생은 정신건강의 문제 (예 : 조부모의 죽음에 대한 정상적인 반응 같은)를 경험하면서, 동시에 정신적 고통도 경험(예 : 임박한 시험에 대한 스트레스 같은)하고, 아울러 완전히 마음이 평온한 상태 (예 : 친구들과 게임을 하면서 시간을 보내는 경우와 같은)를 동시에 가질 수도 있는 것 이다. 그리고 이런 각 영역의 영향은 시간이 지나면서 바뀔 수도 있다(그림 24.1 참조).

정신장애/정신질환

우리는 정신장애(mental disorder)나 정신질환(mental illness)을 유사한 개념으로 정의할 것이며, 일반적으로 사용되는 진단시스템인 '국제 질병 분류(World Health Organization, 2014b)'와 '진단 및 통계 편람(American Psychiatric Association, 2014)' 의 기준에 따라 국제적으로 인정되는 정의를 사용할 것이다. 진단 시스템은 정신장애가 국제적으로 어떻게 정의되는지에 따라 변하기 때문에, 정신장애의 구성요소가 무엇인지 에 대한 우리의 정의도 변할 것이다.

현재 정신장애에 대해 이해하는 바로는 유전과 환경적 요인 사이의 복잡한 상호 연관 성을 크게 강조하는데, 이 두 요인들은 뇌 기능뿐 아니라 개념의 정립에서부터 한 개인의 일생에서 그 사람을 정신장애로 이끄는 요인에 대한 우리의 '최선의' 판단에 이르기까지 모든 영역에 걸쳐 영향을 준다(Rutter et al., 2008). 따라서 정신장애는 이런 복잡한 상호작용의 결과로 인해 뇌기능에서 일어나는 예상치 못한 혼동이다. 이 상호작용이란 어떤 경우에 있어서는 뇌 발달에 영향을 미치는, 엄청난 위험요소로 작용할 수 있는 유전적인 요인일 수도 있고, 또 어떤 경우에는 뇌 발달에 영향을 미치는, 엄청난 위험요소로 작용할 수 있는 환경요인일 수도 있다. 환경적 영향으로 발생한다고 정의되는 정신장애[예 : 심리적 외상후 스트레스장애(post-traumatic stress disorder)조차도 개인의 유전적 요인과 기타 주변의 환경적 요인들(예 : 사회적 지원, 건강 관리 시스템에 대한 접근성, 안정성 등과 같은]로부터 강한 영향을 받는다. 정신장애가 있다는 것은 뇌의 일상적인 적응력이 상당히 위축되어있거나 적응력을 잃어서, 정서적·인지적·행동적·지각적·신체적 증상이 일어난다는 것을 의미한다. 이러한 것들은 사람들에게 알려져 있는 정신장애를 충분히 가져올 수 있다.

정신장애가 있는 사람들은 보통 과학적인 연구를 거친 전문적인 지식을 습득하여 그것들을 적용시키는 일을 하는 의료 분야와 관련이 있는 전문가들(예 : 의사, 간호사, 심리학자, 사회복지사 등과 같은)로부터 도움을 받고, 정부나 보건당국의 관리를 받기도 하고, 전문기관의 지원을 받기도 한다. 청년기(25세 이하) 인구의 약 15%가 이 시기(25세 이전에)에 정신장애로 판정받는다(Patel, 2007; Prince, 2007; World Health Organization, 2001).

정신건강 문제

정신건강 문제란 개인에게 직접적인 영향을 주는 스트레스 요인(예 : 사랑하는 사람과의 이별, 실직, 이민, 빈곤과 같은) 때문에 개인이 겪는 정서적·인지적·행동적 어려움을 말한다. 그런 스트레스 요인들을 어떻게 경험하고, 또 어떻게 다루는지는 개인적인 차이가 상당히 크지만, 모든 개인은 어느 정도는 이런 스트레스 요인들의 영향을 받을 것이다. 흔히 이런 스트레스 요인들은 정서적·인지적·행동적·지각적·신체적 증상을 일으키며, 단기간의 일상적 기능의 저하라 할지라도 지역사회 및 지역사회의 전통(예 : 죽음과 관련된 종교적 의식, 자조 조직과 같은)이나, 혹은 의료 전문가든 아니든 상관없이 사회적으로 인정받는 치유자들(예 : 상담사, 목회자 등)이 흔히 제공하는 것들에 대해 수용하는 데도 어려움을 나타낼 것이다.

정신건강 문제라는 것이 정신질환을 의미하는 것은 아니며, 그 반대도 역시 아니다. 그런데 안타깝게도 몇몇 지역에서는 이 두 가지를 혼동하여 정신질환과 관련한 데이터를 정신건강 문제를 정의하는 데 사용한다. 그러한 개념상의 혼란은 정상적인 인간으로서의 경험(예 : 약물치료를 받는 것)을 환자의 범주에 넣기도 하고, 반대로 정신질환으로 인해 치료가 필요한 경우에도 정신건강 문제를 경험하고 있는 상태여서 관리가 필요하지 않다고 판단하여 필요한 치료를 하지 못하는 경우도 있다. 사회적 상황이나 지리적 여건에 따라 다르지만, 많은 사람들이 학령기(25세 이하) 동안 정신건강 문제를 겪기도 한다.

정신적 스트레스

정신적 스트레스는 부정적인 감정이 생기고, 신체적·인지적·행동적 증상이 나타나는 보편적이고, 아주 흔하며, 정상적인 경험이다. 그리고 이런 감정이나 증상은 일상적인 것으로 환경적인 요인(예 : 체스클럽 만들기 실패, 시험 준비, 이성으로부터의 거절 등) 때문에 발생하며, 성공적인 적응(학습도 일어나면서)과 사회·주변인·가족의 지지 등과 합쳐져 그 감정과 증상이 개선된다. 모든 학생들은 일상생활에서 어느 정도의 스트레스를 경험한다. 정신적 스트레스를 경험하는 모든 사람들이 전문적인 치료를 필요로 하는 것은 아니며, 스트레스의 성공적인 극복은 회복력을 키우는 데 중요한 요소다. 일상적인 스트레스를 피하는 것은 '험난한 인생의 공격과 맞서… 그것들을 끝장낼 수 있는'(Shakespeare et al., 2006) 능력을 키울 수 없게 한다.

정신적 균형 : 스트레스나 문제, 장애가 없는 상태

이것은 사람들이(지금껏 정서적·행위적·지각적·인지적·신체적 증상을 경험하고 있었다 할지라도) 긍정적인 자아감을 경험하고, 환경에 이성적으로 잘 적응하면서, 자신의 상태에 대해 어떤 식으로 그 상태를 정의하는지에 상관없이 이성적으로 자신의 상태에 만족하고 있는 시점을 말한다.

공통 언어에 근거한 SMH 체계

단어의 의미를 분명하게 하고 공통 언어를 설정하는 것은 SMH가 세계적 수준에서 개발되고 발전될 수 있는 체계를 만들어내는 데 도움이 된다. 그런 체계가 있을 때 어떤 학생에게 해당되는 영역에서 그 학생에게 필요한 치료를 해줄 수 있으며, 그 학생에게 필요한 치료라는 것이 반드시 한 영역에만 해당되는 것이라고 생각할 필요는 없다. 예를 들어 학교 건강 관리 센터를 통한 '기관 내' 정신건강 진단·치료·관리는 정신장애를 겪는 학생들에 대한 하나의 개입방법이다. 학교 기반의 상담 서비스를 이용하는 것은 정신건강에 문제를 겪고 있는 학생들에게 도움이 될 수 있다. 이런 유형의 개입방법들은 모두 자신들의 상태의 특징적인 모습들을 보여주는 학생들에게 사용된다.

학생들이 일상적인 스트레스에 좀 더 잘 대처할 수 있는 능력을 키울 수 있도록 해주려는 개입방법은 대상이 정해져 있을 수도 있고, 일반 학생들이 대상이 될 수도 있다. 그러나 필요성과 비용에 대한 부분은 중요하게 고려되어야 한다. 예를 들어, 학생들의 자존감을 향상시키기 위한 일반적인 개입이 실질적으로 자존감의 변화 외에 다른 중요한 결과물을 가져오는가, 그리고 그런 결과물의 규모는 투자를 해도 괜찮은 정도인가? 이상적으로는 프로그램을 실행하기 전에 필요성과 비용에 대해서 결정이 내려져 있어야 한다.

게다가 특정한 영역의 결과를 높이기 위해 고안된 개입방법은 그것이 다른 영역에 적용되었을 때 적합하지 않거나 도움이 되지 않을 수도 있다. 예를 들어 정신장애를 치료하기 위해 고안된 치료법은 정신적 스트레스에 대한 개입방법으로는 적절하지 않을 수 있다. 또는 약물이나 근거 중심의 정신치료(예 : 인지행동 치료)들은 정상적인 부정적 감정을 '치료'하는 경우에는 사용되지 않는다. 그리고 친구의 지지가 중요하기는 하지만, 그 자체가 정신장애에 대한 효과적인 치료는 아니다. 필요에 맞는 치료법을 찾아내지 못하면 과잉치료(많은 비용이 들었는데도 효과를 거두지 못하는)나 과잉기대(예 : 학교의 환경을 개선하는 것이 스트레스나 강박장애의 발생 정도에 전혀 영향을 주지 못할수도 있다)를 가져올 수도 있다. 이것은 필요하지 않은 개입방법을 적용하는 결과를 가져오기도 하고, 정신장애를 예방하는 데에는 도움이 되지 않지만 스트레스에 적응하는 능력을 키우는 데는 도움이 될 수 있는 개입방법을 사용하지 못하게 되는 결과를 가져오게 할 수도 있다(그림 24.2 참조).

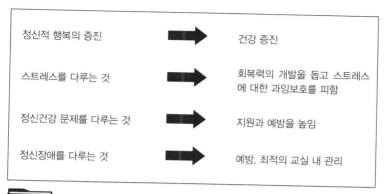

그림 24.2 정신건강 상태에 대한 개입과 관련하여

여기에 언어에 따라 어떤 의미상의 차이가 생기는지 보여주는 자료가 있다(표 24.1). 모든 언어는 감정적·인지적·지각적·신체적·행동적인 면을 묘사하는 풍부한 어휘를 가지고 있다. 그 어휘가 적용되는 영역을 가장 잘 나타내주는 언어를 사용하는 것은 중요하다. 예를 들어 영어에서 'depression(우울)'이란 단어는 흔히 'distress(스트레스), problem(문제), disorder(장애)' 등의 영역에 무분별하게 사용된다. 따라서 "당신은 이번 주에 우울한 기분을 느낀 적이 있습니까?" 등과 같은 질문에 대해 젊은이들이 그렇다고 하는 경우, 그들은 어떤 측면이 평가되고 있는지에 대해서는 전혀 고려하지 않고 대답하는 것이다. 따라서 "그렇다."는 대답은 응답자가 어떤 영역에 해당되는지를 구분하는 데 도움이 되지 않는다. 언어 사용에 있어서 더욱 신중한 태도가 필요하다. 우울증의 증상(이를 테면, "우울하다거나, 슬프다거나, 행복하지 않다."는 느낌 등과 같은)을 줄이는 개입방법과 우울증이라 불리는 정신장애의 발생을 줄이는 개입방법 사이에는 큰

표 24.1 언어적 차이의 예

스트레스	· 불행한 · 실망한 · 불만인
문제	· 사기가 저하된 · 한가한 · 권리가 박탈된
장애/질환	· 우울한

차이가 있다. 그러나 불행히도 이런 차이는 흔히 명시적으로 기술되지 않고 있으며, 심지어 같은 일을 하는 동료들의 검토를 거친 연구 결과의 발표에서도 마찬가지이다.

SMH의 발전을 위해 전 세계적 관심이 필요한 이슈는 우리가 사용하는 어휘와 그 어휘가 우리에게 전달하는 의미 그리고 근거 중심의 개입방법들과 가장 적절하게 적용되는 영역에 대한 명확함과 관련성이다. 더 나아가 이런 부분에 대한 관심은 각 지역에서 그 지역에 필요한 SMH의 접근방법을 개발할 수 있도록 도와주면서, 지역별로 가장 중요한 문제들에 초점을 맞춰 일하고 있는 정책 입안자들과 실무자들에게도 가이드 역할을 해줄 수 있을 것이다.

지역 및 목표가 미치는 영향

전 세계적으로 모든 학교들은 학생, 교사, 교육과정을 가지고 있다. 이 세 가지의 공통점을 제외하면 각 지역의 학교들은 각 지역적 위치와 교육의 목적에 따라 상당히 다른 모습을 하고 있다. 유네스코가 주관하여 전 세계를 대상으로 실시한 계획인 '모두를 위한 교육(Education for All)'(UNESCO, 2010; 2014)에서는 UN의 밀레니엄 개발 목표(Millennium Development Goals, MDGs) 달성을 위해서는 교육이 중요하다는 것을 인정하고 있다. 그리고 2000년에 열린 국제 교육 포럼인 다카르 실천계획(The Dakar Framework for Action)는 국제 수준의 교육 목표 달성에 있어서 이정표가 되었다. 이것은 성평등과 같은 기본적인 인권에 대해서는 중요하고 필수적인 기준이 되고 있지만, 교육을 구성하고 교육을 실시하는 방식은 기본적으로 각 지역에 따라 정의할 내용으로 남겨놓고 있다. 따라서 학교 단위에서 정신건강 문제에 접근하는 부분은 국제적 수준에서는 필수적인 것이라거나 중요한 부분이라고 정의하고 있지는 않고 있다. 학교 단위의 정신건강 문제는 부분적으로는 WHO의 '학교 수준의 건강 증진 계획'(World Health Organization, 2014c)의 구성요소로 포함되어있으며, '건강 증진을 위한 학교 수준의 접근'이라는 종합적인 개념 안에 포함될 수도 있다. 그런데 이런 식의 생각이 전 세계 각 지역에서 어떻게 시행되는지는 명확하지 않다. 사실 1990년대에 들어서서야 WHO가 정신건강 증진 문제를 교육과 연관 짓는 일의 중요성을 명확하게 인지했다(World Health Organization, 1996). 그러나 현재는 이런 방향에서의 중요성이 점점 더 커지고 있다는 것을 알고 있다. 예를 들어, WHO 유럽사무국의 보고서 *Mental health : facing the challenges, building solutions*은 학교 수준에서의 정신적 웰빙을 '낙인 줄이기… 정신 건강 문제'를 위한 지표라고 이야기하고 있다(World Health Organization, 2005). 그러나 이런 생각들은 여전히 제한적으로 받아들여지고 있으며(예 : 2005년의 WHO 문서에서는 학교를 정신건강 관리가 가능한 곳으로 생각하지 않고 있다), 우리가 아는 바와 같이 WHO의 다른 부문에서는 이런 생각이 광범위하게 지지를 받고 있지도 못하다.

따라서 국제적 수준에서 봤을 때, 정신적 웰빙과 정신건강 관리를 다룰 수 있는 장소로서의 학교의 중요성을 고려하게 된 것은 비교적 최근의 일이며, 현재 세계적으로 많은 정신질환과 관련된 사회문화적 환경에 항상 잘 맞는 것도 아니다(World Health Organization, 2001). 청년층의 정신건강 관리에 접근할 수 있는 가능성 또한 정신건강 관리와 관련한 재원의 분포가 전 세계적으로 동일하지 않다는 사실에 제한을 받는다(World Health Organization, 2011 ; World Psychiatric Association, 2005). 따라서 SMH의 중요한 구성요소 중 한 가지, 혹은 몇 가지에 효과적으로 접근할 수 있는 능력이나 의지는 지역에 따라 다양하다고 할 수 있다.

이런 현실에서 필연적으로 한 가지 중요한 점은 서구지역이나 고소득지역(World Bank Group, 2014) 국가에 적용되고 있는 개입방법이 다른 국가들, 특히 사회문화적 · 시민 사회적 · 경제적 여건이 아주 다른 국가들에서 그대로 적용시키기에 적합하지 않을 수도 있다는 것이다. 예를 들어 Hamwaka가 기술한 장에서 언급된 말라위의 SMH에 대한 개입방법은 정신건강 상태에 대해 학생들이 이해할 수 있는 능력을 훈련시켜, 그 학생들이 '동료 건강 교육자(peer health educator)'라는 체계 내에서 역할을 충실히 수행함으로써(트레이너의 역할을 하게 되는) 학생들과 교사들뿐 아니라 학생들이 살고 있는 지역사회에도 영향을 미칠 수 있기를 기대하는 개입방법이다. 이런 개입방법은 학교 내에서뿐만 아니라, 학교 밖에서의 낙인(이것은 현재의 여러 접근방법으로는 잘 해결되지 않는 문제임)을 다루는 데 효과적일 수 있다. 비슷한 개입방법을 Lee 등이 설명하고 있는데, 이 개입방법에서는 정신건강 관리를 장기간 담당해온 민간단체와 지역사회 중심의 낙인 줄이기(이것은 기본적인 활동임) SMH 프로그램을 연결시켜 학교 안팎에서 태도의 변화를 가져올 수 있는 기회를 제공하는 것이다. 태도의 변화를 가져올 수 있도록 학교에서 지역사회로 확산되는 개입방법을 이야기하고 있는 브라질의 Estanislau의 연구도 이런 개입방법의 또 다른 예이다. 좀 더 조사를 해보면 이런 혁신적인 개입방법의 효과 여부를 알게 될 것이다. 사실 그런 혁신적인 방법들을 서구 지역에서도 적용시켜볼수 있을 것이며, 그런 방법들이 효과적인 것으로 증명될 수도 있을 것이다. 중국과 같이 교육이 정부에 의해 엄격하게 통제되는 상황이라면 다른 요소들이 효과적일 수도 있다. Fang과 Du가 기술한 장들에서는 특정한 학습 결과에 대하여 국가 수준에서의 기대치와 교육 시스템에 대한 인식 사이의 복잡한 상호작용을 보여주고 있다. 여기에서 교육 시스템에 대한 인식이란 학생 및 교사의 정신적·신체적 건강을 증진시키고 해결하기 위한 교육 시스템이 훨씬 더 미묘한 차이가 있는 많은 역할을 수행해야 할 수도 있다는 인식을 의미한다. 갈등 요소를 가지고 있는 환경이나 갈등 요소의 결과로 나타나는 환경에서는 사회적·경제적 재건, 계속되는 시민생활의 불안, 안전과 안정에 대한 기본적인 생각 등을 포함하는 부가적인 문제들이 SMH에 접근하는 학교들의 역량에 엄청난 영향을 끼친다. 더불어 이야기하자면, 이라크의 SMH에 대해 Al Obaidi가 기술한 장에서 말하고 있듯이 필요성이 클수록 역량은 더 부족할 것이다. 심각하게 재원이 부족하고 보건 시스템이 정신건강 증진에 대한 관심을 새롭게 기울이기 시작한 이런 환경에서는, Kumar 등이 인도 부분에서 설명한 것이나 Gallegos-Guajardo 등이 멕시코와 칠레와 관련해 설명한 것과 같이 SMH가 정신건강 관리 부분에서의 개선과 연결되어야 하는 것이 필요할 수도 있다. 이런 맥락에서 봤을 때 Xie 등이 싱가포르 관련 부분에서 설명한 모델이 유익할 수도 있다.

이러한 예들(다른 장들에 더 많은 실례들이 있지만)은 호주의 Rowling, 아이랜드의 Clarke, 캐나다의 Wei, 미국의 Swain-Bradway가 제시한 잘 정립된 통합적 접근 방법과는 아주 대조적이다. 국제적 수준에서 SMH에 대한 앞으로의 발달을 논할 때에는 이러한 지역적 차이와 실행과정에 있어서의 현실적 문제를 고려하는 것이 필요할 것이며, 아프리카나 중동, 남아메리카, 동유럽 등지에서 진행되는 것들이 현재 다른 지역에 있는 것들의 복사본이라고 생각하는 것은 비현실적인 자세이다. 새롭게 시작하는 지역 및 저소득 지역의 SMH 지도자들은 다른 지역에서 가능성을 보여준 것들을 가져오면서도 그들이 처한 현실에 맞게 접근방법을 해석하고, 창조하고, 개발하고, 적용하고, 평가하여 좀 더 안정되고 소득이 높은 지역의 발전에도 정보를 줄 수 있는 그 지역에 가장 적합한 모델을 개발하기를 기대한다.

앞으로의 국제적 수준에서의 적용 방향

전 세계적으로 서로 다른 통치 유형, 구조, 운영 실태를 가지고 있는 너무나 많은 다양한 지역에, 너무나 많은 다양한 유형의 학교가 있다는 사실을 고려해봤을 때, 모든 곳에 잘 맞는 한 가지의 SMH에 대한 접근방법은 분명 적절하지 못하다(Wei & Kutcher, 2012). 대신에 앞으로 개발이 필요한 것은 지역적 필요성을 기반으로 특정한 목표와 결과를 얻을 수 있는 분명한 지역적 요구를 충족시킬 수 있는 구체적인 접근방법이다. 그런데 이 안에서도 수많은 지역적 전후 사정을 고려한 주요 구성 요소가 고려되고 또한 적용될 수 있을 것이다.

우선, 학교는 정신건강의 증진과 관리가 가능한 장소가 될 수 있다. SMH가 다양한 지역에서 실행될 때, 이 두 가지 구성요소들에 주의를 기울여야 하고, 재원이 이러한 방향을 충족시키기에 적합하여야 하며, 지역적 필요성에 따라 우선순위가 정해지고 적용되는 것이 중요할 것이다. 이 부분은 정신건강 관리를 할 때 좀 더 쉽게 시행될 수도 있다. 왜냐하면 정신건강 관리를 실시하는 구조는 지역마다 다를 수 있지만, 정신건강 관리 기능이나 관리 방법은 아주 비슷하고 또 보편적으로 적용될 수 있기 때문이다(World Health Organization, 2014d).

SMH는 고소득 국가에서는 충분한 관심을 끌지 못하지만, 저소득 지역에서는 필수적으로 개발되어야 하는 것으로 인식되는 아주 중요한 이슈이다. 이것은 국민의 정신건강에 보다 적절하게 접근하기 위한 보건 시스템을 개선하려고 할 때, 고소득 국가에서도 사용해볼 만한 모델로 고려되어야 한다. 즉, 보건 시스템 강화의 개념을 말하는 것이다. 이것은 고소득 국가에서 일반적으로 생각하는 복지 사업의 조직 및 활동 내에서의 '보건 시스템'의 사일로(silo)를 의미하는 것이 아니라, 모든 복지 사업의 조직과 활동에 영향을 미칠 수 있는 보건 시스템을 의미하는 것이다(Global Fund, 2014; World Health Organization, 2007). 다르게 표현하자면, 국제 기금에서 좀 더 웅변적인 어조로 표현하고 있는 것처럼 '건강을 증진하거나, 회복하거나, 유지하는 것을 일차적인 목표로 생각하는 모든 조직, 사람, 활동으로 구성된 보건시스템'을 의미하는 것이다(Global Fund, 2014). 이런 식으로 SMH에 대해 생각하는 것이 세계 각 지역에서 교육과 정신건강 사이의 부인할 수 없는 연관성을 더 잘 이해하는 데 도움이 될 것이며, 청년층의 정신건강 증진과 계속적인 관리를 포괄하는 SMH의 여러 활동들을 시작하는 데 있어 적절한 출발점으로 생각해도 될 것이다.

확실히 잘 정비되고 유용한 모델인 전-학교 모델(whole-school model)은 '서구의' 사회복지 시스템의 특징이 되는 폐쇄적인 구조를 지속시키기 위한 것이며, 기본적으로 고소득 국가에서 만들어진 조직 및 재원의 지원을 받는 체계에서 발달된 것이다. 따라서 재원이 제한적이고 시민적·정치적·문화적·경제적 환경이 완전히 다른 곳에서 이 모델이 얼마나 잘 적용될 수 있는지는 알려져 있지 않다. 정신건강 증진을 위한 개입방법도 비슷하다. 게다가 정신건강 증진을 위한 개입방법들은 대체로 적용 이후의 평가는 이루어졌지만 이전의 통제된 연구가 별로 없어서, 확인된 긍정적 결과로부터 효과나 영향력의 크기에 대한 사후검증이 불가능한 상태였다. 따라서 시행하려고 하는 프로그램의 강점과 있을지도 모르는 단점을 더 잘 판단하기 위해서는, 어떤 개입방법을 실시하거나 고려해보기 전에 반드시 아주 엄격한 기준의 방법을 활용한 잘 통제된 연구를 실시해볼 수 있도록 주의를 기울여야만 할 것이다.

국제적 수준에서 생각해봐야 할 또 한 가지 중요한 점은 학교가 무엇을 하도록 기대되고 있는지에 대해 명확히 해야 한다는 것이다. 예를 들어, 직장에서 기본적으로 필요로 하는 기술을 가질 수 있도록 학생들을 준비시키는 것에 학교 교육의 초점이 맞추어져 있는 것은 생활-기술, 사회-정서적 교육, 기타의 역량 등을 가르치면서 점진적으로 이루어진 결과이다. 이들 외에도 비교적 최근에 추가된 교육 내용들은 전자 장비의 혁명으로 인하여 생겨난 빠른 사회적 변화의 영향 때문이다. 이러한 요인들이 학교 당국이나 교육자들, 기타 관계자들에게 요구되는 실질적인 내용들을 만들어낸다. 그러나 어떻게 교육을 시킬 것인지(일과시간의 길이, 휴일 일수, 교실 기반의 수업운영 등)를 구성하는 기본적인 요소들은 비슷하게 발전되어오지 못했다. 따라서 "학교가 무엇을 해주기를 원하는지에 관해 사회가 바라는 것은 정확하게 무엇이며, 그러기 위해서 학교는 어떻게 구성되고, 어떻게 재원이 조달되는 것이 가장 바람직한가?"라는 질문에 초점을 맞추어 사회적 논의가 시작되어야 하는 시점이 있을 것이다. 이 질문에 대한 대답은 지역에 따라 다를 수도 있고, 이런 대화의 결과에 근거하여 사회가 기대하게 되는 변화에 어떻게 SMH를 맞춰나갈 것인지도 미리 예상할 수는 없다.

마지막으로 국제적 수준에서 공통적으로 생각해봐야 할 또 한 가지는 정신건강 이해도(mental health literacy)에 관한 것이다. 정신건강 이해도는 정신건강 영역의 기초가 되는 부분이며, 정신건강의 증진, 치료, 관리, 낙인의 변화에 있어 근간이 되는 부분이다. 지난 수년에 걸쳐 SMH에도 수많은 의미 있는 발전이 있어왔지만, 정신건강 이해도와 관련한 부분에서의 학교의 역할과 관련한 부분의 발전은 상대적으로 덜 가시적이다. 이상적으로는 정신건강 이해도는 반드시 모든 SMH 체계의 한 부분이어야 하고, 학교에서 가르치고 교육자와 학생 및 학부모 모두가 알고 있어야 하는 부분이다. 건강 이해도(health literacy)의 경우와 마찬가지로, 정신건강을 증진하고, 정신건강 관리 부분을 개선하고, 건강의 불평등 문제 및 건강에 관한 사회적 결정 요인들에 접근하는 데 도움을 줄 수 있도록 하기 위해서는 정신건강 이해도의 향상이 필요하다. 이런 부분에서의 몇 가지 중요한 프로그램들이 시작되었으며, 다양한 지역에서 그리고 고소득/저소득 지역 모두에서 긍정적인 결과를 보여주고 있다(Kutcher & Wei, 2014; Kutcher et al., 2013; pers. comm; Skre et al.,2013). 이들 접근방법들은 시행하기도 어렵지 않고, 비용이 많이 드는 것도 아니며, 부가적인 재원이 많이 필요한 것도 아니고, 일반적인 교실 환경에서 일반 교사들에 의해 어떤 학교 환경에서도 적용될 수 있다. 게다가 그것들은 전체 학교 수준의 통합적 개입방법이나 관리를 위한 개입방법에 초점을 맞추고 있는 모델들과도 잘 맞는다. 따라서 정신건강 이해도 향상을 위한 프로그램들은 국제적 수준에서의 SMH를 위한 간단하고, 유용하고, 지속 가능한 접근방법이 될 수 있을지도 모르겠다.

결론적으로 말하자면, 우리는 SMH에 관해 많은 것들을 이루어왔으며, 많은 것들을 배워왔다. 현재 SMH는 전 세계로 확산되어가고 있으므로 우리가 해야 할 일들은 훨씬 더 많아졌고, 연구 자료들과 우리 연구자들이 서로에게서 배워야 할 것들이 훨씬 더 많아졌다.

참고문헌

Adolescent Health Research Group (2008). *Youth'07: The health and wellbeing of secondary school students in New Zealand, initial findings.* Auckland: The University of Auckland.

American Psychiatric Association (2014). *DSM-5 implementation and support. American Psychiatric Association DSM-5 Development.* Available at: www.dsm5.org/Pages/Default.aspx (accessed July 6, 2014).

Araya, R., Fritsch, R., Spears, M., *et al.* (2013). School intervention to improve mental health of students in Santiago, Chile: A randomized clinical trial. *JAMA Pediatrics*, 11, 1004–10.

Cohen, S. (1983). The mental hygiene movement, the development of personality and the school: The medicalization of American education. *History of Education Quarterly*, 23, 123–148.

Darr, C., Fisher, J., and Boyd, S. (2014). Wellbeing@School: Safe and caring schools. Available at: www.nzcer.org.nz/research/well being-at-school (Accessed July 15, 2014).

Gabhainn, S. N., O'Higgins, S., and Barry, M. (2010). The implementation of social, personal and health education in Irish schools. *Health Education*, 110, 452–470.

Gale Group (2008). *Mental hygiene: Encyclopedia of children and childhood in history and society.* Available at: www.faqs.org/child hood/Me-Pa/Mental-Hygiene.html http://www. faqs.org/childhood/Me-Pa/Mental-Hygiene.html (accessed July 15, 2014).

Global Fund (2014). Health systems strength-ening. Available at: www.theglobalfund.org/en/ about/diseases/hss/ (accessed July 6, 2014).

Joint Consortium for School Health (2010). Schools as a setting for promoting positive mental health: Better practices and perspectives. Available at: www.jcsh-cces.ca/upload/PMH%20 July10%202011%20WebReady.pdf (accessed July 15, 2014).

KidsMatter (2014). KidsMatter Early Childhood. Available at: www.kidsmatter. edu.au/early-childhood (accessed July 15, 2014).

Kutcher, S. and Wei, Y. (2014). School mental health literacy. Education Canada. Available at: www.cea-ace.ca/education-canada/article/school -mental-health-literacy (accessed July 15, 2014).

Kutcher, S., Wei, Y., McLuckie, A., *et al.* (2013). Educator mental health literacy: A programme evaluation of the teacher training education on the mental health and high school curriculum guide. *Advances in School Mental Health Promotion*, 6, 83–93.

Ontario Ministry of Education (2013). Supporting minds. Available at: www.edu.gov.on. ca/eng/document/reports/SupportingMinds.pdf (accessed July 2, 2014).

Patel, V., Flisher, A. J., Hetrick, S., *et al.* (2007). Mental health of young people: A global public-health challenge. *Lancet*, 9569, 1302–1313.

Prince, M., Patel, V., Saxena, S., *et al.* (2007). No health without mental health. *Lancet*, 9590, 859–877.

Richardson, T. (1987). *The century of the child: The mental hygiene movement and social policy in the United States and Canada.* Unpublished PhD thesis. University of British Columbia.

Richardson, T. (1989). *The century of the Child: The mental hygiene movement and social policy in the United States and Canada.* Albany, NY: State University of New York Press.

Rutter, M., Bishop, D., Pine, D., *et al.* (2008). *Rutter's child and adolescent psychiatry* (5th edn.). Malden, MA: Blackwell Publishing.

Shakespeare, W., Thompson, A., and Taylor, N. (2006). *Hamlet: the Texts of 1603 and 1623.* London: The Arden Shakespeare.

Skre, I., Friborg, O., Breivik, C., *et al.* (2013). A school intervention for mental health literacy in adolescents: Effects of a non-randomized cluster controlled trial. *BMC Public Health*, 13, 873–2458-13–873.

Social Hygiene Movement (1913). *American Journal of Public Health*, 3, 1154–1157.

United Nations Educational, Scientific and Cultural Organization (2010). Education for all goals. Available at: hwww.unesco.org/en/ education-for-all-international-coordination/ themes/efa-goals/ (accessed June 29, 2014).

United Nations Educational, Scientific and Cultural Organization (2014). Education for all movement. Available at: www.unesco.org/new/ en/education/themes/leading-the-internationalagenda/education-for-all/browse/1/ (accessed June 29, 2014).

University of Michigan Health & Well-Being Services (2012). Understanding U: Managing the ups and downs of life – what is mental health? Available at: http://hr.umich.edu/mhealthy/programs/mental_emotional/understandingu/learn/mental_health.html (accessed July 15, 2014).

Weare, K. and Nind, M. (2011). Mental health promotion and problem prevention in schools: What does the evidence say? *Health Promotion International*, 26, doi:10.1093/heapro/dar075.

Wei, Y., Hayden, J. A., Kutcher, S., Zygmunt, A., and McGrath, P. (2013). The effectiveness of school mental health literacy programs to address knowledge, attitudes, and help seeking among youth. *Early Intervention in Psychiatry*, 7 (2), 109–121.

Wei, Y. and Kutcher, S. (2012). International school mental health: Global approaches, global challenges, and global opportunities. *Child & Adolescent Psychiatric Clinics of North America*, 1, 11–27.

Wellbeing at School (2014). Wellbeing@School and inclusive practices self-review tools. Available at: www.wellbeingatschool.org.nz (accessed July 15, 2014).

Well-being Institute at the University of Cambridge (2011). A centre for the scientific study of well-being. Available at www.wellbeing.group.cam.ac.uk (accessed July 15, 2014).

World Bank Group (2014). Country and lending groups. Available at: http://data.worldbank.org/about/country-and-lending-groups#High_income (accessed July 15, 2014).

World Education Forum (2000). The Dakar framework for action. Available at: www.unesco.org/education/wef/en-conf/dakframeng.shtm (accessed June 28, 2014).

World Health Organization (1996). *Regional guidelines: Development of health-promoting schools: a framework for action*. Manila, WHO Regional Office for the Western Pacific.

Available at: http://whqlibdoc.who.int/wpro/1994-99/a53203.pdf (accessed July 15, 2014).

World Health Organization (2001). *The world health report 2001: Mental health – new understanding, new hope*. Geneva: World Health Organization Publications.

World Health Organization (2005). *Mental health: facing the challenges, building solutions*. Copenhagen: World Health Organization Publications.

World Health Organization (2007). WHO health systems strategy. Available at: www.who.int/healthsystems/strategy/en (accessed July 6, 2014).

World Health Organization (2011). *Mental health atlas*. Geneva: World Health Organization Publications.

World Health Organization (2014a). Mental health: A state of well-being. Available at: www.who.int/features/factfiles/mental_health/en (accessed July 6, 2014).

World Health Organization (2014b). International statistical classification of diseases and related health problems, 10th revision. Available at: http://apps.who.int/classifications/icd10/browse/2010/en (accessed July 6, 2014).

World Health Organization (2014c). What is a health promoting school? Available at: www.who.int/school_youth_health/gshi/hps/en/ (accessed June 29, 2014).

World Health Organization (2014d). WHO Mental Health Gap Action Programme (mhGAP). Available at: www.who.int/mental_health/mhgap/en/ (accessed July 4, 2014).

World Psychiatric Association, World Health Organization, International Association for Child and Adolescent Psychiatry and Allied Professions (2005). *Atlas: Child and adolescent mental health resources*. Geneva: World Health Organization Publications.

Wyn, J., Cahill, H., Holdsworth, R., *et al.* (2000). MindMatters, a whole-school approach promoting mental health and wellbeing. *Australia & New Zealand Journal of Psychiatry*, 34, 594–601.

SCHOOL MENTAL HEALTH
GLOBAL CHALLENGES AND OPPORTUNITIES

찾아보기

SCHOOL MENTAL HEALTH
GLOBAL CHALLENGES AND OPPORTUNITIES

| 편저자 소개 |

Stan Kutcher
정신건강의학과 교수로, 캐나다 노바스코샤 주 핼리팩스의 댈하우지대학교 및
IWK 건강센터의 청소년 정신건강 부서 산하 선 라이프 재정위원회에 소속되
어있으며, 정신건강 교육과 정책 개발부 산하 WHO/PAHO 협력센터의 책임자
이다.

Yifeng Wei
캐나다 노바스코샤 주 핼리팩스의 댈하우지대학교 및 IWK 건강센터의 청소년
정신건강 부서 산하 선 라이프 재정위원회의 학교 정신건강 분야를 담당하는
연구원이다.

Mark D. Weist
미국 사우스캐롤라이나대학교의 심리학과 교수이며 임상 지역사회 프로그램의
책임자이다.

Sanjay Agarwal
인도 잼셰드푸르 타타 중앙의료원 정신건강의학과

AbdulKareem AlObaidi, MD, MPH
미국 뉴욕 국제교육기관 객원연구원

Faten Alshazly, MA
캐나다 노바스코샤 주 핼리팩스 댈하우지대학교/IWK
건강센터 청소년 정신건강 팀 산하 선 라이프 재정
위원회

Keli Anderson
National Institute of Families for Child & Youth Mental
Health(아동청소년 정신건강을 위한 전국가족기구)
회장, 최고경영자

Ary G. Araripe Neto
브라질 상파울루국립대학교 정신건강의학과 Projeto
Cuca Legal(Cuca 법제화 프로젝트)

Alexa Bagnell, MD, FRCPC
캐나다 노바스코샤 주 핼리팩스 댈하우지대학교 부교수

Susan Barrett
미국 메릴랜드 주 볼티모어 Shepard Pratt Health
System의 PBIS 지역훈련 및 기술보조센터 디렉터

Margaret M. Barry, PhD
골웨이아일랜드국립대학교 건강증진 연구센터 건강증
진 및 보건 교수

Srikala Bharath
인도 방갈로르 정신건강 및 신경과학 국립연구소 임
상심리학과

Ann Blackwood
캐나다 노바스코샤 주 핼리팩스 초기 아동기 발달과
교육, 영어 프로그램 서비스

Jillian Boon
싱가포르 부앙콕 정신건강연구소

Isabel A. S. Bordin
브라질 상파울루국립대학교 정신건강의학과

Rodrigo A. Bressan
브라질 상파울루국립대학교 정신건강의학과 Projeto
Cuca Legal

Vanessa Bruce, MA
캐나다 노바스코샤 주 핼리팩스 댈하우지대학교/IWK
건강센터 청소년 정신건강 팀 산하 선 라이프 재정
위원회

Steve Cairns, M.Ed
캐나다 브리티시컬럼비아 주 웨스트 밴쿠버 F.O.R.C.E.
Society for Kids's Mental Health 디렉터
BC School Centred Mental Health Coalition 교내 행
정가(현 은퇴)

Michelle Cianfrone, MPH
캐나다 브리티시컬럼비아 주 밴쿠버 BC Mental
Health and Substance Use Services 건강역량 프
로젝트 관리자

Aleisha M. Clarke, B.Ed, M.Ed, PhD
아일랜드 골웨이아일랜드국립대학교 건강증진 연구센
터 박사 후 과정 연구원

Connie Coniglio R.Psych., Ed.D.
BC Mental Health and Substance Use Services 아
동과 여성 프로그램 지역이사

Linyuan Deng, PhD
중국 베이징사범대학교 교육학부 정신건강의학과 조
교수

Pauline Dickinson, PhD
뉴질랜드 오클랜드 매시대학교 보건대학 SHORE/
Whariki 연구센터 소속 연구평가 팀 대표

Yasong Du, MD, PhD
상하이자오퉁대학교 의과대학 부속 정신건강센터 아
동청소년 정신건강의학과장 및 교수

Lucille Eber, Ed.D.
미국 일리노이 주 웨스트몬트 중서부 PBIS 네트워크
주 전체 관리자

Gustavo M. Estanislau
브라질 상파울루국립대학교 정신건강의학과 Projeto
Cuca Legal

Steven W. Evans, PhD
미국 오하이오 주 애선스 오하이오대학교 부속 중재연
구소 공동관리자 및 대학원 연구 부의장, 심리학 교수

Xiaoyi Fang, PhD
중국 베이징사범대학교 발달심리학 연구소
장강 명예학위 심리학 교수

Paul Flaspohler
미국 오하이오 주 마이애미대학교 옥스퍼드 캠퍼스
임상심리학 부교수

Daniel Fung MBBS, MMed(정신과)
싱가포르 정신건강협회 의학위원회 의장
싱가포르 듀크대-싱가포르국립대학교 산하 용루린
의과대학/대학원 부교수

Julia Gallegos-Guajardo, PhD
멕시코 몬테레이대학교 불안 연구/치료 센터(CETIA)
심리학 교수

Deborah Garrity
캐나다 브리티시컬럼비아 주 BC School Centred
Mental Health Coalition 부모 일원

Don Glover
캐나다 노바스코샤 주 핼리팩스 초기 아동기 발달과
교육, 영어 프로그램 서비스

Uma Hirisave
인도 방갈로르 정신건강 및 신경과학 국립연구소 임
상심리학과

Muriel Halpern, MD Mg
칠레 산티아고 칠레대학교 의과대학 부속 아동청소년
정신건강의학과 부교수

Kenneth Hamwaka, PhD
말라위 공화국 릴롱웨 시 아프리카 아동발달 및 지도/
상담센터 상임이사

Moshe Israelashvili, PhD
이스라엘 텔아비브대학교 부속 교대 카운슬링 부교수

Jill Johnson
미국 일리노이 PBIS 네트워크

Selin Karacam, Ed.M.
터키 이스탄불 Guzel Gunler 종합병원 교내 심리사

Charlene King
캐나다 브리티시컬럼비아 주 밴쿠버 BC Mental
Health and Substance Use Services 건강역량 프
로젝트 관리자

Devvarta Kumar, PhD
인도 방갈로르 정신건강 및 신경과학 국립연구소 임
상심리학과 부교수

Stan Kutcher, MD, FRCPC, FCAHS
캐나다 노바스코샤 주 핼리팩스 달하우지대학교/IWK
건강센터 청소년 정신건강 팀 산하 선 라이프 재정
위원회 정신건강의학과 교수, 정신건강 훈련과 정책
개발 WHO/PAHO 협력센터 책임자

Amanda Lee BS/BA
가나 노던 주 타말레 BasicNeeds(국제비정부기구) 인
턴/펠로십 수료
미국 로드아일랜드 주 프로비덴스 브라운대학교 3D
모형연구소 연구조교

Amy MacKay, CAPM
캐나다 노바스코샤 주 핼리팩스 달하우지대학교/IWK
건강센터 청소년 정신건강 팀 산하 선 라이프 재정
위원회

Heather McDaniel
미국 사우스캐롤라이나대학교 심리학부 학교정신건강
팀, 학부 연구조교

Tomiko Miki, BSc
일본 사이타마현 사카도 가가와현 영양 교육원 Practical Yogo Science(실질 예측 과학) 연구소 교수

Taís S. Moriyama
브라질 상파울루국립대학교 정신건강의학과
Cuca 법제화 프로젝트

Yasutaka Ojio, PHN, MSc
일본 도쿄대학교 교육대학원 신체건강교육부

Kumiko Ohnuma, MA
일본 도쿄 의/치과대학 의과대학원 소아청소년과

A. Raisa Petca, MSc
미국 오하이오 주 애선스 오하이오대학교 대학원 연구조교 및 심리학 연수생
오하이오대학교 부속 중재연구소 공동관리자 및 대학원 연구 부의장

Rebecca Peterson, BA BASc
뉴질랜드 네이피어 건강센터 호크스베이 구역 보건국 주민건강고문

Louise Rowling PhD
호주 뉴사우스웨일스 주 시드니대학교 건강증진 명예 부교수

Norma Ruvalcaba-Romero, PhD
멕시코 과달라하라대학교 정신건강클리닉 부서 연구 교수

Darcy Santor, PhD
캐나다 온타리오 주 오타와대학교 심리학과 교수

Tsukasa Sasaki, MD, PhD
일본 도쿄대학교 의과대학원 정신건강의학과 교수

Hemang Shah
인도 아메다바드 솔라 GMERS 의과대학 정신건강의학과

Wan Hua Sim
싱가포르 정신건강연구소

Mitchell Shea
캐나다 노바스코샤 주 핼리팩스 댈하우지대학교/IWK 건강센터 청소년 정신건강 팀 산하 선 라이프 재정 위원회

Marissa Smith-Millman
미국 오하이오 주 마이애미대학교 옥스퍼드 캠퍼스

Jeff Stewart, BA Hons, B.Ed., MA
캐나다 브리티시컬럼비아 주 밴쿠버 코목스밸리 교육청 산하 분산학습 지역구 교장

Jessica Swain-Bradway, PhD
미국 일리노이 주 웨스트몬트 중서부 PBIS 네트워크

Marlene A. Vieira
브라질 상파울루국립대학교 정신건강의학과

Yuko Watabe, PhD
미국 오하이오 주 애선스 오하이오대학교 심리학과

Katherine Weare
영국 사우샘프턴교육대학교 명예교수
영국 엑서터대학교 심리학과 명예초빙교수

Cynthia Weaver
캐나다 온타리오 주 휘트비 온타리오 쇼 센터(Ontario Shores Centre) 정신건강과학, 청소년 서비스 파트

Yifeng Wei, MA, PhD 과정
캐나다 노바스코샤 주 핼리팩스 댈하우지대학교/IWK 건강센터 청소년 정신건강 팀 산하 선 라이프 재정 위원회

Mark D. Weist, PhD
미국 사우스캐롤라이나대학교 심리학과 교수, 지역사회–임상 프로그램 디렉터

Ardath Whynacht, PhD 과정
캐나다 노바스코샤 주 핼리팩스 마운트앨리슨대학교 사회학과 조교수

Yuhuan Xie, MBBS MS
싱가포르 정신건강기관 자문 정신과의사
캐나다 온타리오 주 킹스턴 퀸스대학교 정신건강의학과 아동청소년 심리학과 조교수

Peter Yaro, MA
가나 노던 주 타말레 BasicNeeds(국제비정부기구) 상임이사

Yanki Yazgan, MD
터키 이스탄불 마르마라대학교 의과대학 교수, Guzel Gunler 종합병원 임상 디렉터

미국 코네티컷 주 뉴헤이븐 예일대학교 부속 아동연
구소 조교수

Nataliya Zhabenko, MD, PhD
우크라이나 루간스크주립의과대학교 연구조교

Olena Zhabenko, MD, PhD
우크라이나 사회 및 법 정신의학과 약물남용 연구소
연구원

Allison K. Zoromski, MS
미국 오하이오 주 애선스 오하이오대학교 심리학부(예
술과 과학) 대학원생, 연구조교

| 역자 소개 |

박원명

가톨릭대학교 의학박사
미국 하버드대학교 의과대학 방문교수
현 가톨릭대학교 의과대학 여의도성모병원 정신건강의학과 교수 및 과장
　　대한정신약물학회 회장
　　대한우울·조울병학회 고문(전임 이사장 및 회장)
　　Korean Bipolar Disorders Forum 대표

우영섭

가톨릭대학교 의학박사
캐나다 토론토대학교 의과대학부속 토론토웨스턴병원 정신건강의학과 연수
현 가톨릭대학교 의과대학 여의도성모병원 정신건강의학과 부교수
　　영등포구 정신건강복지센터장
　　대한정신약물학회 총무이사

김문두

경북대학교 의학박사
미국 캘리포니아주립대학교 신경정신연구소 방문교수
현 제주대학교 의과대학 정신건강의학과 교수
　　제주특별자치도 광역정신건강복지센터장
　　대한우울·조울병학회 부이사장

성형모

영남대학교 의학박사
미국 존스홉킨스대학교 의과대학부속병원 소아청소년 정신건강의학과 연수
현 차의과학대학교부속 구미 차병원 정신건강의학과 부교수 및 과장

심세훈

순천향대학교 의학박사
미국 스탠퍼드대학교 의과대학 소아청소년 정신건강의학과 연구교수
현 순천향대학교 의과대학 천안병원 교수 및 과장

정영은

가톨릭대학교 의학박사
현 제주대학교 의과대학 정신건강의학과 조교수
　　대한우울·조울병학회 재무이사